DER JUNGE BEETHOVEN

»DIE BÜCHER DER ROSE«

FELIX HUCH

BEETHOVEN

Erster Teil

Der junge Beethoven

Zweiter Teil

Beethovens Vollendung

LANGEWIESCHE-BRANDT
EBENHAUSEN BEI MÜNCHEN

121. — 124. Tausend - Mai 1960
Copyrigt 1955 by Langewiesche-Brandt KG. Ebenhausen bei München
Alle Rechte vorbehalten. Printed in Germany. Druck: Pera-Druck, München

Meiner Mutter

Erstes Kapitel

Es ist eine Nacht im Dezember. Vom blauschwarzen Himmel leuchten die Sterne hernieder und spiegeln sich in dem still und mächtig strömenden Rhein. In tiefem Schlummer liegt Bonn, die alte Residenzstadt der kölnischen Erzbischöfe. Dunkel dehnt sich die Häuserreihe der Bonngasse. Nur aus dem Dachfenster eines Hinterhauses dringt schwacher Lichtschimmer.
Da drinnen liegt eine junge Mutter in Kindesnöten. Winzig und niedrig ist die Kammer, kahl die getünchte Wand. Das trübe Licht einer Öllampe erhellt nur schwach den engen Raum; die Luft wird durch einen kleinen rotglühenden Eisenofen fast unerträglich erhitzt.
In einem Lehnstuhl sitzt eine alte Frau. Sie schläft, betäubt von der Hitze, halb gebrochen schon von der Last ihres langen mühevollen Lebens. Ihre junge Schutzbefohlene ist schmerzerschöpft in leichten Schlaf gesunken. Über ihr gutes Gesicht, in das Arbeit und Sorgen schon ein paar frühzeitige Furchen gegraben, zieht ein Lächeln. Sie träumt. –
„Komm, Lenchen", hört sie den Vater sagen, „darfst mit mir gehen! Heute gibt's was Feines im Schloß!" Jubelnd springt sie auf, ergreift des Vaters Hand, macht sich mit ihm auf den Weg. – Da liegt das Schloß, hingeduckt am Fuße des mächtigen alten Ehrenbreitstein. – Sie treten in die Küche ein. Wie gut es da riecht! An den gewaltigen kupferbeschlagenen Herden arbeiten die Köche in ihren schneeweißen Kitteln. Der Oberkoch nähert sich respektvoll und stattet dem Vater Bericht ab. Dann füllt er mit silbernem Schöpflöffel einen Teller Suppe. – Der Vater probiert mit bedächtig prüfender Miene. „Da, du kleine Naschkatze! darfst auch einmal versuchen!" – Wie köstlich die Suppe duftet! – „Nicht so hastig, Kind! Du verbrennst dir ja deinen kleinen Magen!" – Aber sie schluckt und schluckt immer weiter.
„Jetzt seh einer das Kind an!" ruft der Vater, und die Köche fangen an zu lachen. – O weh! es beginnt ihr im Leibe zu

brennen, immer heftiger. Sie stößt einen Schrei aus – und ist erwacht.
Die Alte ist in die Höhe gefahren. Schwerfällig erhebt sie sich, tritt an das Bett heran, murmelt ein paar Worte des Zuspruchs. Dann sinken beide in Schlaf und Traum zurück.
Magdalene steht oben auf den Zinnen der Veste und sieht ins Land hinaus. Ihr Blick sucht drüben am anderen Rheinufer die alte Brücke, die die Mosel überschreitet, wandert weiter die Landstraße stromab bis dorthin, wo eine Krümmung des Rheines sie den Blicken entzieht. Die Mutter steht neben ihr. Sie trägt Witwenkleidung. Ihre tiefliegenden Augen glänzen düster aus dem faltigen Gesicht. „Kind, schaust du wieder nach ihm aus, nach dem Bonner? Laß ab von ihm! Es geht nicht gut aus!"
„Mutter, wo warst du die Nacht?"
„Auf der Kirchentreppe, wie jede Nacht. Von dort allein kommt das Heil! Laß ab von dem Bonner, dem windigen Sänger!"
Da ertönt ein schönes Lied zur Zitherbegleitung. Die Mutter ist verschwunden, er steht vor ihr, sie stürzt ihm in die Arme. „Jean!" ruft sie, „Jean!" – Sie ist erwacht. „Jean! bist du da?" Aber ihr suchender Blick trifft nur die alte schlafende Frau.
Und wieder wirft sich der Schmerz auf sie, als hätt' er die Zeit ihres Schlummers benutzt, neue Kräfte zu sammeln. Ein stummes Ringen beginnt. Auf ihrer Stirn bilden sich helle Schweißtropfen, die Hände krampfen sich zur Faust, sie beißt die Zähne aufeinander. Nur nicht schreien! nicht die arme alte Frau vorzeitig wecken! Und während ein neuer wilder Schmerzesstoß sie durchfährt, lächelt sie vor Befriedigung, daß sie stumm bleiben kann.
Wenn e r nur jetzt an ihrer Seite wäre! – Und das Lächeln verschwindet, ein bitterer Zug ist um ihre Lippen. Die Oper, in der er zu singen hatte, ist längst zu Ende. Gewiß sitzt er mit ein paar Zechgenossen beim Wein und vertrinkt das Geld, das sie in ihrem kleinen Haushalt so nötig brauchen könnte. Oh, wie hat er sich verändert in dem einen Jahr, das verflossen ist seit der Geburt ihres ersten Sohnes! Wie gut war er damals noch, wie besorgt um sie! Kaum aus dem Hause war er gegangen; und als der kleine Louis geboren, wie glücklich war er, und wie verzweifelt, als das Kind nach wenigen Tagen

wieder starb. – Und heute? Hat er sie überhaupt noch lieb? Immer größer wird die Gewalt, die der Wein über ihn gewann, immer kleiner die Macht, die ihr noch über sein Herz geblieben. Säße er sonst nicht an ihrem Bett, hielte ihre Hand in der seinen? – Wie ist sie doch arm und verlassen! Tränen treten ihr in die Augen. Aber nein! Das darf ja nicht sein, das könnte dem Kinde schaden, es traurig machen fürs Leben! ihr Kind, das sie jetzt schon liebt mit der ganzen Leidenschaft einer einsamen freudlosen Mutter. Möcht es doch wieder ein Knabe sein! Diesmal wird ihn Gott ihr nicht wieder nehmen! So grausam kann der Allgütige nicht sein!
Oh, dieser Schmerz! Jetzt geht es zum Ende, das fühlt sie deutlich, und sie muß die Wehenmutter wecken. Bald danach erfüllt das kräftige beleidigte Schreien einer kleinen Stimme den engen Raum.
„Ein Junge ist es, Madam van Beethoven!" ruft die Alte und reicht ihr das kleine Wesen hinüber. Frau Magdalene betrachtet es lange; Tränen füllen ihre guten sanften Augen. – „Ich danke dir, Gott!" flüstert sie leise. – Bald darauf liegt, gleich seinen Nachbarn, das Hinterhaus in der Bonngasse ganz im Dunkel.
Weiter sind inzwischen die Sterne gewandert. Mitternacht ist längst vorbei. Hoch am Himmel steht Jupiter, der Strahlende unter den Planeten, und läßt Ströme himmlischen Lichtes hinabfluten auf die Menschenerde und auf die dunkle kleine Stadt am Rhein, auf das dunkle kleine Haus mit der Dachkammer. Seine Strahlen gleiten durch das Fenster. Sie ruhen auf der Wiege und weben einen sanften Schimmer um das Kind, das ruhig und fest schläft, der Zukunft entgegen.

*

Von den Kirchtürmen hat die dritte Stunde geschlagen. Am Marktplatz öffnet sich die Tür einer kleinen Weinwirtschaft und entläßt ein paar verspätete Zechbrüder, die nun den stillen verschneiten Platz eine Zeitlang mit Geschwätz und Lachen füllen, bis sie sich endlich zum Abschiednehmen entschließen und jeder dem heimischen Lager zustrebt. Einer schlägt die Richtung nach der nahen Bonngasse ein. Er muß in gehobener Stimmung sein, denn er hält ein langes, oft von

herzlichem Gelächter unterbrochenes Zwiegespräch mit sich selber, das mit der Aufforderung schließt, es dem verdammten Italiener doch zu zeigen. Das läßt er sich denn nicht zweimal sagen; seine schöne Stimme schmettert eine italienische Bravourarie durch die stille Gasse.
„Das mach mir mal nach, Italiano, wenn du kannst! Mach das dem Beethoven nach, dem armseligen Tedesco! Mach es doch! Ich bin ganz Ohr!" Und er bricht in ironisches Gelächter aus. „Hast du keine Lust? Na, dann ein andermal! ich bin hier zu Hause."
Er schließt ein schweres Tor auf und gelangt durch den Hausflur in den Hof, öffnet die Tür des Hinterhauses und klettert die beiden Treppen hinauf, tritt in das Schlafzimmer und entzündet die Lampe. Da fällt sein Blick auf die Wiege, auf die wachen strahlenden Augen seiner Frau.
„Lene!" ruft er, „Lene! Und ich war nicht bei dir!" Seine hohe schlanke Gestalt knickt zusammen. „Lene! oh verzeih mir!" Schluchzend bricht er vor dem Bett in die Knie und birgt sein Gesicht auf der Decke.
„Jean!" sagt die Frau; dann schweigt sie. Ihre Hand streicht leise über sein Haar.
„Lene!" ruft er schluchzend, „du Gute, Heilige!"
„Jean! mein Jean!" erwidert sie sanft. – „Sei ruhig, Jean! Es ist ja alles gut! Ich liebe dich, und du liebst mich noch ein wenig, nicht wahr?"
„Ich bete dich an!" ruft ihr Mann, und bedeckt ihre Hände, ihre nackten Arme, ihren Hals mit Küssen.
„Jean", wehrt sie sanft ab, „sieh dir dein Kind an! Es ist ein Junge!"
Johann van Beethoven erhebt sich und tritt vor die Wiege des Neugeborenen. Es ist aufgewacht; seine großen dunklen Augen blicken ernst auf den Vater. Der sieht eine Zeitlang starr auf das Kind; dann kniet er wieder vor dem Bett der Mutter nieder.
„Du sagst gar nichts?" flüstert sie.
„Lene! Bei unsrem Kind schwör ich dir: ich will mich bessern! Ich will immer gut zu dir sein! Nie sollst du wieder das Recht haben, dich über mich zu beklagen! Nie wieder will ich einen Tropfen Wein über die Lippen bringen!" Und erschüttert von seinem Edelmut, bricht er aufs neue in Tränen aus.

„Ach, Jean! Wer verlangt denn so etwas!"
„I c h verlange es! Und du sollst sehen, wie ich diesmal Wort halte!"
„Nein, Jean! Das braucht es gar nicht! Werde nur wieder, wie du vor einem Jahr gewesen bist, dann ist alles gut! Dann wären wir glücklich!" Ermattet schließt sie die Augen.
„Ich versprech es dir, Lene! Ich versprech es dir fest und heilig! Du sollst zufrieden mit mir sein, und froh mit deinem Kind!"
Ein seliges Lächeln zieht über ihr Gesicht. „Ich danke dir, Jean! Und nun laß uns schlafen, du Lieber!"
Der Mann drückt einen Kuß auf ihre Stirn. Dann tritt er noch einmal an die Wiege. Das Kind liegt noch immer wach, den Blick ernst auf den Vater geheftet. – Mit einem etwas unbehaglichen Gefühl wendet er sich von ihm ab. – „Gute Nacht, Lene! Ich lege mich unten aufs Kanapee. Gute Nacht, du Liebe, Gute!" –
Die Mutter kann noch lange den Schlaf nicht finden. Zu groß ist das Glück; Kind und Gatte sind ihr heute neu geschenkt worden. – Mein Gott, atmet es denn noch? Eine jähe Angst schnürt ihr das Herz zusammen. Sie tastet nach der Wiege, nach der kleinen Decke. Da streift, kaum merklich, warmer Hauch ihre Hand. Aufatmend sinkt sie zurück; endlich ruht auch sie in wohltätigem Schlummer.

*

Und die Sterne erbleichen am Himmel; nur Jupiter, der Strahlende, kämpft noch gegen das zunehmende Licht des Tages. Zuletzt verlischt auch er. Glühendrot steigt die Sonne empor über dem Schnee der Dächer. In tiefem Blau wölbt sich der Himmel. Das weite Land glänzt festlich in weißem Gewande, und aus Millionen Kristallen steigt der Triumph der Farben und des Lichtes empor in gewaltigem Akkord.
Noch liegt die Bonngasse still und einsam. Da – zwei Kinder stürmen um die Ecke, werfen sich mit Schneebällen, stoßen einander jauchzend hinein in den weißen Schimmer, rennen fast den alten Herrn um, der aus seinem kleinen Hause auf die Straße heraustritt. Dem erstirbt ein Wort des Unwillens auf den Lippen; er spürt Quellfrische des Lebens. Und eh'

er sich noch gefaßt, sind die beiden schon davon, hinein ins Weiße.
„Goldne Jugend!" murmelt der Hofkapellmeister van Beethoven vor sich hin. Dann hüllte er sich fester in seinen roten Mantel und schreitet gemessenen Schrittes über den knirschenden Schnee hinüber zur Wohnung seines Sohnes.
An der Tür des ersten Stockes klopft er mit vier Schlägen, deren erste drei, gleichstark, den Auftakt zu dem letzten stärker betonten bilden. – Keine Antwort. – Er wiederholt sein Klopfen, diesmal più lento, aber più forte und mit einem entschiedenen Crescendo bis zum letzten Schlage. – Alles bleibt still. – Nun öffnet er das Wohnzimmer. Kräftiges Schnarchen tönt vom Sofa herüber. Der Alte tritt näher und betrachtet kopfschüttelnd das hübsche, etwas verlebte Gesicht des Schlafenden. Dann erklimmt er die Stiege zum oberen Stockwerk. Vor einer niedrigen Tür hält er an, kurzatmig, mit klopfendem Herzen, und wiederholt hier seine vier fordernden Schläge.
„Treten Sie näher, lieber Vater!" spricht drinnen eine sanfte Stimme. Der Hofkapellmeister tritt ein. Seine schneegeblendeten Augen blicken ins Dunkle; erstickende Luft schlägt ihm entgegen und nimmt ihm fast den Atem. „Nun, Schwiegertochter? Wie geht's? Wie steht's?" fragt er und tastet sich suchend vorwärts.
„Es geht gut, Vater! Sehen Sie in die Wiege! Es ist ein Junge!"
„Magdalene!" Seine Stimme zittert. – „Zeig her! Laß sehen!" Er tappt zum Fenster und stößt den Laden zurück. Tageslicht flutet herein.
„Magdalene! Was für ein Glück! Dank dir, meine liebe Tochter!" Ritterlich neigt sich der alte Herr vor der blassen jungen Mutter und küßt ihr die Hand. Sie lächelt glücklich.
„Und nun die Hauptperson! Da! So also siehst du aus!" Seine lebhaften braunen Augen blitzen, wie er sich über die kleine Wiege neigt. Sein Enkelkind liegt in tiefem Schlummer, die kleinen Fäuste an die Schläfen gepreßt.
Lange steht der Alte unbeweglich. – „Magdalene!" sagt er endlich leise, „das ist ein Geschenk des Höchsten! So hat Gott doch mein Gebet erhört. Ein Junge! Ein Stammhalter! Und ein echter Beethoven! Wie prächtig wölbt sich seine Stirn! Gib acht, aus dem Jungen wird mal ein Musiker!"

„Wenn er nur ein braver Mensch wird, dann bin ich schon zufrieden", antwortet die Mutter; langsam schwindet ihr Lächeln.
„Und alles gut gegangen?" fragt der Alte.
„Gut, lieber Vater, ich danke Ihnen."
„Wie wollt Ihr es denn taufen?"
„Wieder auf Ihren Namen, Vater, wenn Sie Pate sein mögen."
„Natürlich will ich!" Er küßt seiner Schwiegertochter noch einmal die Hand. „Aber nun leb wohl! Bleibt mir beide gesund! Heute nachmittag sprech ich wieder vor." – Und nach einer zeremoniellen Verbeugung wendet er sich zum Gehen.

*

Der Hofkapellmeister tritt in sein behaglich durchwärmtes Zimmer. In der Luft liegt noch der Duft von gutem Tabak. Er atmet ihn mit Behagen ein, erinnert sich, daß er seine Pfeife vorhin nicht zu Ende geraucht hat, und setzt sie wieder in Brand. Auf dem Vorplatz verhallt der gedämpfte Schlag der Uhr.
Noch etwas Zeit bis zur Probe für die Weihnachtsmesse! Er rückt einen Lehnstuhl zum Fenster und läßt sich mit einem Seufzer der Erleichterung nieder. Es ist ganz still in dem Hause. – So sitzt er eine Weile, rauchend und in Gedanken versunken. Dann erhebt er sich wieder, hängt die Pfeife an ihren Platz und nimmt aus dem Sekretär eine lederne Mappe. Sie birgt den Stammbaum seiner Familie. Eine knorrige Eiche, von einem guten Künstler gezeichnet, ist über und über bedeckt von kleinen Wappenschildern; die tragen die Namen der Familienmitglieder. Der Alte taucht die Schwanenfeder ein und schreibt mit fester schwerer Hand auf ein leeres Schildchen: Ludovicus. – Andächtig sieht er zu, wie die Tinte allmählich eintrocknet, seufzt tief auf, als auch das letzte Restchen feuchten Glanzes verschwunden ist. Er faltet die Hände.
„Großer Gott im Himmel", spricht er leise, „du hast uns den Stammhalter wiedergeschenkt. Laß ihn leben, und – mach ihn besser als seinen Vater!"
Langsam wandert nun sein Blick von einem Schilde zum andern. Alte Bilder steigen vor ihm auf. Flämische Bauern sind die Vorfahren gewesen, und fruchtbar ist das Geschlecht

der Beethoven, wie der schwere Ackerboden ihrer Heimat. Ein Zweig der Familie zieht sich nach Antwerpen. In der Rue Neuve steht ein kleines Haus; über der Tür trägt es die stolze Inschrift „Sphaera Mundi", – ach ja, „Die Weltkugel!" – aber in seinem Innern birgt es Armut und Not. Denn zwölf Kinder will das Schneiderhandwerk nicht ernähren. Da sitzt der Vater auf seinem niedrigen Arbeitstisch; Faden und Nadel passen schlecht zu seinen mächtigen Fäusten. Zuschlagen können sie um so besser, denn jähzornig ist der Alte, wie alle Beethoven, und je größer der Mangel im Hause wird, desto öfter bekommen die Kleinen sie zu spüren. Aber als er sich einmal aus nichtigem Anlaß an dem großen achtzehnjährigen Sohne vergreift, der schon längst als Chorsänger sein Brot verdient, da entweicht der aus dem Vaterhause; er hat es nie wiedergesehen.
Maria Josepha Poll aus Bonn. – Ja, das waren glückliche Zeiten, wie er als blutjunger Sänger an Clemens Augusts glänzenden Hof kam; wie er sich gleich in seine Josepha verliebte, sie zum Weibe nahm. Arme Josepha! Wäre sie doch tot! Besser wäre ihr dann, als kranken Geistes ihr Leben hinzuschleppen, vom Gatten getrennt, im Stift zu Köln.
Und da – die Namen seiner drei Kinder. Neben zweien steht ein Kreuz. Ein tiefer Seufzer hebt seine Brust. – Johannes! – der einzige, der am Leben blieb, seine ganze Hoffnung; der seine schöne Stimme geerbt hatte, aber leider nicht seinen Charakter. Unstet, leichtsinnig, dem Wein ergeben, hat er ihm nichts als Sorgen und Kummer bereitet. – Und dann diese Heirat! – Arme Magdalene! Von reinster Herzensgüte ist sie, und ihrem Manne die beste Frau. Aber freilich nicht die Frau, die er nötig hätte, die ihn in Zucht hielte. Wie zu einem Gott sieht sie zu ihm auf, hat es oft genug ausgesprochen, daß er ein vornehmeres, reicheres Mädchen hätte heiraten sollen.
„Arme Lene!" murmelte der Alte, „dir wäre auch besser, wenn du ihn nie gesehen hättest!"
Rasch steht er auf, legt die Mappe an ihren Platz zurück und holt aus einem Geheimfach des Sekretärs ein winziges Kästchen aus Saffianleder hervor. Darin ruht ein schöner Smaragdring, ein Geschenk des verstorbenen Kurfürsten zu seinem fünfundzwanzigjährigen Jubeltage als Kapellsänger. „Den will

ich ihr heute nach der Taufe anstecken", spricht er vor sich hin. „Jean wird ihr ja doch nichts schenken. Geld wär ihr vielleicht lieber, der Armen. Aber nein, heute nicht! Heute soll nichts sie an die Misere erinnern."
Der Schlag der Uhr schreckt ihn aus seinem Sinnen auf. Es ist ja höchste Zeit zur Probe! Er wird zu spät kommen, zum ersten Male in den achtunddreißig Jahren, seit er nun in Bonn amtiert. Schleunigst legt er den Ring wieder an seinen Platz, verschließt den Sekretär, hüllt sich in seinen roten Mantel, nimmt die Partitur vom Klavichord und schlägt den Weg zur Hofkapelle ein.
Auf der Orgelbühne sind die Musiker schon versammelt; sie unterhalten sich nur gedämpften Tones, um ihren alten Organisten nicht zu stören, des Kapellmeisters Landsmann und Freund van den Eeden, der, des Wartens müde, den Kopf an die Orgel gelehnt, eingeschlafen ist. Die Bewegung bei Beethovens Eintreten weckt ihn; er nickt seinem Freunde zu und sieht ihn fragend an. „Darfst gratulieren!" sagt der Kapellmeister auf flämisch; „ein Junge! ein Prachtkerl!" Dann tritt er an seinen Platz und hebt die Hand. Ein Orgelakkord dröhnt durch den Raum, und jubelnd fällt der Chor ein:

> Freuet euch, freut euch, ihr Menschen!
> Heut ist geboren, der euch erlösen soll!

ZWEITES KAPITEL

Über Johann van Beethoven schien seit der Geburt seines Sohnes wirklich ein besserer Geist gekommen. Er hielt sich an das Versprechen, das er seiner Frau gegeben, mied den Verkehr mit seinen alten Zechkumpanen und trank seine bescheidene Flasche daheim. Dann klang das Haus von seinem lustigen Lachen oder von fröhlichen Liedern, die er so schön zu singen wußte wie kein anderer in Bonn. Auch sein Vater war jetzt mit ihm zufrieden. Seine Pflichten im Theater und in der Kapelle erfüllte er mit Feuereifer; und wenn der Kapellmeister ihn von seinem erhöhten Pult aus auf der Bühne stehen sah, war er stolz auf seinen Sohn. Keiner sah so schön und elegant aus wie er; keiner entwickelte diese lässige Grazie in den Bewegungen, die man nicht erlernen kann; sie muß angeboren sein – von wem Johann sie hatte, das wußte der Alte selber nicht –; keiner besaß seine prächtige Stimme. Er hatte jetzt soviel Gesangschüler, wie er wollte; die ersten Familien Bonns wählten ihn zum Lehrer, und das trug ein schönes Stück Geld ein. – Wenn er sein Gehalt oder ein größeres Schülerhonorar bekommen hatte, freute er sich schon auf zu Hause. – „Lene! Komm her! Setz dich! Augen zu, Schürze auf!" – Und ein kleiner klingender Sturzbach ergoß sich in ihren Schoß. – „So, Frau, nun haus damit?" – Magdalene zog ihren Mann an sich und küßte ihn. – „Jean! Du Guter du! Wart, jetzt bekommst du deine Belohnung!" – Und sie holte ihm eine Flasche von denen, die eigentlich nur für die Festtage bestimmt waren.

So führten die Beethovens damals eine gute rechtschaffene Ehe. Ökonomisch veranlagt war weder Mann noch Frau; was verdient wurde, das floß auch wieder bald davon. Aber man lebte, war zufrieden und gönnte sich seine bescheidenen Freuden.

Deren Höhepunkt bildete für Frau Magdalene das Fest ihres Namenstages. Da rannte Johann den ganzen Tag in der Stadt umher, zu Kollegen und Kolleginnen, zu den Orchestermusikern, zum Gärtner, zum Gastwirt, zum Konditor. Nach dem Abendessen forderte er seine Frau in feierlichem Tone auf, schlafen zu gehen. Nun schlich es treppauf, treppab. Lorbeerbäumchen und Girlanden wurden heraufgeschleppt, im guten Zimmer ein richtiger Baldachin errichtet. Nebenan wurden Notenpulte aufgestellt, die Musiker stimmten leise ihre Instrumente. Wenn alle Vorbereitungen beendet waren, begab sich Johann ins Schlafzimmer, seine Frau zu wecken, die natürlich nicht an Schlafen gedacht hatte, und ersuchte sie, noch einmal zu erscheinen. Feierlich geleitete er sie zu dem Baldachin, unter dem sie auf einem blumengeschmückten Sessel Platz nehmen mußte. Nun flog die Tür zum Nebenzimmer auf; mit einem hellen lustigen Tusch fiel die Musik ein. Die ganze Nachbarschaft wurde wach und erschien in Schlafjacken und Nachthauben an den Fenstern. Und die gute Frau Magdalene saß glücklich und beschämt auf ihrem Thronsessel; denn eigentlich ging es ihr wider das Gefühl, Mittelpunkt zu sein; viel lieber hätte sie das ihrem Mann überlassen. Dann wurde aufgetischt, gegessen und getrunken. Und wenn die Köpfe warm geworden, setzte die Musik mit einem Tanz ein, daß es allen in die Füße fuhr. – „Halt!" rief Frau Magdalene, „das geht doch nicht, es ist gleich Mitternacht! Was sollen denn die Leute unter uns sagen?" – „Die können ruhig schlafen!" rief ihr Mann und entledigte sich seiner Schuhe. Alles folgte seinem Beispiel, mochte mancher Strumpf auch ein Loch haben, und so dauerte die Lust bis zum frühen Morgen.

*

Ludwig wuchs zu einem stämmigen kleinen Burschen heran. Er wurde nun bald drei Jahre alt. In frühester Kindheit hatte er die Blattern überstanden; sie hatten auf seinem braunen Gesicht zahllose kleine Narben hinterlassen. Sein Vater betrachtete ihn oft kopfschüttelnd, warf einen wohlgefälligen Blick in den Spiegel und sagte: „Daß grade ich einen so häßlichen Sohn haben muß! Von m i r hat er das nicht!"
Seine Frau entgegnete solchen Angriffen auf die Schönheit ihres Kindes nichts mehr. Ihr Mann verstand das eben nicht, – wenn er auch alles andere viel besser verstand als sie selber. Und ihr Schwiegervater teilte Johanns Ansicht durchaus nicht: „Schön? Nein, was man gewöhnlich schön nennt, das ist Louis nicht. Aber weißt du, Magdalene, Schönheit ist für den Mann ein gefährliches Geschenk der Natur. Aus schönen Männern wird meistens nichts Rechtes. Aber daß er häßlich sein soll, das ist denn doch dummes Zeug. Seine Stirn ist doch so schön gewölbt! Und wie seine grauen Augen leuchten! Wir wollen ganz zufrieden mit ihm sein!"
Der Kapellmeister hing mit zärtlichster Liebe an seinem Enkel und widmete sich ihm, soviel er Zeit hatte. Da er schräg gegenüber wohnte, so fand der Kleine bald allein den Weg zu ihm. Da saß er dann auf dem Fußboden und spielte, leise vor sich hinschwatzend oder singend, und der Großvater saß dabei, in seinem Lehnstuhl, seine Pfeife rauchend, und ließ seine alten Augen nachdenklich auf dem Enkel ruhen.

*

Weihnachten 1773 war herangekommen. Bei Johann wurde am ersten Feiertage beschert; da hatte der Großvater be-

schlossen, dem Enkel am Heiligen Abend ein eigenes Bäumchen anzuzünden. Nachmittags holte er den Kleinen zum gewohnten Spaziergang ab. Nach ein paar recht trübseligen naßkalten Regenwochen war Neuschnee gefallen, Bonn war in glitzernde Pracht gehüllt.
Wie die beiden so durch den Schnee dahinzogen, der Alte langsamen Schrittes, um das Kind nicht zu erhitzen, dieses immer vorwärtsdrängend, das fesselte den Blick manches Vorübergehenden. Beide trugen ihr Feiertagsgewand: der Kapellmeister eine schöne braune Pelzmütze, den roten Tuchmantel, schwarzseidene Strümpfe und Lackschuhe, deren silberne Schnallen in der Sonne blitzten. Ganz in weiße Wolle gekleidet, stapfte der Enkel neben ihm her. Hie und da traf der Kapellmeister einen Bekannten; man tauschte freundliche Worte und wünschte sich ein gesegnetes Fest, während der kleine Ludwig ungeduldig weiter strebte. Aus der Bonngasse bogen sie zum Marktplatz ein. Der Kleine stieß einen Jubelruf aus, und auch der Kapellmeister blieb unwillkürlich stehen.
Die Häuser, die eng aneinandergedrängt den Markt umsäumten, ragten heute mit schneeschimmernden Dächern in den blauen Himmel hinein. Ihre spitzen oder geschwungenen Giebel hatten unter der Schneelast phantastische Formen angenommen. Und im Hintergrunde das Rathaus mit seiner schönen Freitreppe, welch hübschen Abschluß gab das heute dem ganzen Bilde!
Aber der Kleine drängte weiter. „Komm, Großpapa! Desettöh!" – „Richtig, Louis, den ‚Deserteur' dürfen wir nicht versäumen."
So gingen sie weiter. Am Rathaus bogen sie um die Ecke und standen bald vor der turmgeschmückten Front des erzbischöflichen Schlosses. Da erklang vom Turm herab das berühmte Glockenspiel.
Ludwig blieb andächtig stehen. „Mitsingen, Großpapa!" Und der Alte gehorchte, brummte leise die tausendmal gehörten und gesungenen Melodien aus Monsignys beliebtem Singspiel mit, und dazwischen klang die helle Stimme des Kleinen, der mit seinen drei Jahren besser singen konnte als sprechen. – So sehr der Alte sich an der Freude seines Enkels mitfreute, – ein wenig traurig stimmte ihn diese Musik doch

jedesmal, denn gerade der „Deserteur" war seine Glanzrolle gewesen, und mit dem Singen war es seit zwei Jahren vorbei.
Nun umschritten sie gemächlich das massive Viereck des Schlosses und gelangten in den Hofgarten mit seinen langgedehnten Alleen und den verschneiten Taxushecken, die dem Kinde eine unerschöpfliche Fülle von Verstecken boten. Eben sollte das beliebte Spiel beginnen; der Kleine hatte den Großvater an dem üblichen Platze postiert und wollte gerade verschwinden, als zwei ältere, vornehm gekleidete Herren um die Ecke bogen: Kurfürst Max Friedrich und der Baron von Belderbusch, sein allmächtiger Minister. Der Kapellmeister zerrte den Kleinen hastig auf die Seite, zog die Mütze und erwartete in devoter Haltung die Herankommenden.
„Ah, lieber Beethoven!" sagte der Kurfürst, ein kleiner, freundlicher, alter Herr, „genießt Er auch das süperbe Wetter? Aber bedeck Er sich doch! es ist kalt, und Er ist auch nicht mehr der Jüngsten einer. Nun, was macht Sein Enkel? Ein tüchtiger Bursch! Dem Großvater wie aus dem Gesicht geschnitten!" – Und wohlgefällig strich die behandschuhte Hand des hohen Herrn über des Kleinen feste rote Backen. Dem mochte das zuviel Vertraulichkeit dünken; energisch packte er die Hand und schob sie beiseite. Die beiden Herren lachten.
„Ein echter Beethoven!" sagte der Kurfürst, „er weiß, was er will. Zeigt schon musikalische Anlagen?"
„Es passiert, Euer Durchlaucht. Die Melodien aus dem ‚Deserteur' singt er schon recht gut."
„Wie einst sein Großvater", sagte der Kurfürst. „Ich will Ihn aber nicht länger aufhalten, sonst bekommt Sein Enkel kalte Füße. Auf Wiedersehen, lieber Beethoven, heute Nacht bei der Christmesse!" Und mit einem leutseligen Neigen des Kopfes wandte er sich mit seinem Begleiter zum Gehen.
„Beethoven wird alt", bemerkte Belderbusch, als er mit dem Kurfürsten aus der Hörweite des Kapellmeisters war. „Man sollte ihn pensionieren. Lucchesi drängt auch; er zeigte mir mehrere Angebote mit tausend Gulden jährlich. Wenn wir ihn noch lange hinhalten, dann geht er."
„Beethoven ist billiger", antwortete der Kurfürst gelassen. Belderbusch seufzte. „Wenn Euer Durchlaucht nur ein wenig mehr für Musik übrig hätten! Beethoven ist ein passabler Chorleiter; aber ein Orchester- oder gar ein Operndirigent

war er nie. Wo sollte er es auch herhaben! Der Mann hat ja nichts anderes gelernt als seinen Gesang!"

„Mon dieu, Kaspar!" rief der Kurfürst, „wer hatte mir denn Beethoven zum Kapellmeister vorgeschlagen?"

„Das waren andere Zeiten, Durchlaucht! Als Ihr Herr Vorgänger starb, da hinterließ er uns einen Berg Schulden, und es hieß sparen an allen Ecken und Enden; deshalb mußten wir den teuren Italiener abschaffen. Aber die Zeiten sind doch Gott sei Dank vorbei! Jetzt können wir schon ein wenig tiefer in den Beutel greifen!"

„Das scheint deine Äbtissin auch zu denken", sagte der Kurfürst so unvermittelt, daß Belderbusch, der mit allen Wassern gewaschene, gerissene Diplomat, errötete. „Vraiment, Kaspar, das Frauenzimmer beginnt lästig zu werden; ich wollte, ich hätte sie nie gesehen."

Belderbusch hatte sich schon wieder gefaßt. Er warf seinem alten durchlauchtigsten Herrn, den er um Haupteslänge überragte, einen etwas mokanten Blick zu.

„Ich finde, die Karoline ist noch immer ein pompöses Weib", bemerkte er; „aber wenn Euer Durchlaucht anderer Meinung sind, so will ich sie gern wieder übernehmen."

„Lieber heute als morgen", sagte der Kurfürst. „Aber zum Tricktrack soll sie deswegen ruhig weiter erscheinen, da möchte ich sie nicht entbehren."

„Es wird ihr eine Ehre sein", entgegnete Belderbusch in völlig ausdruckslosem Tone. „Aber wenn Euer Durchlaucht mir gestatten," fuhr er lebhaft fort, „nach dieser Variation auf unser Thema zurückzukommen: Wirklich, so geht es nicht weiter! Man muß sich ja schämen, wenn einmal Besuch kommt. Acht ganze Sänger für Kirche und Theater! Ein Orchester von vierzehn Mann, darunter fast keine Bläser! Für den Kirchendienst mag es genügen, aber nicht für die Bühne! Wollen Euer Durchlaucht sich denn für immer mit diesem Theater en miniature begnügen? Durchlaucht, machen Sie mir einen schönen heiligen Christ! Schicken Sie Beethoven in Pension, ernennen Lucchesi zu seinem Nachfolger, stellen Mattioli als Primgeiger an –"

„Verlangt auch tausend Gulden", meinte der Kurfürst.

„– verstärken die Streicher", fuhr Belderbusch unbeirrt fort, „nehmen ein paar Flöten, Oboen und Hörner dazu –"

„– engagieren noch ein Dutzend Sänger", unterbrach ihn der Kurfürst lachend.
„– und dann haben wir ein Personal", schloß Belderbusch, „mit dem wir uns hören lassen können, und dürfen uns auch mal an eine größere Oper heranwagen."
„Und was soll das alles kosten?"
„Nicht das Leben, Durchlaucht. Wozu haben wir denn unsere Steuerzahler!"
„Kaspar," sagte der Kurfürst und schob seinen Arm in den seines Begleiters, „ich muß dir einmal etwas sagen. Ich habe die Regierung ganz in deine Hände gegeben, weil ich Vertrauen zu dir hatte."
„Hatte?" rief Belderbusch.
„Und noch habe", verbesserte sich der Kurfürst, „und weil ich selber leider nicht das geringste Talent zum Regenten in mir verspürte. Du hast mir mein Leben leicht gemacht, Kaspar, das Zeugnis muß ich dir geben. Aber manchmal kommen mir denn doch Bedenken, ob ich recht daran getan, daß ich alles, aber auch alles an Regierungssorgen auf dich abgewälzt habe. – Es muß doch so etwas wie einen Gott geben, Kaspar, nicht wahr? Daran wollen wir doch nicht zweifeln."
„Durchlaucht erlauben mir wohl, darüber meine Privatmeinung zu haben."
„Ich bin jetzt fünfundsechzig Jahre alt, und wenn man älter wird, dann kommen einem so allerlei Gedanken. Wenn ich mir vorstelle, es käme zum Sterben, und ich sollte vor Gott Rechenschaft ablegen über meine Regierung, so könnte ich weiter nichts sagen, als daß ich niemandem bewußt Böses getan und im übrigen mein Leben nach Herzenslust genossen habe."
„Das langt fürs Paradies, Durchlaucht. Wollen Sie Ihre Einkünfte vielleicht vergraben? Und hat Ihr Herr Vorgänger für sein Amüsement nicht zehnmal soviel ausgegeben als wir? Aber statt daß das Volk uns für unsere Einschränkungen dankbar ist, – Durchlaucht kennen doch das schöne Lied:

,Bei Clemens August trug man blau und weiß,
Da lebte man wie im Paradeis.
Bei Max Friedrich trägt man schwarz und rot,
Da leidet man Hunger wie die schwere Not!' "

„Wie hoch belaufen sich zur Zeit meine Einkünfte?" – „Auf rund zwei Millionen Gulden im Jahr."
„Eine schöne Summe, Kaspar! Kann das kleine Land sie tragen? Seufzt das Volk nicht unter der Steuerlast?"
„Jedes Volk seufzt, auch wenn es nichts zu seufzen hat. Aber mir scheint, Euer Durchlaucht haben mal wieder über mich klagen gehört."
„Ja, allerdings, Kaspar! Man nennt dein Regiment übertrieben hart und streng."
„Die Canaille ist nie zufrieden."
„Man jammert nicht nur über die hohen Steuern. Die Rechtsprechung soll oft einen etwas eigentümlichen Gang gehen."
Belderbusch blieb stehen und machte seinen Arm frei. „Gut, Euer Durchlaucht. Wenn Sie kein Vertrauen mehr zu mir haben, dann stell ich noch heute mein Amt zur Disposition."
„Mon dieu, Kaspar, was bist du für ein Hitzkopf! Ich frage ja nur! Kaspar, du weißt, ich bin ein guter Mensch, und ich möchte, daß mein Volk glücklich und zufrieden ist."
„Ihr Volk ist das glücklichste in ganz Deutschland. Denken Sie an Preußen! Das hat sein großer König mit seinen ewigen Kriegen gründlich heruntergewirtschaftet. Denken Sie an Hessen! Der Kurfürst verkauft seine Landeskinder als Kanonenfutter nach England. Aber was fehlt denn im Erzbistum Köln den Leuten zur Glückseligkeit? Unterm Krummstab ist immer noch gut wohnen! Doch je besser es der Canaille geht, desto unzufriedener wird sie."
„Du nimmst mir einen Stein vom Herzen", sagte der gute alte Kurfürst. „Ich habe ja nie an dir gezweifelt, aber ich wollte es doch einmal wieder bestätigt hören, daß ich mich auf dich verlassen kann. Kaspar, sei wieder friedlich! Wann kommt das französische Ballett?"
„Übermorgen, Durchlaucht. Die Prima Ballerina soll doch wohl im Schloß logieren?"
„Verdient sie's?"
„Sie hat die schönsten Beine, die ich je gesehen habe." – Der Kurfürst schmunzelte zufrieden.

*

Es dämmerte schon, als Großvater und Enkel zu Hause anlangten. Der Alte hatte sich ausbedungen, daß Ludwig heute bei ihm schlafen dürfe; so hatte er reichlich Zeit vor sich, diesen Abend voll auszukosten. Er brachte den Kleinen in sein Schlafzimmer und zündete im Wohnzimmer das Bäumchen an. Dann ließ er eine silberhelle Glocke ertönen. Ein Jubelruf antwortete von nebenan. Und er führte Ludwig herein, und war glücklich ob der Seligkeit des Kindes. – Als dessen Schlafensstunde gekommen war, entkleidete er es und legte es in sein Bett. Erst acht Uhr! Noch vier Stunden bis zur Christmesse. – Ein ungewohntes Gefühl der Ermüdung überkam ihn, so daß er beschloß, sich auch ein wenig niederzulegen. Zur Sicherheit stellte er die kleine Pariser Weckuhr an seinem Kopfende auf; dann streckte er sich neben dem Kinde aus. Der Kleine ward einen Augenblick unruhig; dann lachte er laut im Traume. Der Großvater zog den Enkel fest an sich. Ein beseligendes Gefühl überkam ihn, wie er die gelösten Glieder des Kindes so dicht neben sich, wie er das Köpfchen seines Enkels auf seiner Brust ruhen fühlte.

Er schlief ein. Es träumte ihm, er säße im Münster. Eine Messe ward aufgeführt, so unerhört schön, wie er noch nie etwas vernommen. Und beim Benediktus schwebte eine Geigenmelodie vom Himmel hernieder, so weit, so welterlösend, daß er heiße Tränen weinte vor Seligkeit und Schmerz. – Als die Engelsharmonie schwieg und er sich gefaßt hatte, wandte er sich an seinen Nachbarn: Von wem ist denn eigentlich diese Messe? – Das wissen Sie nicht? Von Beethoven! – Von welchem Beethoven? – Von welchem Beethoven? Herr, kennen Sie denn Beethoven nicht? Ludwig van Beethoven? – Das ist mein Enkel! stammelte der Alte; himmlische Seligkeit erfüllte sein Herz. Und die Menschen um ihn her und die Säulen des Münsters begannen zu wanken; dann versanken sie in Nichts. In der Hofkapelle wartete man in dieser Christnacht vergebens auf den Kapellmeister van Beethoven.

Als am nächsten Morgen Stunde auf Stunde verrann, ohne daß der Großvater den Kleinen brachte, ging Frau Magdalene hinüber, ihn zu holen. Ihrem Klopfen wurde nicht geöffnet. Da packte sie Angst. Sie lief zu einem Schlosser und ließ die Tür aufbrechen. Als sie in das Schlafzimmer trat, fand sie den Alten tot in seinem Bett. Ein Ausdruck überirdischen Glückes lag auf seinem Antlitz. An seinem Herzen ruhte das Kind in tiefem Schlaf.

Drittes Kapitel

Was für ein schwerer Schlag des Kapellmeisters Tod für die Seinen war, das sollte sich erst viel später zeigen. In seines Sohnes Trauer mischten sich bald andere Gefühle. Zunächst machte er ja eine kleine Erbschaft, wobei es allerdings auch Verdruß gab. Der Kapellmeister hatte nebenbei einen bescheidenen Weinhandel betrieben. Nun fand Johann in seines Vaters Büchern verschiedene Schuldforderungen an Winzer, denen er Vorschuß gegeben, aber niemals Wein dafür erhalten hatte. Als Johann nun die Leute mahnte, leugneten die meisten jede Schuld ab, und da er nichts Schriftliches von ihnen hatte, so war er machtlos.

„Siehst du, Lene, mir hat Vater oft Vorwürfe gemacht, wenn ich nicht jeden Pfennig aufschrieb, den ich ausgab. Aber wenn ein Bauer zu ihm kam und eine frische Butterklütte oder schönen faulen Käse brachte, dann bekam er Vorschuß und brauchte nicht mal 'ne Quittung auszustellen. Das war Vaters gepriesener Ordnungssinn, und wir haben nun das Nachsehen."

„Vater war noch so rüstig! Wie hätt' er an ein so rasches Ende denken sollen!"

„Wir stehen alle in Gottes Hand. Unser Leben währet siebzig Jahre, heißt es in der Bibel."

„Aber Vater ist doch nur einundsechzig geworden!"

„Wenn auch! Es war eben doch ein unverantwortlicher Leichtsinn. Handelt nach meinen Worten, und nicht nach meinen Werken!"

Das war aber selbst Frau Magdalene zuviel: „Jean! du solltest dich schämen! Hast du vergessen, was wir dem Vater alles verdanken?"

„Ich werde ihm immer dankbar sein bis an mein Ende; aber Recht muß deswegen doch Recht bleiben."

Daß Johanns Trauer noch durch ein ganz anderes Gefühl gemildert und bald genug ausgeglichen wurde, darüber war er sich wohl selber nicht klar. Es war die Empfindung, daß er jetzt doch eigentlich viel freier atmen könne. Er hatte sein Lebtag dem Vater mit einem gewissen Schuldbewußtsein gegenübergestanden. Der Alte hatte ja in manchem recht gehabt, das erkannte er dankbar an. Aber schließlich war er selber

doch ein erwachsener Mensch, war Familienvater und mußte wissen, was er zu tun und zu lassen hat. Ein R e c h t , sich in seine Angelegenheiten zu mischen, hatte der Alte doch wahrhaftig nicht gehabt, wenn er, Jean, auch so taktvoll gewesen war, das niemals auszusprechen. Und daß er der väterlichen Strafpredigten nicht bedurfte, um das verdammte Trinken sein zu lassen, das hatte er ihm ja, weiß es Gott, bewiesen.
Ludwig war noch viel zu klein, um den Großvater länger als ein paar Wochen zu vermissen. Und als er hörte, der sei nun im Himmel und habe es dort viel besser als hier auf Erden, war er ganz zufrieden. Erst viel später wurde es dem zum Nachdenken erwachten Knaben klar, was er an dem Großvater verloren hatte.
Am schwersten trug Frau Magdalene an dem Verlust. Trost, Hilfe in allen Kümmernissen war ihr der Schwiegervater gewesen. Jetzt hatte sie nur noch den Mann und das Kind. Und eine unbestimmte Angst faßte sie oft, Angst vor der Zukunft, die nun einzig in den Händen ihres Mannes lag. Doch sie hatte ein tapferes Herz. Ihr Jean war ja gut, und er liebte sie. Sie hatte kein Recht mehr, seinem Charakter und seiner Willenskraft zu mißtrauen. Nein, dankbar wollte sie sein, daß der Schwiegervater einen so schönen sanften Tod gefunden, daß er abberufen war mitten heraus aus Tätigkeit und Erfolg.
Johann van Beethoven hatte gehofft, der Kurfürst würde ihn zu seines Vaters Nachfolger machen. Warum auch nicht? Sein Vater war doch ursprünglich auch nur Sänger gewesen und hatte trotzdem einen ganz tüchtigen Kapellmeister abgegeben; und was sein Vater gekonnt hatte, das würde er auch noch können. Er hatte deshalb ein Gesuch eingereicht, worin er bemerkte, „man" fände ihn zwar befähigt, das Amt als Hofkapellmeister zu übernehmen, doch wollte er sich nicht unterfangen, seiner Kurfürstlichen Gnaden diese seine Befähigung zu Füßen zu legen. Es kam aber anders, als er gehofft hatte. Der Italiener Lucchesi, ein Musiker und Komponist von Rang, wurde zum Hofkapellmeister ernannt und mit der Aufgabe betraut, die Kapelle zu vergrößern und auf eine Höhe zu bringen, wie sie des glänzenden erzbischöflichen Hofes würdig sei.
Im April 1774 gebar Frau Magdalene wieder einen Sohn. Sein Tauftag wurde das große Ereignis im Leben seines Vaters:

Minister Baron von Belderbusch in höchsteigener Person war Pate, zusammen mit der amourösen Äbtissin Karoline von Satzenhofen; eine Zusammenstellung, gegen die Frau Magdalene vergeblich Widerspruch erhoben hatte. Schließlich gab sie seufzend nach, in dem Gedanken: vielleicht hat das Kind später einmal Nutzen davon. Es wurde auf die Namen Kaspar Anton Karl getauft.
Die bisherige Unterkunft war der Familie aber nun zu klein geworden. Beim Bäckermeister Fischer in der Rheingasse stand gerade die Wohnung leer, in der einst der Kapellmeister viele Jahre gewohnt hatte und Johann groß geworden war. So zog er nun in die vertrauten und lieben Räume hinüber.
Frau Magdalene war von dem Wechsel nicht entzückt. Die Rheingasse war so eng, daß zwei Wagen sich nur eben ausweichen konnten. Wollte man den Himmel sehen, dann mußte man schon ans Fenster treten. Beklemmend legte dieser Mangel an Licht sich ihr aufs Herz, sie meinte, hier nicht mehr so leicht atmen zu können.
Für Ludwig dagegen, der jetzt fünf Jahre zählte, war der Wohnungswechsel ein herrliches Ereignis. Vor allem fand er an dem Schwarm der Bäckerskinder gute Spielkameraden, mit denen er im Hof und auf der Gasse herumtollen konnte. Und dann war der Rhein ganz nahe! Man brauchte nur ein paar Schritt die Rheingasse hinabzulaufen – es ging so stark bergab, daß man nur achtgeben mußte, nicht hinzupurzeln – dann kam das alte Rheintor, und gleich dahinter der Rhein –, der ungeheure, riesenbreite Rhein. Und was gab es da nicht alles zu sehen! Unendlich lange, aus gewaltigen Stämmen zusammengefügte Flöße trieben stromab, und schwere beladene, tiefgehende Frachtkähne. Wie gemütlich mußte das sein auf solch einem Kahn! Aus der kleinen Kajüte am Heck des Bootes stieg blauer Rauch auf und wurde lustig vom Winde entführt. Der Schiffer stand an das Steuer gelehnt und rauchte sein Pfeifchen, eine Frau hängte Wäsche auf, ein paar Kinder spielten mit einem kleinen weißen Spitz. Ob die wohl nie ins Wasser fielen? Na, sie würden ja wohl schwimmen können. – Die fuhren nun gewiß nach Holland hinab. Da wurden die Schiffe ausgeladen, und die Holländer bekamen all die guten Sachen, die drin waren. Und die leeren Schiffe fuhren dann wieder zurück, an Bonn vorbei ins Oberland. Wenn günstiger

Wind war, hatten sie Segel gesetzt und kämpften sich den Strom hinauf. Wenn es keinen Wind gab, dann waren Pferde vorgespannt, sechs, acht Stück auf einmal; die plagten sich auf dem Leinpfad, den Kahn stromauf zu schleppen. Aber das mochte der Kleine nicht gern sehen, die armen Pferdchen taten ihm leid. – Am Ufer gab es Weidengebüsch, soweit man sehen konnte, und darin die herrlichsten Plätze zum Verstecken, viel schöner als im Hofgarten, wo man jedes Fleckchen kannte. Zwar die Eltern hatten es verboten, daß er sich hier ohne Aufsicht herumtrieb; aber der Vater war ja doch meistens nicht zu Hause; und die Mutter, die hatte mit dem Brüderchen genug zu tun. Und wenn sie es einmal merkte, daß er nicht gehorcht hatte, na, so zankte sie eben ein bißchen, und dann war es wieder gut. Schlagen tat die ihn ja doch nicht, die war ja viel besser als der Vater.

In Fischers Hof gab es eine Schaukel, und Cäcilie Fischer, das große Mädchen von vierzehn Jahren, die war so nett mit ihm, schaukelte ihn, wenn er's haben wollte, oder schleppte ihn huckepack umher, was ihm besonderen Spaß machte. Spaniol hatte sie ihn getauft, weil er so braun im Gesicht wäre und ganz schwarzes Haar hätte; sie sagte, das sei eine Seltenheit am Rheine, und darauf war er sehr stolz. – Im Hause roch es immer nach frisch gebackenem Brot, und wenn Meister Fischer gar ans Kuchenbacken ging, dann duftete es, wie früher in der Bonngasse nur an Feiertagen. Der kleine Ludwig sah dann oft dem Meister bei der Arbeit zu, erteilte ihm seinen weisen Rat, und durfte schließlich den Rest des Teiges zusammenkratzen und verspeisen. Bald stand es bei ihm fest, daß er später Bäcker werden wolle.

Leider war sein Vater anderer Meinung. Für ihn war es selbstverständlich, daß sein Ältester Musiker wurde. Die Bonner Kapellmitglieder betrachteten ihre Stellen gewissermaßen als erblich; ihre Kinder mußten schon recht talentlos sein, wenn sie von der Nachfolge ausgeschlossen werden sollten. Ein auffallend starkes Interesse für Musik hatte der kleine Ludwig bisher noch nicht bekundet; aber wenn der Vater seine Rollen studierte, dann schlich er sich doch gern ins Zimmer, drückte sich in einen Winkel und hörte zu. Den Höhepunkt erreichte seine Aufmerksamkeit freilich, wenn Johann eine Pause machte, sich räusperte, an den Wandschrank ging und eine

Tüte mit Backpflaumen hervorlangte; die galten ihm als bestes Mittel gegen Heiserkeit. Jetzt kam der entscheidende Augenblick! War das Papächen guter Laune, dann fiel auch für ihn eine Pflaume ab. –

Ludwig sollte also Klavierspielen lernen. Sein Vater verstand davon nur eben so viel, daß er zum Gesang begleiten konnte. Aber da er von sich im allgemeinen und von seinen musikalischen Fähigkeiten im besonderen eine ziemlich hohe Meinung hatte, so traute er es sich schon zu, den Unterricht selbst in die Hand zu nehmen. Er suchte die alte Klavierschule hervor, nach der er selber einst gedrillt worden, stellte eines schönen Tages das nichtsahnende Kind auf ein Bänkchen vor das Klavier – denn um davor zu sitzen, dazu war Ludwig noch zu klein – und begann ihm die weißen und schwarzen Tasten zu erklären. Das Kind fand das auch ganz amüsant; aber als es nun die Namen der Tasten nachsagen sollte, hatte es sich nichts gemerkt. Geduld gehörte nicht zu den Tugenden seines Vaters, und so endete die erste Lektion damit, daß der Kleine durchgeprügelt und ins Bett geschickt wurde.

Mit zusammengebissenen Zähnen, die Decke fest über den Kopf gezogen, lag Ludwig da. Das tat ihm sein Vater, für dessen Wohl und Gesundheit er jeden Abend mit der Mutter zum lieben Gott betete! Ihn, der noch zu klein war, sich zu wehren, prügelte er, weil er sich diese läppischen Namen „Dora, Mifa", oder wie diese schwarzen und weißen Dinger sonst hießen – nicht merken konnte! Die erste Erkenntnis von der Härte und Ungerechtigkeit im menschlichen Schicksal, das den Schwachen unbarmherzig an den Stärkeren ausliefert, brach über das Kind herein. Minutenlange Krämpfe schüttelten den kleinen stämmigen Körper. – Da zog eine sanfte Hand behutsam die Decke von seinem Gesicht. An seiner Mutter Brust löste des Kindes Verzweiflung sich in einen Strom wohltätiger Tränen.

Als Johann Abends aus dem Theater kam und sich gleich ins Bett legen wollte, bat ihn seine Frau, noch einen Augenblick zu verweilen.

„Du darfst Louis nicht so hart anfassen, Jean! Er ist ja noch so klein! Laß ihm doch sein bißchen Freiheit, bis er zur Schule kommt!"

„Lene, misch dich bitte nicht in Sachen, die du nicht verstehst.

Wenn aus dem Jungen was werden soll, dann heißt es früh beginnen. Ich will nicht, daß sich bei ihm wiederholt, was an mir gesündigt worden ist. Aus mir hätte ganz etwas anderes werden können, wenn ich in die richtigen Hände gekommen wäre. Mein Vater war zum Lehrer viel zu gut und nachsichtig. Eiserne Energie und Konsequenz muß man zeigen, und erst recht bei einem so dickköpfigen störrischen Burschen wie Louis."
„Mit Härte wirst du bei ihm gar nichts erreichen! Sei streng, Jean, aber sei nicht hart mit dem Kinde! Schlag es wenigstens nicht! Tu es mir zuliebe, Jean!"
„Ich werde immer das tun, was ich für meine Pflicht und Schuldigkeit halte, als Vater wie als Lehrer. Dir zuliebe will ich morgen etwas weniger streng sein, aber paß auf, es wird nichts helfen. Dem Bürschchen ist nur mit Schlägen beizukommen."
Mit Grauen kletterte der Kleine am nächsten Tage wieder auf seine Marterbank, merkte aber bald seines Vaters veränderte Art. So legte sich seine Angst, er zwang sich zur Aufmerksamkeit, und die Stunde verlief ganz erträglich.
Abgesehen von seiner schönen Stimme war Johann musikalisch nicht sehr begabt. Was er selber als Kind nur mit großen Schwierigkeiten begriffen hatte, das stellte er seinem kleinen Sohne nun als äußerst komplizierte, ja rätselhafte Dinge dar, die man eben nur durch größten Fleiß und unausgesetztes Wiederholen erlernen könne. Aber der Kleine nahm alles Neue so leicht in sich auf, als habe er es längst gewußt, bewältigte alles gleichsam im Spiel. Das nahm der Vater als Beweis, daß er mit ihm auf dem richtigen Wege sei, und so glaubte er, seine Anforderungen noch steigern zu sollen. Seine Frau schüttelte freilich oft den Kopf, wenn sie sah, wie Ludwig auf diese Weise um die schönste Zeit seiner Kindheit betrogen wurde; aber sie wagte nichts mehr zu sagen; ihr Mann hätte sie doch nur kurz abgefertigt.
So ging ein Jahr dahin. Im Oktober 1776 schenkte Frau Magdalene einem dritten Sohne das Leben; er wurde auf den Namen seines Vaters getauft. – Ludwig war glücklich über das neue Brüderchen und hätte es gern den ganzen Tag auf den Armen herumgeschleppt; aber für ihn hieß es üben, und weiter nichts als üben. –

„Hör mal, Jean", sagte Meister Fischer eines Tages, „ich hab ja jar nichts dajeje, abe alles, wat rech is; mit dem ewijen Jesinge un Klavierjeklimpere wird et mer nächstens zu bunt. Wenn ich des Nachts back, dann will ich doch wenigstens e paar Stunde am Tag mein Ruh habe, denn schlafe muß de Mensch doch, dat mußte doch zujebe."
„Leg dich doch einfach in et Hinterzimmer, Theodor, da hörste sicher keine Ton."
„Dat hab ich all schon ausprobiert, et schallt durch et janze Haus. Du has eben en scharfe Stimm, die dringt durch de dickste Wand."
„Ich, en scharfe Stimm? Du bist wohl jeck, Theodor!"
„Ich bin noch lange net jeck! Du has en scharfe Stimm, Jean!"
„En laute, meinste vielleich."
„Nee, en scharfe."
„Thedor, du bis ene Ochs, du has kein Kunstverständnis."
„Jean, dat muß ich mer verbitte, dat du mich ne Ochs schimpfs. Nimm dat zurück!"
„Nimm du mal erst de scharfe Stimm zurück!"
„Fällt mer jar net ein! Ich weiß überhaupt net, wat mer da für ene Jenuß dran finde kann un noch Jeld dafür bezahlt."
„Ich sag et der nochmal, Thedor, du bis dat jrößte Rindvieh in janz Bonn."
„Dunnerschlag noch emal! Ers nimmste einem de Schlaf, un dann soll mer sich auch noch von dir beschimpfe lasse? Jetz bin ich et abe leid! Such der en ander Quartier!"
„Dat kann mer nur rech sein, Thedor! De Mehlstaub in deiner alten Bud hat mer schon längs net mehr jepaß." –
Beim Hofmusikus Brandt in der Neugasse nahe dem Schloß wurde gerade eine Wohnung frei, die nun die Familie Beethoven aufnahm.
Kurz vor seinem sechsten Geburtstag, zu Allerheiligen 1776, kam Ludwig zur Schule. Religion und Choralgesang, Lesen, Schreiben und Rechnen, später auch die ersten Anfangsgründe im Latein waren die Unterrichtsfächer. Sein Vater sah den ganzen Schulbesuch allerdings nur als ein notwendiges Übel an. Er hatte selber in der Schule nicht allzuviel gelernt und war doch ein tüchtiger Musikus geworden; und so würde es wohl mit seinem Louis nicht anders werden. So sehr er seinen kleinen Sohn auch zum Klavierüben anhielt, um seine Schul-

arbeiten kümmerte er sich desto weniger. In der Schule gab es deshalb häufig Prügel, die das Haupterziehungsmittel des gestrengen Magisters Krengel bildeten, besonders wenn er sein Podagra hatte und schlechter Laune war. Kam er zu solchen Zeiten mit niedergetretenen Filzschuhen und statt der Perücke mit einer braunen Wollmütze auf dem Kopf ins Klassenzimmer, so verbreitete sich ein panischer Schreck in seiner ganzen Herde; das kleinste Versehen wurde dann mit harten Körperstrafen geahndet.

*

Ludwig war kaum sechs Jahre alt, als er zum erstenmal die Großartigkeit und die Furchtbarkeit einer entfesselten Naturkraft erlebte.
Es war am 15. Januar 1777, in der Frühe kurz nach drei Uhr, als er durch einen gewaltigen Knall und das Klirren der Fensterscheiben aus dem Schlaf geschreckt ward. Er stürzte zu seinen Eltern hinüber. Da stand der Vater am Fenster und schaute hinaus. „Lene, es brennt!" rief er. Der nächtliche Himmel leuchtete in düsterer Glut. An allen Fenstern erschienen die Nachbarn. „Es brennt! Es brennt! Feuer!" so erscholl es von allen Seiten. Johann warf sich in die Kleider. „Mach, daß du in dein Bett kommst!" fuhr er den Jungen an. Dann stürzte er davon. Aber Ludwig dachte nicht daran, zu gehorchen. Er lief in sein Schlafzimmer, zog sich in aller Hast an und eilte auf die Straße.
Die Sturmglocken heulten von den Türmen, die Feuertrommeln vollführten einen Höllenlärm. Die halbe Bevölkerung Bonns war auf den Beinen, viele nur notdürftig bekleidet, trotz der strengen Winterkälte. Alles drängte in der Richtung des Feuerscheines vorwärts. „Das Schloß brennt!" schrie einer dem andern zu, „die Pulverkammer ist in die Luft geflogen!" Ludwig ließ sich vom Gedränge der Menschen vorwärts schieben und stand plötzlich dem Schloß gegenüber, mitten im Gewühl des Volkes. Aber schon drang die Kette der Brandschützen mit ihren großen Hellebarden auf das Getümmel der Neugierigen ein. Die Männer wurden ohne viele Umstände gepackt, erhielten einen Eimer in die Hand gedrückt und wurden nach dem Schloß zu gedrängt, um beim Löschen mit-

zuhelfen. Ludwig wurde mit einem Schwarm von Weibern und Kindern gegen die Häuserwand zurückgetrieben. Da stand er nun, in eine Gruppe jammernder Weiber eingekeilt, und schaute dem Brande zu.
Der ganze Dachstuhl des riesigen Schlosses stand hell in Flammen. Der Himmel war in einem einzigen Glutmeer aufgegangen. Der scharfe Südostwind trieb einen wahren Feuerstrom über die gegenüberliegenden Dächer. Auf der Straße herrschte ein wildes Durcheinander. Große Wasserbütten wurden herangefahren, die man in dem nahen Bach gefüllt hatte; das Fluchen der Fuhrleute, das Geknall der Peitschen, das ängstliche Schnauben der Pferde, das Geschrei der Menge mischte sich mit dem Geheul der Glocken, dem Dröhnen der Trommeln, dem Prasseln der Feuersbrunst. Ein paar Spritzen schleuderten dünne Wasserstrahlen in die Glut; aber es war, als ob damit die Wut des rasenden Elementes nur gereizt wurde; immer mächtiger loderten die Flammen in die von glutrotem Rauch erfüllte Luft empor.
Ein Freund von Ludwigs Vater kam jammernd herbeigelaufen, der Kontrabassist Passavati, der Italiener. Er hatte in das Schloß eindringen wollen, um sein Instrument zu retten, das noch vom gestrigen Konzert her stehengeblieben war; aber der Zutritt war ihm verwehrt worden, er wäre nicht zurückgekehrt. – „O mio povero contrabasso, che ho portato sul dosso mio da Venezia!" so jammerte er laut. Und als wollte er das Mitleid der Zuschauer anrufen, die sein Italienisch ja nicht verstanden, wiederholte er seine Klage in gebrochenem Deutsch: „O mein armes, armes Kontrabaß! Auf dem Rücken hab ich es getragen von Venezia hierher, und nun muß es verbrennen elend!" Aber Mitleid fand er nur bei Ludwig; das Volk lachte ihn aus. Verrückter Italiener! Um ein armseliges Musikinstrument zu jammern, wo ein ganzes Schloß unterging!
Inzwischen hatte das Feuer sich bis zum ersten Stockwerk hinuntergefressen; immer gewaltiger brausten die Flammen gen Himmel, immer dichter wurde der Funkenregen, der sich auf die nahen Bürgerhäuser ergoß. Da schlugen von einem Dach an der Bischofsgasse Flammen auf. „Die ganze Stadt brennt!" schrie eine Stimme. Eine wilde Panik bemächtigte sich der Menge. „Die ganze Stadt brennt!" so heulte und schrie es aus

hundert und aber hundert Kehlen. Die Männer ließen ihre Löscheimer fallen, die Pferdetreiber warfen ihre Gespanne herum; kein Befehlen und Fluchen und Zustoßen der Brandschützen half; alles drängte fort, heimwärts, das eigene Haus zu retten, und überließ das brennende Schloß seinem Schicksal.

Ludwig konnte sich von dem gewaltigen Schauspiel noch nicht losreißen und hielt mit einer kleinen Gruppe von Zuschauern aus. Die beiden oberen Stockwerke brannten jetzt lichterloh, turmhoch loderten die Flammen, jeder Windstoß riß Milliarden von Funken zum Himmel. – Und jetzt ergriff das Feuer den Glockenturm, s e i n e n Glockenturm, vor dem er mit dem Großvater so oft gestanden und den Klängen des „Deserteurs" gelauscht hatte. Soeben schlug es sechs Uhr, und kaum hatte es ausgeschlagen, da begann das geliebte Glockenspiel. Durch all den betäubenden Lärm hindurch hörte er ganz deutlich die alten vertrauten Klänge. „Großvater!" schrie das Kind, „unser Glockenspiel brennt!" und die Tränen stürzten ihm aus den Augen. Der ganze Turm war jetzt eine einzige riesige Feuergarbe. Die Ouvertüre war beinahe zu Ende – da brach der Turm in sich zusammen, und Gebälk und Glocken krachten in die Tiefe. Halb ohnmächtig wandte sich das Kind zur Flucht.

Daheim herrschte die größte Aufregung. Die Hausbewohner schleppten Eimer und Kübel voll Wasser hinauf zum Speicher. Dort hatten sich die Männer postiert und gossen Eimer um Eimer über das Dach hin, um zu löschen, was der Wind an Funken und glühenden Splittern herantrieb. Im Wohnzimmer saß der kleine Karl auf dem Sofa und heulte mit dem Brüderchen in der Wiege um die Wette. Mitten im Zimmer stand ein großer Korb, halb gefüllt mit allen möglichen und unmöglichen Gegenständen, die die verwirrte Mutter als wichtigsten und kostbarsten Besitz zusammengesucht hatte, um ihn zu retten, falls das Haus in Flammen aufginge. Trotz dem strengen Winterwetter war es so heiß wie im Sommer.

Ludwig ergriff einen Kochtopf, ging hinunter auf die Straße und schloß sich den Wasserholenden an. Als er zurückkam und zum Speicher hinaufklettern wollte, lief er seinem Vater in den Weg. – „Laß das dumme Zeug, Louis, kriech uns nicht auch noch vor den Füßen herum!" – Er nahm ihm den Topf

ab und tat einen langen Schluck. – „Ach, Lene, wären wir in der Rheingasse geblieben! Bis es Abend wird, steht das Haus in Flammen!" – Erschöpft warf er sich in einen Stuhl und schloß die Augen. –
„Wasser! Wasser!" dröhnte es vom Speicher herunter. Ludwig ergriff seinen Topf und kletterte nach oben. – „Dank schön, Louis", sagte der Hofmusikus Brandt und schüttete den Topf auf das Dach aus. Ludwig drängte sich an ihn heran und schaute zum Fenster hinaus. Gluthitze schlug ihm entgegen. Da lag das riesige Schloß, ein einziges, ungeheures himmelhoch brandendes Feuermeer. Aus dem Dach der Remigiuskirche schlugen die Flammen; dicht daneben brannte ein ganzes Haus.
„Schau dir's nur an, Louis", sagte Herr Brandt. „So etwas wirst du hoffentlich nicht ein zweites Mal in deinem Leben sehen. Wasser! Wasser!" schrie er dann wieder in das Treppenhaus hinab. Seine Frau erschien mit einem gefüllten Eimer.
„Alles zusammengepackt?" fragte Herr Brandt, „das Silberzeug nicht vergessen?" – Seine Frau nickte; sie war dem Umfallen nahe. „Vorwärts, vorwärts!" mahnte ihr Mann. „Ewig kann ja das Feuer nicht dauern, vielleicht retten wir unser Haus."
Die Sonne war inzwischen aufgegangen, ohne daß man es bemerkt hätte; das brennende Schloß leuchtete heller als sie. – So verging ein furchtbarer Tag. Ein jeder schleppte Wasser bis zur Erschöpfung. Zwischendurch trafen Nachrichten ein, die vom Fortschreiten des Brandes erzählten. Gegen Mittag tat es einen ungeheuren Krach; die Marmortreppe im Schloß war eingestürzt. Die Hofkapelle stand in Flammen. Neue Brände in der Nachbarschaft waren ausgebrochen, es brannte jetzt an dreizehn Stellen. – Nach wie vor loderte das Flammenmeer zum Himmel, nach wie vor galt es, das eigene Haus zu schützen. Niemand dachte daran, zu Bett zu gehen. Um Mitternacht ein neuer gewaltiger Krach, und eine Stunde später wußte man das Furchtbare: eine einstürzende Mauer hatte den allbekannten trefflichen Hofrat von Breuning samt dreizehn braven Männern bei den Rettungsarbeiten erschlagen.
Fünf lange entsetzliche Tage wütete das Feuer, fünf lange Tage dröhnten die Sturmglocken und rasten die Feuertrom-

meln. Am sechsten Tage ging die Sonne über einer rauchenden Trümmerstätte auf. Der größte und prächtigste Teil des Schlosses samt der Hofkapelle war vernichtet, unersetzliche Kunstschätze waren zerstört.
Wie war das Feuer entstanden? An vielen Stellen zu gleicher Zeit hatten die ersten Flammen emporgezüngelt. Und leise, aber einstimmig bezeichnete ganz Bonn den Baron von Belderbusch als den Brandstifter. Das Schloß habe brennen müssen, um die Spuren seiner verbrecherischen Verwaltung auszutilgen. So dachte man über den allmächtigen Minister, den eigentlichen Regenten des Landes. Aber es laut auszusprechen wagte niemand; es wäre ihm übel bekommen. Nach wie vor sah man den Minister an der Seite seines erlauchten Herren im Hofgarten lustwandeln, mit der Miene des Weltmannes, den nichts aus seiner vornehmen Ruhe bringen kann. Und auf dem Friedhof wölbten sich vierzehn frische Gräber.
Es dauerte geraume Zeit, bis Frau Magdalene sich von dem Schrecken dieser fünf Tage soweit erholt hatte, daß sie das Haus verlassen konnte. Ihr erster Gang galt der alten Wohnung in der Rheingasse. Sie mochte in dem Hause, wo sie so Entsetzliches durchlebt, nicht länger bleiben. Das Quartier bei Fischers war noch frei, und der Meister tat ihr gern den Gefallen, die Familie wieder bei sich aufzunehmen.
„Gut, daß wir wieder hier sind", meinte Ludwig. „Wenn es wieder einmal brennt, im Rhein ist Wasser genug zum Löschen."

VIERTES KAPITEL

Ludwig saß am Klavier und übte. Die Mutter war ausgegangen und hatte die beiden Kleinen in seiner Obhut zurückgelassen. Das Jüngste bekam Hunger und fing an, mörderisch zu schreien. Ludwig unterbrach sein Spiel für einen Augenblick, rückte die Wiege nah zu sich heran und versetzte ihr nun im Weiterspielen ab und zu mit dem Fuß einen Stoß, um sie ins Schaukeln zu bringen. Der kleine Karl hatte auf dem Fußboden gespielt, war dessen überdrüssig geworden und wußte nun nicht, was er anfangen sollte. Er drängte sich

immer wieder an den älteren Bruder, daß er sich mit ihm abgeben möchte. Aber Ludwig hatte keine Zeit. Er hatte einen schwierigen Allegrosatz vor, den er bis zum andern Tage beherrschen sollte; so suchte er das Geschrei des Kleinsten nicht zu hören, die Püffe des Größeren nicht zu bemerken und jagte immer von neuem einen brillanten Lauf, der ihm noch nicht gelingen wollte, über die Tasten.
Es klopfte. Der Konzertdirektor Mattioli trat ein. Ludwig bemerkte ihn nicht. Der Italiener blieb eine Weile kopfschüttelnd stehen, dann setzte er sich. So! Jetzt endlich ging der Lauf. Nun begann Ludwig den Satz von vorn und spielte das schwierige Stück von Anfang bis zu Ende ohne den geringsten Fehler. – „Bravo! Bravissimo!" rief Mattioli und applaudierte. Ludwig fuhr zusammen, drehte sich um und sagte Guten Tag. In diesem Augenblick trat der Vater ins Zimmer.
„Beethoven!" fuhr der Italiener auf ihn los, „was haben Sie da für Sohn! Ein Wunderkind! Ein Musiker bis in die Spitzen von die Finger! Ah, mein Engel! Du wirst berühmter Maèstro! Und Sie, amico, Sie haben ein solches Schatz in Haus, und kein Mensch weiß! – Mein Engel, willst du nicht werden Geiger? Das Klavier ist ein instrumento miserabile! Ich würde dich unterrichten, ich würde dich machen groß und berühmt!" Und er umarmte den erschrockenen Kleinen und küßte ihn trotz seinem Widerstreben, bis es Ludwig gelang, sich loszumachen.
„Ja", sagte Johann geschmeichelt, „er hat eine ganz nette Begabung; aber ich gebe mir auch Mühe mit ihm."
Mattioli hatte Johanns Bemerkung überhört. Aufgeregt lief er im Zimmer umher, blieb vor Ludwig stehen, musterte ihn von oben bis unten und rannte dann wieder auf und ab. „Spielt er Klavierkonzerte?" fragte er unvermittelt. Johann nannte drei Konzerte, die der Kleine geübt hatte.
„Amico, ich habe Idee!" rief Mattioli plötzlich. „Haben Sie Zeit für trinken Wein mit mir? Dann werde ich dir sagen meine Idee."
Bald darauf saßen die beiden im Wirtshaus hinter einer Flasche Wein, und nun rückte der Konzertdirigent mit seiner Idee heraus: „Beethoven! Ihr Sohn muß – Hofkonzert! Wird glänzendes Erfolg! Der Kurfürst wird entzückt sein! Versteht nichts von Musik, aber wird entzückt sein! Alle werden ent-

zückt sein! Es wird glänzend! Schönster Tag von mein Leben! Lassen Sie ihn Rosetti spielen! Sehr brillant, muß gefallen! Einverstanden? Gut! Natürlich muß tüchtig üben, braver Junge! In zwei Monat! Wird er können in zwei Monat?"
„In einem, wenn Sie wollen", entgegnete Johann.
„Ist zu früh. Programm schon akzeptiert. In zwei Monat, kurz vor Weihnacht. – Aber sagen Sie, wer ist Lehrer?"
„Ich!" sagte Johann stolz.
„Sie? Sie sind doch Sänger!"
„Ich habe auch Klavier gelernt."
Mattioli glaubte, nicht recht gehört zu haben. „Ihr Sohn kein andres Lehrer als dich?" Johann schüttelte stolz lächelnd den Kopf. „Ja, aber – Beethoven – das ist ja – das ist ja fabuloso! Wie lange Lektionen?"
„Zwei Jahre."
Mattioli warf den Kopf in den Nacken und machte seinem Erstaunen in seiner Muttersprache Luft. – „Aber nun, amico, nun bald richtiges Klavierlehrer!"
„Warum denn?" entgegnete Johann, „ich trau es mir zu, meinen Sohn allein auszubilden."
Mattioli warf ihm einen humoristischen Blick zu. „Beethoven! Wollen Sie, Sohn wird wie Großpapa? Sie verstehen nicht? Teures Freund, Ihr Vater war unendlich musikalisch, der musikalischste Mensch, ich habe gesehen. Und was war er? Schlechtes Kapellmeister! Werden Sie nicht böse! Ich weiß, er war ursprünglich Sänger. Leider ich hatte nicht mehr das Glück, ihn zu hören. Ich bin überzeugt, er sang süperb. Aber bei seine unendlichen Anlagen – hätt er nicht können mehr sein? Aber – ungenügendes Ausbildung. Er wurde Kapellmeister – der arme Mann! Ich habe ihn oft bedauert. Und nun Ihr Sohn! Kleines Genie! Wenn er kommt in richtige Hände, er wird zweites Mozart! Kennen Sie Mozart? O, prodigioso! Ich gehört in Italia. Ihr Sohn – zweites Mozart! Aber allerbestes Lehrer, und bald! N a c h Konzert in Gottes Namen! Ich gönne dir Triumph, Vater, Lehrer! Aber wenn Konzert ist vorbei, dann andres Lehrer, Klavierspieler! das Sie sind schuldig!"
Johann kam an jenem Abend spät nach Hause. Er legte sich zu Bett, aber an Schlafen war nicht zu denken. Sein Sohn ein Wunderkind! Ein zweiter Mozart! E r sah eine herrliche Zu-

kunft vor sich. War das Hofkonzert vorbei, dann würde er mit seinem Sohn auf Reisen gehen und die jammervoll bezahlte Sîngerei an den Nagel hängen. Durchlaucht, würde er zum Kurfürsten sagen. Durchlaucht, ich bitte, mich aus Hochdero Diensten zu entlassen; ich brauche Hochdero Brot nicht mehr! Und dann würde er mit seinem Sohne in die Welt hinausziehen, ihn vor Königen und Kaisern spielen lassen, Ehre und Ruhm einheimsen, und Geld, sehr viel Geld! In Glanz und Reichtum würde er mit den Seinen leben; natürlich nicht in dem elenden kleinen Bonn, sondern in irgendeiner großen Hauptstadt, in Wien oder Paris vielleicht. Magdalene freilich, die paßte nicht recht in die große Welt. Aber lieber Gott, er würde sie schon zurechtstutzen, das sollte seine kleinste Sorge sein; er wußte ja, was Lebensart war. Alles andere, was der Italiener ihm vorgepredigt hatte, war dummes Zeug. Er kein Klavierlehrer? Der Kerl hatte ihn ja noch nie spielen hören, redete über Dinge, die er gar nicht beurteilen konnte. Mozarts Vater war ja auch eigentlich kein Klavierspieler gewesen, sondern ein Geiger. Also, was Vater Mozart fertiggebracht hatte, das würde Vater Beethoven auch noch fertigbringen! – Am andern Tage suchte Johann das Rosettische Konzert heraus, das er Mattioli genannt hatte. Seinem Studium wurden nun die nächsten Wochen gewidmet.

Am Vorabend von Ludwigs siebentem Geburtstag kam sein Vater in bester Laune nach Hause. – „Hör mit Üben auf, Louis, es ist genug für heute. Spiel ein wenig im Hof", sagte er zu dem froh überraschten Kleinen; der ließ sich das nicht zweimal sagen. Frau Magdalene sah ihren Mann erstaunt und erwartungsvoll an. Johann weidete sich einen Augenblick an ihrer Spannung. „Paß auf, Lene", sagte er endlich, „ich hab eine glänzende Idee. Louis wird morgen sechs Jahre alt."

Seine Frau begriff nicht sogleich. – „Sechs? Sieben wird er doch!"

„Sechs wird er, Lene. Noch lieber wären mir fünf: aber das würde uns niemand glauben."

Frau Magdalene hatte endlich verstanden: „Du willst das Kind für ein Jahr jünger ausgeben? Jean, das ist doch unrecht!"

„Wem schaden wir denn damit? Doch keinem Menschen!

Mozart ist auch schon mit sechs Jahren öffentlich aufgetreten."
Seine Frau versuchte noch Einwände zu machen, aber Johann bestand auf seinem Willen, und so erfuhr Ludwig am nächsten Tage, daß er heute erst sechs Jahre alt geworden sei. Seine Zweifel wurden ihm ausgeredet, und so nahm er die Sache schließlich auf Treu und Glauben hin.
Die letzten Tage vor dem Hofkonzert vergingen unter fieberhaftem Üben. Nun war der große Abend da. Obwohl Vater Johann seiner Sache sicher war, befand er sich doch in nicht geringer Aufregung und ging, während die Mutter Ludwig ankleidete, unruhig im Zimmer auf und ab. Er war in der Galatracht der Hofmusiker: seegrüner Frackanzug zu weißseidener Weste und weißseidenen Strümpfen; sein lockig frisiertes Haar endete in einem kleinen Zopf. An der Seite trug er den Degen mit silbernem Portepee. Seine schlanke Gestalt nahm sich in solcher Gewandung sehr vorteilhaft aus, und so versäumte er denn auch nicht, jedesmal wenn er am Spiegel vorbeikam, einen mehr als zufriedenen Blick hineinzuwerfen. Daß sein Sohn auch gar so sehr von ihm abstechen mußte! Aber selbst der vornehmste Pariser Schneider hätte sich vergebens bemüht, dem Kinde etwas von der Eleganz seines Vaters zu geben. Auf dem kräftigen, ein wenig plumpen Körper saß, von einem kurzen Hals getragen, ein etwas zu großer Kopf. Aus dem braunen, von Blatternnarben zerrissenen Gesicht blickten ein Paar graue Augen, die heute infolge der Überanstrengung der letzten Tage nicht in ihrem alten Glanze leuchteten. Das tief schwarze Haar war zu zierlichen Löckchen gebrannt, die zu diesem Gesicht schlecht paßten. Seiner Mutter fleißige Hände hatten dem Kinde einen schwarzen Sammetanzug gefertigt; das war ihr und der Frau Fischer, die sie zu Rate gezogen, noch als das Vorteilhafteste erschienen.
Endlich war man fertig. Johann benutzte die Zeit, die sie auf das Vorfahren des Wagens zu warten hatten, dem Kleinen nochmals einzuschärfen, daß er auf Befragen nicht etwa ein falsches Alter angäbe, und wie er den Kurfürsten anzureden habe; ließ sich noch einmal die bis zur Erschöpfung geübte Verbeugung vormachen. Da fuhr die Hofequipage vor. Unter den Segenswünschen der Mutter, dem Jubel der Fischerskinder und dem Staunen der Nachbarn kletterten Vater und

Sohn an den pechfackeltragenden Lakaien vorbei in den Wagen, und fort ging es, dem Schlosse zu.
Ludwig war todmüde, und Johann machte sich beinah Vorwürfe, daß er das Kind nicht lieber hatte ein paar Stunden schlafen lassen, statt es mit einer allerletzten Probe zu quälen. Der Wagen hielt vor dem Schloßportal. Durch eine hohe Flügeltür schritten sie die mit dicken Teppichen belegte Treppe hinauf und gelangten in den für die Künstler bestimmten Warteraum. Die etwa zwei Dutzend Mitglieder des Hoforchesters waren schon versammelt und stimmten ihre Instrumente. Johann drückte sein Söhnchen auf einen Stuhl in einer Ecke und mischte sich unter die Musiker. Er fühlte sich als die Hauptperson des Abends; denn e r war doch schließlich der Vater, dem das Kind nicht nur sein Dasein, sondern auch sein musikalisches Können verdankte. Außerdem sollte er selber mit einem Solo „aufwarten" und hatte sich dazu eine italienische Arie gewählt, in der er seine schöne Stimme und seine Technik ins hellste Licht stellen konnte.
Ludwig hatte die müden Augen vor dem Glanz der vielen Lichter geschlossen. Dies Durcheinander der verschiedenen Instrumente tat ihm unendlich wohl. Das Schwirren der Violinen, die tiefen sammetweichen Töne eines Hornes, der prächtig glitzernde Lauf einer Flötenpassage mischten sich zu einem Ganzen, das von allen Seiten in seine Haut einzudringen schien und seine Nerven wie mit lauen Fluten überrieselte. Die Musiker kamen auf ihn zu, streichelten ihm vorsichtig den kunstvoll frisierten Kopf und sprachen ihm Mut zu. Als aber die einleitende Symphonie beginnen sollte, und Vater und Sohn im Künstlerzimmer allein waren, sank das Kind in festen Schlaf.
In dem prunkvollen, von zwölf hundertkerzigen Kronleuchtern erhellten Konzertsaal hatte sich inzwischen eine glänzende Zuhörerschaft versammelt: der ganze Hofstaat des Kurfürsten, fast alle geistlichen und weltlichen Würdenträger, die gesamte Bonner Aristokratie. Jetzt intonierte das Orchester einen Tusch, und der Kurfürst erschien in der Hofloge, am Arm seine Nichte, die Gräfin Hatzfeld; hinter ihm der Baron von Belderbusch, der eine zweite Nichte des Kurfürsten, die Gräfin Taxis, führte. Als die Herrschaften Platz genommen, setzte sogleich das Orchester mit einer frühen

Haydnschen Symphonie ein. Der Kurfürst, der sich nicht viel aus Musik machte, unterhielt sich dabei recht ungeniert mit Belderbusch, zu dessen großem Leidwesen, denn er liebte Musik über alles. Auf die Symphonie folgte Johanns Arie, die lebhaft beklatscht wurde. Und nun trat eine neugierige Stille ein.

Johann, mit den Gesten eines Löwenbändigers, führte seinen kleinen Sohn herein, der inzwischen durch den Schlaf erfrischt war und unbekümmert in die tausend Lichter und Augen blickte. – „Halt!" flüsterte sein Vater, „jetzt!" – Und der Kleine machte erst vor der kurfürstlichen Loge, dann vor dem übrigen Publikum eine unbehilfliche Verbeugung, die auf allen Gesichtern ein gerührtes Lächeln hervorrief. Der Kurfürst klopfte in die Hände und gab damit das Zeichen zu einer herzlichen Begrüßung. Darauf war das Kind nicht vorbereitet. Was wollten die Leute von ihm? Er hatte ja noch gar nicht gespielt! Ratsuchend sah er sich nach seinem Vater um; aber der war verschwunden. So stand der Kleine, unschlüssig, was er tun solle. Das reizte einen Teil des Publikums zur Heiterkeit. Ludwig wurde rot, Tränen traten ihm in die Augen. Er flüchtete zu seinem Platz am Flügel, dicht neben dem Kapellmeister Mattioli. Der neigte sich zu ihm herunter und flüsterte ihm ins Ohr: „Tapfer, Louis! Denk: ich weg – Großpapa hier!"

Das Orchester setzte ein, und im Nu hatte das Kind seine Umgebung vergessen. Belderbusch hörte wie gebannt hin. Die Technik war mangelhaft, das merkte er nach den ersten Takten, aber die Auffassung war die eines Künstlers. Ein Wunder! Ein Wunder!

„Ein lieber kleiner Bursche!" klang des Kurfürsten Stimme an sein Ohr. „Erinnerst du dich noch, Kaspar, wie wir ihm einmal vor ein paar Jahren mit seinem Großvater begegnet sind?" Belderbusch war diese Störung entsetzlich. Aber es half nichts, er mußte wohl etwas entgegnen. Doch der Knabe enthob ihn der Antwort. Auch an sein scharfes Ohr war die Stimme seines allergnädigsten Herrn gedrungen, und ohne sein Spiel zu unterbrechen, heftete er einen langen ernsten Blick auf den Kurfürsten, daß der alte Herr über und über rot wurde; denn keinem im Saal war der kleine Zwischenfall entgangen. Die Gräfin Hatzfeld, eine vorzügliche Klavierspielerin, schüttelte sich vor unterdrücktem Lachen; und das wirkte ansteckend; für eine Minute herrschte lautlose Heiterkeit im Saale. Dann entrückte der Genius des Kindes wieder alle in eine andere Welt.

Als Ludwig geendet hatte, brach ein Sturm des Beifalls los. Immer und immer wieder mußte der Kleine sich verbeugen und dachte jedesmal: Ob ich's wohl recht mache? Was wird der Papa dazu sagen? – Die Musiker waren außer sich, vergaßen alle Etikette und klopften mit den Bögen auf ihren Instrumenten. Mattioli applaudierte wie ein Wahnsinniger. Ein Lakai erschien und rief Johann mit seinem Sohn in die Hofloge. Der Kurfürst erhob sich und trat auf Ludwig zu; doch die Gräfin Hatzfeld kam ihm zuvor. Sie packte den Kleinen an den Schultern und küßte ihn auf Stirn, Wangen und Mund. – „Mein Haar!" sagte Ludwig. – „Ach was, dein Haar! Du Teufelskerl du! Komm, gib mir auch einen Kuß!" – Ludwig tat es vorsichtig.

Der Kurfürst streichelte ihm die Backen und sagte ihm viel Schönes über sein Spiel. Und da er gutmütig war und Sinn für Humor hatte, so fragte er den Kleinen, warum er ihn denn vorhin so angesehen habe.

„Weil Euer Durchlaucht gesprochen haben. Das darf man doch nicht, wenn Musik gemacht wird."

Der Kurfürst tat das Klügste, was er tun konnte: er lachte herzlich. Dann wandte er sich an den Vater, der, zitternd vor Verlegenheit, nicht wußte, wohin er blicken sollte. „Ich bin sehr zufrieden mit Ihm, Beethoven! Fahr Er so fort! Man wird Ihm eine kleine Douceur für den heutigen Kunstgenuß überweisen." – Dann reichte er ihm die Hand zum Kuß; Vater und Sohn waren entlassen.

Nach dem Konzert ging es in der Kneipe der Hofmusiker hoch her. Johann wurde gebührend gefeiert. Nach allen Seiten mußte er seinen glückwünschenden Kollegen zutrinken. Endlich klopfte er an sein Glas, stand auf und begann:

„Meine verehrten Freunde! Daß doch die Freude so selten rein und ungetrübt kommt! Daß doch in den edelsten Wein immer ein Tropfen Wermut gemischt sein muß! Der heutige Abend, der der glücklichste meines Lebens sein könnte, er ist getrübt durch den Gedanken, daß es nun bald ans Abschiednehmen geht!"

„Abschiednehmen?" rief es erstaunt von allen Seiten.
„Ja, denn ich denke nun bald mit meinem Louis zu reisen."
„Zu reisen?"
„So wie Mozarts Vater mit seinem Sohn gereist ist, so gedenke auch ich –"
Ein Sturm der Heiterkeit unterbrach ihn. „Jean, bist du verrückt?" – „Er ist besoffen!" – so tönte es durcheinander. Johann sah sich entgeistert nach allen Seiten um. – „Ja, glaubst du denn – Herrgott nochmal, der Kerl hat den Größenwahn! Glaubst du denn, dein Louis ist fertig ausgebildet? Reif für die große Welt?"
Johann setzte sich. Giftig starrte er vor sich hin. Kapellmeister Lucchesi klopfte an sein Glas, und es trat Stille ein.
„Mein lieber Beethoven, Ihr Sohn ist ein großes Talent, wahrscheinlich das größte unter uns allen. Aber fertig ist er noch nicht! Allen Respekt, daß Sie ihn so weit gebracht haben; aber nun gehört er in die Hände eines Klavierspielers, und nicht eines Sängers. Dixi."

FÜNFTES KAPITEL

Johann van Beethoven wachte am nächsten Morgen in einer Stimmung auf, in der er hätte Brunnen vergiften mögen. Da sah man's mal wieder: die sogenannten Kollegen, die waren die schlimmsten von allen! Wenn sein Sohn am kurfürstlichen Hofe zu Bonn Erfolg hatte, warum sollte er ihn nicht geradesogut woanders auch haben? Verdammte, mißgünstige Bande, diese ganze Hofkapelle! Und dies Bonn überhaupt das neidischste Pflaster entlang dem Rhein! Aber er wollte ihnen schon zeigen, was für ein Kerl er war! Nun erst recht wollte er mit seinem Sohn auf Reisen gehen.
So gab denn Ludwig am 26. März 1778 in Köln sein erstes öffentliches Konzert. Johann hatte die Kölner wissen lassen, daß sein Söhnchen von sechs Jahren schon zum größten Vergnügen des Bonner Hofes sich hören zu lassen die Gnade gehabt habe und sich deshalb schmeichle, auch in Köln allen hohen Herrschaften ein völliges Vergnügen zu bereiten. Aber der Erfolg war keineswegs überwältigend.
Hatten nun seine Kollegen recht? War er nicht der richtige

Lehrer? Er hatte es doch wahrhaftig nicht an Fleiß und Gewissenhaftigkeit fehlen lassen. Es mußte an Louis liegen. Der Bengel übte einfach nicht genug, verwendete viel zuviel Zeit auf den Krimskrams für die Schule, albernes Zeug, das er als Musiker doch später nicht brauchte; trieb sich viel zuviel draußen herum. Das mußte nun anders werden.

Armer kleiner Ludwig! Eine schlimme Zeit begann für ihn. Mit den Fischerskindern oder mit den Jungen aus der Nachbarschaft draußen auf der Gasse, am Rhein, im Schloßpark zu spielen, das wurde ihm nun ein für allemal auf das strengste verboten, die Zeit, die er auf seine häuslichen Schulaufgaben zu verwenden hatte, auf das äußerste beschnitten, so daß er in der Schule bald einen schweren Stand bekam. Dafür mußte er nun tagein, tagaus bis spät in die Nacht am Klavier sitzen und üben, mechanisch, geistlos, ununterbrochen üben.

Es war eben bei Johann zur fixen Idee geworden: was Mozarts Vater mit seinem Sohn gelungen war, das mußte ihm mit seinem Louis auch gelingen; ein Wunderkind mußte er aus ihm machen, mit dem er reisen und Triumphe feiern konnte; und das in kürzester Zeit, solange sein Sohn noch ein kleiner Kerl und es zum Wunderkind noch nicht zu spät war.

Aber leider glich Johann allzu wenig Mozarts Vater mit seinem starken, durch Selbstzucht und Pflichttreue gefestigten Charakter, seiner ernsten und hohen Kunstauffassung, seinem weiten geistigen Gesichtskreis. Er hatte doch keine wirkliche Vorstellung davon, was für ein Schatz ihm in seinem Sohn anvertraut war. Und daß es in der Musik Höheres geben könne als blendende Virtuosität, das ließ er sich nicht träumen. Je mehr die Zeit verrann und das Ziel, das sich seine nervös überspannte Einbildungskraft gesteckt, noch immer nicht erreicht war, desto ungeduldiger wurde er. Er begann den Kleinen zu quälen, zu tyrannisieren. Kam er spät nachmittags von seinen Lektionen nach Hause, und war ihm tagsüber irgend etwas quer gegangen, so bekam Ludwig die Folgen zu spüren, wenn er sein Tagespensum vorspielen mußte. Dem Vater war dann nichts recht zu machen; irgendein unbedeutendes Versehen, ein Danebengreifen, trug dem Knaben Prügel ein, oder er wurde gar in den dunklen feuchten Keller gesperrt. Ludwig ward mürrisch, verschlossen, menschenscheu. Und wenn er dann bemerkte, wie die Mutter seine Partei

ergreifen, dem Vater gut zureden wollte und dafür oft genug brutal zurückgestoßen wurde, so begann die Anhänglichkeit, die er dem Vater trotz allem noch bewahrt hatte, sich allmählich in Abneigung zu wandeln. Ja, er begann, ihn zu verachten. Desto leidenschaftlicher ward seine Liebe zur Mutter. Die sanfte stille Frau wurde ihm der Inbegriff alles dessen, was es auf der Welt Verehrungswürdiges gab. Er sah, daß sie litt, für ihn litt, und dankte ihr das durch abgöttische Verehrung.
Kein Wunder, daß ihm das Klavierspielen allmählich zur Qual wurde, daß er sein Instrument und die Musik überhaupt zu hassen anfing. War der Vater nicht zu Hause und die Mutter mit den beiden Kleinen spazierengegangen, dann stahl er sich gern vom Klavier weg, legte sich ins Fenster nach dem Hof zu, schaute nach dem Himmel und träumte. Oder er kletterte in den Speicher hinauf, von dessen Fenster man eine weite Aussicht über den Rhein bis zu dem fernen Siebengebirge hatte. Wie schön mußte es sein, mit dem Schiffer da im Kahne den Strom hinabzuschwimmen, weit weit fort von Bonn und der Rheingasse mit dem verdammten Klavier. Oder mit jenem Vogel davonzufliegen, hinüber zu den sieben blauen Bergen, fort auf Nimmerwiedersehen! – Auf Nimmerwiedersehen? Jetzt hatte er gar nicht an die Mutter gedacht. Nein, von der wollte er sich freilich nicht trennen. Aber sonst, alles übrige – was hatte das für einen Sinn? Warum durfte er nicht spielen wie andere Kinder? Warum mußte gerade er den ganzen Tag Klavier üben? – Leise zog ihm eine Melodie durch den Kopf, die er sich selber ausgedacht und ganz heimlich aufgeschrieben und harmonisiert hatte. Aber wie traurig war das Leben, wenn all die schöne Musik nur dazu gemacht war, kleine Jungen damit zu plagen.
Am meisten litt Ludwigs Mutter. Sie begriff, daß ihr Mann trotz der unendlichen Mühe, die er sich mit dem Jungen gab, nicht auf dem rechten Wege mit ihm war. Aber da sie nichts von Musik verstand, so wagte sie nicht, ihm dreinzureden. Hätte er dem Kleinen wenigstens ein paar Stunden am Tage Freiheit gelassen, draußen seinen heranwachsenden Körper zu recken und zu strecken! Aber davon wollte er nichts wissen. E r sei der Vater, e r sei dafür verantwortlich, daß aus dem Jungen etwas werde, und er bitte sie, jede Einmischung zu unterlassen.

Dazu hatte Frau Magdalene noch für die beiden jüngeren Söhne zu sorgen, die nun vier und zwei Jahre zählten, also noch unausgesetzter Obhut bedurften. Ja, sie hatte ihr Kreuz zu tragen. Aber sie biß die Zähne zusammen, suchte ihren Mann aufzuheitern, wenn er schlechter Laune war, und drückte gern ein Auge zu, wenn Ludwig in seines Vaters Abwesenheit auch einmal etwas anderes tat als Klavierüben.

*

Johann war ausgegangen, und Ludwig hatte sich vom Klavier weggestohlen, lag im Hoffenster und ließ die eisernen Ladenhalter umeinanderschwirren; das gab schöne tiefe Töne. Er war so in sich versunken, daß er gar nicht bemerkte, wie Cäcilie Fischer auf dem Hof erschien und ihm winkte.
„Louis!" rief sie halblaut, „mach dich ans Klavier! Dein Papa kommt!"
Aber der Kleine sah und hörte nicht.
Schon betrat der Vater den Hof und erblickte seinen Sohn. Er beobachtete ihn eine Weile, dann schlich er leise die Treppe hinauf. Nun stand er hinter dem ahnungslosen Kleinen. Dem zog gerade eine schöne Melodie durch den Kopf; er lauschte andächtig. Da fühlte er sich plötzlich gepackt; sein Kopf wurde gegen den Fensterrahmen gestoßen, daß ihm Hören und Sehen verging.
„Also d a s nennst du üben, du verfluchter Lump!" schrie Johann, und hageldicht sausten die Ohrfeigen auf den Kleinen herab, der sich vergeblich durch seine vorgehaltenen Arme zu schützen suchte. Frau Magdalene hatte den Lärm gehört und war herbeigeeilt. Im Hof stand Cäcilie und jammerte. Johann packte das Kind bei der Hand und zerrte es ins Vorderzimmer, während er seine Frau vor sich herdrängte.
„Und du, Lene, statt den Tagedieb zum Üben anzuhalten, läßt ihn faulenzen, wenn der Vater den Rücken dreht! Verschworen habt ihr euch gegen mich! Das ist der Dank, daß ich mich für euch zu Tode arbeite! Setzt mir doch lieber gleich Gift vor und tanzt um meinen Leichenstein! – Komm her, du Faulenzer! Ans Klavier mit dir! Ich will sehen, ob du heute was gelernt hast."

Stumm, leichenblaß, mit zusammengebissenen Zähnen, hatte Ludwig alles über sich ergehen lassen.
„Vorwärts! Ans Klavier!" schrie der Vater. Ludwig blieb unbeweglich stehen. „Ans Klavier!" schrie jener zum dritten Male. Ludwig rührte sich nicht. Rasend vor Wut wollte Johann sich auf ihn werfen, da drängte sich die Mutter dazwischen.
„Halt! Jean! Bei allen Heiligen! Schlag das Kind jetzt nicht!
– Jean! Ich flehe dich an! Laß mich erst ein Wort mit ihm reden!" – Sie faßte den Kleinen an beiden Händen.
„Louis! Gehorch deinem Vater! Setz dich ans Klavier!"
„Nein!" sagte das Kind mit fester Stimme.
„Wie?" schrie der Vater. „Was hast du gesagt?"
„Nein."
Johann stieß seine Frau beiseite, prügelte den Kleinen wie noch nie zuvor, schleppte ihn in den Keller und schloß die Tür hinter ihm zu. Kreidebleich kam er wieder herauf und ließ sich schweratmend auf das Sofa fallen. Seine Frau trat schüchtern zu ihm und legte ihre eiskalte Hand auf seine Stirn. Johann ließ es geschehen und schloß die Augen.
– „Jean", sagte sie leise, „du hast Louis doch lieb! Sei doch nicht so hart mit ihm!"
„O b ich ihn liebe! Ebenso wie du liebe ich ihn! Oh Magdalene, du weißt nicht, was ich durchmache für den Jungen! Ich tue ja für ihn, was ich kann, ich will noch mehr für ihn tun, alles will ich für ihn hingeben, wenn er nur groß und berühmt wird!"
„Dann sei doch nicht so unglücklich, Jean! Louis ist doch brav und begabt und fleißig! Gewiß wird er einmal groß und berühmt! Das sagen doch alle!"
„Wenn er so weiter macht, dann wird nichts aus ihm. Er ist auf einem toten Punkt angelangt, es geht nicht mehr vorwärts. Und vorhin diese störrische Widersetzlichkeit gegen seinen Vater, dem er alles, aber auch alles zu verdanken hat! Lene, ist das nicht entsetzlich? Zweimal dieses Nein, dem Vater gegenüber!"
Frau Magdalene überlegte einen Augenblick. „Jean, erlaube mir, daß ich den Louis hole! Er soll selber reden!"
Und rasch stand sie auf, ging in den Keller und kam gleich darauf mit dem Kleinen zurück, der am ganzen Körper bebte.

„Louis!" sagte die Mutter sanft, „dein Vater hat dir befohlen, ans Klavier zu gehen. Zweimal hast du nein geantwortet. Willst du mir erklären, wie du dazu kommst?"
„Ich rühre keine Taste mehr an. Ich hasse das Klavier."
„Louis! Das ist ja nicht wahr! Du hassest das Klavier ja gar nicht! Du liebst es doch!"
Nun war es um Ludwigs Fassung geschehen. Er warf sich seiner Mutter in die Arme und schluchzte, als sollte ihm das Herz brechen.
„Louis", sagte sie endlich, „du weißt, wie lieb wir dich haben! Sag uns alles, wie es dir zumute ist!"
„Ich – ich – will nicht mehr!" stieß der Kleine schluchzend hervor. „Ich – ich – will – Bäcker werden!"
„Also d a s habe ich mit all meiner Mühe erreicht!" rief Johann. „Bäcker will mein Sohn werden! Warum nicht lieber gleich Koch!"
Frau Magdalene erblaßte. „Lene! Liebe gute Lene! Verzeih mir! Das hätt ich nicht sagen sollen! Du weißt ganz genau, das hab ich gar nicht so gemeint! Lene! Mach nicht solch ein Gesicht! Ich hab dich ja lieb! Mein Großvater war doch auch nur ein Schneider! Lene! liebe gute Lene, verzeih mir!"
Frau Magdalene strich ihm übers Gesicht. „Laß es gut sein, Jean, ich bin dir nicht böse. Du bist überreizt, du machst dich noch kaputt!"
Johann nickte eifrig. „Louis", fuhr sie fort, „geh, wasch dir dein Gesicht, bürste deinen Anzug, und dann geh auf den Hof und schaukle dich oder spiel sonst etwas." Das Kind sah sie dankbar an und ging hinaus.
„Und nun, Jean", fuhr sie in ermunterndem Tone fort, „nun wollen wir die Sache nicht schlimmer nehmen, als sie ist. Bäcker wird Louis gewiß nicht werden", setzte sie lächelnd hinzu, „sondern Musiker, das wissen wir doch alle beide!"
Johann schüttelte müde den Kopf. „Das weiß ich gar nicht so genau", entgegnete er. „Ach, Lene! Was hab ich mir mit dem Jungen aufgeladen!" Er legte die Hand über die Augen und versank in dumpfes Brüten.
Frau Magdalenens Blick fiel auf das Bild ihres Schwiegervaters, das ernst und gütig auf sie herabsah. Oh, warum hatte er so früh sterben müssen! Bei ihm hätte sie Rat und Hilfe gefunden.

„Jean", sagte sie nach einer Weile, „wie wär es, wenn du einmal den alten Eeden um Rat fragtest! Er war Vaters bester Freund und hat es immer gut mit uns gemeint."
„Was sollte der uns wohl helfen können! – Aber wenn es dich beruhigt – gut, ich will einmal zu ihm gehen."
„Geh gleich, Jean! Tu es mir zuliebe! Jetzt triffst du ihn gewiß zu Hause." –
Bald darauf saß Johann dem greisen Hoforganisten gegenüber und klagte ihm seine Sorgen. Der alte Herr hörte aufmerksam zu.
„Mein lieber guter Junge", sagte er endlich, „mir scheint, die Schuld liegt an dir. Ich bin jetzt fünfundsiebzig Jahre alt; aber solang ich denken kann, ist ein Klavierspieler immer der Schüler eines Klavierspielers gewesen, und Klavierspieler bist du nicht, mein alter Junge. Was du kannst, das kann dein Sohn wahrscheinlich schon längst selber, du bist mit deinem Latein zu Ende und wunderst dich, daß du ihm langweilig und lästig wirst. Jetzt bring ihn mir mal her, ich habe ihn seit Ewigkeiten nicht mehr gesehen. Ich will ihn gern selber unterrichten, wenn es dir recht ist; ich wäre glücklich, wenn ich meinem teuren Louis noch übers Grab hinaus einen Liebesdienst leisten könnte." – Er schwieg eine Weile, in Erinnerung versunken. – „Ich sehe ihn noch vor mir, wie ich ihn zum erstenmal gesehen habe. Das war Anno zweiunddreißig in der Hofkapelle, in meiner lieben alten Kapelle, die nun das Feuer zerstört hat." – Seine Stimme bebte einen Augenblick. – „Ich saß vor meiner Orgel und spielte einen Satz von unserem niederländischen Nationalheiligen Orlando di Lasso. Wie ich fertig bin und mich erhebe, steht ein junger Bursch vor mir und redet mich an in der Sprache meiner Heimat. – Jean! Ich will deinen Sohn mit denselben Tönen begrüßen, mit denen ich seinen Großvater begrüßt habe; das soll ein gutes Omen sein! Bring ihn mir morgen ins Münster, wenn die Vesper beendet ist; da will ich ihn empfangen."
So wanderte Johann am andern Tage, den kleinen Ludwig an der Hand, zum Münster. Gesprochen ward unterwegs kein Wort. Es hatte morgens zwischen Vater und Sohn noch einmal einen heftigen Auftritt gegeben, denn der Kleine hatte sich wiederum standhaft geweigert, Klavier zu üben. Alles Zureden und Bitten und Schelten hatte nicht das mindeste

gefruchtet; Johann hätte ebensogut auf einen Stein einreden können. Am liebsten hätte er seinen starrköpfigen Sohn zu Boden geschlagen; aber die Angst und das Flehen in den Augen seiner Frau bestimmte ihn, vorläufig nachzugeben. –
Durch eine Seitentür der Kirche, nahe dem Chor, traten sie ein. Stille und Dunkelheit umfing sie, der Duft von Weihrauch und Lilien. Johann führte seinen Sohn die Stufen zum Chor hinauf; dort nahmen sie Platz. Still glühte das rote Licht der Ewigen Lampe. In geheimnisvoller Dämmerung dehnte sich der ungeheure Raum. Nur von dem Fenster oben hinter der Orgel drang Licht herein. Dort geht es in den Himmel, dachte Ludwig. In dunklem Goldschein schimmerte die Figur eines Heiligen, der ein kleines Kind auf dem Arm hielt; geborgen vor der Welt da draußen ruhte es an seiner Brust. –
Ähnlich war Ludwig zumute. Still und unbeweglich saß er; die vorausgegangene Erschütterung war einer sanften Entspannung gewichen.
Ein leiser Ton schwebte heran. Wo kam er her? Ein anderer gesellte sich hinzu, ein dritter, immer mehr; es wurde stärker, immer stärker, wuchs zum Brausen, zum Dröhnen, und in mächtigen Akkorden zog ein alter Hymnus vorüber.
Ludwig saß wie erstarrt; er wagte kaum zu atmen. D a s war Musik! Ja, d a s war Musik!
Der letzte Ton war verhallt. Eine feierliche Stille trat ein. „Vater" flüsterte Ludwig, „wer hat die Musik gemacht?" Johann deutete nach oben zur Orgel. An der Brüstung stand ein alter Mann; das Licht der Abendsonne umschimmerte sein weißes Haupt. Er hob winkend die Hand.
„Wir sollen hinaufgehen, Louis."
Hinter seinem Vater schritt Ludwig die Stufen des Chores hinab, an den steinernen Riesenpfeilern des Schiffes vorbei, die Treppe zur Orgel hinauf. Da stand der Alte und streckte ihm die Hand entgegen. – Lange betrachtete er den Enkel seines liebsten Freundes. Ihm entgingen nicht die letzten Wellen der Sturmflut, die soeben über die Seele dieses Knaben dahingebraust war. Gütig strich seine feine durchgeistigte Hand über Ludwigs Haar.
„Ganz der Großvater! Die Stirn, die Augen, der Mund, Zug um Zug mein lieber alter Louis! – Jean!" fuhr er leiser fort, „um den Jungen ist dir bange? Laß dich doch nicht auslachen,

dummer Kerl du! – Sag Louis, möchtest du nicht auch so schöne Musik machen können?"
„Ich? Wie soll ich das können?"
„Du mußt es lernen, Louis."
„Kann man das?"
„Freilich! Ich hab es doch auch gelernt!"
„Dann möcht ich es auch lernen! Das ist viel schöner als Klavier spielen! Ich will nicht mehr Klavier spielen."
„Deine Hände sind aber noch zu schwach, und die Königin der Instrumente verlangt einen vollkommenen Klavierspieler. Soll ich dich auf dem Klavier weiter unterrichten?"
„Wenn ich später Orgel lernen darf –?"
„Das versprech ich dir, Louis."
„Dann will ich weiter Klavier spielen."

Sechstes Kapitel

Das Jahr 1778 brachte dem Bonner Kunstleben ein Ereignis von höchster Bedeutung: die Eröffnung eines Nationaltheaters. Während die Hofbühne sich bisher ausschließlich der Pflege italienischer und französischer Opern gewidmet hatte, sollte nun dem deutschen Schauspiel, das durch Lessing zu neuem Leben erweckt war, eine Pflegestätte bereitet werden, auf daß es an der Bildung des Volkes mitarbeite. Als eine moralische Anstalt, eine Schule der Sitten kündigte der Intendant, Baron Belderbusch, den Bonnern das neue Unternehmen an. Mit der künstlerischen Leitung wurde Friedrich Großmann aus Berlin betraut, einer der größten und berühmtesten Schauspieler seiner Zeit, der zudem durch seine Beziehungen zu Lessing und Goethe im Mittelpunkt des deutschen Geisteslebens stand.
Für Johann van Beethoven und die übrigen Bonner Hofsänger bedeutete das neue Theaterunternehmen künstlerisch eine Einbuße, denn Großmann brachte sein ganzes Personal mit, und die Tätigkeit der eingesessenen Sänger beschränkte sich nun auf Kirche und Konzertsaal; von der Bühne waren sie ver-

drängt. Anfänglich mochten sie sich damit trösten, daß zunächst das Schauspiel ganz im Vordergrund des Interesses stand und Opern nur selten aufgeführt wurden. Aber schon im nächsten Jahre änderte sich das. Denn auch die deutsche Oper war aus ihrem hundertjährigen Schlaf erwacht und forderte Beachtung und Pflege.
So wurden neue Sänger von auswärts verpflichtet; als Kapellmeister holte sich Großmann seinen Freund, den langjährigen Genossen seiner künstlerischen Wanderfahrten, Christian Gottlob Neefe, der sich, erst einunddreißig Jahre alt, als Opernkomponist schon einen großen Namen gemacht hatte.
„Jetzt haben wir also glücklich drei Dirigenten", meinte Johann van Beethoven höhnisch, „Lucchesi für den Kapellchor, Mattioli für die Hofkonzerte, und diesen Herrn Neefe für die Oper. Und zusammen leisten sie alle drei nicht mehr, als mein Vater ganz allein geleistet hat. Es wird wirklich immer schöner in Bonn!"
In Johanns Nachbarschaft hatten sich einige Mitglieder von Großmanns Truppe eingemietet. Als nun zu Beginn der zweiten Spielzeit, im Herbst 1779, ein paar neue Schauspieler nach Bonn kamen, da fand er, es wäre doch eigentlich gar nicht übel, wenn er auch jemand in Quartier nähme. Viel sprang ja nicht dabei heraus; aber immerhin, er war nun mal ein armer Familienvater.
Als er seiner Frau die Sache vorstellte, erschrak sie ein wenig. Sie war vor kurzem von einem Töchterchen entbunden worden, das aber nach wenigen Tagen gestorben war. Das war nun schon das fünfte Wochenbett gewesen, und sie hatte sich seitdem noch nicht recht erholt, besonders da die zwei Kleinen sie den ganzen Tag in Atem hielten. Aber bei der Aussicht auf eine kleine Erhöhung ihrer Einnahmen mochte sie nicht nein sagen.
„Ich habe gestern einen wirklich reizenden Menschen kennengelernt", erklärte ihr Mann, „einen gewissen Pfeiffer. Er hat noch kein Unterkommen finden können, und da hab' ich ihm gesagt, ich würde mal mit dir reden." Frau Magdalene gab sich zufrieden.
Nachmittags erschien Johann mit seinem neuen Freund. Es war ein schlanker junger Mensch, Ende der Zwanzig, mit

einem schönen, klugen, aber etwas verlebten Gesicht. Frau Magdalene begrüßte ihn, wunderte sich im stillen über seine riesigen Reitstiefel und fragte nach seinem Gepäck.
„Omnia mea mecum porto. Was ich besitze, hab ich bei mir", sagte Pfeiffer und deutete auf ein kleines Handtäschchen und ein schwarzes Futteral. „Nun, Jean, zeig mir, wo ich mein müdes Haupt hinlegen darf."
Frau Magdalene erstaunte immer mehr. Der duzte sich schon mit ihrem Manne! – Auf dem Flur begegnete ihnen Cäcilie, die Haustochter, die zu einem hübschen Mädchen von sechzehn Jahren herangewachsen war. „Das ist Cäcilie, unser Musikpatrönchen", stellte Johann vor. Pfeiffer sandte ihr einen Feuerblick zu, der sie erröten machte.
„Und wo steckt denn der Louis?" fragte er. Er kannte sich schon völlig in der Familie aus.
Ludwig hatte sich beim Eintreffen des Fremden auf dem Speicher versteckt, in der unbestimmten Hoffnung, der Besuch möchte bald wieder abziehen. Er hatte sich ins Fenster gelegt und sah träumend in das Land hinaus. Da zog der Rhein dahin; aus der Ferne grüßten die Linien des Siebengebirges. Schwärme von Mücken tanzten im Sonnenschein. Von weit her schwebte der Ton einer Glocke an sein Ohr. Leise regte es sich im Grunde seiner Seele. Es hob sich, senkte sich wieder und ruhte, hob sich von neuem und schwebte endlich dahin in ruhigem, Frieden atmendem Zuge, immer begleitet von dem vollen gleichmäßigen Ton der Glocke. Ein Käfer schoß heran und prallte derb gegen die Stirn des Kindes. Es erwachte aus seinen Träumen und lauschte nun mit wachem Bewußtsein auf die Melodie, die in ihm erklungen war.
„Wie schön ist das!" seufzte der Kleine leise. „Das muß ich aufschreiben, eh ich's vergesse." Der Fremde fiel ihm wieder ein, aber der war ihm jetzt gleichgültig. Rasch lief er die Treppe hinunter. Da saßen die Eltern mit dem Gast schon beim Abendessen.
„Wo hast du wieder gesteckt, Louis?" rief sein Vater ärgerlich. „Komm her, gib dem Herrn die Hand!"
Das Kind tat es scheu und hastig; dann schlüpfte es ins Nebenzimmer, suchte sich Notenpapier und begann zu schreiben.
„Komm zum Essen, Louis!" rief sein Vater. Der Kleine hörte schon längst nicht mehr, was um ihn her vorging. Als er end-

lich aufatmend den Bleistift hinlegte, bemerkte er den Fremden, der hinter ihm stand. Erschrocken und beschämt wollte er das Blatt verstecken.
„Darf man sehen, was du geschrieben hast, Louis?"
„Es ist nichts", antwortete das Kind und strebte aus dem Zimmer.
„Hast du das gemacht?"
„Ich? Nein, es ist mir so eingefallen." Und damit war er hinaus. –
Nach ein paar Tagen waren Pfeiffer und Ludwig die besten Freunde. Aber über Johanns Erziehungsmethode war Pfeiffer entsetzt.
„Herrgott nochmal, Jean, was hast du denn eigentlich mit dem Jungen vor? Willst du vielleicht einen kleinen alten Mann aus ihm machen? Du bist auf dem besten Wege dazu! Wo hast du denn nur deine Augen? Sieh dir doch den Louis einmal an! Ist denn das überhaupt ein Kind, dieser arme, verhärtete, verdrossene kleine Bursche? Siehst du denn nicht, daß du ihm die Musik auf die Weise geradezu verhaßt machen mußt? Ein Kind will doch nicht nur lernen und gedrillt werden, es will sich doch seines jungen Lebens freuen, will mit seinen Kameraden draußen herumtoben, will seine Hände noch zu was anderem gebrauchen als zum Klavierspielen! Jetzt tu mir den einzigen Gefallen und laß ihm jeden Tag ein paar Stunden Freiheit! Versprich mir das augenblicklich, sonst zieh ich wieder aus! Die Schinderei kann ich nicht mit ansehen."
„Ja, aber ohne Fleiß –"
„Ach, hör auf mit dem Unsinn! Deine Hand her! So, abgemacht! – Und nun was anderes. Der alte van den Eeden ist sein Lehrer. Jean, mein teurer Freund, was sind mir das für Sachen! Mit dem Klavierspiel will es ja nicht viel sagen – aber mit der Theorie! Doch um Gottes willen einer jungen Seele nicht die Weisheit eines abgeklärten Alters eintränken! Jugend muß jung sein und jung fühlen, muß gären und brausen und schäumen, aber nicht bei jedem Schritt sich am Gängelband gehalten fühlen!" – Er öffnete die Tür zum Nebenzimmer, wo Ludwig bei der Arbeit saß. – „Louis, zeig mir mal, was du da neulich geschrieben hast, als ich kam." – Der Kleine brachte das Blatt.
„Sieh her, Louis! Warum hast du das hier geändert?"

„Es ist doch verboten, sagt mein Lehrer."
„Wer verbietet es?"
„Die Lehrbücher."
„Und warum?"
„Das weiß ich nicht."
„Na, ich weiß es auch nicht, und wenn du deinen Herrn Hoforganisten fragst, so weiß er es sicher auch nicht. Es ist verboten, weil es von jeher verboten war. Aber wenn dir nun gerade s o zumute war, wie du es hier ursprünglich niedergeschrieben hattest, warum mußtest du es dann ändern? Warum mußtest du deine Gefühle fälschen? Aber da kommen sie immer mit ihrem alten abgeleierten Geschwätz, daß Schönheit das oberste Gesetz sein müsse. Glaub ihnen nicht! Nicht Schönheit – Wahrheit ist das oberste Gesetz! Und wenn du alle Töne der Skala in einem einzigen Akkord anhäuftest, eine furchtbare Disharmonie, ein Aufschrei der gequälten Kreatur, und es ist empfunden, es ist wahr, dann ist es auch schön! – Denk an mich, Louis, wenn du erst größer bist! Und dann schreib, wie es dir ums Herz ist, und rüttle und schüttle diese ganze langweilige sogenannte Musik mal tüchtig durcheinander! – Ja, sag mal, Jean", fuhr er fort, als der Kleine das Zimmer verlassen hatte, „kannst du denn von diesem alten Orgelgreis nicht loskommen?" – Johann überlegte eine Weile.
„Ich kann ihn nicht vor den Kopf stoßen; er war der beste Freund meines seligen Vater. Allerdings – zur Zeit ist er krank, und der Unterricht ruht."
„Das ist ja famos", rief Pfeiffer, hoffentlich ruht er noch recht lange. Hör zu, Jean! Jetzt überlaß mal vorläufig mir den Louis! Klavierspielen kann ich ihn lehren wie sonst einer, und auf den Generalbaß versteh ich mich auch."
Johann stand schon derart unter dem Einfluß seines weit jüngeren Freundes, daß er ihm alles aufs Wort glaubte. So war er mit Pfeiffers Vorschlag ohne weiteres einverstanden.
Nun hatte Ludwig mit noch nicht neun Jahren also wieder einen neuen Lehrer – es war schon der dritte! – und dieser war ein Sänger und Schauspieler. Aber wenigstens war er durch und durch musikalisch, und wenn Johann in seinem Sohn nur das abzurichtende Wunderkind sah, so ahnte Pfeiffer in dem Kleinen bald ein musikalisches Genie.

Da saß nun das seltsame Paar Tag für Tag zusammen am Klavier oder suchte gemeinsam in die Geheimnisse des Generalbasses einzudringen, wozu übrigens Pfeiffer die Beihilfe erheblicher Mengen Spirituosen brauchte. – Wenigstens hatte er das Talent, seinen kleinen Schüler nie zu ermüden; sobald er ein Nachlassen der Aufmerksamkeit verspürte, brach er ab, gab ihm plötzlich irgendeine humoristisch-musikalische Vorstellung, ahmte eine Katzenmusik nach, produzierte sich als Gesanglehrer, der einen gänzlich unmusikalischen Schüler ausbildet, und was dergleichen Schnurrpfeifereien mehr waren, so daß der Kleine sich oft vor Lachen schüttelte.
„Das ist die beste Medizin für den Jungen", sagte Pfeiffer dann zu Ludwigs Mutter. „Ihr Mann hat ihn viel zu ernsthaft angefaßt. Nichts Besseres auf der Welt als Lachen!" – Frau Magdalene sah ihn dankbar an.
Ein andermal holte er seine Oboe herbei, auf der er Meister war. Er gab dem Kleinen ein Thema zum Variieren auf und blies dann selber lustig dazwischen hinein. Die Leute blieben auf der Straße stehen und lobten die schöne Musik.
Mit Pfeiffer war ein neuer Geist in das Beethovensche Haus eingezogen, und Frau Magdalene empfand die Veränderung zunächst als sehr angenehm. Johann war in der letzten Zeit meist ziemlich mürrisch und wortkarg gewesen. Pfeiffer dagegen war ein vorzüglicher Gesellschafter, unerschöpflich an witzigen, oft sehr boshaften Einfällen, mit denen er zu Frau Magdalenens Entsetzen auch die hohen und höchsten Herrschaften nicht verschonte. Doch hatte er auch wieder Tage, an denen er in tiefe Schwermut versunken schien. Er war eines Predigers Sohn und hatte Theologie studiert; als er ein Amt übernehmen sollte, war er davongelaufen und zum Theater gegangen.
Leider hatte Pfeiffer einen starken Hang zu geistigen Getränken. Er trank gern zu Hause, aber noch lieber an der Tafelrunde, in lustiger Gesellschaft. So konnte es nicht ausbleiben, daß auch Johann wieder in die lange gemiedenen Wirtshauskreise geriet. Donnerwetter, war das gemütlich! Diese Leute aus Großmanns Truppe, was hatten die schon von der Welt gesehen! Was konnten die alles erzählen! Da merkte man mal wieder, was für ein stumpfsinniges Nest dieses gottverlassene Bonn doch im Grunde war. Vor allem der Direktor selber,

der hatte es hinter den Ohren! Wenn der nur den Mund auftat, mußte man schon lachen. – Nur einen konnte Johann nicht leiden, das war der neue Musikdirektor Neefe. Der sollte ein berühmter Komponist sein? So ein kleiner, buckliger, melancholischer Bursche mit einer langen Nase und stillen, traurigen Augen; der paßte wirklich schlecht an den Rhein! – Aber Johann fühlte sich doch geschmeichelt, als der berühmte Komponist – das mußte er doch wohl sein, wenn alle es sagten – sich nach seinem Sohn erkundigte und bat, ihn einmal besuchen zu dürfen, damit er den Louis spielen höre. Er kam auch, sah sich den Jungen sehr aufmerksam an und hörte sehr aufmerksam zu, blickte sehr aufmerksam auf die kleinen Hände; dann sagte er Johann allerlei Schmeichelhaftes, ließ aber schließlich doch durchblicken, er zweifle einigermaßen, ob der Sänger Pfeiffer nun gerade der richtige Lehrer für den Jungen sei. – So ein arroganter Bursche! An seinem Freunde Pfeiffer zu zweifeln! Der angelte wohl gar selber nach Schülern! Und der sollte ein berühmter Komponist sein? Ein ungemütlicher Kerl! – Nur ein Glück, daß er bald darauf aus der Tafelrunde verschwand. Es hatte ein schweres Zerwürfnis mit Großmann gegeben. Neefe erklärte, er habe gar keinen Kontrakt abgeschlossen, es böte sich ihm jetzt ein glänzendes Engagement an die Dresdner Hofoper, und er wolle fort. Und was tat Großmann? Er setzte mir nichts, dir nichts die Polizei in Bewegung und ließ die Habseligkeiten seines Freundes Neefe mit Beschlag belegen. Bis das Gericht entschieden hatte, war der Termin zum Antritt des Dresdner Amtes verstrichen, Neefe mußte wohl oder übel in Bonn bleiben und Großmanns Kontrakt unterschreiben. – Ein Filou, dieser Großmann! Der hatte es wirklich hinter den Ohren, bei dem war der Neefe an den Unrechten gekommen!
Und der kleine Musikdirektor saß nun abends, wenn er nicht dirigieren mußte, still zu Hause, grübelte über die Schwachheit des menschlichen Herzens und holte sich Trost bei seinem geliebten Gellert.
Mancherlei neue Bekanntschaften, die Johann jetzt ins Haus brachte, bedeuteten auch für Frau Magdalene eine Bereicherung; Johanns neue Freunde führten ihre Frauen bei ihr ein, und besonders zu der prächtigen Frau Großmann faßte sie bald eine herzliche Zuneigung. Trotzdem hätte sie auf dies

alles gern verzichtet, wenn sie dafür ihren Mann dem Wirtshaustreiben hätte entziehen können. Ja, sie würde den Tag verwünscht haben, an dem Pfeiffer zum ersten Mal ihr Haus betreten, hätte sie nicht bemerkt, wie ihr Ältester in den paar Wochen förmlich aufgelebt war. Wie lange hatte sie vordem ihren Louis nicht von Herzen lachen hören! Und wie gönnte sie es ihm, daß er nun nicht mehr den ganzen Tag Klavier üben mußte! –

Gott sei Dank, er kommt in die Flegeljahre! dachte Pfeiffer. Er hatte Ludwig bei einem Streich beobachtet, hütete sich aber wohl, etwas davon verlauten zu lassen.

Es war eines Sonntags in aller Herrgottsfrühe gewesen. Pfeiffer, der ebenso wie die drei Knaben nach dem Hofe zu schlief, war von einem Geräusch aufgewacht. Und was sah er da? Ein fremder Hahn hat sich auf Fischers Dach verflogen, saß da und krähte. Da steckte Ludwig schon den Kopf zum Fenster heraus, gleich darauf erschien der seines Bruders Karl; sie kicherten und flüsterten zusammen.

„Sieh mal, Karl", sagte jetzt Ludwig, „der Hahn, das scheint mir ein junger fetter Reiter zu sein, der hat noch kleine Sporen. Sieh mal, sieh mal, wie sich der Hahn uns so geneigt empfiehlt! Wenn ich den erwischen könnte, wollte ich ihm bald den Takt schlagen."

Gleich darauf erschienen die beiden in ihren Nachtkitteln auf dem Hof, Ludwig mit einem Stück Brot in der Hand. Nun warf er ein paar Krumen auf den Boden und lockte den Hahn, bis der endlich der Versuchung nicht mehr widerstehen konnte und herabgeflogen kam. Ein Sprung – schon hatte Ludwig ihn am Halse erwischt, und unter leisem Gelächter verschwanden die beiden Buben im Haus. Nachmittags, als die Eltern spazierengegangen waren, hatte es dann verdächtig nach Gebratenem gerochen. Und als Pfeiffer in die Küche kam, mußte Ludwig ihm beichten. Aber er verteidigte sich. „Was einem morgens auf den Hof geflogen kommt, das darf man behalten. Die Leute sollen ihr Vieh besser verwahren; durch Vieh können auch große Unglücker kommen."

Ein anderer Streich kam Frau Magdalene selbst zu Ohren. Frau Fischer hatte ihr schon öfters geklagt, daß ihre Hühner seit einiger Zeit so schlecht legten, trotz Wärme und auserlesenem Futter. Aufgeregt erschien sie eines Tages bei ihr.

„Also, wat denkt Ihr Euch wohl? Wie ich heut morje in der Hof komm, wat meint Ihr, wat ich da seh? Hat sich de Louis durch dat Jitte in der Hühnerhof jeschliche, und de Karl steht Schildwach. Auf einmal sach ich, Louis, sach ich, wat machste da? – Hä sach: De Karl hat mir mein Sacktuch da reinjeworfe, dat wollt ich mer wieder raushole, sach hä. – Ja, sach ich, dann is dat Sacktuch wohl de Jrund, dat ich e so wenig Eier krieje? – Ja, sach hä, vielleich habe de Hühner de Eier auch verlech, dat tun de Hühner jern. Wenn Ihr die dann wiederfint, dann freut Ihr Euch noch emal so viel."
„Was?" rief Frau Magdalene entsetzt, „das hat mein Louis gesagt?"
„Und wißt Ihr, wat hä dann noch sach? – Et jibt doch auch Füchs, die de Eier hole! – Ja, sach ich, du bis wohl einer davon. Wat soll aus dir noch werde! – Ja, sach här, dat mach de liebe Himmel wisse! Jetzt bin ich doch nur erst ne Notefuchs. – Un ne Eierfuchs biste auch, hab' ich jesacht. – Da mache se alle zwei ne Katzepuckel un lache un laufe wech. Nu weiß ich wenigstens, wo die Füchs sin, die mer de Eier hole!"
Frau Magdalene geriet durch diesen Bericht in einige Bedrängnis. Daß ihr Louis Eier stahl und der guten Frau Fischer noch dazu Antworten gab, die man schon als frech bezeichnen mußte! Und doch – mit Bestürzung stellte sie fest, daß sie sich über diesen Diebstahl und diese Frechheit im Grunde herzlich freute. Sie nahm ihren Ältesten beiseite und hielt ihm seine Tat mit ernsten Worten vor; es sei das erstemal, daß sie sich seinetwegen schämen müsse. Aber wie sie sah, welch schrecklichen Eindruck dieses Wort auf ihn machte, wie er in leidenschaftliches Schluchzen ausbrach und Besserung gelobte, da war es mit aller mütterlichen Strenge vorbei, sie fühlte nichts als Liebe für ihren großen Jungen, und Freude darüber, daß er noch ein recht kleiner Junge war.
Um jene Zeit erhielt Ludwig den ersten Geigenunterricht; sein Lehrer war ein junger elternloser Verwandter Frau Magdalenens, der Hofkapellgeiger Franz Rovantini. Ludwig nahm diesen für seine Ausbildung natürlich unentbehrlichen Unterricht wie ein notwendiges Übel hin; zu einer besonderen Geschicklichkeit auf der Geige hat er es nie gebracht.
Johann van Beethoven stand jetzt völlig in Pfeiffers Bann. Er bewunderte und beneidete ihn. Dem kleinen Hofbeamten, der

sich plagen mußte, seine immer größer werdende Familie durchzubringen, der aufgewachsen war in der blinden Anbetung fürstlicher Macht, imponierte Pfeiffer mit seinem Unabhängigkeitsgefühl, mit der Freiheit seines Geistes über alle Maßen. Der beugte sich vor keiner noch so geheiligten Autorität! Der hatte sich nicht die Ketten des Familienlebens angelegt, schwur auch, es niemals tun zu wollen.

Es war schließlich selbstverständlich geworden, daß die beiden Freunde Abend für Abend beim Wein im Wirtshaus saßen und erst spät nach Mitternacht heimkehrten; Pfeiffer, der sehr viel vertragen konnte, meist völlig seiner Sinne mächtig, Johann nicht selten schwer betrunken. Der stumme Vorwurf, den er jetzt oft in den Augen seiner Frau las, erbitterte ihn. War er denn etwa weniger als Pfeiffer? Wenn der sein Leben genoß, warum sollte er seines nicht auch genießen?

Eines Abends im Wirtshaus führte Pfeiffer, wie gewöhnlich, das große Wort. Man hörte ihm gern zu, wenn er seine tollen Geschichten erzählte, oder wenn er seinen Spott über Hofräte, Intendanten und Minister ergoß, wobei ihn die Anwesenheit seines Direktors Großmann nicht im geringsten störte. Besonders gern zog er über die kurfürstliche „Sittenschule" her.

„Eine feine Sittenschule!" rief er, „so fein wie die andere, die sie selber mit ihrer Mätressenwirtschaft bilden, all diese regierenden Herren, und die geistlichen nicht zuletzt! Daß sich das Volk so was noch gefallen läßt! Wie kommen diese Herren denn überhaupt zum Regieren? Wer ermächtigt sie dazu? Etwa das Volk? Nein, ein paar Pfaffen! Das Volk wird gar nicht gefragt! Betrachtet sie euch doch einmal der Reihe nach! Was sind das für Leute? Gibt es auch nur e i n e n Punkt, in dem sie leben, wie ihr Herr und Heiland es gewollt hat? Nach dem Prediger Salomonis haben sie sich gerichtet, wo es heißt: Ich baute mir Häuser und pflanzte Weinberge, legte Lust- und Baumgärten an, ich sammelte mir Gold und Silber und die Schätze der Könige und Länder; ich schaffte mir Sänger und Sängerinnen an –" Bei den Worten brach alles in stürmische Heiterkeit aus.

„– und die Lust der Menschenkinder, und Becher und Gefäße, die da dienen zum Weinschenken –"

Ein allgemeines Hört! Hört! unterbrach ihn, doch Pfeiffer ließ sich nicht stören: „Und alles, was meine Augen verlangten,

versagte ich ihnen nicht, und ich wehrte meinem Herzen nicht, alle Lust zu genießen!" – Er schwieg und stürzte ein Glas Wein hinunter.
„Sie werden sich noch um Ihr Brot schwatzen, Pfeiffer!" ertönte da Direktor Großmanns Stimme.
„Um mein Brot! als ob der Pfeiffer nicht überall sein Brot fände! Ich bin Künstler, aber kein Fürstendiener! Und kein Mensch soll mich hindern, meine Meinung frei herauszusagen!"
„Sie richten Ihre Ausfälle aber an die falsche Adresse!" entgegnete Großmann. „Unser allergnädigster Herr ist darüber wahrhaftig erhaben! Ich kann nicht dulden, daß Sie in diesem Tone weiterreden!"
Pfeiffer stand auf; er war blaß geworden, düster flackerten seine Augen; seine Finger umklammerten das leere Glas.
„Noch sind sie über uns erhaben, die hohen Herren! Aber ihre Stunde kommt! Und so wahr ich hier stehe, der Tag ist nicht mehr fern, wo sie herunter müssen von ihren Thronen und um Gnade winseln vor denen, auf deren Nacken jetzt noch ihr Fuß steht. Zerschmettert sollen sie werden, alle zusammen, so wie dies Glas hier!" Und er schleuderte sein Glas gegen die Wand, daß es krachend in Scherben sprang.
„Komm, Jean! Genug für heute!"
Aufrecht und festen Schrittes ging er hinaus, den schwankenden Freund mit sich ziehend. Der überbot sich unterwegs in begeisterten Ausbrüchen über Pfeiffers Mut, und zu Hause erklärte er, die Lust zum Schlafen sei ihm vergangen, er wolle seinen Ältesten holen, damit der mal sähe, was ein echter Mann sei. Während er dann in das Schlafzimmer der Kinder wankte, holte Pfeiffer eine Flasche Wein herauf. Daß er sich heute Abend vielleicht in Bonn unmöglich gemacht hatte, wußte er. Aber was kümmerte das ihn! Eine wilde Lustigkeit stieg in ihm auf, und als Johann den schlaftrunkenen kleinen Ludwig hereinschleppte, rief er:
„Komm, Louis! Ich bin Bacchus, der Gott des Weines, und der ist auch der Gott der Musik, nicht Apoll, diese langweilige Schlafmütze. Jetzt zeig mir mal, was du von mir gelernt hast. Aber erst füll dich einmal selbst mit meiner Göttergabe!" – Und er setzte dem Kleinen ein Glas Wein an den Mund und nötigte ihn zum Trinken. – „So nun spiel!"

Das Kind war dem Weinen nahe. – „Ich kann nicht, Herr Pfeiffer, ich bin so müde!"

„Aber i c h will, daß du spielst!" brüllte der Vater. „Sofort fang an, du widerspenstiger Bursche!"

Ludwig begann, aber er machte Fehler auf Fehler. Immer zorniger schimpfte der Betrunkene, und schließlich versetzte er ihm eine Ohrfeige, daß das Kind in lautes Weinen ausbrach.

„Was! heulen willst du auch noch, du Waschlappen!" Und von rechts und links sausten die Schläge auf den armen Kleinen nieder. Da stand Frau Magdalene auf der Schwelle. Mit einem Blick übersah sie die Szene. Außer sich warf sie sich zwischen das Kind und seinen Vater.

„Schlag mich, wenn du schlagen mußt, aber hab Ehrfurcht vor deinem Kind! – du – der du es nicht wert bist, ein solches Kind zu haben!"

Johann starrte sie aus gläsernen Augen an. War das seine Frau, seine sanfte, stille Magdalene? Er sah sich nach Pfeiffer um, doch der hatte sich lautlos entfernt. Und ehe er sich noch zu einer Entgegnung gesammelt, hatte seine Frau mit dem Kinde das Zimmer verlassen.

Am nächsten Tage stand Pfeiffer mit Handtäschchen und schwarzem Futteral vor Frau Magdalene, um Lebewohl zu sagen. Sein Direktor hatte ihn kurzerhand entlassen. Er war blaß und seine Stimme bebte, als er sich für ihre Gastfreundschaft bedankte.

„Wollen Sie Louis nicht adieu sagen?"

„Ich möcht' es nicht. Leben Sie wohl, Madam van Beethoven!" – Er verneigte sich und wandte sich zum Gehen. Da sah sie, wie ihm die Tränen aus den Augen stürzten.

„Pfeiffer!" rief sie, „gehen Sie nicht so!" Er blieb stehen; sie streckte ihm ihre Hand hin, ihre harte, rauhe Arbeitshand. Er griff sie und küßte sie ehrfurchtsvoll.

– „Verzeihen Sie mir! oh, verzeihen Sie mir!" stammelte er.

„Ich verzeihe Ihnen, Pfeiffer, gern und von Herzen! Und ich danke Ihnen für alles, was Sie an meinem Sohn getan haben. Lassen Sie mich das Kind rufen!"

„Bitte nicht! oh, nicht! Grüßen Sie ihn tausendmal!" – Und er stürzte davon.

Siebentes Kapitel

Nach Pfeiffers Fortgang war die Stimmung im Beethovenschen Hause anfänglich geradezu trostlos. Johann hatte am ersten Tage seiner Frau eine Szene machen wollen, war aber derart von ihr zurechtgewiesen worden, daß er beschämt abzog. Ludwig, der das plötzliche Verschwinden seines vergötterten Freundes nicht begriff, war in tiefe Schwermut versunken, weigerte sich, eine Taste anzurühren und saß oft stundenlang vor sich hinbrütend in irgendeinem Winkel. Stumm traf man sich zu den Mahlzeiten und war froh, wenn man wieder auseinandergehen konnte.
Frau Magdalene klagte ihrem Neffen Rovantini ihr Leid: „Ich habe Angst um Louis! er ist ganz verwandelt. Ich fürchte manchmal, er könnte die Melancholie bekommen und sterben. Wie wär es, Franz, wenn du zu uns zögest! Louis hat dich gern, du könntest fleißig mit ihm musizieren und ihn auf andere Gedanken bringen. Und Cäcilie Fischer", setzte sie lächelnd hinzu, „wird es auch nicht unangenehm sein, wenn du mit ihr unter einem Dache wohnst."
Rovantini errötete tief. „Was wissen Sie davon, liebe Tante?" stotterte er. – Sie lachte. „Du kannst dich nicht verstellen, Franz, und Cäcilie –. Nun", brach sie ab, „das wirst du ja selber am besten wissen. Also, hast du Lust, unser Hausgenosse zu werden?"
Franz Rovantini hatte Lust und bezog das durch Pfeiffers Fortgang frei gewordene Zimmer.
Er war ungefähr das Gegenspiel zu Pfeiffer; an geistiger und musikalischer Begabung diesem weit unterlegen, aber von einer rührenden Güte des Herzens; ein sanfter, stiller, tief religiöser Mensch, und voll ahnenden Verständnisses für die Seele seines kleinen Vetters. Er begriff sofort, daß Ludwigs Schmerz durch Musik nicht zu lindern sei, denn jeder Ton erinnerte ja das Kind an seinen geliebten Pfeiffer. Darum verfiel er auf ein anderes Heilmittel. Der Frühling war ins Land gekommen, die Kapelle hatte Osterferien. Da nahm er Tag für Tag, wenn das Wetter es irgend erlaubte, den Kleinen mit hinaus in die wunderschöne Umgebung Bonns. Ludwig war bisher aus seiner Vaterstadt kaum herausgekommen, abgesehen von den kurzen, herzlich langweiligen Familien-

spaziergängen mit Eltern und Brüdern an Sonntagnachmittagen bis zu irgendeiner nahegelegenen Weinschänke. Nun tat sich ihm eine neue Welt auf.

Sie wanderten in den rheinischen Frühling hinein, lagerten sich an einem Berghang ins Gras, am Rande des Waldes, mit der Aussicht auf den Strom und das weite Land. Die Sonne schien warm herab, die milde Frühlingsluft erfüllte Ludwig mit einer sanften Müdigkeit; er schlief ein. – Als er erwachte, fiel sein erster Blick auf Franz Rovantini. Der saß da, die Augen in die Ferne gerichtet; ein leises glückliches Lächeln lag um seinen Mund. – Der Kleine beobachtete ihn lange. Woran mochte Franz denken, daß er so fröhlich aussah! Und ihm selber war doch so traurig zumute.

„Franz! an was denkst du?"

Rovantini fuhr zusammen. – „Hast du gut geschlafen, Louis?"

„Ja, aber sag, an was du denkst. Du machst ein so fröhliches Gesicht."

„Muß man nicht fröhlich sein, Louis, wenn man sieht, wie schön Gott die Welt gemacht hat?"

„Ich bin aber gar nicht fröhlich", sagte das Kind, und um seinen Mund zuckte es leise.

„Gott will aber, daß die Menschen fröhlich sind; darum hat er ja alles so schön gemacht."

„Warum hat er dann Herrn Pfeiffer weggenommen?"

„Das kann ich dir nicht sagen, Louis. Wir wissen ja nicht, warum Gott so oder so handelt."

„Dann will ich auch nichts von ihm wissen. Herr Pfeiffer soll wiederkommen!"

„Louis! willst du kleiner Knirps Gott vorschreiben, was er zu tun hat? Vielleicht findet Herr Pfeiffer anderswo eine Stelle, wo er es viel besser hat als in Bonn, und dankt Gott, daß er ihn von hier fortgebracht hat."

„Kann das wirklich sein?"

„Ja, warum denn nicht?"

„W e n n es so ist, dann will ich zufrieden sein. Aber er soll einmal kommen und mich besuchen."

„Wir wollen es ihm schreiben, Louis."

„Meinst du, er wird kommen?"

„Wenn er nicht zu weit weg ist, ganz gewiß."

„Wann wollen wir ihm schreiben?"

„Wann du willst. Heute Abend meinetwegen."
Der Kleine schwieg zufrieden und legte sich wieder ins Gras zurück. – Eine Lerche stieg unten aus den Feldern in die Höhe, kerzengerade, immer höher empor. Nun schwebte sie über ihnen und sang ihre zarten Triller.
„Warum singt sie?" fragte Ludwig.
„Sie preist ihren Schöpfer", entgegnete Rovantini. „Sie freut sich, daß der Frühling wieder da ist, und die Sonne so schön warm, und der Himmel so blau, und daß sie Nahrung hat, ihre Kindlein großzuziehen. Seht! ruft sie, wie schön ist die Welt, und wie gut ist Gott!"
Ludwig machte große Augen. „Verstehst du die Vögel?"
„Ein wenig schon, und du kannst sie auch verstehen, wenn du genau hinhörst. Horch, jetzt singt sie: Wie schön ist der Rhein, und wie lustig fährt das große Schiff mit seinen weißen Segeln dahin! Wie grün glänzen die Felder, und wie schön gelb blüht der Raps, daß es durch das ganze Land leuchtet. Und wie golden blitzt die Wetterfahne vom Münster herüber!"
Ludwigs Augen glänzten. „Was die alles sieht!" sagte er bewundernd. „Oh, jetzt geht sie fort!" Die Lerche fiel senkrecht in die Tiefe.
„Nun kann sie uns nichts mehr erzählen."
„Wir brauchen sie nicht, Louis. Mach nur deine Augen auf, dann wirst du selber Schönes genug entdecken. Schau dir einmal die Kiefer über dir an! Wie herrlich ihre dunklen Äste in den blauen Himmel ragen!"
„Und lauter kleine Kerzen trägt sie", sagte das Kind; „wie Lichter am Weihnachtsbaum. Der Baum freut sich auch, darum hat er all die Kerzen angesteckt." – Jetzt stieß Ludwig einen leisen Freudenschrei aus. – „Sieh, Franz, wie lieb!" Er zeigte auf einen Grashalm neben sich, auf dessen Spitze ein kleiner Käfer hin und her schaukelte. – „Wie er schön funkelt, blau und grün!" – Er hielt ihm seinen Finger hin; das Tierchen nahm den Weg zu ihm hinüber, krabbelte eine Weile hin und her, wie wenn es einen Ausgang suche, gelangte zu der Fingerspitze, breitete die Flügel aus und flog davon.
„Schade! Nun ist er weg", sagte Ludwig. – Er riß einen Grashalm aus und wirbelte ihn zwischen den Fingern; dann betrachtete er ihn genauer.

5 Beethoven

„Der ist auch schön", sagte er gedankenvoll. „Sieh, wie fein und zart er gebildet ist!"
„Gott ist Meister im Kleinen wie im Großen", entgegnete Rovantini. „Ein Grashalm ist ein ebensolches Wunder wie ein Baum oder ein Tier oder der Mensch. Und die Welt ist überall schön. Aber nirgends ist sie in Deutschland so schön wie hier um Bonn. Du kannst stolz sein, Louis, daß du ein Bonner bist."
Ludwig nahm diesen Ausspruch andächtig in sich auf. Franz mußte es wissen, der war schon weit herumgekommen. „Sieh, Louis wie schön sich der Rhein durch das Land windet, um die dunklen Siebenberge herum, zwischen den Weinbergen hindurch und den grünen Feldern, an Bonn vorbei, immer weiter, immer weiter, dem Meere zu! Sieh, wie die Ruine auf dem Drachenfels in den Himmel hineinragt! Da haben einst stolze Ritter gewohnt. Was sie gebaut haben, zerfällt in Trümmer. Aber der Fels, den Gott geschaffen hat, der steht noch fest und unerschütterlich, und wird in alle Ewigkeit so stehen. Daran kannst du den Unterschied zwischen Gotteswerk und Menschenwerk ermessen."
„Aber die Bäume und Tiere und Menschen sterben doch auch!"
„Aber sie kommen immer wieder. – So, und wenn du nun ausgeruht bist, dann laß uns weitergehen."
Manchmal wanderten sie schon in aller Frühe fort, wenn es noch dunkel war und die Sterne vom Himmel leuchteten. Rovantini hatte einen Fischer zum Freunde, der nahm sie in seinem Boot mit hinaus auf den Rhein. Mitten im Strom warf er seinen Anker aus; nun lagen sie fest, und die Wellen klopften ihre leise Melodie gegen die Wand des Kahnes. Ludwig streckte sich der Länge lang in dem Boote aus und schaute empor. Der Sternenhimmel glänzte auf ihn herab. Der Knabe lag unbeweglich. Er fühlte sich ganz leicht, wie körperlos. Alle seine kleinen Schmerzen und Sorgen zogen an seinem Geist vorbei, aber wie ein Schauspiel, dem er zusah, als beträfe es ihn gar nicht. Gott, der die Sterne erschaffen hatte, der würde ihm auch seinen Freund wieder schicken, soviel Macht konnte er ihm schon zutrauen.
Die Sterne wurden blasser, ein leises Rot färbte den östlichen Himmel. Von den Ufern scholl Hahnenschrei herüber. Der

Fischer erwachte aus seinem Halbschlaf und hantierte mit dem Netz. Ludwig erkannte jetzt im Wasser Schwärme von Fischen, die sich um das Boot tummelten. Es wurde heller, rosige Lichter waren über die silberne Fläche des Rheines ausgestreut. In den Gebüschen am Ufer erwachten die Vögel und zwitscherten noch halb im Traum. Der ganze Himmel im Osten leuchtete goldrot, und goldrot wie ein Feuerstrom leuchtete der Rhein. Die Sonne ging auf; wie von Hunderten von Diamanten tropfte das Netz. Langsam erstarb die feurige Glut am Himmel und auf dem Wasser.

Oder sie ließen sich bei Mehlem über den Rhein setzen, stiegen den Drachenfels hinan und schauten hinüber zu den Höhen, wo die Trümmer der alten Feste Rolandseck aus dem Grün mächtiger Bäume hervorlugten. Zwei Inseln schloß hier der Rhein in seine Arme; ein Hain alter Bäume spiegelte sich feierlich in der Flut; durch das Grün seiner Kronen schimmerten die weißen Mauern eines Klosters; leiser Glockenklang schwebte herauf.

Sie erklommen die Höhe von Rolandseck, kletterten zwischen den efeubehangenen Burgtrümmern umher, versenkten sich in den Anblick des Siebengebirges, in dem die Kette der jenseitigen Berge ihren Abschluß fand, wie eine Symphonie in einem mächtigen Schlußsatz.

Allmählich kam wieder Ruhe und Frieden über Ludwig. Wenn er sich abends niederlegte, dann zogen Hügel, Berge und schroffe Felsen, Wiesen und dunkle Wälder an seinem Geiste vorbei, und das Wogen des Rheines wiegte ihn in Schlaf.

Diese schöne Zeit nahm leider ein Ende, als sein Vater eines Tages erklärte: es würde auch ihm nichts schaden, wenn er sich die Beine mal ein bißchen in den Leib träte, und er möchte mit von der Partie sein. Er hatte viele Bekannte in der Umgegend; die wurden nun aufgesucht. Er führte sein Wunderkind vor und ließ sich dafür bewirten. Aus dem glücklichen Ruhen in den Mutterarmen der Natur waren Musik- und Weinreisen geworden.

Frau Magdalene war es zufrieden, wenn sie ihre Mannsleute zuweilen mal nicht im Hause hatte. Dann kam Cäcilie Fischer mit einer Handarbeit zu ihr und schüttete ihr Herz aus, das von der Liebe zu Franz Rovantini erfüllt war.

„Ja, was soll ich da sagen", meinte Frau Magdalene. „Franz ist ein guter, tüchtiger Mensch; einen besseren wirst du kaum finden, Kind. Aber soll ich dir zuraten? Was ist denn die Ehe? ein wenig Freude im Anfang, und nachher eine Kette von Leid."

*

Seit der Wiederkehr der schönen Jahreszeit hatte sich das Befinden des alten van den Eeden gebessert, so daß er Ludwigs Unterricht wieder aufnahm. Aber der Kleine hatte die Lust verloren und blieb oft den Stunden fern, um sich am Rheinufer herumzutreiben. Ja, wenn der Alte mit dem Unterricht im Orgelspiel hätte beginnen wollen! Aber daraus sollte wohl nichts mehr werden. So oft Ludwig daran erinnert hatte – jedesmal war er auf später vertröstet worden. Da griff er denn endlich zur Selbsthilfe.

Im Franziskanerkloster lebte ein Bruder Willibald Koch, hochberühmt als Orgelspieler und Sachverständiger im Orgelbau. Bei ihm ließ der neunjährige Knabe sich eines Tages melden und bat ihn um Unterricht. Bruder Willibald, der von seiner Begabung längst gehört, nahm ihn gern als Schüler an. Allmählich machte er ihn auch mit den kirchlichen Riten bekannt und brachte ihn so weit, daß er ihn als seinen Gehilfen im Gottesdienst verwenden konnte.

Als Ludwig dann Lust bekam, auf einer größeren Orgel zu spielen, freundete er sich mit dem Organisten des Minoritenklosters an und verpflichtete sich, eine Zeitlang jeden Morgen um sechs Uhr in der Frühmesse zu amtieren.

Ludwig war von jeher ein Frühaufsteher gewesen; er machte sich nichts daraus, selbst im Winter, wenn es morgens um fünf noch dunkel und bitterkalt war, aus dem Bett zu klettern. Mit einer Laterne, die ihm zugleich als Handwärmer diente, tappte er durch die Dunkelheit und saß Schlag sechs vor seiner Orgel. Der Frühgottesdienst war immer rasch erledigt, die wenigen Gläubigen, die sich dazu einfanden – meistens ein paar Frauen aus dem Volk –, bald wieder verschwunden. Aber Ludwig blieb vor seiner Orgel sitzen. Die Lichter in der Kirche waren erloschen. Nur neben dem Notenhalter an der Orgel brannte einsam eine Kerze. Und nun ließ das Kind die Töne in das geheimnisvolle Halbdunkel des Gotteshauses

hinausschweben. Das war ihm die schönste Stunde des ganzen Tages; alles Schwere und Harte löste sich: der Vater, der ihn zankte, der Schullehrer, der das gleiche tat –, seine Mitschüler, die ihn hänselten, weil er anders war als sie –, alles war vergessen und versunken. Nur an die Mutter dachte er zuweilen während des Spielens; aber die Liebe zu ihr weitete sich mit den Schwingungen der Töne zu einer mehr umfassenden, sehnsuchtsvollen, hingebenden Liebe. Wem sie galt, das wußte er selber nicht. Waren es alle Menschen, auch die, die er nicht kannte, und die vielleicht viel besser waren als manche der ihm bekannten –, waren es alle Geschöpfe Gottes – Menschen, Tiere, Pflanzen –, war es die ganze Schöpfung, alles Lebende, der Rhein, die fernen Berge –, oder war es Gott selbst?
So ganz unbelauscht, wie er glaubte, war aber Ludwig bei diesem morgendlichen Orgelspiel nicht immer. Unter den Klosterbrüdern hatte sich die Kunde von dem seltsamen kleinen Organisten bald verbreitet, und wer Zeit hatte, der stand oft genug, von dem Knaben unbemerkt, hinter einer halbgeöffneten Tür und hörte zu. Für manchen unter den Brüdern war diese Frühmorgenstunde nicht der schlechteste Teil seines Gottesdienstes. So entwickelte sich Ludwig mit der Zeit zu einem recht tüchtigen Organisten. Daneben ging der Klavierunterricht bei dem alten Eeden seinen schleppenden, oft unterbrochenen Gang. – Statt der Geige spielte Ludwig jetzt unter Rovantinis Leitung die Bratsche; deren dunkler Ton gefiel ihm besser als der helle Geigenklang.
Da traf ihn und die ganze Familie im September 1781 ein schwerer Verlust. In Bonn war eine Seuche ausgebrochen, die man die Weiße Ruhr nannte. Sie packte auch den jungen Rovantini. Frau Magdalene pflegte ihn auf das liebevollste, aber alle Hilfe war machtlos. Nach kurzem Leiden hauchte er seine reine kindliche Seele aus.

*

In Rotterdam lebte eine Schwester Rovantinis als Erzieherin. Sie wollte ihres Bruders Grab aufsuchen und beredete die Mutter ihres kleinen Zöglings, sie mit dem Kinde nach Bonn zu begleiten. Ludwigs Schmerz um den toten Freund machte auf die Frauen tiefen Eindruck, und als Wochen um Wochen vergangen waren, die Rückreise nicht mehr verschoben werden konnte und der Kleine noch immer an nichts weiter denken wollte als an seinen lieben Franz, da bot die Holländerin seiner Mutter an, sie und den Jungen auf eine Zeitlang mit in ihre Heimat zu nehmen; das werde den Knaben auf andere Gedanken bringen; auch habe er Aussicht, in dem reichen Rotterdam mit seiner Kunst Geld zu verdienen. Das gab bei seinem Vater den Ausschlag. Um Allerheiligen endete Ludwigs Schulzeit. Zwar gingen die meisten seiner Kameraden, soweit sie aus besseren Kreisen stammten, nun zum Gymnasium über; Johann fand aber, sein Ältester habe für einen Musiker genug gelernt. So wurde der Schulschluß noch abgewartet, dann traten Mutter und Sohn samt den Gästen aus Holland auf einem Rheinkahn die Reise an.

In Rotterdam spielte der Kleine in einer Reihe vornehmer Häuser, setzte die Kaufleute durch seine Fertigkeit in Erstaunen und erhielt auch einige Geschenke. Ein Konzert konnte jedoch nicht zustande gebracht werden; die Kunstkenner Rotterdams ließen durchblicken, daß sie Ludwigs Ausbildung, bei aller Bewunderung für sein Talent, doch noch nicht für abgeschlossen hielten.

Als Mutter und Sohn zu Beginn des Jahres 1782 nach Bonn zurückkehrten, war Johann mit dem materiellen Erfolg wenig zufrieden, und sagte jedem, der es hören wollte, die Holländer seien Pfennigfuchser. Ludwig, der sich nun schon als reisender Virtuose zu fühlen begann, griff dieses Wort auf und setzte noch stolz hinzu: er werde Holland nimmermehr besuchen.

Aber wenigstens war unter den neuen Eindrücken der Schmerz um seinen Freund milder geworden, und Ludwig griff mit frischem Mute seine Musikstudien wieder auf; vorläufig allerdings auf eigene Faust, denn den alten Hoforganisten hatten die zunehmenden Beschwerden des Alters wieder aufs Krankenlager geworfen; man nahm an, er würde sich diesmal nicht wieder davon erheben.

ACHTES KAPITEL

Ludwig stand am Fenster und spielte auf seiner Bratsche. Er hatte seine Etüden beendet; nun spielte er Melodien, wie sie ihm gerade einfielen, und das schien ihm das Allerschönste. Sein Vater trat ein. – „Was kratzest du da wieder für dummes Zeug durcheinander! Du weißt, daß ich das gar nicht leiden kann. Kratz nach Noten, sonst wird dir dein Kratzen wenig nützen."
Ludwig entgegnete, er sei mit seinen Übungen fertig.
„Na, dann stör mich nicht weiter, mach, daß du hinauskommst." Ludwig warf seinem Vater einen Blick zu, den dieser glücklicherweise nicht bemerkte, hängte die Bratsche an ihren Platz und verschwand.
Johann zog eine Flasche, die er aus dem Keller heraufgeholt hatte, aus der Rocktasche, langte sich ein Glas aus dem Wandschrank und ließ sich seufzend in einer Sofaecke nieder. Das Sofa war elend hart. Verdammte Wirtschaft das! Dann goß er das erste Glas auf einen Zug hinunter.
Er ist doch wirklich ein armer, geplagter Mensch! Sorgen, nichts als Sorgen, wohin man blickt. Vier Kinder hat er nun glücklich zu ernähren, seit ihm seine Frau voriges Jahr wieder einen Sohn geschenkt hat; und wenn der liebe Gott die kleine Anna nicht gleich wieder zu sich genommen hätte, dann wären es jetzt fünf. Nun, man soll nicht gegen des Höchsten Willen murren; was Gott tut, ist wohlgetan. Vier Kinder aufziehen bei dem jammervollen Gehalt, das ist immer noch eine Leistung! Das soll ihm mal jemand nachmachen! Pröstchen, Jean!
Und der Louis, dieser Bursche, der wird nun jeden Tag älter, spielt ja seine Sachen recht ordentlich – aber ein Wunderkind, mit dem man reisen könnte, das ist er doch nicht, das hat sich ja in Rotterdam gezeigt. Er hat sich, weiß es Gott, Mühe genug mit dem Bengel gegeben, und Pfeiffer nicht minder – Pfeiffer, den man hier mit Schimpf und Schande weggejagt hat, weil er ein aufrechter Mann ist. – Pröstchen, alter Tobias! – Und dann Rovantini – der ist nun tot! – Edler Franz! Dir sei ein volles Glas geweiht! – Aber du ruhst nun unter dem kühlen Rasen, so kühl wie dieser Wein. – Stimmt das? – Er läßt ein neues Glas prüfend über die Zunge

rinnen. – Jawohl, gerade die richtige Kellertemperatur. – Armer Franz! Oberhalb der Erde ist es doch entschieden gemütlicher, wenn man auch ein armer, geplagter Familienvater ist. –
Und auf den alten Eeden ist nun auch wohl nicht mehr zu rechnen. – Louis braucht also unbedingt einen neuen Lehrer, sonst könnte man die Wunderkindidee gleich begraben.
Es bleibt doch wohl nichts übrig, als den Jungen zu Musikdirektor Neefe zu bringen, wenn er den auch auf den Tod nicht leiden kann. Was hat der Kerl ihm neulich noch gesagt? Seine Stimme ließe nach, er solle nicht soviel trinken! – Wo doch bloß der verdammte Mehlstaub in dieser alten Bäckerbude daran schuld ist, wenn seine Stimme ab und zu etwas verschleiert klingt. Überhaupt, eine schöne Wirtschaft mit diesem hergelaufenen Protestanten! Der soll also nun Hoforganist werden, Hoforganist eines Erzbischofs! – Eigentlich wäre das später was für Louis, wenn es vielleicht mit dem Klavierwunderkind nichts werden sollte; dieser Möglichkeit muß man leider doch allmählich ins Auge sehen. Er versinkt in Nachdenken. Der Hof hat sich doch früher immer zwei Organisten gehalten. – Wenn Neefe den Louis weiter im Orgelspiel ausbildet, dann kann der Junge es wenigstens zum zweiten Organisten bringen. Und wenn dann der alte Kurfürst mal stirbt, und es kommt sein Nachfolger, der stockkatholische Erzherzog aus Wien, wer weiß, ob dann nicht hier ein anderer Wind weht, der vielleicht den Protestanten von seiner Orgelbank herunterbläst und den Louis an seine Stelle. – Eine glänzende Idee! Darauf gehört eine zweite Flasche.

*

So erschien denn Johann van Beethoven eines Tages bei Neefe, setzte ihm die Lage seines hoffnungsvollen Sohnes auseinander und bat den Herrn Musikdirektor in den schmeichelhaftesten Ausdrücken, Ludwigs weitere musikalische Ausbildung in seine bewährten Hände zu nehmen.
Neefe ließ sich den bisherigen Unterrichtsgang genau schildern.
„Sie sehen also, Herr Musikdirektor", schloß Vater Beethoven, „er kann eigentlich schon alles, was er später braucht;

es handelt sich nur darum, daß Sie ihm sozusagen den letzten Schliff geben. Nur in der Harmonielehre ist er noch ein bißchen schwach, aber das ist meine geringste Sorge. Denn die hat er gewissermaßen mit auf die Welt bekommen, die liegt uns Beethovens im Blute. Sie lächeln, Herr Musikdirektor? Lassen Sie sich mal von Louis seine erste Komposition vorspielen; es sind Variationen über einen Marsch. Die hat er geschrieben, bevor er noch das Wort Harmonielehre überhaupt hat aussprechen hören; und ich kann Ihnen sagen, sie sind großartig! Nein, in der Beziehung hab' ich wirklich keine Bange! Machen Sie ihn nur zu einem perfekten Klavier- und Orgelspieler; für alles andere wird mein Louis schon selber sorgen."

„Gut, Herr van Beethoven. Schicken Sie Ihren Sohn morgen früh zu mir! Besitzt er schon Philipp Emanuel Bachs ‚Versuch über die wahre Art, das Klavier zu spielen'?"

Johann hatte den Namen nie gehört.

„Das tut mir leid", sagte Neefe. „Philipp Emanuel Bachs ‚Versuch über die wahre Art, das Klavier zu spielen', ist immer noch jedem, der vortrefflich auf diesem Instrument werden will, vorzugsweise zu empfehlen – was auch ein unverschämter Bube neulich wider diesen verehrungswürdigen Mann in den Tag hineingeschmiert hat. Er sei schwer, und doch nicht gustös. Schwer? Freilich schwer, aber nur relativ. Es gibt Leute, denen auch das leichteste Menuett schwer ist. Nicht gustös? Freilich findet der keinen Geschmack an kräftigen nahrhaften Speisen, der sich den Magen mit Zuckerbrot verdorben hat. Man kitzelt sich lieber den Gaumen mit Champagner oder geschmiertem Zyperwein, und läßt den herrlichen Rheinwein, der die Nerven stärkt und den Geist erhebt, ungenossen stehen."

„Ich nicht!" rief Johann begeistert, „ich wahrhaftig nicht! Das haben Sie schön gesagt, Herr Musikdirektor! Sie sind ein ganzer Mann, Ihnen kann ich meinen Louis ruhigen Herzens anvertrauen!"

Neefe hatte aus der Ferne Ludwigs Entwicklung mit einem gewissen Bangen verfolgt, aber dem Vater, der ihm noch dazu auf das äußerste zuwider war, in die Erziehung seines Sohnes nicht gut dreinreden können. Was bisher für das Kind geschehen war, das war alles Stückwerk gewesen, und Pfeiffers,

dieses talentierten Lumpen, Einfluß hatte er geradezu als verhängnisvoll angesehen. Daher war ihm das Anliegen des Vaters eine große Freude; nun sollte es anders werden, dafür wollte er sorgen.
Neefe war – zu jener Zeit eine Seltenheit unter den Musikern – ein allseitig gebildeter Mensch. Als Sohn eines armen Schneiders zu Chemnitz geboren, hatte er sich aus eigener Kraft emporgearbeitet, in Leipzig Rechtswissenschaft und Philosophie studiert, hatte sein juristisches Examen bestanden, sich dann aber ganz der Musik gewidmet. In Johann Adam Hiller, dem Singspielkomponisten und späteren Thomaskantor, hatte er einen väterlichen Freund gefunden; der hatte ihm in seinem Studium, Schaffen und Fortkommen fördernd zur Seite gestanden und ihm auch zu seiner ersten Anstellung als Musikdirektor bei der berühmten Seylerschen Theatertruppe verholfen. Als Opernleiter bewährte er sich in Bonn so vorzüglich, brachte überhaupt mit seinem überragenden und vielseitigen Talent einen solch frischen Zug in das Musikleben der Residenz, daß ihn Baron Belderbusch doppelt fest an Bonn fesseln wollte und ihm darum zu seinem Kapellmeisteramt noch die Anwartschaft auf des alten van den Eedens Nachfolge als Hoforganist dekretierte.

*

Die erste Unterrichtsstunde war vorüber, das Kind war gegangen, und Neefes Frau, die bei geöffneter Tür im Nebenzimmer gesessen hatte, kam mit einer Handarbeit herein und setzte sich zu ihrem Mann. „Nun, Gottlob?" sagte sie.
Der kleine Neefe warf einen giftigen Blick auf die Stickerei. „Nun, Gottlob?" wiederholte er höhnisch. „Statt daß du mir um den Hals fällst und 'nen Purzelbaum schlägst, sagst du: Nun, Gottlob? und fängst an zu sticken! Sag mal, Suse: bist du in Georg Bendas Haus aufgewachsen oder nicht? Bist du nicht 'ne ganz tüchtige Sängerin? Hast du keinen Schimmer von Musik? Bist du meine Frau oder nicht?"
Die stattliche Frau Musikdirektor blieb unerschütterlich.
„Na, Gottlob, dann sprich dich mal aus!"
„Ein Genie ist er, Frau! Ein Genie, wie alle hundert Jahre mal eins auf die Welt kommt."

Frau Neefe war daran gewöhnt, daß ihr Mann den Mund manchmal etwas voll nahm. Sie sah ihn ungläubig an und schüttelte leise den Kopf, während sie ihre Handarbeit wieder aufnahm. Jetzt fuhr aber Neefe in die Höhe.
„Suse, jetzt laß mal die verdammte Stickerei beiseite! Wenn ich von so was – so was Unerhörtem rede, dann stick bitte nicht! Ach, es ist zum Verrücktwerden! Ich könnte platzen vor Wut!" – Er sprang auf und rannte durch das Zimmer. – „Das ist ein Genie!" brüllte er und blieb vor seiner Frau stehen. „Und was hat man mit ihm gemacht? Statt daß man es pflegt und bildet, so fein und sorgfältig, wie es überhaupt menschenmöglich ist, da pfuscht man an ihm herum auf die jammervollste Weise! Sein Vater, der Sänger, der erfrecht sich, den Klavierlehrer zu machen! Und dann holt er sich zur Abwechslung seinen Saufkumpan, der ein bißchen singt und ein bißchen Oboe bläst und ein bißchen Klavier spielt! Das Kind könnte wenigstens technisch schon ein Meister sein, wenn es in die richtigen Hände gekommen wäre. Aber es kann nichts! Nein, schlimmer als das! Es kann etwas, aber alles, was es macht, ist falsch! Es fehlt jede, aber auch jede Grundlage! Ruiniert und versaut!"
„Gottlob, du übertreibst! Ich habe genau zugehört. Das Kind spielt so, wie ich selten habe spielen hören."
„Das ist ja gerade der Jammer! Verstehst du denn das nicht, Frau? Diese wundervollen Anlagen im Zustande grenzenloser Verwahrlosung, das ist es, was mich rasend macht!"
„Gottlob, nimm die Sache doch nicht so tragisch! Der Junge ist doch erst zehn Jahre alt! Ich sollte meinen: wenn da noch soviel versäumt und verpfuscht ist, so bist du gerade der Rechte, um das alles wieder gutzumachen. Und wenn der Junge wirklich ein Genie ist, dann danke Gott, daß du sein Lehrer sein darfst, und schimpf nicht."
Neefe sah seine Frau etwas verblüfft an. Dann gab er ihr einen Kuß und ging selig lächelnd hinaus. Frau Neefe nahm ihre Handarbeit wieder auf. – „Großes Kind!" sagte sie leise vor sich hin.

*

Neefe legte seinem Unterricht Philipp Emanuel Bachs Klavierschule zugrunde – den ‚Versuch über die wahre Art, das

Klavier zu spielen', wie der Titel etwas umständlich hieß –, sowie desselben Meisters Klaviersonaten.

„Das moderne Zeug, das du bis jetzt gespielt hast, mein lieber Louis, das ist nichts. Mit seinen ärmlichen arpeggierten Bässen bildet es die linke Hand nicht aus. Aber ein Bachsches Allegro erfordert ungemeine Fertigkeit der Finger an beiden Händen. Seine Adagios verlangen eine genaue Bekanntschaft mit der Modifikation, deren das Klavichord fähig ist, wollen tief aus der Seele vorgetragen sein. Und den Plan seiner Arbeiten, die verschiedene Einkleidung seiner Gedanken einzusehen, dazu gehört Studium. Man wird aber auch für seine Mühe belohnt. Man genießt ein dauerhafteres Vergnügen durch Bachs Arbeiten, als durch vieler anderer ihre. Man mag sie spielen, so oft man will, man entdeckt immer neue Schönheiten. Und wer Bach recht spielen kann, der kann die meisten andern Komponisten gewiß auch spielen."

Mit Philipp Emanuel Bach hatte Neefe das Richtige getroffen. Wenn er ihn auch zunächst in der Hauptsache als das technische Fundament für Ludwigs Ausbildung gewählt und dabei fast gefürchtet hatte, diese herbe männliche Kunst möchte für das Kind noch zu hoch sein, so bemerkte er sehr bald, daß er sich getäuscht hatte. In dem Knaben mußte etwas liegen, das mit Sebastian Bachs großem Sohne wesensverwandt war; anders war es nicht zu erklären, daß sich das Kind mit einer wahren Leidenschaft auf diese Musik warf und sie auf eine Art vortrug, die selbst seinen Lehrer neue, bisher gar nicht bemerkte Schönheiten entdecken ließ. Philipp Emanuels Reichtum in der Modulation, worin er alle seine Zeitgenossen weit übertraf, seine dynamischen Kontraste –, seine ganz einzigartige Verwendung der Pause als belebendes, steigerndes, spannendes Element –, seine Vorliebe für die Dissonanz als Ausdruck des Schmerzes –, seine schlichte, innige, zu Herzen gehende Melodik –, alles das kannte Neefe seit langem. Aber erst jetzt schien es ihm, als dringe er in den seelischen Urgrund aller dieser Dinge ein: in eine gewaltige, leidenschaftdurchglühte Persönlichkeit, einen Künstler, der fortgesetzt einen heißen Kampf kämpfte, all dem Neuen, das er auf das Innerlichste erlebt, Ausdruck zu verleihen. – Dies Revolutionäre in Philipp Emanuels Werk, das sah Neefe wohl, berührte Ludwig als verwandt. Ihn nicht über die Stränge schla-

gen, ihn das Gesetz in seiner Heiligkeit begreifen zu lassen, mußte darum erst recht Neefes Aufgabe sein.
Dazu diente der theoretische Unterricht im Generalbaß, worunter man die Lehre von der Bezifferung und der Harmonie verstand. In der Harmonielehre fußte Neefe auf den Lehrbüchern, die die Kunst des „reinen" Satzes behandelten und Rameaus System vom Fundamentalbaß zugrundelegten.
Neefe wußte oft nicht, ob er weinen oder lachen sollte, wenn er an Johanns pomphafte Reden über die theoretischen Kenntnisse seines Sohnes dachte. Richtig war nur, daß der Kleine die Lehre von der Bezifferung des Basses kannte. Von der Harmonielehre wußte er so gut wie nichts. Aber er faßte reißend schnell auf; Neefe hatte oft das Gefühl, als ob der Knabe schon früher einmal in anderer Gestalt auf dieser Erde gelebt, alles, was er jetzt neu lernte, schon einmal gewußt haben müsse; als ob Schleier des Vergessens plötzlich zerrissen und nun längst bekanntes Land sich vor ihm ausbreite. –
Später kam dann der einfache Kontrapunkt, die Lehre von der Nachahmung und die Fuge an die Reihe. Nebenher ging noch der Unterricht im Orgelspiel.

*

Auf Neefes Drängen brachte Ludwig ihm eines Tages jene erste Komposition, von der sein Vater soviel Wesens gemacht hatte. Es waren Klaviervariationen über einen Marsch von einem gewissen Dreßler. Neefe schlug das Manuskript auf. –
„Na, schön geschrieben ist es mal auf alle Fälle", sagte er und sah sich das Thema an. „Ein ganz hübscher Marsch."
„In C-Moll", entgegnete Ludwig. „Eine feine Tonart." Neefe warf ihm einen überraschten Blick zu. „Was willst du damit sagen, Louis?" – Das Kind schwieg. – „Wieso soll C-Moll eine feine Tonart sein?"
„Mir gefällt C-Moll am besten von allen Tonarten."
„So! Warum denn?"
„Das weiß ich nicht."
„Na, dann spiel mir mal deine Variationen vor." In seinen Sorgenstuhl zurückgelehnt, einen Finger an seiner langen Nase, die Augenbrauen kritisch in die Höhe gezogen, hörte Neefe dem Kleinen zu.
„Nun sag mal, Louis", sprach er, als sein Schüler geendet

hatte, „was hast du dir denn eigentlich gedacht, als du das schriebst?"

„Gedacht? – Es sind eben Variationen wie andere auch."

„Na also – was hast du dabei gefühlt?"

„Gefühlt?" – Er überlegte eine Weile. – „Es klingt doch hübsch."

„Siehst du, Louis, das hab ich gleich weggehabt, daß du weiter nichts dabei gedacht und gefühlt hast. Weißt du, was das Beste an dem Ganzen ist? Das Thema! Das ist aber nicht von dir, sondern von dem Herrn Dreßler. In dem Thema steckt etwas, es hat Schmiß, es hat Pathos, Leidenschaft sogar. Aber deine Variationen, die sind nur leeres Spielwerk. – Na, laß den Kopf nicht hängen, mein Junge! Du bist ja noch ein kleiner Kerl. Ich habe selber eine Masse Zeug geschrieben, das auch nicht mehr wert ist; zum Teil klingt es nicht mal so gut."

Ludwig war kreidebleich geworden. Er stand auf und griff mit zitternden Fingern nach seinem Notenheft.

„Na, Louis?" sagte Neefe ganz erstaunt. „Was hast du denn vor?"

„Ich will nach Haus."

„Erlaub mal, mein lieber Freund, wir sind doch mitten im Unterricht!"

„Ich will keinen Unterricht von Ihnen. Ich will nach Haus."

Er ging auf die Tür zu, aber Neefe kam ihm zuvor, schloß ab und steckte den Schlüssel in die Tasche. Jetzt ließ der Kleine sein Heft zu Boden fallen, stürzte sich auf die Türklinke und begann wütend daran zu rütteln.

„Nu, so ein Berserker!" rief Neefe. „Louis! Willst du mal meine Tür in Ruhe lassen? – Louis! Hörst du auf! – Na warte, du Rüpel!" Und er versetzte Ludwig eine kräftige Ohrfeige. Der warf sich heulend auf den Boden, trat und schlug nach allen Seiten um sich.

„Gottlob, was ist denn los?" rief draußen Frau Neefe.

„Hier benimmt sich jemand recht flegelhaft. Geh nur, er wird schon wieder zur Vernunft kommen." – Und mit einer Kraft, die man seinem schmächtigen Körper kaum zugetraut hätte, hob er den Jungen auf und stellte ihn vor den Spiegel.

„Da schau dich mal an, wie du aussiehst! Das will ein Komponist sein, so ein ekliger, heulender Lümmel?"

Das wirkte. Ludwig war mit einem Schlag ruhig und putzte
sich die Nase.
„Das nächste Mal erscheinst du vor allen Dingen mit einem
sauberen Sacktuch, mein lieber Freund!"
Der Kleine wurde über und über rot und steckte sein Tuch
schleunigst ein.
„So! Nun setz dich mal auf den Stuhl da und hör mir zu! –
Louis, glaubst du, daß ich es gut mit dir meine?"
„Nein."
„Warum nicht?"
„Alle haben die Variationen schön gefunden, nur Sie nicht."
„Wenn ich sie nun aber nicht schön finde, soll ich dann
lügen? – Antworte! Weißt du, daß es nichts Häßlicheres gibt
als Lügen? Hab ich recht?"
„Ja."
„Darf ich als dein Lehrer meine Meinung sagen?"
„Ja."
„Na, warum regst du dich dann auf? Begreifst du jetzt, daß
du gar keinen Grund hattest, dich so flegelhaft aufzuführen?"
Der Kleine senkte beschämt sein Gesicht und schwieg. „Also,
einverstanden", sagte Neefe. „Na, Louis, dann laß uns wieder
Freunde sein. Aber daß mir so was nie wieder vorkommt,
sonst sind wir geschiedene Leute! Versprichst du mir's? Dann
gib mir deine Hand! – Na, die hättest du dir auch abtrocknen
können. Und nun hör mal zu, mein Junge! Ich mein es wirklich
gut mit dir! Kein Mensch kann es besser mit dir meinen.
Und wenn alle deine Variationen schön gefunden haben, so
haben sie eben nichts davon verstanden. Louis! Es soll doch
mal was Rechtes aus dir werden, nicht wahr! Gut! Dann
glaub mir: wenn du so weiter gemacht hättest wie bisher,
dann hättest du es nie zu was gebracht. Nun sei mal froh und
dankbar, daß ich mir Mühe mit dir gebe! – Also, nun hör mal
zu, Louis! Jedes Kunstwerk soll doch etwas wirklich Erlebtes
ausdrücken, sonst ist es eben kein Kunstwerk; und nur wenn
man etwas dergleichen durchgemacht hat, und es hat sich innerlich
zu etwas Ganzem zusammengeschlossen, nur dann soll
man sich hinsetzen und schreiben, seien es nun Noten oder
ein Gedicht oder was du sonst willst. Aber nur komponieren,
weil man Freude am Klang hat, das ist ungefähr so, wie wenn

ein Dichter ein Gedicht schreiben wollte, nur aus Freude an schönen Worten. Verstehst du, was ich meine?"

Ludwig machte ein ziemlich unglückliches Gesicht und schwieg.

„Louis, paß mal auf! Du sollst Musiker werden. Hast du dir denn schon mal klargemacht, was Musik eigentlich ist? Was sie auf der Welt bedeutet?"

Ludwig sah ihn erstaunt an. – „Was sie bedeutet?"

„Ja! Wozu sie eigentlich da ist! Wozu der liebe Gott sie gemacht hat!"

„Doch, damit wir uns daran freuen! Papa schimpft freilich manchmal und sagt, Musik sei eigentlich ein trauriges Handwerk."

„Und was sagst du dazu?"

„Seit ich bei Ihnen bin, finde ich, daß Musik überhaupt kein Handwerk ist."

„So!" sagte Neefe und unterdrückte ein heftiges Verlangen, dem Kinde einen Kuß zu geben. „Was ist sie dann?"

„Das weiß ich nicht, Herr Neefe. Man macht Musik, damit die Leute vergnügt und froh werden. Manchmal auch vielleicht, weil's einem danach leichter zumute ist, oder klarer –"

„Ich will es dir etwas genauer sagen, Louis, obgleich du eigentlich noch zu klein bist. Aber wenn du mich jetzt auch noch nicht verstehst – in ein paar Jahren wirst du wissen, was ich gemeint habe. – Musik spricht aus, was Worte nicht aussprechen können; denn Worte sind nur ein armes kümmerliches Werkzeug, entstanden aus dem gemeinen Bedürfnis, sich seinen Mitmenschen verständlich zu machen. Aber Musik – die wahre Musik, die ich meine –, die kann dich mit einem einzigen Ton erschauern machen, daß dir die Haare zu Berge stehen; mit einer einzigen leisen Akkordverschiebung kann sie dich erschüttern, daß du meinst, das Herz müsse dir brechen. Für die zartesten Gefühle, für die wildeste Leidenschaft, für jeden Grundzug des Menschenherzens und für alles, was uns mit der Welt verbindet, hat Musik ihren Ausdruck, und nicht e i n e n Ausdruck nur, nein, hundert, tausend Ausdrucksmöglichkeiten. Wer diese innere Sprachkraft in sich erlebt und es versteht, sie zu meistern, der ist gottbegnadet, ist mächtiger als der größte Dichter; er schwingt sich über die ausgetretenen Pfade der Sprache hoch empor. – Ach, Kind, was rede ich! Du kannst das ja

noch nicht begreifen! Und doch muß ich dir's sagen, weil ich dir mehr geben möchte als Musikunterricht. Louis, denk später an mich! W e n n Gott dir die Macht geben sollte, in Tönen zu sprechen, so dich auszusprechen, wie ich es meine, dann ist das das Größte, was ein Mensch haben kann!"
Als Ludwig gegangen war, kam Frau Neefe mit dem Kaffee und ließ sich die Szene von vorhin erzählen.
„Na, weißt du, Gottlieb", sagte sie beim Einschenken, „so ganz unrecht hat der Junge eigentlich nicht. Mir haben die Variationen gefallen. Und sag mir nur um Gottes willen: wie soll denn so ein Kind schon seelisch etwas Eigenes erleben!"
„Der?" entgegnete ihr Mann. „Der erlebt mehr, als die ganze kurfürstliche Kapelle zusammengenommen. Nee, Suse, an innerem Leben fehlt es ihm nicht. Aber eine saure Arbeit wird es trotzdem werden, die ich mir da aufgeladen habe. Der Kerl hat gar keine Disziplin."
„Willst du ihm die auch beibringen, Gottlob?"
„Na, wer sonst? Da's sein Vater nicht getan hat, muß ich es eben tun."
„Dann nimm dich nur in acht, daß der Bursche dich nicht eines Tages zusammenhaut, wenn er größer geworden ist."
„Das wird er schön bleiben lassen, meine liebe Susanne. Körperlich werden wir uns kaum nochmal miteinander herumbalgen; aber auf andere Weise desto mehr. Künstlerisch hat er die wunderbarsten Anlagen. Menschlich steckt ungeheuer viel in ihm. Er hat diesen herrlichen Zug nach oben, ohne den ich mir keinen rechten Künstler denken kann. Er hat Leidenschaft, er fühlt mit Innigkeit, sein Wille ist von einer unbändigen Kraft –"
„– ein bißchen z u unbändig, Gottlob!"
„Schadet nichts! Wo nichts ist, kann auch nichts werden und wachsen. – Aus seinem Willen strömt ein eiserner Fleiß. Aber, aber! Dieser vulkanische Gefühlsausbruch vorhin! Herrgott nochmal! Wenn ich bedenke, ich hätte mir so was gegen meine Lehrer erlaubt! Das steckt ihm offenbar tief im Blut; Gott weiß, welcher Ahne oder Urahne da plötzlich zum Vorschein kommt. Dagegen hilft nichts als Selbstzucht, und davon hat er noch keine Spur. – An dem Jungen ist viel gesündigt worden! Statt das Gute aus ihm herauszuholen, hat man ihn einge-

schüchtert, mit Prügeln wahrscheinlich; und nun ist er zurückhaltend, scheu, betrachtet beinah jeden als seinen Feind. Und dabei dieses Aufwallen, dieses Selbstbewußtsein! Im Grunde freut's mich ja an ihm; ein rechter Künstler s o l l selbstbewußt sein – aber so ein kleiner Knirps! – Ja, Frau – aus dieser widerspenstigen, vielspältigen Natur einen Kerl machen, der mal im Leben und in der Kunst seinen Mann steht – das wird ein hartes Stück Arbeit sein. Aber w e n n es glückt, dann wird was Großes aus ihm werden. Und so will ich's denn mit Gottes Hilfe versuchen."
Frau Neefe hob Ludwigs Heft auf, das noch am Boden lag, und blätterte darin. Dann setzte sie sich ans Klavier und spielte das Stück von Anfang an.
„Sieh mal, Gottlob", rief sie, „wie hübsch er hier die Melodie figuriert!" Sie wiederholte die Stelle. – „Zwar von kontrapunktischer Stimmführung noch keine Spur; doch wo sollte er das auch herhaben!" – Sie spielte weiter. – „Und jetzt diese Variation! Glänzend und doch schlicht! Ohne Künstelei, aber nirgends trivial! – Jetzt erlahmt er mal ein bißchen, der kleine Kerl. – Aber jetzt reißt er sich wieder zusammen! – Und jetzt, diese letzte famose Dur-Variation! Diese sausenden Skalenläufe! Wie das jubelt! Wie da alles Düstere hell wird und sich löst! Natürlich hat er was empfunden und gedacht, wie er das geschrieben hat; nur weiß er's selber noch nicht, der kleine Bursche! Gottlob, du hast ihm doch Unrecht getan! Du verlangst gleich zuviel von ihm!"
„Na ja", brummte Neefe, „als technische Talentprobe kann man's gelten lassen. Hab ich ihm zu stark zugesetzt? Macht nichts; besser als das Gegenteil." –

*

Neefes strenges Urteil hatte bei dem Knaben eine unerwartete Nachwirkung. Je länger er überlegte, desto mehr kam er zu der Überzeugung, sein Lehrer habe recht. So wie die Variationen auf dem Papier standen, hatte er sie ja ursprünglich gar nicht geschrieben! Der erste Entwurf hatte ganz anders ausgesehen; dann hatte sein Vater daran herumkorrigiert, der alte Eeden hatte ihn genötigt, das Ganze von Grund aus umzuarbeiten. Alles Eigene, Selbständige war ihm weggestrichen worden. Natürlich war nun nichts Echtes, nichts Wahrhaftiges und Herzhaftes mehr da! Eine unbändige Freude überkam ihn. Jetzt endlich sah er freies Land vor sich, jetzt endlich durfte er schreiben, wie er wollte!

Er suchte einen andern Kompositionsversuch heraus, den er früher einmal heimlich für sich niedergeschrieben hatte: ein wildes, leidenschaftliches Gestammel, jeder Takt ein Faustschlag ins Gesicht der schulmäßigen Satzkunst. Strahlend rückte er damit bei Neefe an, in der sicheren Erwartung, diesmal Lob zu ernten.

Schon nach den ersten Takten fuhr Neefe entsetzt zusammen; ihm war, als sollte die Welt untergehen. Selbst sein Kanarienvogel bekam einen ganz platten Kopf und verkroch sich in einen dunklen Winkel. Entsetzliche, nie erlebte Disharmonien – keine bestimmte Tonart – ein wildes Durcheinander zweier oder mehrerer Stimmen, die gegenseitig von ihrem Dasein nichts zu wissen schienen.

Wäre Neefe nun ein Durchschnittsmensch gewesen, dann hätte er seinen kleinen Schüler einfach ausgelacht. Aber das lag ihm fern. Er ahnte den Zusammenhang, begriff, welche Verwirrung er in Ludwigs Kopf angerichtet hatte, fühlte seine Verantwortung.

Der Kleine hatte sein Höllenkonzert beendet und sah seinen Lehrer erwartungsvoll an. Ein langes Schweigen folgte.

„Nee, so was!" sagte Neefe endlich. Mehr brachte er vorläufig nicht heraus.

„Dabei habe ich – etwas – erlebt!" sagte Ludwig.

„Nee, so was!" wiederholte Neefe. Es war ihm ganz unheimlich geworden. Das war erlebt! Er zweifelte keinen Augenblick daran. Aber was für eine Seele war das, die in solcher Weise bewegt werden konnte! Welche Gegensätze, welche dunklen Mächte mußten in ihr wohnen!

„Mein guter Louis", begann er endlich, „findest du das nun schön?"

„Nein. Schön ist es nicht. Aber das soll es auch gar nicht sein!"

„Na, Gott sei Dank! Dann werden wir uns schon einigen. Also, Louis, es ist scheußlich!"

Der Kleine wurde leichenblaß, genauso wie nach Neefes Kritik der Dreßler-Variationen.

„Louis! Diesmal wird nicht geheult und um sich geschlagen, diesmal bleibt mein Louis hübsch ruhig! Denk immer daran, daß ich es gut mit dir meine! – Es soll nicht schön sein, sagst du. Was soll es denn sein?"

„Wahr!" entgegnete der Kleine. „Ich habe so geschrieben, wie ich's gefühlt habe. Sie haben doch gesagt, ich soll schreiben, was ich fühle."

„Da hast du mich mißverstanden, Louis. Ich habe gesagt, du sollst nicht drauflos schreiben, wenn's dich nicht von innen dazu treibt. Aber greuliches Zeug schreiben, nur weil man in greulicher Stimmung ist, das geht denn doch nicht! Über die Regeln der Komposition darfst du dich nicht einfach hinwegsetzen!"

„Wer hat denn die Regeln aufgestellt? Die stehen doch nur in den Lehrbüchern!" sagte Ludwig und dachte an seinen geliebten Pfeiffer.

„Was redest du da für Unsinn, Louis! Aus Lehrbüchern wären die Regeln entstanden? Aus Kunstwerken sind sie's! An ihnen hat man abgelesen, im Laufe der Zeit, was den Tonsetzern möglich ist, und diesen Regeln darfst du dich ruhig unterwerfen. Sie besagen schließlich: dies fordert die Natur der menschlichen Seele; so sprechen unsere Empfindungen sich richtig aus; und man hat sie ausdrücklich, eben als Regeln aufgestellt, damit nicht jeder Schaffende wieder ganz von vorn anfangen muß. Wenn er aber Genie hat, so kann er das trotzdem in jedem Takt beweisen! in der Neuheit und Freiheit seiner musikalischen Einfälle; in der Art, wie er sie zusammenordnet, wie er seine Melodien vorträgt und harmonisiert; in dem ganzen Aufbau des musikalischen Gebildes. Das soll eindringlich zu dem Hörer sprechen. Aber zum Kauderwelsch darf keine Sprache werden! – Vielleicht stößt du dich an dem Wort ‚Regeln'; es klingt dir nach Schulmeisterei. Das ist es aber nicht. Sag in Gottes Namen statt Regeln: ‚Gesetz'. Das greift noch weiter in die Tiefe und Höhe. Louis, es ist etwas Heiliges um das Gesetz! Alles Alte durcheinanderwerfen – es gibt nichts Leichteres! Das Neue, das Niedagewesene ist darum allein noch lange nicht wahr und gut. Man kann sogar ein Genie sein und hält sich doch gewissenhaft an erprobte Regeln. Des zum Beweis will ich dir heute etwas zeigen, das dich durch dein ganzes Leben begleiten wird, wenn du ein tüchtiger Kerl bist."

Mit einer gewissen Feierlichkeit holte er aus dem Schrank

einen Band Noten und stellte ihn vor Ludwig hin. Auf der ersten Seite stand: Das Wohltemperierte Klavier. Von Johann Sebastian Bach.

„Das ist der Vater von unserm alten Freund Philipp Emanuel", sagte Neefe. „Es gibt in Leipzig Leute, die halten ihn für noch größer als seinen Sohn. Und nach dem Wohltemperierten Klavier möcht ich es fast selber glauben. Diese Sammlung von Präludien und Fugen möcht' ich wirklich das Non plus ultra nennen. Ach so! Das ist lateinisch, Louis, und bedeutet: nicht darüber hinaus. Merk dir's! Non plus ultra! – So, nun fang mal an!"

Ludwig begann das erste Präludium. Majestätisch wogten die harfenartig gebrochenen Akkorde, rein und abgeklärt verklang der Satz.

Ludwig saß unbeweglich. Dann griff er rasch nach seiner Komposition und riß das Heft mitten durch.

Neefe brach in Lachen aus. – „Na na, mein Gutester, so war es nicht gemeint! Jetzt seh einer den Louis an! Ja ja, der alte Sebastian! ich sag's ja, ich sag's ja."

Ludwig hörte ihn nicht; schon hatte er mit der Fuge begonnen. Und während der kleine Neefe immer mehr in seinem Sorgenstuhl verschwand und schließlich nur noch aus Ohr zu bestehen schien, spielte Ludwig ein Stück nach dem andern, immer weiter, bis die Dämmerung ihn zum Aufhören zwang.

„So, das langt für heute", sagte Neefe trocken. Er war von dem überwältigenden Eindruck, den das Kind von dem Urquell der deutschen Musik empfangen, tief bewegt; aber er hielt es für seine Pflicht, sich das nicht merken zu lassen.

„Mit meinem Komponieren ist nun vorläufig Schluß", sagte Ludwig. – Er wollte gehen, aber Neefe hielt ihn zurück.

„Ich sag's ja", murmelte er, „ja, der alte Sebastian! Wenn man den hört, darf man gar nicht dran denken, was man selber alles verbrochen hat, sonst könnt's einem passieren, daß man plötzlich mit 'nem Strick um den Hals am Fensterkreuz hängt und weiß nicht wie. Louis, weißt du, daß dieser Bach ein ganz bescheidener Organist in Leipzig gewesen ist? Daß ich mit meinen eigenen erbärmlichen Fingern dieselbe Orgel gespielt habe? – Siehst du, Louis, wir sprachen neulich davon, daß alles, was man schreibt, empfunden sein muß, eigen und echt erlebt. Bei Bach ist alles aus dem Grunde erlebt, jeder Ton spricht es aus. Hast du das nicht gefühlt?" Ludwig schwieg. „Hast du das nicht gefühlt?" wiederholte Neefe und sah Ludwig in die Augen. Das Kind schwieg noch immer. Neefe mußte sich plötzlich Gewalt antun, um nicht in Tränen auszubrechen. Hinter dieser Stirn, das las er in den Augen des Knaben, da wogten Gefühle und drängten Gedanken; aber sie vermochten es nicht, sich zu Worten zu verdichten. – Endlich regten sich doch seine Lippen und suchten Worte zu formen und brachten schließlich ein schüchternes Nein heraus. „Nein? nicht erlebt?" rief Neefe. „Gut, Louis, red mir um Gottes willen nicht nach dem Munde? Sag nur, was du denkst, mein braver kleiner Kerl! Also heraus damit! warum soll diese Musik nicht erlebt sein?" Ludwig wurde über und über rot.

„Erlebt", sagte er endlich schüchtern, „Menschen erleben. Aber diese Musik – ich weiß nicht – ich mußte immer denken: das hat gar kein Mensch gemacht. Es steht alles so da, so eigen, so ganz für sich, als sei es schon immer so dagestanden – wie das Siebengebirge – und dabei strömt es doch, ruhig und mächtig – wie der Rhein."

Er senkte den Kopf und schwieg beschämt. Neefe sah ihn lange an. „Ich versteh dich, Louis", sagte er endlich, „und du brauchst dich gar nicht zu genieren. Wie ein Gebirge! ausgezeichnet! und wie der Rhein! so still und majestätisch! – Aber schließlich, mein lieber Kerl, schließlich ist diese Musik doch von einem Menschen gemacht, eben von diesem Bach. Und der Eindruck, den sie auf dich macht, der stammt eben aus Bachs seelischer Welt. Seine Musik schildert nicht einzelne Erlebnisse; nicht so, daß er etwa das Ringen und Kämpfen eines Menschen malte, oder Freude, oder Verzweiflung, oder daß er gar in Stimmungen zerflösse. Bach steht über all dem! Mit überlegener Ruhe, ja verklärt sieht er auf das Irdische herab, ordnet es zusammen und verwebt es mit dem Ewigen, dem Göttlichen. Das ist das Außermenschliche, ja man darf ruhig sagen, das Übermenschliche an diesen Werken; du hast es ganz richtig empfunden. Darum leuchtet Bach auch immer in morgendlichem Glanze; man kann seine Sachen nie zu oft hören. Geradeso wie einer, wenn er nicht verrückt ist, niemals sagen wird: jetzt hab ich die Sonne tausendmal so und so untergehen sehen; ich finde das langweilig, sie soll das jetzt mal anders machen – geradesogut kann man ein Stück von Bach hundert- und tausendmal hören, man findet es schön und unvergleich wie am ersten Tage. Zum Beispiel die kleine Loure aus der Cellosuite" – und er pfiff den Anfang des Stückes:

„die hab ich zum erstenmal mit sieben Jahren gespielt. Jetzt bin ich zweiunddreißig. In den fünfundzwanzig Jahren hab ich sie gespielt, gepfiffen, gesungen, gebrummt oder auch nur daran gedacht, Gott weiß wie viel tausendmal; und für mich ist sie noch geradeso taufrisch und heiter und rein und jugendlich, und doch kräftig und ernst und männlich, wie als ich sie zum erstenmal gespielt habe. Wenn's mir mal recht eklig ergangen ist – und ich kann dir sagen, Louis, es ist mir oft schlecht ergangen! –, wenn ich nichts zu brechen und zu beißen hatte, oder Schlechtigkeit der Menschen widerte mich an – da hab ich meine kleine Loure gepfiffen, und gleich sah die Welt ganz anders aus, und alles war wieder hell und voller Hoffnung. Und wieder, wenn's mir mal recht gut ging, und die Welt war hell und fröhlich, so pfiff ich meine kleine Loure noch obendrein, und alles war gleich noch heller und noch fröhlicher. Wenn ich mal sterbe, und es soll durchaus vor meinem Sarge Musik marschieren, so sollen sie mir um Gottes willen keinen Trauermarsch blasen; ich will nichts haben als meine kleine Loure." –

Die nächsten Monate standen im Zeichen des Wohltemperierten Klavieres. Ludwig ruhte nicht, bis er das ganze Werk technisch beherrschte. Aber als er soweit war, da wollte es ihm oft bedünken, als stände er wieder ganz am Anfang; als seien in dieser Musik Tiefen verborgen, zu denen sich ihm der Zugang immer wieder verschloß. Er klagte dem Meister sein Leid.

„Ich spiele doch alles ganz richtig, aber ich habe oft das Gefühl, als ob Bach das gar nicht so gemeint hätte; als hätt er für ein ganz anderes Instrument geschrieben als das Klavichord."

„Du hast recht, Louis. Das Klavichord ist zu schwach an

Klang dafür. Und das Cembalo viel zu hart und trocken. Siehst du, das ist eben auch groß an Bach: sein Riesengeist überschreitet die Grenzen des Instrumentes." – Er blätterte in dem Heft. – „Sieh, hier zum Beispiel hab ich den Eindruck, als hätt er an das Rauschen des Streichorchesters gedacht; hier wieder möchte man glauben, nur ein A-capella-Chor könnte ausdrücken, was er da gewollt hat. – Und manchmal möcht ich drauf schwören, daß erst Chor und Orchester zusammen dazu imstande wären. Vielleicht daß das Hammerklavier das rechte Instrument für Bach ist. Ich habe noch keins gespielt, aber was man so darüber hört, verspricht ja allerhand Gutes. Aber ganz ausreichen wird auch das Hammerklavier nicht. Bach war eben übermenschlich, und was auch der Menschengeist noch ersinnen wird, wie weit er unser Instrument noch vervollkommnen wird – es wird immer nur Stückwerk bleiben im Vergleich zu dem, was Bachs Genius in sich selber vernommen hat."

Neuntes Kapitel

Als Neefe glaubte, mit Sebastian und Philipp Emanuel Bach bei seinem Schüler einen festen Grund gelegt zu haben, begann er, ihn auch in die zeitgenössische Klaviermusik einzuführen.

„Da, Louis! Das nimm mit nach Haus und delektiere dich daran! Christian Bach! Der jüngste, aber nicht der schlechteste Sproß dieser merkwürdigen genialen Familie! Den Vater und Philipp Emanuel bewundere ich am meisten; aber Christian hat auch meine ganze Liebe. Zwar ist er völlig aus der Bachschen Art geschlagen und scheint seine Abstammung oft zu verleugnen. Aber er ist doch entzückend! Zart und innig! Wie kann er schwärmen und träumen! Immer vornehm und elegant, und nie trivial! Sebastian und Philipp Emanuel – zwei Männer vom Scheitel bis zur Sohle! Christian Bach – oft frauenhaft zart. Na, das verstehst du noch nicht. Schadet nichts! Spiel ihn und freu dich daran!"

Sterkel folgte, der nicht eben tiefe, aber elegante Meister feiner Unterhaltungsmusik, der Liebling der Damen. Und end-

lich rückte Neefe auch mit seinen eignen Klavierkompositionen heraus. Er hatte sich in seinem Schaffen an Philipp Emanuel Bach gebildet, neigte aber mit Temperament und Gefühl mehr dem kantablen Stil Christian Bachs und der süddeutschen Schule zu. Strenge Kunst des Satzes konnte Ludwig aus Neefes Arbeiten nicht lernen; doch sie waren anmutig und innig, schreckten dabei nicht vor mancherlei Eigenwilligem und Neuartigem zurück und trugen so ihr bescheidenes Teil zur Entwicklung der neuen Klaviersonate bei.
Ludwig nahm all dies Neue mit offenen Sinnen auf, hatte seine Freude daran, lernte davon, was zu lernen war. Aber wenn er dann wieder einen Satz aus dem Wohltemperierten Klavier spielte, so versank doch alles andere in Nichts. Sebastian Bach war ihm vorläufig noch das A und O der Klaviermusik; das Gestirn Mozart war ihm noch nicht aufgegangen.
Neefe fand es an der Zeit, daß sein Schüler nun auch anfinge, sich mit der Orchestermusik vertraut zu machen. So nahm er den Kleinen in die Hofkonzerte mit, die von Mattioli trefflich geleitet wurden, erklärte ihm die Zusammensetzung des Orchesters, wies ihn auf den Klang der einzelnen Instrumente hin sowie auf die Wirkung, die ein jedes durch seinen Klangcharakter oder durch seine Verbindung mit anderen auszuüben vermag, und vermittelte ihm so eine Ahnung von den Grundgesetzen der Instrumentationskunst.
Die Orchestermusik stand noch ganz im Zeichen des genialen Johann Stamitz, des Begründers der Mannheimer Schule. Neefe hatte Stamitzsche Werke schon in seiner Leipziger Zeit kennengelernt und datierte mit Recht von seinem Opus 1 einen völligen Umschwung in der Orchesterkomposition; er nannte ihn den Vater der modernen Symphonie. So war es eine Stamitzsche Symphonie, die für Ludwig das erste Erlebnis dieser Kunstgattung brachte.
Das war nun freilich ganz etwas Neues! Bei Bach hatte er das Empfinden gehabt, seine Musik könne gar nicht von einem Menschen geschrieben sein. In Stamitz offenbarte sich nun ein Mensch, ein tief und leidenschaftlich empfindender Mensch, der in seiner Musik unmittelbar aussprach, was das Herz bewegte? Freude und Schmerz, Bangen und Hoffen, Jubel und Verzweiflung; dargestellt in eindringlichen Steigerungen, in immer neuen, überraschenden Wendungen, und doch ohne je

gewollt oder gezwungen zu wirken; kühn und frei, aber immer natürlich empfunden und mit Notwendigkeit hingestellt. „Ja, Herr Neefe", sagte Ludwig, „so möcht ich auch einmal schreiben können. So von der Leber weg, grade wie es einem ums Herz ist, lustig oder traurig, ohne viel gelehrten Krimskrams."
„Hör mal, Louis, soll das etwa auf Bach gehen? Auf den alten Sebastian? Da hätt ich ja was Schönes angerichtet, wenn der Böhme dir etwa meinen alten Sebastian verleiden sollte! So war's nicht gemeint!"
„Nein, Herr Neefe, so mein ich es auch gar nicht. Bach ist – wie Gott. Wenn man ihn spielt, dann betet man. Aber – –"
„Aber man kann nicht den ganzen Tag beten! Nee, da hast du recht, und wenn du den Stamitz so auffaßt, dann laß ich mir's gefallen. Aber den alten Sebastian darfst du deswegen nicht vernachlässigen, ebenso wie du jeden Morgen und jeden Abend dein Gebet sagst –, das tust du doch hoffentlich, mein Junge?" Ludwig bejahte. „Na, das freut mich, und das gehört sich auch so. Vom vielen In-die-Kirche-Rennen bin ich kein Freund; aber jeden Tag zu seinem Herrgott beten, das ist gut für den inneren Menschen. – Hast du eigentlich schon mal was von Gellert gelesen?"
„Ich habe überhaupt noch nichts gelesen."
„Na, ihr werdet in der Schule doch mal das ein oder andre Gedicht gelesen haben?" Ludwig verneinte. „Na, und zu Hause?"
„Ich hatte doch nie Zeit." Neefe schüttelte den Kopf und dachte sich sein Teil. Dann nahm er ein Buch vom Regal. „So, Louis, jetzt will ich dir mal was von Gellert vorlesen, nur ein kurzes Gedicht. „Die Ehre Gottes in der Natur", heißt es.

„Die Himmel rühmen des Ewigen Ehre,
Ihr Schall pflanzt seinen Namen fort!
Ihn rühmt der Erdkreis, ihn preisen die Meere,
Vernimm, o Mensch, ihr göttlich Wort!

Wer trägt der Himmel unzählbare Sterne?
Wer führt die Sonn' aus ihrem Zelt?
Sie kommt und leuchtet und lacht uns von ferne,
Und läuft den Weg, gleich als ein Held!"

Er klappte das Buch zu und ging ans Fenster. Dann putzte er sich geräuschvoll die Nase und drehte sich zu Ludwig um.
„Ist das ein Gedicht?" sagte der Kleine.
„Das ist ein Gedicht. Nicht weil es sich reimt, sondern weil es in einer gehobenen rhythmischen Sprache einen schönen Gedanken angemessen vorträgt."
„Würden Sie es mir nochmal vorlesen?"
„Gern, mein Junge!"
Ludwig hörte andächtig zu. „So etwas Schönes hab ich noch nie gehört", sagte er dann. „In Worten, mein ich. Das möcht' ich komponieren!"
„Louis, das ist was für später; dafür bist du noch zu klein."
„In C-Dur", fügte Ludwig hinzu.
„Warum in C-Dur?"
„C-Dur ist die reinste Tonart. – Darf ich das Buch mal mit nach Hause nehmen?"
„Ja, natürlich, mein guter Junge! – Gellert! Was hab ich dem Manne alles zu danken! Ewig segnet mein Herz sein Andenken! – Hör mal zu, Louis! Gellerts Leitsatz: ‚Bemühe dich, eine deutliche, gründliche und vollständige Erkenntnis deiner Pflichten zu erlangen!' – Wenn einer nichts weiter kennt als diesen einen Satz und sich danach hält, dann muß schon ein rechter Kerl aus ihm werden! Merk dir's, Louis, und richt dich danach! – Und wenn du nun fragst, was denn deine Pflichten sind – so laß dich nur vorläufig von mir führen; ich werde sie dir schon weisen. Jetzt ist deine Hauptpflicht: daß du brav lernst."

*

Eines Tages blätterte Ludwig bei Neefe in einer musikalischen Zeitschrift.
„Da steht etwas über Sie, Herr Neefe!" rief er, hielt dann aber inne und wurde über und über rot.
„Lies mal vor, Louis!"
„Ach, es ist nichts", stotterte der Kleine, „ich habe mich verlesen."
Neefe nahm ihm das Heft aus der Hand. Es war da von „einigen kuriosen Menuetten" die Rede, die einer recht gehässigen Kritik unterzogen wurden.
„Nee, so was!" sagte Neefe tief entrüstet, „so eine Gemeinheit! – Siehst du, Louis, so was muß man sich nun gefallen

lassen! Natürlich ist es Forkel. Und warum diese Wut? Weil ich mich durch meine Singspiele an den kantablen Stil gewöhnt und mir erlaubt habe, die Arie und das Volkslied in die Klaviermusik zu verpflanzen. Dafür wird man nun von so einem Troßbuben mit Kot beworfen! – Aber ich ärgere mich gar nicht!" brüllte er wütend, „nun grade nicht! Im Gegenteil, ich freue mich, daß er sich mit seinem Kot die Hände besudelt, der neidische Lump!"
Mit zitternden Händen blätterte er in dem Heft.
„Jetzt soll mich aber doch der Schlag treffen!" rief er und warf nun einen schelmischen Blick auf den Kleinen, „wenn da nicht auch über den Louis was gedruckt ist! Herrgott von Sachsen, 's ist wirklich und wahrhaftig so! Da, jetzt lies aber du mal!" Und er reichte Ludwig das Heft hin. – Der glaubte seinen Augen nicht zu trauen, als er wirklich seinen Namen gedruckt sah und dann las:
„Louis van Beethoven, Sohn des Tenoristen, ein Knabe von elf Jahren und von vielversprechendem Talent. Er spielt sehr fertig und mit Kraft das Klavier, liest sehr gut vom Blatt, und um alles in einem zu sagen: er spielt größtenteils das Wohltemperierte Klavier von Sebastian Bach, welches ihm Herr Neefe unter die Hände gegeben. Wer diese Sammlung von Präludien und Fugen durch alle Töne kennt (welche man fast das Nonplusultra nennen könnte), wird wissen, was das bedeutet. Herr Neefe hat ihm auch, sofern es seine übrigen Geschäfte erlaubten, einige Anleitung zum Generalbaß gegeben. Jetzt übt er ihn in der Komposition, und zu seiner Ermunterung hat er neun Variationen von ihm fürs Klavier über einen Marsch in Mannheim stechen lassen. Dieses junge Genie verdiente Unterstützung, daß er reisen könnte. Er würde gewiß ein zweiter Wolfgang Amadeus Mozart werden, wenn er so fortschritte, wie er angefangen."
Ganz blaß legte er das Heft hin.
„Irgendein dummer Witz", murmelte er.
„Nu, warum denn, Louis?"
„Von mir ist doch noch nichts gestochen!"
Neefe entnahm seinem Schrank ein Notenheft und hielt es dem Kleinen hin. Ludwig öffnete es: Der Titel war französisch; Neefe las ihn in blühendstem Sächsisch vor: „Variations pour le Clavecin sur une Marche de Mr. Dressler, composées

et dédiées à Son Excellence Madame la Comtesse de Wolf-Metternich, née Baronne d'Assebourg, par un jeune amateur Louis van Beethoven, âgé de 10 ans." – Dann übersetzte er ihn ins Deutsche.
Ludwig war fassungslos. Er schlug die erste Seite um. Seine Noten, seine eigenen Noten, schön sauber gestochen prangten sie auf dem weißen Papier. Selig blickte er Neefe an; dann fiel er ihm um den Hals und küßte ihn. Neefe zog ihn in seine Arme.
„Mein Louis, mein kleiner, guter Kerl! Freust du dich ein bissel? Siehst du, der Louis macht mir immer soviel Freude, da hab ich ihm auch mal eine Freude machen wollen."
„Mein erstes gestochenes Werk!" sagte Ludwig. „Jetzt möcht ich nur wissen, wer das in dem Heft über mich geschrieben hat."
„Nu, das ist doch eigentlich ganz egal, wenn es nur stimmen tut. Und ich glaube, es stimmt auf ein Haar." Ludwig mußte lachen. „Ein zweiter Mozart! Ich ein zweiter Mozart!"
Neefe strich ihm das Haar aus der Stirn zurück und sah ihn lange an. Er sagte aber nichts mehr und entließ den glücklichen Kleinen, den es drängte, sein Heft der Mutter zu zeigen. Dann setzte er sich wieder in seinen Sorgenstuhl, zündete eine Pfeife an und blies träumerisch die blauen Wolken in die Luft. – Seine Frau trat ein und setzte sich zu ihm.
„Ich hab's ihm gegeben", sagte er, „er ist selig." – Dann hüllte er sich wieder in Tabaksqualm.
„Ja, ja", sagte er nach einer Weile, „so ist die Geschichte. Man schindet sich, bringt es auch zu was, und in hundert Jahren wird es heißen: Neefe? Neefe? Ach ja so, der Lehrer von Beethoven."
Seine Frau wollte widersprechen, aber Neefe wehrte ab. –
„Laß gut sein, Suse. Ich weiß, was ich weiß."

*

Im Juni 1782 erlöste der Tod den hochbetagten Hoforganisten endlich von seinem Leiden; Neefe wurde sein Nachfolger. Wäre nun Ludwig nicht gewesen, so wäre er alsbald in Verlegenheit geraten, wie er seine beiden Ämter, als Hoforganist und als Theaterkapellmeister, in Einklang bringen solle, denn

schon nach ein paar Tagen ging Großmann mit seiner Truppe nach Münster, um den Sommer über dort zu spielen. So aber konnte Neefe ruhigen Herzens seinen Schüler als Stellvertreter an der Orgel zurücklassen. Auch als die Truppe im Herbst zurückkam und das Bonner Theater seine Pforten wieder öffnete, wäre Neefe ohne seinen kleinen Vikar nicht ausgekommen. Jeden Tag das ganze Jahr hindurch gab es in der Kirche zwei Messen, dazu noch sonn- und feiertags die Vesper. Vormittags war aber auch Theaterprobe; und da Neefe nicht gleichzeitig überall sein konnte, so schickte er Ludwig in die Kirche, wenn Opernprobe war; und wenn keine war, dann hatte er auch nichts dagegen, daß Ludwig ihm den Kirchendienst abnahm, dessen Eintönigkeit dem lebhaften Neefe sowieso ein Greuel war. Sein eigentliches Element war eben doch das Theater. Und dort beschränkte er sich keineswegs auf die musikalische Leitung der Opern; er übersetzte fremde Texte ins Deutsche, verfaßte selber dramatische Gelegenheitsarbeiten, half seiner Frau beim Studium ihrer Gesangs- und Schauspielrollen, war Großmanns Ratgeber bei der Auswahl der Stücke, bei der Inszenierung und der Spielleitung. Seit er Musikdirektor war, wurden von Jahr zu Jahr mehr musikalische Dramen gegeben; anfänglich Singspiele leichterer Art, um den alten Kurfürsten nicht rebellisch zu machen; allmählich aber auch ernstere Opern, die eingehendes Partiturstudium und häufige Proben erforderten.
Neefe aß also kein leichtverdientes Brot. Zudem gingen noch im Frühjahr 1783 die beiden Musikdirektoren Lucchesi und Mattioli auf ein Jahr in Urlaub; ihre Vertretung in Kapelle und Konzertsaal mußte wiederum kein anderer als Neefe übernehmen. Es war ein Glück, daß er wenigstens als Organist völlig durch seinen Schüler entlastet war.

*

Die Abwesenheit seines Lehrers während des Sommers 1783 wollte Ludwig zur Komposition einer Klaviersonate benutzen. Die vielen guten Vorbilder, die er studiert hatte, reizten ihn mächtig zu dem Versuch. Mutig ging er an die Arbeit. Aber wenn er alles, was er sich an Motiven und Themen aufgezeichnet, in einer einzigen Sonate hätte unterbringen wollen, dann wäre er an seinem eigenen Reichtum erstickt. So wurden es statt einer Sonate drei. – Neefe war hochbefriedigt, wenn er auch, seinem Grundsatz gemäß, mit Lob sparte. Ein gewaltiger Fortschritt gegenüber den Dreßler-Variationen war unverkennbar. Klare kräftige Melodien und energische Rhythmik verliehen der Schöpfung des Knaben schon ein eigenes Gesicht, wenn auch die Abhängigkeit von den Vorbildern nach Form und Inhalt nicht zu verkennen war. Immer wieder stellte Neefe mit Befriedigung fest, daß Ludwig seine eigenen Werke gut studiert hatte. Aber auch Sterkel mit seinen frischen, aus Frohsinn und Empfindsamkeit gemischten Melodien und seinem buntbelebten, keineswegs leicht spielbaren Klaviersatz hatte öfters Pate gestanden, während Philipp Emanuel Bach stark auf die ernsten Sätze gewirkt hatte mit ihren aufwärtsstürmenden Themen, ihren scharfen dynamischen Kontrasten, gewaltsamen Betonungen und Unterbrechungen, vor allem aber auch in der Schlichtheit und Innigkeit ihrer Melodien.

Auch die drei Sonaten ließ Neefe alsbald stechen. So waren jetzt schon zwei Opera seines jungen Schülers den Musikfreunden zugänglich.

Als Ludwig das nächstemal zu Neefe kam, fand er ihn am Schreibtisch, wie er wohlgefällig überlas, was er soeben geschrieben hatte.

„Also, Louis, jetzt gib mal acht! Die Sonaten werden nämlich dem Kurfürsten gewidmet. Erstens gehört sich das so, und zweitens – na, überhaupt. – Also, jetzt hör mal zu!

Erhabenster! Seit meinem vierten Jahre begann die Musik die erste meiner jugendlichen Beschäftigungen zu werden. So frühe mit der holden Muse bekannt, die meine Seele zu reinen Harmonien stimmte, gewann ich sie, und, wie mich's oft wohl deuchte, sie mich wieder lieb. – Gelt, da staunst du?" unterbrach er sich mit einem Blick auf Ludwig, der ein ziemlich verdutztes Gesicht machte. – „Ich habe nun schon mein elftes Jahr erreicht; und seitdem flüsterte mir oft meine Muse in den Stunden der Weihe zu: Versuch's und schreib einmal deiner Seele Harmonien nieder! – Elf Jahre, dachte ich, – und wie würde mir die Autormiene lassen? Und was würden dazu die Männer in der Kunst wohl sagen? Fast ward ich schüchtern. Doch meine Muse wollt's – ich gehorchte und schrieb.

Und darf ich's nun, Erlauchtester, wohl wagen, die Erstlinge meiner jugendlichen Arbeiten zu Deines Thrones Stufen zu legen? Und darf ich hoffen, daß Du ihnen Deines ermunternden Beifalles milden Vaterblick wohl schenken werdest? – O ja! Fanden doch von jeher Wissenschaften und Künste in Dir ihren weisen Schützer, großmütigen Beförderer, und aufsprießendes Talent unter Deiner holden Vaterpflege Gedeihen. –
Voll dieser ermunternden Zuversicht wag ich es, mit diesen jugendlichen Versuchen mich Dir zu nahen. Nimm sie als ein reines Opfer kindlicher Ehrfurcht auf und sieh mit Huld, Erhabenster! auf sie herab und ihren jungen Verfasser."
Förmlich verklärt legte Neefe das Blatt hin.
„Wenn er das liest", lächelte er träumerisch, „er wird ja denken, ihn leckt ein Häschen. Siehst du, Louis, so was muß man auch können. Na, das wirst du mit der Zeit schon noch lernen. – Und dann später, nach einer anständigen Pause, setz ich ein Gesuch für dich auf, daß du als zweiter Organist fest angestellt wirst. Jetzt machst du nun schon so lange die ganze Bescherung umsonst, schindest dich früh und spät an der Orgel, und hast noch keinen roten Heller zu sehen gekriegt. Alles, was recht ist –, der gnädige Herr muß ein Einsehen haben."
Neefe hielt Wort; das Gesuch wurde – „nach einer anständigen Pause" – eingereicht, aber vom Kurfürsten vorläufig beiseite gelegt.

*

Im Herbst 1783 übernahm Großmann die Direktion der Theater zu Frankfurt und Mainz, nachdem er die Leitung der Bonner Bühne seiner Frau übertragen hatte, die nun freilich von Regie nicht allzuviel verstand, zudem im Dezember ihre Niederkunft erwartete. Neefe sah voraus, daß er dann als Regisseur werde einspringen müssen, und beschloß deshalb, Ludwig zum stellvertretenden Dirigenten heranzubilden. Allerdings mußte nun zunächst ein Vertreter an der Orgel beschafft werden.
„Oh, wenn es weiter nichts ist", meinte Ludwig, „Pater Hanzmann vom Minoritenkloster würde sicher gern aushelfen, wenigstens täglich einmal, um neun oder um elf."
„Das wäre also der Vikar vom Vikar! Gut, dann komm du

morgen in die Probe, stell dich neben mich und paß auf, wie ich's mache; auf die Weise lernst du das Partiturspielen ganz von selber." – Denn zu jener Zeit stand mitten im Orchester das Cembalo, und der Dirigent spielte aus der Partitur mit. „'s ist ja auch bekanntlich 'ne Sittenschule", fügte er hinzu, „da hast du also doch wenigstens noch 'ne Schule."
Ludwig ließ sich das nicht zweimal sagen. Eine halbe Stunde vor Beginn der ersten Probe stand er schon an dem geheimnisvollen Theatereingang, der für die Mitglieder bestimmt war, und wartete klopfenden Herzens auf seinen Meister. Die Sänger, Sängerinnen, Orchestermitglieder, die an Ludwig vorbeipassierten, waren meistens gute alte Bekannte, doch waren auch ein paar fremde Gesichter darunter. Endlich im letzten Augenblick kam Neefe angestürmt, faßte den Kleinen bei der Hand und führte ihn mit sich durch einen engen dunklen gewundenen Gang. Plötzlich standen sie im Orchester, wo die Musiker schon ihre Instrumente stimmten. Die Bühne war offen. An der Rampe stand Frau Direktor Großmann. Ludwig hatte sie lange nicht gesehen; er fand, daß sie blaß und abgespannt aussah. Sie erblickte den Kleinen und nickte ihm freundlich zu. Ach, und da kam ihre Tochter, die Fritze Flittner, die Ludwig schon lange im stillen anbetete. Was war die schön und groß geworden! Aber sie bemerkte ihn nicht, ging auf ihre Mutter zu und sprach aufgeregt auf sie ein. Jetzt kam Herr Cassini, der Bühnendirektor, mit einem Zettel in der Hand.
„Herr Brandt noch immer nicht da?" rief er und sah sich suchend um. Herr Brandt war nicht da. Herr Cassini entdeckte Ludwig neben dem Cembalo, trat an die Rampe und sagte: „Was hat der Bengel da zu suchen?" Ludwig stotterte ein paar unverständliche Worte.
„Will der Bengel machen, daß er hinaus kommt?"
Jetzt bemerkte Neefe den Zwischenfall und gab Herrn Cassini Bescheid.
„Was Madam Großmann aber dick geworden ist!" flüsterte Ludwig seinem Lehrer zu.
„Pst! darüber spricht man nicht."
„Herr Brandt! Herr Brandt!" hörte man Herrn Cassini in die Ferne rufen. Frau Direktor Großmann war außer sich. „Das kommt davon, wenn man so allein gelassen ist! Wäre mein

Mann hier, dann wüßte Herr Brandt, was Pünktlichkeit ist! Daß Großmann mich aber auch in d e n Umständen zur Witwe machen mußte!"

„Was meint sie denn eigentlich?" flüsterte Ludwig, „was für Umstände denn?"

„Andere", sagte Neefe mürrisch. „Als sonst", setzte er rasch hinzu. „Halt dein Maul, sag ich dir nochmals."

Endlich kam Herr Brandt und bat um Entschuldigung. „Na, denn mal los!" sagte Neefe. „Also, Louis, du blätterst um."

Ludwig las rasch den Titel auf der Partitur. Er hieß: „Das Erntefest. Singspiel von Johann Adam Hiller."

Neefe blickte um sich wie ein Feldherr. Er hob die Hand, zögerte noch einen Augenblick, dann ließ er sie auf die Klaviatur fallen, und die Musik setzte ein. Aber als nun die entzückende Fritze Flittner mit einer Arie begann, hing Ludwig mit seinen Blicken an ihr und vergaß das Umblättern.

„Herrgott noch mal!" brummte Neefe, „paß doch auf, Junge! Wozu bist du denn da!"

Nein, das ging doch zu weit! Jetzt fiel Herr Brandt der Fritze um den Hals! –

„Zum Donnerwetter, Louis, in die Partitur sollst du gucken, und nicht auf die Bühne!"

Ludwig gehorchte. Wie sie sang! Eine Nachtigall war nichts dagegen. – Neefe klopfte ab.

„Na, Fritzchen, was ist denn heute mit dir los? Du schläfst ja nächstens ein!"

Ludwig war wütend auf seinen Lehrer, und die Fritze weinte.

„Nimm dich zusammen, Fritze!" sagte Madam Großmann.

„Das Kind hat fast die ganze Nacht gelernt", erklärte sie Neefe. „Heute diese große Opernrolle, morgen wieder eine Hauptrolle im Schauspiel –, natürlich ist sie müde."

„Also machen wir 'ne kleine Pause", sagte Neefe. „Und du, mein lieber Louis, wenn du immer auf die Bühne starrst, wirst du nie lernen, wie man Partitur spielt."

„ D i e Partitur kann ich spielen", entgegnete Ludwig etwas von oben herab.

„So? Die kannst du spielen? Also bitte, setz dich auf meinen Platz!"

Ludwig nahm vergnügt den Platz des Kapellmeisters ein.

„Na, Louis, was machst du denn da?" fragte Madam Großmann. – Neefe erklärte die Sache.
„Sie müssen 's ja wissen, Neefe. Also jetzt mal weiter, sonst stehen wir heute abend immer noch hier."
Ludwig hob seine Hand, wie er es bei Neefe gesehen hatte, zögerte noch einen Augenblick, dann ließ er sie auf die Tasten niederfallen. – Es ging glänzend. Neefe stand dabei und schaute Ludwig zu. Wo hatte der Bengel das nur her! Wie ein Alter saß er da, ließ auch nicht eine Note unter den Tisch fallen, gab Sängern und Spielern ihre Einsätze, als ob er seit seiner Geburt nichts anderes getan hätte. Er selber brauchte höchstens hie und da einmal das Tempo etwas zu beschleunigen oder zu verlangsamen. So ging die Probe rasch und glatt vonstatten; alle waren zufrieden.
„Du bist ein Teufelskerl", rief die Fritze und warf ihm eine Kußhand zu.
„Komm mal her, Kleiner!" sagte Madam Großmann und winkte Ludwig an die Rampe. Und als er unten dicht vor ihr stand, reichte sie ihm beide Hände herunter und zog ihn zu sich herauf.
„Du bist ein echter Musikus, mein Junge!" sagte sie, und eh er sich's versah, hatte er einen Kuß weg. Ach, hätte ihm doch lieber die Fritze einen gegeben! Aber die sah ihn nur schelmisch an; er wurde über und über rot. Mit einem Satz war er wieder unten im Orchester.
„Ich muß in die Kirche", sagte er scheu, „es ist bald elf." – Und fort war er. –
„Na, Louis", sagte Neefe, als er mit seinem Schüler nachmittags beim Unterricht saß, „wie hat dir denn eigentlich die Operette heute morgen gefallen?"
„Ganz nett", meinte Ludwig; „viel ist ja nicht daran."
Neefe wollte etwas entgegnen, schluckte aber erst einmal seinen Ärger hinunter.
„Also viel ist nicht daran?" sagte er nach einer Weile. „Es ist von meinem Lehrer Hiller."
Ludwig wurde flammend rot. Für sein Leben gern hätte er irgend etwas Günstiges über das Erntefest herausgebracht, aber es fiel ihm nichts ein.
„Na, nun mach mal kein so unglückliches Gesicht, mein lieber Freund. Ich nehme dir's nicht übel, daß du von Johann Adam

Hillers Bedeutung noch keine Ahnung hast. Woher solltest du auch! – Also, Louis, daß wir wieder anfangen, eine d e u t s c h e Oper zu haben, das ist Hillers Verdienst. Vor ihm gab es das nicht; da war Deutschland, was die Oper betrifft, einfach eine italienische Provinz. Die deutschen Komponisten schrieben keine deutschen Opern, sondern italienische. Da kam Hiller mit seinen deutschen Singspielen. Nicht viel daran, sagst du. Gut, das mag sein. Er schrieb eben so leicht wie möglich, m u ß t e so schreiben, denn geschulte deutsche Gesangskräfte gab es ja noch gar nicht –, von den großen Virtuosen, wie die italienische Oper sie hatte, gar nicht zu reden. Und dann wollte er auf das V o l k wirken, und das hat er erreicht. Was bei den Aufführungen gefiel, das war bald in aller Munde; alle Welt sang es nach, auf der Gasse, im Wirtshaus, in der Stadt, auf dem Lande. So hat das Volk wieder Lust am Gesang bekommen. Und deutsche Musik hat sich wieder einen Platz auf der deutschen Bühne erkämpft. Siehst du, Louis, das verdanken wir Hiller! Dann kamen seine Nachfolger: Schweitzer, Holzbauer, mein Schwiegervater Benda, meine eigene Wenigkeit, wir alle gingen auf Hillers Bahnen weiter. Und endlich ist nach uns kleinen und großen Propheten der Messias der deutschen Oper gekommen, Wolfgang Mozart. D a ß er kommen konnte, daß ihm die Wege geebnet waren, das ist Hillers Verdienst!"

*

Als Neefe am andern Morgen in die Probe kam, fand er Ludwig schon ganz gemütlich vor dem Cembalo sitzen und mit der Miene eines alten erfahrenen Orchestermannes in der Partitur blättern.

„Sag mal, Louis, du scheinst zu denken, das geht nun so weiter?"

„Ja, ich dachte –". Er wurde rot und schwieg. Dann machte er Anstalten, von seinem Sitz herunter zu klettern.

„Na, da haben wir also beide das gleiche gedacht. Nun bleib nur auf deinem Stuhl hocken, du nimmst dich ganz nett darauf aus. Aber wenn ich dir einen guten Rat geben darf, dann nimm dir deine Partituren mit nach Hause und spiel sie vorher durch; daß du von der Geschichte auch wirklich was Ordentliches hast."

So war also Ludwig mit seinen noch nicht ganz dreizehn Jahren Theaterkapellmeister geworden; nur für die Proben allerdings, denn die Aufführungen leitete Neefe natürlich selber. – Er hatte sich freilich Gedanken darüber gemacht, ob er auch recht tue, das Kind in diese Theateratmosphäre hineinzuziehen. Aber gerade seine Jugend und Unschuld war ihm ein Schutz. Alles Zweideutige, Frivole, von dem die „Sittenschule" keineswegs ganz frei war, glitt an dem Jungen einfach ab, weil er ahnungslos darüber hinweghörte, daran vorbeisah.
„Besser wär es freilich, wenn er jetzt auf der Schulbank säße und seinen Cornelius Nepos paukte", seufzte der kleine Neefe im stillen. Aber da war nun nichts zu machen.
So lernte Ludwig nach und nach die beliebtesten Werke der Opernliteratur kennen: von der italienischen Opera buffa den zarten innigen Piccinni; den derberen, herzhaften Paesiello; den schwärmerischen Anfossi, der mit seiner edlen, leicht eingehenden Melodik das Entzücken des Publikums war; von den Franzosen den König der Opéra comique, den feurigen, empfindsam schwärmenden Grétry; den derb realistischen Philidor; Monsigny, dessen Ouvertüre zum „Deserteur" einen seiner frühesten Kindheitseindrücke und die Haupterinnerung an den Großvater bildete. Aber auch das deutsche Singspiel war vertreten: Hiller mit seinen netten harmlosen Werkchen; Neefe selber mit der burlesken „Apotheke", über die Ludwig Tränen lachte; der geniale Benda mit seinem gewaltigen Melodram „Ariadne auf Naxos"; Mozart mit der „Entführung aus dem Serail". Die aber dirigierte Neefe selber.
„Das ist noch zu schwer für dich, Louis."
„Ach, Herr Neefe!"
„Nee wirklich, Louis! Und wenn's auch nicht zu schwer wäre, laß mir die Freude! Die ‚Entführung' ist nun mal mein Ein und Alles."
Ja, die ‚Entführung' war nun wirklich etwas ganz anderes als alles, was Ludwig bisher kennengelernt hatte. Um Mozarts Kunst der musikalischen Charakterisierung ganz zu würdigen, dazu war er freilich noch zu jung; um so inniger gab er sich dem melodischen Schwung und Adel der Partitur hin. Und nun wollte er auch gern etwas über Mozart selber erfahren.

„Ich hab ihn kennengelernt", erzählte Neefe, „vor fünf Jahren, als wir mit Seylers Truppe von Frankfurt aus jeden Sonntag in Mannheim spielten. Da kam er von Paris und hielt sich ein paar Wochen in Mannheim auf. Damals war er ein blutjunger Bursch von einigen zwanzig Jahren; klein, unscheinbar, häßlich –, aber ein genialer Kerl." – Er lächelte einen Augenblick still geschmeichelt vor sich hin. – „Vielleicht war's nur seine süddeutsche Liebenswürdigkeit; aber als er meine ‚Sophonisbe' gehört hat, da hat er mir viel Schönes darüber gesagt."
„Hat Mozart nichts für Klavier komponiert?"
„Doch, natürlich! In Mannheim spielte er eine Sonate, die er aus Paris mitgebracht hatte. Es war herrlich. Der reinste Frühling. In A-Dur stand sie, und der erste Satz war ein Thema mit Variationen. Ich muß doch mal danach schreiben; hier in Bonn ist noch nichts von ihm zu haben."

*

Mit Ludwigs Kapellmeistertätigkeit nahm es bald ein Ende. Ein Schicksalsschlag nach dem andern traf das Theater, bis es endlich erlag.
Im Januar 1784 starb der Minister Belderbusch; dadurch war die Verwaltung aller Hofinstitute zunächst lahmgelegt; der Theaterbetrieb stand eine Zeitlang ganz still. – Januar und Februar hatten gewaltige Schneemassen über das Land gebracht. Nun trat plötzlich Tauwetter ein, der Rhein schwoll an und überflutete seine Ufer; unaufhaltsam wuchs die dahinstürmende, eisschollenbedeckte Flut. Schon tastete sie sich die Rheingasse hinauf, erreichte auch Fischers Haus, drang in den Keller, in das Erdgeschoß, wuchs höher, immer höher, zwang endlich auch die Familie van Beethoven zur Flucht in ein befreundetes Haus. Das ganze Rheintal war ein ungeheuer strömendes Eismeer; Stadt und Land hatten schweren Schaden davon. Wieder mußte das Theater seine Pforten schließen.
Im März starb Frau Großmann an den Folgen einer Wochenbetterkrankung. Und wenige Tage darauf endete des alten Kurfürsten irdisches Dasein. Das Theater wurde sofort geschlossen und die Schauspielergesellschaft mit einem Monatsgehalt entlassen.

Zehntes Kapitel

Zu Mergentheim an der Tauber residierte seit vier Jahren der junge österreichische Erzherzog Maximilian Franz als Hochmeister des Deutschen Ordens. Seine Mutter Maria Theresia hatte kurz vor ihrem Tode die Wahl dieses ihres jüngsten Sohnes zum Koadjutor des kölnischen Kurfürsten und damit zu seinem späteren Nachfolger durchgesetzt. Die Herrschaft über das Kurfürstentum Köln sollte ihm eine noch glänzendere Versorgung schaffen, als es das Amt des Deutschmeisters für sich allein vermochte. Und gleichzeitig konnte er als Herr der Länder am Niederrhein dem Hause Österreich nützlich sein, indem er dem preußischen Machteinfluß in Westdeutschland entgegenwirkte. Daß der Erzherzog dem geistlichen Stande noch gar nicht angehörte, fiel nicht ins Gewicht; das konnte ja leicht nachgeholt werden.
Im April 1784 zog der neue Kurfürst in Bonn ein. Seine erste Sorge galt den Finanzen. Er ließ sich eingehend über alle Zweige der Verwaltung berichten, und was ganz oder halbwegs entbehrlich erschien, wurde abgeschafft oder beschränkt. Bei der Hofkapelle gab es freilich nicht viel zu kürzen; denn was dem nicht gerade musikalischen Max Friedrich genug gewesen, das war dem jungen Musikenthusiasten Max Franz eher zu wenig. Immerhin ließ sich auch hier einiges sparen. Mattioli wollte fort; er wurde von Gläubigern verfolgt und konnte sich nicht mehr halten. Sein Posten mochte vorläufig unbesetzt bleiben.
„Christian Neffe der Organist", las der Kurfürst weiter im Bericht seines Intendanten, „könnte wohl abgedankt werden, weil nicht besonders auf der Orgel versieret; ist nur durch Protektion angenommen, übrigens ein Fremder und kalvinischer Religion. Vierhundert Gulden könnten gespart werden. Wenn Neffe abgedankt würde, müßte ein andrer Organist angenommen werden, der für hundertundfünfzig Gulden zu bekommen wäre. Es ist selbiger klein, jung und ein Sohn eines Hofmusikus, hat schon während der Abwesenheit des Organisten die Orgel versehen, ist von guter Fähigkeit, von guter stiller Aufführung und arm."
Der Kurfürst war im Grunde einverstanden, denn der Name Neffe sagte ihm nichts. Doch wollte er dem Hoforganisten

seines Vorgängers nicht geradezu den Stuhl vor die Tür setzen. Er wählte den Ausweg, daß er Neefes Gehalt von vierhundert Gulden auf zweihundert heruntersetzte. Dagegen wurde „Beethoven Sohn" als zweiter Organist mit hundertfünfzig Gulden Jahresgehalt angestellt und ihm ein förmliches Dekret darüber ausgehändigt.
Für den armen Neefe bedeutete diese Neuregelung eine Katastrophe. Durch die Auflösung des Theaters hatte er schon tausend Gulden jährlich eingebüßt. Nun schrumpfte sein gesamtes Jahreseinkommen auf zweihundert Gulden zusammen. Damit konnte er unmöglich seine Familie durchbringen. Daß hier eine Intrige gegen ihn gespielt wurde, war klar. Von wem sie ausging, wußte er freilich nicht; sein erster Verdacht lenkte sich auf Ludwigs Vater. Als daher der Knabe kam, um ihm sein schönes neues Dekret zu zeigen, begegnete er statt des erwarteten Freudenausbruches eisigem Schweigen. Neefe musterte ihn lange, mit einem Ausdruck, so wie der alte Herr Nuth als König Lear die Fritze Flittner angesehen hatte, als sie gesagt hatte, sie liebe ihn so, wie es ihre Pflicht sei.
„Ich gratuliere", sagte Neefe endlich, und trat ans Fenster.
„Ja, aber Herr Neefe", sagte Ludwig ganz erschrocken, „was ist denn geschehen?"
Neefe wandte sich langsam zu ihm um.
„Louis, Louis!" sagte er endlich mit Grabesstimme, „ich glaube fast, ich habe eine Natter an meinem Busen genährt."
Ludwig machte ein hilflos-unglückliches Gesicht.
„Du verstehst mich nicht?"
„Nein, Herr Neefe!"
„So! Also du bist jetzt Hoforganist mit hundertundfünfzig Gulden Jahresgehalt! Recht hübsch für einen zwölfjährigen Burschen! Allen Respekt! Und ich mit meinen sechsunddreißig Jahren, der ich dein Vater sein könnte, der Neefe, der in ganz Deutschland bekannt und berühmt ist, mir bietet man zweihundert Gulden! In Zukunft soll ich ganze fünfzig Gulden im Jahre mehr bekommen als der Herr Louis!"
Ludwig war so erschrocken, daß er kein Wort zu entgegnen vermochte. Neefe beobachtete ihn eine Weile.
„Verzeih mir, Louis!" sagte er endlich in ganz verändertem Tone. „Ich war ungerecht gegen dich! Ich seh's dir an, du bist unschuldig an diesem schändlichen Komplott, und ich hätte

nie auf solche Gedanken kommen sollen, ich kenne doch meinen Louis! Aber wenn man schlecht behandelt wird, wenn man hinausgeschmissen wird mit einem Tritt vor den – na, ich hätte beinah was gesagt. So, nun zeig mal dein Dekret her! Sieh mal, wie fein das geschrieben ist! Louis van Beethoven, kurfürstlich-kölnischer Hofkapellorganist! Und hundertundfünfzig Gulden im Jahr! Die Hälfte von dem, was dein Vater bekommt! Du kannst stolz darauf sein, mein Junge! Du bist aber auch ein ganzer Kerl! Was hat denn deine Mutter gesagt? Na, ich kann's mir schon denken, ich gönn ihr die Freude. Hundertundfünfzig Gulden! Das will schon was bedeuten! Jetzt bist du schon zu einem Drittel der Ernährer eurer Familie! Und wenn so ein Jährchen herum ist und der Kurfürst dich erst besser kennt, da kommst du so ganz bescheiden und vorsichtig mit einem Gesuch um eine kleine Aufbesserung, so um fünfzig Gulden etwa, und dann sind es schon zweihundert Gulden." Und er brach in ein herzhaftes Lachen aus.
Die Tür öffnete sich, seine Frau schaute herein; Ludwig sah, daß sie verweinte Augen hatte. Sie warf einen erstaunten Blick auf ihren Mann und verschwand wieder.
„Zweihundert Gulden!" wiederholte Neefe, aber diesmal mit einer Stimme voll Wut und Rachsucht. „Und mir das, mir! Jetzt weiß ich aber, wo er steckt, der Feind, der aus dem Hinterhalt seine vergifteten Pfeile auf mich abschießt. Aber warte, du Schuft! Du sollst Gottlob Neefe kennenlernen! Ich gehe zum Kurfürsten! Königliche Hoheit, werde ich sagen, in der Kunst gibt es kein katholisch und protestantisch! Da gibt es nur einen einzigen heiligen Geist, an den glaube i c h , und wenn unser allergnädigster Herr nicht an ihn glaubt, dann tut er mir leid!"
Am nächsten Tage, zur Zeit der Audienz, stand Neefe, Gefühle eines Tyrannenmörders in der Brust, im Vorraume des kurfürstlichen Arbeitszimmers und wartete, bis die Reihe an ihn kam. Endlich ward sein Name aufgerufen; gleich darauf stand er vor seinem Landesherrn und machte seine schönste Verbeugung.
Der Kurfürst blickte ihn aus seinen großen, etwas vorstehenden Augen so freundlich an, daß Neefe sich zusammennehmen mußte, um seine tragische Stimmung zu bewahren.

„Setzen Sie sich, Herr Hoforganist."
Neefe nahm Platz.
„Sie sind aus Sachsen, wie ich gehört habe", begann der Kurfürst. „Etwa gar aus dem schönen Elbflorenz?"
„Nur aus Chemnitz, Euer Königliche Hoheit."
„So, so! Aus Chemnitz! – Ja, die Sachsen kommen viel in der Welt herum. Es sind unternehmungslustige Leut, und merkwürdig viel Musiker darunter. Wie gefällt es Ihnen denn am schönen Rhein, mein lieber Neffe?"
„Danke Euer Königlichen Hoheit untertänigst für die Nachfrage. Bisher hatte es mir recht gut gefallen."
„Bisher? Gefällt es Ihnen jetzt nicht mehr so gut? Nun, Sie haben etwas auf dem Herzen. Immer herunter damit, mein lieber Neffe!"
„Mein Name ist Neefe, untertänigst zu bemerken."
Der Kurfürst lachte. – „Ihr Sachsen seid komische Leut! Was wir kurz sprechen, das sprecht ihr lang, und was wir lang sprechen, das sprecht ihr kurz. Mir müssen Sie schon erlauben, daß ich Neffe zu Ihnen sag."
Die freundliche Art des Kurfürsten hatte die düsteren Wolken, die um Neefes Gemüt lagerten, schon ein wenig zerteilt. Und da er wußte, daß der hohe Herr einen Scherz nicht übelnahm, so faßte er sich ein Herz und sagte:
„Ich wär's ganz zufrieden, wenn ich Euer Königlichen Hoheit Neffe wäre; dann wär ich wahrscheinlich kein armer Musikus. Ich heiße aber doch nu' mal Neefe, Gottlob Neefe."
Der Kurfürst lachte, und Neefe setzte stotternd hinzu: „Ich meine nicht, gottlob, daß ich Neefe heiße, sondern ich heiße Gottlob mit Vornamen, Christian Gottlob Neefe."
Der Kurfürst sah ihn überrascht an: „Sie sind der Neefe? Der bekannte Kompositeur Neefe? Ja, das freut mich ja ungemein! Das hab ich ja gar nicht gewußt, daß Sie der Hoforganist sind! Da bin ich ja ganz falsch informiert worden! Ja, das ist mir aber wirklich eine frohe Überraschung, daß ich einen Musiker von Ihrem Rang und Ruf in meinen Diensten habe! Wir haben zwar in Wien von der norddeutschen Schule noch nicht allzuviel aufgeführt, aber manches von Ihren Stücken ist mir doch bekannt und hat mir sehr gut gefallen. Also, mein lieber Nee-fe! Was haben Sie auf dem Herzen? Kann ich Ihnen mit irgend etwas helfen?"

„Euer Königliche Hoheit sind so gnädig!"
„Lassen Sie die Redensarten, mein lieber Neefe, davon bin ich gar kein Freund. Immer heraus mit der Sprache."
„Königliche Hoheit! Unter Dero in Gott ruhenden Herrn Vorgänger bekleidete ich das Amt des Musikdirektors am Theater, mit 1000 Gulden Gehalt, und gleichzeitig war ich Hoforganist, mit 400 Gulden. Das machte zusammen 1400. Die 1000 Gulden habe ich durch die Auflösung des Theaters verloren. Und von den 400 Gulden Organistengehalt hat man mir nun auch noch die Hälfte gestrichen."
Der Kurfürst räusperte sich ein wenig unsicher. Dann stand er auf, ging an den Schreibtisch und nahm aus einer Lade ein Aktenstück heraus, in das er sich nun eine Weile vertiefte. Neefe hatte indessen Zeit, sich seinen Landesherren, den er bisher immer nur aus einiger Entfernung gesehen hatte, aus nächster Nähe zu betrachten. – So ein Fettwanst, dachte er einen Augenblick, korrigierte sich aber sofort in Gedanken selber: hübsch wohlbeleibt. Hohe Stirn – kriegt gewiß bald 'ne Glatze. Freundliche Miene, freundliche Augen, dicke Backen, dicke Lippen, dicker Hals. Wie der Bratsche spielen will, das ist mir denn doch ein Rätsel. Immerhin: ein hübscher Mann!
Der Kurfürst las noch immer in dem Aktenstück. „Esel!" murmelte er dabei vor sich hin. „Gar keine Meriten! Aha, kalvinischer Religion; das ist wohl der Haken." Ärgerlich warf er das Dokument auf den Schreibtisch und klingelte. Ein Diener erschien.
„Ich lasse den Herrn Grafen Waldstein bitten."
Gleich darauf erschien ein blutjunger bildschöner Mensch, dem man den Aristokraten schon von weitem ansah.
„Lieber Ferdl", sagte der Kurfürst, „ich habe das Vergnügen, dich mit dem allbekannten und geschätzten Kompositeur Herrn Neefe bekannt zu machen. – Graf Waldstein. – Denk dir, Ferdl, Herr Neefe ist unser Hoforganist, und wir haben es nicht einmal gewußt! Ja, wir haben sogar eine große Sottise begangen, haben dem verdienten Manne sein Gehalt gekürzt! Da schau einmal her!" Und er zeigte Waldstein das Dokument.
„Nicht mal den Namen richtig g'schrieben!" lachte der. „Das läßt tief blicken."

„Also, lieber Ferdl, jetzt überleg halt, was da zu tun ist. Das einfachste wär, wir schafften unsren neugebackenen zweiten Hoforganisten wieder ab."
„Eine dumme Geschichte", meinte Waldstein und warf wieder einen Blick in das Dokument. „Klein, jung, von guter stiller Aufführung und arm. Der hat nun sein Dekret in Händen und wird eine Mordsfreud' haben."
„Wenn man dem Buben ein anständiges Douceur gäbe zum Trost – ein halbes Jahresgehalt –, was meinst du Ferdl?" Waldstein machte ein bedenkliches Gesicht.
„Euer Königliche Hoheit verzeihen", bemerkte nun Neefe in leisem, aber bestimmtem Ton, „eh das geschähe, würde ich allerdings lieber auf mein halbes Gehalt verzichten. Der Junge ist mein Schüler, ein trefflicher braver Mensch, und dabei ein – Genie, vor dem ich – mein Knie beuge –, das heißt, in Gedanken; äußerlich werd ich mich wohl hüten."
„Ein Genie!" rief der Kurfürst. „Wenn das ein Neefe sagt, so will es was bedeuten! Also vor allen Dingen, der Bub soll Anstellung und Gehalt natürlich nicht gleich wieder verlieren; gelt, Ferdl, das meinst du doch auch?" – Waldstein nickte. – „Und weiter, Ferdl: du bist so gut und schaust dir den Buben einmal in der Nähe an. Wenn es wahr ist, was Herr Neefe sagt – und ich zweifle natürlich nicht daran –, dann soll es meine besondere Sorge sein, dem Buben weiter zu helfen. Also, Ferdl, sei so gut! Graf Waldstein ist ja sowieso ein Musiknarr", wandte er sich zu Neefe, „ich belaste ihn also mit keiner unangenehmen Aufgabe. – Ja, und Sie, mein lieber Neefe –, wir haben Ihnen da einen schönen Streich gespielt, und ich seh' es ja vollkommen ein: zweihundert Gulden im Jahr können wir Ihnen auf die Dauer nicht zumuten. Jetzt haben Sie halt ein wenig Geduld! Ich bin hier in ein Meer von Schulden hineingeraten, damit plaudere ich ja kein Geheimnis aus. Da heißt es eben jeden Kreuzer zusammenhalten. Herzlich gern würd ich Ihnen gleich Ihre vierhundert Gulden wieder bewilligen; aber es ist nun halt alles eingeteilt und bis auf den Kreuzer berechnet. Jetzt warten Sie halt noch ein paar Wochen, bis wir erst einmal wieder aufschnaufen können. Sobald es irgend geht, dann sollen Sie zu Ihrem Recht kommen, Sie in allererster Linie! Verlassen Sie sich drauf! – Übrigens, denk dir nur, Ferdl, der Herr Neefe hat Gott gelobt,

daß ich nicht sein Onkel bin. Wie findest du das? Schöner Respekt vor seinem Landesherren, gelt? – Ja, nun muß ich Ihnen leider Lebewohl sagen. Ich danke Ihnen, daß Sie Vertrauen zu mir gehabt und sich in persona präsentiert haben. Kommen Sie nur wieder, wenn Sie der Schuh mal irgendwo drückt. Also, Gott befohlen!"
Und er reichte Neefe seine weiße, fleischige, mit kostbaren Ringen geschmückte Hand, die der Hoforganist einen Augenblick mit seinen untertänigen Lippen berührte.
„Wenn Sie 'nen Moment auf mich warten wollen, Herr Neefe", sagte Waldstein, „so geh ich gleich mit Ihnen, um Ihr Wundertier in Augenschein zu nehmen. Hier herein, wenn ich bitten darf." Er führte ihn in ein luxuriös ausgestattetes Nebengemach, bat ihn, Platz zu nehmen und ließ ihn allein.
Neefe tat ein paar lautlose Schritte über den schwellenden türkischen Teppich; dann ließ er sich vorsichtig auf einem mit schwerer Seide bezogenen Lehnsessel nieder. Ein Versprechen, das war alles, was er erreicht hatte. Er dachte an die Ringe an den Fingern seines Landesherren – jeder von ihnen mochte mehr als zweihundert Gulden wert sein. Er betrachtete die Gobelins an den Wänden, von denen jeder einzelne ein kleines Vermögen gekostet haben mochte; den riesigen goldumrahmten Kristallspiegel, die bronzebeschlagenen Möbel aus edlem mit Schildkrott eingelegtem Holz, den venezianischen Kronleuchter. Ein etwas bitteres Gefühl stieg in ihm auf. Hätten die zweihundert Gulden jährlich den kurfürstlichen Etat wirklich ins Schwanken gebracht?
Ein paar Minuten danach schritt Neefe an des Grafen Waldstein Seite durch die Straßen; der kleine, etwas bucklige Musiker neben dem großen, schlanken Aristokraten, der vertraulich den Arm in den seinen geschoben hatte und wie zu seinesgleichen mit ihm plauderte.
„Jetzt machen Sie nur kein so niederg'schlagenes Gesicht, mein bester Herr Neefe! Der Kurfürst ist halt furchtbar akkurat in allem, davon werden die Bonner noch ein Liedl singen können. Ich werd schon an Sie denken und keine Ruh geben, bis Ihnen wieder Ihr früheres Gehalt bewilligt ist; verlassen Sie sich drauf!"
Neefe hatte erzählen hören, Graf Waldstein beabsichtige, in den Deutschritterorden einzutreten und müsse deshalb sein

Noviziatenjahr am Hofe des Hochmeisters zubringen, der eben der Kurfürst war.

„Ach lieber Gott", sagte der Graf, „wenn's nur ein Jahr wär! Aber damit hat's noch seine Weile, mein Novizenjahr wird nicht so bald beginnen. Nein, vorläufig bin ich nur hier, weil der Kurfürst mich gern hat. Hoffentlich sterb ich nicht in der Einöd! Mein bester Herr Neefe, ich komm aus Wien! Wien und Bonn, das ist wie Schlagobers und Buttermilch! Kruzifix, ist das ein langweiliges Nest! Jetzt bin ich nur froh, daß ich in Ihnen einen richtigen Musiker gefunden hab, denn wissen Sie, für mich ist Musik das, was das Leben erst lebenswert macht. Und wenn wir uns erst ein wenig besser kennen und ich keine Angst mehr vor Ihren kritischen Ohren hab, dann werd ich mir erlauben, Ihnen hie und da auch mal eines meiner schwachen Opera vorzulegen, die ich unsrer göttlichen Kunst geweiht hab. Aber jetzt erzählen Sie mir lieber mal ein wenig von Ihrem Schützling."

Neefe berichtete nun seinem Begleiter alles, was er von Ludwigs Familie, seinem Charakter und seinem Werdegang wußte.

„Respekt vor dem Buben!" sagte Waldstein, als Neefe geendet hatte. „Das muß ja ein ganzer Kerl sein! Wo führen Sie mich denn aber eigentlich hin, mein lieber Freund?"

„In mein eigenes bescheidenes Heim, Herr Graf. Es ist grade die Zeit, wo der Junge zum Unterricht kommt." In der Haustür hielt er seinen Begleiter an. „Das ist er! Eine Bachsche Fuge!" flüsterte er dem Grafen zu.

Gedämpft durch die verschlossene Tür, aber klar und in majestätischer Ruhe strömten die Töne durch das kleine Haus. So standen die beiden Männer, in stiller Ehrfurcht lauschend, bis das Klavier drinnen verstummte.

An diesem Tage gewann sich Ludwig van Beethoven einen Freund, dessen Einfluß auf den Kurfürsten später sein Schicksal entscheidend bestimmen sollte.

*

Die nächste Zeit ging für Neefe und Ludwig äußerlich still dahin. Das Theater war geschlossen, und die Hofkonzerte ruhten ebenfalls, da der neue Landesherr an andere Dinge zu denken hatte. Nachdem er sich einigermaßen in die weltlichen

Regierungsgeschäfte eingearbeitet, begann er seine geistliche Laufbahn. Zwar hatte Maria Theresia ihm beim Papste ein Privileg ausgewirkt, wonach er die priesterlichen Gelübde um zehn Jahre hätte hinausschieben können. Aber Max Franz war nicht für Halbheiten. Als Landesherr zweier geistlicher Staaten – denn mit dem Erzbistum Köln war seit einem halben Jahrhundert das Fürstentum Münster verbunden – wollte er auch Geistlicher sein. Allerdings durchlief er seine priesterliche Karriere in Karriere. Ende November trat er in das Seminar zu Köln ein, um sich für die Konsekration vorzubereiten. Streng unterwarf er sich der Unterweisung – acht Tage lang. Nach weiteren vierzehn Tagen war er schon Priester. Und am achten Mai des folgenden Jahres fand unter ungeheurem Gepränge seine Konsekration als Erzbischof statt. Dann hielten ihn ausgedehnte Firmungsreisen lange von seiner Residenz fern. Das „Bönnische Intelligenzblatt" berichtete, er habe allein in Westfalen über 27 000 Menschen gefirmt. „Höchstdieselben hatten sich durch diesen Eifer in der Ausübung Dero Erzbischöflichen Amtes eine Geschwulst am rechten Arm zugezogen."

Im Herbst 1784 war Lucchesi aus seinem Urlaub zurückgekommen. Der arme Neefe hatte im stillen gehofft, des verabschiedeten Mattioli Nachfolger zu werden; aber diese Hoffnung zerschlug sich. Der Kurfürst wollte einen Mann an der Spitze seines Orchesters haben, der nicht nur Theaterkapellmeister, sondern auch Konzertdirigent und Orchesterkomponist war. Seine Wahl fiel auf den Konzertmeister der Fürstlich Wallersteinschen Kapelle, Joseph Reicha, der außer den verlangten Eigenschaften noch den Vorzug hatte, ein ausgezeichneter Cellovirtuos zu sein. Im April 1785 folgte Reicha dem Rufe.

So bestanden Neefes dienstliche Obliegenheiten nur noch darin, die Orgel zu spielen, was ihm aber oft genug von Ludwig abgenommen wurde. In seiner pekuniären Notlage hatte er sich eine Unzahl Privatstunden aufgebürdet, und es galt bei der Bonner Aristokratie bald als guter Ton, bei Neefe Klavierunterricht zu nehmen. Nach langem Warten wurde ihm auch sein Organistengehalt in der früheren Höhe wiederbewilligt; freilich hatte er erst mit seiner Abdankung drohen müssen.

Ludwig hatte sich inzwischen an die Komposition eines Klavierkonzertes gewagt. Das brachte er jetzt dem Meister.
„Es-Dur", sagte der Junge. „Es ist etwas schwer."
Neefe legte die Partitur auf den Notenhalter und blätterte darin. Je weiter er kam, desto mehr zog sich sein Gesicht in bedenkliche Falten.
„Hör mal, Louis, das scheint ja ein ekliges Gemurkse zu sein. Wer soll denn das spielen?"
„Ich. Aber heute kann ich nicht, ich hab mich in den Finger geschnitten."
„So! Na, dann laß mir's da, ich möcht's mir doch lieber erst mal ansehen, sonst blamier ich mich schließlich noch vor dir, und das ginge doch gegen den Respekt."
Als Ludwig gegangen war, setzte Neefe sich ans Klavier. Herrgott von Sachsen, den Louis ritt ja der Teufel! Das sollte ein Mensch spielen? Er war glücklich in einer Doppelgriffpassage steckengeblieben. Und in dem Tempo noch dazu! Das wollte der Bursche mit seinen kleinen Händen bewältigen? Na, dann mußte er mit seinen großen Tatzen es doch fertigbringen! Er verbiß sich immer mehr in die Stelle, aber sie gelang ihm nicht, und fluchend ging er weiter. Doch es kam immer besser. Brillante Passagen in Tonleitern, gebrochenen Akkorden, Doppelgriffen lösten einander ab. Da sollte doch gleich das Donnerwetter dreinschlagen! Mit dem langsamen Satz ging es, aber das Schlußrondo hatte es wieder hinter den Ohren.
„Na warte, du Racker!" brummte Neefe vor sich hin, während er die Partitur weglegte. „Ich glaube, du hast deinen alten Lehrer zum Besten haben wollen!"
Am andern Tage setzte sich Ludwig an Neefes Klavier und spielte das Werk, ohne eine Miene zu verziehen, fehlerlos von Anfang bis zu Ende. Neefe schloß ihn in die Arme und gab ihm einen Kuß.
„Ja", sagte er etwas betrübt, „technisch kannst du auf dem Klavier nun nichts mehr von mir lernen; da mußt du nun dein eigner Lehrer sein. Jetzt will ich dich aber dafür in der Komposition doppelt schurigeln, denn da hast du noch genug zu lernen. Rein musikalisch ist an dem Konzert nicht viel dran."
„Ich hab's auch nur geschrieben", entgegnete Ludwig, „weil ich denke, ich kann es mal bei Hofe spielen, und dann soll

der Kurfürst sehen, daß er mich nicht umsonst zu seinem Hoforganisten gemacht hat."

„Louis, d i e Idee ist nicht auf deinem Acker gewachsen! Hand aufs Herz! Das hat dir dein Vater geraten!" Ludwig gab das etwas kleinlaut zu.

„Na, für den Zweck ist es ja ganz gut. Aber wenn du mir wieder mal etwas bringst, so soll es auch musikalisch einen Fortschritt bedeuten; das bist du dir und mir schuldig. – Übrigens, da hab ich ja nette Dinge über dich gehört? Was hast du denn neulich in der Kirche angestellt, als der Heller die Lamentationen sang? Hast auf deiner Orgel eine so verzwickte Begleitung fabriziert, daß du den sattelfesten Heller glücklich aus dem Konzept gebracht hast!"

Ludwig wurde feuerrot. – „Es war so entsetzlich langweilig", sagte er verlegen. „Übrigens hatte ich mit Herrn Heller gewettet, ich würde ihn herausbringen. Und noch dazu hab' ich die Noten, die er zu singen hatte, fortgesetzt mit der rechten Hand angeschlagen."

Neefe bekam einen Erstickungsanfall.

„Na, Louis, du scheinst mir ja ein andächtiger Kirchenbruder zu sein! Und der gute Heller, statt sich zu schämen und das Maul zu halten, rennt noch herum und beklagt sich beim Kurfürsten! Na, du brauchst keine Angst zu haben; der hat sich herrlich amüsiert; das war so recht was für ihn. Er läßt dir nur sagen, du möchtest in Zukunft solche Geniestreiche lieber bleiben lassen."

Elftes Kapitel

Ludwig war nun seit vier Jahren Neefes Schüler. Die Fortschritte in seiner musikalischen Entwicklung, der Stolz über seine Anstellung als bezahlter Hoforganist, das Bewußtsein, trotz seinen jungen Jahren schon etwas zu bedeuten, hätten ihn zu einem frohen, glücklichen Menschenkind machen können, wären die Verhältnisse in seinem Vaterhause nicht immer trauriger geworden.

Johann van Beethoven war seit Pfeiffers Fortgang von der Flasche nicht wieder losgekommen. Seit zwei Jahren hatte er seine Stimme verloren und suchte seitdem erst recht Trost im Wein. Den größten Teil des Tages saß er nun zu Hause herum, in Erwartung des Abends im Wirtshaus. Er gab wohl noch Gesangunterricht, aber die Schüler aus den besseren Gesellschaftskreisen hatten sich von ihm zurückgezogen; wer etwas auf sich hielt, konnte eigentlich nicht mehr mit ihm verkehren.

Und um Frau Magdalenens Gesundheit stand es schlecht. Bald nach ihrem letzten Wochenbett hatte es angefangen, ganz allmählich, mit einem trockenen Husten, der unter dem Gebrauch von Heilmitteln zwar einmal nachließ, aber immer wiederkam. Sie fühlte sich matt und magerte langsam ab. Und als der Tod ihr das jüngste Kind nach drei Jahren wieder entrissen hatte, seitdem war es, als habe sie den Kampf mit dem Leben aufgegeben. Ihr Blick, der immer schon ernst gewesen, hatte etwas unendlich Trauriges bekommen. Nur wenn Ludwig ins Zimmer trat, zeigte sich dann und wann ein leises Aufleuchten ihrer matten, tiefliegenden Augen. Solang es ging, hielt sie sich auf den Füßen. Aber nun hatte sie sich vor ein paar Tagen ins Bett legen müssen; sie fieberte, jeder Atemzug verursachte ihr heftige Stiche in der Brust. –

„Vater", sagte Ludwig, „wir müssen den Doktor rufen!" Johann schüttelte müde den Kopf. – „Deiner Mutter kann kein Doktor mehr helfen. Übrigens sind die Ärzte in Bonn alle Pfuscher."

Da hatte Ludwig seine Spargroschen gezählt und auf eigene Faust einen Arzt geholt. Der alte Herr glaubte aber, daß hier keine Lorbeeren zu pflücken seien. Daher schickte er nach den ersten Besuchen einen jungen Studenten als seinen Vertreter zu der kranken Frau. So betrat der zwanzigjährige Franz Wegeler das Beethovensche Haus.

Es war Winter. Um an Heizung zu sparen, hatte sich die ganze Familie in einem einzigen Zimmer zusammengepfercht. In einer lichtlosen Ecke stand das Bett der kranken Mutter. Der Vater saß in einer Sofaecke; Wegeler wußte nicht, wachte oder schlief er. Ludwig hatte sich einen Tisch ans Fenster gerückt und schrieb an einer Komposition. Die Kleinen zankten sich um ein Stück Brot. Dumpf war die Luft, es roch nach Ofendunst und nach Wein.

Johann van Beethoven starrte den fremden Besucher unan-

genehm überrascht an. Wegeler merkte nach den ersten Worten, daß er halb betrunken und nichts mit ihm anzufangen war. So wandte er sich an Ludwig, ließ sich in ein Nebenzimmer führen und über die Krankheit der Mutter berichten. Das kostete anfangs einige Mühe, und Wegeler mußte eine gewisse Verlegenheit überwinden, als er dem Knaben in die Augen sah, in denen Mißtrauen und Unzufriedenheit zu lesen waren. Aber er behielt seine Sicherheit, und je länger er fragte und Ludwig antwortete und erzählte, desto mehr wandelte sich der Ausdruck in den Augen des Kindes. Es kam Vertrauen hinein, und Bitten, und schließlich heißes Flehen um Hilfe.
„Wie heißt du denn, mein Junge?"
Ludwig nannte seinen Namen.
„Und wie alt bist du?"
„Zwölf Jahre."
„Du hast wohl deine Mutter sehr lieb?"
Der Knabe brach in fassungsloses Schluchzen aus. Wegeler zog ihn sanft zu sich heran; beruhigend strich er ihm über die Schulter. – Dann untersuchte er die Kranke, sprach ihr Mut zu und traf seine Anordnungen. Ludwig hing an seinen Lippen, als ob er jedes Wort verschlingen wollte. Beim Abschied drängte er mit ihm zur Tür hinaus.
„Wird die Mutter wieder gesund werden?"
„Sie wird besser werden, mein Junge, wird wieder zu Kräften kommen und aufstehen, wenn alles pünktlich geschieht, was ich angeordnet habe. Aber daran wirst du es nicht fehlen lassen, das brauchst du mir nicht zu versichern."
Wegeler ging fort mit einem Gefühl seltsamer innerster Bewegung. Fortwährend sah er die Augen dieses Knaben auf sich gerichtet. Ein unerklärlicher Zauber war von ihnen ausgegangen. Er suchte sich vorzustellen, wie diese Augen wohl blicken würden, wenn ihr Ausdruck nicht durch die Angst um die kranke Mutter verdüstert wurde. Ob sie wohl lachen konnten? Ein Verlangen ergriff ihn, sie einmal vor Freude strahlen zu sehen. Dieses Kind mußte etwas Besonderes sein! Mein Gott, was für eine Tragödie! Die sieche Mutter, der betrunkene Vater, die verwahrlosten Kleinen, und mitten darin dieser Knabe mit seinen merkwürdigen Augen!
Wegeler suchte die Hofrätin von Breuning auf, in deren

Hause er schon lange ein- und ausging, und erzählte von seinem Erlebnis.
„Wärest du ein wenig mehr musikalisch, Franz", sagte Frau von Breuning, „dann hättest du von Louis van Beethoven gewiß schon gehört. Er gilt unter den Musikern als eine ganz starke Hoffnung. Wieviel dabei nun Lokalpatriotismus ist, weiß ich nicht. Kann ich helfen? Und wie?"
„Die Mutter braucht vor allem kräftige Nahrung", sagte der angehende Arzt.
„Ich will ihr das Mittagessen schicken; – wird das gehen?"
„Sicherlich!"
„Und Geld?"
„Das wird sich kaum machen lassen. Der Knabe scheint sehr stolz zu sein."
„Hör, Franz, – Lore und Lenz brauchen einen Klavierlehrer. Vielleicht könnte der Junge ihnen Unterricht geben!"
„Aber nicht jetzt gleich! Erst muß es der Mutter besser gehen."
Wegeler kam nun täglich in das Beethovensche Haus, und seine Besuche wurden von mal zu mal länger. Es war ihm gelungen, der Kranken sehr rasch Linderung zu verschaffen; der quälende Husten hatte nachgelassen, ihre Kräfte begannen sich zu heben. Ludwig hing mit leidenschaftlicher Dankbarkeit, blind vertrauend an dem jungen Mann, der sich dessen im Bewußtsein seiner Anfängerschaft heimlich schämte, es aber damit vergalt, daß er nächtelang über seinen Büchern saß und die Abhandlungen über Lungenkrankheiten studierte. – Er hatte bald erkannt, daß Ludwig der Halt der Familie war; alles, aber auch alles lastete auf ihm. Er beobachtete, wie dieses Kind die Mutter auf das Hingebendste und Gewissenhafteste pflegte; wie es die kleinen Geschwister in Ordnung und Zucht zu halten suchte. Er war oft Zeuge, wie Ludwig abgehetzt, mit keuchendem Atem und hochroten Wangen von seiner Lektion bei Neefe nach Hause gerannt kam, um nur ja nicht den ärztlichen Besucher zu versäumen und womöglich von ihm zu hören, daß es wieder ein wenig besser gehe. Und als die Besserung nun wirklich entschiedene Fortschritte machte, als die Mutter zum erstenmal das Bett verlassen durfte, da war die Dankbarkeit des Knaben für den jungen Mann ein Lohn, den er um vieles Geld nicht hätte

hingeben mögen – und er war arm. – Johann van Beethoven dagegen blieb, wie er von Anfang an gewesen: ablehnend und teilnahmslos.

*

Einige Zeit darauf eröffnete Wegeler seinem kleinen Freunde Frau von Breunings Vorschlag, den Klavierunterricht ihrer Kinder zu übernehmen.
So stand denn Ludwig eines Tages vor dem Patrizierhause am Münsterplatz, das durch einen breiten Vorgarten von der Straße geschieden war. Er warf einen halb neugierigen, halb ehrfurchtsvollen Blick zu dem in Sandstein gemeißelten geistlichen Hut über dem Portal hinauf, durchschritt eine von breiten Säulen getragene Vorhalle und sah sich gleich darauf einer schönen, vornehmen Dame von einigen dreißig Jahren gegenüber.
Frau von Breunings mütterliches Herz quoll über beim Anblick des kleinen, häßlichen, ärmlich gekleideten Jungen, in dessen ernstem Gesicht schon von Not und Sorgen zu lesen war. Er machte ihr eine ungeschickt feierliche Verbeugung. Sie reichte ihm die Hand und nötigte ihn zum Sitzen.
„Herr Wegeler hat uns viel von dir erzählt, Louis", begann sie. „Nun sag mir aber vor allem: wie geht es deiner guten Mutter?"
In die schüchternen Augen trat ein Leuchten. „Danke, es geht viel besser."
„Das freut mich von ganzem Herzen, Louis. – Mein Junge, du weißt, welches Anliegen ich an dich habe. Hast du denn aber auch wirklich Zeit, meine Kinder zu unterrichten? Ich weiß, du leistest mehr als mancher Erwachsene. Du sollst dich um Gottes willen nicht überarbeiten, Louis!"
„Ich habe Zeit genug. Ich spiele zwei- oder dreimal am Tag die Orgel. Dreimal in der Woche gehe ich zu Herrn Neefe. Dann übe ich täglich zwei bis drei Stunden und arbeite noch für mich, wie es sich gerade mit der Zeit macht. Ich will gern unterrichten. Ich weiß nur nicht, ob ich es kann; ich habe noch nie Unterricht gegeben."
„Dann wollen wir es versuchen, mein Junge. Ich hoffe, du wirst dich mit meinen Kindern gut vertragen. Sieh zu, daß du ihnen Liebe zur Musik beibringst; und wenn dir das gelingt,

dann werde ich immer das Gefühl haben, daß Geld nur ein sehr geringer Gegenwert für das ist, was du uns gibst. So, und nun will ich die Kinder rufen." Sie öffnete die Tür zum Nebenzimmer.

„Lore! Lenz! Kommt mal herein! – Sieh, Louis, das sind deine neuen Schüler. Das ist Lore; sie ist dreizehn Jahre alt; und das ist Lenz; der ist acht Jahre alt. Und das, Kinder, ist euer neuer Lehrer; er heißt Louis. So, und nun gebt euch die Hand!"

Die Kinder taten es; Lore und Lenz hoch erstaunt, daß sie von einem Knaben Unterricht bekommen sollten; Ludwig, befangen über die natürliche Sicherheit, mit der die Kinder ihn begrüßten, und verlegen über seine ärmliche Kleidung, die er sofort mit der einfachen Eleganz der beiden verglich.

Den kleinen Lenz hatte Ludwig in die allerersten Grundlagen des Klavierspiels einzuführen; das war ihm ein Leichtes. Einen schweren Stand hatte er gegen Lorchen. Sie war schon ein paar Jahre lang von einem andern Lehrer unterrichtet worden und bildete sich deshalb ein, allerlei zu können. Zudem imponierte ihr der neue Lehrer zunächst nicht im mindesten. Aber Ludwig erklärte ihr mit größter Kaltblütigkeit, daß sie noch gar nichts könne, vielmehr noch alles zu lernen habe, und bewies ihr das auf so klare Weise, daß der trotzige kleine Backfisch allmählich Respekt vor ihm bekam.

Als die Stunde zu Ende war, strich Frau von Breuning Ludwig liebkosend über sein wirres, schwarzes Haar.

„Gib acht, Louis, es kommt noch so weit, daß ich selber bei dir Unterricht nehme! – Und nun sag: mußt du gehen, oder kannst du zum Nachtessen bei uns bleiben?"

Ludwig nahm die Einladung an, nicht ohne Sorge, wie er in diesem Kreise bestehen würde, wenn er nicht durch seine Musik gedeckt war. Er wurde nun ins Speisezimmer geführt und erschrak, als er sich wieder neuen Gesichtern gegenübersah. Da waren noch zwei Kinder des Hauses, der vierzehnjährige Christoph und der elfjährige Steffen. Und dann traten zwei ältere geistliche Herren ein; der eine, von den Kindern als Onkel Lorenz begrüßt, war der Bruder des verstorbenen Vaters; der andere, Onkel Abraham, der Bruder der Mutter. – Man ging zu Tisch; Ludwig bekam seinen Platz zwischen der Mutter und Lorchen.

Da saß er nun, und hätte viel darum gegeben, wenn er diese Einladung nicht angenommen hätte. Alles bedrückte ihn: die vielen fremden Menschen, ihre vornehme Kleidung, das tadellos weiße Tischtuch, das feine Geschirr, das funkelnde Silber. – Frau von Breuning merkte, was in ihm vorging.
„Sieh, Louis, dies ist nun das erstemal, daß du zwischen uns sitzest, und heute sind wir dir noch alle fremd. Aber hoffentlich wirst du so noch recht oft an unserem Tisch sitzen, und dann werden wir dir bald keine Fremden mehr sein, sondern gute alte Bekannte."
Ludwig warf ihr einen scheuen dankbaren Blick zu. Ein zierlich gekleidetes Mädchen bediente. Ängstlich beobachtete Ludwig, wie die anderen es machten, wenn sie sich von dem Dargebotenen nahmen; aber als die Reihe an ihn kam, ließ er sein Stück Fisch neben dem Teller aufs Tischtuch fallen, so daß ein großer Fettfleck entstand. Er hätte vor Scham vergehen mögen; aber niemand schien etwas bemerkt zu haben, und als er wieder nach dem unglückseligen Fleck blickte, da war ein kleiner Teller darübergeschoben. Ludwig dachte an das Zorngebrüll, das sein Vater bei einem solchen Anlaß erhoben hätte. Überhaupt, wenn er vergleichend an die Stimmung daheim dachte! Der Vater, der meist wortlos sein Essen hinunterschluckte, nur hie und da auffuhr, wenn ihm etwas nicht recht war. Die Mutter, bemüht, die Kleinen zu einem anständigen Benehmen anzuhalten; vergebene Mühe! Sie zankten sich ewig, traten sich unter dem Tisch, verschütteten regelmäßig einen Teller, eine Tasse, worauf dann ebenso regelmäßig der Vater einen von ihnen mit einer Ohrfeige hinauswarf. Und er selber, müde und abgehetzt, sah schweigend dieser ganzen Misere zu, war nur darauf bedacht, den Hunger zu stillen, um möglichst rasch wieder aus all dieser grenzenlosen Ungemütlichkeit zu verschwinden und an die Arbeit zu gehen. – Hier dagegen: peinliche Sauberkeit, eine fröhliche allgemeine Unterhaltung, kein häßliches Wort, kein Mißton in der heiteren Harmonie! Und dabei das gute, gute Essen!
Nach Tisch sagten die Kleinen gute Nacht, und Ludwig – er hatte sich noch für die Aufgaben des nächsten Tages vorzubereiten – wollte sich gern empfehlen; nur wußte er nicht, wie er das anzustellen habe. Frau von Breuning half ihm aber auch hierüber hinweg.

„Louis, wenn du noch bleiben magst, bist du uns ein lieber Gast. Hast du aber vielleicht zu Hause noch zu tun, so denk nicht, daß du unseretwegen bis spät in die Nacht arbeiten sollst."
Ludwig erklärte, daß er allerdings noch zu arbeiten habe.
„Nun, dann bis zum nächsten Mal, mein Junge, und Gute Nacht für heute!" Und sie drückte ihm einen mütterlichen Kuß auf die Stirn.

*

„Wo hast du dich mal wieder herumgetrieben?" empfing ihn zu Hause der Vater. Als er hörte, daß Ludwig bei Frau von Breuning zu Abend gegessen habe, war er zunächst sehr befriedigt von diesem ersten Schritt seines Ältesten in die große Welt. Doch alsbald fiel ihm ein, daß er niemals bei so vornehmen Leuten zu Gast gewesen; und da er, wie gewöhnlich, leicht berauscht war, so fing er an sich zu ärgern.
„So! bei den Breunings bist du gewesen! Ist dir deines Vaters Tisch nicht mehr gut genug? Denkst du, weil du dein bißchen Talent hast, du seiest was Besseres wie wir? Woher hast du denn dein Talent? Von mir hast du's, du Schafskopf! Und was wär es denn damit, wenn es nicht dein Vater im Schweiße seines Angesichtes aus dir herausgeholt und herausgeprügelt hätte, du störrischer Bursche du! Mich lädt niemand ein! Aber der Herr Louis mit seinen zwölf Jahren, weil er die Nase recht hoch trägt, der läßt sich von den vornehmen Leuten zu Tisch einladen! Na, ich will dir die Vornehmtuerei schon austreiben, darauf geb ich dir mein Wort! Und worauf ich mein Wort gebe, das hab ich noch immer gehalten! Hast du mich verstanden?"
Ludwig blickte in das zorngerötete Gesicht seines Vaters, in seine glasigen Augen, und Verachtung überkam ihn.
„Hast du mich verstanden?"
Ludwig preßte die Lippen aufeinander.
„Warte, ich will dich schon zum Reden bringen!" schrie der Vater und schlug dem Knaben ins Gesicht. Der ging schweigend hinaus und auf sein Zimmer.
Vor seinem Bett fiel er auf die Knie und barg sein Gesicht in den Kissen. Wildes lautloses Schluchzen durchschüttelte ihn.
D a s war das Ende dieses schönen Tages! Er dachte an Frau

von Breuning, die ihn kaum kannte und doch wie eine Mutter zu ihm gewesen war. Wie gut hatten es die Kinder einer solchen Mutter! – Da fiel ihm die eigene Mutter ein, heiße Liebe strömte durch sein Herz. Er stellte sich vor, er solle zwischen ihr und Frau von Breuning wählen. – Mutter! Mutter! flüsterte er, und die Tränen stürzten ihm aus den Augen. So kniete er lange, bis Ruhe über ihn kam.

*

Zu derselben Zeit saß Frau von Breuning noch mit Bruder und Schwager zusammen. Tiefer Ernst lagerte auf ihrem schönen Gesicht, und sinnend starrte sie in das Licht der Lampe.
„Woran denkst du, Helene?" fragte ihr Bruder, dem ihr Schweigen auffiel.
„Ich muß immer an das Kind denken, den Louis", entgegnete sie.
„Ich weiß nicht", meinte ihr Schwager, „ich habe an dem Jungen eigentlich nicht viel finden können. Er mag ja sehr musikalisch sein, ein Wunderkind meinetwegen, aber gegen Wunderkinder habe ich schon von vornherein ein gewisses Mißtrauen."
„Er ist kein Wunderkind", entgegnete sie, „er ist ein wundervolles Kind, ein ganz wundervolles Kind! Ihr werdet über mich lachen", fuhr sie fort, und ihre Stimme bebte leise, „aber ich fühle es so, und ich täusche mich nicht: daß dieses Kind heute unsere Schwelle überschritten hat, damit hat Gott uns gesegnet, und wir dürfen nur alles tun, uns dessen würdig zu zeigen."
Ihre Augen füllten sich mit Tränen, aber mit Gewalt kämpfte sie ihre Bewegung nieder. – Die beiden geistlichen Herren sahen sich erstaunt an.
„Helene", meinte ihr Bruder, „ich halte dies zum mindesten für etwas – ja, ich muß schon sagen, etwas überspannt. Ich habe den Jungen immer mit unseren Kindern verglichen; glänzend hat er dabei grade nicht abgeschnitten."
Frau von Breuning lachte leise.
„Du Guter du! Unsere Kinder sind liebe, begabte Geschöpfe. Aber dieses Kind ist ein Genius, es hat etwas – etwas Gött-

liches. – Und wenn ihr das jetzt nicht fühlt", fuhr sie nach einer Pause fort, „so werdet ihr es später erfahren."
„Ein merkwürdiger Genius!" rief der Schwager, „dieser häßliche, pockennarbige, schlecht erzogene, scheue kleine Bursche! Genien stelle ich mir denn doch etwas anders vor!"
„Ich weiß, was ich weiß", entgegnete sie. „Ihr Männer seid kurzsichtige Kreaturen, und wenn ihr tausendmal gescheiter seid als wir dummen Frauen. Bedenkt doch, der Knabe ist erst zwölf Jahre alt; fast ohne Schulbildung ist er aufgewachsen, unter der Fuchtel dieses Lumpen, über den ganz Bonn Bescheid weiß. Mein Gott, was ist an diesem Kinde gesündigt worden! Es ist betrogen worden um das Schönste im Leben, um eine sonnige Kindheit! Armer kleiner Louis! Wegeler hat recht: Wie schön müßte es sein, wenn diese ernsten Augen einmal lachen könnten!" – Sie schwieg eine Weile. – „Aber noch ist es nicht zu spät! Ich will ihn in unser Haus ziehen, er soll kommen, so oft er mag. Die Kinder sollen mit ihm spielen; er soll lernen, daß es noch etwas anderes im Leben gibt als Musik studieren; er soll froh werden und lachen lernen, der arme kleine Kerl! Und ihr beide sollt mir beistehen, einen Menschen aus ihm zu machen! Ihr müßt mit an seiner Bildung arbeiten! er kennt ja kaum etwas anderes als seine Musik. Wollt ihr mir helfen?"
„Wer könnte dir etwas abschlagen, Helene", sagte ihr Schwager, „vollends bei dieser Lage der Dinge! Gewiß, es geht um die Seele eines unglücklichen Kindes! Versuchen wollen wir's gern, nicht wahr, Abraham?" – Der nickte eifrig. – „Aber ob es etwas helfen wird? Bei d e r Familie?"
„Das laßt nur m e i n e Sorge sein", entgegnete Frau von Breuning. „Wenn ihr mir nach drei Monaten sagt, ich hätte mich getäuscht, dann entbinde ich euch von eurem Versprechen. Bis dahin sind wir Verbündete! Abgemacht?"
Die beiden trefflichen Männer drückten ihr warm die Hand.

*

Am andern Morgen saß Ludwig schon in aller Frühe bei der Arbeit. Er hatte ein Klavierquartett unter der Feder, zu dessen langsamem Satz ihm ein schönes Thema eingefallen war.

Sein Vater empfand beim Erwachen ein Gefühl der Reue über sein gestriges Verhalten. Er wollte Ludwig ein gutes Wort sagen und trat zu ihm ins Zimmer.
„Na, Louis?" sagte er freundlich, „schon an der Arbeit? Das ist recht, das lob ich mir! Was schreibst du denn da?"
„An einem Klavierquartett, Vater."
„So? laß mich mal sehen."
Er beugte sich über das Papier und sang die Melodie des Themas leise vor sich hin. Plötzlich brach er in Tränen aus und legte seinen Kopf auf Ludwigs Schulter. „Vater! Was hast du denn? – Vater! Was ist denn mit dir?"
„Louis!" stammelte Johann, „Louis, verzeih mir, was ich dir gestern getan habe! Oh, du bist besser als ich!"
„Vater! Was redest du denn nur!"
„Und ich bin ja so stolz auf dich! Aber wenn ich sehe, wie du vorwärts kommst, und selbst so vornehme Leute wie die Breunings das anerkennen, und wenn ich dann denke, was aus mir hätte werden können, wenn ich einen Vater gehabt hätte, wie du ihn hast" –, er begann von neuem zu schluchzen.
Ludwig wußte genau, daß sein Vater die Wahrheit auf den Kopf stellte, wenn er sich so mit dem Großvater verglich; – wußte, daß es nur seine Charakterschwäche gewesen war, die es ihn nicht zu etwas Ordentlichem hatte bringen lassen. Aber geziemt es ihm, solche Wahrheit auszusprechen?
„Laß es gut sein Vater! Ich weiß ja, was ich dir zu verdanken habe."
„Du weißt es nicht, Louis! Du weißt nicht, wie ich gekämpft habe, um vorwärts zu kommen! Aber die äußeren Verhältnisse waren stärker als ich. Die vielen Kinder, für die ich Brot schaffen mußte –, ein paar hat ja der liebe Gott wieder zu sich genommen, aber es waren immer noch genug. Und dann der Dienst, der Hofdienst, dieser geisttötende ewige Dienst!"
„Und der Wein", sagte Ludwig.
„Ja, Louis, du hast recht; auch der Wein." – Er begann von neuem zu schluchzen. – „Aber willst du mir diesen Trost mißgönnen? Diesen einzigen Trost, der mir noch bleibt in meinem schweren Los? Der Wein erfreuet des Menschen Herz! heißt es nicht so in Gottes Wort?"
„Vater, laß Gott aus dem Spiel. Es steht sicher nicht in der Bibel, daß man sich betrinken soll."

„O diese Sprache!" jammerte Johann, „diese Sprache eines Kindes gegen seinen Vater! Du bist undankbar Louis! Alles, was du bist und kannst, verdankst du nur mir!" Ludwig mochte darauf nicht antworten. „Siehst du, du schweigst, und dein Schweigen spricht Bände! Sei doch dankbar gegen deinen Vater, sei doch liebevoll! Ich habe es weiß Gott reichlich um dich verdient!"

„Ich habe dich ja lieb, Vater! Aber verzeih mir, was ich jetzt sage, denn ich muß es dir sagen: du bist nicht so, wie du sein solltest! Du machst uns alle unglücklich mit deinem Trinken! Sieh die Mutter an, wie sie langsam dahinsiecht! Denk an die Kinder, denen du doch ein gutes Beispiel geben solltest! Der Haushalt geht ja zugrunde! Ich kann doch noch nicht die ganze Familie erhalten!"

Johann war tief erschüttert. — „Oh, ich bin schlecht! Nein, ich bin nicht schlecht, aber schwach! Ich w i l l ja nicht mehr trinken, aber wenn das Verlangen über mich kommt, kann ich nicht widerstehen."

„Vater, ich will dir einen Vorschlag machen! Liefere mir an jedem Zahltag dein Gehalt ab! Ich will es verwalten. Du sollst deswegen nicht darben, du sollst jeden Abend deinen Schoppen Wein haben, aber mehr auch nicht! Willst du, Vater? Sag ja! Tu es für Mutter und für dich selbst und für die Kinder!"

„Ja, Louis! Ich will es! Ich will alles tun, was du für richtig hältst, mein braver großer Junge! Ich will nüchtern werden, ich will wieder mehr Stunden geben, und dann soll die Mutter auch wieder gesund und froh werden! — Und was die Breunings betrifft —, was ich da gestern gesagt habe, das war Unsinn! Ich bin doch froh, wenn du in solchen Kreisen Zutritt bekommst; das ist ja nur nützlich für deine Karriere und für uns alle! Also geh nur hin, so oft du magst, und freu dich deines Lebens! Du hast es ohnedies schwer genug, du armer Kerl du!"

Er war wieder ganz heiter geworden. „Du arbeitest schon, Gott weiß, wie lange, während ich noch schlief", sagte er gerührt. „Ich will dich nicht weiter stören. Also, Louis! Da hast du meine Hand! Jetzt soll ein neues Leben beginnen!"

„Wie oft er das wohl schon gesagt haben mag!" seufzte Ludwig, als sein Vater das Zimmer verlassen hatte.

Sein Blick fiel auf die Uhr; es war spät geworden. Hastig nahm er die unterbrochene Arbeit wieder auf. Dann schluckte er sein frugales Frühstück hinunter und begann den Kreislauf der täglichen Pflichten.

Zwölftes Kapitel

Als Ludwig das nächstemal seine Unterrichtsstunde bei Breunings beendet hatte, hielt ihn Frau von Breuning noch zurück.
„Willst du schon wieder gehen, Louis? hättest du nicht Lust, mit den Kindern etwas im Garten zu spielen?"
„Ich? ich darf nicht spielen. Das hat mein Vater nie erlaubt."
„Hast du gar keine Spielkameraden?"
„Keinen einzigen."
„Gut, Louis, dann geh nur jetzt. Ich werde einmal an deinen Vater schreiben."
Schon am nächsten Tage erklärte Johann seinem Sohn, er habe gar nichts dagegen, wenn er bei den Breunings nicht nur als Klavierlehrer ein- und ausgehe, sondern auch als Spielgefährte der Kinder.
Wenn nun Frau von Breuning gehofft hatte, es werde sich zwischen Ludwig und ihren Kindern bald ein nahes freundschaftliches Verhältnis entwickeln, so hatte sie sich in dem Charakter ihres Schützlings getäuscht. Pünktlich wie die Sonne erschien er zu den festgesetzten Stunden, drängte immer auf sofortigen Beginn des Unterrichts und gab sich die größte Mühe, seine Schüler musikalisch zu fördern. War die Stunde beendet, so war es bald die Regel geworden, daß Ludwig zum Nachmittagsimbiß blieb und danach mit den Kindern in den Garten zum Spielen ging. Aber er stellte sich entsetzlich ungeschickt dabei an, und es war unschwer zu merken, daß er nur aus Pflichtgefühl daran teilnahm. – Frau von Breuning hatte es für das Richtigste gehalten, die Kinder sich zunächst einmal selber zu überlassen; aber als ihre eigenen Kinder ihr immer wieder erklärten, mit dem Louis sei nichts anzufangen, er sei überhaupt nicht wie andere Jungen, und sie wollten nicht mehr mit ihm spielen, da ging sie das nächstemal mit in den Garten hinunter.

Sie schlug als Spiel „Bäumchen wechsele dich" vor und übernahm gleich selber die Rolle desjenigen, der sich seinen Platz erringen muß. Wie ein junges Mädchen eilte sie von Baum zu Baum, kam absichtlich immer zu spät und brachte dadurch die anfangs etwas mißmutigen Kinder allmählich in vergnügtere Stimmung. Endlich erhaschte sie einen frei gewordenen Platz. Christoph, der nun ihre Rolle übernahm, jagte Ludwig, der durch seinen zu engen Anzug am raschen Lauf gehindert war, sofort seinen Platz ab. Nun stand der Knabe mitten zwischen den lachenden Gefährten, lief bald da-, bald dorthin, kam immer zu spät und hatte plötzlich das Gefühl: die wollen mich zum besten haben. Wieder rannte er auf einen Baum zu, da stürzte er der Länge nach hin. Irgendwo in seinen Kleidern tat es einen Riß. Er erhob sich, hörte das Gelächter der andern, und eine namenlose Wut packte ihn. Er ging auf Christoph zu, stieß ihn von seinem Baum weg und lehnte sich daran mit dem Gefühl: nun mag kommen, was will. Christoph, wütend über das erlittene Unrecht, warf sich auf ihn, von beiden Seiten regnete es Stöße und Püffe, und nur mit Mühe gelang es Frau von Breuning, die beiden zu trennen. Bebend standen sich die Knaben gegenüber, Christoph rot vor Zorn, Ludwig leichenblaß.

„Ihr bleibt hier im Garten!" sagte Frau von Breuning zu ihren Kindern, „und du, Louis, kommst mit mir."

Sie nahm den Knaben bei der Hand und führte ihn, der ihr willenlos folgte, ins Haus.

„Louis", sagte sie streng, „erklär mir dein Benehmen!" Ludwig schwieg.

„Siehst du ein, daß du unrecht gehandelt hast?" Ludwig schwieg beharrlich.

„Louis, du hast dich geärgert und hast dich zu etwas hinreißen lassen, das nicht recht war. Das kann vorkommen und ist verzeihlich. Aber wie du jetzt bist, trotzig und störrisch, das ist nicht schön von dir!"

„Ich werde nicht wiederkommen", sagte der Knabe mit eiskalter Stimme. „Ich will nach Hause gehen. Ich will auch keine Stunden mehr geben. Ich will Sie alle nie wiedersehen."

„Louis!" sagte Frau von Breuning sanft. Da war es mit der Fassung des Kindes zu Ende. An dem Stuhl an dem er stand, stürzte er in die Knie und verbarg sein Gesicht. – Frau von

Breuning ließ ihm Zeit, sich zu beruhigen. Dann hob sie ihn auf und zog ihn auf ihren Schoß. Eine Weile schwiegen beide. –
„Louis, siehst du denn nicht, wie gut wir es alle mit dir meinen?"
„Sie – oh, Sie sind gut!"
„Und die Kinder?"
„Sie machen sich über mich lustig! weil ich arm bin, weil ich nicht so schöne Kleider habe, weil ich nicht weiß, wie man sich zu benehmen hat."
„Aber Louis, das bildest du dir ja nur ein! Kein Mensch macht sich über dich lustig! Alle haben dich gern; die Kinder sind dir dankbar, daß du dir solche Mühe mit ihnen gibst!"
„Christoph gebe ich ja gar keine Stunden."
„Christoph denkt genau wie die andern, dafür ist er mein Sohn."
„Er hat ja auch recht", setzte Ludwig seine Gedanken fort, „ich weiß ja, ich passe nicht hierher."
Frau von Breuning überlegte einen Augenblick. „Louis!" sagte sie dann, „laß mich das nie wieder hören! Daß wir wohlhabender sind als dein Vater, daß wir von Adel sind, das sind Dinge, für die wir nichts können, und wir haben keinen Grund, uns etwas darauf einzubilden. Für uns gibt es nur einen Adel, das ist der Adel des Geistes und der Gesinnung. Ich weiß nicht, ob du mich verstehst." Ludwig nickte. „Also gut, Louis, merk dir das, und bilde dir nie wieder solch dummes Zeug ein! Du bist ein braver, tüchtiger Junge, und ich wüßte deshalb nicht, wer besser zum Spielkameraden meiner Kinder passen sollte als du. – So! nun gib mir einen Kuß, und alles ist wieder gut!" –
Seit Ludwig und Christoph sich geprügelt hatten, war die trennende Wand der Geburt und Erziehung gefallen; jeder wußte nun von dem andern, daß er ein ordentlicher Kerl sei, der sich nichts gefallen lasse, und beide schlossen sich allmählich in herzlicher Freundschaft aneinander. Bei den andern Kindern hatte das fortgesetzte nahe Zusammensein die gleiche Wirkung. Als Frau von Breuning wieder einmal in den Garten hinunterging, um beim Spielen zuzusehen, schallte ihr ein glückliches Kinderlachen aus Ludwigs Munde entgegen.
– Allmählich kam es dahin, daß der Knabe seine ganze freie

Zeit bei Breunings zubrachte und sich schließlich dort wie ein Kind des Hauses fühlte.

Frau von Breuning hatte Ludwig ein Stübchen eingerichtet, in dem er übernachten konnte, wenn es mal zu spät zum Nachhausegehen wurde. Und der Fall trat immer häufiger ein. Nach dem Abendessen pflegte die Familie bis auf die zwei Kleinen noch beisammen zu bleiben; auch Franz Wegeler war oft zu Gast. Es wurde dann musiziert, oder einer der geistlichen Herren las vor, wobei auf die Jugend der Zuhörer zwar Rücksicht genommen werden mußte, sie aber doch allmählich mit den edelsten Werken der Literatur bekannt wurden. Klopstock, Lessing, Gleim, Gellert, die frühen Werke Goethes und Schillers fanden begeisterte Zuhörer. Aber den stärksten Eindruck auf Ludwig machte die Odyssee. Mit atemloser Spannung folgte er den Abenteuern des göttlichen Dulders; die Katastrophe, die Rache an den Freiern, durchlebte er wie ein gewaltiges Naturereignis.

„Das müßte man komponieren!" sagte er dann. „Das ist alles Musik. Der Augenblick, da Odysseus den Bogen ergreift – bis dahin tobt und lacht alles durcheinander. – Jetzt packt er den Bogen und richtet sich auf – da wird alles still. Kein Laut kommt aus dem Orchester. Er spannt die Sehne – sie gibt einen Ton wie das Zwitschern einer Schwalbe – ein paar Flötentöne – und Entsetzen füllt die Herzen der Freier – ein einziger dunkler Ton nur; ganz leise beginnt er, schwillt allmählich an, und dann bricht es los. Odysseus hat seinen Pfeil durch alle zwölf Äxte hindurchgejagt, und nun ein wilder Aufruhr im ganzen Orchester – Entsetzen, Angst, Trotz –, der Kampf beginnt, einen nach dem andern schmettert Odysseus zu Boden. – Wenn ich groß bin, das will ich einmal komponieren!"

Er schwieg, beschämt, daß aller Blicke auf ihn gerichtet, alle von seinen Phantasien mitgerissen waren.

Als das Gedicht zu Ende war, schwieg alles eine Weile. Dann küßte Ludwig plötzlich Frau von Breuning die Hand und sagte: „Penelope war gewiß so wie Sie!"

Frau von Breuning errötete tief. Bruder und Schwager aber lächelten in sich hinein, weil sie an die vielen „Freier" dachten, die die schöne junge Witwe schon ausgeschlagen hatte.

„Aber Papa kommt nicht mehr heim", sagte Christoph traurig.

„Warum verheiraten Sie sich nicht wieder?" fragte Ludwig plötzlich.
Seine in kindlicher Unbefangenheit gestellte Frage gab Frau von Breuning einen Stich durchs Herz. Aber sie nahm sich zusammen.
„Das verstehst du noch nicht, Louis. Oder doch, du verstehst es, ich will es dir sagen. Ich habe meinen Mann so lieb gehabt, daß ich nach ihm keinen andern lieben könnte. – Weißt du, wie er gestorben ist?"
„Freilich", entgegnete Ludwig. „Ich höre noch das furchtbare Getöse, als die Mauer einstürzte."
„Das hast du gehört?" – Frau von Breuning war tief erblaßt.
„Wir wohnten damals in der Neugasse, dicht am Schloß."
„Er wollte die Akten für die Pensionen der Witwen und Waisen retten", sagte Frau von Breuning. „Ein paar Stunden hat er noch gelebt."
Alles schwieg eine Weile. Dann sagte Onkel Abraham: „Seht ihr, Kinder, das nennt man Pflichterfüllung bis zum Tode."
„Ich hätte auch so gehandelt", sagte Ludwig einfach.
„So? Das kann jeder sagen!" entgegnete Onkel Abraham ziemlich pikiert. Frau von Breuning strich Ludwig über den Kopf. „Laß ihn gehen, Abraham; ich weiß, er hätte wirklich so gehandelt." –
„Mit Louis hast du uns ein wahres Himmelsgeschenk gemacht!" sagte Frau von Breuning zu Wegeler, als Ludwig zu Bett gegangen war. „Ich hatte Lorchen früher fast für unmusikalisch gehalten – und wie lebt sie jetzt in der Musik! Und ich will es nur bekennen: ich selber habe durch den Jungen eigentlich erst einen Begriff bekommen, was Musik ist. Früher war sie mir eine edle Unterhaltung des Geistes und des Herzens; jetzt kommt es mir oft vor, als sei sie der Mittelpunkt alles Lebens!"
„Das verstehe ich amusischer Mensch leider nicht", entgegnete Wegeler lächelnd. „Dafür will ich Ihnen aber sagen: dem Louis habe ich mit Ihnen auch ein wahres Himmelsgeschenk gemacht. Was ist in dem halben Jahr aus dem scheuen, verschlossenen Kinde geworden! Ein ganz anderer Mensch, ja ich möchte sagen, überhaupt erst ein Mensch! Ein heiterer, liebenswürdiger, aufgeweckter Junge! – Als ich ihn das erstemal sah, fragte ich mich, ob diese Augen wohl lachen könnten,

und ich bezweifelte es fast. Und w i e können sie jetzt lachen! Wie kann der ganze kleine Kerl manchmal lachen!"

*

Kurfürst Max Franz war ein leidenschaftlicher Theaterfreund. Die Unterhaltung einer ständigen Bühne wurde ihm freilich durch die Finanzlage seines Landes vorläufig noch verboten. Aber nun stand der erste rheinische Karneval vor der Tür, und ein Karneval ohne Theater wäre ihm eben kein Karneval gewesen. Er berief deshalb die Böhmsche Truppe, die gerade am Niederrhein spielte, für einige Wochen in seine Residenz. Als besonderer Verehrer Glucks, den er von Wien her persönlich kannte, hatte er sich bestellt, was man von Gluck im Spielplan hatte; es waren „Orpheus" und „Alceste".
Man hatte in Bonn bisher von Gluck nichts als das Singspiel „Die Pilgrime von Mekka" zu hören bekommen, womit sich der Komponist noch ganz im italienischen Fahrwasser gehalten hatte. Seitdem war er mit seinen großen Reformopern hervorgetreten und hatte in Paris seinen berühmten Sieg über Piccinni erstritten. Kein Wunder, daß das ganze musikalische Bonn in Spannung war; am meisten natürlich Neefe. Er hatte sich vom Kurfürsten die Partituren der beiden Opern entliehen und sie wochenlang vorher mit seiner Frau und Ludwig durchstudiert; auch das Vorwort zur „Alceste" hatten sie gelesen, worin Gluck sich so klar über sein reformatorisches Ziel ausspricht.
So vorbereitet saßen die drei an jenem ersten Abend, der den „Orpheus" brachte, in der Künstlerloge, wie drei Orgelpfeifen: neben der großen Frau Neefe ihr kleiner Mann, und neben ihm sein noch kleinerer Schüler. – Es war die erste Oper großen Stiles, die Ludwig erlebte. Dagegen verblaßte nun freilich alles, was er bisher auf der Bühne gesehen. Eine erhabene Handlung, in wenigen erschütternden Bildern rein dargestellt; eine einfache, schlichte, tief empfundene Musik, die nie um ihrer selbst willen da zu sein schien, sondern nur um die Gefühle der handelnden Personen durch die ihr innewohnende geheimnisvolle Macht weit unmittelbarer, stärker und reiner auszudrücken, als es das Wort allein vermocht hätte. Orpheus' Totenklage am Grabmal der Eurydice mit

ihren erschütternden Dur-Klängen –, die gewaltige Szene, als er die Geister der Unterwelt beschwört und durch seinen Gesang erweicht, daß sie ihm die geliebte Frau zurückgeben –, der Reigen der seligen Geister mit ihrem überirdisch schönen Gesang – das waren unverlierbare Erlebnisse, die dem jungen Komponisten den ersten Begriff davon gaben, daß eine Oper etwas Großes und Heiliges sein könne.
Was dem Knaben ein einziges tiefes Erlebnis war, das zerlegte sich bei Neefe, dem Kenner und Feinschmecker, in eine lange Kette von kritisch beobachteten Einzeleindrücken. Es zuckte ihm oft in dem Ellenbogen, daß er seinem Nachbar gern einen Rippenstoß versetzt hätte, um ihn auf dies oder jenes Technische aufmerksam zu machen: auf die malende Orchesterbegleitung des Rezitativs, die Gluck statt der bisher üblichen Cembalobegleitung eingeführt hatte; auf die ganz neue Art, wie er die Chöre verwandte, und was dergleichen mehr war. Aber er fühlte, daß er den Knaben nicht stören dürfe, und sparte sich seine Bemerkungen für später auf.
Und nun die Alceste! Ihr Eindruck war vielleicht noch erschütternder. Das Volk in seiner Not ist im Tempel des Apoll zusammengeströmt, um von dem Gott das Schicksal des todkranken Königs zu erfahren. Da ertönt die Weissagung, machtvoll, feierlich, in einem und demselben ehernen Ton: der König wird das Leben behalten, wenn ein anderer für ihn in den Tod geht. Entsetzen bemächtigt sich der Menge, sie entflieht; Alceste, die Königin, bleibt zurück und bereitet sich, in ergreifender Selbstverständlichkeit, für den Gemahl zu sterben.
Ludwigs Blick fiel auf die Loge gegenüber. Dort saß Frau von Breuning, neben ihr Eleonore. Beide schauten gebannt auf die Bühne. Ludwig vergaß für einen Augenblick das Drama. Wie ähnlich sahen sich Mutter und Tochter! Die Erinnerung an den Schloßbrand schoß ihm blitzartig durch den Kopf. Als man damals den sterbenden Vater nach Hause brachte – hätte da Gottes Stimme zu der Gattin gesprochen: Stirb du – und er wird leben bleiben! – oh, sie hätte ihr Leben gegeben! Ganz gewiß hätte sie es gegeben!
Der Vorhang war gefallen. Schweigend verließen die drei das Theater und sahen sich draußen plötzlich von dem Gelärm des rheinischen Karnevals umtost. Einige Burschen in

unflätigen Masken umtanzten grölend ein paar Mädchen, die sich unter kreischendem Gelächter ihrer zu erwehren suchten.
„Pfui Teufel!" sagte Neefe. „Wir haben es seit dem König Admet doch herrlich weit gebracht."
„Herr Neefe", meinte Ludwig, „Frau von Breuning und Lorchen waren im Theater. Wollen wir sie nicht nach Hause begleiten?"
„Ei natürlich!" rief Neefe. „Da kommen sie schon!"
Man begrüßte sich, die Begleitung ward dankend angenommen, und als man vor Breunings Hause stand, war es fast selbstverständlich, daß man der Einladung, noch etwas mit hineinzukommen, folgte. Bald darauf saß man um den gemütlichen runden Eßtisch zu einem Imbiß versammelt.
„Merkwürdig!" verkündigte Neefe, „wenn mich was recht erschüttert hat, dann bekomm ich immer einen gräßlichen Hunger. Gott sei Dank, daß ich kein Gluck bin, Suse, sonst hätt ich uns vor lauter Erschütterung schon längst bankrott gegessen."
„Gluck soll aber keineswegs arm sein, Gottlob."
„Nee, im Gegenteil! Reich ist er geworden. Aber nicht in Deutschland! Wär er nicht nach Paris gegangen – in Wien hätt er wahrscheinlich verhungern können. In Deutschland feiert man das Genie erst vom fünfundzwanzigsten Todestage an. Merk dir's, Louis, werd' um Gottes willen kein Genie! Jetzt sitzt in Wien wieder so ein Genie, aber das will nicht aus Deutschland raus, drum wird es auch eines schönen Tages an Entkräftung sterben – so wie ich, wenn ich noch lange so weiterschwatze." Und er vertiefte sich in die Anatomie eines kalten Hähnchens.
„Wen meinen Sie, Herr Musikdirektor?" fragte Frau von Breuning.
„Mozart natürlich."
„Ist Mozart wirklich solch ein Genie wie Gluck?"
„Musikalisch wohl noch ein größeres. Ob dramatisch, das muß sich erst noch zeigen. Die ‚Entführung' haben Sie ja gehört. Dies ist sein letztes Bühnenwerk."
„Die möchte ich allerdings mit Gluck nicht in einem Atem nennen", entgegnete Frau von Breuning.
„Ich auch nicht!" warf Ludwig ein und wurde ganz verlegen, weil alle ihn ansahen.

132

„So! Du auch nicht!" sagte Neefe. „Na, Louis, dann schieß mal los mit deiner Weisheit."
„Ich meine", stotterte Ludwig und rang nach Worten, „Gluck ist – Gluck ist –"
„Gluck ist Gluck, und Mozart ist Mozart!" schrie Neefe. „Sehr richtig! Ausgezeichnet! Aber nun weiter!"
„Gluck ist – viel größer", fuhr Ludwig unbeirrt fort. „Der ‚Orpheus' und die ‚Alceste', das war – das war etwas Heiliges. Und die ‚Entführung' – ja, das war alles sehr schön; wunderhübsche Melodien, alles sehr geistreich gemacht – aber schließlich –"
„Aber schließlich?" drängte Neefe.
„– aber schließlich doch nur Amüsement."
„Louis!" brüllte Neefe. „Herrgott von Sachsen! Weißt du, daß das Gotteslästerung ist, was du Hansguckindiewelt da verkündest?"
„Und wenn ich mal später eine Oper komponiere, dann suche ich mir ein Textbuch, das ist nicht so wie die ‚Entführung', sondern in der Art von Glucks Texten."
Neefe brach in ein ironisches Gelächter aus.
„Gottlob! Nicht so frei!" mahnte leise seine Frau.
„Also, mein lieber Freund", rief Neefe, „das kommt davon, wenn man immer vergleichen will. Tragödie – Komödie – beides ist gut. Man kann nicht sagen, eins ist besser als das andere. Wir wollen im Theater lachen und wollen auch gerührt werden. Natürlich ist Gluck großartiger. Aber ich bin Musiker, und da halt ich's doch mit meinem Mozart. Denn wie ich schon sagte: rein musikalisch reicht ihm Gluck doch das Wasser nicht. Hast du was von Kontrapunkt bei ihm bemerkt? Ich nicht! Seine Melodien sind immer edel, das geb ich zu, aber doch nicht so warm hingesungen wie die Mozartschen. Und wenn er einen Ausbruch wirklicher Leidenschaft darstellen will, dann versagt er doch des öfteren. Denk mal an die Stelle im ‚Orpheus', wo Eurydice zum zweiten Male stirbt. Der Lump von Mann ist schuld dran mit seiner verfluchten Neugier. Ja, da erwarten wir doch – na, Suse, was tätst du von mir erwarten, wenn ich dich so quasi abgemurkst hätte? Ich würde doch – na, zum mindesten mal aus der Haut fahren, mit dem Kopf ein paarmal gegen die Wand rennen! – Das glaubst du nicht? – Na, warts nur ab! – Den

Mozart kennen wir hier in Bonn noch gar nicht; mir selber ist er erst vor kurzem richtig aufgegangen, und alle Tage wächst mein Respekt vor diesem unvergleichlichen Manne. Der Kurfürst hat Sonaten und Kammermusik von ihm mitgebracht; ich hab in dies und jenes hineingeschaut; – Louis, mein lieber Freund, wenn du da deine Nase erst mal gründlich hineinsteckst, wirst du anders über Mozart reden!"

„Jetzt reden wir aber nicht von Sonaten und Kammermusik, lieber Herr Musikdirektor", sagte nun Frau von Breuning, „sondern von der Oper. Was uns Mozart da noch bescheren wird, das wissen wir nicht. Aber was uns Gluck beschert h a t, das haben wir erlebt; und er soll ja nach der ‚Alceste' noch viel Großartigeres geschrieben haben, die beiden ‚Iphigenien' vor allem. Nein, da möchte ich doch Louis recht geben. Bei aller Bewunderung für die ‚Entführung' und übrigens auch für Ihre eignen Sachen, Herr Kapellmeister –"

„Aber bitte, Frau Hofrätin –"

„– auch ich möchte ein Singspiel und eine Glucksche Oper nicht in einem Atem nennen. Die Richtung auf das Große, die Gluck immer hat, die ist mir denn doch wertvoller als alles andere. Warum? Weil ich fühle, daß ich selber besser dadurch werde."

„Das haben Sie nicht nötig", sagte Ludwig leise vor sich hin.

„Die Verherrlichung der Gattenliebe", fuhr Frau von Breuning fort, „im ‚Orpheus', und noch edler und stärker in der ‚Alceste', das ist eben doch ein Stoff, der mich packt, mich erhebt und – ja, ich sagt' es schon, mich besser macht. Und da kann ich Louis nicht unrecht geben, wenn er solch einen Stoff der ‚Entführung' vorzieht. Aber es ist ja wahr, man soll nicht immer vergleichen, besonders dann nicht, wenn es sich um zwei ganz entgegengesetzte Prinzipien handelt, und das ist doch hier der Fall. Bei Mozart und überhaupt im Singspiel steht das Wort im Dienste der Musik; bei Gluck steht die Musik im Dienste des Dramas. Und das soll ja das Entscheidende in seiner ganzen Reform sein."

„Ganz richtig", entgegnete Neefe. „Gluck hat gesagt: Wenn ich an eine Komposition gehe, dann suche ich vor allem einmal zu vergessen, daß ich Musiker bin. – Ja, Herrgott nochmal, das ist ein merkwürdiger Standpunkt für einen Komponisten! Ich sage umgekehrt: für mich hat das Wort nur

insofern Bedeutung, als es mir die Handlung, die Situation herstellt, aus der sich Gefühle entwickeln, die ich als Komponist brauchen kann, um sie dann in Melodien zu kleiden."
„Das sind also zwei Gegensätze", meinte Frau von Breuning, „und wer recht hat, darüber muß die weitere Entwicklung der Oper entscheiden."
„Gottlob!" rief jetzt Frau Neefe, „wenn dich einer so reden hört, dann könnt er denken, du machst dir gar nichts aus Gluck! Und dabei hat der Mann seit zwei Wochen von nichts als von Gluck gesprochen, hat nichts weiter gespielt als Gluck; hat sich selber verhöhnt und ausgelacht, daß er dieselben Klopstockschen Oden in Musik gesetzt hat wie Gluck! Stimmt das, Gottlob?"
„Nu allemal", sagte Neefe trocken. „Aber ich muß auch sagen: die Oden gehen mir fast noch über die Opern! Klopstock und Gluck – da waren eben die beiden Richtigen zusammengetroffen. Grandios! Erhaben! Maestoso!"
„Des-Dur", bemerkte Ludwig.
„Richtig!" rief Neefe lachend. „Der Louis macht sein M-seinen Mund selten auf, aber w e n n er ihn mal aufmacht, dann kommt manchmal was ganz Gescheites heraus."
Frau Neefe mahnte zum Aufbruch.
„Wär es unbescheiden, liebe Frau Musikdirektor", sagte Frau von Breuning, „wenn ich Sie bäte, diesem schönen Abend einen recht schönen Abschluß zu geben? Wollen Sie uns eine der Klopstock-Oden singen?"
„Aber bitte keine von mir!" rief Neefe. „Besitzen Sie die Gluckschen?"
Frau von Breuning bejahte, und man begab sich ins Musikzimmer.
„Louis, du kannst begleiten", sagte Neefe und ließ sich genießerisch in einem bequemen Polsterstuhl nieder. Frau von Breuning wechselte ein paar leise Worte mit Frau Neefe; dann entnahm sie dem Notenschrank ein schmales Heft und stellte es vor Ludwig auf, der schon am Flügel Platz genommen hatte. Es waren die Neefeschen Oden!
„Singst du auswendig, Suse?" fragte ihr Mann erstaunt. Sie nickte.
Ein paar einleitende Akkorde, dann setzte Frau Neefes weiche Altstimme ein:

„Willkommen, o silberner Mond,
Schöner, stiller Gefährt' der Nacht!
Du entfliehst? Eile nicht, bleib, Gedankenfreund!
Sehet, er bleibt, das Gewölk wallte nur hin.

Des Maies Erwachen ist nur
Schöner noch, wie die Sommernacht,
Wenn ihm Tau, hell wie Licht, aus der Locke träuft,
Und zu dem Hügel herauf rötlich er kommt.

Ihr Edleren, ach, es bewächst
Eure Male schon ernstes Moos!
O wie war glücklich ich, als ich noch mit euch
Sahe sich röten den Tag, schimmern die Nacht!"

Neefe war bei den ersten Tönen zusammengefahren; dann deckte er die Hand über die Augen und saß unbeweglich. – Eine schöne, warm empfundene Melodie verklärte eines großen Dichters edle Verse.
Schweigen herrschte eine Weile, als der letzte Ton verklungen war.
„Suse, Suse", murmelte endlich der kleine Neefe, „daß du mir das hast antun müssen, nach Gluck!"
„Herr Kapellmeister", entgegnete Frau von Breuning, „wissen Sie, daß Sie ein großer Meister des Liedes sind?"
Neefe warf ihr einen humoristisch-melancholischen Blick zu.
„Wenn Empfinden und Wollen gleich Können wäre, liebe Frau Hofrätin! Oft, wenn ich in der Stille der Nacht, beim sanften Schimmer des Mondes eine Klopstocksche Ode mit fühlender Seele las, wieder las, mir laut vordeklamierte, da empfand ich den mächtigen Trieb, sie in Musik zu setzen, so aus dem Herzen nachzusingen, wie ich sie gelesen hatte. Gewiß, ich glaube, die Empfindungen treu ausgedrückt und die Worte richtig deklamiert zu haben. Ich habe Klopstock meine Oden geschickt, und er schrieb mir, sie hätten ihn zu Tränen gerührt. Na ja, wir wollen's mal glauben. Aber wenn ich Philipp Emanuel Bachs und gar erst Glucks Klopstock-Oden mit den meinen vergleiche –"
„Das habe ich getan, Herr Kapellmeister, und ich finde, die Ihren stehen denen Bachs und Glucks in keiner Weise nach."

„'s wird Zeit, daß wir nach Hause gehen", meinte Neefe, „sonst kriegt hier einer noch den Größenwahn."

*

„Es gibt doch eigentlich nichts Schöneres", sagte Neefe auf dem Heimweg, „als für Gesang komponieren. Na, Louis, wie stehts denn bei dir? Da hab ich dir doch neulich zwei hübsche Texte gegeben. Hast du dich noch nicht drangemacht?"
„O ja, aber – ich weiß nicht –"
„Gefallen sie dir nicht? Schilderung eines Mädchens – das ist vielleicht noch nichts für dich. Aber das andere, das an den Säugling? Mit Säuglingen hast du doch Erfahrung, könntest doch ein recht anständiges Kindermädchen abgeben! Jetzt setz dich mal auf deine Hosen, alter Freund! Also gute Nacht! Träum von Alceste! Oder lieber von deinem Säugling!"
In den nächsten Tagen quälte sich der arme Ludwig getreulich mit seinen zwei Liedern ab. Aber es war eine saure Arbeit.

„Noch weißt du nicht, wes Kind du bist,
Wer dir die Windeln schenket."

Er dachte an die kleinen Brüder, die er so oft geschaukelt und trockengelegt hatte. Sehr poetisch war das eigentlich nicht gewesen. Dann kam die Stelle mit der „Pflegerin, die um dich wacht, die dich erwärmt und tränket." Da dachte er an die Mutter; aber der Säugling störte ihn entsetzlich. – Und die „Schilderung eines Mädchens":

„Schildern, willst du, Freund, soll ich
Dir Elisen?
Möchte Uzens Geist in mich
Sich ergießen!

Wie in einer Winternacht
Sterne strahlen,
Würde ihrer Augen Pracht
Oeser malen."

Uzen? Uz? Das war gewiß ein Dichter. Und Oeser ein Maler. Du lieber Gott, das sollte ein Mensch komponieren! Nur das Strahlen der Sterne gefiel ihm und reizte ihn zu einem pathetischen Aufsteigen der Melodie in die Sexte.
Der kleine Neefe zog ein ziemlich saures Gesicht, als er die Lieder las.
„Nee, Louis! Das ist dir so ziemlich daneben gelungen. Das ist nichts Eigenes, nichts Überzeugendes. Alles öde und langweilig. Und die Texte sind doch wirklich hübsch!"
„Ich finde sie entsetzlich", sagte Ludwig, „Uz! Oeser!" Neefe wurde zwar langsam, aber desto nachdrücklicher rot. „Du bist eben noch sehr jung", sagte er etwas gekränkt. „Bei Uz und Oeser kann man natürlich nur warm werden, wenn man was von ihnen weiß; das hätt ich mir vorher überlegen sollen. Ich habe das Glück gehabt, in Leipzig persönlich mit Oeser zu verkehren. Ein ausgezeichneter Mensch und Künstler!"
„Ach Gott, dann ist das Gedicht vielleicht gar von Ihnen?"
„Nein, nein, wir wollen nicht weiter davon sprechen. Das Lied scheint dir eben noch nicht zu liegen. Na, kommt Zeit, kommt Rat. Bleib du lieber vorläufig noch bei deinem Klavier!"

DREIZEHNTES KAPITEL

Mit dem neuen Kurfürsten war in Bonn auch die Kunst des von ihm begeistert verehrten Mozart eingezogen. Wenn auch die Landestrauer Hofkonzerte noch verbot, so ward um so öfter eine Kammermusik in den kurfürstlichen Privatgemächern gegeben, wobei Mozarts Werke den Hauptteil des Programmes bildeten. Sie eröffneten Neefe eine neue Welt. Und diese Welt auch seinem Schüler zu erschließen, das war nun sein hohes Glück. – So legte er Ludwig einige Mozartsche Klaviersonaten vor. Der Eindruck auf den Knaben war ungeheuer. Neefe sah es an seinem gespannten Gesichtsausdruck, hörte es an seinem Spiel: wie er den unbeschreiblich zarten Hauch der Wehmut zum Ausdruck brachte, der so oft über Mozarts süßen Melodien liegt; wie er die dämonische Sturmwelt hervorzuzaubern wußte, die mit der reinsten Schönheit in Mozarts Musik oft einen so überirdisch herrlichen Bund eingegangen ist.

„Ja, Louis", meinte Neefe, „Melodien können wir auch machen – aber s o l c h e Melodien? Wollen wir nun einpacken, mein braver Kerl? Nee, nun grade nich! Jetzt geb ich dir einen Rat: tauch in Mozart unter bis auf den Grund –, ersaufen wirst du nicht, wirst schon wieder an die Oberfläche kommen. Genieß ihn nicht nur, sondern pack ihn auch von der technischen Seite an; vertief dich in seine Formensprache! Er ist unerhört reich an Neuem und Großem, in d e r Beziehung nur mit Sebastian Bach zu vergleichen. Und wenn du dich ein halbes Jahr mit ihm abgegeben hast, dann wirst du einen Riesenschritt vorwärts getan haben in unserer göttlichen Kunst. Dann setz dich hin und komponier was, und ich sag es dir voraus: das wird dann was Besseres sein als dein Klavierkonzert; das kann ich nun mal nicht leiden; es ist auch z u schwer."

Ludwig folgte seines Lehrers Rat, tauchte unter in den Strömen und wurde heimisch in den Gärten der Mozartschen Welt. Die Klaviersonaten konnte er bald auswendig; dann ging es an die Violinsonaten. Die Geigenstimme ließ er sich von dem Hofmusikus Ries spielen, der ihm eine Zeitlang Violinunterricht gegeben hatte. Gewöhnlich spielte er aber nur die Klavierstimme und dachte sich den Geigenpart hinzu, und dann klangen diese Sonaten vor seinem inneren Ohr fast noch schöner. Da war besonders eine Sonate in G-Dur, die hatte es ihm angetan mit ihrem majestätischen Eingang, dem anschließenden dämonisch-wilden G-Moll-Allegro und dem Schlußsatz, den lieblichen und dabei weitgespannten Variationen. Tagelang brütete er über den Mozartschen Formen, legte sich jeden Takt zurecht, sah sich die Themen auf ihre Melodik, ihr Gewicht an, verglich eines mit dem andern, grübelte über der Durchführung. In alle Geheimnisse der Mozartschen Technik suchte er einzudringen. Und wenn er dann viele Stunden hart gearbeitet hatte, dann ließ er das ganze Kunstwerk an sich vorüberziehen, ohne sich von den Einzelheiten Rechenschaft zu geben, rein als Genießender. Er fühlte sich dann eingehüllt in eine Welt durchgeformter Schönheit und lebenswarmer Reinheit. Das schützte ihn gegen alles Traurige und Häßliche seines Alltages.

Er hatte solchen Schutz bitter nötig. Mit seinem Vater ging es immer mehr bergab; sein Gehalt floß wieder fast restlos in die Tasche des Schenkwirtes. Die vom Großvater ererbten schönen Möbel, das Silberzeug, die feine Wäsche waren längst zum Trödler gewandert. Schüler hatte er nicht mehr. Die Wohnung in der Rheingasse ward aufgegeben und eine billigere in der Wenzelgasse bezogen, ein düsteres, unfreundliches Quartier in einem Hinterhause; zu Ludwigs bitterem Schmerz, der in der Rheingasse bei Fischers den größten Teil seiner bewußten Kindheit durchlebt hatte. – Den Unterhalt der Familie zu beschaffen, war jetzt in der Hauptsache Ludwigs Aufgabe. Nachdem er bei Breunings den Anfang mit Klavierunterricht gemacht, verlangte der Vater, daß er sich mehr Schüler suche, und Ludwig nahm die vermehrte Arbeitslast als etwas Selbstverständliches auf sich. Der Ruf seines Talentes, die Notlage der Familie, die Empfehlungen Neefes, Frau von Breunings, des Grafen Waldstein verschafften ihm in Kürze Schüler aus den ersten Familien. – So erfüllte er, an Jahren noch ein Kind, Pflichtenkreise eines Mannes. Was andern Kindern die Jugend verschönt, so daß die Erinnerung daran, als an die einzige Zeit reinen Glückes, das ganze Leben durchleuchtet, das drängte sich bei ihm in die Abendstunden zusammen, die er bei den Breunings verbrachte. Aber hier bot sich ihm soviel des Schönen, des Anfeuernden und Erhebenden, des Aufheiternden und Beglückenden, daß es alles Traurige und Niederziehende überstrahlte.

Das erfuhr auch Neefe, als Ludwig ihm nach langer Pause wieder eine neue Komposition brachte; es waren drei Quartette für Cembalo, Geige, Bratsche und Cello. An diesem Tage war Neefe für niemand mehr zu sprechen. Er saß in seinem Sorgenstuhl, die Partitur auf den Knien und las und las, bis er zu Ende war. Dann saß er, in sich versunken, und ließ das Gelesene in sich nachklingen.

„Er dreht den Spieß um", sagte er endlich mit einem tiefen Seufzer vor sich hin. „Bisher war ich sein Lehrer; jetzt wird er der meine. Was ich vor ihm voraus habe, das ist weiter nichts als Routine. Oder nicht? Doch! Ich will ein ehrlicher Kerl sein; es ist so, Gott verdamm mich! Hätt i c h diese Quartette schreiben können? Nein, ich hätt es nicht gekonnt. Nie im Leben fiele mir so was Schönes ein! Technisch hätt ich ja man-

ches besser gemacht. Aber, Hand aufs Herz! – was bin ich? Ein tüchtiger Komponist! Und der, der diese Quartette geschrieben hat? Ein Genie! Und jetzt kommt er in die Jahre, wo das Genie bei ihm aus allen Poren hervorbricht. So ist es, und nicht anders. Fertig!"
Seine Frau wollte eintreten, fand aber die Tür verschlossen und ließ ein energisches Klopfen ertönen.
„Gottlob, mach auf! Graf Waldstein möchte dich sprechen!"
„Graf Waldstein soll – eintreten." – Und mißvergnügt öffnete er die Tür.
Graf Waldstein war ein häufiger Gast bei Neefe, denn er hatte vor dessen Können gewaltigen Respekt und bat ihn gern um sein Urteil, wenn ihn die Muse besucht und ein Geschenk zurückgelassen hatte.
„Nun, mein lieber Meister, wie geht es?"
„Den Meister soll der Teufel holen, Herr Graf", antwortete Neefe grimmig. „D a haben Sie den Meister!" – und er zeigte auf Ludwigs Manuskript. „Drei Klavierquartette auf einmal! Haben Sie Zeit, dann spiel ich Ihnen das erste gleich mal vor, das in Es-Dur; es scheint mir das beste. Aber lesen Sie bitte mit, ich werde wohl manches unter den Tisch fallen lassen, denn leicht ist das Zeug nicht."
Ein lang ausgeführtes Adagio leitete in ein wildbewegtes Es-Moll-Allegro über; ein schlichtes, gemütvolles Thema mit Variationen beendete das Werk.
„Das ist s e h r schön", sagte Waldstein nach einer Pause. „Er hat Mozart gut studiert. Das Vorbild der Violinsonate in G-Dur ist unverkennbar. Und doch kann man nicht von Nachahmung reden. Ich möcht sagen: es ist Mozart, aber empfangen von einem ganz andern Temperament. Was sagen Sie dazu, lieber Meister?"
„Sie haben recht", entgegnete Neefe. „Er hat von Mozart sehr viel gelernt. Vor allem ist seine Melodik geschmeidiger und ausdrucksvoller geworden. Aber nehmen Sie dieses Allegro! Schon die Tonart: Es-Moll! das Düsterste, Leidenschaftlichste, was sich denken läßt. Gibt es das bei Mozart? ich kann mich auf nichts der Art entsinnen."
„Kennen Sie die schöne G-Moll-Symphonie, die Mozart mit siebzehn Jahren geschrieben hat?" sagte Waldstein. „Da hat er ein ähnliches Sturmbild gemalt."

„Ganz recht", entgegnete Neefe, „ähnlich, aber doch ganz anders. Wenn Mozart solche Leidenschaftsausbrüche vom Stapel läßt, dann hat man doch immer das Gefühl dabei: er hat sich in der Hand, es kann nichts passieren. Aber bei unserm jungen Tausendsassa kann es einem manchmal unheimlich werden! Man meint, jetzt springt er einem gleich an die Kehle! – Bei einem Burschen von vierzehn Jahren doch eigentlich etwas Anormales, Erschreckendes!"
Waldstein nickte gedankenvoll. „Ja, es ist ein merkwürdiger Bub! er wird uns noch manche Nuß zu knacken geben. Aber erschreckend, lieber Meister? Doch wohl nur dann, wenn er sich mit Vorliebe in dieser Domäne des Düstern und Leidenschaftlichen bewegte. Ist das auch bei den andern beiden Quartetten der Fall?"
„Nein! die sind festlich, fröhlich, humorvoll, die Rondos geradezu übermütig. Es ist wahr: mit Gott und der Welt zerfallen ist mein guter Louis denn doch noch nicht – obgleich er's wahrhaftig manchmal werden könnte, bei diesen traurigen Zuständen zu Hause."
„Er hat seine Kunst", entgegnete Waldstein, „er hat die trefflichen Breunings, und er hat Sie."
„Da hat er was Rechtes!" rief Neefe. „Mein lieber Herr Graf, ich werde bei Louis mit meinem Latein bald zu Ende sein. Sehen Sie, ich bin ja eigentlich nur Autodidakt. Gewiß, ich habe Hiller viel zu verdanken; aber dem ging es grade so wie mir: er war auch ursprünglich Jurist, ging aus Neigung zur Musik über und hat das meiste nur von sich selber gelernt. Auf die schwierigeren polyphonen Formen, die Fuge, den doppelten und dreifachen Kontrapunkt hat er sich deshalb nie eingelassen, und ich auch nicht; das war nichts für uns. Aber Louis soll mal ein Komponist allergrößten Stiles werden; da darf es nichts Technisches geben, das er nicht beherrscht. Vor einem Jahr, da war es noch mein schönster Traum, daß er einmal als m e i n Schüler in die große Welt hinausträte und dann auf mich, als auf seinen Lehrer, so'n ganz bescheidener Abglanz seines Ruhmes fallen sollte. Aber jetzt sag ich mir: Gottlob, sag ich, das wäre sträfliche Eigensucht! Gib ihn zu einem größeren Meister, als du einer bist. Ja aber, mein bester Herr Graf, das ist leicht gesagt. Wer käme da in Betracht? Doch eigentlich nur einer, und das ist

Mozart? Soll man den Jungen aber mit seinen vierzehn Jahren allein in die große Welt hinausschicken? Er ist in einem gefährlichen Alter!"
„Und Wien ein gefährliches Pflaster", setzte Waldstein lachend hinzu.
„Nu sehen Sie! Und Louis ist ein so reiner, unverdorbener Junge! Was man da auf der einen Seite gewönne, verlöre man vielleicht auf der andern. Und zuerst kommt allemal der Mensch, und dann erst der Künstler!"
„Ein wahres Wort!" sagte Waldstein. – Plötzlich fuhr er lebhaft in die Höhe. – „Herr Neefe, ich habe eine Idee! Kommt der Berg nicht zum Propheten, dann geht der Prophet zum Berg! Mozart muß nach Bonn kommen! Für unsern Herrn ist Mozart alles, Sie wissen es ja. Er soll ihn nach Bonn berufen!"
„Glauben Sie, Mozart käme?"
„Ich glaube, ja! Es geht ihm in Wien nicht zum besten. Der Hof schwärmt für die welsche Richtung und tut gar nichts für ihn. Wenn unser Herr ihm ein anständiges Gehalt auswirft, dann kommt er! In ein paar Tagen reist der Kurfürst nach Wien, in politicis; da muß er die Geschichte perfekt machen. Herrgott, das soll ein Leben hier werden! dann bringen mich keine zehn Pferde mehr von Bonn fort!"
Er schwieg einen Augenblick, dann faßte er Neefes Hand: „Mein lieber Meister, Sie verstehen mich doch recht! Sie wissen ja, wie hoch ich Sie schätze!"
Neefe sah ihn an. Es war ein unbeschreiblicher Blick: still, überlegen und demütig, heiter und traurig zugleich. „Herr Graf", sagte er, „reden Sie doch nicht! Mozart – und ich! Drücken Sie mir nur meine Hand nicht kaputt!" Waldstein erhob sich. – „Also gleich zum Kurfürsten!" rief er. „Er muß! und er wird!"

*

Der Zeitpunkt für einen solchen Vorschlag war freilich nicht der günstigste. Kurfürst Max Franz hatte um jene Zeit andere Dinge im Kopf. Nachdem er zum Erzbischof geweiht war, hatte er sich auf die Regierungsgeschäfte geworfen, und zwar mit einer Energie, wie man sie in Bonn noch nie erlebt, und wie sie niemand von ihm erwartet hatte, am wenigsten sein kaiserlicher Bruder. Dem hatte Max Franz als junger Erzherzog geradezu Sorgen gemacht; bei einer sehr guten Begabung hatte er eine Indolenz, eine geistige Trägheit an den Tag gelegt, die den energischen, temperamentvollen Joseph oft fast zur Verzweiflung brachte. Aber schon in Mergentheim war ein ganz anderer Geist über ihn gekommen. Seitdem setzte er seinen ganzen Ehrgeiz darein, seinem großen Bruder nachzueifern, seinen Untertanen ein Vater zu werden, seine Länder zu einem Musterstaat zu machen. Während der alte Max Friedrich die Regierung ganz dem zwar befähigten, aber selbstsüchtigen Baron Belderbusch überlassen hatte, wählte Max Franz den tüchtigen, wahrhaft erleuchteten Freiherrn von Waldenfels zu seinem Minister, behielt aber die Regierung selber fest in der Hand. Mit seinen Sparmaßnahmen hatte er sich anfangs in den Ruf eines Geizhalses gebracht; sie waren aber nötig gewesen, wenn anders die Reformen, die er als notwendig erkannt, nicht an Geldmangel scheitern sollten. Eine seiner ersten Taten war es, einen höchsten Appellationsgerichtshof einzusetzen –, eine Wohltat, um die das Volk lange Jahre vergeblich gebeten hatte. – Er war ein streng gläubiger Katholik; aber in dem Kampf gegen die Machterweiterung Roms auf Kosten der erzbischöflichen Hoheitsrechte nahm er mit größter Energie gegen den Papst Stellung; er verbot seinen Geistlichen, von Rom Befehle anzunehmen, bevor sie nicht von ihm genehmigt seien. – Die Protestanten in Köln hatten lange vergeblich dafür gekämpft, sich eine eigene Kirche und Schule erbauen zu dürfen. In die Angelegenheiten der freien Reichsstadt einzugreifen, hatte der Kurfürst kein Recht; aber das konnte sich doch nur auf das feste Land beziehen! Eines schönen Tages wurde auf dem Rhein, unter den Wällen der Stadt, ein Floß verankert; am andern Morgen lag ein mit Balken und Brettern beladener Kahn daneben. Zimmerleute begannen auf dem Floß ein Gebäude zu errichten, das, je größer es wurde, immer mehr das Aussehen einer Kapelle gewann, und eines Tages blinkte ein Kreuz von seinem First. Bald darauf, an einem Sonntag, rief eine kleine Glocke die Protestanten zum Gottesdienst. – Mit besonderem Eifer nahm Max Franz sich des Unterrichtswesens an; in erster Linie der Akademie, die sein Vorgänger in Bonn gegründet hatte; sie sollte vergrößert und zur Universität erhoben werden.

So war das landesväterliche Interesse damals wesentlich auf andere als musikalische Dinge gerichtet. Gleichwohl versprach der Kurfürst, sein Möglichstes bei Mozart zu tun. Aber als er nach vier Monaten zurückkehrte, da war Mozart nicht in seinem Gefolge. Er hoffte, Nachfolger des alten Hofkapellmeisters Bonno zu werden, dessen Verabschiedung über kurz oder lang zu erwarten war; dann wollte er in Wien zur Stelle sein und nicht weit weg da unten am Niederrhein sitzen.

*

Für Ludwig ging das Jahr 1786 in stiller Arbeit dahin. – Die Mutter hatte sich unter Wegelers Behandlung recht erholt, hatte sogar im Mai die Geburt eines Töchterchens merkwürdig gut überstanden. – Der Vater war über diesen letzten Familienzuwachs im stillen höchst entrüstet, hielt es aber für besser, seine Meinung für sich zu behalten. Louis, dieser Bursche, schlug in der letzten Zeit öfters einen Ton gegen ihn an, der einfach ungehörig war; aber was sollte er sich mit dem Bengel herumärgern! Mit dem Wunderkind war es nichts geworden –, na ja, hin ist hin! Er hatte eben zuviel in seinem Sohn gesehen; es war eine Enttäuschung, eine bittere Enttäuschung sogar. Aber man war eben auch nur ein Mensch, und Irren ist menschlich. Errare humanum est. Jawohl, er kannte seinen Cicero noch ganz genau, während Louis nicht einmal die Nase hineingesteckt hatte. Der Kerl war ja schon mit elf Jahren von der Schule abgegangen! Ach so! das hatte er allerdings selber veranlaßt! Na ja, er hatte es eben vorher gewußt, daß der Bengel keine klassische Begabung hatte. Aber wenigstens verdiente er sein Brot, und das war in diesem Jammertal schließlich doch die Hauptsache. Pröstchen, Jean!

*

Siebzehnhundertsiebenundachtzig. Der Frühling war gekommen. Es war ein Sonntagnachmittag. Ludwig lag in Breunings Garten auf dem Rasen und ließ es sich wohl sein. Es ging schon gegen Abend, aber die Luft war noch warm. Es war dem Knaben, als hätten die Blumen noch nie so schön geblüht, als sei der Himmel noch nie so blau und die Luft noch nie so süß zu atmen gewesen. – Vom Hause her hörte er Klavier-

spiel. Das mußte Graf Waldstein sein, er erkannte seinen Anschlag. Was spielte er denn da? Das war ja gar nicht schlecht! Nein, wunderhübsch sogar! Eine schlichte, zarte, frühlinghafte Melodie. Es konnte wohl ein Lied sein. – Nun hörte es schon auf? Schade! E r hätte nun erst richtig angefangen.
Und unwillkürlich spann er die Melodie weiter. –
Frau von Breuning rief ihn zum Abendbrot. Richtig, da stand Waldstein.
„Was haben Sie vorhin gespielt, Herr Graf?" erkundigte sich Ludwig.
„Hat es dir gefallen?"
„Ja, recht gut. Es klang nach Mozart."
Waldstein errötete vor Freude. – „Es war von mir", sagte er stolz.
„Aber Sie haben wohl nicht zu Ende gespielt?"
Der Graf seufzte. „Findest du, Louis? Mir ist halt nix mehr eingefallen."
Nach Tisch setzte man sich hinaus auf die Veranda. Der Mond schien hell; die alten Bäume standen groß und voll gegen den Abendhimmel. „Jetzt sollten Nachtigallen singen", sagte Eleonore. „Wart, Lorchen", flüsterte ihr Ludwig ins Ohr, „ich will sie singen machen." – Dann ging er leise hinein. – – Graf Waldstein zuckte zusammen. Da erklang ja seine Melodie! Verklärt schloß er die Augen und lauschte. Freilich doch nicht ganz die seine, denn dies war edler, und dazu reicher harmonisiert. Und nun würde gleich die Stelle kommen, wo ihr lieblicher Fluß sich im Sande verlief. – Doch es kam anders. Der Fluß zerteilte sich nicht, sondern nahm ruhig und gelassen seinen Lauf weiter, klar und rein bis zum friedevollen Abschluß. Schon wollte Waldstein aufspringen und hineineilen; aber da – was war das? Ludwig hatte das Thema wieder aufgenommen und begann es zu variieren. – Waldstein glaubte, noch nie etwas so Schönes gehört zu haben. Immer neue Gedanken zauberte der Knabe aus seiner Melodie hervor, ein Strom unendlichen Wohllautes flutete in die stille Nacht. Es war, als habe die träumende Natur ihre Stimme erhoben und sänge ein leises Lied vom Zauber der Frühlingsnacht, von Mondesglanz und Sternenschein.
Waldstein lag diese Nacht noch lange wach. Es war ihm heute

zur Gewißheit geworden, daß Ludwig über seinen Lehrer weit hinausgewachsen war. Er mußte in die Hände eines größeren Meisters; er mußte nach Wien, zu Mozart. Waldstein hatte dort viele Verwandte; jeder würde sich freuen, den genialen Jungen bei sich aufzunehmen; man konnte ihn ruhig allein ziehen lassen. Und die Kosten? die mußte der Kurfürst tragen; wozu war er denn Landesvater!

Am andern Morgen holte Waldstein sich die Zustimmung seines Herrn. Dann ging er zu Neefe und bat um sein Einverständnis. – Neefe war selig. – „Ich bitte Sie nur um eines, Herr Graf: ich möcht es ihm zuerst sagen!"

Fünf Minuten später stürmte Neefe zu Ludwig ins Zimmer und teilte ihm die frohe Botschaft mit. – Der wurde ganz blaß.

„Herr Neefe", sagte er erschüttert, „das dank ich mal wieder Ihnen!"

„Lieber gar, Louis! nu grade nich! Beim Grafen Waldstein mußt du dich bedanken!" – Im Nebenzimmer erhob sich ein Zankgeschrei, dazwischen die scheltende Stimme des Vaters.

„Kommen Sie, Herr Neefe", sagte Ludwig, „wir wollen ins Freie, an den Rhein." Er zog seinen Lehrer mit sich fort, im Sturmschritt marschierten sie durch die Straßen, dem Strome zu; Ludwig stumm, Neefe ununterbrochen redend, von Wien, von Mozart, von des Knaben Zukunft. – So kamen sie zum Rheinufer. Es war ein schöner Frühlingstag. Eine sanfte Brise kräuselte das Wasser, so daß Tausende von Lichtern aufblitzten. Ein weißes Segel arbeitete sich den Strom hinauf. Die beiden nahmen auf einer Bank nah am Wasser Platz. Neefe hatte sich endlich ausgeredet.

„Nun, Louis? du sagst keinen Ton?"

„Was soll ich sagen, Herr Neefe! Ich kann immer nur denken: Mozart. Ich soll ihn sehen –, nicht nur sehen; ich soll ihn hören, er soll mich unterrichten –; wie kann ich mir das vorstellen? Daß er überhaupt ein Mensch ist von Fleisch und Blut wie wir –, sehen Sie, das muß ich mir erst ganz allmählich zurechtlegen."

„Na, weißt du, Louis, nun sei mal nicht gleich so verstiegen! Ein Mensch von Fleisch und Blut ist er, das kann ich dir schwarz auf weiß geben, und ein sehr menschlicher Mensch sogar. Denk nur nicht, der sitzt in Wien auf 'nem Götterthron und läßt sich anbeten. Der muß sich grade so mit Stundengeben plagen, daß er nicht verhungert, wie unsereins auch. Sei nur nicht schüchtern, wenn du hinkommst! immer frisch drauf! Zeig, was du kannst! Du brauchst dich weiß Gott nicht zu schämen!"

„Ja, aber vor Mozart! Wenn ich denke, was ich bis jetzt komponiert habe, und was Mozart in meinem Alter schon geschaffen hat!"

„Darauf kommt es nicht an. W a s schließlich wird, nicht, wie rasch etwas wird, das ist die Hauptsache. Und weißt du, Louis – ich will dich ja nicht eitel machen; aber deine Klavierquartette –, na, im ganzen ja noch nicht, aber es sind Stellen drin, die würden auch dem Mozart von heute keine Schande machen. Das sollt ich eigentlich nicht sagen, aber ich muß dir doch ein bissel Mut machen! – Und nun leb wohl, Louis, ich muß heim."

Ludwig war noch nicht imstande, nach Hause zu gehen. Sich jetzt hinsetzen zwischen Vater und Brüder, mit dem Gedanken an Mozart im Herzen! Da fiel ihm die Mutter ein, die seit ein paar Tagen wieder krank zu Bett lag. Konnte er jetzt überhaupt an Reisen denken? Wer sollte denn die Mutter pflegen, auf die Kleinen achtgeben, für den Haushalt sorgen? – Sollte aber daran seine ganze weitere Entwicklung zerschellen? Diese Frage hatte er sich früher, wenn er an seine Zukunft dachte, oft genug vorgelegt und sie festen Herzens bejaht, in dem unbeugsamen Gefühl seiner Pflicht. Aber jetzt, wo das nie Gehoffte Wirklichkeit werden sollte, jetzt ward er unsicher.

Er ging zu Frau von Breuning und erzählte ihr alles. Sie überlegte eine Weile.

„Nein, Louis. Du mußt zu Mozart. Das ist etwas so Großes, dagegen muß alles andere zurücktreten! Es wäre eine Sünde, wenn du hierbliebest! Du hast auch Pflichten gegen dich selber! Und je vollkommener deine Ausbildung ist, desto besser wirst du später auch für deine Familie sorgen können. – Deine Mutter läßt du ja nicht ohne Hilfe zurück; ich werde nach ihr sehen, wenn sie mich haben mag, und ihr habt ja gute Nachbarn und Freunde; die werden schon achtgeben, daß alles seinen Gang geht. Deine Mutter hat schon öfters gelegen, das bringt die Art ihrer Krankheit mit sich. Die Frühlingsluft

greift an. Laß erst ein paar Wochen vergangen sein, dann steht sie auch wieder auf. Oh Louis, wie ich mich für dich freue!"
Unschlüssig ging Ludwig nach Hause. Er trat bei seiner Mutter ein, setzte sich an ihr Bett und nahm ihre Hand. Voll Sorge betrachtete er ihr eingefallenes, blasses Gesicht mit den fieberhaften Wangen, ihre krankhaft glänzenden Augen. Und er beschloß, die Entscheidung in ihre Hand zu legen.
„Mutter, denk dir, ich hab eine große Neuigkeit! Der Kurfürst will mich zu meiner weiteren Ausbildung nach Wien schicken zu Mozart!"
Frau Magdalene war eine Weile ganz stumm vor Freude. „Mein Junge! mein geliebter Junge! oh, wie schön ist das! wie freu ich mich! Endlich, endlich fort aus diesem Elend! Jetzt weiß ich's, ich weiß es genau, jetzt wird etwas Großes aus dir werden!"
„Ja, aber Mutter, du bist doch krank! wer soll denn für dich sorgen?"
„Dummer Kerl", entgegnete sie. „Der liebe Gott wird schon für mich sorgen, und unsere Nachbarn und Freunde auch."
„Das ist aber doch nicht dasselbe, wie wenn i c h bei dir wäre!"
„Nein, Louis, das ist es nicht; denn du bist mein Stolz und mein ganzes Glück. Aber denkst du denn, ich hätte noch eine frohe Stunde, wenn du dir um meinetwillen deine ganze Zukunft verdürbest?"
„Mutter! werde wieder gesund! du arme, arme Mutter! Du m u ß t gesund werden! Du sollst es noch gut haben! Du sollst einmal bei mir wohnen! Ich werde Geld verdienen, wir leben zusammen in einem schönen Haus, wir beiden ganz allein! Alles, was du brauchst, sollst du haben, – kräftiges Essen, stärkenden Wein, Ruhe, keine Sorgen! Du sollst alt werden, und sehr, sehr glücklich!"
Die Mutter strich ihm sanft über das Haar. „Jetzt bin ich glücklich, Louis", sagte sie leise. „Und damit einmal alles so wird, wie du es mir so schön ausmalst, darum mußt du jetzt nach Wien. Und damit ist die Sache abgemacht."
Erschöpft sank sie zurück und schloß die Augen. Ludwig blieb noch eine Weile an ihrem Bett sitzen, bis er meinte, sie schliefe. Dann löste er vorsichtig seine Hand aus der ihren und verließ leise das Zimmer. Seine Mutter aber lag noch wach. – „Mo-

zart! du wirst meinem Sohne den Weg ebnen, daß er groß wird –, nicht so groß wie du, das wäre vermessene Hoffnung! – aber doch ein echter Meister! Nimmt er es nicht jetzt schon mit den Besten auf? – der liebe Junge!" – Und ein seliges Lächeln auf den Lippen, schlief sie ein.

Vierzehntes Kapitel

Graf Waldstein hatte bei seinen Wiener Verwandten angefragt, ob sie Ludwig van Beethoven eine Zeitlang bei sich aufnehmen wollten; alsbald war die Antwort eingelaufen, er sei willkommen und man freue sich auf ihn. So stand der Abreise nichts mehr im Wege. Vom Kurfürsten nahm Ludwig ein Handschreiben an Mozart mit, und nach einem bitterschweren Abschied von der Mutter setzte er sich in den Postwagen.
In Augsburg unterbrach er die Fahrt, um den berühmten Klavierbauer Stein aufzusuchen, den Erfinder der deutschen Auslösungsmechanik. Wie ein mittelalterlicher Meister arbeitete Stein mit eigener Hand an seinen Instrumenten, deren Vollkommenheit schon vor zehn Jahren Mozart bei seinem Aufenthalt in Augsburg entzückt hatte. Ludwig fuhr weiter mit dem sehnlichen Wunsch, später einmal ein Steinsches Hammerklavier zu besitzen.
Der letzte Reisetag war gekommen; der Wagen hatte eben die Höhe eines Gebirgspasses erreicht, da wandte sich der Postillion zurück und sagte: „Da liegt Wien." – In der Ferne reckte sich ein Turm empor, mächtig den Horizont beherrschend. – Ludwig klopfte das Herz. Dort lag Wien! dort wohnte Er, der Eine, Große, nach dem er sich bangend sehnte! Und während der Wagen nun rascher zu Tal rollte, hingen Ludwigs Augen an dem grauen Turmriesen, dessen himmelanstrebende Form ihm ein Sinnbild deuchte des lichten Genius in seinem Bannkreis.
Durch liebliche Dörfer ging es, die in Weingärten und blütenüberschüttete Obstbäume eingebettet waren; durch die Vorstädte mit ihren schönen Kirchen, ihren Palästen inmitten großer alter Gärten. Und nun hoben sich aus einem Kranz

grüner Wiesen mächtige baumüberschattete Festungswälle empor, die ein Meer von Häusern und Türmen einschlossen. Im Hintergrunde dehnten sich sanfte waldbekrönte Höhenzüge. Schon fuhr der Wagen über eine Wiesenfläche, das Glacis der Festung, auf ein düsteres Stadttor zu, und jetzt machte er vor ihm halt. Ein Militärposten trat an den Schlag und prüfte die Pässe. Dann donnerte das Torgewölbe von den Hufen der Pferde; es öffnete sich wieder, und Ludwig war in Wien.

Durch menschenwimmelnde Straßen ging die Fahrt, bis der Wagen vor der Hauptpost anhielt. – Ludwig verfügte sich mit seinem schmächtigen Gepäck in ein nah gelegenes Einkehrwirtshaus, ließ sich ein Zimmerchen geben, vertauschte die staubige Reisekleidung mit seinem Sonntagsanzug und ging in die Gaststube hinunter, um den Wirt nach dem Wege zu Mozarts Wohnung in der Landstraße zu befragen. – Oder soll ich lieber erst die Lichnowskis aufsuchen? Vielleicht muß ich sonst hier übernachten. Aber wer weiß, ob ich dann heute noch zu Mozart komme. Nein, nein! ich muß zu Mozart. „Auf d' Landstraßen wollen Euer Gnaden? Zu wem denn, wenn ich fragen darf?"

„Zu Mozart –, zu Herrn Mozart", entgegnete Ludwig und wurde rot vor Stolz und Scham, daß er genötigt war, diesem Fremden sein Glück zu verkünden. „Herr Mozart? Kenn i net. Ja, wollen Euer Gnaden da net lieber an Fiaker nehmen? Der Weg ist weit, und bis Sie in dera Hitz wie heut da rauskommen, haben S' an sakrischen Durscht, und a anständige Wirtschaft werden S' kaum finden da draußen in der gottverlassenen Gegend. Nehmen S' halt an Fiaker, der kost Ihna an Gulden und a Viertel Wein als Trinkgeld."

„Nein, danke", sagte Ludwig möglichst gleichgültig, „ich gehe lieber zu Fuß, man sieht mehr von der Stadt."

„Na, da wünsch ich Ihna viel Vergnügen", meinte der Wirt, und gab ihm eine Beschreibung seines Weges, die er natürlich bei der ersten Straßenkreuzung schon vergessen hatte. Der Lärm der engen Gassen verwirrte ihn. Immer wieder mußte er nach dem Wege fragen, immer wieder verstand er falsch, schlug er eine verkehrte Richtung ein. So war es bald Mittag, als er endlich die stillere Vorstadt erreichte und vor einer Gartentür anhielt, die mit der gesuchten Hausnummer be-

zeichnet war. Mitten im Grünen ein kleines Haus –, Mozarts Haus! Und in dieses Heiligtum sollte er eindringen? Er begann zu zittern; seine Hände wurden kalt. Schon überlegte er, ob er nicht lieber umkehren solle. Da kam ein Dienstmädchen mit einem Marktkorb am Arm daher und fragte, zu wem er wolle. Es war ihm wie eine Entweihung, daß er diesem Wesen sagen mußte, er wolle zu Herrn Mozart. Aber das Mädchen schien von der Verwegenheit seines Unterfangens gar nicht berührt; es erklärte in familiärem Ton, Herr Mozart sei zu Hause, er solle nur mitkommen. – Ober er denn auch nicht störe? – Er solle nur nicht soviel Umstände machen, sie würde halt fragen. – So durchschritt er den Vorgarten, trat durch die Tür, an der ein kleines Messingschild befestigt war; „W. A. Mozart" war darauf zu lesen. Er blieb stehen, seine Knie wankten. – „Hier die Stiegen nauf!" sagte das Mädchen, als ob sich das von selbst verstände. Er tastete sich am Geländer aufwärts. „So, jetzt warten S' halt an Moment. Mit wem hab ich die Ehr'?"
Ludwig holte sein Empfehlungsschreiben hervor und händigte es dem Mädchen ein, das das große kurfürstliche Siegel mit Interesse in Augenschein nahm und dann verschwand. Er hätte viel darum gegeben, wenn er jetzt hätte umkehren können; aber da kam sie schon zurück und sagte, der Herr Mozart lasse bitten. Gleich darauf stand Ludwig in einem kleinen einfach möblierten Empfangszimmer, und die Tür schloß sich hinter ihm.
Aus dem Nebenzimmer klang das Gespräch zweier Männer gedämpft herüber. Jetzt erhob sich die hellere der beiden Stimmen, so laut, daß Ludwig jedes Wort verstehen mußte, „Teurer Freund, an wen soll ich mich sonst wenden, wenn nicht an Sie! Tun Sie mir halt den Gefallen! ich will ja gern die Interessen zahlen."
Der andere antwortete etwas Unverständliches. Nun wieder die hellere Stimme: „Dann bitt ich Sie wenigstens um eine augenblickliche Unterstützung! daß ich nur wieder etwas Luft schnappen kann! das Wasser geht mir ja bis zum Mund!"
Da wollte gewiß jemand Geld von Mozart leihen, und der konnt' es ihm nicht geben. Ludwig mochte nicht weiter hören, er hielt sich die Ohren zu. So saß er eine Zeitlang. Dann horchte er wieder: ja, jetzt verstand man kein Wort mehr.

Ob Mozart denn kein reicher Mann war, daß er einem Freunde nicht aushelfen konnte? der berühmte, gefeierte Mozart?
Wieder verging eine Weile; dann wurden nebenan Stühle gerückt. Jetzt! dachte Ludwig, und sein Herz begann stürmisch zu klopfen. Da! Schritte näherten sich. Jetzt kam er!
Die Tür wurde geöffnet, ein kleiner unscheinbarer Herr trat ein und sah Ludwig aus kurzsichtigen blauen Augen überrascht an. Das war gewiß der Freund.
„Nun?" sagte der Herr, „wo ist denn der Besuch? bist du hier allein gesessen?"
„Ich – komme aus Bonn", sagte Ludwig, ich möchte mit Herrn Mozart sprechen."
„Der bin ich. Ja, bist du etwa der Kurfürstlich Kölnische Hoforganist? Ja? Ei da schau her! wie alt bist du denn?"
„Fünfzehn Jahr", antwortete Ludwig, und das Blut schoß ihm ins Gesicht.
„Fünfzehn Jahr erst? Na, dafür bist du aber schon ein strammer Bursch! Und schon Hoforganist? Nun, komm nur herein."
Im Musikzimmer wurde Ludwig einem Herrn von mittleren Jahren vorgestellt, dessen Namen er nicht verstand. „Setz dich ein bissel", sagte Mozart, „gleich bin ich zu deiner Disposition." Und er zog den Herrn auf die Seite und sprach in gedämpftem Tone auf ihn ein.
Trotz Neefes Beschreibung hatte Ludwig sich unter Mozart eine Art Halbgott vorgestellt und war nun etwas enttäuscht. Das blasse, gutmütige Gesicht wirkte keineswegs bedeutend. Die starken blonden Haare waren in einem gepuderten Zopf zusammengefaßt. Der Kopf schien für die schmächtige Figur etwas zu groß geraten. Ein brauner Überrock nebst einer Weste von etwas verschossenem Blau umhüllte den Oberkörper. Peinlich weiße Spitzenmanschetten ließen die weißen, weiblich kleinen und sorgfältig gepflegten Hände frei. –
Endlich brach Mozart die Unterredung ab und wandte sich Ludwig zu: „Also Lektionen möchtest du von mir haben? Nun, wollen sehen, was du kannst. Nach allem, was dein Herr schreibt, hast du ja das Zeug, was Rechtes zu werden. Hast es freilich schlecht bei mir getroffen; stecke recht drin in der Arbeit, hab eine neue Oper vor." Er blickte wieder in den Brief des Kurfürsten. „Also der Neefe war bisher dein Mei-

ster?" – Er sann einen Augenblick. – „Ah, jetzt besinn ich mich. Damals in Mannheim, bei der Seylerschen Truppe, da war er Musikdirektor. Sophonisbe!" – Ein leiser Hauch gutmütiger Ironie zog für einen Augenblick über sein Gesicht. – „Ein tüchtiger Musikus. Immer noch so ein schmächtiges Manndl?" – Er sank etwas in sich zusammen, sein Gesicht nahm einen melancholisch-hypochondrischen Ausdruck an, den Ludwig so gut an seinem Lehrer kannte. – „Der Neefe, der Neefe", fuhr Mozart in Gedanken fort. Irgendeine komische Erinnerung mochte ihm in den Sinn kommen, er lächelte kurz. – „Spielt er meine Sachen?"
„Herr Neefe ist Ihr glühendster Verehrer!" sagte Ludwig stolz. „Wir haben alles von Ihnen gespielt, was in Bonn erreichbar war. Wir haben auch die ‚Entführung aus dem Serail‘ aufgeführt, als wir noch ein Theater hatten."
„Als ihr noch ein Theater hattet?"
„Ja, unter dem vorigen Kurfürsten." Und durch die Frage ermutigt, begann er vom Bonner Theater zu sprechen, verstummte aber, als er bemerkte, daß Mozart ihm offenbar gar nicht mehr zuhörte. Dessen Augen blickten abwesend ins Leere, seine Finger spielten auf der Stuhllehne irgendeine Melodie. – Eine Pause trat ein. Ludwig war in peinlicher Verlegenheit. Der Freund räusperte sich, Mozart fuhr in die Höhe.
„Ja, der Neefe! Ein tüchtiger Meister; kann dich freilich nicht alles lehren, was du brauchst; hast sicher noch manches zu lernen. Na, wir werden schauen." – Er blickte auf die Uhr. – „Setz dich her" – er deutete aufs Klavier – „und zeig, was du kannst. Wollen Sie zuhören, Puchberg?" – Der Freund nickte. Ludwig ließ sich auf dem Klavierstuhl nieder.
„Nun", sagte Mozart, „was willst du spielen? Was kannst du? Aber bitte, nichts von mir, wenn's nicht sein muß."
Gerade darauf hatte Ludwig sich vorbereitet. Nun mußte er etwas anderes wählen. Er begann mit einem Präludium aus dem Wohltemperierten Klavier. Mozart, der sich ergeben in seinen Sessel zurückgelehnt hatte, richtete sich bei den ersten Tönen überrascht auf und hörte nun sehr aufmerksam zu. – Der Bub hatte eine tiefe musikalische Auffassung; aber sein Spiel wollte ihm nicht gefallen. Es war kräftig, aber rauh, hatte nichts von der Zartheit und Rundung, die seinem eige-

nen Spiel angeboren war. In der folgenden Fuge machte sich das weniger bemerkbar; dafür fiel aber nicht selten eine Note unter den Tisch, und das Ganze war doch sicher ein eingelerntes Paradestück.

Hätte Mozart gewußt, wie es Ludwig zumute war! Als er begann, schien sich das ganze Zimmer um ihn zu drehen; die Brust war ihm wie zugeschnürt. Mechanisch schlug er die Tasten an und hörte kaum, was er spielte. Seine Finger waren eiskalt und drohten manchmal den Dienst zu versagen. Er dankte Gott, als er zu Ende war, und hatte das Gefühl, so schlecht gespielt zu haben wie vielleicht noch nie.

„So so!" sagte Mozart, „Sebastian Bach spielst du. Den kennt hier in Wien fast keiner; ich selber hab bis vor ein paar Jahren so gut wie nichts von ihm gewußt." – Sein Gesicht nahm einen bitteren Ausdruck an. „Das Schicksal des Genies, vergessen zu werden", sagte er leise vor sich hin. – „Ja, mein Bub, recht brav hast du gespielt, recht nett. Na, von einemmal läßt sich ja nicht allzuviel sagen. Talent hast du; ob's freilich zu was ganz Besonderem langt, das wird sich erst noch zeigen müssen."

Ein Flammenblitz aus Ludwigs grauen Augen traf ihn. – „Herr Mozart", stieß er hervor, „ich weiß, ich habe schlecht gespielt. Haben Sie noch einen Augenblick Zeit? Dann geben Sie mir ein Thema zum Phantasieren! Ich will es diesmal besser machen."

„Jetzt schau den Buben an!" rief Mozart lachend seinem Freunde zu. „Schaut er mich doch an, als wenn er mich fressen wollt! Also phantasieren möchtest du ein bissel? Gut, sollst phantasieren, soviel du magst. Da hast du ein Thema!" – Er trat ans Klavier und spielte im Stehen eine kurze Melodie, „Das ist aus meiner neuen Oper, dem ‚Don Giovanni'. Und nun, avanti!"

Ludwig war der Spott in Mozarts Worten nicht entgangen. Er war aufs äußerste gereizt, das Blut stieg ihm heiß ins Gesicht und hinab bis in die Fingerspitzen, so daß seine Hände plötzlich warm und gelenkig wurden. – Jetzt will ich's ihm geben! dachte er, und als er sich wieder ans Klavier setzte, war alle Befangenheit gewichen. Das herrliche Thema hatte er sich im Nu eingeprägt. Aber wie um Mozarts Spott mit Spott zu begegnen, tappte er es zu Beginn mit einem

Finger und ohne Begleitung auf die Tasten nieder. Mozart fuhr auf. – „So ein frecher Bub!" lachte er leise vor sich hin. – Und nun straffte sich Ludwig auf. Mit grandioser Wucht und in kühnster Harmonik schmetterte er Mozart sein Thema in die Ohren. Dann hatte er seine Umgebung vergessen. Er packte das Thema und zerriß es in zwei Stücke. Aus dem einen Riesen waren zwei geworden, jeder herrlich gewachsen, beide grundverschieden. Sie stürzten sich aufeinander, und nun begann ein wildes Ringen zwischen zwei ebenbürtigen Gegnern. – Mozarts Gesicht war ernst geworden; mit gespannter Aufmerksamkeit blickte er auf den kleinen Burschen, der eine solche Titanenschlacht vor ihm aufführte. – Plötzlich hielt der Kampf inne, rauschende Arpeggien rannen über die Tasten, voll tiefster Qual wand sich das nun wieder geeinte Thema, dumpf grollten die Bässe. Und plötzlich, wie die Sonne nach Gewittersturm aus den Wolken tritt, ertönte das Thema in leuchtendem Dur, verklang in ekstatischem Jubel.

Mozart saß eine Weile unbeweglich. Endlich neigte er sich zu seinem Freunde und sagte leise: „Auf den gebt acht! Der wird einmal in der Welt von sich reden machen!" – Dann trat er auf Ludwig zu und strich ihm liebkosend übers Haar. – „Bist ein ganzer Kerl! Bist ein Teufelskerl, ein Satanskerl! Wirst einmal ein großer Klavierist werden, darauf geb ich dir mein Wort. Und Genie zur Komposition hast du auch. Wie's mit deiner Wissenschaft drum steht, kann ich freilich noch nicht sagen. Nun, komm morgen früh präzis zehn Uhr zu mir, dann werden wir schon sehen." –

Ludwig wußte nicht, wie er wieder auf die Straße gelangt war. Ein Gefühl unendlicher Seligkeit erfüllte ihn. Ohne zu sehen, wohin er ging, drängte er vorwärts, rannte hier einen alten Herrn an, wäre dort beinahe unter einen Wagen gekommen, und fand sich endlich weit draußen, mitten im Grünen. Die Sonne strahlte, die Vögel schmetterten ihre Lieder, die Donau rauschte majestätisch vorbei. Er warf sich ins Gras. Mozart! schrie er, Mozart! Mozart! Dann weinte er, und dann lachte er unbändig. Eine alte Frau, die gerade vorüberging, sah ihn mitleidig-furchtsam an.

„Guten Tag, Mutter!" rief er ihr zu. „Schönes Wetter heute! Da darf man schon lustig sein!"

Die Alte nickte ängstlich und machte, daß sie weiterkam. Ludwig merkte plötzlich, daß er gewaltigen Hunger hatte, denn die gewohnte Zeit des Mittagessens war längst vorüber. Im ersten besten Wirtshaus ließ er sich einen Imbiß geben und feierte den Tag mit einem Glase Wein.
Spät am Nachmittag langte er wieder in seiner Herberge an, holte sein Gepäck und fuhr zu Graf Waldsteins Verwandten. Trotz seinem Glück war es ihm doch etwas beklommen ums Herz, als der Wagen in eine der vornehmsten Straßen einbog und vor einem Palast hielt. Ein pompöser Pförtner trat heraus. Er musterte den Mietwagen und was darin war und überlegte es sich offenbar gründlich, bis er sich entschloß, den jungen Burschen auszufragen und anzuhören. Doch als Ludwig das Examen überstanden und die Schwelle des Palastes überschritten hatte, sah er sich von seinen fürstlichen Gastfreunden so herzlich aufgenommen, daß er sich bald ganz heimisch bei ihnen fühlte.

*

Am andern Morgen, lange vor der festgesetzten Zeit, ging Ludwig schon vor Mozarts Hause auf und ab und wartete, bis es zehn Uhr schlüge. Er hatte seine Klavierquartette mitgebracht, um sie dem Meister vorzulegen. Endlich erklangen die ersehnten zehn Schläge, und er trat ein. Aber es gab eine Enttäuschung. Ihr Mann sei ausgegangen, sagte ihm Frau Mozart, er habe eine dringende Besprechung wegen der neuen Oper. Vielleicht gehe Herr van Beethoven ein wenig spazieren und komme nach zwei Stunden wieder. Aber als Ludwig um zwölf Uhr zurückkam, war Mozart noch nicht zu Hause, und er wurde auf den anderen Tag vertröstet. Verstimmt ging er seines Weges. Das war nun freilich ein böser Anfang! Und je näher die Aufführung der neuen Oper rückte, desto mehr würde der Meister wohl von ihr beansprucht sein.
Am nächsten Morgen wurde er aber sogleich vorgelassen; Mozart entschuldigte sich auf das liebenswürdigste wegen des gestrigen Versäumnisses. „Ich hab aber deswegen doch an dich gedacht, Louis", sagte er, „habe deine Quartette durchgesehen, kann dir sagen, du hast Genie zur Komposition. Im Kontrapunkt fehlt freilich noch das meiste; aber das läßt sich

nachholen. Du kannst Melodien erfinden, das ist die Hauptsache. Wer das kann, den vergleich ich mit einem edlen Rassepferd, einen bloßen Kontrapunktisten mit einem gemieteten Postgaul. – In der Harmonielehre bist du auch noch nicht ganz sattelfest. Nun wollen wir aber gleich mal in medias res gehen. Schau her!" Er nahm ein leeres Notenblatt und schrieb eine Melodie auf. – „So, Louis, nun setz dich her und schreib die Stimmen dazu. Sag's, wenn du fertig bist." – Darauf ging er an seinen Schreibtisch am Fenster und war sofort in der eigenen Arbeit versunken.

Ludwig war schon nach kurzer Zeit mit seiner nicht eben schweren Aufgabe fertig. Er blickte zu Mozart hinüber, aber der hatte ihn offenbar völlig vergessen. Er schrieb an einer Partitur, wie es schien; aber so rasch, wie wenn es ein Brief wäre. Seine blauen Augen leuchteten, der Mund war energisch geschlossen, seine Nasenflügel zitterten. Von Zeit zu Zeit blickte er nach der Decke, als ob er sich da neue Inspiration holen wolle. Dann und wann sang er leise vor sich hin; nun flog die Feder von neuem übers Papier. – Ludwig saß unbeweglich; er hätte es nie gewagt, den angebeteten Meister im Schaffen zu stören. – Eine Stunde mochte so vergangen sein. Draußen ertönte die Klingel, und gleich darauf trat Frau Mozart ein. Sie mußte ihren Mann erst ein wenig an der Schulter rütteln, bis er wieder wußte, wo er war. „Wolfgang, der Herr da Ponte ist draußen, will dich unbedingt sprechen."

„Kruzifix!" fluchte Mozart. „Muß der Kerl grad kommen, wenn ich im schönsten Zuge bin! Ja, und der Herr Hoforganist ist auch noch da? Mein guter Louis, du solltest dich doch melden, wenn du fertig bist!" Er blickte auf die Uhr. „Nun ist der Bub eine geschlagene Stunde dagesessen und hat sich nicht gemuckst! – Grüß Sie Gott, Signor Abbate! – Ja, Louis, es tut mir leid, wir müssen aufhören. Und ich kann dich auch nicht einladen zu bleiben, denn du verstehst kein Italienisch, und der Herr Abbate kein Wort Deutsch. Also bis zum nächstenmal, Louis!"

„Sie müssen meinen Mann entschuldigen", sagte Frau Mozart draußen im Vorplatz. „Herr da Ponte hat den Text zum ‚Don Giovanni' geschrieben; Sie können sich denken, was da noch alles zu besprechen ist. Also nichts für ungut, gelt? Mein

Mann hat mir erzählt, welch schönes Talent Sie sind, und wie es ihn freut, Sie zum Schüler zu haben. Also bis zum nächstenmal, Herr van Beethoven! Mir ist's peinlich, Sie dürfen mir's glauben!"
Es war ihr wirklich peinlich. Der Bonner Kurfürst bezahlte den Unterricht seines Hoforganisten sehr splendid; und die arme Frau Mozart konnte dieses Stundengeld gut gebrauchen.
Die neue Oper! dachte Ludwig, als er das Haus verließ – die neue Oper wird mich noch um den ganzen Unterricht bringen! Und dieser merkwürdige Abbate mit seiner krummen Nase, der durfte den Meister ohne weiteres stören!
Ludwig hatte eigentlich gehofft, nicht nur in den theoretischen Fächern, sondern auch im Klavierspiel Unterricht zu erhalten.
„Mein guter Louis", sagte Mozart, „du siehst ja, wie es bei mir geht. Da dran ist gar nicht zu denken. Und das braucht's auch gar nicht. Was soll ich dich da viel lehren! Einen zarteren Anschlag vielleicht; aber der wird dir schon von selber kommen. Technisch bist du auf dem Klavier sonst so weit wie Einer, kannst ruhig dein eigener Meister sein. Aber was einmal als Komponist aus dir wird, das liegt mir viel mehr am Herzen. Du hast sehr viel Genie, Louis; aber was bei dir noch nicht so recht ausgebildet ist, das ist der Sinn für lebendigen Wohllaut und – sagen wir, für das Gleichgewicht, für den ganzen Aufbau eines musikalischen Gefüges. Darin kannst du wohl von mir lernen. Natürlich mein ich nicht, du sollst meine Sachen ausschreiben; das wär ganz verkehrt, und wir beiden sind ja auch zwei grundverschiedene Naturen. Aber schau mal her!" – Und er nahm eines von Ludwigs Quartetten und wies auf manche Härten hin, die der Knabe allerdings im vollen Bewußtsein des Verstoßes gegen die Regeln hingeschrieben hatte. Ludwig suchte sich mit Pfeiffers Lehren zu verteidigen: nicht Schönheit, sondern Wahrheit im Ausdruck der Empfindung sei oberstes Gesetz.
„Um Gottes willen", rief Mozart, „wo kämen wir da hin! Freilich, du brauchst dich nicht sklavisch an die Regeln zu halten. Musik wächst immer weiter fort und muß sich wandeln; neue Kunst stellt neue Regeln auf. Doch e i n Gesetz bleibt bestehen, m u ß bestehen bleiben: das Gesetz der Schönheit! Nie darf man Leidenschaften, mögen sie noch

so heftig sein, bis zum Ekel ausdrücken! Auch wenn die Musik das Schaudervollste darstellen will, darf sie niemals das Ohr beleidigen, muß immer noch Vergnügen bereiten, sonst ist's eben nicht mehr Musik. Mein ‚Don Giavanni' steckt voll von Beispielen. Doch das ist alles noch unfertig, du verstehst kein Italienisch, es hätt also keinen Sinn, wenn ich dir die ein' oder andre Stelle zeigen wollte. Aber wenn du später mal die Oper hörst, dann denk an meine Worte! Und laß in deinen eigenen Arbeiten Musik immer die Reine, Schöne, die hohe Göttin bleiben!" –
So gingen die Tage, so ging oft eine halbe Woche dahin, ohne daß es zu regelrechtem Unterricht gekommen wäre. – „Ach, es ist mir so peinlich!" sagte Frau Mozart, wenn sie Ludwigs trauriges Gesicht sah. Zwar wurde er nicht mehr fortgeschickt, wenn der Meister beim Komponieren war, aber er mußte oft stundenlang warten; und wenn Mozart dann die Feder aus der Hand legte, war es ihm meist unmöglich, gleich an den Unterricht zu gehen. Er ließ sich dann gern von Bonn erzählen, vom Erzbischof, den er ja von früher her gut kannte, vom Dienst bei Hofe.
„Da könnt ich nun eigentlich selber sitzen", sagte er einmal, „bei euch in Bonn, als wohlbestallter Hofmusikdirektor, statt daß ich mich hier von einem Tag zum andern mit Lektionen abrackern muß, um nur das tägliche Brot herbeizuschaffen. Aber damals, als euer Herr mir die Stelle antrug, da bin ich über Hals und Kopf in der Arbeit am ‚Figaro' gesteckt, und ich dachte mir: hab ich Erfolg, so kann doch hier mal eine Anstellung für mich rausspringen. Und dann, das Weiberl so weit wegführen, mich vergraben in dem kleinen Nest bei euch, all das war nicht nach meinem Sinn. So bin ich halt geblieben, der ‚Figaro' hat auch Erfolg gehabt, aber eine Vakanz war nicht da für den Mozart. So plag ich mich halt weiter. Vielleicht haben die hohen Herren in Wien doch noch mal eine Anstellung für mich, daß man ein bissel ausschnaufen kann von all den Sorgen um die Existenz."
Ludwig war tief betroffen. So behandelte man in Wien, dem kaiserlichen Wien, den größten musikalischen Genius, den die Welt besaß!
„Müssen Sie denn wirklich vom Stundengeben leben?" fragte er. – „Von was denn sonst, Louis? Hätt ich wenigstens mehr

solche Schüler wie dich! Aber man muß nehmen, was kommt, wenn nur jeder seinen halben Dukaten pro Lektion bezahlt. Ein jeder ungarische Schnurrbart ist willkommen, den der Satan plagt, für nix und wieder nix Generalbaß und Kontrapunkt zu studieren; jedes übermütige Komtesserl, das mich, wie den Haarkräusler, mit einem roten Kopf empfängt, wenn ich einmal nicht auf den Glockenschlag bei ihr anklopfe."
„Und Ihre Werke? Ihre Opern?"
„An der ‚Entführung' wär ich in Frankreich ein reicher Mann geworden, denn die hat überall Erfolg gehabt. In Deutschland sind nur die Theaterdirektoren reich dran geworden; für mich selber sind 426 Gulden 40 Kreuzer abgefallen."
„Und der ‚Figaro'?"
„Der ‚Figaro' war den Wienern auf die Dauer doch zu schwer, zu ungewöhnlich. Als dann der Spanier Martin kam, der Windmacher, mit seiner ‚Cosa rara', da verschwand der ‚Figaro' in der Versenkung. Nur meine lieben Prager halten ihn in Ehren, und deswegen schreib ich den ‚Don Giovanni' auch für Prag. Wer in Wien Beifall finden will, der muß so verständlich schreiben, daß es ein Fiaker nachsingen kann, oder so unverständlich, daß jeder denkt: wenn ich schimpf, könnt ich mich blamieren; also lob ich lieber."
„Erschweren nicht vielleicht auch die italienischen Libretti das Verständnis?" meinte Ludwig. „Warum haben Sie seit der ‚Entführung' keinen deutschen Text mehr komponiert?"
„Warum? Weil das deutsche Singspiel hier in Wien ein recht jammervolles Ding ist, das nicht leben und nicht sterben kann. Das liegt an unserm Kaiser. Mit dem Kopf ist er für die deutsche Oper, mit dem Herzen für die welsche; und das Herz sitzt dem Geldbeutel halt näher als der Kopf. Alle unsere ersten Sänger, die Cavalieri – nota bene eine brave Wienerin –, der Adamberger, der Teyber, lauter Deutsche, alle müssen sie beim welschen Theater singen, müssen gegen ihre eigenen Landsleute kämpfen, und sie sind ihnen weit überlegen; denn die vom deutschen Theater sind ja lauter Schauspieler, die eben zur Not singen können. Ach, es geschäh den Deutschen schon recht, wenn ich's machte wie der Gluck oder der Händel, mein geliebtes Vaterland verließe und fortginge, nach London oder Paris; in ein paar Jahren wär ich ein reicher Mann. Und ich weiß nicht, ob ich's nicht doch

einmal so mach'. Aber freilich, es gibt nur e i n Wien in der Welt, ich komm nicht los davon. Alles hält mich hier fest: die Menschen und die Luft und die Donau und der Prater. Und wenn sie mich hier verhungern lassen, besser in Wien gestorben als woanders gelebt."
„Bonn ist auch wunderschön", warf Ludwig ein.
„Recht, Louis, daß du was auf deine Heimat hältst. Aber Wien ist es doch nicht. Und dann der Hofdienst in solch kleiner Residenz –, ich hab's als junger Bursch kennengelernt und hab genug davon für mein ganzes Leben."
„Und der Kaiser", begann Ludwig wieder, „gibt er Ihnen nichts?"
„Nichts", entgegnete Mozart, „nicht mal den Unterricht bei der kaiserlichen Familie, was doch ein schönes Stück Geld einbringt; ein Welscher unterrichtet bei Hof. Ja, es ist ein Verhängnis, Genie zu haben. Das Mittelmaß, das kommt zu was im Leben, und das Genie hungert. Es ist eine Dornenkrone, die wir tragen. Und doch möcht ich sie mit keiner Kaiserkrone tauschen." – Ludwig beugte sich zu Mozarts Hand nieder und küßte sie leise. Der strich ihm liebkosend übers Haar. – „Lieber Kerl, guter Kerl", murmelte er. „Vorwärts, wir haben genug geschwätzt, jetzt geht's ans Arbeiten."
Und er begann einen Satz aus der Harmonielehre, aus dem Kontrapunkt zu erklären, ihn an einem Beispiel zu erläutern; und während er sprach, waren seine Gedanken schon weit, weit fortgewandert, nach Spanien, nach Sevilla, und umkreisten den stolzen Kavalier, der sich freventlich über Sitte und Recht hinwegsetzte, selbst den Mächten der andern Welt Trotz bietend.

Fünfzehntes Kapitel

Eines Tages fand Ludwig den Meister in einem ziemlich lebhaften Disput mit seiner Frau. Er war aufgefordert worden, in einem der Augartenkonzerte zu dirigieren und Klavier zu spielen. Diese Konzerte hatten vor Jahren unter seiner Leitung gestanden, bis er die Lust daran verloren und sie einem andern abgetreten hatte. „Ach, Stanzerl", sagte Mozart, „laß mich aus mit Konzerten! Was liegt mir jetzt an

Virtuosen- und Dirigentenruhm! ich hab andere Dinge im Kopf!"
Aber seine Frau ließ nicht locker. – „Du mußt dich den Wienern in Erinnerung bringen, Wolfgang, du wirst ja sonst vergessen! Ein solches Konzert trägt uns gewiß drei neue Schüler ein, und du weißt, wie nötig wir's haben!"
Das gab den Ausschlag; Mozart versprach zuzusagen. „Und den Louis nehmen wir mit, Stanzerl! Warst du schon im Augarten?"
Ludwig verneinte. Er verbrachte den ganzen Tag am Klavier und am Schreibtisch und hatte von Wien kaum mehr gesehen als die Straßen zwischen Mozarts und seiner Wohnung.
„Aber das ist doch ein Jammer!" rief Mozart, als er das hörte. „Klavierspielen und komponieren kannst du in Bonn auch. Was willst du denn eigentlich von Wien erzählen, wenn du wieder zu Haus bist? Den Augarten mußt du mindestens gesehen haben. Also heut in acht Tagen, in der Früh präzis um sechs Uhr, holst du uns ab. Gelt, da schaust du, daß es in Wien solche Frühaufsteher gibt! Die Augartenkonzerte sind aber mit Fleiß auf eine so frühe Stunde angesetzt. Das Orchester besteht nämlich fast aus lauter Dilettanten, und wer sich so früh von seinem Bett trennen kann, um ohne Entgelt Musik zu machen, der hat wahre Lust zu ihr."
So schritt Ludwig denn eines Morgens in aller Herrgottsfrühe an der Seite des Mozartschen Ehepaares durch die noch stillen Gassen, durch eines der engen, dunklen Tore hinaus auf das Glacis mit seinen leuchtenden, von Alleen durchzogenen Rasenflächen. Dann ließ ein hohes, gewölbtes Portal sie in einen herrlichen Park eintreten. Mozart nahm den Hut ab und blickte an den mächtigen Stämmen der alten Bäume in die Höhe. „Ach, Stanzerl", sagte er, „warum leisten wir uns so einen Morgenspaziergang nicht öfters?" – Er tat einen tiefen Atemzug. – „Wie das duftet! Es ist, als tät man Gesundheit und Leben in sich trinken. – Da schau das Eichkatzl! wie lieb es zu uns herunterspitzt! O du goldiges Viecherl du!"
– Mozarts kleiner Hund, sein unzertrennlicher Begleiter, war dem Blick seines Herrn gefolgt; nun entdeckte auch er das kleine fremde Tier oben im Gezweig und begann wütend zu bellen. – „Faß, Bimberl, faß! Kannst du's nicht erwischen? wart, ich helf dir!" – Er umfaßte den nicht eben dicken

Stamm, tat einen Sprung in die Höhe und begann hinaufzuklettern. Bimberls Gebell ward zum rasenden Gekläff. – „Wolfgang!" jammerte seine Frau, „jetzt schau einer den Mann an! denk doch an deine Pantalons! wie willst du dich denn dem Publikum präsentieren!" – Aber Mozart hörte nicht; rüstig kletterte er weiter, bis er einen Ast erreicht hatte. Auf den setzte er sich, baumelte mit den Beinen und schwenkte seinen Hut. – „Komm, Bimberl, komm zum Herrl! Na, Louis, willst mir nicht nachsteigen?" Und er sang: „Se vuol ballare, Signor Contino?" – „Wolfgang!" rief Frau Konstanze, „ich bitt dich, komm herab! Schau, Leute kommen! was sollen die zu deinen Narrenspossen sagen!" – In ihren kleinen schwarzen Augen flackerte ein böses Feuer. – „O die Weiber!" rief Mozart. – Mit einem Rutsch sauste er an dem glatten Stamm hinunter und stand lachend und keuchend auf der Erde. – „Wo ist's Eichkatzl? fort ist's, Bimberl! Such's Eichkatzl! da, da droben! schau! faß vorwärts!" – Und begann sich in Galopp zu setzen. Bimberl jagte heulend hinter ihm her.

Ludwig wäre ihm am liebsten nachgerannt, aber mit den schweren Notenbänden, die er trug, war das nicht möglich. So hielt er sich neben Frau Mozart, die stumm und blaß weiterging. – „Er muß sich halt einmal austoben", sagte sie endlich. „Das ewige Stubenhocken ist auch nicht gesund." – Aber der gereizte Ausdruck ihres Gesichtes paßte nicht recht zu ihren entschuldigenden Worten.

An einer Wegbiegung stürzte Mozart hinter einem Baum hervor und flog seiner Frau an den Hals. – „Nicht bös sein, Stanzerl! Spitzignas! Bagatellerl!" – Er schob seinen Arm unter den ihren. – „So! jetzt wollen wir wieder brav sein! den ernsten Maëstro machen. Da sind wir, Louis!"

Sie standen vor dem Konzertsaal, einem weiten, einstöckigen Gebäude mitten im Grünen. Auf dem freien Platze davor saß oder promenierte ein elegantes Publikum in festlicher Erwartung. – Das Mozartsche Ehepaar nahm mit seinem Gast unter einem weitschattenden Ahornbaum Platz. Ein Kellner brachte das Frühstück: duftenden Kaffee, Milch mit „Obers", gestoßenen Zucker in einer umfangreichen Messingdose, blütenweißes knuspriges Brot und frische Butter. Mozart strahlte von Zufriedenheit und Frohsinn.

„Na, Louis, gefällt's dir hier! gelt, das habt ihr nicht in eurem Bonn! Nun greif aber zu und laß dir's schmecken! Stanzerl, schenk ein!"

„Solchen Kaffee gibt's auf der ganzen Welt nur in Wien!" lobte Frau Mozart, während sie Ludwigs Tasse füllte, und mit Andacht kostete er von dem gepriesenen Trank. Mozart war bald mit seinem Frühstück fertig, sah nach der Uhr und stand auf: „So, jetzt geht's an den Ohrenschmaus. Louis, gib fein acht, daß du mir nachher deine Meinung sagen kannst." Und er arbeitete sich durch das Gedränge dem Saaleingang zu.

„Ah, grüß Sie Gott, Madam Mozart!" – Eine aristokratisch aussehende Dame trat mit zwei Herren an den Tisch heran. – „Haben Sie noch etwas Platz für uns?" – Ludwig sprang errötend auf und schleppte ein paar Stühle herbei. Und Frau Mozart stellte scherzhaft-feierlich vor: „Herr van Beethoven, Kurfürstlich-Kölnischer Hoforganist und Schüler meines Mannes. Ihre Durchlaucht die Fürstin und Fürst Kinsky. Seine Exzellenz Herr Baron van Swieten."

„Hör ich recht?" sagte der Letztgenannte, „van Beethoven? ein Holländer?"

„Mein Großvater stammte aus Antwerpen", entgegnete Ludwig. Dann hielt er sich bescheiden zurück und wurde auch kaum weiter beachtet. Man sprach von der fortschreitenden Arbeit am „Don Giovanni", und Ludwig tat es fast weh, daß dieser geheiligte Name hier, unter all dem fröhlich schwatzenden Volk, so ausgesprochen wurde wie irgendein anderer Operntitel. Ein Tusch schmetterte aus dem Saal hinaus ins Freie, und die eben noch lustig plaudernde und lachende Menge wurde still. – „Was dirigiert der Meister?" flüsterte die Fürstin Kinsky zu Frau Mozart hinüber. – „Seine letzte Symphonie." – Und Mozarts Melodien klangen hinaus in die Frühlingsluft, in all das Blühen und Duften, quellend und rein und jugendfrisch wie die Natur selber. Es folgte ein neues Klavierrondo in A-Moll, von dem Komponisten selbst gespielt, das Ludwig hoch aufhorchen machte, so ganz anders war es, als was er von Mozarts Klaviermusik bisher kennengelernt hatte; ein seltsam drängendes, chromatisches, tief melancholisches Stück. – Im Gegensatz zu der Symphonie, die einen Beifallssturm entfesselt hatte, folgte ihm nur schwacher Applaus, und Baron van Swieten wechselte mit dem Fürsten

Kinsky einen bedenklichen Blick. Aber beider Mienen erhellten sich wieder, als das nächste Stück begann, eine kleine Nachtmusik für Streichorchester. Man merkte es ihnen an, wie froh sie waren, ihren Liebling wieder auf den ihnen vertrauten Wegen reinen Wohllautes wandeln zu sehen. Der alte Swieten konnte sich nicht versagen, seiner Begeisterung ab und zu durch ein geflüstertes „Göttlich" oder „Süperb" Luft zu machen. Das Kinskysche Paar saß still verklärt und sagte kein Wort.

Die Schlußnummer folgte. Ja, was war denn das? Ludwig fuhr entsetzt zusammen. Das Orchester begann mit einem furchtbar banalen Thema, aber schon nach den ersten paar Takten war der Faden zu Ende. Allmählich kam etwas zustande, das sich wie ein Seitenthema anhörte; aber da blieb plötzlich die Primgeige aus, man hörte nur Begleitfiguren. Jetzt hatte Ludwig begriffen. Das Ganze war offenbar ein Spaß, eine Parodie auf sogenannte Komponisten, die etwas schreiben wollen, ohne daß ihnen auch nur das geringste einfällt. Er warf einen verstohlenen Blick auf die feudale Tischgesellschaft; merkwürdig betretene Gesichter sah er. Frau Mozart lächelte etwas befangen. Es war klar, sie war selber überrascht und wußte nicht, was das Ganze bedeuten sollte. – Drinnen ging der Spaß weiter. Mit einem heldenhaften Unisono kam die Sache wieder in Schwung, und zum Schluß des Satzes belobte sich der Komponist für seine gelungene Leistung mit einem solennen Tusch. Ein heroisches Menuett folgte; dann ein langsamer Satz, in dem der Primgeiger in gefühlvollen Verzierungen schwelgte. Und dann kam das Letzte: ein toll gewordener Philister hatte eine Fuge fabriziert, die in einen lärmenden Tusch ausartete; alles verlor schließlich den Kopf, jeder schloß in einer anderen Tonart. – Das Publikum hatte mittlerweile aber doch begriffen, wie die Sache gemeint war, und als das Höllenkonzert zu Ende war, erhob sich tobender Beifall. – Mozart, strahlend über das ganze Gesicht, steuerte auf seinen Tisch zu und begrüßte die Freunde. Seine Augen blitzten vor Vergnügen, als er den alten van Swieten fragte, wie ihm das letzte Stück gefallen habe, und ein feiner Beobachter hätte fast etwas wie leisen Hohn herausgehört, als er erklärte, wenn er wieder einmal dirigiere, dann wolle er eine van Swietensche Symphonie aufführen.

„Ganz himmlisch war die Nachtmusik!" sagte die Fürstin schwärmerisch.
„Und das Klavierrondo?"
„Äußerst interessant!" entgegnete der Fürst eilfertig, „wenn auch – nun ja – manches darin etwas ungewohnt, überraschend –, jedoch höchst interessant, h ö c h s t interessant. – Aber sagen Sie, Mozart, wann haben Sie all das Neue denn eigentlich geschrieben?"
„Zwischen dem ‚Don Giovanni'; den musikalischen Spaß in die Kirchhofszene hinein."
Der alte Swieten schüttelte leise mißbilligend den Kopf. Der Fürst sah gedankenvoll auf den Meister. „Das verstehe, wer kann!" murmelte er vor sich hin.
„Nun, Louis", meinte Mozart unvermittelt, „jetzt hast du mich auch mal Klavier spielen hören. Wie spiel ich eigentlich? Auf dessen Urteil, meine Verehrtesten, geb ich nämlich, mit Respekt zu vermelden, das allermeiste." – Alles machte erstaunte Gesichter. – „Ja, man sieht's ihm nicht an, was in ihm steckt", lachte Mozart. „Aber schaut's mich an; was ist denn an mir? Ein rasiertes Schweinsrüsselchen, hat mal eine schöne Primadonna von mir gesagt, allerdings auf Toskanisch; aber ins Deutsche übersetzt lautet es halt um keinen Deut anders. Und vom Louis kann man das nicht mal sagen; rasiert ist er schon gar nicht, wenn's auch allmählich Zeit wird, trotz seinen fünfzehn Jahren, und nach einem Schweinsrüssel sieht er erst recht nicht aus. Er kann was und wird bald noch viel mehr können. So Gott will, hoff ich ihn noch in diesem Sommer einem verehrlichen Publiko hier im Augarten zu präsentieren." Ludwig wurde blutrot. „Ist das Ihr Ernst?" sagte er. „Freilich ist's mein Ernst! und ich will nicht Mozart heißen, wenn ich dächte, ich sollt mich mit dir blamieren!"

*

Ein paar Tage darauf traf Ludwig den Meister in Tränen aufgelöst. „Mein Vater ist gestorben, in Salzburg, weit weg von mir, und ich konnt nicht bei ihm sein, ihm nicht die Augen zudrücken! Was ich bin und kann, verdank ich nur ihm. Mein Talent hat er wie einen heiligen Schatz betrachtet, den ihm der liebe Gott in die Hand gelegt; aufs sorgsamste, aufs vor-

sichtigste hat er mich gebildet, damit nicht ein Brillantfeuerwerk aus mir würde, das nur in die Höhe prasselt und gleich wieder verlischt. – Hast du noch deinen Vater, Louis?" – Der Knabe bejahte errötend. – „Dann darfst du deinem Herrgott täglich auf den Knien dafür danken. Ich tät meinen ganzen Ruhm hergeben, könnt ich meinen Vater damit wieder zum Leben erwecken." – Er schwieg und starrte traurig zu Boden. – „Freilich, man soll nicht klagen, wenn ein geliebter Mensch stirbt; eher ihn beneiden, daß er all den Kampf, den man Leben heißt, überstanden hat."
In den nächsten Tagen war Mozart weder imstande zu arbeiten noch Unterricht zu erteilen. Immer wieder sprach er von seinem Vater, und was er an ihm verloren; immer wieder tauchten Todesgedanken vor seiner Seele auf: „Ich bin noch jung, und doch denk ich manchmal, meine Zeit ist bald um. Ich verbrenn' halt doch zu schnell. Es strömt nur so weg, die Musik, die ich in mir hab. Lang kann das doch gar nicht so weitergehen; wo soll's denn sonst hinaus! Soviel Notenpapier gibt's doch gar nicht, um all die Musik aufzuschreiben, wenn ich etwa sollt sechzig oder siebzig Jahr werden; vor solch einem Notenberg tät mir ja selber grausen. – Nun, sollt's mal so kommen, so kann ich ja ruhig sein. Ich weiß jetzt, ich hab einen Nachfolger. – Jetzt möcht ich freilich nicht sterben, jetzt um keinen Preis! Den ‚Don Giovanni' unvollendet zurücklassen? Ob ich auch Ruh im Grab fände? wenn dann hernach ein anderer, vielleicht gar so ein Welscher, die Oper zu vollenden bekäme! Um Gottes willen! nein, nicht dran denken!" –

*

Ludwig saß in seinem Zimmer und dachte über seine Lage nach. Die Unterrichtsstunden waren immer seltener geworden. Sein Aufenthalt in Wien hatte eigentlich keinen rechten Sinn. War es nicht vernünftiger, abzureisen und im Winter wiederzukommen, wenn der „Don Giovanni" vollendet war, wenn Mozart wieder Zeit für ihn haben würde?
Der Diener trat ein und brachte ihm einen Brief; er war von seinem Vater. Ludwig öffnete das Schreiben, und sein Herz begann zu klopfen. Was er las, war verworren genug; aber soviel sah er doch, daß es schlecht um seine Mutter stand.

Ob der Vater wohl für die nötige Pflege sorgte? Ludwig kannte ihn gut genug, um es zu bezweifeln. Und wenn die Mutter starb, und er saß hier in Wien, weit, weit fort von ihr? Nein, er mußte heim, mußte sofort abreisen. Und es war ihm wie eine Erlösung, als er sich zu diesem Entschluß durchgerungen hatte. –

„Mein armer Louis", sagte Mozart, „es ist hart für dich. Vielleicht ist doch noch Rettung für deine Mutter. Wenn aber nicht, dann sag dir nur, sie hat es droben im Himmel viel besser als auf dieser elendigen Erde. – Und du, mein armer Kerl? Ich habe dich enttäuscht, das weiß ich am besten. Du bist halt zu keiner günstigen Zeit gekommen. Der ‚Don Giovanni' nimmt mich ganz hin; ich kann nicht dawider, und darf's auch gar nicht. Du mußt im Winter wieder herkommen! Aus dir wird zwar auch ohne den Mozart was werden, dafür leg ich meine Hand ins Feuer. Aber es tät mich doch freuen, wenn ich dir dazu helfen könnt, mehr, als es mir diesmal möglich war. Wenn's soweit ist, will ich deinem Herrn schreiben, er möchte dich wieder zu mir schicken; wie ich ihn kenne, wird er mir's gewiß nicht abschlagen. Leb wohl, mein guter Louis! auf ein schönes Wiedersehen!"

Ludwig war so bewegt, daß er nur ein paar Worte des Dankes stammeln konnte.

„Sprich nicht von Danken, Louis! ich bin in d e i n e r Schuld, das weiß ich am besten. – Und nun laß mich dir noch eines sagen, für den Fall, daß ich dich nimmer wiedersehen sollte, was Gott verhüten möge. Es geht mich an, und ich sag dir's, damit du dir ein warnendes Exempel daran nimmst. – Ich hab mich in meiner ersten Zeit zersplittert, hab das Meine verschwendet nach allen Seiten, weil die Gesellschaft es so haben wollte, der Adel, die Reichen, deren Brot ich aß. Das ist jetzt vorbei. Jetzt schreib ich nur noch, wie mir's ums Herz ist, schaue nicht mehr nach rechts und links; und ich weiß erst jetzt, was Komponieren heißt. Komponieren soll Gottesdienst sein, und was ich früher getan hab, das war Dienst an den Menschen. Laß deine Musik immer Gottesdienst sein, Louis! Mag dich die Mitwelt nicht verstehen, dich dunkel und unverständlich schelten: laß sie! Deine Zeit wird kommen, so gut wie die meine einmal kommen wird. Ob wir's erleben – was liegt daran! – Und weißt du, wer mir zu dieser Erkenntnis

verholfen hat? Sebastian Bach. Dir hat er schon früh ans Herz gegriffen, mir grad noch zur rechten Zeit. Der hat auch nicht nach rechts und links geschaut, hat nur an seinen Gott gedacht und nicht an die Menschen. Darum hat ihn seine Mitwelt nicht begriffen und ihn bald vergessen. Aber er lebt weiter, und einmal wird er aus der Vergessenheit auftauchen und wird die Jahrhunderte überdauern als der größte Genius aller Zeiten."
„Auch Sie, Herr Mozart! auch Sie!"
Mozart zog den Knaben an sich und küßte ihn auf die Stirn. –
„Du bist fast noch ein Kind, Louis; aber dein Glaube tröstet mich darüber, daß mich hier keiner versteht. Denk an mich, wenn du später den ‚Don Giovanni' hörst. Das wird der wahre, der allein wahre Mozart sein, der dann zu dir spricht. – Leb wohl, mein lieber Bub! Grüß mir deine gute Mutter! ich laß ihr von Herzen Besserung wünschen. Und sag ihr, sie darf stolz sein auf ihren Sohn!"

Sechzehntes Kapitel

Wie anders war die Abreise von Wien, als die Ankunft! Mit schwerem Herzen stieg Ludwig in den Postwagen. Die todkranke Mutter stand ihm vor der Seele, und Angst packte ihn bei dem Gedanken, er könnte vielleicht schon zu spät kommen. Wieder erklomm der Wagen die Höhe, von der aus Ludwig zum ersten Male Wien erblickt hatte. Heute war der Himmel grau, die Stadt von Nebel wie mit einem Leichentuch zugedeckt. Nur der riesige Stephansturm war sichtbar; in düsterm Schweigen wies er gen Himmel. Und plötzlich wußte Ludwig, er würde Mozart nie wiedersehen. Da überwältigte ihn der Schmerz.
Je näher er der Heimat kam, desto mehr drängten die Briefe seines Vaters, die ihn unterwegs erwarteten, seine Reise zu beschleunigen, denn mit der Mutter gehe es zu Ende. – Endlich rasselte der Wagen durch das Koblenzer Tor. In fliegender Hast eilte Ludwig nach Hause. Kein Mensch begegnete ihm, die Wohnzimmer waren leer. Leise öffnete er die Tür zu

seiner Mutter Schlafzimmer. Er erschrak aufs tiefste, als er sie erblickte. Das Gesicht war gelblichweiß, die Züge verfallen; keuchend hob und senkte sich die Brust, glasig starrten die Augen an die Decke. Erschüttert sank er an ihrem Bett in die Knie und bedeckte ihre fieberheiße Hand mit Küssen. Die Mutter sah ihn nicht. Nach einer Weile bewegten sich ihre trockenen Lippen. Ludwig griff rasch nach einem Glase Wasser, schob seine Linke unter ihren Kopf und gab ihr behutsam zu trinken. Aus gequälten Augen traf ihn ein dankbarer Blick. Und dieser Blick haftete auf ihm, tastete über Stirn, Nase, Mund, bohrte sich immer tiefer in seine Augen. Und wie die Sonne durch Morgennebel, so brach aus den umdämmerten Augen ein Strahl tiefer Freude. Nun war es mit Ludwigs Selbstbeherrschung zu Ende; fassungsloses Schluchzen durchbebte ihn. Das Gefühl, die Todkranke nicht aufregen zu dürfen, gab ihm endlich die Gewalt über sich zurück. Er nahm einen Stuhl und setzte sich an das Bett; der Mutter Hand hielt die seine fest umklammert; er fühlte das Jagen ihres Pulses. Ihr Blick ließ seine Augen nicht mehr los. So saß er lange, schweigend, und gab ihr das letzte Glück ihres armen Lebens.

Der wohlbekannte laute Tritt des Vaters ward nebenan hörbar; Ludwig erhob sich und ging zu ihm hinaus. Johann van Beethoven, der stark nach Wein duftete, brach in Tränen aus, als er seinen Ältesten wiedersah, und begann laut über den bevorstehenden Tod der Mutter zu jammern und ihre guten Eigenschaften zu preisen. Ludwig schnitt ihm das Wort ab. „Ich muß jetzt mit der Mutter allein sein; bitte sorg dafür, daß niemand kommt und stört."

Er kehrte zu der Sterbenden zurück. Ihre Augen waren auf die Tür geheftet, mit einem verzweifelten Ausdruck der Angst. Doch alles löste sich, als sie den Sohn erblickte. Nach einer Weile versuchte sie zu sprechen; aus ihrem abgerissenen Flüstern glaubte er den Namen Mozart herauszuhören.

„Mozart grüßt dich und wünscht dir – Genesung, Mutter!"
Ungläubig sah sie ihn an. Dann glitt ein Erröten über ihr wachsbleiches Gesicht, und sie lächelte –, ein beschämtes, mädchenhaftes, unsagbar zartes Lächeln.

„Er glaubt an meine Zukunft, Mutter! an mir würde er einmal einen Nachfolger haben."

Himmlisches Glück malte sich in den Zügen der Sterbenden. Sie hob den Kopf. – „Ich wußte es!" flüsterte sie. Dann sank sie zurück. Der Todeskampf begann. Ludwig kniete an ihrem Bett nieder und umklammerte ihre Hand. Noch einmal öffnete sie die brechenden Augen; sie schien noch etwas sagen zu wollen. Er beugte das Ohr dicht zu ihren Lippen. – „Geschwister!" flüsterte sie. – Ludwig konnte nicht mehr sprechen. Er drückte ihre Hand und nickte. Dann kam das Ende.

Da Johann van Beethoven gänzlich mittellos war, mußte Ludwig von dem Hofmusikus Ries ein Darlehen erbitten, um seiner Mutter ein würdiges Begräbnis zu bereiten. Viele Menschen folgten ihrem Sarge; die gute, stille Frau hatte überall Liebe und Achtung genossen.
Ein paar Tage danach kam Ludwig auf dem Marktplatz an dem Stand eines Trödlers vorbei. Sein Blick blieb auf einem schwarzseidenen Kleide hängen, das er zu kennen glaubte. Bei Gott, es war das Staatskleid seiner Mutter! Bebend vor Scham und Empörung eilte er nach Hause, durchwühlte seine Sachen nach irgendeinem Wertgegenstand. Mit einem Tauftaler, dem Geschenk seiner Patin, löste er das Kleid ein. Als er wieder heimkam, fand er seinen Vater stieren Blickes in einer Sofaecke sitzen; er war betrunken. Verachtung, Verzweiflung im Herzen, schloß Ludwig das Kleid in den Schrank und warf sich auf sein Bett. Großer Gott! dieser Vater! Und dann diese Brüder! Tief wesensfremd waren sie ihm; nichts, aber auch gar nichts hatte er mit ihnen gemein. Und doch – es waren die Kinder seiner Mutter! Daß Gott ihn selber so reich begabt hatte, vielleicht auf Kosten der Brüder – verpflichtete ihn das nicht, ihnen zu helfen, ihnen Vater und Mutter nach Kräften zu ersetzen?
„Ja, Mutter, ich will es versuchen. Aber schwer wird es sein!"
Er hatte die Brüder bei seiner Rückkehr völlig verwahrlost vorgefunden; sie waren faul, widerspenstig, verlogen, trieben sich den ganzen Tag planlos im Hause und auf der Gasse umher. Es galt also vor allem, sie nützlich zu beschäftigen. Karl, der jetzt fünfzehn Jahre alt war, hatte eine schönes musikalisches Talent und spielte schon recht gut Klavier. Auf dem

Wege mußte weitergegangen werden, und wenn er selber sich erst eine Stellung in der Welt errungen hatte, dann würde er den Bruder schon irgendwo versorgen. Der zwölfjährige Johann eignete sich vielleicht zu irgendeinem praktischen Beruf; es gelang Ludwig, ihn als Lehrling in der Hofapotheke unterzubringen, wo er wenigstens freie Verköstigung hatte. Die kleine, erst einjährige Schwester bedurfte weiblicher Pflege. Für sie, und zur Führung des Haushaltes, mußte eine ältere zuverlässige Frau angenommen werden; alles unter der Voraussetzung, daß der Vater ihm wieder, wie früher, an jedem Quartalsersten sein Gehalt abliefere. Vater Beethoven der seinem Ältesten nicht mehr in die Augen zu sehen wagte, war mit allem einverstanden.
Durch die Sorge um die Seinen war Ludwig eine Zeitlang so hingenommen, daß er nicht dazukam, an sich selber zu denken. Als aber alles geregelt war, da versagten ihm die Nerven. Mit neuer Gewalt packte ihn der Schmerz um den Verlust der Mutter. Seine geliebte Mutter, die einzige in der Familie, die er als zu sich gehörig empfunden, die einzige, die ihn lieb gehabt – was hatte ihr das Leben gebracht? Sorgen und Enttäuschungen, Krankheit und Schmerzen! Und was ihm immer als schönste Hoffnung vorgeschwebt hatte: sie später einmal zu entschädigen für alles, was sie entbehrt – wenn er groß und berühmt geworden, sie zu sich zu nehmen, sie zu hegen und zu pflegen und zu verwöhnen – auch diesen Trost hatte ihm das Schicksal nun genommen! – Er hatte sich auf der Rückreise erkältet und litt seitdem an einem hartnäckigen Husten. Plötzlich war es ihm klar: das konnte nur die Schwindsucht sein, die er von der Mutter geerbt. Immer fester grub sich dieser Gedanke bei ihm ein. Die Pflicht hielt ihn noch einige Zeit aufrecht; aber eines Morgens war er am Ende seiner Kräfte. Er konnte nicht aufstehen, kaum noch denken. Eine Art Erstarrung kam über ihn. Er hatte das Gefühl, wie wenn ein Gegner ihn nach hartem Kampf niedergeworfen habe und ihn nun festhielte an Händen und Füßen. Er suchte sich aufzurichten; umsonst. Eine Kraft hielt ihn nieder, die stärker war als er. – „Mein Schicksal hat mich gepackt." – Von diesem Gedanken kam er nicht los. – „Mein Schicksal hat mich gepackt. Dagegen gibt es kein Sichwehren; das Schicksal ist mächtiger als wir."

So lag er viele Stunden, ohne sich zu bewegen. Nachmittags kam Wegeler, den die erschrockene Haushälterin herbeigerufen hatte. Soeben erst mit Breunings von ihrem Landgut zurückgekehrt, hatte er Ludwig nach Wien noch nicht wiedergesehen. Es bedurfte seiner ganzen Überredungskunst, um den Freund von der Schwindsuchtsidee zu befreien. Am andern Tage stand Ludwig wieder auf, aber er hatte das Gefühl, statt seiner wandle ein Leichnam umher. Er schluckte sein Frühstück hinunter und ging aus, um irgendwo eine Lektion zu geben. Aber plötzlich fand er sich vor dem Hause am Münsterplatz, und schellte, und trat ein, und stand vor Frau von Breuning.
„Mein lieber, lieber Junge", begrüßte ihn die dunkle Stimme, die er so liebte, „was hast du alles durchgemacht! Und ich war fort, ahnte nichts! Als wir abreisten, fühlte sie sich ganz wohl! war so glücklich über deine Briefe aus Wien! – Still, Louis, weine nicht! Glaube mir, es ist das beste so! Es gab ja keine Hoffnung mehr. – Weine nicht, Kind! Ihr ist wohl. – Louis", setzte sie schüchtern und stockend hinzu, „laß mich von jetzt an deine Mutter sein!"
„Sie sind es ja schon längst", stammelte er unter Tränen. – Lange saßen sie noch, ohne viel zu sprechen. Und langsam kehrte der Friede in sein zerquältes Herz zurück.

*

Es dauerte nicht lange, und Ludwig hatte seinen alten Mut, seine alte Spannkraft wiedergewonnen. Nicht mehr fühlte er sich wehrlos dem Schicksal ausgeliefert; als ein ebenbürtiger Gegner stand er ihm gegenüber, entschlossen, den Kampf aufzunehmen, entschlossen, ihn zu gewinnen. Neidlos sagte er Wegeler Lebewohl, als der zur Vollendung seiner ärztlichen Ausbildung nach Wien abreiste; bald, in wenigen Monaten, würde er ihm ja folgen, wenn Mozart ihn wieder zu sich rief. Inzwischen ging er völlig in seinen alten und neuen Pflichten auf. Seinen Bruder Karl im Klavierspiel zu unterrichten, machte ihm anfangs viel Freude. Aber leider fehlte es jenem durchaus an Fleiß beim Üben, und mit Sorge dachte Ludwig daran, wie es wohl gehen würde, wenn er den Bruder nicht mehr beaufsichtigen könne. Ob und was der kleine Johann

in seiner Apotheke eigentlich lernte, darüber kam Ludwig nicht recht ins klare. So oft er sich nach ihm erkundigte, hieß es, ja, er sei geweckt und fasse gut auf; der rechte Ernst werde sich hoffentlich mit der Zeit noch einstellen.
Ja, der rechte Ernst! Daran fehlte es beiden; hätte er ihnen den nur beibringen können! Er versuchte es mit Güte, mit Strenge, mit Belohnungen, mit Strafen. Aber zum Erzieher hatte er kein Talent; er ließ sich oft zu Zornesausbrüchen hinreißen, wo Ruhe am Platz gewesen wäre. So wurde er den Brüdern bald lästig. Sie begannen, ihm einen stummen Widerstand entgegenzusetzen; und, was das Schlimmste war, der Vater bestärkte sie darin. Der konnte nicht darüber hinwegkommen, von seinem Ältesten gewissermaßen abgesetzt zu sein. So verlegte er sich nun darauf, die beiden Knaben gegen den älteren Bruder aufzuhetzen, alles, was er sagte und tat, gemeinsam mit ihnen zu kritisieren und schlecht zu machen. Wenn Ludwig davon auch nichts sah und hörte, – er fühlte es deutlich genug. Kam er einmal unvermutet ins Zimmer, so herrschte ein merkwürdiges Schweigen; Blicke wurden gewechselt, der Vater setzte seine Duldermiene auf, und in den Augen der Brüder war Trotz und leiser Hohn. Ludwig war manchmal ganz verzweifelt. Und doch – es waren nun einmal seine Brüder!
Wieder griff der Tod in die Familie ein; die kleine Schwester starb, von der Ludwig gehofft hatte, sie würde ihm später einmal als verjüngtes Abbild seiner Mutter deren Verlust tragen helfen. Nun fühlte er sich zu Hause ganz einsam.
So kam der November und mit ihm die Nachricht von dem ungeheuren Erfolg des ‚Don Giovanni' in Prag, unter des Meisters eigener Leitung. Ein paar Wochen darauf hielt Ludwig einen Brief Mozarts in der Hand: er sei wieder in Wien und für ihn bereit.
Ein Widerstreit der Gefühle: endlich, endlich sollte er sich zu dem entwickeln, wozu er berufen war, sollte aus dem Lehrling ein Meister werden, von dem größten lebenden Musiker die Weihen empfangen! Herauskommen aus diesem Zustande des Stockens, wo alles in ihm nach Fortentwicklung lechzte; heraus auch aus den kaum noch ertragbaren häuslichen Verhältnissen, die ihn allmählich beinah zu lähmen drohten. Doch – was sollte aus den Brüdern werden, wenn er fortging? Sie

würden verkommen und verlumpen, das erschien ihm unabwendbar. Er sah die brechenden Augen seiner Mutter, er hörte ihr letztes geflüstertes Wort: „Geschwister", er fühlte ihre Hand zum letztenmal in der seinen. – Nein! So schwer es ihm auch wurde, er durfte jetzt nicht gehen, er mußte bleiben.
Es klopfte, Neefe trat ein, über das ganze Gesicht strahlend: „Louis! Was hat mir denn der Kurfürst erzählt! Mozart will dich wieder haben! Und du darfst reisen! Morgen schon, wenn du willst!"
Ludwig nickte traurig vor sich hin.
„Ja, Herr Neefe, aber ich kann nicht. Ich muß bei meinen Brüdern bleiben."
Sein Lehrer geriet in ehrliche Wut: „Louis! Bist du denn ganz von Gott verlassen? Das darfst du nicht! Das kannst du nicht verantworten! Du mußt doch vorwärtskommen in deiner Kunst, und hier kann dich niemand mehr was lehren, das weißt du doch selber ganz genau! Jetzt sei mal vernünftig, stoß dein Glück nicht von dir, und pack deinen Koffer!"
„Wenn ich fortgehe, dann verkommen meine Brüder!"
„Warum denn, um Gottes willen? Ihr habt doch 'ne ganz tüchtige Haushälterin!"
„Sie brauchen aber eine feste Hand über sich!"
„Louis! Jetzt hör mal zu. Überleg mal, was deine Brüder sind, was in ihnen steckt, und vergleich sie mal mit dir, und was in dir steckt. Auf wen kommt es mehr an: auf deine Brüder oder auf dich?"
„Herr Neefe, als meine Mutter starb, da hat sie mir die Geschwister ans Herz gelegt. Ich hab ihr versprochen, für sie zu sorgen, und ich werde mein Versprechen halten. Sie brauchen nicht weiter davon zu reden."
Neefe setzte sich und legte die Hand vor die Augen. „Ach Gott nee, ach Gott nee!" jammerte er.
„Herr Neefe, was hat denn Gellert Sie gelehrt? Und was haben Sie mich gelehrt? ‚Bemühe dich, eine deutliche Erkenntnis deiner Pflicht zu erlangen!' Gut! M e i n e Pflicht ist, zu halten, was ich meiner Mutter versprochen habe."
Neefe stand auf und umarmte Ludwig fest und herzlich: „Du hast recht, Ludwig! Und ich bin nun doppelt stolz auf dich! Mein lieber, braver, tüchtiger Kerl! Und nun laß mal den

Kopf nicht hängen! Aufgeschoben ist nicht aufgehoben, und Mozart läuft dir nicht davon. Wenn ich mir's recht überlege – vielleicht ist das Unglück gar nicht so groß! Du bist ja noch so jung! In ein paar Jahren wirst du vielleicht mehr von Mozart haben als jetzt, wo du ihm geistig noch nicht so gewachsen bist. Versteh mich nicht falsch! Ich weiß genau, was in dir steckt. Trotzdem: überlegen, wie er dir jetzt noch ist, würde er dich am Ende gar erdrücken, würde einen zweiten Mozart aus dir machen; und, Gott verzeih mir die Sünde, dazu bist du mir zu schade! Du sollst kein zweiter Mozart werden, du sollst ein Beethoven werden! – Und mit dem Kontrapunkt hat es in ein, zwei Jahren auch noch Zeit! Der Musiker besteht nicht nur aus Kontrapunkt! Es gibt Dinge, die sind noch viel, viel wichtiger! Bilde deinen ganzen Menschen aus! Deinen Geist und dein Herz! Drille dich nicht auf Musik allein, das hab ich dir schon immer gesagt. Werde ein ganzer Mensch! Wenn Einer das Zeug dazu hat, dann bist du es! – Und dann, Louis: du bist jetzt der Rückhalt deiner Familie! Das ist etwas Großes! Du hältst deine Brüder über Wasser, bis sie schwimmen können. Du bist ihnen ein Vorbild dafür, was es heißt, seine Pflicht zu erfüllen; sie haben solch ein Beispiel bitter nötig.

Glaub mir, Louis: wenn du auch ein paar Jahre so dahinleben solltest, ohne technisch viel Fortschritte zu machen – die Zeit wird nicht verloren sein. Sie wird dem Menschen in dir zugute kommen, und deshalb auch dem Künstler. Nur ein ganzer, echter Mensch kann ein rechter Künstler werden. Je mehr du jetzt Schweres durchmachst, desto mehr wirst du gewinnen. Denn was du einst der Menschheit zu sagen haben wirst, das wird nicht sein: Tonspiel um des Tonspieles willen. Das wird sein: Leben der Seele aus tiefstem Grunde! höchste Freude und tiefstes Leid, und Überwinden des Leides durch die Kraft deines Charakters."

Er schwieg eine Weile. „Und in ein paar Jährchen", fuhr er heiter fort, „da sind deine Brüder inzwischen älter geworden und hoffentlich auf dem rechten Wege; und dann geht mein Louis noch einmal zu Mozart! Bis dahin: arbeite! Spiel die großen Meister! Bring mir, was du komponiert hast. Lies jeden Tag eine Stunde lang in einem guten Buch. Sorg daneben auch für deine Gesundheit. Und paß auf, Louis, du

wirst sehen, man kann auch in Bonn leben und vorwärts kommen."
Nun mußte Ludwig doch lachen. „Wieviel Stunden müßte der Tag wohl haben, wenn ich das alles tun soll? Na, wenigstens fällt das Komponieren weg, damit ist es vorläufig aus."
Neefe glaubte, nicht recht gehört zu haben. „Was? Mit dem Komponieren ist es vorläufig aus?"
„Ja. Und daran ist Mozart schuld. Ich weiß jetzt, was es bedeutet, Komponist zu sein. Wenn ich dran denke, was ich bisher gemacht habe, dann möcht ich den ganzen Kram am liebsten in den Ofen stecken."
„Du bist wohl verrückt!" schrie Neefe. „Die Klavierquartette wohl am Ende auch? Gerade wollt ich dir noch sagen, du sollst sie stechen lassen; die Verleger werden sich drum reißen."
„Ich denke gar nicht daran. Nein, Herr Neefe, jetzt will ich erst einmal tüchtig arbeiten; und wenn ich ein paar Jahre älter geworden bin, dann geht es vielleicht wieder. mal ans Komponieren."
„Du wirst das Komponieren gar nicht lassen k ö n n e n , und wenn du's bei allen Teufeln verschwörst."
„Wir werden's ja sehen, Herr Neefe."

SIEBZEHNTES KAPITEL

Als Ludwig einmal vom Stundengeben nach Hause kam und sein Zimmer betrat, wollte er seinen Augen nicht trauen. Sein altes Klavichord war verschwunden; statt dessen stand da ein großer Flügel, ein ganz neues Hammerklavier von Stein in Augsburg. Er schlug ein paar Akkorde an; der Ton war herrlich, stark und doch weich. Er spielte eine chromatische Tonleiter über die ganze Klaviatur; ein Ton kam wie der andere; da gab es kein Scheppern, kein Ausbleiben einer Taste, kein Nachklingen. Nun setzte er sich hin und begann ein Mozartsches Konzert. Er war so vertieft, daß er nicht bemerkte, wie sich die Tür leise öffnete, sein Vater auf der Bildfläche erschien und andächtig zuhörte. Endlich gewahrte er ihn und sprang auf.

„Ja, Vater, wo kommt denn der Flügel her? Soll der mir gehören?" – Johann lächelte geheimnisvoll. – „Geschenkt? Mir geschenkt? Aber von wem?" – „Er fängt mit einem W an." – „Waldstein?" – Sein Vater nickte.
Im Nu war Ludwig aus dem Zimmer und lief zum Grafen. – „Für mich? Wirklich für mich?" – Mehr brachte er nicht heraus.
„Purer Egoismus, lieber Louis. Wenn Sie mir auf Ihrem alten Kasten vorspielten, hab ich schon längst gedacht: wie muß das erst auf einem Flügel klingen! Sollt ich mir den Genuß nicht gönnen? Also bitte! Nix zu danken! I c h bin der Empfangende."

*

Ludwigs Verhältnis zur Breuningschen Familie hatte sich seit dem Tode seiner Mutter noch inniger gestaltet. Frau von Breuning war ihm wirklich eine zweite Mutter geworden. Mit dem um vier Jahre jüngeren Steffen, der sich zu einem tüchtigen Geiger entwickelte, musizierte er gern; für ihn und für seinen kleinen Schüler Lenz empfand er eine gradezu zärtliche Liebe; und Christoph, unter den drei Söhnen ihm dem Alter nach am nächsten, war ihm ein guter Kamerad, wenn auch bei ihm das musikalische Band fehlte.
Eleonore war zu einem feinen schlanken Mädchen von siebzehn Jahren herangewachsen. Man konnte sie nicht eigentlich schön nennen, aber Anmut und Grazie machten sie anziehender als manche anerkannte Schönheit; ihre reinen Züge spiegelten Adel der Gesinnung, Klugheit und Güte wider. Nach seiner Rückkehr von Wien hatte Ludwig es nun an der Zeit gefunden, das trauliche Du durch das formellere Sie zu ersetzen; aber die geschwisterliche Herzlichkeit zwischen ihnen war geblieben, und seit Wegelers Abreise hatte Eleonore sich noch enger an Ludwig angeschlossen. Sie hatte in der letzten Zeit etwas in Wegelers Augen gelesen, das sie unruhig machte, sie wußte nicht, warum. Sollte er verliebt sein? Ach, das wäre entsetzlich! Sie hatte sich doch vorgenommen, niemals zu heiraten, sich nie von ihrer Mutter zu trennen. Bei Ludwig brauchte sie nach ihrer Meinung solche Gefühle nicht zu befürchten; der würde immer andre Dinge im Kopf haben: seine Kunst, die Sorge um seine Familie; auf den konnte sie sich verlassen wie auf einen Bruder.

Ganz so unbefangen, wie sie meinte, vermochte sich der nun Siebzehnjährige freilich nicht mehr zu ihr zu stellen. Er sah wohl, wie harmlos schwesterlich sie sich gab, nur den treuen guten Freund in ihm erblickte, den fördernden Lehrer, den Künstler, dessen Spiel sie bewunderte. Aber es überlief ihn doch ein seltsames Gefühl, wenn sie sich einmal in selbstverständlicher Vertraulichkeit an ihn lehnte, oder ihm mit ihren schlanken Fingern durch das Haar fuhr, wenn es gar zu widerspenstig von ihm wegstrebte; wie sie einmal bei Tisch versehentlich aus seinem Glase trank, und als sie die Verwechslung bemerkte, es ihm mit einer ruhigen Entschuldigung zuschob. Er schalt sich dann im stillen selber aus wegen seiner Unmännlichkeit, wie er das Gefühl nannte, das ihm bei solchen Anlässen das Herz rascher schlagen machte. Nein, Lorchen sollte ihm die schwesterliche Freundin sein und bleiben.
Seine Beziehungen zu den Breunings und der Unterricht in einigen vornehmen Familien brachten es mit sich, daß Ludwig auch zu gesellschaftlichem Verkehr in diesen Kreisen aufgefordert wurde. Er sträubte sich lange dagegen. Erst auf Frau von Breunings dringendes Zureden gab er nach. Sie fand es einfach notwendig für seine Erziehung, daß ihm der Ton und die Formen der großen Welt geläufig würden; auch wollten ihr solche gesellschaftlichen Verbindungen für sein Fortkommen als Künstler unentbehrlich erscheinen. So tat Ludwig ihr endlich den Willen; aber wohl fühlte er sich nicht dabei. Er hatte immer das bestimmte Gefühl, daß diese vornehmen Leute ihn nur deshalb in ihre Kreise zögen, damit er durch sein Klavierspiel ihre Geselligkeit verschönere, daß er ihnen aber als Mensch vollkommen gleichgültig sei.
Frau von Breuning selber hatte sich seit dem Tode ihres Mannes vom gesellschaftlichen Leben zurückgezogen und war ganz in der Erziehung ihrer Kinder aufgegangen. Als nun Eleonore ihr siebzehntes Jahr vollendet hatte, hielt ihre Mutter sich doch für verpflichtet, einigen Verkehr wieder aufzunehmen. Zu ihrer ersten großen Gesellschaft war selbstverständlich auch Ludwig geladen. – Er hatte eine Ahnung, als ob dieser Abend ihm etwas Schönes zerstören würde. Die fast religiöse Verehrung, die er für seine Mutter gehegt, war nach deren Tode auf Frau von Breuning übergegangen; wie zu einer Heiligen sah er zu ihr auf. Sie sich in Gesellschafts-

toilette vorzustellen, war ihm fast unmöglich. Zu denken, daß sie sich zwischen ihren Gästen wie unter ihresgleichen bewegen sollte, kam ihm wie eine Entweihung vor. Und Lorchen, dieses liebe, reine Geschöpf – er mochte den Gedanken nicht zu Ende denken, wenn er sich der jungen Damen aus der Bonner Aristokratie mit ihren dekolletierten Busen, ihren koketten Blicken, ihrer nichtigen Vergnügtheit erinnerte. Doch er wußte keinen Vorwand, die Einladung auszuschlagen. So kam der Abend heran.
Als Ludwig das ihm so vertraute Musikzimmer betrat, erkannte er es kaum wieder. Die meisten Möbel waren entfernt, Stuhlreihen aufgestellt; überall brannten Kerzen. Frau von Breuning und Lorchen mit kunstvoll aufgetürmten Frisuren, in ausgeschnittenen Kleidern, blitzendes Geschmeide an Hals und Armen, kamen ihm ganz fremd vor. Eine Menge vornehmer Damen und Herren war versammelt; alles schimmerte von Seide und Juwelen; Plaudern und Lachen erfüllte die Luft. – Frau von Breuning stellte ihn ihren Gästen vor. Er verbeugte sich einmal um das andere, traf auf gleichgültige oder erstaunte, ja ablehnende Blicke und fühlte sich so unbehaglich wie möglich. Lorchen war bald von einem Kreis junger Herren umringt, die ihr Komplimente sagten, und es verstimmte Ludwig, daß sie sich ganz wohl dabei zu fühlen schien. Schließlich stand er einsam in einer Ecke und hörte dem Geplauder einiger Herren in seiner Nähe zu. Man sprach vom Wetter, von Pferden, machte Bemerkungen über die Toiletten der Damen, kritisierte ein zu tiefes Dekolleté. Er wechselte seinen Platz und näherte sich einer andern Gruppe. Überall dasselbe: flache, banale Unterhaltung, Wortwitze ohne Geist, Klatsch über den lieben Nächsten, das war die Unterhaltung dieser Oberschicht der Gesellschaft. Und all das in seinem Musikzimmer, wo er die schönsten Stunden seines jungen Lebens verbracht hatte!
Plötzlich hörte er sich angerufen: Eleonore stand vor ihm.
„Warum halten Sie sich so abseits, Louis?"
„Ach, Lorchen, es ist alles so entsetzlich!"
Sie lachte ein paar leise Töne. – „Da machen Sie uns ja ein schönes Kompliment, Louis! Hoffentlich denken nicht alle so wie Sie!"
„Hab ich denn nicht recht, Lorchen?"

Sie sah ihn eine Weile ernsthaft an. – „Vielleicht haben Sie recht, Louis."
„Na, Gott sei Dank! Es schien mir vorhin, als fühlten Sie sich recht wohl in dieser Gesellschaft."
„Ich will nicht einmal behaupten, daß es nicht der Fall ist", entgegnete sie. „Sie müssen die Leute erst näher kennenlernen."
„Ach, ich hab wirklich kein Verlangen danach. Nehmen Sie es mir übel, wenn ich bald verschwinde?"
„Allerdings! Sie müssen uns nachher etwas spielen!"
„Vor d e m Publikum?"
„Louis, tun Sie's mir zuliebe! Aber jetzt kommen Sie einmal her, leisten Sie mir ein wenig Gesellschaft!" – Sie schob ihren Arm in den seinen und führte ihn zu dem Kreis junger Kavaliere, den sie soeben verlassen hatte.
„Hier bringe ich Ihnen Herrn van Beethoven als Zeugen für das, was ich vorhin sagte. Nicht wahr, Louis, die Wiener Aristokratie ist nicht so exklusiv wie die Bonner, die nur mit ihresgleichen verkehren mag?"
„Allerdings nicht", entgegnete er. „Wer etwas ist und etwas kann, wird dort mit offenen Armen aufgenommen."
„Darf ich fragen", meinte einer der Herren ziemlich von oben herab, „wie Sie Gelegenheit hatten, das festzustellen?"
„Ich habe monatelang beim Fürsten Lichnowski in Wien gewohnt, Herr –"
„Graf Gönnersdorf", sagte Eleonore, da der andere es nicht für nötig hielt, seinen Namen zu nennen.
„Beim Fürsten Lichnowski haben Sie gewohnt?" fragte der Graf mit einem etwas spöttischen Lächeln. „Als – was, wenn ich fragen darf?"
„Als Gast?"
„Merkwürdig!" meinte der andere. „Nun, wenn Ihre Feststellung richtig sein sollte, so wäre das eben nur ein trauriges Zeichen der Décadence, und woher das in Wien dann käme, läßt sich ja leicht denken. Natürlich nur von diesem freigeistigen Kaiser. Der hohe Herr ist offenbar blind und taub für die warnenden Symptome, die von Frankreich her doch wirklich zahlreich genug vorliegen. Dort sitzt ein unfähiger König auf dem Throne Ludwigs des Vierzehnten und sieht zu, wie das Volk immer prätentiöser und insolenter wird."

„Wir leben aber doch nicht in Frankreich, Herr Graf!" rief Eleonore.
„Wir Deutsche sollten uns aber an Frankreich ein warnendes Beispiel nehmen! Hebt die Canaille den Nacken, nur immer fester den Fuß darauf gesetzt! Freisinn? Gleichberechtigung des Volkes? Einfach lächerlich! Und wenn Joseph der Zweite da versagt, dann sollte der Adel in die Bresche springen und nur desto fester zusammenhalten!"
„Mein lieber Graf", sagte Waldstein, der jetzt an den kleinen Kreis herangetreten war, „wollen Sie etwa behaupten, die sozialen Zustände in Frankreich, aber auch bei uns in Deutschland, wären ideal?"
„Ich habe mich bisher in meiner Haut noch recht wohlgefühlt", meinte Graf Gönnersdorf.
„Ja, Sie vielleicht. Aber fragen Sie mal die Bauern, die Bürger, was die dazu sagen."
„Daran habe ich wirklich kein Interesse, mein verehrter Graf Waldstein. Und daß Sie sich zum Anwalt der Bauern und Bürger aufwerfen, – nun, jeder nach seinem Gusto. In Wien mag das Mode sein; bei uns am Rhein ist es Gott sei Dank noch nicht Mode, wenigstens nicht in unseren Kreisen."
„Und doch wird es eines Tages notwendig sein, Graf Gönnersdorf! Wenn's im Keller brennt, stopft man dann Tür und Fenster zu? Nein, man löscht, entzieht dem Feuer seine Nahrung, sonst steht plötzlich das ganze Haus in Flammen!"
„Und wie verstehen Sie das Löschen?"
„Dem Volk den Grund zur Unzufriedenheit nehmen, ihm menschenwürdige Verhältnisse schaffen, in denen es leben kann und nicht nur vegetieren!"
„Ich glaube, wir lassen dieses Thema fallen", meinte Graf Gönnersdorf. „Wie ist es denn, mein gnädigstes Fräulein", wandte er sich an Eleonore, „Sie haben uns doch vorhin Hoffnung auf einen musikalischen Genuß gemacht, den uns Ihre schönen Finger bereiten sollten. Wäre es unbescheiden, wenn ich Sie bäte, Ihre Verheißung wahr zu machen?"
„Wenn der Meister anwesend ist, kommt mir das nicht zu", lächelte Eleonore. „Herr van Beethoven ist vielleicht so freundlich?"
Ludwig fühlte, daß er nicht Nein sagen durfte.
„Wenn Sie es wünschen! Ich fürchte freilich, die Gesellschaft

zu langweilen." – Man beteuerte das Gegenteil. Lorchen wechselte rasch ein paar Worte mit ihrer Mutter.
„Meine Herrschaften", rief Frau von Breuning, „Herr van Beethoven will die Güte haben, uns zu spielen. Was soll es sein, Louis?"
Ludwig dachte einen Augenblick nach. Graf Gönnersdorf lächelte ironisch: der hat sich natürlich längst vorbereitet.
„Bestimmen Sie, Lorchen!" sagte Ludwig.
„Vielleicht die C-Moll-Phantasie von Mozart?"
Er warf ihr einen etwas schmerzlichen Blick zu. Schade für das herrliche Werk, vor diesen Ohren zu erklingen. Aber er mochte sich nicht weigern. – So setzte er sich ans Klavier, und auch die Gesellschaft nahm Platz. Aber das Schwatzen hörte noch nicht auf. Ludwig ließ die schon erhobenen Hände wieder sinken und wartete ergeben, bis Stille eingetreten war. Dann begann er. – Die C-Moll-Phantasie war sein Lieblingsstück, und er spielte sie herrlich; die Einleitung mit wahrhafter Größe, den himmlisch schönen D-Dur-Satz mit süßer Anmut.
Plötzlich glaubte er leises Sprechen zu vernehmen. Er blickte auf –, richtig, sein Gegenüber von vorhin schwatzte mit einer jungen Dame. Ludwig schoß das Blut ins Gesicht; eine drohende Falte bildete sich auf seiner Stirn. Er hemmte plötzlich das Tempo, in der naiven Hoffnung, dem Störer damit gewissermaßen einen musikalischen Rippenstoß versetzen zu können. Es war umsonst. Da faßte ihn eine rasende Wut. Mit einem grellen Akkord hörte er mitten im Satz auf, erhob sich und sagte:
„Wenn Herr Graf Gönnersdorf seine Unterhaltung beendet haben wird, dann werde ich weiterspielen."
Der Graf stand auf und trat ein paar Schritte auf Ludwig zu.
„Das ist ein Affront, junger Mann, und wenn ich einem Kavalier gegenüberstände, so wüßte ich, was ich jetzt zu sagen hätte. Mit Ihresgleichen fehlt mir aber leider jegliche Erfahrung."
„Dann ist es wohl das beste", entgegnete Ludwig mit bebenden Lippen, „daß ich Sie von meiner Gegenwart befreie." – Und ohne Gruß verließ er das Zimmer. Ein peinliches Schweigen folgte.
Frau von Breuning stand auf und ging Ludwig nach.

Waldstein trat auf den Grafen Gönnersdorf zu und nötigte ihn in eine Ecke.
„Der junge Mann, der uns soeben verlassen hat", sagte er leise, „i s t ein Kavalier, und hier steht ein anderer Kavalier an seiner Stelle. Ich bitte Sie also, zu sagen, was Sie zu sagen haben."
Der andere wechselte die Farbe. – „Mein Herr Graf Waldstein, wenn Sie das Benehmen dieses jungen Mannes verteidigen wollen, so habe ich auch Ihnen nichts zu sagen."
„Vielleicht besinnen Sie sich bis morgen eines andern", entgegnete Waldstein. „Sie wissen ja, wo ich zu finden bin."
„Louis", sagte Frau von Breuning, „ich hätte viel mit dir zu reden. Du hattest recht und hattest unrecht. Geh jetzt nach Hause und komm morgen wieder! Versprichst du mir's?"
Ludwig küßte ihre Hand und ging. Draußen vor dem Hause blieb er stehen und blickte nach den erleuchteten Fenstern. Die Kränkung, die er erlitten hatte, war ihm gleichgültig; solch kostümierter Affe konnte ihn nicht beleidigen. Aber daß Frau von Breuning ihn nicht zurückgehalten, den andern nicht hinausgewiesen hatte, das erfüllte ihn mit einer dumpfen Traurigkeit. Etwas war zerrissen, etwas Heiliges herabgezogen.
Mitternacht war längst vorüber, die letzten Gäste hatten sich verabschiedet, die Kerzen in den Gesellschaftsräumen waren gelöscht.
„Gute Nacht, Lorchen!" sagte Frau von Breuning. „Steh morgen eine Stunde später auf. Hast du dich gut unterhalten, Kindchen?"
Eleonore stürzte ihrer Mutter an die Brust und brach in Tränen aus.
„Lorchen! Was ist dir denn?"
„Der arme Louis! Daß ihm das grade bei uns widerfahren mußte! Beleidigt zu werden von einem Menschen, der so tief unter ihm steht! Sich nicht wehren können, weil er noch so jung und unerfahren ist! Und er hatte doch recht!"
„Nein, Lorchen, er hatte nicht recht. Wir wollen morgen weiter darüber reden; ich bin sehr müde. Schlaf wohl, mein Kind!"

*

Am nächsten Tage stand Ludwig vor Frau von Breuning. „Sind Sie mir nicht böse?" fragte er, ganz erstaunt, daß er genauso herzlich wie immer empfangen wurde.

„Ach, keine Spur, Louis. Man hatte dich gereizt. Aber du hättest dich beherrschen und weiterspielen müssen."

„Ich konnte aber nicht!" rief er heftig. „Die C-Moll-Phantasie ist etwas Heiliges! Ich hätte sie ja zum Unterhaltungsstück degradiert!"

„Lieber guter Louis, diesem Grafen Soundso ist eben Mozart und seine Musik nichts Heiliges, und das kannst du auch gar nicht verlangen. Die Zurechtweisung, die du ihm erteilt hast, war zu stark; so etwas erlaubt unsere Gesellschaft nicht; du mußt dich ihren Gesetzen fügen, wenn du in ihr verkehren willst."

„Ich will ja gar nicht! S i e wollen es, S i e zwingen mich dazu! Ach, Frau von Breuning, lassen Sie mich doch in Ruhe! Ich will ja gar nichts von der Gesellschaft! Ich brauche sie nicht, ich werde mich auch ohne sie durchsetzen!"

„Mein guter Louis, wie wolltest du das wohl anfangen! Hast du vor, irgendwo als Organist dein Leben zu verbringen? Als freier Künstler wirst du auf die Protektion der Gesellschaft angewiesen sein. Mach dir doch dein Leben nicht selber unnötig schwer! – Und ganz so schlecht, wie du glaubst, ist die Gesellschaft wirklich nicht!"

„Ein Nichts ist sie! Ein hohles, aufgeblasenes Ding! Sie erinnert mich an irgendeine Salonkomposition, mit Figuren und Schnörkeln und Trillern überladen; aber wenn man näher zusieht, dann bleibt nichts als ein klägliches Gestümper, das zu spielen ich mich schämen würde! Geistreichtum ohne Geist, – Achtung vor nichts, – nicht vor der Religion, nicht vor dem Recht, nicht vor der Kunst! Alles nur spielerisch, – als ob die Welt nur zum Amüsement geschaffen wäre! Verweichlicht alles, niemand ernst, niemand männlich! Dabei alles von einer unerhörten Einbildung – auf was eigentlich? Die Männer auf ihren Titel –, daß sie sich als Planeten um die kurfürstliche Sonne drehen dürfen; die Frauen auf den Titel ihrer Männer, auf ihre Toiletten, ihren Schmuck. Die jungen Mädchen – ach, ich schäme mich, darüber zu reden! Und dabei diese alberne Verachtung alles Bürgerlichen! Ja, ist denn das recht? Ist das nicht alles verkehrt und ungesund?

Diese ganze Gesellschaft tanzt auf einem Vulkan und lacht und amüsiert sich, und eines Tages wird der Vulkan ausbrechen und sie in Glut und Rauch ersticken!"
„Louis, manches, was du sagst, ist richtig. Unsere Gesellschaft ist nicht so, wie sie sein sollte. Aber wir beiden können nichts daran ändern. Der Geist der Zeit spiegelt sich in ihr, und es hat keinen Zweck, daß ein einzelner sich dagegen stemmt. Dazu braucht es andere Mächte, und ich fürchte, drüben über der Grenze wird dein Vulkan eines Tages zum Ausbruch kommen. Das wird uns in Deutschland hoffentlich eine heilsame Lehre sein. Inzwischen müssen wir die Gesellschaft nehmen, wie sie einmal ist. Glaub mir, Louis, mir wäre auch wohler, wenn ich, wie bisher, weiter so still und zurückgezogen leben könnte und mich um niemand zu kümmern brauchte. Aber auf die Dauer geht das eben nicht; meine Kinder würden es mir später einmal mit Recht vorwerfen. Man darf sich nicht in einen Schmollwinkel zurückziehen und dem Leben den Rücken kehren. Ich fände das nicht einmal besonders ehrenhaft; ich würde eine gewisse Feigheit darin sehen, besonders bei einem jungen Mann wie du. Nein, Louis, stürz dich lieber mitten hinein! Daß du alles schön und gut finden sollst, das verlang ich ja gar nicht. Im Gegenteil, halt deine Augen offen und sieh dir deine Mitmenschen kritisch an. Und dann wirst du unter dieser Gesellschaft, die du jetzt in Bausch und Bogen verurteilst, doch auch manchen guten Menschen finden. Denen such dich zu nähern; ich bin sicher, du wirst mit offenen Armen aufgenommen. Hast du immer noch nicht beim Hofkammerrat von Mastiaux Besuch gemacht? Nein? Dann tu es doch nun! Dann beim Minister von Waldenfels, beim Obriststallmeister Graf Westerholt, bei der Gräfin Hatzfeld. Das sind alles große Musikenthusiasten, und dabei gute, brave Leute, lieber Louis, die dich gern bei sich sehen würden. Übrigens, fast hätt ich's vergessen, du sollst Amalie von Mastiaux unterrichten; nun geh doch endlich einmal hin!"
„Wird Graf Gönnersdorf weiter bei Ihnen verkehren?"
„Ich hab ihm geschrieben, unser hauptsächlich auf Musik gestimmtes Haus dürfte wohl keinen besonderen Reiz für ihn haben. – Na, nun lacht der Bengel wenigstens wieder!" –
Als Ludwig den Vorsaal durchschritt, rief ihn Eleonore zu sich in ihr Zimmer.

„Louis", sagte sie, und über ihr Gesicht zog eine leise Röte. „Sie sind in unserm Hause beleidigt worden, und ich war die Veranlassung, denn ich habe Sie zum Spielen aufgefordert. Dafür bin ich Ihnen Genugtuung schuldig. Ich muß es tun. Sie werden sich nichts Dummes einbilden."
Und entschlossen, in mädchenhaftem Heroismus, drückte sie einen festen Kuß auf seine Wange.
„So, jetzt ist alles ausgelöscht. Und daß Sie uns tausendmal lieber sind als diese ganze alberne Gesellschaft, das wissen Sie."
„Liebes Lorchen!" sagte Ludwig, „ich danke Ihnen!"
Eleonore stand am Fenster und sah ihm nach, als er das Haus verließ. Dann trat sie vor den Spiegel und betrachtete sich eine Weile. Plötzlich brach sie in Tränen aus.

ACHTZEHNTES KAPITEL

Der alte Hofkammerrat von Mastiaux war ein leidenschaftlicher Musikfreund. Er besaß eine Instrumentensammlung, die aus sieben Flügeln und fast sämtlichen Orchesterinstrumenten bestand, darunter sechs kostbaren altitalienischen Geigen. Im Winter veranstaltete er in seinem großen Musiksaal allwöchentlich Konzerte, zu denen jeder Musikliebhaber, ob einheimisch oder fremd, ein für allemal geladen war. Er war ein fanatischer Bewunderer Joseph Haydns, von dem er über achtzig Symphonien in Partitur besaß; ihn stellte er über alle andern Meister, Bach und Mozart nicht ausgenommen. Ludwig empfand das als Übertreibung; doch wurde die Begeisterung des alten Herrn ihm Anlaß, nun auch Haydn aufs gründlichste zu studieren. Freilich, so nah wie Mozarts Kunst wollte ihm die Haydnsche nicht kommen. Bei Mozart hatte er immer wieder die Empfindung, als wäre ihm seine Musik von der Gottheit selber eingegeben, die sich seiner nur als eines Mittlers zwischen ihr und den Menschen bediene. Haydn gegenüber konnte von solchem Gefühl keine Rede sein. Der stand mit beiden Füßen auf der Erde und wandte seine Augen nur selten zu den Sternen empor. Aber dieser menschliche Mensch war rein und echt, heiter und gütig, dabei nicht

ohne männliche Leidenschaft. Er sprühte oft von Witz und Laune, und doch wurde sein Frohsinn niemals zu oberflächlicher Lustigkeit, blieb immer der echte Ausdruck seines ausgeglichenen harmonischen Charakters, der die wundervolle Gabe mit auf die Welt bekommen hatte, Menschen und Leben mit überlegenem Humor zu betrachten. Mit diesem glücklichen Naturell vereinigte sich nun – auch in seinen ausgelassensten Sätzen – ein zäh festhaltender künstlerischer Ernst und Formwille. Seine thematische Arbeit, voller Geist und Phantasie, wurde doch zugleich an exakter Sauberkeit von keinem andern überboten, und Ludwig begriff, daß er gerade hierin von Haydn unendlich viel lernen könne.
Noch ein anderer Weg zu seiner musikalischen Weiterbildung eröffnete sich ihm jetzt. Nachdem Kurfürst Max Franz die Finanzen seines Landes in Ordnung gebracht und Verwaltung und Bildungswesen in fähige Hände gelegt hatte, glaubte er, sich endlich seinen Herzenswunsch erfüllen zu dürfen: den Wunsch nach einem eigenen Theater. Eine Reihe zum Teil vorzüglicher Sänger und Schauspieler wurden engagiert. Zum Regisseur wurde Neefe ernannt; dabei durfte er sein Organistenamt beibehalten, so daß sein Einkommen fast wieder die frühere Höhe erreichte. Neefe war die theaterlose Zeit entsetzlich öde vorgekommen; jetzt war er wieder in seinem Element. Auch sattelte er wieder seinen Pegasus, um Opterntexte ins Deutsche zu übertragen, und machte sich zunächst an den Don Giovanni, von dem es eine deutsche Übersetzung noch nicht gab.
„Hör mal, Louis", sagte Neefe eines Tages, „jetzt weiß ich, warum der liebe Gott uns damals so 'nen bösen Strich durch unsere Rechnung gemacht und dich aus Wien sobald zurückbefördert hat. Du mußt ins Orchester! Das hättest du in Wien nicht gehabt. In ein paar Jährchen wirst du sowieso anfangen, Symphonien zu schreiben. Da gibt's nicht Bessres, als daß du dich mitten hineinsetzest und Geige spielst; auf diese Weise lernst du ganz von selber fürs Orchester schreiben." – Ludwig mußte lachen. „Herr Neefe, ich kratze ja ein erbärmliches Zeug zusammen!"
„Ä gar, so schlimm wird's nicht sein; kratz mir gleich mal was vor!" – Und er langte seine Geige von der Wand, stimmte und reichte sie Ludwig. Der begann zu spielen.

189

„O du großer allmächtiger Gott!" schrie Neefe, „hör auf, Louis, hör auf! Das ist ja grauenhaft! Ja, aber Menschenskind, ist denn das nur möglich! So was Gräßliches hab ich ja mein Lebtag noch nicht gehört!" Ludwig lachte, wie er seit langem nicht mehr gelacht hatte. – „Soll ich also Geige spielen?" –
Neefe war eine Zeitlang ratlos. Aber schließlich wußte er sich, wie immer, zu helfen: „Nee, Louis, Geige spielen darfst du nicht; du würdest uns ja das Publikum aus dem Theater geigen! Aber jetzt hab ich's: du spielst Bratsche. Dazu langt's, du mußt nur jetzt jeden Tagen ein paar Stunden üben." – Ludwig wollte widersprechen, aber Neefe überschrie ihn: es müsse sein, und wenn er ihm nicht den Willen tue, dann sei es mit ihrer Freundschaft aus. Und als im Spätjahr die Proben begannen, saß Ludwig wirklich als Bratschist im Orchester.
In den letzten Tagen vor der Eröffnungsvorstellung schloß Neefe sich in sein Studierzimmer ein und war für niemand zu sprechen. Er dichtet! verkündete seine Frau. – „Jetzt hab ich's aber gepackt, Louis!" sagte er endlich, „ich will's dir mal vorlesen."
Es war ein Prolog, der eine gedrängte Geschichte des deutschen Theaters war. Wie traurig es zu Anfang ausgesehen habe:

„Da gab's kein Stück nach Sophokles,
Auch keines nach Euripides. –
Geschmack, geschliffner Witz, Bekanntschaft mit der Welt,
Mit Menschentum – war keines Autors Sache. –
Auch lachte man, wenn sich ein Held erstach.
Johannes Wurst kam gleich herbei,
Verscheuchte Tränen, Klaggeschrei."

Wie sich das Schauspiel aber dann allmählich auf seine Bestimmung besonnen habe:

„Der Tugend Liebe zu erwerben,
Dem Laster Haß;
Und sonder Unterlaß
Die Torheit lächerlich zu färben;

Für Unschuld, wenn sie litt, ein Zährchen zu erregen.
Durch Scherz zuweilen auch das Zwerchfell zu bewegen;
Begriffe zu erhellen, Sitten zu verbreiten,
Zu bilden Menschen, Sprach' und Zeiten."

Und wie dieser inneren Wandlung endlich auch die äußere gefolgt sei, als Fürstengunst sich der Bühne zugewandt habe:

„Doch wer nahm sich wohl ihrer väterlicher an,
Als der erhabne Herrscher Franz Maximilian?
Den alle, die ihn kennen,
Mit inniger Ehrfurcht nennen. –
Ihr aber, Schwestern, Brüder –
Oh Wonne bebt durch meine Glieder! –
Weiht unsrem besten Fürsten des Herzens reinsten Dank,
Und euer schönster Lobgesang
Sei dies: wünscht ihm – nichts Bessres kann der Himmel [geben, –
Wünscht ihm ein langes, heitres Leben!"

Neefe hatte sich zum Schluß ganz heiser geschrien. – „Na, Louis, gefällt dir's?"
„Ich hätte nie so 'was fertig gebracht", entgegnete er und wunderte sich im stillen selber über die diplomatische Antwort.

*

Ausgangs Mai 1789 erreichte die erste Theatersaison ihr Ende. „Unsere Leute haben sich brav gehalten", schrieb Neefe damals seinem alten Freunde Großmann. „Unser Musikchor hat sich sehr vermehrt und verbessert. Die Besoldungen sind erhöht worden, und der Kurfürst äußerte immer mehr und mehr gnädige Teilnehmung an Schauspiel und Tonkunst. Sie würden sich freuen, zu sehen, wie jeder so gern, mit so heiterem Gesicht arbeitet und nach dem Beifall seines einsichtsvollen und geliebten Fürsten strebt."
Ludwig hatte in den dreizehn Opern, die aufgeführt waren, nicht nur seine Bratsche gespielt, sondern auch die Partituren gründlich studiert und fühlte, wie seine Einsicht in die Behandlung des Orchesters nicht nur, sondern auch der mensch-

lichen Stimme allmählich wuchs und gefestigt wurde. Neefe hatte recht gehabt: dies Orchesterspiel war eine musikalische Schule ersten Ranges für ihn.

Aber die Musik als solche war ihm jetzt gar nicht die Hauptsache. Bilde den g a n z e n Menschen aus! hatte Neefe ihm oft gesagt und damit nur auf etwas hingewiesen, das Ludwig selber fühlte und wollte. Sein mächtiger Bildungstrieb hätte die Mängel seines Schulwissens schon längst mehr als ausgeglichen. Jeder Tag fast brachte ihm neue Anregungen, und vor allem waren es die brennenden sozialen Fragen, die, durch Rousseaus stürmische Bücher aufgewühlt, ihn im Innersten bewegten.

Die Menschen, von Natur gut, von Natur einander gleich, von Natur gleichberechtigt, aber durch die Zivilisation verdorben, irregelenkt durch die organisierte Gewalt des Staates, wie sie in Frankreich zum Zerrbilde geworden – alle mußten wieder zur Natur zurückkehren, wenn die Welt gesunden sollte. Natur und Zivilisation, Natur und Kultur – unvereinbare Gegensätze!

War das richtig? Ludwig kam darüber nicht zur Klarheit. Der Mensch in ihm, das Kind aus dem Volke, war geneigt, ja zu sagen, und was er an Abstoßendem, Frivolem, Ungesundem rings um sich erblickte, bestätigte solches Ja. Aber eine andere Stimme in ihm, die Stimme des Künstlers, des Auserwählten, sagte nein. Sollte nicht eine Verschmelzung von Natur und Kultur möglich sein, eine höhere Einung zwischen den in Kunst und Sitte sich offenbarenden Kräften des Geistes und dem drängenden Leben? Stammte nicht a l l e s Lebendige aus e i n e m göttlichen Grund?

Solche Fragen zu lösen, dazu reichte seine Denkfähigkeit noch nicht aus, er fühlte es schmerzlich. Aber jene Fragen wollten nicht stille werden. Die Menschheit schien an einen Wendepunkt gekommen.

Er suchte Hilfe bei der Philosophie. Kants Lehren waren gerade damals an der Bonner Hochschule eingezogen. So ließ Ludwig sich denn zu Beginn des Sommersemesters 1789 bei der philosophischen Fakultät als Student einschreiben. Von dem, was er suchte, fand er wenig genug. Aber Kants E t h i k leuchtete ihm jetzt auf; in ihr fand er den Grundgehalt seiner eigenen Persönlichkeit bestätigt.

„Es ist überall nichts in der Welt, ja überhaupt auch außer derselben zu denken möglich, was ohne Einschränkung für gut könnte gehalten werden, als allein ein g u t e r W i l l e." So lautete der erste Satz der ‚Grundlegung zur Metaphysik der Sitten'.
Ludwig las ihn mit einem etwas zagen Gefühl; er hatte über diese Dinge noch nicht nachgedacht. Guter Wille! Das mußte wohl der Wille zum Guten sein! Das innerste Sein, der von Gott herstammende und auf Gott gerichtete Kern des Menschen; die Stimme im Innern, die uns unüberhörbar sagt, daß es noch etwas anderes, Höheres geben müsse als die wahrnehmbare Welt der Sinne und die Urgewalt der Triebe, der natürlichen Neigungen. – Plötzlich war es ihm, als zerrisse ein Schleier vor seinen Augen, als breite sich längst vertrautes, heimatliches Land vor ihm aus. Er kannte sie ja längst, diese Sprache der dem Ewigen zugewandten Menschenseele! Aus der Musik kannte er sie, aus Sebastian Bachs Musik vornehmlich! Jenes geheimnisvolle Etwas, das aus Bachs Tönen sprach, das sich aus keinen Gesetzen der Akustik, der Harmonie erklären ließ und doch gerade die tiefste Wirkung ausmachte –, das Seelische dieser Musik, ihr Zug nach oben, ihre Gesinnung. – Und auch aus seinem eigenen Schaffen kannte er dies alles! Was war es denn gewesen, das ihn so erschüttert, wenn er eine schlichte innige Adagiomelodie gefunden hatte? Doch nicht sinnlicher Reiz des Klanges! Etwas anderes lag dahinter, etwas, das ihn mit Andacht erfüllt hatte, mit Schauern des Unfaßbaren, Übermenschlichen, Göttlichen!
War das aber nicht vielleicht phantastische Schwärmerei, dieses Verweben ethischer, musikalischer und religiöser Dinge? Er war noch zu jung, um den Zweifel mit Bestimmtheit zu bannen; doch er glaubte seinem innersten Gefühle.
Hatte er denn aber auch im täglichen Leben den Willen zum Guten bestätigt? Denn nicht als bloßer Wunsch allein mußte dieser gute Wille, nach der Forderung Kants, sich ausweisen, sondern als die Aufbietung aller Mittel, soweit sie in unserer Gewalt sind.
Ludwig überdachte sein bisheriges Leben, verglich es mit dem seiner Jugendgenossen. Keiner von ihnen hatte es so schwer gehabt wie er. Eine trübe, von seltenen Lichtstrahlen spärlich erhellte Kindheit lag hinter ihm. Von frühester Jugend an

hatte er beinahe nichts gekannt als arbeiten. Fast noch ein Kind, hatte er schon Mutter und Brüder erhalten müssen, immer aufs neue mißhandelt von einem Vater, den er nicht lieben konnte, ja, den er verachtete. Er hatte wirklich pflichtgetreu gehandelt und dafür gelitten, dies Zeugnis durfte er sich geben. Aber was war es denn gewesen, das ihn den Mut nie auf die Dauer hatte verlieren lassen? Was hatte ihm Kraft und Festigkeit gegeben, eine Pflicht nach der andern auf sich zu nehmen und unter tausend Entsagungen zu erfüllen, so gut er es vermochte? – Es war das Gefühl, etwas in sich zu tragen, das aus einer höheren, reineren Welt herstammte. In allem Druck häuslichen Jammers, bei freudloser Arbeit rang es mächtig nach Entwicklung, nach Vervollkommnung; aus allen Kräften sehnte es sich danach –, Gott ähnlich zu werden.

„Zwei Dinge sind es, die das menschliche Gemüt mit immer neuer und stets zunehmender Bewunderung erfüllen, je mehr wir uns in sie vertiefen: der bestirnte Himmel über uns, der mir meine Geringfügigkeit als eines bloßen und dazu noch sehr vergänglichen Punktes im grenzenlosen Weltall zum Bewußtsein bringt; und das moralische Gesetz in mir, das die trotzdem ins Unendliche sich erstreckende Bestimmung meines unsichtbaren Selbst, meiner Persönlichkeit mir offenbart."

Der Schauer des Erhabenen überkam ihn. Glich das Sittengesetz nicht selber einem leuchtenden Stern am Himmel –, dem Polarstern, der im Wandel der Gestirne unverrückbar steht auf demselben Punkt, seit Ewigkeit, bis in alle Ewigkeit; der Leitstern der Schiffer auf nächtlichem Meere! Ja, ihm sollte es einmal der Leitstern werden auf seiner Fahrt ins Leben!

*

Die junge kurkölnische Universität zu Bonn, die Lieblingsschöpfung des Kurfürsten, stand um diese Zeit in voller Blüte. Welch überragende Bedeutung für die Bildung seines Volkes der Kurfürst ihr beilegte, das hatte er schon durch den Glanz bewiesen, den er bei ihrer Eröffnung im November 1786 entfaltet hatte; das hatte er in seiner eigenen Einweihungsrede betont, die von einem freien erleuchteten Geist

Zeugnis gab. Die Professoren der Theologie hatte er aufgefordert, nicht Heuchler heranzubilden, sondern Überzeugte; nicht Verfolger, sondern Belehrer; nicht stolze, sondern sanftmütige, – nicht träge, sondern emsige, von tätiger Nächstenliebe beseelte Geistliche. Und den Professoren der Philosophie hatte er zugerufen: Lehrt eure Schüler denken! Das ist das Entscheidende im Menschen. – Auf die Lehrstühle hatte er die besten Kräfte berufen, deren er habhaft werden konnte. Und er gewährte ihnen volle Freiheit der Lehre. Pius der Sechste hatte sehr bald die Schriften von drei Bonner Professoren auf den Index setzen lassen, weil sie falsche, verderbliche Gedanken enthielten, ja sogar in einem persönlichen Schreiben an Max Franz ihre Absetzung gefordert. Aber der Erzbischof war dem Papst gegenüber fest geblieben; die Angeschuldigten hatten ihre Stellen behalten.

Ludwig hatte außer seinem philosophischen Kolleg auch noch eine Vorlesung über griechische Literatur bei dem Professor Eulogius Schneider belegt, der eine für einen Universitätslehrer recht ungewöhnliche Laufbahn hinter sich hatte. Er war nämlich vordem Schauspieler gewesen, dann Mönch, dann Hofkaplan des Herzogs Karl Eugen von Württemberg. Schneider gab seiner Lehrtätigkeit von Anfang an eine stark politische Färbung. Es war die Zeit unmittelbar vor dem Ausbruch der französischen Revolution. Ganz Europa blickte mit gespannter Erwartung auf Frankreich, mit einer Anteilnahme, die um so leidenschaftlicher war, je mehr die Zustände im eigenen Lande denen in Frankreich glichen. Auch im Kurfürstentum Köln, wie in ganz Deutschland, genossen Adel und Geistlichkeit ungeheure Vorrechte gegenüber dem Bürger- und Bauernstand; auch der kölnische Kurfürst regierte im Stile eines wohlmeinenden absoluten Herrschers.

Im Breuningschen Kreise platzten die Meinungen oft aufeinander. Ludwig und Christoph nahmen mit dem Ungestüm der Jugend die Partei des unterdrückten Volkes; die beiden geistlichen Herren vertraten das alte geheiligte Regime. Der einzige, der bei solchen Diskussionen seine philosophische Ruhe nie verlor, war der kleine Neefe.

„Ich weiß gar nicht, was ihr eigentlich wollt", meinte er. „Wenn die Franzosen nicht zufrieden sind, gut, dann sollen sie sich rühren und Besserungen einführen. Aber laßt sie doch um Gottes willen ihren Kram alleine machen! Was geht das uns in Bonn an! Muß ich als Fremder euch Bonnern sagen, wie gut ihr es unter euerem Kurfürsten habt? Herrgott nochmal, ist er etwa ein Tyrann, vor dem alles zittert und bebt? Keine Spur, er ist der gutmütigste Mensch von der Welt; wenn er im Quartett mal danebenstreicht, so hat er gar nichts dagegen, wenn ich abklopfe und sage: Königliche Hoheit, da hat was nicht gestimmt, die Stelle müssen wir nochmal machen."

„So!" sagte Ludwig gereizt. „Und wenn Sie ein Verordnungsblatt nehmen und damit ins Schloß gehen, es ihm vor die Nase halten und sagen würden: Königliche Hoheit, da stimmt was nicht, die Verordnung müssen wir nochmal machen, – was glauben Sie, würde er Ihnen antworten?"

„In die Lage würde ich nie kommen. Seine Verordnungen sind alle ganz gut; ich wüßte nicht, was da besser dran zu machen wäre."

„Aber e r gibt sie, er ganz allein!"

„Keine Spur! Er berät sich doch vorher mit seinem Konsilium!"

„Und wenn Meinungsverschiedenheiten auftauchen, wer gibt dann den Ausschlag?"

„Der Kurfürst natürlich! Dafür ist er doch der Landesherr!"

„Das ist ja eben das Unrecht!" rief Ludwig. „Das V o l k sollte gefragt werden, eine Volksversammlung müßten wir haben, und d i e müßte Gesetze geben! Das Volk selber müßte über sein Geschick zu bestimmen haben! So wie jeder einzelne, wenn er mündig geworden ist, sich einen Vormund verbittet, so sollte sich auch das Volk einen Vormund verbitten!"

„Wenn es mündig wäre!" sagte Neefe. „Es ist aber nicht mündig, war nie mündig, und wird nie mündig sein, wird stets einen gottgewollten Vormund nötig haben. Und wer da glaubt, die Masse würde in irgendeiner nahen oder fernen Zukunft einmal zu einer aus dem Innern geborenen moralischen Freiheit aufsteigen, den nenne ich einen Schwärmer."

„Gut, dann bin ich ein Schwärmer", sagte Ludwig. „Für mich sind alle Menschen gleich."

„So?" entgegnete Neefe. „Na, dann geb ich dir 'nen guten Rat, lieber Louis. Setz mal gleich deinen Hut auf und spazier

hinaus ins Kaulerviertel, aber nimm dir 'nen tüchtigen Knüppel und ein Riechfläschchen mit!" – Alles mußte lachen. –
„Also so eine Bande in diesem Kaulerviertel!" fuhr Neefe fort, und jetzt wurde er fast erbittert: „dieser Mob, dieser dreckige, zuchtlose, hundsgemeine Auswurf der Menschheit! Saufen und Prügelei und Unzucht, damit verbringt diese Bagage ihren Tag. Und da hat ein Kerl wie der Louis das Herz, zu sagen: Für mich sind alle Menschen gleich!"
„Sie s o l l t e n es dann wenigstens sein", sagte Ludwig unbeirrt. „Und wenn sie es nicht sind, so sind nur die sozialen Verhältnisse daran schuld. Nehmen Sie einen Säugling aus dem Kaulerviertel, setzen ihn in eine anständige Familie hinein, so wird er auch ein anständiger Mensch werden!"
„Na, Louis, erstens ist das noch sehr die Frage. Aber auch w e n n du damit recht hättest –, die sozialen Verhältnisse s i n d nun mal nicht gleich! Und so was läßt sich doch nicht im Handumdrehen anders machen, wie es jetzt bei den Franzosen gepredigt wird! W e n n es einmal anders und besser wird, so haben Jahrhunderte daran gearbeitet. Aber doch um Gottes willen nicht dumpfe Sklavenseelen von heute auf morgen zu Lenkern der Staatsgeschicke machen!"
Professor Eulogius Schneider war anderer Meinung. Dieser revolutionäre Feuerkopf fühlte die heilige Verpflichtung, seinen jungen Hörern die Ereignisse in Frankreich in seinem Sinne darzustellen, und keiner nahm es ihm übel, wenn er von dem Thema seiner Vorlesung immer wieder mit einem eleganten Schwung ins Politische hinübervoltigierte. Jeder hatte das Gefühl: der Mann konnte nicht anders, und er hatte letzten Endes recht. Wichtiger als die griechische Tragödie war es jetzt für sie alle, das weltgeschichtliche Drama, das sich jenseits der nahen Grenzen abspielte, mit den Augen eines hervorragenden, leidenschaftlich ergriffenen Geistes mitzusehen. So etwas kam nur einmal im Leben; die griechische Literatur konnte warten.
So erlebte Ludwig, wie der unterdrückte Dritte Stand in Frankreich sich zur Nationalversammlung erklärte; wie diese den Eid im Ballspielhause schwur, sich nicht zu trennen, bis sie dem Vaterland eine Verfassung gegeben habe; wie sich die beiden andern Stände, Adel und Geistlichkeit, gegen den Willen des König mit der Nationalversammlung zur Kon-

stituante vereinten, die dem Volk nun die neue Verfassung gab. Das war die Revolution! – Dann traf die Nachricht von der Erstürmung der Bastille ein. Atemlose Spannung empfing Schneider, als er danach zum erstenmal den Vorlesungssaal betrat; alles hing an seinen Lippen, als er ohne ein Wort der Vorbereitung, mit wildem Pathos, mehr schrie als sprach:

> Gefallen ist des Despotismus Kette,
> Beglücktes Volk, von deiner Hand!
> Des Fürsten Thron ward dir zur Freiheitsstätte,
> Das Königreich zum Vaterland.
> Kein Federzug, kein: Dies ist unser Wille,
> Entscheidet mehr des Bürgers Los.
> Dort lieget sie im Schutte, die Bastille!
> Ein freier Mann ist der Franzos!

Und dann kam jener denkwürdige Augusttag, der dem französischen Volke mit e i n e m Schlage mehr gab, als es je zu hoffen gewagt hatte; der Tag, an dem die bisher Privilegierten – sofern sie nicht geflohen waren oder sich verborgen hielten – darin wetteiferten, sich ihrer tausendjährigen Vorrechte zugunsten des Volkes zu begeben. – Ein Ereignis von welthistorischer Bedeutung war geschehen. Was in Frankreich möglich geworden, sollte das nicht auch in Deutschland möglich werden können? Sollte nicht auch in Deutschland das Volk von all den vielen materiellen und moralischen Fesseln befreit, sollte nicht auch der Deutsche, und mochte er noch so niedrig geboren sein, das werden können, was nun, so schien es, der Franzose war –, ein freier Mann, dem keine mittelalterlichen Hemmnisse mehr den Aufstieg zu einem menschenwürdigen Leben verschlossen?
„Jetzt könnten die Franzosen eigentlich zufrieden sein", meinte Neefe, „und wenn sie es sind, dann allen Respekt! Aber paß auf, Louis, es kommt anders."
Die Ereignisse vom fünften Oktober sollten ihm recht geben. Der Pariser Pöbel zog nach Versailles, stürmte das Schloß, machte die Leibgarde nieder und zwang den König, unter seinem schmachvollen Geleit nach Paris überzusiedeln; die Nationalversammlung mußte nachfolgen.
„Siehst du, Louis", sagte Neefe, „da hast du nun deine Frei-

heit und Gleichheit! Jetzt gnade Gott dem armen König, und vor allem der Schwester unseres Herrn!"
Diese Entwicklung der Dinge gab Ludwig allerdings zu denken. Das Semester war längst zu Ende. Schneiders faszinierende Stimme drang nicht mehr an sein Ohr, die Ereignisse allein hatten das Wort. Und allmählich begann der kaum dem Knabenalter Entwachsene an der Richtigkeit seiner politischen Ideen zu zweifeln. Sein Glaube an den eingeborenen Adel der menschlichen Natur prallte schmerzlich fühlbar zusammen mit den niedrigen Instinkten, mit der ungezügelten Leidenschaftlichkeit und Haltlosigkeit der Masse. Zur Selbstregierung war das Volk offenbar noch nicht reif; es ermangelte der Selbstzucht, der Selbstbeherrschung, ohne die niemand auf die Dauer andere beherrschen kann. Wo war nun Wahrheit, wo Irrtum?
Er blätterte in einer Zeitschrift, die Frau von Breuning ihm mit nach Hause gegeben hatte. Da stand ein Gedicht seines Lieblings Schiller: ‚An die Freude'. Er las es, las es wieder, und las es zum dritten Male. Da hatte er ja die Lösung des Rätsels!

> Deine Zauber binden wieder,
> Was die Mode frech geteilt;
> Alle Menschen werden Brüder,
> Wo dein sanfter Flügel weilt.

Freude, Freude hatte diesen armen Menschen gefehlt, die aus einem dumpfen Zustand von Elend und Unwissenheit plötzlich zur Macht gelangt, sie nun nicht anzuwenden wußten. Das war die Lösung des ganzen sozialen Problems: die Armen teilnehmen lassen an der Schönheit dieser Welt; sie nicht in dumpfe Wohnungen und Arbeitsstätten zwängen, wo sie ein Leben führten, kaum besser als Tiere; ihren Geist bilden, ihre Augen sehend machen für alles Schöne – ihnen F r e u d e geben! Dann würde es wahr werden: alle Menschen werden Brüder!
Und wie traf das Gedicht ihn selber! Freudlos war seine Kindheit dahingegangen. Eingeschnürt in nahe Pflichten des Alltags, den Blick krampfhaft auf seine handwerksmäßige Ausbildung gerichtet, war er dahingetappt, unwissend und dumpf. Bis Neefe gekommen war, und nach ihm die Breu-

nings. Die hatten ihm die Augen geöffnet, seinen Geist geweitet, ihn die Freude kennen gelehrt! – Nun las er das Gedicht noch einmal, und sein Rhythmus begann musikalisch in ihm zu schwingen. – ‚Seid umschlungen, Millionen!' Das mußte das Ziel der strebenden Menschheit sein! Vergessen, versunken aller Haß, der geboren war aus dem Gegensatz von Unterdrückern und Unterdrückten; Weltverbrüderung, Einigung der ganzen Menschheit, aller Kinder Gottes zu einer einzigen, frohen, einigen Familie, in der es keinen Streit und Zwist mehr gab, sondern nur noch Liebe, Hingebung aller an alle! – Die Tränen stürzten ihm aus den Augen. Er, das fühlte er, er war berufen, an dieser erhabenen Aufgabe mitzuarbeiten. Seine Sprache, Musik, die Weltsprache, sie war wie keine andere befähigt, ein Band um die ganze Menschheit zu schlingen. ‚Diesen Kuß der ganzen Welt!' Hingabe an die Menschen, Liebe zu dem Edelsten in ihnen allen, das sollte fortan seines Herzens Inhalt sein; Kampf gegen alles, was den Menschen niederzieht, ihn in Fesseln schlägt, ihn von Gott fernhält, das fühlte er als seine Bestimmung.

> Froh, wie seine Sonnen fliegen
> Durch des Himmels prächt'gen Plan,
> Laufet, Brüder, eure Bahn,
> Freudig wie ein Held zum Siegen!

NEUNZEHNTES KAPITEL

Eine Zeitlang hatte Johann van Beethoven wirklich, wie er es versprochen, sein Gehalt an Ludwig abgeliefert; aber von Mal zu Mal war es unlustiger geschehen, unter Murren, Protest und Schimpfen. Schließlich hatte er sogar wieder angefangen, einen Teil des Geldes für sich zu behalten, um heimlich gemachte Wirtshausschulden zu bezahlen, so daß Ludwig in Verlegenheit geriet, wie er den Unterhalt seiner Brüder bestreiten solle.
Wieder war ein Zahltag gekommen. Vater Beethoven hatte sich den ganzen Tag nicht zu Hause sehen lassen. Gegen

Abend hörte Ludwig ein wüstes Lärmen und Schimpfen auf der Straße. Er warf einen Blick zum Fenster hinaus: sein Vater, schwerbetrunken, rang mit einem Polizisten. Mit ein paar Sätzen war Ludwig auf der Straße.
„Lassen Sie meinen Vater los!" rief er, „ich will dafür sorgen, daß er hinaufgeht und sich ruhig verhält."
„Nä, Herr van Beethoven", entgegnete der Hüter der Ordnung, „alles, wat rech' is! Ihre Vatte mach sich in Jottes Name bedrinke, abe hä hat mich beleidich un jeprüjelt! Hä muß mit auf de Wach."
„Sie sehen doch, er weiß nicht, was er tut!"
„Hä soll et endlich emal lerne, der alte Saufsack! Mir habe of' jenuch e Auch zujedrückt. – Lasse Se mich los, Herr!" setzte er wütend hinzu, als Ludwig ihn am Arm packte, „lasse Se mich los, oder ich nehme Se auch mit!"
„Das sollen Sie versuchen!" rief Ludwig. „Lassen Sie meinen Vater los! sofort!"
„Nehme Se sich in Ach'!" rief der Beamte, „dat is Widerstand jeje de Staatsjewalt!"
Statt aller Antwort versetzte Ludwig ihm einen Stoß vor die Brust, daß er zurücktaumelte, zerrte seinen Vater ins Haus hinein, verriegelte die Tür, brachte ihn die Treppe hinauf und legte ihn aufs Bett, wo er sofort in süßen Schlummer sank. Am nächsten Morgen ging er auf die Wache und zahlte eine für seinen Geldbeutel sehr beträchtliche Buße. Dann suchte er Wegeler auf, der vor kurzem als Doktor der Medizin von Wien zurückgekehrt war, erzählte ihm, wie sein Vater es wieder treibe, und fragte, ob vielleicht von der medizinischen Wissenschaft noch auf Hilfe zu hoffen sei. Wegeler mußte die Frage verneinen; der Vater sei ein verlorener Mann. Da schrieb Ludwig ein Gesuch an den Kurfürsten: sein Vater sei durch fortgesetzte Krankheit zur Erziehung seiner Kinder nicht mehr befähigt; er wage deshalb die untertänige Bitte, daß dem Vater in Zukunft nur die Hälfte seines Gehaltes, die andere Hälfte aber ihm, dem ältesten Sohne, ausbezahlt werde; nur so sei es ihm möglich, für Nahrung, Kleidung und Ausbildung seiner Brüder zu sorgen. Das Gesuch wurde genehmigt und Vater Beethoven gänzlich seines Dienstes enthoben. – Als er erfuhr, was ihm sein Sohn angetan, gab es einen furchtbaren Wutausbruch; aber Ludwig blieb unge-

rührt. So war er nun mit noch nicht neunzehn Jahren das anerkannte Haupt der Familie.

*

Die neue Theatersaison wurde im Spätjahr 1789 mit dem ‚Don Giovanni' eröffnet. Dem Textbuch war die Übertragung aus dem Italienischen in Neefes ziemlich klapprige Verse nicht gerade gut bekommen, und Ludwig begriff nicht, wie Mozarts Genius sich an einem solchen Text hatte entzünden können. Aber die Musik! – Er hatte sich mit der Partitur natürlich längst vertraut gemacht und war auf Großes vorbereitet. Aber seine Erwartungen wurden weit übertroffen. Alles, alles war in ihr enthalten: bewegte Fülle dramatischen Lebens; eine Kunst der Charakterisierung, der gegenüber die Worte der Dichtung ins Schemenhafte versanken; quellende, drängende Kräfte der Natur; überströmende Schönheit und Anmut der Melodien –, und Töne, die schon von jenseits der Schranken alles Irdischen zu kommen schienen. Ein Schauer überlief ihn, wenn er daran dachte, daß er dem Schöpfer all dieser Herrlichkeit nah gewesen war gerade in der Zeit ihrer Entstehung. Er dachte daran, wie Mozart oft während des Unterrichtes den Faden verloren hatte, wie seine Augen nichts mehr sahen, seine leiblichen Ohren nichts mehr hörten. Das war die Zeit gewesen, wo sein Geist den Körper verließ, sich hinüberschwang in Gefilde, die außer ihm keiner gesehen; – aus denen er Kunde zurückbrachte, verdichtet in Tönen, wie sie nie zuvor gehört, nie zuvor geahnt waren. – Und Ludwig saß im Orchester, spielte seine Bratsche, halb mechanisch, mit seinem Bewußtsein dem Ganzen hingegeben. Um ihn her saßen die Musiker und strichen ihre Geigen und Celli, bliesen ihre Oboen, Flöten, Hörner –, und Herr Reicha dirigierte –; hinter ihm, oben auf der Bühne, unsichtbar für ihn, nahm das Drama seinen Lauf; vor ihm dehnte sich der Zuschauerraum, voll von Menschen, die zuhörten, sich gut unterhielten und Beifall klatschten, wie bei irgendeiner andern Oper. – Und viele, viele Meilen von hier, nach Südosten zu, in dem großen Wien, saß Er – an seinem kleinen Schreibtisch vielleicht, beim Schaffen eines neuen Wunderwerkes –, oder vielleicht jagte er gerade mit seinem kleinen Hund durch das Zimmer, bis ihm die Luft ausging und er

halb erstickte vor Lachen und Husten. – Wie seltam war das alles! –
Neefe notierte in sein Tagebuch: Die Musik gefiel den Kennern sehr. Die Handlung mißfiel. –
‚Figaros Hochzeit'! Eine andere Welt, sinnliche Gegenwart und Wirklichkeit. Der Text ein tolles Intrigenstück vom Geist des vorrevolutionären Frankreich –, und das Ganze doch, gleich dem ‚Don Giovanni', durch Mozarts Schöpfergeist geadelt, emporgehoben in die Sphäre echtesten Menschentums.
„Na, Louis", sagte Neefe, „was meinst du zum ‚Figaro'? 's ist doch etwas Fabelhaftes! Diese Frische, diese wirbelnde Lebendigkeit! Ein Stück elementarer Natur, möcht ich sagen!"
„Ich könnt einen solchen Text nicht komponieren, Herr Neefe. Aber Mozart konnte es, weil er alles kann. Das heißt, jetzt könnt er's wahrscheinlich auch nicht mehr."
„Na, warum denn nicht?"
„Ich kann es nicht sagen, aber ich weiß es."
Neefe schüttelte den Kopf. Sein guter Louis war doch manchmal recht verstiegen. –

*

Im Februar 1790 fanden die Vorstellungen einen unerwartet frühen Abschluß durch den Tod Kaiser Josephs des Zweiten. Die Nachricht löste in Bonn herzliche Trauer aus; sie galt weniger dem deutschen Kaiser – der war kaum mehr als ein Schatten –, sie galt dem Bruder des verehrten eigenen Landesherren und dem Monarchen, der weithin wirkend den Geist der Aufklärung, der Humanität verkörpert hatte. – Die Bonner Lesegesellschaft, als geistiger Mittelpunkt der Residenz, beschloß eine Trauerfeier; etwas Musikalisches sollte aufgeführt werden. Ein junger Geistlicher schrieb rasch den Text zu einer Kantate auf den Verewigten. Es war das übliche Verherrlichungsgestammel eines Gelegenheitsdichters. Die Vertonung wurde zunächst Neefe angetragen, der selber Mitglied der Lesegesellschaft war. Aber nachdem er ein paar Stunden über dem Opus gebrütet, begann es ihm zu grausen. Er, der selber, ohne mit der Wimper zu zucken, scheußliche Verse verbrach, hatte fremden Werken gegenüber ein sehr feines Gefühl für Gut und Schlecht. Zu diesem Text würde er keine Zeile Noten zustande bringen. Er schob ihn in die Tasche und machte sich zu Ludwig auf den Weg.

„Nun sag mal, Louis", begann er nach einigen einleitenden Worten mit möglichst harmloser Miene, „wie steht's denn eigentlich bei dir mit dem Komponieren? Ich sollte meinen, du hättest nun genug fremde Vorbilder in dich hineingeschluckt: deutsche, französische, italienische Opern, Symphonien, Kammermusik, Klavierkonzerte, Sonaten, Choräle, Messen, Motetten und Gott weiß was sonst noch. Jetzt sind es nun glücklich über vier Jahre, daß du selber eigentlich nichts mehr gemacht hast, denn die paar Präludien und die zwei oder drei Lieder wollen wir doch nicht rechnen, das waren eigentlich nur Übungen fürs Handgelenk. Wenn einer der Muse gar zu lange den Zutritt verweigert, dann kann's ihm passieren, daß die schließlich auch von ihm nichts mehr wissen will. So sind nämlich die Mädchens, mein lieber Freund! Na, also kurz und gut, da hab ich dir was mitgebracht. Den Text will die Lese in Musik setzen lassen; es wurde viel hin- und herdisputiert, wer der geeignete Mann sei; schließlich blieb man an mir hängen. Dein Name wurde gar nicht erwähnt; es scheint, die guten Bonner haben ganz vergessen, daß du auch mal was komponiert hast. Ich meine, du solltest dich ihnen doch mal wieder in Erinnerung bringen!"

„Um was handelt es sich denn?"

„Um eine Kantate auf Kaiser Joseph. Übrigens, wenn was ordentliches daraus wird, so würde der Kurfürst dir das sicher sehr hoch anrechnen. Schon aus dem Grunde hab ich an dich gedacht."

„Und deswegen wollen Sie nicht selber drangehen?"

Neefe zog seine Stirn in dicke Falten, als ob sein Schüler ihm da ein höchst schwieriges Problem aufgegeben habe, legte den Finger an die Nase und verharrte eine Weile in dieser Denkerstellung.

„Aufrichtig gesagt, Louis: nein, nicht deswegen. Sondern weil ich das Gefühl habe, den Text kann ich nicht komponieren. Er ist nämlich scheußlich." – Ludwig brach in helles Lachen aus. – „Nun verstehst du mich wieder falsch", sagte Neefe ärgerlich. „Natürlich will ich nicht sagen, was für mich zu

schlecht ist, ist für den Louis noch gut genug. Sondern –, na ja, ich kann's eben nicht."
„Na, dann lassen Sie mal sehen, Herr Neefe. Wer ist denn der Versifex?"
„Der Kanonikus Averdonc. Da hast du den Schmarren."
Ludwig begann zu lesen: „Tot! stöhnt es durch die öde Nacht. Felsen, weinet es wieder, und ihr, Wogen des Meeres, heulet es durch eure Tiefen: Joseph der Große, der Vater unsterblicher Taten, ist tot! – Ein Ungeheuer, sein Name Fanatismus, stieg einst aus der Tiefe der Hölle, breitete sich aus zwischen Erde und Sonne, so daß Nacht ward. Da kam Joseph mit Gottes Stärke, riß das tobende Ungeheuer weg zwischen Erd' und Himmel und trat ihm aufs Haupt. Da stiegen die Menschen ans Licht, da drehte sich glücklicher die Erd' um die Sonne, und die Sonne wärmte mit Strahlen der Gottheit. – Nun schlummert seinen stillen Frieden der große Dulder, entgegen dem Tag der Vergeltung, wo du, glückliches Grab, ihn zu ewigen Kronen gebierst; er, der hienieden kein Röschen ohne Wunde brach, der unter seinem vollen Herzen das Wohl der Menschheit unter Schmerzen bis an sein Lebensende trug." – „Donnerwetter", setzte er hinzu, „das ist ja fabelhaft! Na, ich meine, Kaiser Joseph hätte schon was Beßres verdient."
„Louis, willst du, oder willst du nicht?"
„Ich will es versuchen. So schlecht der Text ist –, Anregungen kann er einem geben. Das Ungeheuer, das aus der Tiefe emporkrabbelt –, mit dem Vieh ließe sich schon was anstellen. Und wie die Menschen ans Licht steigen, auch das könnte schön werden."
„Viel Zeit hast du aber nicht! Am neunzehnten März soll die Aufführung sein."
„Das ist freilich sehr knapp. Und wenn dann etwa gar noch das Mädchen Schwierigkeiten macht?"
„Welches Mädchen?"
„Na, die Muse!"
„Louis, ich glaube, du brauchst nur mit dem Finger zu winken, dann kommt sie gesprungen."
Ludwig hatte Kaiser Joseph in Wien einmal flüchtig gesehen, und dieser kurze Eindruck hatte in seiner Erinnerung das Bild eines großen edlen Menschen zurückgelassen. Die fol-

genden Jahre hatten diese Vorstellung nur noch weiter vertieft. Des Kaisers Toleranzedikt, die Aufhebung der Leibeigenschaft, sein Kampf gegen Aberglauben, für Bildung und Besserung der Menschheit hatten ihn Ludwig tief verehrungswürdig gemacht. Und wenn Joseph der Zweite auf seinem Wege nicht noch weiter gekommen war, so hatte das weniger an ihm selber gelegen, als an all den tausend Hemmungen, die ihm Dummheit und Fanatismus bereitet. Sein früher Tod war ein Unglück für die ganze Welt; ein Kämpfer für Freiheit und Menschenwürde war dahingegangen. – So war die Aufgabe ganz nach Ludwigs Herzen, und mit Begeisterung ging er ans Werk. Vier lange Jahre hindurch hatte er sich des eigenen Schaffens fast völlig enthalten, hatte freiwillig entbehrt, was ihm das höchte Glück bedeutete. Nun stürzte er sich hinein, wie der Schwimmer in die kühle Flut, nach der er sich einen ganzen heißen Sommer über gesehnt; prüfte seine Kräfte, ob sie noch zum Schwimmen taugen wollten, und fand sich stärker, als er es selber geahnt. Bald fühlte er sich völlig entrückt. Grandiose Bilder, empfangen aus Todesschauer, Schmerz, Verzweiflung, Aufbäumen gegen das Schicksal, wurden zu Tönen; vergessen waren alle Regeln der Satzkunst. – So entstand der Eingangschor.

Als Ludwig ihn am andern Tage mit kaltem Blute überlas, erschrak er vor sich selber. Echt und großartig war alles, aber es war die Revolution der Musik. Dessen war er also fähig! Ein unbändiges Machtgefühl stieg in ihm auf. Eine neue Kunst konnte er schaffen, brechen mit aller Tradition, brechen mit dem Gesetz. Wollte er das?

Eine Art Traumzustand kam über ihn. Er sah einen Marktplatz, erfüllt von einer tobenden fanatisierten Volksmenge; in der Mitte war ein Schafott errichtet, auf das man einen König hinaufzerrte. Das Gebrüll des Pöbels ward zum Chor, zu seinem entsetzlich verzerrten Chor. „Tot! tot!" heulte und schrie es durcheinander in grauenhaften wüsten Dissonanzen. Ein edles Haupt sank unter des Henkers Streich zu Boden. – Ein Schleier senkte sich über das Bild. Er befand sich im Innern einer Kirche. Auf der Orgelbühne stand Sebastian Bach. Er hob die Hand, ließ seinen festen ruhigen Blick über die Sänger gleiten; dann setzte der Chor ein. „Tot! tot!" Wieder sein Chor; von tiefer schmerzlicher Leidenschaft

durchschauert, aber ruhig, ernst, großartig, streng gefügt nach den Gesetzen des musikalischen Aufbaues. Sebastian Bach blickte ihm ins Auge.
Das Bild zerfloß, und Ludwig sah sich wieder an seinem Schreibtisch. Er nahm sein Notenblatt und riß es in Fetzen. – „Ich will kein Revolutionär sein! Keiner, der bloß verneint und niederreißt! Ich will das Gesetz achten! Ich werde weiterschreiten, werde der Kunst neue Gesetze geben, das weiß ich. Aber von innen heraus soll wachsen, was ich schaffe; organisch soll sich alles entwickeln."
Ganz von neuem schuf er nun einen Chor; noch einmal überließ er sich den Gefühlen, die ihn bei der ersten Niederschrift durchschüttert hatten; aber diesmal stand neben ihm ein ernster strenger Wächter, vor dem keine Willkür aufkommen konnte. So ward aus Erleben und Gesetz eine herrliche, durchgeformte Einheit.
Nicht ganz dem Eingangschor ebenbürtig, doch seiner nicht unwürdig wuchs der folgende Satz heran. Aber nun die Sopranarie: „Da stiegen die Menschen ans Licht." Ludwig leitete sie mit einem Orchestersatz ein, dessen wunderbar milde, weitgeschwungene, von metaphysischer Wärme innerlich durchglühte Melodie die ganze Menschheit liebreich zu umfassen schien. Die Solostimme fiel ein, zog den Chor, als den Vertreter der Menschheit, an sich und führte ihn hinauf zu den Höhen echten freien Menschentumes. – So schuf Ludwig statt eines höfischen Gelegenheitsstückes ein erschütterndes Seelengemälde, ein großes starkes Bekenntnis seines Herzens zu Menschenadel und Hochzielen des Geistes.
Die Lesegesellschaft hätte freilich ihre Absicht besser erreicht, wenn sie einen andern mit der Komposition betraut hätte. Ludwig ward nicht rechtzeitig fertig, und die Kantate mußte ausfallen.
„Herrgott nochmal", rief Neefe, „so ein Jammer! Da hast du nun das Schönste geschrieben, was du überhaupt bis jetzt gemacht hast, was kein anderer so hätte machen können, und wer weiß nun, wann wir es jemals zu hören kriegen! Jetzt will ich unserm Herrn aber wenigstens die Partitur zeigen, daß er sieht, was du kannst."
Das Werk hätte seinen Eindruck auf den Kurfürsten wohl auch dann nicht verfehlt, wenn es nicht der Verherrlichung

seines angebeteten Bruders gegolten hätte. So ergriff es ihn desto tiefer. Eine nachträgliche Aufführung wurde angeordnet, scheiterte aber an den Schwierigkeiten für die Sänger. Inzwischen hatte Averdonc sich berufen gefühlt, zu seinem Text ein Gegenstück anzufertigen, eine Kantate auf die Krönung von Josephs Bruder Leopold zum Deutschen Kaiser, und jetzt war es der kurfürstliche Bruder selber, der Ludwig mit der Vertonung beauftragte. – Das war nun freilich eine saure Arbeit!

> ‚Fließe, Wonnezähre, fließe!
> Hörst du nicht der Engel Grüße
> Über dir, Germania!
> Hörst du nicht der Engel Grüße
> Süß wie Harfenlispel tönen,
> Weil, mit Segen dich zu krönen,
> Vom Olymp Jehovah sah.'

Auf dieser Höhe stand die ganze „Dichtung". Aber was das Schlimmste war: Ludwig konnte sich für die Aufgabe nicht erwärmen. Kaiser Joseph hatte ihm etwas bedeutet; aber was war ihm Leopold! So kam nur eine gut gemachte Zweckmusik zustande. – Doch von jetzt an war's mit seiner freiwilligen Enthaltung vom Komponieren vorbei. Gleich nach den Kantaten warf er ein Klavierstück hin, vierundzwanzig Variationen über eine italienische Ariette „Venni Amore" des Mainzer Hofkapellmeisters Righini; ein glänzendes, elegantes Werk, in dem er auch zeigen wollte, was er als Klavierspieler konnte und von den andern verlangte. Neefe war es zu schwer; aber er brummte nicht mehr darüber wie früher, sondern lächelte still zufrieden.

ZWANZIGSTES KAPITEL

Es war am ersten Weihnachtstage des Jahres 1790. Ludwig hatte dem Vater und den Brüdern eine kleine Bescherung bereitet; übellaunig, kaum mit einem Wort des Dankes, hatten sie ihre Gaben in Empfang genommen und waren nachmittags verschwunden. Jetzt saß er allein am Fenster und sah

den Schneeflocken zu, die der Wind gegen die Scheiben trieb. Es ward dunkel; er stand auf und zündete die Lampe an. Sein Blick fiel auf das Bild des Großvaters; gestern, an seinem siebzehnten Todestage, hatte er es mit frischem Tannenreisig geschmückt. Ernst und gehalten, und dabei doch gütig, blickte es auf ihn herab.
„Ach, Großvater!" seufzte er, „hättest du länger gelebt! dann wäre alles anders!"
Die Haustür wurde aufgerissen, hastige Schritte stürmten die Treppe hinauf, es klopfte, und ehe Ludwig noch Herein! rufen konnte, stand Neefe im Zimmer, völlig außer Atem.
„Louis!" rief er, nach Luft schnappend, „eine große Neuigkeit! Weißt du, wer in Bonn angekommen ist? Haydn! Ist das nicht 'ne herrliche Weihnachtsbescherung? – Und wenn das Christkind in eigener Person – na, ich will mich nicht versündigen. Also jetzt paß mal auf, Louis! Was machen wir denn nun mit ihm? Morgen bleibt er nämlich noch hier, übermorgen geht's dann weiter nach London. Jetzt gib mir mal 'nen guten Rat! Irgendwie müssen wir ihn doch feiern!"
„Wir sollten etwas von ihm aufführen", entgegnete Ludwig, „eine Messe vielleicht!"
„Ach Gott nee!" jammerte Neefe, „daß der Unglücksmensch, der Lucchesi, auch grade in Urlaub ist! Da müßte also ich meinen Kopf hinhalten! Und so ganz unvorbereitet! Ich will mich doch um alles in der Welt vor Haydn nicht blamieren!"
„Wissen Sie was, Herr Neefe? Wir trommeln rasch Chor und Orchester zusammen und halten Probe!"
„Heute am heiligen Christfest? Die werden schöne Gesichter machen, wenn man sie von ihrem Gänsebraten wegholt!"
„Ach, was! Wenn sie hören, daß sie morgen vor Haydn singen sollen, dann essen sie ihren Braten ganz gern mal kalt."
So geschah es nach Ludwigs Vorschlag. Man sah keine mißvergnügte Miene, alles ging aufs beste, und nach einer Stunde konnte Neefe die Partitur zuklappen und erklären: „Wenn's ihm so nicht recht ist, dann kann er's ja selber besser machen. Am andern Morgen war das Münster von einer andächtigen Menge gefüllt. Kurz vor Beginn der Messe trat Haydn ein mit seinem Reisebegleiter, dem Geiger Salomon aus London. Kaum erklangen die ersten Töne, so ging ein leises Leuchten über sein stilles gütiges Gesicht. Die Musiker, von des Kom-

ponisten Gegenwart angespornt, gaben ihr Bestes, und als die letzten Töne ausgeklungen waren, nickte Neefe befriedigt vor sich hin. Ein Kammerherr drängte sich durch die Menge und lud Haydn ein, ihm in das Oratorium zu folgen. Dort stand der Kurfürst in eigener Person und begrüßte ihn auf das herzlichste. Dann wandte er sich an die Musiker: „Da mache ich Sie mit Ihrem so hoch geschätzten Haydn bekannt!" – Alles umdrängte den Meister und war glücklich über ein freundliches Wort. Denn stand er damals auch noch nicht auf der Höhe seine Ruhmes, so galt er doch schon für einen der ersten unter den lebenden Komponisten. – Ludwig hielt sich im Hintergrunde und betrachtete Haydn in aller Ruhe. Wie gut blickten diese sanften braunen Augen aus dem keineswegs schönen, ja nicht einmal bedeutenden Gesicht! Frömmigkeit und große Menschenliebe spiegelten diese Züge wider.

In seinem Gasthof fand Haydn eine festlich gedeckte Tafel vor, an der zehn der besten Musiker auf ihn warteten; das hatte der Kurfürst veranstaltet. In bester Stimmung ging man zu Tisch. Neefe, der die Ehre hatte, neben dem berühmten Gast zu sitzen, konnte es sich natürlich nicht versagen, ihn auf Ludwig aufmerksam zu machen, den er mit Stolz seinen Schüler nenne. Haydn sah interessiert zu dem dunkelhaarigen jungen Menschen hinüber und bat ihn nach beendetem Mahle, sich ein wenig zu ihm zu setzen.

„Herr van Beethoven", begann er, „Ihr Lehrer hat mir viel Gutes von Ihnen gesagt; wär es unbescheiden. wenn ich Sie bäte, mir eine Ihrer Kompositionen zu zeigen?"

„Herr Kapellmeister, ich habe noch nichts gemacht, das ich Ihnen vorlegen könnte."

„Na, da soll doch aber gleich –!" rief Neefe. „Alles, was recht ist, Louis; aber zuviel Bescheidenheit ist auch wieder nichts! Jetzt tu mir mal den Gefallen, geh nach Haus und hol die Kantate – (Neef sagte, ‚Gandade') – die Trauerkantate mein ich natürlich. In 'ner Viertelstunde kannst du wieder hier sein."

Ludwig blickte unschlüssig auf Haydn.

„Wirklich, Sie machen mir eine Freude!" sagte der; „ich tät's nicht behaupten, wenn's nicht so wär."

So eilte Ludwig nach Hause und war bald wieder mit seinem

Werk zurück. Haydn nahm es und las den Titel. „Auf den Tod Josephs des Zweiten", sagte er beinahe andächtig. „Der war es freilich wert, und das nimmt mich gleich für Sie ein." – Dann sah er das Werk aufmerksam von Anfang bis zu Ende durch.

„Sie haben sehr viel Talent", begann er darauf. „Der Text ist – doch von keinem der Anwesenden? – Joseph der Große, der Vater unsterblicher Taten! – Wenn mein guter schlichter Kaiser das hörte, er tät sich ja im Grabe umdrehen! Aber Ihre Musik, Herr van Beethoven, ist alles andere als schwülstig; sie ist so schlicht und edel wie der war, dem sie gilt. Einfach, und doch groß! Das lieb ich, und das muß jeder echte Künstler lieben. Ihnen fallen Melodien in Fülle ein, und das ist das erste Kennzeichen des geborenen Musikers. Ihre Instrumentierung ist oft von großem Zauber. Sie kennen das Orchester vollkommen und wissen auch im allgemeinen, was Sie den Sängern zumuten dürfen. Wenn ich auch tadeln soll, so könnte an manchen Stellen die Melodieführung fließender sein, die Modulation korrekter. Bei den Singstimmen will mir's manchmal scheinen, als seien sie eigentlich instrumental gedacht und der Text ihnen erst nachträglich untergelegt. Darunter leidet natürlich die Richtigkeit der Deklamation, und solche Stellen sind auch schwer zu singen. Aber gerade diese Fehler zeigen mir, daß Sie ganz aus sich selber schaffen. Sie wollen nicht mehr scheinen, als Sie sind, und das ist bei Gott nicht wenig."

Nun konnte sich aber Neefe nicht länger halten. – „Herr Kapellmeister", sprudelte er hervor, „beim wahrhaftigen Gott, jedes Wort könnt ich unterschreiben! Entschuldigen Sie gütigst, ich will damit nicht etwa mein Urteil neben das Ihre stellen, aber ich bin eben zu glücklich, daß Sie den Louis so anerkennen. Ich hab's immer gesagt, es wird mal was Besonderes aus ihm, und daß ich sein Lehrer bin, das ist mein größter Stolz!"

„Er hat keinen schlechten Lehrer gehabt", sagte Haydn lächelnd. „Der Name Neefe ist geachtet überall, wo Musik gemacht wird."

„Ach, Herr Kapellmeister", sagte Neefe verschämt, „da tun Sie mir wirklich zuviel Ehre an, und daß ich den Louis eigentlich nichts mehr lehren kann, das weiß niemand besser als ich. Er war deshalb auch schon bei Mozart in Wien, aber leider nur auf ganz kurze Zeit."

„Sie waren bei Mozart?" sagte Haydn überrascht. „Wann war das?"

„Vor drei Jahren."

„Wie alt waren Sie damals?"

„Fünfzehn Jahre."

Haydn lächelte. „Dann waren Sie für ihn noch etwas zu jung. Mozart ist der größte Komponist, den die Welt jetzt besitzt. Ich bin vierundzwanzig Jahre älter, ohne davon zu lernen. In diesem Sinne ist er ein unvergleichlicher Lehrer. Aber nur in diesem Sinne! Was Ihnen vor allem nottut – eine methodische Ausbildung im Kontrapunkt – das können Sie von Mozart nicht haben, dafür ist er einfach zu genial. Es war niemals Sache des Genies, Schüler in den trockenen handwerkmäßigen Regeln einer Kunst zu unterweisen. Mozart strömen die Melodien ununterbrochen zu. Wenn er ißt und trinkt, komponiert er; er komponiert, wenn er Billard spielt oder die Zeitung liest, und wenn er unterrichtet, dann komponiert er halt auch. Haben Sie's nicht selber bemerkt?"

„Ja", sagte Ludwig, „seine Gedanken waren oft ganz wo anders."

„Wenn Sie aber etwas älter sein werden", fuhr Haydn fort, „können Sie deswegen doch aus dem Umgang mit ihm, von der Reibung an seinem Genius unendlichen Nutzen haben. Aber fürs Theoretische brauchen Sie einen andern Meister. Albrechtsberger in Wien möcht ich Ihnen empfehlen, der ist ein grundgelehrter Theoretiker, von dem können Sie alles haben, was Ihnen noch fehlt. Schade, daß ich selber jetzt nach England geh und Gott weiß wann wieder heimkomm. Sonst würd ich sagen: „Kommen Sie zu mir! Es würd mir eine Freude sein, Sie weiterzubringen. Lassen Sie uns auf Ihre Zukunft trinken!"

„Es lebe unser allverehrter Kapellmeister Haydn!" rief Neefe begeistert. Die Gläser klangen zusammen. Alles drängte heran, um mit dem Meister anzustoßen, dankbar für die Anerkennung, die er einem aus ihrer Mitte gezollt; einem, von dem sie alle Großes erwarteten. – Haydn drückte beim Abschied Ludwig noch einmal herzlich die Hand. „Also, Herr van Beethoven, so Gott will, auf Wiedersehen in Wien!"

Einundzwanzigstes Kapitel

Ludwigs erste Liebe hieß Jeannette. Sie war eine Freundin Eleonorens, wohnte in Köln und kam öfters für einige Wochen zu Breunings auf Besuch. Sie hatte blondes Haar, eine weiße Haut und rote Backen, war immer lustig und zu Neckereien aufgelegt, kurz, sie war eine echte Kölnerin. Jeannette fand eigentlich den pockennarbigen, dunkelhäutigen Freund ihrer Freundin recht wenig anziehend, aber das hinderte sie nicht, die Macht ihrer feuchtschimmernden blauen Augen auch an ihm zu erproben; und Ludwig fing sofort Feuer. Leider ging es Freund Steffen genau so. Und da jeder von den beiden glaubte, e r sei Jeannettens Auserwählter, so hielt er den andern für einen recht eingebildeten Esel. Sie hatte eine hübsche Stimme und ließ sich von Ludwig gern auf dem Flügel begleiten. Steffen mit seiner Geige geriet dann einigermaßen ins Hintertreffen. Aber als Ludwig nun gar eines schönen Tages mit einem eigens für Jeannette komponierten Lied anrückte, und sie es sang und den Autor höchlichst belobte, da war es mit Steffens Geduld zu Ende.

„Weißte, Louis", sagte er zu seinem Freunde, als sie allein waren, „ich find dat eijentlich jemein von dir, dat du mit solche Waffe jeje mich kämpfst, wo du jenau weißt, dat ich da mit dir net konkurriere kann. Ich an deiner Stell tät mich schäme, wo du noch dazu siehst, dat sie mich eijentlich viel lieber hat als dich."

„Na, Steffen, wenn sie dich wirklich soviel lieber hat, dann reg dich doch net auf! Dann wird mer so e Liedche auch net viel helfe."

„Wird et auch net!" entgegnete Steffen giftig, „die find't nix an dir, da kannste mache, wat de wills. Wofür kommste mir denn überhaupt in de Quer?"

„Wenn ich se nu aber auch jern hab?"

Steffen wurde kreidebleich vor Wut, aber er nahm sich zusammen.

„Louis! Weißte, dat et mir bitter ernst is mit dem Jannettche?"

„Mir auch!"

„Weißte, dat ich se heirate will?"

„Du Knirps du! Mach dich bloß net lächerlich! Sie is ja drei

Jahr älter als du! Denkste, die wart auf dich, bis du emal eso weit bist?"
„Warum denn net?"
„Wenn ich mir aber nu datselbe vorjenomme hab?"
„Na wart!" schrie Steffen, „dat sag ich dem Lorche!" Und er rannte hinaus.
„Dat kannste ihr ruhig sage!" rief Ludwig ihm nach.
Steffen paßte die erste Gelegenheit ab, daß er Schwester und Mutter allein sprechen konnte, und verkündete zitternd vor Erregung, was Ludwig ihm gesagt hatte. Lorchen erblaßte ein wenig, aber Frau von Breuning lachte und sagte: „Ihr seid beide nicht recht gescheit!" Abends nach dem Essen wurde musiziert. Jeannette war ausgelassener denn je. Sie sang ein Lied nach dem andern, zuletzt eines, das so anfing:

> ‚Mich heute noch von dir zu trennen,
> Und dieses nicht verhindern können,
> Ist zu empfindlich für mein Herz!'

Und dabei warf sie bald Ludwig, bald Steffen so kokette Blicke zu, daß es den armen Jungen bald heiß, bald kalt wurde, und als sie zu Bett gegangen waren, sie ein paar Stunden brauchten, bis sie einschliefen.
Am nächsten Tage, um die Mittagszeit, erschien ein junger österreichischer Offizier, angetan mit einer wahrhaft herrlichen Uniform, die alles, was man in Bonn bis dahin gesehen, weit in Schatten stellte. Und dieser glänzende junge Herr entpuppte sich als Jeannettens Bräutigam. –
Nach Tisch fanden Ludwig und Steffen sich allein zusammen. Eine Weile herrschte düsteres Schweigen. „Na, Steffen?" sagte endlich Ludwig, „wie ist et nu?" Der leidenschaftliche Steffen stürzte seinem Freunde an die Brust und brach in Tränen aus. „Steffen! Laß dat Heule!" sagte Ludwig. „Dat is dat Jeannettche nit wert!"
„Du hast rech, Louis", entgegnete Steffen und putzte sich die Nase. „Ich kann nur eins sagen: Schwachheit, dein Name ist Weib! Solch 'ner Kokett wegen hätt mer uns beinah verfeindet! Nie wieder soll ein Weib den Tempel unserer Freundschaft – na! wie sagt man da gleich?"
„Ins Wanken bringen", schlug Ludwig vor. Steffen nickte beistimmend.

Das war eine Jugendeselei gewesen. Aber bald danach wurde Ludwig zum ersten Male von der Gewalt einer wirklichen Leidenschaft erschüttert.
Maria war die Tochter des kurfürstlichen Obriststallmeisters Grafen Westerholt. Die ganze Familie war musikalisch; der Graf Meister auf dem Fagott, einer seiner Söhne ein trefflicher Flötist, Maria eine gute Klavierspielerin. Aus seinen Bedienten hatte der Graf sich eine artige kleine Hauskapelle gebildet; bei ihren Aufführungen hatte Ludwig schon des öfteren mitgewirkt und sich noch die besondere Gunst des Grafen durch ein Trio errungen, das er für die seltene Vereinigung von Klavier, Flöte und Fagott geschrieben hatte; ein reizendes, von Mozartschem Geist erfülltes Werk, das übrigens an die Technik der Spieler beträchtliche Anforderungen stellte und das Paradepferd der Familie wurde. Trotzdem war er Komteß Maria noch nicht eigentlich nah gekommen. Nun bat der Graf ihn eines Tages, seiner Tochter Klavierunterricht zu erteilen.

Ludwig hatte Maria lange nicht mehr gesehen. Als er ihr nun wieder gegenüberstand, erschrak er vor ihrer Schönheit, und es überlief ihn seltsam, als sie ihre kühle schlanke Hand auf einen Augenblick in die seine legte. Mariens Mutter trat ein, und er mußte sich zusammennehmen, um vor dieser stolzen Aristokratin nicht befangen zu erscheinen.
„Gott, ist er häßlich!" sagte die Gräfin, als Ludwig gegangen war. Maria sah sie groß an.
„Was ihr schön nennt, das ist er freilich nicht. Aber keiner in Bonn hat solche Augen."
„Was ihr schön nennt! Maria, wie kannst du so reden! Woher hast du nur diesen Hang zum Extravaganten! Von mir sicher nicht!"
Maria lächelte. – „Laß es gut sein, Mutter. Schön oder häßlich, – wenn ich nur ordentlich lerne."
Für Ludwig begann nun eine glückliche Zeit. Die beiden Stunden, die er jede Woche an Marias Seite zubringen durfte, erleuchteten und erwärmten sein ganzes übriges Dasein, ließen all die vielen Pflichten, die auf ihm lasteten, wie ein Spiel erscheinen. Gegen Vater und Brüder ward er von einer ganz ungewohnten Sanftmut und Nachsicht. In seinen eigenen Studien überbot er sich an Fleiß und strengster Selbstzucht.

Denn ein herrliches Ziel war ihm aufgegangen: Maria zu gewinnen.
Frau von Breuning bemerkte natürlich diese Veränderung an Ludwig, obwohl seine Besuche in ihrem Hause seltener wurden, und ihr Instinkt erriet auch die Ursache. Wer freilich der Gegenstand seiner Leidenschaft sei, ahnte sie nicht; sonst hätte sie sich schützend ins Mittel gelegt, um seinem heißen jungen Herzen eine Wunde zu ersparen.
Ludwig dachte hierüber anders. Anfangs freilich hätte er nie und nimmer gewagt, die Augen zu Maria zu erheben. Aber je näher er sie kennenlernte, je mehr er begriff, wie völlig frei von adligen Vorurteilen sie war, wie hoch sie ihn als Menschen und Künstler schätzte, desto mehr schwand sein anfängliches Gefühl eines unüberbrückbaren Abstandes. –

Über eines allerdings, und das war gerade die Hauptsache, blieb er sich im unklaren: ob nämlich Maria irgend andere als freundschaftliche Gefühle für ihn empfände. Sie bezeigte ihm eine immer gleichbleibende Freundlichkeit, war stets die ergebene und dankbare Schülerin, die nichts anderes zu wünschen schien, als ihren jungen Lehrer durch Fortschritte in ihrer Kunst zu erfreuen.
Eines Tages saß Ludwig wieder neben Maria am Klavier. Die Gräfin hütete wegen einer Erkältung das Bett, und er kostete das ungewohnte Glück des Alleinseins mit der Geliebten, wie der Dürstende den Duft und Saft edler Früchte. Die Stunde war zu Ende, aber er dachte nicht an Aufbrechen. Der Gedanke war ihm gekommen, diesen vielleicht nie wiederkehrenden Augenblick zu nutzen, zu erfahren, wie Maria für ihn fühle.
„Komteß", sagte er nach einer kleinen Pause, „ich fürchte, ich kann Sie bald nichts mehr lehren."
„Das ist nicht Ihr Ernst, Herr van Beethoven!"
„Doch, Komteß. Ich bin ja selber noch Schüler, noch lange kein Meister. Deshalb möchte ich auch noch einmal nach Wien gehen."
Maria erblaßte ein wenig. „Ich werde Sie sehr vermissen."
„Nun, vorläufig ist ja noch nicht daran zu denken; ich kann jetzt noch nicht fort. Aber Sie, Komteß, haben Sie niemals an Wien gedacht?"

Maria schwieg einen Augenblick. Dann sagte sie entschlossen: „Solange Sie hier sind, gehe ich nicht von Bonn fort."
Ludwig jubelte innerlich. Er schaute sie fest an; ihr Blick war nicht von der stillen Ruhe wie sonst.
„Komteß", entgegnete er, solange Sie hier sind, gehe ich auch nicht von Bonn fort."
„Herr van Beethoven, ich verspreche Ihnen schon jetzt, daß ich Sie niemals beim Wort nehmen will. Ich weiß, Sie werden über kurz oder lang Bonn verlassen; um hier der erste Klavierspieler zu sein, dazu sind Sie zu schade. Aber da wir gerade von Reisen sprechen: ich gehe in einigen Tagen mit Mama nach Münster."
„Auf lange?" rief er erschrocken.
„Auf zwei Monate."
Er fand nicht gleich eine Antwort. Grau und öde stand diese Zeit der Trennung schon vor seiner Einbildung.
„Muß denn das sein?" fragte er gepreßt.
„Wir haben in Münster ein Haus und pflegen in jedem Frühling einige Zeit dort zuzubringen."
„Das wird Sie aber im Klavierspiel wieder sehr zurückwerfen! Wenn Sie nun hier bei Ihrem Vater blieben?"
„Ich kann Mama nicht allein gehen lassen. Aber wissen Sie was? Wenn Sie uns einmal besuchten, um bei mir nach dem Rechten zu sehen? Es ist ja nicht so furchtbar weit hinüber."
– Und sie begann zu erzählen von der alten Stadt Münster, von ihrem Palais in dem großen schönen Park. – Ludwig hörte hingerissen zu. Ganz klar stand alles vor seinen Augen. Er sah sich ankommen, sah Maria ihn an der Tür begrüßen, sah sich mit ihr wandeln unter alten Bäumen, zwischen blühenden Blumen. Dort würde das Glück kommen! –
Heute hielt er nun ihre Einladung in der Hand. Immer und immer wieder überlas er das zierliche Billett, preßte es gegen sein Gesicht, sog fast vergehend den zarten Duft ein, der ihm entströmte. Das Glück sollte kommen, das Glück! – „Sie sind jederzeit willkommen!" Geliebte Hand, die das geschrieben! Ja, er mußte sogleich reisen, gerade jetzt hatte er Urlaub. Also morgen! – Nein, das ging nicht. Eine angemessene Frist mußte er verstreichen lassen. Und seine Garderobe? War die im Stande? Als Gast der gräflichen Familie durfte er nur völlig tadelfrei erscheinen. Er unterzog seinen

Gesellschaftsanzug sowie dessen einzigen Genossen, einen dunklen Straßenanzug, einer peinlichen Musterung. Geflickt waren alle beide, aber wenn er sie am Leibe hatte, würde man es nicht bemerken.
So entstieg denn Ludwig eines Tages dem Postwagen auf dem Markt zu Münster und stand bald danach vor dem Westerholtschen Palais. Klopfenden Herzens ließ er die Glocke ertönen; ein livreegeschmückter Diener öffnete und nahm das Gepäck des Ankömmlings in Empfang; Ludwig entlohnte den Träger mit einem viel zu hohen Trinkgeld. Dann schritt er langsam, nach Luft ringend, die flachen, teppichbelegten Stufen empor bis zu einer saalartigen Vorhalle. Eine Seitentür öffnete sich. Maria stand vor ihm.
„Herr van Beethoven!" rief sie lebhaft. „Wie schön, daß Sie kommen!"
Ludwig versuchte, sich der Worte zu entsinnen, die er sich vorher oft und oft zurechtgelegt hatte; aber es war umsonst. –
„Es war ja selbstverständlich", stammelte er; „wenn Sie es wünschten –". Weiter kam er nicht; hilflos blickte er in Marias reizendes Antlitz. Die schien seine Verwirrung nicht zu bemerken und beauftragte den Diener, dem Gast die ihm bestimmten Räume zu zeigen.

Als Ludwig allein war, stand er eine Weile unbeweglich, gelähmt vor Glück. Dann sah er sich um. Am Fenster stand ein Klavier; es war geöffnet, auf dem Notenhalter lagen seine Righini-Variationen. Er kniete nieder und lehnte die Stirn auf die kühlen Tasten. Marias Hände hatten sie berührt; durch seine eigenen Töne hatte sie mit dem Abwesenden gesprochen! Neben den Noten stand eine Vase mit purpurleuchtenden Rosen. Tief sog er ihren Duft ein; ein nie gekanntes Gefühl, aus Lust und Schmerz gemischt, rann durch die Adern. Maria einen Augenblick in seinen Armen halten, den Duft ihres Haares einsaugen, wie jetzt den Duft ihrer Rosen, und dann sterben! War das nicht wert, gelebt zu haben? – Mit Gewalt riß er sich aus dem Rausch, der ihn überkommen. Sie wartete ja auf ihn! Geschwind reinigte er sich von den Spuren der Reise. Dann trat er vor den Spiegel, prüfte den Ausdruck seines Gesichtes, entschlossen, heute noch nichts zu verraten von dem Aufruhr, der in ihm tobte.

Zum Abendessen waren Gäste geladen. Ludwig durfte Maria zur Tafel führen und entledigte sich dieser Aufgabe mit nachtwandlerischer Sicherheit. Selig saß er an ihrer Seite, zufrieden, daß er von der vornehmen Tafelrunde so ziemlich übersehen und nur selten in das Gespräch gezogen wurde. Ohne seine Nachbarin kaum je anzusehen, beobachtete er sie trotzdem unausgesetzt, nahm mit Entzücken den Klang ihrer Stimme in sich auf; und als ihre Hand einmal zufällig die seine berührte, war es ihm, als zöge seine ganze körperliche und seelische Existenz sich in die winzig kleine Hautfläche zusammen, mit der er die Geliebte gestreift. – Nach aufgehobener Tafel ward er zum Spielen aufgefordert; aber er schützte eine leichte Verstauchung der Hand vor und bat seine Schülerin, zu zeigen, was sie gelernt habe. Sie legte seine Variationen auf, und Ludwig nahm zum Umwenden neben ihr Platz. Ein Gefühl wunschloser Seligkeit erfüllte ihn, wie er so neben der Geliebten saß. Mit Entzücken beobachtete er die Bewegungen ihrer zarten Finger, das Muskelspiel ihrer Arme, das leise Heben und Senken der Knie, das sich kaum merklich unter dem seidenen Stoff ihres Kleides abzeichnete. Und mit Seligkeit erfüllte ihn der Gedanke: ich bin es, der diesem schönen Körper seine Bewegungen vorschreibt; mein ist in diesem Augenblick ihr Leib, mein ihre Seele! Und das erste Ahnen einer noch vollkommeneren Vereinigung ward plötzlich hineingeschleudert in sein junges unschuldiges Herz, ein heißes purpurnes Sehnen stieg in ihm auf, daß er die Augen schloß und die Zähne zusammenbiß, um nicht laut aufzuschreien. – Ein leiser Zuruf Marias rief ihn aus seiner halben Betäubung in die Wirklichkeit zurück; er hatte das Umblättern verpaßt und sie zu einer kleinen Pause genötigt.

Als die Gäste sich verabschiedet hatten, küßte Ludwig den Damen die Hand und zog sich auf sein Zimmer zurück. Er legte sich sogleich nieder und löschte das Licht. Aber an Schlaf war nicht zu denken. Ein Fieber schüttelte seinen Körper. Er stopfte sich das Kissen zwischen die Zähne, daß man sein Schluchzen nicht höre und den geliebten Namen, den er immer und immer wieder vor sich hinstöhnte. Er malte sich aus, wie auch sie jetzt in ihrem Bett läge, schlaflos und voller Sehnsucht. Wie sie zu ihm hereinträte, wie er sie an sich risse, zu sich herabzöge auf seine Brust und ihren Mund mit seinen Küssen bedeckte. „Ganz mein! Ganz dein!" – Endlich beruhigte sich der Sturm in seiner Brust; er stand auf, kühlte seine heißen, tränennassen Augen und versuchte sich klar zu machen, wie die Dinge denn eigentlich lägen. Daß er ohne Maria nicht weiter leben, oder wenn er leben sollte, nicht weiter schaffen könne, war ihm Gewißheit. Aber sie – liebte sie ihn? Er hatte es gehofft und geglaubt, sonst wäre er nicht hierhergekommen. Aber war er denn auch zu diesem Glauben berechtigt? Ihr Blick! Ja, sie hatte ihn oft angesehen, so ganz anders als Eleonore, in deren reinen treuen Augen man den Grund ihrer Seele zu erblicken glaubte. – Aber war das Liebe? Was wußte denn er davon? War es vielleicht nur sein Künstlertum, das Maria zu ihm hinzog? Und heute abend, nach der Musik, als er ganz erfüllt von ihrem Wesen sich ihr zugewandt, hatte er bei ihr auch nur eine Spur ähnlichen Empfindens bemerkt? Oder vermochte sie sich so völlig zu beherrschen? – Mit weit offenen Augen starrte er ins Dunkel, als ob er das Rätsel eines weiblichen Herzens durch seinen Blick zwingen wolle, sich ihm zu entschleiern. Dann aber reckte er sich kräftig auf. So durfte es nicht weitergehen, Ungewißheit konnte er nicht ertragen. Morgen mußte er sich Maria eröffnen, eine Erklärung von ihr fordern. War sie imstande, ihn zurückzustoßen, ihn und sein Künstlertum zu zerbrechen, nun gut, so mochte sie es tun. – Aber sie wird es nicht tun! flüsterte eine heimliche Stimme in ihm, und „sie wird es nicht tun!" flüsterte er leise nach und wiederholte in Gedanken die Worte noch oft und oft, bis der Schlaf sich auf sein junges wildes Herz hinabsenkte.

*

Strahlende Sonne weckte ihn in aller Frühe. Wohlig dehnte er sich in seinem Bett; da fiel sein Blick auf die fremde Umgebung, und der Gedanke an Maria, an die Entscheidung, die dieser Tag bringen sollte, krampfte ihm einen Augenblick das Herz zusammen. Noch einmal ließ er den gestrigen Abend an seinem Geiste vorbeiziehen. Er sah wieder Marias Augen, ihre schönen dunklen Augen. Eine Melodie, süß, wie der ersterbende Gesang der Nachtigall, wenn der Morgen

dämmert, schwebte an ihm vorüber. Was war das? Alter Besitz? Fremdes Gut, das er irgendwann gehört? Nein, ein neues Geschenk der Gottheit. Still sank er zurück, hingegeben seinem Genius. Und als er ganz erfaßt, sich ganz zu eigen gemacht, was in ihm klang, griff er nach seinem Skizzenbuch und begann zu schreiben. Nach einer Stunde stand der Satz da, schön und rein wie eine Rosenknospe.
Er traf Maria allein beim Frühstück; die Mutter sei noch müde von gestern und bäte Herrn van Beethoven, sie zu entschuldigen. Das sagte Maria mit einem so reizend schelmischen Ausdruck, daß Ludwig wieder ganz wirr und benommen zu Sinn ward. Er hatte sie noch nie in einem Morgenkleid gesehen. Ein weißes, ohne Gürtel niederwallendes Gewand umhüllte ihren schlanken Körper. Das schwarze Haar war zu einem glatten griechischen Knoten aufgesteckt. Als einzigen Schmuck trug sie eine dunkle Rose an der Brust. Ludwig kam sich wie verzaubert vor, als er sich von diesem wunderschönen Menschenkinde bedient sah; er ließ sich einschenken, aß und trank, ohne sich dessen bewußt zu werden, sah nur Maria an, hörte auf den Klang ihrer Stimme, war wunschlos selig.
Das Frühstück war beendet, Ludwig lehnte sich in seinen Stuhl zurück.
„Heute hab ich schon an Sie gedacht, Komteß!" sagte er und erstaunte über seine Kühnheit. „Ich hab etwas für Sie komponiert."
„Ist es ein Lied?"
„Nein, ein Klaviersatz."
„Sie müssen mir ihn nachher spielen. Vielleicht machen wir aber erst einmal einen Gang durch meinen lieben Park, wenn es Ihnen recht ist?"
„Gern, Komteß! Darauf hab ich mich schon lange gefreut."
An der Seite des schönen Mädchens schritt Ludwig die breite Freitreppe hinab und über weißen Kies, zwischen grünen Rasenflächen, dunklen Baumgruppen, blühenden Blumenbeeten dahin. An allen Gräsern und Blättern funkelten noch Tautropfen. Von einem in voller Blüte stehenden rosa schimmernden Apfelbaum trug ein Windhauch süßen Duft herüber. Gleich einem leisen Orgelton dröhnte aus den Kronen der Obstbäume das Summen unzähliger Bienen. – Auf einer

Bank unter einer alten Linde ließen die beiden sich nieder. Ludwig getraute sich kaum, Maria anzusehen, aus Angst, sich zu verraten; und doch konnte er den Blick kaum von ihr wenden. Sie erschien ihm schöner und reizender denn je. Ihr schwarzes Haar schimmerte bläulich, wenn ein Sonnenstrahl durch die Baumkrone drang. Ihre dunklen Augen blickten träumerisch in die Ferne. Ein schöner Schmetterling gaukelte heran und ließ sich auf der Rose nieder, die sie an der Brust trug, und Rose und Schmetterling hoben und senkten sich still und gleichmäßig mit ihren Atemzügen. – Ludwig wagte nicht zu sprechen. Maria aber mochte das lange Schweigen etwas peinlich werden.
„Woran denken Sie, Herr van Beethoven?"
„Ich denke nichts, als daß ich glücklich bin."
„Nichts als das!" entgegnete sie.
„Komteß, sind Sie nicht gücklich?"
Ein Blick sanfter Wehmut traf ihn, der seinen Herzschlag stocken ließ.
„Sie sind nicht glücklich, Komteß? Kann ich Ihnen helfen?"
Maria sah ihn voll an. Wie liebte sie diese Augen, die leuchteten, wie sie noch kein Auge hatte leuchten sehen! Wie liebte sie diese herrlich gewölbte Stirn, auf die Gott das Siegel seiner Schöpfung gedrückt hatte! Wie liebte sie diesen herben Mund, der so strenge verschloß, was ihr die Augen so klar sagten! Eine furchtbare Angst packte sie plötzlich vor dem, was der nächste Augenblick bringen konnte. Wahnsinn schien es ihr nun, daß sie Ludwig zu sich gerufen; ein freventliches Spiel mit dem Feuer, das sie vielleicht schon nicht mehr löschen konnte. Wahnsinn, völliger Wahnsinn! Es konnte ja nicht sein, daß die Komteß Westerholt dem Sohne eines kleinen kurfürstlichen Beamten angehören sollte. Und mit aller Kraft ihrer Seele entrang sie sich den Entschluß, das Feuer zu löschen, koste es, was es wolle. Ihr Blick wurde kälter, sie wandte sich von ihm ab und starrte wieder in die Ferne. – Er begriff diesen Wechsel nicht: „Haben Sie kein Vertrauen zu mir, Komteß?"
„Ich habe Vertrauen zu Ihnen, Herr van Beethoven, aber was können Sie mir helfen? Ich bin nun einmal die Tochter meiner Eltern."
Ludwig war wie erstarrt. – „Was wollen Sie damit sagen,

Komteß? Daß Sie die Komteß Westerholt sind, und ich der Musikus Beethoven? Ist das wirklich Ihr Ernst?" – Immer leidenschaftlicher wurden seine Worte. – "Ja, Sie stehen über mir! Ich verehre Sie, wie ich niemand sonst verehre. Aber nicht, weil Sie von Adel sind! Auch ich bin von Adel! Mein Adel sitzt hier, – und hier!" – Und er schlug sich auf Herz und Stirn. – "Oh, Maria, ich liebe Sie!" Und er stürzte vor ihr auf die Knie. Maria legte leise ihre Hand auf seine Schulter. – "Mein armer Freund!" sagte sie sanft.
Minuten vergingen. Tränen lösten sich langsam von ihren schönen Augen; sie mochte ihnen nicht wehren. Beruhigend strich ihre Hand über sein Haar.
"Stehen Sie auf, Herr van Beethoven", sagte sie endlich. Er erhob sich; Maria ergriff seine Hand und zog ihn neben sich nieder.
"Sehen Sie, wie schön die Welt ist! Das ist kein Tag zum Traurigsein!"
"Ich kann nicht von Ihnen lassen, Komteß!"
"Sie müssen es, und Sie können es! Sie sind noch jung! Und Sie werden ein großer berühmter Künstler werden; die Welt wird Ihnen zu Füßen liegen, und eines Tages werden Sie nur mit Lächeln an die unbedeutende kleine Komteß zurückdenken."
Aber sofort ward ihr klar, daß sie zuviel gesagt, daß eine Entgegnung kommen mußte, auf die sie keine Antwort hatte.
"Wenn Sie das wirklich glauben, Komteß, haben Sie dann nicht den Mut, Ihr Schicksal mit dem meinen zu verbinden?"
Maria schwindelte es. Sie mußte antworten; Schweigen, auch nur Zaudern, wäre Bejahung gewesen. So nahm sie die Zuflucht zur Lüge: "Vielleicht hätte ich den Mut", sagte sie mit bebender Stimme, "aber Sie irren sich, Herr van Beethoven, ich liebe Sie nicht, ich liebe einen andern."
Ludwig ließ ihre Hand los. Es ward ihm dunkel vor den Augen. Er lehnte sich zurück. Seine Brust atmete schwer.
Maria saß mit versteinertem Gesicht, den Blick starr in die Ferne gerichtet. Endlich brach Ludwig das Schweigen.
"Ja, Komteß", sagte er mit eiskalter Stimme und höflichem Lächeln, "dann ist das freilich etwas anderes. Ich darf mich dann wohl verabschieden."

Er stand auf, sie folgte ihm. Schweigend schritten sie nebeneinander durch den Park zurück, durch Sonnenlicht und Blütenduft, über weißen Kies, zwischen grünem Rasen und blühenden Blumen.

„Darf ich Sie bitten, Komteß, mich bei Ihrer Frau Mutter zu entschuldigen? Ein dringender Brief ruft mich nach Bonn zurück; meinem Vater geht es nicht gut."

Er verneigte sich und begab sich auf sein Zimmer. Sein Blick fiel auf die Komposition von heute morgen. Ein paar Stunden erst waren vergangen, aber Himmel und Hölle hatte er darin durchschritten. Er nahm das Blatt und schrieb mit fester Hand darüber: Komteß Maria Westerholt gewidmet von Ludwig van Beethoven. – Von niemand bemerkt, verließ er das Haus.

Zweiundzwanzigstes Kapitel

Die Rückfahrt nach Bonn war eine Qual. Zwischen eine Anzahl Mitreisende eingekeilt, vor deren Geschwätz er sein Ohr nicht verschließen konnte, ließ Ludwig seine Gedanken immer wieder zu Maria zurückkehren, und je länger er nachdachte, desto rätselvoller ward sie ihm. Liebte sie ihn wirklich nicht, wie sie behauptete, welchen Beweggrund hatte dann diese ganze Einladung gehabt? War Maria etwa nur eine Kokette, die sich den Triumph hatte bereiten wollen, ihn vor sich auf den Knien zu sehen? Er wies den Gedanken als unsinnig zurück. War er ihr nur ein guter Freund, dem sie als dankbare Schülerin ein paar angenehme Tage hatte bereiten wollen? Das war ja möglich. Aber ihre Augen! Er suchte sie sich wieder vorzustellen, diese süßen dunklen schwermütigen Augen, aber es gelang ihm nicht. Ihre Mutter, die Gäste, sogar der Diener, der ihn empfangen hatte, alles stand mit größter Klarheit vor ihm; aber Marias Antlitz war wie mit einem Schleier bedeckt, den er nicht zu durchdringen vermochte. Da plötzlich fielen ihm ihre Worte ein: ich bin nun einmal die Tochter meiner Eltern. – Das war es! Zum Greifen deutlich sah er sie nun wieder vor sich, sah wieder ihre

Augen, die ihm gestanden, was ihr Mund verleugnete. Sie liebte ihn, das war ihm jetzt Gewißheit. Doch sie durfte ihn nicht lieben, sie war das Opfer ihres Standes, ihrer Erziehung. Ein wilder Haß stieg in ihm auf, gegen die stolze Mutter, den herablassend freundlichen Vater. Aus dem Wagen springen, zurückrennen, die Gräfin zur Rede stellen, Maria von ihr fordern, und – von der Dienerschaft hinausgeworfen werden! Er biß die Zähne aufeinander, um nicht zu schreien vor Wut und Empörung. O diese adelsstolze Bande, diese Grafen und Barone –, stolz auf was denn eigentlich? Daß irgendein Vorfahre einmal ein besonders scharfes Schwert geführt und seinen Nachbarn abgejagt hatte, was sie besaßen! – Mozart fiel ihm ein, von dem man ihm erzählt hatte, der Erzbischof, dem er als junger Mensch gedient, habe ihn mit Schlägen und Fußtritten behandelt. Er dachte an seinen eigenen Vater, der, wenn er eine Eingabe an den Kurfürsten gerichtet, sich immer als seinen untertänigsten Knecht bezeichnet hatte. Pfeiffers Bild tauchte vor ihm auf, dem sein Freiheitssinn die Anstellung gekostet; jetzt sollte er sich irgendwo herumtreiben, ohne Verdienst, bettelarm. Stand ihm selber später nicht das gleiche Schicksal bevor, wenn er sich nicht beugte, wie sein Vater und alle die andern sich gebeugt hatten, die schließlich doch nichts waren als fürstliche Bediente? – Ein trotziges Lächeln flog über sein Gesicht. Vor den Vornehmen und Reichen katzbuckeln und den Devoten spielen? Niemals! Mochte kommen, was wollte.
Nach Bonn zurückgekehrt, erschien er gleich am nächsten Tage zum Unterricht bei Breunings. Er traf Eleonore im Musikzimmer allein an. Sie wurde über und über rot, als sie ihn so unvermutet vor sich stehen sah.
„Louis!" rief sie, „auf Sie war ich jetzt nicht gefaßt! Es ist doch nichts geschehen?" setzte sie besorgt hinzu, als sie sein blasses abgespanntes Gesicht sah. Er schüttelte den Kopf.
„Es geschieht immer etwas, Lorchen, sonst wäre das Leben auch herzlich langweilig. Geht's gut? Was macht die Mutter? Habt ihr brav geübt? Wo steckt Lenz?" – Er trat an den Flügel und schlug ein paar disharmonische Akkorde an. „Gefällt's Ihnen, Lorchen? Schön, nicht wahr? So fängt meine neue Sonate an."
Frau von Breuning blickte zur Tür herein.

15 Beethoven

„Also d u machst diese Katzenmusik? Ich dachte schon, Lorchen wäre übergeschnappt. Ja, wo kommst du denn überhaupt her?"

„Von zu Haus", entgegnete Ludwig kaltblütig. „Aber jetzt vorwärts, ans Klavier! Wo steckt Lenz, frag ich noch einmal!"

„Er ist nicht daheim", sagte Frau von Breuning. „Wenn du unterrichten willst, so nimm Lorchen allein vor." – Damit ging sie wieder hinaus. Die beiden setzten sich ans Klavier. Lorchen begann zu spielen. Es ging so schlecht wie vielleicht noch nie. Sie warf einen scheuen Seitenblick auf den Freund; der dachte wohl an ganz etwas anderes. Mitten im Satz hörte sie auf.

„Recht brav", sagte Ludwig. „Du bist überhaupt ein braves Mädchen. Ach, entschuldigen Sie, gnädigstes Fräulein von Breuning, wir nennen uns ja Sie!"

„Louis", sagte Eleonore und kämpfte mit den Tränen, „was soll dieser Ton?"

„Sie haben ganz recht. Verzeihen Sie mir, mein hochgeborenes Fräulein! Ich litt an Zerstreuung, an Abwesenheit des Geistes – so weit ein Mensch wie ich überhaupt das Recht hat, von Geist zu sprechen – und eben sich damit zu meinen."

Unfähig, dies weiter zu ertragen, unfähig, ihm zu antworten, erhob sie sich und verließ das Zimmer. Ludwig sah ihr lachend nach. Da fiel sein Blick auf sein Abbild im Spiegel. Er erschrak und kam zur Besinnung. Er stürzte hinter Eleonore her in ihr Zimmer. Da saß sie und weinte.

„Lorchen! liebstes bestes Mädchen! Verzeihen Sie mir! Ich bin ein niederträchtiger Kerl, daß ich Sie kränken konnte!"

Sie trocknete ihre Tränen. „Was ist denn nur geschehen?" fragte sie.

„Ach, Lorchen, was geht uns das an! Sie sind das beste Mädchen, das es gibt; ich habe Sie lieb, wie wenn Sie meine Schwester wären, und ich Esel muß gerade gegen Sie dumm und häßlich sein!" – Er streichelte ihre Hände, nahm ihr Taschentuch und wischte ihr die letzten Tränen aus den Augen. – „So! Jetzt lachen Sie mal! Und nun wollen wir uns nicht mit Unterricht plagen! Ich spiele Ihnen was vor, was Lustiges, und Sie tanzen, mit Christoph, oder mit den Onkels!"

Er legte den Arm um sie und schleppte sie ins Musikzimmer zurück, setzte sich ans Klavier und jagte einen rasenden Lauf über die Tasten. Dann sprang er auf, griff nach seinem Hut und lief ins Freie, prallte auf die beiden würdigen Herren Canonici, die gerade, in ein gelehrtes Gespräch vertieft, von einem Spaziergang heimkehrten, stotterte eine Entschuldigung und rannte davon. Die beiden Herren sahen ihm bedenklich nach und tauschten einen Blick des Einverständnisses. Dann wollten sie bei Frau von Breuning eintreten, zogen sich aber gleich wieder zurück, als sie Lorchen bemerkten, die schluchzend ihren Kopf an die Mutter gelehnt hatte, gingen jeder auf sein eigenes Zimmer, trafen sich aber gleich wieder, da jeder den andern hatte aufsuchen wollen.
„Was ist nun wieder geschehen!" sagte Onkel Breuning. „Ob sich der mit Lorchen gezankt hat?"
„Hoffentlich steckt nichts Ernstes dahinter", meinte Onkel Abraham. „Ein unruhiger Geist, der Louis!"
Frau von Breuning hielt Eleonore auf ihrem Schoß und ließ sie sich ausweinen. Dann mußte sie der Mutter den Hergang erzählen. – „Mein armes kleines Lorchen!" sagte Frau von Breuning, „hast du ihn denn sehr lieb?"
„Sehr!" flüsterte Eleonore.
„Das hätte ich ja nun eigentlich voraussehen können", seufzte die Mutter. „Aber wenn ich's auch gekonnt hätte, ich glaube, ich hätte doch genauso gehandelt, hätte ihn doch zu uns ins Haus gezogen. Du mußt darüber hinwegkommen, Kind, das hilft nun nichts. Du bist ja auch noch viel zu jung für solche Dinge, und der Louis erst recht mit seinen zwanzig Jahren."
Eleonore schüttelte den Kopf. „Wie soll ich darüber hinwegkommen? Er liebt mich nicht, er liebt die Maria Westerholt."
Frau von Breuning war über den Scharfblick ihrer Tochter verblüfft. – „Meinst du? und Maria?"
„Hat ihn fortgeschickt. Darum ist er jetzt außer sich, der Arme."
„So so! Hat dir Louis das erzählt?"
„Nein! Er hat kein Wort gesagt."
Frau von Breuning unterdrückte ein Lächeln. Macht Liebe wirklich blind?
„Die Westerholts sind überhaupt furchtbar stolz", setzte Eleonore hinzu. Ihre Mutter mußte wieder lächeln.

„Mein Lorchen, mein kleines Mädchen, jetzt hör einmal zu! Ihr seid beide noch Kinder, du sowohl wie Louis. Und vergiß nicht, Lorchen: Louis ist kein Mensch wie wir andern. So lieb ich ihn habe: die Frau, die er einmal heiratet, beneide ich nicht; mit seiner Reizbarkeit, seinem unbändigen Sinn wird er ihr das Leben recht schwer machen."
„Und wenn er noch viel schlimmere Fehler hätte, trotzdem würd ich – an seiner Seite bleiben, und würde Gott jeden Tag danken, daß er mich ausgewählt hätte, von Louis alles Häßliche und Schwere fernzuhalten, damit er ganz seiner Kunst leben könnte."
Mein Kind, dachte Frau von Breuning, wie recht hast du! – Aber das sprach sie nicht aus.
„Lorchen, das sind Jungmädchenschwärmereien. Menschen wie Louis sind wohl überhaupt nicht zum Heiraten da; sie haben eine wichtigere Bestimmung zu erfüllen. – Aber das liegt ja alles noch in weiter Ferne. Wer weiß, wie sich unser und sein Leben weiter entwickelt. Jetzt möchte ich dir nur e i n e n Rat geben, Kindchen: Laß dir nichts anmerken! Sei weiter so mit ihm, wie du bisher gewesen bist!"
„Schwesterlich!" sagte Eleonore. „Er hat mich lieb wie eine Schwester, das hat er mir vorhin anvertraut."
Jetzt mußte aber Frau von Breuning doch lachen.
„Siehst du, Kindchen, Louis, betrachtet die Sache von der richtigen Seite. Kopf hoch, Lorchen! Zeig, daß du ein tapferes Mädchen bist! – Übrigens, der Onkel in Kerpen schreibt, wo wir denn blieben, ob wir den ganzen Frühling in Bonn sitzen wollen. Ich denke, wir können übermorgen reisen."
„Aber Mutter, daran ist doch gar nicht zu denken! Mein Kleid soll doch erst nächste Woche fertig werden, und wer weiß, ob Mamsell Engels Wort hält!"
„Also geh mal flink zu ihr, Kindchen, und treib sie zur Eile."
Eleonore stand gehorsam auf, gab ihrer Mutter einen Kuß und ging. Frau von Breuning sah ihr nach und nickte leise vor sich hin. – „Armer Louis! Armes Lorchen! Und was soll ich nun tun? Erst einmal verreisen. Und dann? Louis eine Zeitlang fernhalten? – Nun, wir werden ja sehen. Kommt Zeit, kommt Rat."
Nach dem Abendessen teilten Bruder und Schwager ihr mit, was sie nachmittags beobachtet hatten, und knüpften mit be-

denklicher Miene umständliche Mutmaßungen bezüglich einer immerhin möglichen Neigung zwischen Lorchen und Louis daran.
„Ihr geistlichen Herren", lachte Frau von Breuning, „was versteht ihr überhaupt von Liebessachen! Das müßt ihr schon uns Frauen überlassen."

*

Ludwig hatte sich seiner Unbeherrschtheit Eleonoren gegenüber sogleich herzlich geschämt, und als er das nächste Mal im Breuningschen Hause erschien, nahm er sich desto mehr zusammen, gab sich harmlos und heiter, so daß Mutter und Tochter schließlich glaubten, sich in ihren Vermutungen über ihn und Maria Westerholt doch wohl geirrt zu haben. Hätte Frau von Breuning geahnt, welch gefährliches Feuer in Ludwig loderte, sie hätte ihn jetzt nicht verlassen. So aber reiste sie ahnungslos mit ihren Kindern ab und ließ ihn mit sich und seinem brennenden Leid allein. – Er suchte sich durch Arbeit zu betäuben und ging an eine neue Komposition; aber es wurde eine Quälerei. Dürftig und hölzern entwickelten sich die Melodien; es fehlte jeder Schwung; ein ärmliches, nüchternes, schülerhaftes Gestammel machte sich auf den Notenlinien breit, und wütend steckte er das Werk, lange bevor es vollendet war, ins Feuer. Er wollte sich durch Lektüre ablenken; es half nichts. Er las Worte, die er nicht verstand, dachte nur an Maria, sah nur Maria.
Da fielen ihm die „Leiden des jungen Werthers" in die Hände. Er las den Titel mit einer gewissen Geringschätzung; an seinem eigenen Unglück gemessen, dünkte ihn fremdes Leiden schon von vornherein unerheblich. Immerhin, das Buch war so berühmt; ein paar Seiten konnte er ja einmal ansehen. – Er las es in einer Nacht von Anfang bis zu Ende, fiebernd, aufgewühlt bis auf den Grund seiner Seele. Als er es bei Tagesgrauen aus der Hand legte, hatte er das Gefühl: auch ich muß sterben; es gibt keine andere Lösung.
Tagelang, wochenlang bewegte ihn der Gedanke, stieß ihn ab und zog ihn mächtig wieder an. Er las in Kants „Metaphysik der Sitten" nach, was der über den Selbstmord sagte. Natürlich verwarf er ihn; aber seine Gründe machten auf Ludwig keinen Eindruck. Sie kamen ihm engsinnig vor, auf

den Durchschnittsmenschen abgestimmt, konnten ihn nicht treffen. War denn Werther nicht ein guter edler Mensch? Empfand man seine Tat etwa als eine Versündigung gegen das Sittengesetz? Mußte nicht der große Goethe selber ein edler Mensch sein? Und hatte er Werthers Tat nicht als etwas hingestellt, das notwendig war, weil sein Held auf Erden keine freie Bahn zum Weiterleben mehr hatte? – War es Feigheit, sich das Leben zu nehmen? Lächerlich! Die Geschichte, die großen Dichter bewiesen an hunderten von Beispielen das Gegenteil. – Was sollte aus seinen Brüdern werden, wenn er nicht mehr am Leben war? Er wußte es nicht. Aber als ein zerbrochener Mensch konnte er ihnen doch nicht mehr helfen.
Und was würde Maria sagen, wenn sie eines Tages erführe: der junge Beethoven ist in den Rhein gegangen; unglückliche Liebe soll ihn in den Tod getrieben haben. Wie würde ihr stolzes Herz erbeben! Wie würde die Reue sie packen! Weinen würde sie, stundenlang, tagelang, um ihn, den sie nicht erhört. Von Maria beweint zu werden, war das nicht wert, dieses elende Dasein hinter sich zu werfen? – So schlug ihn der Gedanke an einen freiwilligen Tod immer fester in seinen Bann.
„Louis!" sagte Wegeler, „seit einiger Zeit siehst du wirklich jämmerlich aus! Was fehlt dir denn eigentlich? Hast du irgendwo Schmerzen? Auf der Brust vielleicht? Komm, laß dich mal untersuchen!"
Ludwig schlug sich auf seinen mächtigen Brustkasten, daß es dröhnte, machte einen Witz und schickte den Freund weiter.
Auch Neefe sah recht wohl, daß mit seinem alten Louis etwas nicht in Ordnung war. Er versuchte, ihn zum Sprechen zu bringen, aber Ludwig wich aus. Wie hätte sein guter Lehrer ihm auch helfen können!
Es war ein trüber Nachmittag im Juli. Graue Wolken hingen in den Bergen, die Luft war warm und feucht wie in einem Treibhaus. Ludwig fühlte sich wie gelähmt; oft war es ihm, als stände sein Denken still. Dafür verfolgte ihn den ganzen Tag ein Thema aus seinem letzten verunglückten Kompositionsversuch, eine brutale aufdringliche Melodie, die ihm in tiefster Seele zuwider war. – Der Vater war morgens betrunken nach Hause gekommen und schlief seinen Rausch aus.

Mit einem der Brüder hatte es einen häßlichen Auftritt gegeben. Ein unsagbarer Ekel packte ihn. „Nun ist es genug. Ich kann nicht mehr."

Er warf sich auf sein Bett; sein Wille zum Leben kämpfte einen letzten Kampf. Dann stand er auf, verließ das Haus und nahm den Weg zum Rhein. Weit draußen vor der Stadt machte er halt und lehnte sich an einen Weidenbaum dicht am Ufer. Ein seltsames Sausen war in der Luft, graue Nebel jagten über die Fluten. Eine blauschwarze Wolkenwand war heraufgezogen; unheimlich breitete Dämmerung sich über die Erde.

Fast ohne Bewußtsein, von einer inneren Macht getrieben, richtete Ludwig sich auf; langsam schritt er ins Wasser hinein.

Da glaubte er einen gellenden Schrei zu hören. Es war die Stimme der Mutter. Graue Schleier zerrissen. Zum Greifen klar sah er sich selber, als kleines Kind, wie er eihmal beim Spielen hineingewatet war ins Wasser, einer schimmernden Libelle nach –, sah seine Mutter heranstürzen mit angstverzerrten Zügen, sah sie ausgleiten, sich wieder aufrichten, hörte aufs neue ihren angstgequälten Schrei. – Er fuhr empor aus seiner Betäubung; voll Entsetzen begriff er, wo er sich befand. In langen Sätzen floh er ans Ufer zurück, aufschluchzend warf er sich in den Sand. Blitze zuckten, Donner krachte, wütende Windstöße peitschten Regen auf die Erde und auf den jungen Menschen.

Ludwig lag am Boden, die Arme von sich gestreckt, die Hände in den Sand gekrampft; dumpfe Schreie lösten sich von seinen verzerrten Lippen. In der Nähe schlug der Blitz in einen Baum; ein Donnerschlag folgte, daß die Erde erbebte. Ludwig hörte es nicht. Der kalte Regen hatte seine Kleider durchnäßt; er fühlte es nicht. Endlich öffnete er die Augen. Das Gewitter war vorübergezogen; ein Stück blauen Himmels war wieder sichtbar; die Luft war rein und kühl. Ihn begann zu frösteln. Er richtete sich auf und strich das nasse Haar aus der Stirn. – „Mein Gott! Was wollte ich tun! War ich denn wahnsinnig! Mich so zu vergessen! Zu vergessen, was ich dir gelobt habe, Mutter! O Mutter, verzeih mir!" Und Tränen stürzten ihm aus den Augen, wohltätige lindernde Tränen.

Er stand auf und reinigte seine Kleider vom Sand. Er war durch und durch naß; in dem Zustand mochte er nicht bei Tageslicht nach Hause gehen. So wanderte er weiter stromaufwärts, und langsam kam der Friede über ihn. Seine Augen folgten dem Höhenzug am jenseitigen Ufer, der allmählich in die schönen Linien der Sieben Berge überging, folgten dem Rhein, der in der Ferne nach rechts umbog und dadurch den Eindruck eines Sees hervorrief, den das Gebirge abschließt. Aus den Wiesen an beiden Ufern tauchten Baumgruppen auf, steile Pappeln und sanfte Weiden, traten an den Strom und schienen auf ihm zu schwimmen. Ein unendlich beruhigendes Gefühl überkam Ludwig angesichts solcher überwundenen Erdenschwere. Die Sonne war untergegangen, Himmel und Wasser waren stahlblau, und je mehr die Dämmerung fortschritt, desto mehr nahm auch das Land die gleiche Farbe an. Als er sich endlich zum Heimgehen wandte, lag der westliche Abendhimmel vor ihm, noch sanft gerötet und seinen Widerschein über die zartblauen Wellen des still dahinfließenden Stromes gießend. Allmählich ward es dunkler, Stern um Stern trat hervor, und langsam stieg die glutrote Scheibe des Mondes auf. Ludwig hatte die Vorstadt erreicht. Da träumte Garten an Garten; in feierlichem Schweigen standen die alten Bäume, vom Monde mit Goldglanz übergossen. Brunnen plätscherten, und leise rauschte der Rhein sein ewiges Lied.
„Heimat, meine Heimat! Wie schön bist du! Strom und Berge und Gärten – ein fester Himmel wölbt sich über euch!"

Dreiundzwanzigstes Kapitel

So hatte Ludwig das Schlimmste überwunden, aber noch kreiste sein ganzes Denken schmerzlich sehnsüchtig um Maria; und je näher ihre Rückkehr bevorstand, desto unruhiger wurde er. Ihm graute vor einem Wiedersehen, und er hätte viel darum gegeben, wenn er Bonn jetzt auf einige Zeit hätte verlassen können. Der Zufall kam ihm zu Hilfe.
Die Kapelle hatte eben eine Probe beendet; da klopfte der Konzertmeister Ries, der den kranken Kapellmeister Reicha vertrat, an sein Pult.

„Meine Herren, bitte noch einen Augenblick! Wie Sie wissen, beginnen nächstens zu Mergentheim die Sitzungen des Deutschen Ordens. Unser allergnädigster Herr hat nun eine Theatergruppe dorthin engagiert, die durch einige Mitglieder unserer Bühne verstärkt werden soll. Und ferner soll unsere Kapelle in der kleinen Besetzung sich ebenfalls nach Mergentheim begeben. Die Reise geht in zwei Segeljachten den Rhein und den Main hinauf bis Miltenberg. Folgende Herren haben sich reisefertig zu machen."

Alles hing voll Spannung an seinen Lippen, als er nun die einzelnen Namen verlas; auch Ludwig war darunter. Ungeheures Hallo folgte; eine Trompete schmetterte einen Tusch. Wer reisen durfte, war selig ob dieser unerwarteten Unterbrechung des eintönigen Hofdienstes. Man machte aus, wie die Gesellschaft sich auf die beiden Jachten verteilen solle, und Ludwig und seine Schiffsgenossen wählten zu ihrem „König", dem jeder unbedingten Gehorsam schuldig sein sollte, den allbeliebten Bassisten Lux. Der seinerseits verteilte die Würden seines Hofstaates, wobei Ludwig und der Cellist Romberg zu Küchenjungen ernannt wurden.
An einem schönen Augusttage des Jahres 1791 schifften sich die Hofmusici in den zwei bequemen Jachten ein, die sogar ein paar ganz behaglich eingerichtete Zimmerchen enthielten, und fort ging es, den herrlichen Strom hinauf.
„Gott sei Dank!" seufzte Ludwig vor sich hin, als die Türme von Bonn verschwunden waren. Zwar bangte ihm ein wenig vor dem ständigen nahen Zusammensein mit den Kollegen, vor Scherz und Lustigkeit; aber vielleicht war es so das beste.
„Na, Louis, wo bleibste denn?" rief Ries, der das Amt des Kochs verwaltete. „Vorwärts, Kartoffele schäle!"
Ludwig trat in die kleine Kombüse ein, band eine Küchenschürze um und stülpte eine weiße Mütze auf. Der Anblick war überwältigend. Die hohe schirmlose Mütze über der gewölbten Stirn bot einen Gegensatz zwischen Geist und Materie, wie man sich ihn nicht grotesker denken konnte. Ries wand sich vor Lachen und alarmierte die ganze Gesellschaft, sich dieses Schauspiel anzusehen.
„Herkules am Spinnrädche", schrie er, „damit soll mer

niemand mehr komme! Von jetzt an heiß' et: Beethoven als Küchenjung!"

„Wenn ihr wüßt", rief Ludwig, „wie oft ich zu Haus schon de Küchejung jemacht hab! Ich will euch schon zeije, dat ich mein Handwerk versteh!" Und er stürzte sich mit Feuereifer auf einen Haufen Bohnen, um sie abzuziehen. – „Die sin doch für de Abend!" schrie Ries, „Kartoffele sollste schäle. Herrjot, minge Brate!" Den hatte er vor lauter Lachen ganz vergessen; jetzt war er glücklich angebrannt. – „Sehe Se", rief Ludwig, „dat kommt von der Überhebung! Bringe Sie mal erst ne richtige Brate zestand, un' dann dürfe Se noch lang net über mich lache. Ich wüßt aber emal jern, weshalb ich hier in dem enge Kabäus'che sitze soll, wo drauße de Sonn scheint." – Er packte den schweren Korb, schleppte ihn hinaus und purzelte der Länge lang damit hin. Die Kartoffeln kugelten übers Deck, der Konzertmeister stieß ein Triumphgeheul aus, und Ludwigs weiße Mütze entführte der Wind; dick und gebläht schaukelte sie auf den Wellen. Ludwig ergriff ein Küchentuch, rannte ans Heck und winkte dem nachfolgenden Schiffe: „Mütz' über Bord!" schrie er aus Leibeskräften, „min kurfürstliche Mütz' is über Bord!" Dann packte er eine Trompete, die gerade in der Nähe lag, und erpreßte ihr ein paar Jammertöne.

„Na, Louis", meinte Ries trocken, „du machs dich jut als Küchejung, dat kann man wohl sage. Jott sei Dank, mer habe se wieder."

So ging unter Scherzen und Lachen die Zeit bis zum Mittagessen hin. In heiterster Stimmung wurde alles, sogar der angebrannte Braten, bis auf den letzten Rest vertilgt und dem Wein, den der Kellermeister gespendet, fleißig zugesprochen. Dann kam das Geschirreinigen, Kaffee mußte gekocht werden, und gleich nach dem Kaffee begannen schon wieder die Vorbereitungen zum Abendessen, so daß Ludwig gar nicht dazu kam, seinen Gedanken nachzuhängen.

„Ja, Louis", sagte Ries, der schwitzend am Herd stand. „dat Koche is nit eso leich' wie dat Klavierjeklimpere!"

„Dat is mer alls schon manchmal aufjejange, Herr Ries."

Trotz all seiner ersprießlichen Beschäftigung ließ aber der Küchenjunge sich rechts und links an den Ufern nichts entgehen. Die Sieben Berge wuchsen aus ihrer blauen Ferne zu beglückender Nähe heran. Und als man an Nonnenwerth vorüberfuhr, da ließ Ludwig Kartoffeln, Kartoffeln sein. Etwas Schöneres konnte es nicht geben: die baumüberschattete Insel im grünen Wasser, und dahinter die wundervolle Linie des Gebirges mit seinen dunklen Wäldern, über die eine weiße Wolke langsam dahinzog. Und dazu die weichen Töne zweier Waldhörner, die den ehrwürdigen Klosterfrauen auf Nonnenwerth einen Gruß hinübersandten. – Ganz still saß Ludwig; friedevoll war sein Herz, zum erstenmal seit langer Zeit; alle Wünsche schwiegen; er fühlte nichts als Dankbarkeit gegen den Schöpfer all der Schönheit, die ihn umgab. Lange saß er so, und kam erst wieder zu sich, als König Lux auftauchte und ein Donnerwetter über den Haufen ungeschälter Kartoffeln losließ.

„Da schau dir dein Konterfei an, Louis!" rief er und deutete auf die Probstei zum heiligen Apollinaris, an der man gerade vorüberfuhr. Auf einem blinden Fenster war die Figur eines Kerles gemalt, der in die Landschaft hinausblickte. – „Den hat sein Meister für alle Zeiten verewigt, weil er auch nichts weiter tat als die schöne Gegend anstarren, gerade wie mein Küchenjunge."

Ludwig gelobte lachend Besserung. – „Aber die Kirche ist prachtvoll, Herr Lux, sehen Sie nur!"

„Ja, die Pfaffen haben's gut", brummte der. „Überall wo es am schönsten ist, haben sie sich eingenistet. Nonnenwerth, Apollinarisberg, und so geht's in einer langen Reihe den ganzen Rhein hinauf. Wenn ich nicht König wäre, dann möcht ich ein Pfaffe sein."

Bernhard Romberg, Cellist und zweiter Küchenjunge, wurde zur Unterstützung seines faulen Kameraden befohlen. Die beiden hatten sich gern, wenn Ludwig auch nichts von des andern viel bestaunten Cellokompositionen hielt, und Romberg seinerseits in Ludwig einen heimlichen Revolutionär witterte, der zwar unglaubliches Talent hatte, aber nicht richtig anwandte. Sein Vetter Andreas, der Geiger, war übrigens der gleichen Meinung. – So schnitzelten die beiden tüchtig drauf los. – Ein schwarzer Felskoloß mit den Trümmern einer Burg tauchte auf. Die beiden Küchenjungen ließen die Messer ruhen und blickten zu der Ruine empor, die sich drohend gegen den Himmel abhob.

„Mir wird ganz eng ums Herz", meinte Bernhard Romberg, „ein schweres trauriges Bild!"
„Gefällt dir's nicht?" entgegnete Ludwig. „Nach Menuetten sieht es freilich nicht aus."
„Ganz richtig", erwiderte der andere. „Weißt du, wonach es aussieht? Nach dir, mein alter Junge! Genau solch wildes düsteres Zeug wie in deiner Trauerkantate."
„Kerl, weißt du, daß du mir das schönste Kompliment machst?"
„Wenn du's so auffaßt –! Gemeint war's nicht so. Mensch, du hast das meiste Talent von uns allen, könntest bald ein berühmter Mann sein, wenn du dir nur deine verfluchte Wildheit und Düsterkeit abgewöhnen wolltest! Heiter lob ich mir die Kunst! Sie soll doch das Leben verschönen! Wozu wäre sie sonst da!"
Ludwig brach in schallendes Gelächter aus. „Wie heißt die Ruine?" fragte er einen Schiffer, der gerade vorüberging.
„Hammerstein."
„Hammerstein!" wiederholte Romberg. „Weißt du, Beethoven, so solltest du heißen! Der Name paßt vorzüglich zu dir!" Ludwig lachte vergnügt in sich hinein.
„Das faßt du wohl wieder als Kompliment auf?" meinte Romberg. „Rauh, hart, zufahrend, drauflosschlagend –, ungemütlich mit einem Wort! M e i n Ideal wär's nicht!
„Nur gut, daß die Geschmäcker verschieden sind, alter Romberg. Bleib du nur bei deinen süßen Cellokantilenen; wahrscheinlich wirst du's damit weiterbringen in der Welt als ich. Mich laß manchmal Hammerstein sein! Ich bin's ja nicht immer, Gott sei Dank."
„Noch bist du's nicht immer, aber du bist auf dem besten Wege dazu. Sieh, jetzt weitet sich der Rhein, die Berge werden sanfter und lieblicher. Ist denn das nicht viel schöner?"
„Beides ist schön, und gerade in solchen Gegensätzen liegt der Wert des Daseins! Immer Ruhe, immer Heiterkeit? Nein, das wird langweilig. Durch Kampf zum Frieden!"
Romberg zuckte die Achseln und nahm sein Messer wieder auf.
Als die Sonne sank, warf man vor einem freundlichen Städtchen die Anker aus, um zum Übernachten an Land zu gehen. Ludwig zog vor, auf dem Schiff zu bleiben, und übernahm

die Nachtwache; er wollte allein sein. In seinen Mantel gehüllt, saß er und lauschte dem Rauschen des Rheines, sah zu, wie Wasser und Himmel allmählich dunkel wurden. Und dunkel sah es in seinem Innern aus; es war der Rückschlag auf die Fröhlichkeit des zu Ende gegangenen Tages, die ihm nun albern und kindisch erschien. In dem nahen Gasthaus, das seine Kameraden aufgenommen, waren die Fenster geöffnet; er hörte Lachen und Gläserklingen. Eine dumpfe Traurigkeit bemächtigte sich seiner. Was sollte er in dieser fröhlichen Gesellschaft! Wie töricht war er gewesen, davon Vergessen zu erhoffen! – „Durch Kampf zum Frieden!" Wie hohl kam ihm das Wort jetzt vor! Maria besitzen – das wäre der Friede; aber er würde ihm niemals zuteil werden.
Es war Nacht geworden. Die am Lande waren zur Ruhe gegangen, tiefe Stille herrschte; nur ganz leise klopfte das Wasser gegen die Schiffswand. – Ludwig atmete tief auf, lehnte sich zurück und blickte zum Himmel empor. Da stand Stern an Stern, und das weiße Band der Milchstraße, aus Millionen Welten gewoben, dämmerte geheimnisvolles Licht.
„Der gestirnte Himmel über mir, und das moralische Gesetz in mir."
Eine Erschütterung, wie er sie nie erlebt, kam über den jungen Menschen. Er weinte, weinte.
Endlich straffte er sich auf. – „Ich armer kleiner Mensch im unendlichen, grenzenlosen Weltall, – ein Nichts –, und doch nicht ein Nichts! In mir brennt ja der göttliche Funke! Derselbe Gott, der die Sterne leuchten läßt, hat ihn entzündet. Ich d a r f ihn nicht ersticken lassen! Ich muß entsagen, sonst geh ich zugrunde, und ich d a r f nicht zugrunde gehen! – Maria! Wie ein schöner schimmernder Stern sollst du mir fortan leuchten, wunschlos will ich an dich denken, will dich nicht mehr begehren, mich nur noch an deinem Glanze freuen!"
Ruhe war über ihn gekommen. Noch lange saß er und schaute dem Wandel der Gestirne zu. Aus dem Rauschen des Rheines begann eine süße Melodie zu ihm aufzusteigen; hingerissen lauschte er. Immer mächtiger, berückender schwollen die Töne an, himmlische Harmonien woben auf und ab; dann entschwand alles in selige Ferne.
Ludwig stand auf. Ihm war, als müsse er die ganze Natur an

sein Herz drücken. Weit öffnete er die Arme und reckte sie zum Himmel.

„Musik! Ich habe dich wieder!"

*

Am Morgen erwachte Ludwig als ein anderer Mensch; eine ruhige stille Fröhlichkeit war über ihn gekommen. Wenn er die Pflichten seines gemeinnützigen Amtes erfüllt hatte, ließ er sich den frischen Wind um die Stirn wehen und genoß mit offenen Augen und beglücktem Herzen die stetig wechselnden Eindrücke still für sich. Lauter neue Bilder waren es jetzt, denn so weit stromauf hatten sich seine Wanderungen niemals ausgedehnt. Das trotzige Felsenmassiv des Ehrenbreitsteines tauchte auf. Wie oft hatte die Mutter ihm davon erzählt! Von der mächtigen alten Feste dort oben, von dem schönen Residenzschloß zu seinen Füßen, das der regierende Kurfürst allerdings gegen einen glänzenden Neubau auf der Coblenzer Seite vertauscht hatte; von ihrem Heimatdorf, das sich unter dem Namen „Tal Ehrenbreitstein" so lieblich und bescheiden an den Fuß des Festungskolosses anschmiegte. – Da drüben stand ein kleines Mädchen am Ufer und winkte Grüße herüber. So mochte seine Mutter auch oft als Kind gestanden sein. Rasch zog er sein Tuch und winkte einen Gegengruß. Und das kleine Geschöpf schwang nun sein Tüchlein doppelt geschwind, ganz stolz, daß es von dem schönen, fremden Schiff beachtet wurde. – Eine riesige blendend weiße Segelwand tauchte auf und kam in voller Fahrt rasch näher. An Bord blitzte es an allen Ecken und Enden golden auf. Am Steuer saß ein vergoldeter Neptun, der mit seinen ausgestreckten Armen Wind und Wellen zu gebieten schien. Das war die Jacht des trierischen Kurfürsten. Rasch versammelten sich bei den Bonnern die Blechbläser, und als man einander vorüberglitt, schmetterten sie einen kräftigen Tusch hinüber, Tücher und Mützen winkten, und die beiden kurfürstlichen Flaggen senkten und hoben sich dreimal zum Gruß. – An ungeheuren Flößen fuhr man vorbei, Holzinseln von fast tausend Fuß Länge, die von unzähligen Ruderknechten bevölkert waren; an tiefgehenden schwerbeladenen Kähnen und an kleinen Fischerbooten, die ihre Netze ausgeworfen hatten und geduldig auf Beute warteten. Und immer wieder ward der Blick emporgezogen zu altersgrauen Burgen, von denen man oft nicht begriff, wie sie einst entstanden sein mochten, so schwindelnd hingen sie auf unzugänglichen Felsschroffen über jähen Abgründen. Düster wurde oft das Bild, wenn das Tal sich engte und schwarzgraue Felsen bis dicht an den Strom herantraten; Beethovenlandschaften, sagte Romberg. Aber dann weitete es sich wieder, Weinberge und Obstgärten, freundliche Dörfer und Städtchen erheiterten die Landschaft.

Bei Aßmannshausen ging die Kapelle an Land; so konnten die Schiffe das Binger Loch mit seinen tückischen Klippen und seiner reißenden Strömung sicherer durchfahren. Man beschloß einen Umweg über die Höhe des Niederwaldes, von der es eine der schönsten Aussichten am ganzen Rhein geben sollte. Im Sonnenbrand des Augusttages ging es bergauf; aber bald trat man in den Schatten eines uralten Eichenwaldes ein, der sich den ganzen Berg hinaufzog und das Wandern zur Erquickung machte. Man war auf der Höhe angelangt. Bis dicht an die abstürzenden Felsen zog sich der Wald hin; die Macht des Windes hatte den Baumriesen schon im Wachsen die seltsamsten Formen gegeben; fast unheimlich langten ihre phantastisch gekrümmten Äste den Wanderern entgegen. Nun trat man aus dem Waldesschatten. In der Tiefe brauste der Rhein; schäumend brach sich seine Flut an verwegenen Klippen. Steile Felswände stiegen am andern Ufer auf; dunkle Bäume krönten ihre Kuppen. Zur Rechten wand sich der Strom durch enge Schluchten; zur Linken weitete sich sein Tal, die fernhin blitzende Nahe aufzunehmen; die Berge traten zurück und wurden niedriger, gaben der alten burggekrönten Stadt Bingen Raum, gingen in sanfte, rebenbewachsene Hügel über, die sich in immer breiteren Terrassen bis zum Rhein hinabsenkten.

Ludwig konnte sich lange von dem schönen Bilde nicht losreißen. Aber die Pflicht rief; die braven Kapellisten verlangten nach leiblicher Erquickung. Die mitgebrachten Vorräte wurden ausgepackt, ein paar Flaschen herrlichen Aßmannshäuser Bleicherts gingen reihum, und bald erklang aus zwanzig Kehlen das Rheinweinlied des Wandsbecker Boten:

Bekränzt mit Laub den lieben vollen Becher
Und trinkt ihn fröhlich leer.
In ganz Europia, ihr Herren Zecher,
Ist solch ein Wein nicht mehr.

Auf der Höhe des Niederwaldes beförderte König Lux den Küchenjungen in Anbetracht seiner Verdienste zum Oberküchenjungen. Dies war der letzte Titel, der Ludwig van Beethoven in seinem Leben zuteil geworden ist. Wieder an Bord, erhielt er ein feierliches Diplom darüber; ein großes Siegel, in einem Schachteldeckel in Pech abgedruckt und mit ein paar aufgetrennten Fäden eines Schiffsseiles befestigt, gab dem Dokument ein gar ehrenfestes Aussehen.
Bei Mainz verließen die Jachten den Rhein und segelten den lieblichen Main hinauf. In Aschaffenburg wurde halt gemacht; dort wohnte der hochberühmte Abt Sterkel, der für einen der ersten Klavierspieler und Komponisten galt. Ludwig hatte früher seine hübschen Klaviersonaten gern gespielt; freilich hatten sie ihren Reiz verloren, seit er Mozart kennengelernt hatte. Immerhin lag ihm daran, den Klavierspieler Sterkel kennenzulernen. So machte er sich mit Ries, dem Hornisten Simrock und den beiden Rombergs auf den Weg.
Der Abt empfing seine Besucher sehr zuvorkommend, ließ sich nach einigem höflichen Sträuben auch ans Klavier führen und spielte mit Andreas Romberg zusammen eine seiner Sonaten mit Violinbegleitung. Sein Spiel war leicht, graziös; „etwas damenhaft", wie Ries leise bemerkte. Ludwig stand die ganze Zeit neben ihm und sah gespannt auf seine Hände.
„Nun, mein junger Freund und Kollege", wandte Sterkel sich jetzt an Ludwig, „wollen Sie mir nicht auch die Freude machen, mir eine Probe Ihrer Kunst zu geben?" Ludwig hatte keine rechte Lust; zwischen ihm und Sterkel lag eine Welt: Mozart. Aber der andere ließ nicht locker: „Ich habe da kürzlich ein Stück von Ihnen erhalten, Variationen über ein Lied meines Mainzer Kollegen Righini. Aber sie sind so schwer! Ja! ich muß gestehen, wir kamen Zweifel, ob der Komponist selber sie spielen könne."
Damit hatte er Ludwigs schwache Seite getroffen. – „Das wäre schlimm", entgegnete er. „Also gut, wenn es Sie wirklich

interessiert –!" Sterkel durchwühlte seine Musikalien, aber er konnte das Heft nicht finden. – „Bemühen Sie sich nicht weiter, Herr Abbé", sagte Ludwig, „es geht auch so." – Er setzte sich ans Klavier, warf seinen Freunden einen schalkhaften Blick zu und begann.
Den Bonnern war etwas bänglich ums Herz. Ihr Louis war ein tüchtiger Klavierspieler, doch die Eleganz, die Delikatesse dieses Sterkel besaß er nicht. Aber gleich bei den ersten Tönen machten sie große Augen. Mit größter Zartheit legte Ludwig das hübsche Thema hin; leicht und graziös perlte eine Variation nach der andern über die Tasten. Von seelischem Ausdruck war allerdings nicht viel zu verspüren, und es gab ein paar ernste Stellen, denen das nicht gerade gut bekam. Im zartesten pianissimo verhallte der Schluß.
Sterkel war hingerissen. – „Diese Technik! Diese Delikatesse! Diese Leichtigkeit! Diese Glätte! Ich muß gestehen, Herr van Beethoven: Als ich Sie sah und in Ihre Augen blickte, hatte ich dies nicht von Ihnen erwartet! Ich war auf irgend etwas Romantisch-Wildes, Abstruses gefaßt, und nun haben Sie mir den reinsten Genuß bereitet! Fahren Sie so fort, mein junger Freund, und ich werde bald bekennen müssen, daß Sie mich überflügelt haben!"
Als die Bonner wieder auf der Straße und außer Hörweite waren, brach Ludwig in ein dröhnendes Gelächter aus. Ries und Simrock sahen ihn bedenklich an. Dann begriffen sie und stimmten in sein Lachen ein.
„Der arme Mann!" stammelte Ries, „der hält dich jetzt für seinesgleichen! Und so sauber und nett hast du gespielt, so akkurat und niedlich! Weißt du, Louis, daß du so boshaft sein kannst, das hätt ich dir gar nicht zugetraut! Aber geholfen hat es nicht. Der gute Sterkel ahnt ja nicht, daß du ihn zum besten gehabt hast!"
„Aber ihr habt es gemerkt", antwortete Ludwig, „euch wollt ich zeigen, daß Sterkels Zeit vorbei ist."
„Wir werden's ja sehen", meinte Bernhard Romberg bedächtig. Sein Vetter Andreas nickte. Er schwelgte noch in der Erinnerung an eine süße Violinpassage aus Sterkels Sonate.

Vierundzwanzigstes Kapitel

Nun geht bald der Hofdienst wieder an", seufzte Ries, als die Türme von Miltenberg in Sicht kamen. „Na, wenigstens hat die verfluchte Kocherei ein End."

„Und ich freue mich schon auf die Rückfahrt", entgegnete Ludwig, „trotz Kartoffelschälen und Feueranzünden. In meinem Leben bin ich nicht so vergnügt gewesen."

Eine kurze Landreise brachte die Kapelle nach Mergentheim. Das kleine Landstädtchen prangte im Schmuck von Fahnen und Girlanden. Aus allen Fenstern blickten neugierige Gesichter, als die Bonner Hofmusici in ihren roten Uniformen auf blumengeschmückten Wagen über das holprige Pflaster rasselten. Junge Mädchen winkten Willkommensgrüße, die von den Roten lebhaft erwidert wurden.

„Die guten Leute scheinen mindestens Verständnis zu haben", meinte Ries, der leutselig wie ein in seine Residenz einziehender Landesvater nach allen Seiten grüßte; „nett und gemütlich scheint es hier zu sein, aber Bonn ist es nicht! Ich denke beinah, wir werden uns hier kräftig langweilen. – Was ist denn das für ein alter Kasten? Habt Ihr hier eine Kaserne, Schwager?" wandte er sich an den Kutscher.

„Das ist das Ordensschloß."

Ein riesiger grauer, völlig schmuckloser Bau, von dem ein kahler Turm in die Höhe starrte, breitete sich vor ihnen aus.

„Daß müßt Ihr aber dran schreiben, daß das ein Schloß sein soll", meinte Ries.

Der Wagen fuhr über einen öden Platz, durch einen dunklen langgestreckten Torweg und hielt dann im inneren Schloßhof. Man stieg aus. Ringsum kahle Mauern; nur auf einer Seite wurde das Bild durch die in den Burgring eingezwängte Barockfassade der Ordenskirche etwas belebt.

„Graf Waldstein!" rief Ludwig erfreut.

„Na, glücklich angekommen?" sagte der Graf. „Ja, schön ist's hier nicht. Aber dafür gibt's saubre Madeln, das hab ich bereits festgestellt. Die paar Wochen werden schon herumgehen."

Er ließ den Hausmeister rufen und den Ankömmlingen ihre Quartiere anweisen. Überall herrschte mönchische Einfachheit.

„Herr Lux", sagte Ludwig lachend, „jetzt sind Sie ja kein König mehr. Möchten Sie nun ein Pfaff sein?" – Der abgedankte König schüttelte sich schaudernd.

Das Schloß wimmelte von allen möglichen Würdenträgern; der ganze Orden war schon versammelt bis auf den Kurfürsten, der über Würzburg gereist war, um dem Fürstbischof einen Besuch abzustatten. Am nächsten Abend traf auch er ein, und es war ein schönes Bild, wie die Schar der Ordensritter in ihren langen weißen Mänteln bei Fackelschein Spalier bildete und ihren Hochmeister in Empfang nahm.

„Kinder", sagte Ries am nächsten Tage, als die Kapelle bei ihm zur Probe versammelt war, „langweilen werden wir uns nicht in Mergentheim; wir werden elend schuften müssen! Hier hab ich das Programm für die ganze Woche; gebt einmal acht! Sonntag Komödie, mit Ouvertüre und Zwischenaktmusik; Montag Ball – das heißt, wir spielen und die andern tanzen, und das dauert die ganze Nacht; Dienstag Operette; Mittwoch großes Konzert; Donnerstag Komödie; Freitag Akademie; Samstag Operette; und dann geht es wieder von vorn los. Jeden Tag natürlich Probe, und Gottesdienst noch dazu... Ob da nicht der Herr Direktor Reicha mit seinem Podagra in Bonn den besseren Teil gewählt hat? Aber das will ich euch sagen, Kinder: dankt eurem Herrgott auf den Knien, daß ich nicht auch zuhause geblieben bin. Sonst müßtet ihr nämlich unter dem Musikdirektor von der Häuslerschen Theatertruppe spielen! Ich hab ihm gestern meine Visite gemacht. Weber heißt er; sieht aus wie ein abgedankter Husarenoberst und benimmt sich auch so. Von oben herab, unverschämt freundlich, feudal mit einem Wort. Hat aber einen süßen kleinen Jungen, der alte Knochen. Scheint sich auch mächtig was drauf einzubilden. So, nun wollen wir mal anfangen. Und nehmt euch zusammen! Vor dem Husarenoberst möcht ich mich denn doch nicht blamieren!"

So gab es also Arbeit in Fülle. Am Vormittag, wenn der Orden seine Sitzungen hatte, probte die Kapelle, und nachmittags um sechs schon begann Konzert oder Theater. Nur nach dem Mittagessen hatte man Zeit in dem herzlich langweiligen, in französischem Geschmack angelegten Schloßpark oder in den nahen Waldtälern herumzuflanieren.

Einmal während einer Opernprobe bemerkte Ludwig im Parterre einen etwa fünfjährigen blassen, dunkelhaarigen Knaben, dessen leuchtende Augen gespannte Aufmerksamkeit verrieten. Als er später den Saal verließ, ging der Kleine ein paar Schritt vor ihm her. Er hinkte, kam offenbar nur mühsam von der Stelle und blieb endlich stehen. Ludwig näherte sich ihm und bot seine Hilfe an. Der Kleine dankte mit vornehmem Kopfschütteln.
„Wie heißt du denn, mein Junge?"
„Carl Maria von Weber."
„Hat dir die Oper gefallen?"
„Ja, aber mein Vater dirigiert besser."
Ludwig mußte über den kleinen Kritiker lachen. Der warf ihm einen erstaunten Blick zu, wandte sich ab und hinkte davon.
Ein paarmal gab es hohen Besuch; der Fürstbischof von Würzburg machte seine Gegenvisite, aus dem nahen Kirchberg kam der Fürst von Hohenlohe. Beide wurden durch Galakonzerte geehrt, in denen der Tenorist Simonetti, die Sängerin Willmann, die beiden Romberg Lorbeeren ernteten. Ludwig schabte nur seine Bratsche; als Klavierspieler trat er nicht öffentlich auf, denn es gab in Mergentheim kein gutes Instrument. Dafür feierte er aber doch einmal wenigstens einen privaten Triumph. Der Kaplan Junker aus Kirchberg, ein hochangesehener Musikschriftsteller, machte Ludwigs Bekanntschaft und hörte ihn phantasieren. Er bedankte sich in einem langen Bericht an Boßlers ‚Musikalische Korrespondenz': „Noch hörte ich einen der größten Spieler auf dem Klavier, den lieben guten Beethoven. Man kann die Virtuosengröße dieses lieben, leise gestimmten Mannes, wie ich glaube, sicher berechnen nach dem beinah unerschöpflichen Reichtum seiner Ideen, nach dem ganz eigenen Ausdruck seines Spieles, und nach der Fertigkeit, mit welcher er spielt. Ich wüßte also nicht, was ihm zur Größe des Künstlers noch fehlen sollte. Ich habe Voglern auf dem Fortepiano gehört, oft gehört, und stundenlang gehört, und immer seine außerordentliche Fertigkeit bewundert; aber Beethoven ist außer der Fertigkeit sprechender, bedeutender, ausdrucksvoller, kurz, mehr fürs Herz; also ein so guter Adagio- als Allegrospieler. Selbst die sämtlichen vortrefflichen Spieler der Ka-

pelle sind seine Bewunderer, und ganz Ohr, wenn er spielt. Nur er ist der Bescheidene, ohne alle Ansprüche. Sein Spiel unterscheidet sich so sehr von der gewöhnlichen Art, das Klavier zu behandeln, daß es scheint, als habe er sich einen ganz eigenen Weg bahnen wollen, um zu dem Ziel der Vollendung zu kommen, an welchem er jetzt steht."

*

An einem freien Sonntagnachmittag hatte Ludwig einmal mit Bernhard Romberg einen weiteren Spaziergang unternommen. Es war sehr heiß, und als sie auf dem Rückwege durch ein kleines Dorf kamen – Stuppach hieß es –, traten sie in die Kirche ein, um sich auszuruhen. Ein monotones Stimmengewirr schallte ihnen entgegen; es war Betgottesdienst. Sie ließen sich auf einer freien Bank nieder. Ludwig machte es Spaß, den fortgesetzten Akkordwechsel zu beobachten, in dem der Sprechchor der Betenden sich bewegte. Aus F-Dur detonierten sie langsam nach E-Dur. Jetzt schwieg der Chor, eine Stimme betete in As-Moll vor. Dann begann der Chor wieder, diesmal im Quartsextakkord von G-Dur, und sank dann über Fis nach F-Dur. Romberg war inzwischen eingeschlafen. Ludwig sah sich in dem Gotteshause um; alles war höchst einfach und ziemlich geschmacklos. Sein Blick wanderte nach vorn zum Altar. Da hing ein großes Bild; was es darstellte, konnte er aus der Entfernung nicht erkennen, aber ein wunderbares Leuchten ging von ihm aus. Sollte das wohl von einem Dorfmaler stammen? Er beschloß, es später aus der Nähe zu betrachten, und lenkte seine Aufmerksamkeit vorläufig wieder auf den Chor. Aber immer wieder mußte er nach dem Altarbild hinsehen. – Endlich raffte sich die Gemeinde zu einem Choral auf, und damit war der Gottesdienst zu Ende. Ludwig war mit dem schlafenden Freund allein in der Kirche.
Er stand auf und schritt langsam auf den Altar zu, den Blick auf das Bild geheftet. Nun stand er davor, und hatte das Gefühl: der das gemalt hat, ist mir verwandt. – Es war eine Madonna mit dem Kinde. Die Mutter Gottes, in ein herrlich rotes Brokatkleid gehüllt, das an Leuchtkraft mit dem blauen Mantel wetteiferte, hielt den kleinen Christus auf ihrem

Schoß und reichte ihm einen Apfel hin, nach dem das fröhlich lächelnde Kindchen verlangend die Hände ausstreckte. Aber welch ein Ausdruck auf Marias Antlitz! von tiefer innerer Schönheit durchleuchtet; ein glückliches Lächeln beim Anblick des Kindes, und doch etwas Wehes in den Augen; ein Genießen der schönen Gegenwart, und ein Wissen um zukünftiges Leid; aber dieses Leid schien schon überwunden durch die Ergebung in den Willen Gottes.
Unbeweglich stand Ludwig, in den Anblick des Bildes versunken. Da war es ihm, als öffne Maria die Lippen. Ein leises Lied sang sie dem Kindchen auf ihrem Schoß, ein Lied von Glück und Schmerz und Ergebung. Der Farben leuchtende Töne gesellten sich hinzu in stillem, doch mächtigem Chor. Hoch oben auf dem Bilde öffnete sich der Himmel. Gott Vater schaute herab, umgeben von winzig kleinen jubilierenden Englein; gleich zarten Flötentönen flatterten ihre Stimmchen herab und wurden Eines mit dem Gesang dort unten auf der Erde.
Jetzt spielen können! dachte Ludwig. Aber da war ja die Orgel, und ein Bälgetreter war auch vorhanden. Er trat an den schlafenden Freund heran und weckte ihn.
„Romberg, ich m u ß spielen? Sei so gut, tritt mir die Bälge!"
Sie gingen zum Orgelchor hinauf, jeder an seinen Platz. Und was das Bild gesungen, das ward unter Ludwigs Händen zu Tönen. Mit Marias Leid und Erlösung verwob sich sein eigen Leid; seine eigene Erlösung wuchs empor, umflutete dankbar und mächtig das Bild am Altar. –
„Beethoven!" sagte Romberg. „Mensch, wo hast du das her! So hast du noch nie gespielt!"
„Wo ich es her habe? Sieh dir das Bild am Altar an!"
Am Ausgang der Kirche stand der alte Ortsgeistliche.
„Sind Sie der Künstler?" wandte er sich an Ludwig; er ergriff seine beiden Hände und drückte sie immer wieder. –
„Oh, das war schön! Nie in meinem Leben hab ich etwas so Inniges gehört! Ich danke Ihnen! Wer sind Sie, wenn ich fragen darf?"
Ludwig nannte Namen und Amt. „Aber zu danken haben Sie mir nichts, Herr Pfarrer! Ich hab I h n e n zu danken, oder vielmehr Ihrem Altarbild; das hat es mir eingegeben."

„Ja, das Bild!" entgegnete der alte Mann und blickte voll Ehrfurcht nach dem Altar hinüber. „Um des Bildes willen möcht ich mit keinem Dompfarrer tauschen! Es soll das Schönste sein, was Matthias Grünewald gemalt hat."
„Matthias Grünewald!" wiederholte Ludwig. „Nie hab ich den Namen gehört!" –
Noch einmal trat er vor das Bild. Über die Jahrhunderte hinweg reichten zwei Genien sich die Hand.

*

Die Ordenssitzungen hatten ihr Ende erreicht. Nach der letzten Opernvorstellung wurde Ludwig zum Kurfürsten befohlen; er traf ihn im Gespräch mit Graf Waldstein.
„Nun, Herr Zweiter Hoforganist", wandte der Kurfürst sich lächelnd an Ludwig, „die schönen Tage von Mergentheim sind zu Ende. Freut man sich wieder auf Bonn?"
„Man hätt es hier schon noch eine Weile ausgehalten, Königliche Hoheit."
„Also man freut sich n i c h t auf Bonn? Ja, Ferdl, was sagst du zu solchem Mangel an Diensteifer? Meinst du nicht, da wär eine exemplarische Straf am Platz?"
„Unbedingt, Königliche Hoheit! Aber eine solche, die gleichzeitig auf Besserung hinzielt und es dem jungen Manne zum Bewußtsein bringt, wie schön er es in Bonn eigentlich hat."
„Ganz meine Meinung. Ferdl. Eine Luftveränderung demnach. Ich beschließe also folgendes: In ein paar Tagen fahr ich nach Wien. Dort wohnt ein gewisser Herr Mozart, der sich schon einmal vergeblich bemüht hat, aus unserm Zweiten Hoforganisten 'nen erträglichen Musikus zu machen. Besagten Herrn Mozart werd ich zu mir bitten und ihn fragen, ob er Lust hat, seine Bemühungen um den besagten Herrn Zweiten Hoforganisten noch einmal aufzunehmen. Ist der Herr Hoforganist damit einverstanden?"
„Königliche Hoheit –, ich wäre ja überglücklich –, wenn ich nur zu Hause abkommen könnte!"
Nun legte sich aber Waldstein ins Mittel.
„Hören Sie, Louis, jetzt reden Sie kein dummes Zeug! Sie haben mir doch unlängst erst in Bonn erzählt, es ginge jetzt ganz leidlich daheim! Der junge hoffnungsvolle Apotheker

mache sich ganz gut! Und was Ihren Bruder Karl betrifft –, ich hab alles des langen und breiten mit Herrn Neefe besprochen; der will sich um seine Studien kümmern, solange Sie abwesend sind."
„Und mein Vater –"
„Lieber Beethoven", sagte der Kurfürst sehr ernst, „lassen Sie Ihren Vater aus dem Diskurs. Es kann sich nur um Ihre Brüder handeln, und wie mir scheint, besteht von d e r Seite kein Hindernis."
„Nein, Königliche Hoheit, ich glaube nicht."
„Also abgemacht! Und damit Gott befohlen!"

*

Nach einer wunderschönen Fahrt durch die in ihrem Herbstschmuck prangenden Lande, selig in der Erwartung auf Wien und auf Mozart, traf Ludwig wieder in Bonn ein. Und selig empfing ihn der kleine Neefe. Doch als Ludwig ihm dankte, daß er sich seines Bruders annehmen wolle, wurde er fast böse.
„Na, weißt du, Louis! Ist denn das nicht einfach meine verdammte Schuldigkeit? Sag noch ein einziges Wort und ich schmeiß dich zum Tempel 'naus! Jetzt präparier dich mal auf deinen Mozart! Was willst du ihm denn vorlegen, wenn du ihm unter die Augen trittst? Doch nicht die Kaiserkantate? Die ist nun bald zwei Jahre alt."
„Ich habe in Mergentheim ein Streichtrio begonnen; das scheint etwas zu werden."
„Also schau', daß du bald fertig wirst! In einem Monat, rechne ich, kannst du reisen."
So verging der Oktober, der November. –
Der Dezember kam ins Land. –
Eines Nachmittags saß Ludwig bei Neefe. Er hatte ihm wieder einen vollendeten Satz seines Trios vorgelegt, und sein Lehrer war zufrieden.
„Es ist wieder ein großer Fortschritt, Louis! Ein wundervolles Adagio! weich und innig, und doch kraftvoll und männlich. Nun fehlt dir also nur noch der Schlußsatz, Gott sei Dank! Ich fang nämlich bald an, unruhig zu werden. Jetzt muß doch endlich mal Nachricht von Mozart kommen! Ich versteh gar nicht, daß es solange dauert."
Neefes Frau trat mit einem Brief ein, gab ihn ihrem Mann

und ging wieder hinaus. Neefe betrachtete den Poststempel und brach in ein Triumphgeschrei aus.

„Lupus in fabula, Louis! Aus Wien! Von Mozart! – Oder wart mal – nein, Mozarts Handschrift ist das nicht." Hastig öffnete er den Brief, begann zu lesen und brach mit einem wehen Aufschrei zusammen. Zum erstenmal sah Ludwig seinen Lehrer weinen – fassungslos weinen.

„Mein Gott – Herr Neefe –, was ist geschehen?"

Neefe richtete sich auf. In seinen sanften braunen Augen lag unendlicher Schmerz.

„Louis – sei tapfer! – Mozart ist tot."

Er zog Ludwig an seine Brust und schluchzte wie ein Kind. Lange standen sie so. Endlich trocknete Neefe seine Tränen und ergriff Ludwigs Hand.

„Louis", sagte er leise, „ich bin ein gläubiger Christ. Aber daß so etwas geschehen kann – das faß ich nicht. So jung noch, aus der Blüte seiner Jahre weg –, alles vorbei, alles ausgelöscht. – Warum? Warum? Wenn ein Musiker sterben sollte –, warum gerade er? Warum nicht tausend andere? Warum nicht ich? – Darauf gibt es keine Antwort."

Er setzte sich und starrte vor sich hin. Dann nahm er den Brief wieder auf und las weiter. „Es soll die Schwindsucht gewesen sein. Schon seit September war er leidend."

„Während wir es uns in Mergentheim wohl sein ließen", sagte Ludwig bitter.

„Die letzten vierzehn Tage hat er gelegen, aber bis zuletzt fieberhaft an einem Requiem gearbeitet. Er wußte, er schrieb es für sich selber. Und er hat es nicht vollenden können. Am fünften Dezember ist er gestorben. – Oh Gott! oh Gott!" stöhnte er plötzlich. „Louis, hör, wie die Wiener den Genius bestattet haben! Niemand, nicht eine Seele hat ihm das Geleit zum Kirchhof gegeben! Das Wetter war ihnen zu schlecht. Für ein ordentliches Begräbnis war kein Geld da. Man hat ihn in einem – Massengrab verscharrt!"

Ludwig brach in wildes wütendes Schluchzen aus.

„Mozart! Oh, die Schmach, die Schmach! Wo war denn der Kurfürst? Er ist doch in Wien! Wo waren denn all die reichen hochadeligen Freunde, die Fürsten und Grafen, die ihn bei Lebzeiten ausgepreßt haben? – Man soll den Sarg wieder ausgraben! Einen Tempel soll man über ihm bauen!"

„Man würde ihn nicht finden", sagte Neefe mit bebender Stimme, „man weiß nicht, wo das Grab ist. – Er hat die Menschheit beschenkt wie keiner je vor ihm, und das ist der Lohn!"
Ein langes Schweigen folgte. – „Herr Neefe", sagte endlich Ludwig, „lassen Sie mich fort. Ich – kann nicht mehr; – ich will – o Mozart! – Ich – ich –" Ein Händedruck; dann ging er.
Draußen peitschte der Wind ihm Schnee und Eis ins Gesicht. E r achtete es nicht. Weiter ging er, ohne zu wissen, wohin. Nun stand er auf dem Altane beim Alten Zoll. Der Wind war zum Sturm geworden.
„Im Massengrabe verscharrt!"
Graue Schneewolken jagten über den Himmel. Doch am westlichen Horizont wurde es licht, ein schmaler blauer Saum wurde sichtbar.
Ludwig richtete sich hoch auf; ein herrliches Feuer strahlte aus seinen Augen.
„I c h werde ihm einen Tempel bauen! Mit meinen Werken! Seinen Nachfolger hat mich Mozart genannt! Ich schwör's, ich will es werden! Und so soll mich die Welt einst kennen und nennen!"

Fünfundzwanzigstes Kapitel

Die Ereignisse in Frankreich hatten im Laufe der Zeit eine Menge vornehmer Familien über die deutschen Grenzen getrieben. Das ganze Trachten dieser Emigranten war darauf gerichtet, Deutschlands Fürsten in einen Krieg gegen das revolutionäre Frankreich zu treiben, damit das Königtum gerettet und sie selber wieder in ihre alten Rechte eingesetzt würden. In Koblenz befand sich ihr Hauptquartier; ihre Agenten durchzogen die Rheinlande, um Freiwillige anzuwerben. Die Höfe von Wien und Berlin waren zum Kriege geneigt; der Kaiser, schon weil es um die Krone seiner Schwester Marie Antoinette ging; und Friedrich Wilhelm der Zweite von Preußen fühlte in Ludwig dem Sechzehnten das eigene Gottesgnadentum beleidigt und gefährdet; seine Generäle erhofften einen leichten Sieg. Aber das von der Revolution durchtobte, militärisch vollkommen desorganisierte Frankreich kam seinem Gegner zuvor und schleuderte ihm im April 1792 die Kriegserklärung hin. Ungeheure Erregung bemächtigte sich des rheinischen Volkes. Hatte man die Vorgänge jenseits der Grenzen bis jetzt zwar mit leidenschaftlichem Interesse verfolgt, aber doch als etwas Fremdes, das die Deutschen unmittelbar nicht berührte, so änderte sich das nun mit einem Schlage. Das uralte Streben Frankreichs nach dem Rhein als Grenze war nicht vergessen; jeder fühlte, es ging jetzt um seine Heimat. Und das Kurfürstentum Köln mußte sich besonders bedroht fühlen; war doch der Kurfürst der Bruder Marie Antoinettes, und dazu noch der Oheim des Kaiser Franz, den nach dem plötzlichen Tode Leopolds die Kriegserklärung getroffen hatte. – Die Zeitungen wurden verschlungen; die Wirtschaften waren überfüllt; jeder wollte die letzten Neuigkeiten hören, sich mit Gleichgesinnten aussprechen, seine eigene Meinung an den Mann bringen.

Auch Ludwig, der die Wirtshäuser seiner Vaterstadt bisher nur von außen gekannt, drängte es unter die Menschen. Er ließ sich durch Wegeler in einen Kreis von Männern einführen, die sich abends im „Zehrgarten" am Markt bei der Witwe Koch zu versammeln pflegten; Künstler, Gelehrte, Geistliche, Hofbeamte saßen dort um den großen runden Stammtisch zusammen, diskutierten, schimpften, prophezeiten, stritten sich und vertrugen sich wieder, wobei die Wirtstochter Babette, das schönste Mädchen von Bonn, oft den Versöhnungsengel spielen mußte.

Trotz der politischen Spannung hatte das Theater an Anziehungskraft nicht eingebüßt. Im Gegenteil, man sehnte sich nach Ablenkung, und die Vorstellungen waren besuchter denn je. Die Saison hatte diesmal wegen des langen Aufenthaltes des Kurfürsten in Wien außergewöhnlich spät begonnen; dafür zog sie sich nun bis Ende Juni hin. Ludwig brauchte sich mit seiner Bratsche nicht zu überanstrengen; der Kapellmeister Reicha kränkelte; deshalb wurden während der ganzen Spielzeit nur elf Opern aufgeführt, und fast alle nur einmal. Nichts wollte recht gefallen; das Publikum verlangte immer Neues.

Ludwig befand sich während dieser ganzen Zeit in einer fortwährenden inneren Unruhe. Vieles kam zusammen. Zunächst die Unsicherheit der politischen Lage, die ihn in fortgesetzter Spannung hielt. Dann die Ungewißheit, was mit ihm selber werden solle. Er stand nun in seinem zweiundzwanzigsten Lebensjahre, und obgleich er ununterbrochen an seiner geistigen Entwicklung arbeitete, so mußte er sich doch sagen, daß es auf die Dauer so nicht weitergehen könne. Vor allem war er doch Musiker, und der Stillstand in seiner musikalischen Ausbildung, der nun schon vier Jahre währte, erfüllte ihn mit quälender Ungeduld. Ein Ende dieses Zustandes war noch immer nicht abzusehen. Und zu allem dem – in seinem Herzen sah es unruhig genug aus. Maria Westerholt war es nicht mehr, die seinen Frieden störte. Als er von Mergentheim zurückgekehrt war, hatte er ihren Unterricht nicht wieder aufgenommen und vermied es, ihr zu begegnen. Aber dieses erste Liebeserlebnis hatte seine junge Seele aufs Tiefste erschüttert, hatte eine heiße Sehnsucht nach Liebe in ihm zurückgelassen, und diese Sehnsucht führte nun mit seinem kategorischen Imperativ, wie er sich ihn zurechtgelegt hatte, einen harten Kampf, der immer wieder aufs neue entbrannte, sooft er in die Nähe eines jungen weiblichen Wesens kam. Und das geschah eigentlich jeden Tag; seine Lehrtätigkeit brachte ihn mit einer ganzen Anzahl junger Damen aus der Gesellschaft in nahe Berührung. Und dann war da noch das Theater mit seinen Schauspielerinnen und Tänzerinnen, denen Ludwig als Orchestermitglied häufig begegnete. Es hatte eine Weile gedauert, bis er begriffen hatte, daß das Theater, wenigstens innerhalb seiner eigenen vier Wände, nicht gerade als eine „Sittenschule" bezeichnet werden konnte. Der familiäre Ton, den da Männlein und Weiblein untereinander anschlugen, hatte ihm anfangs gefallen; im Vergleich zu dem Ton der Gesellschaft, der ihm nun schon seit langem geläufig war, erschien ihm jener ehrlicher, herzhafter und als eine erfrischende Abwechslung. Aber allmählich hatte er doch gemerkt, daß da noch irgend etwas anderes dahinterstecken müsse, und eines Tages wurde er auf das Gründlichste aufgeklärt: ein Kollege fragte ihn, ob er vorhabe, noch lange als keuscher Joseph durchs Leben zu wandeln, während er doch an jedem Finger ein Mädel haben könne. Das letzte war richtig; obgleich Ludwig eher alles andere als ein Adonis

…war, galt er doch beim Theater als ein interessanter junger Mann, der schon jetzt in der Gesellschaft eine Stellung und gewiß eine große Zukunft hatte. Und unter den Demoiselles des Theaters gab es mehrere, die nicht das geringste gegen ein Liebesverhältnis mit ihm eingewendet hätten. Eine reizende kleine Choristin wagte eines Tages den ersten Vorstoß. Ludwig fertigte sie kurz ab, und als sie nicht nachließ und ihm um den Hals fallen wollte, erhielt sie eine derbe Ohrfeige. Freilich, diese Ohrfeige hatte ihm sein Gewissen diktiert, und nicht sein Herz. Das klopfte vielmehr gewaltig und begann immer wieder aufs neue zu klopfen, wenn er an den Vorfall dachte, und er mußte sehr oft daran denken. Eine Unruhe war über ihn gekommen, deren er nicht Herr zu werden vermochte. Mit geschärfter Aufmerksamkeit beobachtete er nun das Hin und Her von Liebesspiel und Intrigen, dies Locken und Anziehen und Abstoßen, und begann schließlich selber die weiblichen Mitglieder mit einem Interesse zu betrachten, das nicht allein ihrer Kunst galt, sondern mehr noch ihren Gesichtern und ihrem Wuchs. Am besten gefiel ihm die Primadonna, Magdalene Willmann, die mit Vater und Schwester ein bürgerlich ehrbares Leben zu führen schien, von der aber der Theaterklatsch doch allerlei Dinge munkelte. Und da er noch gänzlich unschuldig und unerfahren war, so bemerkte die Willmann seine Bewunderung natürlich sofort und legte es nun darauf an, ihn wirklich verliebt zu machen, obgleich sie über ihren häßlichen Verehrer im stillen lachte. Es dauerte nicht lange, so wollte alle Welt wissen, Ludwig sei der begünstigte Liebhaber der Willmann. Ein Kollege gratulierte ihm zu seinem Erfolg; wütend verbat Ludwig einen derartigen Verdacht. Aber das half ihm nichts; sein Zorn wurde ihm nur als Ärger darüber ausgelegt, daß man hinter das Geheimnis gekommen sei.

Ludwig dankte Gott, als die Ferien begannen und er auf einige Zeit aus dem ganzen Theaterbetrieb herauskam, der ihm nun widerwärtig und fast unerträglich dünkte. Er war von Breunings eingeladen worden, die Ferien mit ihnen in ihrem Sommerhaus zu verbringen, das sie in Beul an der Ahr besaßen. Wie eine Flucht in das Paradies kam ihm die kleine Reise vor, die er zu Fuß zurücklegte. Das behagliche Haus mit den merkwürdigen Familienwappen an den Toren lag in ländlicher Abgeschiedenheit. Breunings hatten noch nichts von dem Theaterklatsch erfahren; so wurde Ludwig mit der alten Unbefangenheit aufgenommen. Die beiden geistlichen Herren, deren kritische Augen ihn noch immer ein wenig genierten, waren in Bonn zurückgeblieben.

Der Verkehr mit Frau von Breuning und Eleonore war ihm wie ein Bad, das den Bonner Schmutz abwusch. Und doch – die letzten Erlebnisse hatten bewirkt, daß er Eleonore nun mit anderen Augen betrachtete. So schön wie die Willmann war sie nicht; aber eigentlich war sie doch sehr, sehr hübsch! Wie war sie fein und schlank gewachsen! Wie rein und vornehm war ihr Gesicht! Wie reizend konnte sie lächeln! Und was das Schönste an ihr war: welch kluger, gebildeter Geist, welche adelige Seele wohnte in diesem Körper! Er begriff nicht, daß er das alles erst jetzt bemerkte. Nein, das war wohl nicht richtig. Bemerkt hatte er es schon immer, aber es war eigentlich immer an ihm abgeglitten, er hatte es als selbstverständlich hingenommen, ohne weiter darüber nachzudenken. Jetzt kam er zu der Erkenntnis, daß Eleonore, alles in allem, doch das reizendste Mädchen in ganz Bonn sei, die schöne Babette Koch im Zehrgarten nicht ausgenommen. Und dieses vornehme, liebe Geschöpf war seine Freundin! Wie ein großes Geschenk kam diese Entdeckung über ihn und erfüllte ihn mit stillem Glück. Neckereien seiner Kollegen fielen ihm ein, die ihn um diese Freundschaft heftig beneideten; Bemerkungen seines Vaters, ob sein Ältester die Gunst des Schicksals denn nicht ausnutzen und seinem Papächen durch eine reiche Heirat mit einem gewissen Mädchen einen sorgenfreien Lebensabend bereiten wolle. Ludwig hatte nie ernst genommen, was sein Vater schwatzte. Jetzt sah er die Dinge in einem neuen Licht. Warum sollte eine Verbindung mit Eleonore nicht möglich sein? Er dachte an seinen verunglückten Heiratsantrag bei Maria Westerholt. Aber das war etwas ganz anderes gewesen; über Standesvorurteile waren die Breunings erhaben. Wie verhielt es sich aber mit Wegeler? Daß der Eleonore gern hatte, wußte Ludwig. Aber warum hatte er noch nicht gesprochen, nachdem er nun seit fast zwei Jahren einen Lehrstuhl für Medizin innehatte, also in Amt und Würden saß. Oder **hatte** er gesprochen und war abgewiesen worden? – Er selber freilich, was konnte er Eleonore bieten mit seinem bescheidenen Einkommen als Organist und Klavierlehrer, das eben dazu ausreichte, seine Brüder durchzubringen! Er, der noch immer ein Schüler war, mußte doch wohl noch viele Jahre auf das Glück eines eigenen Hausstandes verzichten. Denn etwa von der Mitgift seiner Frau zu leben, auf ihre Kosten weiter zu studieren, das hätte sein Stolz niemals ertragen.

So war es mit seiner Unbefangenheit Eleonoren gegenüber vorbei. Er beobachtete, wie sie sich zu ihm stellte, wie sie ihn ansah, was sie zu ihm sagte; suchte sich alles ohne Vorcingenommenheit zurechtzulegen und kam doch nicht zur Klarheit. – Eleonore, die Ludwig seit langem mit einer reinen stillen Liebe in ihr Herz geschlossen hatte, bemerkte diese Veränderung sehr wohl, wußte nicht, wie sie sie deuten solle, und geriet in Unruhe und Verwirrung. So gingen die zwei jungen Menschen glücklich-unglücklich nebeneinander hin. Und doch war es für beide eine wunderschöne Zeit. Sie musizierten zusammen, und Ludwig war stolz darauf, was er musikalisch aus Eleonore gemacht hatte, seit er damals als kleiner Junge in ihr Haus gekommen war. Er kannte ihre Vorliebe für den „Figaro". War es zwischen ihnen einmal zu einem kleinen Wortwechsel gekommen, dann hatte sie ihm gern das herausfordernde „Se vuol ballare, Signor Contino" kampflustig entgegengesungen. Nun kam ihm der Einfall, Variationen für Klavier und Geige über die Melodie zu schreiben, eigens für sie, in denen er sie und sich selber schildern wollte; manchmal gegensätzlich, aber im Grunde doch nicht zu trennen und zuletzt in seliger Gemeinschaft einander findend. Morgens in der Frühe, wenn alles noch schlief, saß er in seinem Dachkämmerchen, schrieb und brummte leise, daß er niemand störe, vor sich hin. Er war glücklich, als das Werk wuchs und fortschritt und alles darauf hindeutete, daß es nicht nur Eleonorens und seiner selbst, sondern auch des großen Meisters würdig sein werde, dessen Namen es tragen sollte. – Sie durchwanderten zusammen das herrliche Ahrtal, von dessen Schönheit die Umgebung Beuls nur den Auftakt gab. Ahrweiler mit seiner alten turmbewehrten Stadtmauer und dem von einer riesigen Pappel bewachten Eingangstor lag wie ein trotziger Wächter vor der romantischen Pracht, die sich hinter ihm flußaufwärts erschloß; wo das Ahrtal

enger wurde, die dunklen Massen des Schiefergebirges oft hart an den Fluß herantraten und selbst die Weinbergsanlagen, die der Fleiß der Menschen dem Felsen abgewonnen, durch ihre Ähnlichkeit mit Festungswällen den heroischen Charakter dieser Landschaft nicht zu mildern vermochten. Und wie ein liebliches Andante zwischen zwei brandenden Ecksätzen: Altenahr mit seinem Hain riesiger Ahornbäume, in deren Schatten es sich bei einem Glase feurigen blaßrosa Ahrweines so schön rasten und plaudern ließ. Oft freilich stockte ihr Gespräch, wenn beide das gleiche dachten: was wohl der andere gerade jetzt denken möge. Mehr als einmal schwebte Ludwig die Frage auf der Zunge, ob er Eleonoren wohl noch etwas mehr sei als ein guter Freund; aber er beherrschte sich, und stumm verlief dann oft der Heimweg; stumm, aber nicht minder schön. Ein seliges Gefühl war es für Ludwig, so neben Eleonore dahinzuwandern, die so gut mit ihm Schritt hielt. Ihr Gang, jede Bewegung ihres schlanken Körpers erfüllte ihn mit dem Gefühl tiefer Zusammengehörigkeit. – So gingen die Tage hin, die Wochen; Breunings Sommeraufenthalt neigte sich dem Ende zu; morgen sollte es wieder nach Bonn zurückgehen.
Ludwig stand mit Eleonore vor dem Gartentor und ließ sich die Familienwappen erklären. Da war das alte Stockhausensche Wappen, der Baumstumpf mit dem primitiven kleinen Häuschen darüber; daneben das Kreuz, das Wappen der Kerichs, deren Abkömmling Frau von Breuning war; über beiden die Adelskrone. Dann das Breuningsche Wappen: drei Lilien, aber ohne Krone.
„Waren die Breunings ursprünglich nicht von Adel?" fragte Ludwig.
„Ich weiß es gar nicht", entgegnete Eleonore. „Kommt darauf etwas an?"
Sein Herz begann stürmisch zu klopfen; er brauchte lange, bis er antworten konnte.
„Natürlich nicht", stieß er endlich hervor. „Wir zum Beispiel – ich weiß nicht einmal, bedeutet das ‚van' in unserem Namen den Adel, oder bedeutet es ihn nicht."
„Wir kennen nur e i n e n Adel", sagte Eleonore, „und der braucht kein Wappen."
Ludwig wagte es jetzt, sie anzusehen. Sie war ganz blaß, ihre

Lippen bebten leise, ihre Augen blickten starr auf die Breuningschen Lilien.
Da rasselte ein Wagen heran, hielt dicht vor ihnen, und heraus sprang Neefe. Er war so außer Atem, als ob e r den Wagen von Bonn nach Beul gezogen hätte.
„Louis!" stieß er nach einer hastigen Begrüßung hervor, „du mußt mit! Mach schnell! Haydn ist da!"
„Haydn?" rief Ludwig völlig überrascht.
„Jawohl! Haydn in höchsteigener Person! Kommt von London zurück, reist nach Wien. Mensch, so spute dich doch! Müssen gleich losfahren, kommen gerade noch zurecht. Rasiert bist du ja glücklicherweise. Wir fahren nach Godesberg, dort gibt ihm die Kapelle ein Frühstück. Er hat schon nach dir gefragt, möchte dich gern selber sprechen. Menschenskind, was hast du denn? ist das vielleicht keine gute Nachricht?"
Frau von Breuning trat unter die Tür. Neefe begrüßte sie, und Ludwig war für den Augenblick der Antwort enthoben? Was sollte er tun? Mitgehen, Eleonore verlassen, gerade jetzt?
„Lorchen, richte schnell einen Imbiß her", sagte Frau von Breuning. Eleonore ging ins Haus hinein.
„Könnte ich denn nicht ebensogut morgen mit Haydn reden?" meinte Ludwig. „Wir wollten sowieso morgen alle zusammen nach Bonn zurückfahren."
„Unmöglich", sagte Neefe, „er reist morgen mit dem Frühsten weiter."
Ludwig überlegte noch einen Augenblick. Es half nichts, er mußte mit. Schon morgen abend würde er ja wieder bei Eleonore sein. So packte er eilig seinen kleinen Koffer, und eine halbe Stunde darauf rollte der Wagen davon.
„Also Louis", sagte Neefe, „wenn du vielleicht noch gezweifelt hast, ob ich was für dich übrig habe, dann glaubst du mir's jetzt hoffentlich! Den ganzen geschlagenen Vormittag hätt ich jetzt in Haydns Gesellschaft zubringen können, und statt dessen fahr ich ganz solo durch diese verdammte Julihitze über Land hinter meinem Louis her. Wenn das nicht Aufopferung ist, dann weiß ich's nicht. Und von Dankeschön! hab ich auch bis jetzt nichts gehört."
Ludwig starrte ins Leere. Als Neefe jetzt seinen Redefluß unterbrach, wachte er aus seinen Gedanken auf.

„Wie meinen Sie, Herr Neefe?"
Sein Lehrer schüttelte resigniert den Kopf.
„Wo der mal wieder seine Gedanken hat!" sagte er etwas gekränkt. „Na ja, gut. Also da drüben liegt die Landskrone. Interessanter Basaltkegel. Wollen wir mal hinaufspazieren? He, Kutscher!"
Nun mußte Ludwig aber doch lachen. „Seien Sie nicht bös, Herr Neefe! die ganze Sache kam mir so überraschend! Also, was hat Haydn gesagt?"
„Was Haydn gesagt hat? Na, er sagte: ‚Zum Donnerwetter, war da nicht vor zwei Jahren hier so 'n junger, dunkelhaariger Bursche, der mir so 'nen Stoß Notenpapier gezeigt hat, wo ich dann sagte: na ja, 's könnt besser sein, 's könnt aber auch schlechter sein?' – ‚Ganz recht, Herr Kapellmeister', sagt ich, ‚der lebt immer noch.' – ‚So, der lebt immer noch?' sagt er. ‚Na ja, Unkraut vergeht nicht.' – Und ich sagte: ‚Da haben Sie mal wieder recht, Herr Kapellmeister.' "
„Herr Neefe, nun sei'n Sie doch wieder friedlich! Also, was hat er gesagt?"
„Ich hab's dir doch eben wortwörtlich erzählt! Ach so, richtig, das hab ich noch vergessen: er hätte den jungen Burschen in guter Erinnerung, und seine Musik auch, und er möcht ihn gern wiedersehen."
„Und wie kommt er nach Godesberg?"
„Der Kurfürst ist doch verreist, und da hat es die Kapelle übernommen, den illustren Herrn Kollegen zu feiern, gibt ihm in Godesberg ein kleines Frühstück."
„Der Kurfürst ist verreist?"
„Du scheinst überhaupt gar nichts mehr zu wissen, mein teurer Freund! Daß in Frankfurt Kaiserkrönung ist –, und daß die Preußen und Österreicher heranrücken –, und der Herzog von Braunschweig ein albernes Manifest vom Stapel gelassen hat, worin er die Neufranken auffordert, ihre Verirrungen demütig zu bereuen, widrigenfalls er in Paris keinen Stein auf dem andern lassen würde –, das weißt du natürlich auch alles nicht."
„Doch, doch", sagte Ludwig, „natürlich wurde bei Breunings davon gesprochen. – Ja, und Haydn?"
„Nun, der ist noch ganz der Alte. Ist in England mit Ehren überschüttet worden, hat auch 'nen schönen Batzen Geld mit-

gebracht –, man redet von so was wie zwölftausend Gulden –, aber er ist noch ganz der schlichte, bescheidene Haydn vom letztenmal. Der Mann ist jetzt 'ne europäische Berühmtheit, und du kannst es dir hoch anrechnen, mein lieber Freund, daß er sich deiner noch entsinnt und dich sprechen möchte."
Nach langer, heißer Fahrt war man endlich in Godesberg angelangt. Wie die beiden sich der Redoute näherten, dem hübschen Gesellschaftshaus, das der Kurfürst hatte erbauen lassen, tönte ihnen Lachen und Gläserklingen entgegen. Unter schattigen Bäumen war eine große Tafel gedeckt; in einem girlandengeschmückten Sessel saß Haydn mitten zwischen den Bonner Musikern, plauderte und scherzte mit ihnen wie mit seinesgleichen. Die Mahlzeit war schon beendet, und als Haydn die beiden Neuangekommenen erblickte, stand er auf, ging ihnen entgegen und begrüßte sie aufs freundlichste.
„Ich habe Ihre Kantate noch sehr gut im Kopfe, Herr van Beethoven; sie hat mir einen starken Eindruck hinterlassen, und in England hab ich oft gedacht, was wohl weiter aus Ihnen geworden sei. Kommen Sie, lassen Sie uns ein bissel promenieren. Aber halt! Sie haben ja noch nicht gespeist!"
„Doch, Herr Kapellmeister."
„Um so besser", meinte Haydn, „am Tisch geht es etwas laut her. Haben Sie Lust, mich auf die Godesburg zu begleiten? Man soll eine schöne Aussicht von da droben haben."
Nach kurzer Wanderung war man oben im Burghof angelangt und stand vor der kleinen Kapelle.
„Das ist die Michaelskapelle", erklärte Ludwig.
„So lassen Sie uns eintreten", sagte Haydn, „ich möcht einen Augenblick meines lieben Bruders Michael gedenken."
Das kleine Gotteshaus nahm die Wanderer auf. Haydn kniete vor dem Heiligen mit dem Flammenschwert nieder und verrichtete andächtig sein Gebet. – Dann schritten sie weiter, die Steintreppe empor, und gelangten zu dem Teil des Burghofes, von wo man eine weite Fernsicht auf den Rhein und das Siebengebirge hatte. Eine Bank lud zum Sitzen ein, man nahm Platz.
„Die Aussicht erinnert mich an Wien", meinte Haydn. „Wie bei uns daheim, ein breiter Strom mit schönen sanften Bergen im Hintergrund. – Ja, also, Herr van Beethoven, was für Pläne haben Sie jetzt eigentlich? Als ich das letztemal hier

war, da hofften Sie doch, später noch einmal nach Wien zu gehen, zu Mozart. Dazu ist es nun freilich zu spät." – Tränen traten ihm in die Augen. – „Der arme, arme Mozart! So jung sterben zu müssen! Was hätt er der Welt noch alles geschenkt! Das Schönste ist aus meinem Leben nun dahin! – Was ich jetzt da drüben genoß, das reichlich verdiente Geld, die vielen Geschenke, alles bedrückte mich, denn immer mußt ich dran denken, daß man für ihn nicht einmal ein würdiges Begräbnis aufgebracht hat! In England wär er mit königlichen Ehren bestattet worden! Zum ersten Male hab ich mich geschämt, ein Deutscher zu sein!"

„Wir denken beide genau wie Sie, Herr Kapellmeister", wagte jetzt Neefe zu bemerken.

„Ich weiß es, und darum hab ich mich einmal ausgesprochen. – Und jetzt lassen Sie uns von unserm jungen Freund reden, auf den wir so große Hoffnung setzen. Wollen Sie mir nicht erzählen, Herr van Beethoven, wie Sie sich Ihre Zukunft denken? Oder sagen Sie mir lieber erst: was haben Sie getrieben in den anderthalb Jahren, seit ich hier war?"

„Ach", sagte Ludwig etwas verlegen, „eigentlich nicht viel."

„Was?" rief Neefe, „nicht viel? Also, Herr Kapellmeister, zunächst hat er mal seine Orgel gespielt, und im Orchester die Bratsche. Dann hat er 'ne Masse Klavierstunden gegeben und auf die Weise sich und seine zwei Brüder erhalten; der Vater ist nämlich krank und dienstunfähig. Ferner hat er eine ganze Menge komponiert: ein paar Klaviervariationen, ein Bläseroktett, Lieder, ein wunderbares Streichtrio, um nur das Wichtigste zu nennen. Dann hat er sich in der schönen Literatur und in der Philosophie umgesehen. Und das nennt der Mensch nicht viel!"

„Das scheint mir allerdings eher viel als wenig", sagte Haydn lächelnd. „Und wie steht es mit der Theorie, mit dem Strengen Satz und so weiter? Damit hat es doch damals bei Ihnen gehapert?"

„Das meinte ich eben", entgegnete Ludwig. „In der Theorie bin ich eigentlich gar nicht vorwärts gekommen. Herr Neefe hat immer erklärt, darin könne er mich nichts mehr lehren."

„Kann ich auch nicht", brummte Neefe, „hab's doch selber nicht gelernt."

„Dann wird es freilich Zeit", meinte Haydn, „daß Sie Ihre

technische Ausbildung abschließen? Wissen Sie, was ich Ihnen am liebsten vorschlagen tät? Sie mit nach Wien zu nehmen und selber Ihr Lehrer zu sein."
„Das wäre herrlich!" sagte Ludwig. „Ob mir aber der Kurfürst Urlaub geben wird?"
„Freilich wird er's!" rief Neefe. „Er wird froh sein, wenn ein Mann wie sein verehrter Haydn dich unter die Finger kriegt. Nach ein, zwei Jahren wirst du ihm dann per Extrapost zurückgeschickt, und dann hat er an dir einen Künstler, um den ihn die Höfe von ganz Deutschland beneiden können!"
„Wie ich Ihren Kurfürsten kennengelernt hab", meinte Haydn, „möcht ich's eigentlich auch glauben."
„Ach Gott nochmal", rief Neefe, „zu schade, daß jetzt grade diese verfl– na, jetzt hätt ich beinah was gesagt! Sonst könntest du gleich mit nach Wien fahren. Aber wenn er wieder zurück ist, gleich soll Graf Waldstein ihm die Pistole auf die Brust setzen. Und dann, Louis: auf nach Wien!"
„Mir wär's eine rechte Freude", sagte Haydn. „Ich würde das Gefühl dabei haben, ein Vermächtnis Mozarts zu vollziehen. – Und jetzt möcht ich Ihnen noch etwas zeigen." – Er holte seine Brieftasche vor und entnahm ihr einen Brief. – „Sehen Sie, das ist der größte Schatz, den ich besitze; ich trag ihn immer auf der Brust. Den Brief schrieb mir Mozart, als er mir seine sechs Streichquartette schickte, die er mir gewidmet hat. – ‚Wien, den ersten September 1785. – Meinem teuren Freunde Haydn. – Ein Vater, der beschlossen hatte, seine Söhne in die große Welt hinauszuschicken, glaubte, sie dem Schutz und der Führung eines berühmten Mannes anvertrauen zu sollen, der außerdem zum guten Glück sein bester Freund war. Da, du berühmter Mann und mein teuerster Freund, da hast du meine sechs Kinder. Sie sind –"
Er vermochte nicht weiterzusprechen, seine Augen füllten sich mit Tränen. Er faltete das Blatt wieder zusammen und verwahrte es auf seiner Brust.
„Herr van Beethoven", sagte er, „wenn Sie zu mir kommen, kann ich Ihnen nur einen schlechten Ersatz geben für das, was wir alle an Mozart verloren haben. Aber eins verspreche ich Ihnen: Mozarts Geist soll mit uns sein!"

SECHSUNDZWANZIGSTES KAPITEL

In der Nacht, die diesem großen Tag folgte, fand Ludwig lange keinen Schlaf. Des größten lebenden Meisters Schüler zu werden! Endlich, endlich lag die Bahn vor ihm frei! Das fühlte er: wenn er erst seine Kunst völlig in der Gewalt hätte, wenn es keine technischen Hemmnisse mehr für ihn gäbe, dann würde er groß werden, größer als alle andern! Denn dessen war er sich bewußt: er hatte unendlich viel zu sagen, mehr als alle seine Kunstgenossen. Mozart – mit dem sich zu vergleichen, lag ihm fern. Wäre er am Leben geblieben, er wäre immer mächtiger gewachsen, wäre zu Höhen gelangt, zu denen ihm wohl keiner hätte folgen können. Aber er war dahin. Durch seinen Tod hatte die emporstrebende Linie des gesamten Musikschaffens einen Bruch erlitten, trotz Haydn, trotz der Echtheit, der Naturnähe und dem Reichtum seiner Kunst. Er, er fühlte sich berufen, dort anzuknüpfen, wo Mozart aufgehört hatte; er wollte einst die Musik durchtränken mit den großen Gedanken, die jetzt noch stürmisch gärten in seiner Brust. Der G e d a n k e , der erhabene Menschheitsgedanke sollte Musik werden; was Kant und Schiller die Menschen gelehrt, solches wollte er ihnen durch die Macht seiner Töne zurufen. – Sein Denken begann sich zu verwirren; er schlief ein. Im Traume hörte er eine Trompetenfanfare. Vor ihm, von Glanz umflossen, stand der Erzengel Michael. Von dem Schild an seiner Linken leuchtete das Wort: Musik. Auf dem Flammenschwert in seiner Rechten war in schimmernder Schrift eingegraben das Wort: Gedanke. – Und der Engel neigte sich über ihn, reichte ihm Schild und Schwert, und war verschwunden.
Der andere Tag freilich brachte Ludwig wieder Bedenken. Würde der Kurfürst einwilligen? Was würde geschehen, wenn das feindliche Heer hereinbrach? Und Eleonore – die Trennung von ihr stand ihm schmerzlich bevor. Aber es sollte ja keine Trennung auf ewig sein, auf zwei Jahre doch allerhöchstens. Dann würde er als Meister zurückkehren, dann die Frage wagen dürfen, ob sie die Seine werden wolle.
Gegen Abend suchte er das Haus am Münsterplatz auf. Er traf nur Frau von Breuning im Familienzimmer; Eleonore hatte gerade den Besuch einer Freundin.

„Dann muß ich also Ihnen allein mein Glück verkünden", sagte er und erzählte das gestrige Erlebnis. Frau von Breuning äußerte herzliche Freude; doch klang ihr Glückwunsch etwas gemessener, als er erwartet hatte.
„Ist etwas geschehen?" fragte er. „Sie sind nicht so wie sonst. Ich hatte gedacht, Sie würden glücklich mit mir sein."
„Das bin ich ja, Louis! Auch die Kinder werden froh für dich sein."
„Kann ich nicht auf Lorchen warten?"
„Es wird wohl etwas spät werden; die Mädchen haben sich einen Haufen Neuigkeiten zu erzählen."
Als er fort war, ging Frau von Breuning zu ihrer Tochter hinüber. Mit verweinten Augen saß Eleonore am Fenster und starrte hinaus. Ihre Mutter trat zu ihr und strich ihr sanft über das Haar.
„Du mußt es nicht so schwer nehmen, Kindchen. Du hast noch keinen Begriff vom Leben. Louis hat heißes Blut; was er getan hat, das tun fast alle jungen Leute. Du brauchst deshalb nicht schlechter von ihm zu denken."
„Sich so wegzuwerfen!" sagte Eleonore leise, „er, dieser prachtvolle große Mensch! Und wenn es alle tun – er hätte es nicht tun dürfen! – Frisch aus ihren Armen weg ist er zu uns nach Beul gekommen, und tat doch so, als sei nichts vorgefallen. Ich mußte doch denken, er sei noch der Frühere, der Reine, den ich geliebt habe."
„Kindchen, hätt er dir vielleicht seine Erlebnisse beichten sollen?"
„Er hätte nicht kommen sollen!" erwiderte Eleonore heftig. „Er mußte wissen, daß ich nur einen reinen Menschen lieben kann. Oh, nun ist alles, alles aus!"
„Du machst Ansprüche an das Leben, die es dir nicht erfüllen kann. Wenn du so denkst, wirst du besser tun, nie zu heiraten; einen ganz reinen Mann wirst du schwerlich finden."
„Ich will auch nie heiraten!" rief Eleonore leidenschaftlich. „Ich will bei dir bleiben, und wenn du stirbst, will ich mit dir sterben!"
„Das wollen wir denn doch nicht hoffen, Lorchen. Aber erinnere dich, was ich dir früher gesagt habe. Louis ist nicht zum Heiraten geschaffen. Das sage ich nicht wegen dieses

Abenteuers, das du so schwer nimmst. Er wird einmal ein großer Künstler werden, seine Kunst wird ihn völlig in ihren Bann schlagen; da bleibt in seinem Herzen kein Platz für Frau und Kinder. Glaub es, Lorchen, du würdest nur unglücklich mit ihm werden."

„Das glaub ich jetzt selber. Oh, wenn ich dir nur früher gefolgt wäre, dann wär er mir jetzt gleichgültig, und all die Qual jetzt wäre mir erspart. Aber nun soll auch ein Ende sein."

„Er war eben hier und hat nach dir gefragt. Ich sagte ihm, du hättest noch Besuch. Er hofft, in Bälde nach Wien zu gehen, um Haydns Schüler zu werden."

„Ich wünsch ihm Glück auf die Reise", sagte Eleonore, und ihre Tränen flossen von neuem; „ich will ihn nie wiedersehen."

„Wie willst du das anstellen, Kind?"

„Ich lege mich ins Bett und sage, ich sei krank."

„Und wenn sich seine Abreise länger hinzögert? Nein, Kindchen, rede keinen Unsinn! Begegne ihm freundlich, als sei nichts vorgefallen."

„Und wenn er mich fragt, ob ich seine Frau werden wolle?"

„Dazu darfst du es nicht kommen lassen."

„Ich h a b es ja schon fast dazu kommen lassen! Wäre gestern Herr Neefe nicht dazwischen gekommen, dann wäre es schon geschehen."

Frau von Breuning überlegte einen Augenblick.

„Wenn es s o steht, dann ist es freilich besser, ihr seht euch nicht mehr. Geh auf einige Zeit zur Tante nach Köln; vielleicht reist Louis rascher ab, als wir es jetzt denken."

„Und du, Mama, willst du ihm gar nichts über sein Verhalten sagen?"

„Das kommt mir nicht mehr zu. Er ist alt genug, um zu wissen, was er tut. – Ja, das Leben ist nicht ganz so, wie du dir's wohl vorgestellt hast, mein armes kleines Mädchen. – Nun wein' dich mal satt!"

*

Bald nach Haydns Abreise kehrte der Kurfürst nach Bonn zurück; aber Ludwig wagte es nicht, ihn jetzt mit seinen Angelegenheiten zu behelligen. Er konnte sich wohl denken, daß der Kurfürst jetzt andere Sorgen hatte. Der politische Horizont umdüsterte sich immer mehr, und das Schicksal seiner Schwester mußte ihn mit banger Sorge erfüllen. Die Tuilerien waren erstürmt und die treue Schweizer Garde ermordet; die königliche Familie saß im Temple gefangen. Die verbündeten Heere waren, nach unendlichem Zögern, von Coblenz aus in Frankreich eingerückt. Aber statt nun zu einem raschen Schlage auszuholen, der den weit schwächeren Feind unfehlbar vernichtet hätte, rückte man nur langsam vor, hielt sich mit der Belagerung bedeutungsloser Festungen auf und ließ dem Gegner Zeit, sich zu sammeln und zu verstärken. Die Einnahme von Verdun – am 2. September 1792 – war für die Pariser Jakobiner unter Danton das Signal, die königstreuen politischen Gefangenen zu Tausenden abzuschlachten. – Der Himmel selber schien den Franzosen zu Hilfe zu kommen. Es begann zu regnen, tagein, tagaus; die Straßen verwandelten sich in Moräste. Immer spärlicher wurden die Nachrichten, die von der Armee zurück über die Grenze gelangten; schließlich blieben sie ganz aus. Lähmende Ungewißheit lag auf allen. Bis dann eines Tages die Kunde kam, die zuerst niemand glauben wollte, so unfaßbar, so ungeheuerlich war sie: Das vorzüglich disziplinierte, aufs beste ausgerüstete Heer der Verbündeten war in dem regendurchweichten Schlammboden der Champagne steckengeblieben und hatte nach der kurzen ruhmlosen Kanonade bei Valmy am 20. September vor den zusammengewürfelten Horden der Revolutionsarmee den Rückzug angetreten. Am nächsten Tage war Frankreich Republik; es gab keinen König mehr, nur noch einen armen Gefangenen, der für sich und seine Familie auf das Schlimmste gefaßt sein mußte.

Graf Waldstein war schon längst in Haydns Vorschlag eingeweiht worden und hatte ihm begeistert zugestimmt. Schließlich faßte er sich ein Herz und ging zu seinem Herrn, um für Ludwig zu bitten. Er brauchte nicht viele Worte zu machen. Der Kurfürst war sogleich einverstanden, daß Ludwig unter Weitergewährung seines Gehaltes auf unbestimmte Zeit nach Wien beurlaubt wurde.

„Ob er uns wiederfindet, wenn er gar zu lange fortbleibt? Was meinst du, Ferdl?"

„Königliche Hoheit scherzen wohl", antwortete Waldstein

und versuchte zu lachen, aber es wollte ihm nicht recht gelingen. „Die Neufranken werden mit der Einrichtung ihrer glorreichen Republik genug zu tun haben und nicht an Eroberungen denken."
„Gebe Gott, daß du recht behältst, Ferdl. – Sonst nichts Neues von Paris?"
„Nein, Königliche Hoheit."
„Du unterschlägst mir doch nichts?"
„Aber gewiß nicht, Königliche Hoheit."
„Meine arme Schwester! Was wird wohl aus ihr werden!"
„Verbannung nach Deutschland, Königliche Hoheit!"
„Meinst du, Ferdl?"
„Aber gewiß doch! Was denn wohl sonst?"
„Was denn wohl sonst? Ja –, was denn wohl sonst! Ich wag es nicht zu denken."
Er war leichenblaß geworden und sank in einen Stuhl. Waldstein trat besorgt an ihn heran. Der Kurfürst schüttelte müde den Kopf.
„'s ist nix, Ferdl. Ich find nur keinen Schlummer mehr. Schick mir doch den Doktor einmal her, er soll mir 'nen Schlaftrunk brauen."
„Darf sich Beethoven selber vorstellen?"
„Heute nicht, Ferdl. Versichere ihn meines Wohlwollens; er mag ein andermal kommen. Und vergiß den Doktor nicht!" –
So glücklich Ludwig sonst über die Gnade des Kurfürsten gewesen wäre –, die politischen Verhältnisse, die sich in den nächsten Wochen immer ernster gestalteten, ließen doch keine rechte Freude bei ihm aufkommen; ja, er begann zu zweifeln, ob er überhaupt das Recht habe, seine Vaterstadt und die Seinen jetzt zu verlassen. Im Oktober erschien der französische General Custine am Rhein, nahm Speyer, Worms und Mainz, ja drang sogar über den Rhein bis nach Frankfurt vor. Im benachbarten Erzbistum Trier und seiner Hauptstadt Coblenz löste diese Nachricht panischen Schrecken aus. Der Erzbischof bat den Bonner Kurfürsten um militärische Hilfe, aber Max Franz hatte selber nur dreihundert Mann zur Verfügung, weil er die Mehrzahl seiner Truppen an das Reichsheer abgestellt hatte. Da erschien der trierische Kurfürst als Flüchtling in Bonn; Max Franz wies ihm Münster als Asyl

an. Er selber mußte sich mit dem Gedanken an Flucht vertraut machen. Die Archive und das Wertvollste seines Besitzes wurden eingepackt und auf Schiffen verladen. Viele adlige Familien und die höhere Geistlichkeit schickten sich gleichfalls an, Bonn zu verlassen. Nahrungssorgen ängstigten die Bevölkerung; der Brotpreis stieg; das Vieh, das sonst die Nacht über draußen auf den Weiden vor der Stadt geblieben war, wurde Abend für Abend hereingetrieben, weil man einen feindlichen Überfall befürchtete. Eine Bürgerwehr wurde eingerichtet, an der sich alle waffenfähigen Männer beteiligen mußten. Unruhe, Angst lag auf allen Gesichtern. durfte Ludwig gerade jetzt fortgehen, wo es vielleicht auf jeden einzelnen Mann ankam, die Vaterstadt zu verteidigen?

Frau von Breuning suchte ihm seine Bedenken auszureden. – „Nein, Louis, du hast andere Pflichten. Ob wir deutsch bleiben oder französisch werden, daran kannst du nichts ändern. Deine heilige Pflicht ist, das aus dir zu machen, wozu du berufen bist." – Ähnlich hatten auch Neefe und Waldstein gesprochen, und Ludwig hätte sich nur zu gern überzeugen lassen; aber es blieb ein bitteres Gefühl in ihm zurück; fast wie ein Fahnenflüchtiger kam er sich vor.

In diesen Tagen kam Eleonore von Köln zurück; bei der Zuspitzung der politischen Lage wollte ihre Mutter sie nicht länger von sich getrennt wissen. – Eleonore hatte inzwischen Zeit gehabt, über ihr Verhältnis zu Ludwig nachzudenken. Ihre reine Mädchenseele hatte den Weg zu dem heimlich geliebten Freunde nicht mehr zurückgefunden; nach wie vor empfand sie sein Verhalten in Beul als Verrat. So hatte sie nach leidvollen Wochen sich innerlich von ihm gelöst, und als er sie nun wiedersah, trat sie ihm mit einer kühlen Herzlichkeit gegenüber, die er nicht begriff.

„Eleonore!" sagte er schmerzlich, „Lorchen! was ist denn nur geschehen? Was ist denn zwischen uns getreten?"

„Ich weiß nicht, was Sie wollen, Louis. Ich empfinde genauso freundschaftlich für Sie wie immer."

„Das kann ich nicht glauben!" entgegnete er. „Irgend etwas ist geschehen, Sie wollen mir es nur nicht sagen."

„Ich muß Sie bitten, Louis, nicht an meinen Worten zu zweifeln."

„Das ist eine Zurechtweisung, die ich nicht verdiene. Sie kränken mich, Eleonore!"
„S i e kränken m i c h , Louis!"
„Lorchen, ich will Sie ja nicht kränken! Verzeihen Sie mir! Aber ich habe doch Augen und Ohren! Ich sehe und höre doch, daß Sie ganz anders zu mir sind als früher! Denken Sie doch an Beul!"
„Ja, Louis, denken S i e an Beul!"
Er verstand sie natürlich nicht. – „Lorchen, in Beul waren Sie anders zu mir! Sie waren so lieb zu mir! nicht nur freundschaftlich!"
Sie sah ihn groß an. – „Nicht nur freundschaftlich? Wie denn sonst?"
„Anders! Sie waren so, daß ich glauben mußte, ich sei Ihnen mehr als ein Freund!"
„Louis, ich glaube, wir brechen dies Gespräch lieber ab."
„Nein, Eleonore!" rief er außer sich, „Sie müssen mir Rede und Antwort stehen! War ich Ihnen damals nicht noch mehr als ein Freund?"
„Nein", entgegnete sie hart.
„Dann haben Sie mit mir gespielt! Oh, das ist unwürdig!"
„Louis, bitte, lassen Sie mich jetzt allein!"
Nun war es mit seiner Selbstbeherrschung vorbei.
„Gespielt haben Sie mit mir! Das leugnen Sie jetzt, weil Sie sich schämen! Eleonore, wie habe ich mich in Ihnen getäuscht! Ein Spielball für Ihre Mädchenlaunen bin ich Ihnen gewesen, und weiter nichts! Oh, daß ich das nicht früher begriffen habe!"
Ohne ein Wort zu erwidern, ohne noch einmal den Blick auf ihn zu richten, ging Eleonore hinaus. Ludwig stand eine Weile wie betäubt. Dann verließ er das Haus mit dem Gefühl, er werde es nie wieder betreten. Jetzt würde ihm der Abschied von Bonn nicht mehr schwer werden!

Frau von Breuning hielt den Bruch zwischen ihrer Tochter und Ludwig letzten Endes für notwendig. Aber daß er in so schroffer Form erfolgt war, erfüllte sie mit Trauer; denn sie wußte genau, wie Ludwig litt und hatte ihm doch im Grunde nichts vorzuwerfen. Und dabei stand seine Abreise vor der Tür, eine Trennung auf Jahre hinaus. Ging er so von Bonn

fort, dann war er ihnen allen als Freund verloren. Sie wartete einige Tage, ob er nicht von selber bei ihr anklopfe. Er kam nicht. Da bat sie ihn brieflich, nicht ohne Abschied fortzugehen. Eine halbe Stunde darauf stand Ludwig vor ihr.
„Sie haben mich rufen lassen", sagte er und versuchte Kühle und Gleichgültigkeit in seinen Blick zu legen. Aber wie er ihr in die Augen sah, wie er darin nichts fand als die alte mütterliche Liebe, der er das Schönste seiner ganzen Jugend verdankte, da schmolz aller Trotz dahin; er beugte sich auf ihre Hand und küßte sie mit innerster Bewegung. Frau von Breuning traten die Tränen in die Augen.
„Mein lieber armer Junge", sagte sie sanft, „wir wollen nicht weinen, sondern vernünftig miteinander reden. Komm, setz dich zu mir. – Also du glaubst nun, Lorchen hätte mit dir gespielt, mit dir kokettiert?"
„Sie hat mich gekränkt! Und ich hab sie doch so lieb! über alle Maßen lieb!"
„Sie war eine von vielen, die du liebgehabt hast, Louis!"
„Nein!" entgegnete er heftig. „Das mit den andern, das war alles Kinderei."
„Denk an Maria Westerholt!"
„Ja, die hab ich liebgehabt. Aber das ist längst vorbei."
„Und die Demoiselle Willmann?"
Ludwig wurde über und über rot. „Was wissen Sie von der?" sagte er etwas verwirrt.
„Daß du sie gern hattest, vielleicht etwas zu gern."
„Sie hat mich nur sinnlich gereizt. Das sage ich Ihnen, weil ich will, daß Sie alles wissen. Sie tat, als gefiele ich ihr, und das schmeichelte meiner Eitelkeit, weil nun mal alle von ihr entzückt sind. Gut, wenn Sie wollen, ich war in sie verliebt. Aber mein Inneres – hatte keinen Teil daran, Liebe war das nicht. Als ich nach Beul kam, hatte ich sie schon vergessen. Aber Lorchen l i e b e ich, das ist der große Unterschied! – Hat sie denn das mit der Willmann gewußt?"
„Gleich als wir wieder in Bonn waren, hat eine Freundin es ihr erzählt."
„Darum also die Veränderung! Oh, warum hat sie nicht gesprochen! Ich hätte ihr gesagt, diese ganze Sache sei nicht wert, ein Wort darüber zu verlieren."
„Louis, stell dir einmal vor, du liebtest ein Mädchen und

erführest, ein anderer Mann hätte solch einen Eindruck auf sie gemacht, wie die Willmann auf dich. Wie würde das auf dich wirken?"

„Von dem Moment an wäre sie mir gleichgültig."

„Kannst du es dann Lorchen verdenken, daß du ihr gleichgültig geworden bist?"

Er schwieg eine Weile. – „Ich dachte mir", sagte er dann, „das wäre bei Mann und Frau doch nicht dasselbe."

„Es mag oft nicht dasselbe sein, Louis. Aber Lorchen ist nun mal nicht wie die meisten Mädchen. Der Mann, den sie liebt, muß ihr g a n z gehören; sonst ist es eben vorbei."

Ludwig starrte vor sich hin. – „So hat sie mich also liebgehabt", sagte er endlich, und die Tränen traten ihm in die Augen.

„Ja, Louis."

„Und das habe ich mir nun verscherzt. Auf immer verscherzt. – Oder doch vielleicht nicht auf immer?"

„Wir werden es sehen, Louis. – Und nun geh nicht mit schwerem Herzen von Bonn fort! Louis, wir erwarten alle Großes von dir! Die nächsten Jahre müssen über dich entscheiden! Wenn du heimkehrst, dann sollst du als Mann wiederkommen und als Meister! Häng deine Gedanken jetzt nicht an ein Mädchen! Du bist zu Höherem berufen! das sag ich, obgleich es sich um meine eigene Tochter handelt."

„Darf ich Lorchen noch einmal sehen?"

„Ich möchte das eigentlich nicht. Du sollst ihr nicht das Herz noch einmal schwer machen."

„Das will ich auch nicht. Ich will ihr kein Wort von Liebe sagen. Aber so, ganz ohne Abschied, kann ich doch nicht fortgehen."

„Gut, Louis. Ich will sie dir schicken; du wirst mein Vertrauen nicht mißbrauchen."

Gleich darauf trat Eleonore ins Zimmer. Sie war blaß, aber ihre Augen ruhten ohne Befangenheit auf Ludwig; sie streckte ihm ruhig ihre Hand hin und erwiderte seinen Druck.

„Eleonore, ich habe Ihnen neulich ein häßliches Wort gesagt, das nicht aus meinem Herzen kam. Wollen Sie mir verzeihen?"

„Gern, Louis, und es ist lieb von Ihnen, daß Sie noch einmal gekommen sind."

„Ich hätte so nicht fortgehen können, wenn ich auch gewollt hätte. Werden Sie nun in Freundschaft an mich denken?"
„Wir werden alle oft an Sie denken, Louis. Sie gehören ja doch zu uns."
„Wirklich? gehöre ich noch zu Ihnen?"
„Ja, Louis."
„Ich danke Ihnen, Eleonore!"
„Nun leben Sie wohl, Louis!"
„Darf ich Ihnen einmal schreiben?"
„Ihre Briefe werden uns immer eine große Freude sein. Reisen Sie mit Gott, Louis!" Sie ergriff seine Hand und sah ihm lange und fest in die Augen. – „Auf ein schönes Wiedersehen! – Warten Sie, ich rufe meine Mutter."
Frau von Breuning trat ein. – „Ich sah es Lorchen an, daß du tapfer gewesen bist. – Nun leb wohl, Louis, und behüte dich Gott in dem fernen großen Wien!"
„Leben Sie wohl!" sagte Ludwig. „Ich danke Ihnen für alles. Was hab ich Ihnen alles zu danken! Sie Gute! Sie himmlisch Gute! Meine zweite Mutter!"
„Mein Junge!" sagte sie sanft, „mein lieber Junge! Mein großer Sohn!"
Sie küßte seine Stirn. Dann ging er.

SIEBENUNDZWANZIGSTES KAPITEL

Morgen sollte es nun fortgehen. Ludwigs Habseligkeiten, die hauptsächlich aus seinen Manuskripten bestanden, waren gepackt, ein Platz im Postwagen war bestellt. Nachmittags ging Ludwig zu Neefe, um Lebewohl zu sagen. Sein alter Lehrer war herzlich bewegt.
„Geh mit Gott, Louis! Jetzt mach mal kein trauriges Gesicht! Sei froh, daß du fortkommst; hier ist es wirklich nicht mehr schön. Denk manchmal an mich, und wenn du erst dahinter gekommen bist, was du alles n i c h t bei mir gelernt hast, dann schimpf nicht, sondern denk nur: er war kein Mozart, er war auch kein Haydn, – er war halt der Neefe aus Chemnitz."

Ludwig umarmte den kleinen Mann. – „Herr Neefe, wenn einmal etwas Ordentliches aus mir wird, dann verdank ich es Ihnen."

„Ä gar, Louis, das verdankst du dem lieben Gott. Was habe ich dich denn groß gelehrt! Das hättest du von jedem andern auch haben können."

„Herr Neefe, Sie haben mich erst zu einem Menschen gemacht!"

Neefe faßte seine Hand und sah ihn lange an.

„Das war ein großes Wort, Louis", sagte er endlich, und seine Stimme zitterte leise, „aber das darf ich nicht auf mir sitzen lassen. Vieles ist zusammengekommen, dich zu einem Menschen zu machen; zu dem Menschen, der du geworden bist. Der Volksstamm, aus dem du hervorgegangen bist, dieser kräftige, gesunde niederrheinische Zweig an dem großen deutschen Baume –, das schöne, liebe Bonn mit dem mächtigen Strom, mit seinen Menschen, den Breunings vor allen, mit seiner Kultur und seiner Musik, – deine Familie, – ja Louis, auch deine Familie, trotz allem Schweren, das du durchgemacht hast. Es ist nicht umsonst gewesen; wär es dir erspart geblieben, du wärest nicht der, der du jetzt bist. Und wenn du nun durchaus einen Namen hören willst, dem du das meiste verdankst, so heißt der nicht Neefe; er heißt Mozart. Wie du noch ein kleiner Kerl warst, hab ich mal über dich geschrieben, du könntest ein zweiter Mozart werden. Das kannst du nicht. Einen Mozart hat es nur einmal gegeben, und soll es auch nur einmal geben. Aber wenn du dich weiter so entwickelst wie bisher, dann wirst du sein würdiger Erbe werden; nicht ihm gleich, aber ihm ebenbürtig. Und daß ich dein Lehrer gewesen bin, das wird dann mein größter Stolz sein. Geh mit Gott, Louis! Grüß unsern verehrten Haydn, schreib hie und da einmal, wie es dir geht, und kehr als ein fertiger Künstler zurück! – Komm her, Louis! Ich hab dich lieb!" –

Und jetzt zum Kreuzberg hinauf, Abschied zu nehmen von Bonn.

Langsam stieg Ludwig die Fichtenallee bergan. Schwarzgrün standen die Bäume gegen den tiefblauen Herbsthimmel. Lautlose Stille war um ihn.

Nun stand er oben auf dem Altan, der weithin das Land

beherrschte. Unter ihm lag die Stadt, friedlich hingebettet zwischen Berg und Strom. Aus den Kaminen stieg hie und da bläulicher Rauch empor, wob um das Gewirr der Dächer und Giebel einen zarten Schleier, über den hinweg die alten lieben Türme vertraut heraufgrüßten. Gleich einer goldroten Insel leuchtete der Poppelsdorfer Schloßpark im Schmuck des Herbstes. In ungeheurem Bogen dehnte sich silbern der Rhein, hinab in die Ebene, die unendliche Ebene, bis er sich am Horizont in zartem Nebel verlor. In flammendem Rot standen die Weinberge; überall, wohin das Auge blickte, ein Rausch von Gelb und Rot und Gold.
Lange stand Ludwig, versunken in den Anblick seiner schönen Heimat; und das Gefühl, daß er morgen um diese Zeit schon weit weit fort sein würde, krampfte sein Herz zusammen. –
„Bonn, geliebte Stadt, in der ich groß geworden bin! Wie wirst du mir fehlen in der Fremde! Wie werde ich mich nach dir sehnen! Nach deinen vertrauten Gassen, nach deinen Türmen, nach dem Klang deiner Glocken! – Gott im Himmel! Laß das Rheinland meine Heimat bleiben! Laß mich wiederkehren! Halte den Feind von ihm fern! Laß es deutsch bleiben, deutsch!" –
Die Sonne war untergegangen. Ein zartes grünliches Licht zog langsam über den Himmel.
„Leb wohl, du schönes, geliebtes Land! Immer will ich an dich denken! Gott schütze dich!"
Ein leiser Abendwind hatte sich erhoben; sanft rauschten die Fichten, als Ludwig unter ihnen dahinschritt, zum letzten Male seiner Vaterstadt zu. – Es war schon dunkel, als er in sein Zimmer trat. Er machte Licht. Auf dem Flügel lag ein kleiner, sorgfältig verpackter Gegenstand. Er entfernte die Hülle und hielt ein zierliches Buch in der Hand, das auf dem Titel eine leicht hingeworfene phantastische Federzeichnung trug. „Meinen Freunden" stand in der Mitte geschrieben, und darunter sein Name. Da hatten sie sich alle verewigt, die guten Freunde aus dem Zehrgarten: die Familie Koch, Malchus, Eichhoff, Degenhardt, Graf Waldstein. – Was schrieb denn der?
„Lieber Beethoven, Sie reisen jetzt nach Wien, zur Erfüllung Ihrer so lange bestrittenen Wünsche. Mozarts Genius trauert noch und beweint den Tod seines Zöglings. Bei dem uner-

schöpflichen Haydn fand er Zuflucht, aber keine Beschäftigung; durch ihn wünscht er noch einmal mit jemandem vereinigt zu werden. Durch ununterbrochenen Fleiß erhalten Sie: Mozarts Geist aus Haydns Händen."
Was sollte das heißen: Mozarts Genius hätte bei Haydn keine Beschäftigung gefunden? Ach, er meinte wohl die Oper. Damit hatte es noch gute Weile! Aber das war ein schöner Gedanke: Mozarts Geist aus Haydns Händen!
Er blätterte weiter, und plötzlich gab es ihm einen Stich durchs Herz. Er erblickte Eleonorens zierliche Handschrift:

> „Freundschaft mit dem Guten
> Wächset wie der Abendschatten,
> Bis des Lebens Sonne sinkt."
>
> Herder.
>
> Ihre wahre Freundin Eleonore Breuning.

Also doch! Gott sei Dank! Hier hatte sie es ihm schwarz auf weiß gegeben, daß er noch immer ihr Freund war, ihr Freund fürs Leben!
Liebes geliebtes Geschöpf! Wie gut das von ihr war, ihm diesen Trost mitzugeben! Vielleicht würde er ihr doch noch einmal mehr werden als nur ein Freund! – Er drückte ihre Handschrift an seine Wange; ein sanftes beseligendes Gefühl durchzog ihn. Liebe, liebe Eleonore! –
Er öffnete den Flügel, und der kleine Raum klang noch einmal wider von seinen Tönen. –
Der Abschied von den Seinen war kurz. Die Brüder versprachen, fleißig zu sein und sich gut zu halten. Der Vater war gerührt und fing an zu weinen. Im Grunde waren alle drei froh, den lästigen Aufseher auf lange Zeit loszuwerden.
Wie gern hätte Ludwig diesen letzten Abend bei den Breunings verbracht! Aber d i e Zeiten waren vorbei. Im Zehrgarten hatten ihm die Freunde eine kleine Abschiedsfeier bereitet; die gute Frau Koch hatte das Beste aufgeboten, was Küche und Keller leisten konnten. Manch gutes, freundschaftliches Wort wurde gesprochen; was alles man von ihm erwarte, daß er in manchem Herzen eine leere Stelle zurück-

lasse. Und doch hätte er alle die herzlichen Umarmungen gern hingegeben für den Druck einer lieben Hand.
Wegeler begleitete ihn nach Hause. Arm in Arm schritten die Freunde dahin, ohne noch viel zu sprechen. Nun standen sie vor der Beethovenschen Wohnung.
„Ach, Wegeler", sagte Ludwig, „mir ist so schwer ums Herz! Was wird die Zukunft uns bringen! Ich habe das Gefühl, als sollt ich Bonn und euch alle nie wiedersehen!"
Er zog den Freund an die Brust und hielt ihn lange fest in stummer Umarmung.
„Wegeler, ich muß dir etwas sagen. Ich habe Lorchen über alles lieb."
„Ich weiß es", entgegnete der Freund.
„Und nun ist etwas vorgefallen, das uns trennt, und ich gehe fort. Ach, ich fürchte, nun wird sie mir ganz entgleiten! Und du hast sie auch lieb, und du bleibst da!"
„Louis, ich hab über all dies oft und lange nachgedacht. Von uns beiden bist du der – ja, wie soll ich sagen? – der wichtigere Mensch. Bleibt dir Lorchen so teuer, wie sie es dir jetzt ist, dann, das schwöre ich dir fest und heilig, – nie will ich zwischen euch treten! Doktor Wegeler in Bonn soll nicht die Ursache sein, daß Louis van Beethoven unglücklich wird!"
„Wegeler, wie bist du gut und edel! Und ich soll dann die Ursache sein, daß d u unglücklich wirst?"
„Mach dir darum keine Sorgen. Ich weiß, ich kann nie ganz unglücklich werden. – Leb wohl, Louis! Auf Wiedersehen!"
„Ja, auf Wiedersehen, Wegeler!"
Ludwig sah dem Davonschreitenden nach.
„Grüß Eleonore!" rief er.
„Ich werde sie grüßen!" tönte es zurück. Dann war er allein.
Mitternacht war längst vorüber, aber er hatte das Gefühl, noch nicht schlafen zu können. Es trieb ihn hinab zum Rhein. Nun stand er am Ufer. Der Mond goß seinen milden Schein über die Fluten. Still und mächtig, von unzähligen Lichtern übersät, zog der Strom dahin.
„Rhein! Vater! Freund meiner Kindheit! Seele meiner Heimat! Dir bin ich verwandt! Dir gehör ich! An dich werde ich denken! Nach dir mich sehnen! Auf Wiedersehen!"
Stimmen drangen an sein Ohr, ein Licht schwankte heran, ein kleiner Trupp Männer kam auf ihn zu. Der Führer hielt ihm

seine Laterne entgegen und fragte, ob er vielleicht an einem Nachen mit einem Schlafenden darin vorbeigekommen sei. Er sei ein Fischer aus Coblenz und auf einer seltsamen Fahrt begriffen. Ein vornehmer Herr, der Minister des Herzogs von Weimar, der den Feldzug in Frankreich mitgemacht, der habe seinen Kahn gemietet, um nach Düsseldorf hinunterzufahren. Spät in der Nacht habe er hier angelegt; aber der Herr habe nicht aussteigen wollen, sondern sich trotz der Kälte im Nachen schlafen gelegt. Den habe er zwar halb aufs Land gezogen, aber nun könne er ihn nicht wiederfinden, und wenn der Teufel die Hand im Spiel habe, möchte er wohl gar davongetrieben sein. – Ludwig schloß sich den Suchenden an. Bald ward der dunkle Umriß eines Nachens sichtbar, der sich scharf von der glitzernden Wasserfläche abhob. Man trat näher. In einen Mantel gehüllt, lag der Fremde in festem Schlaf. Das männlich schöne, bedeutende Gesicht spiegelte tiefen Frieden. Man wagte nicht, ihn zu wecken, und die Fischer entfernten sich wieder.
Ludwig folgte ihnen nicht. Irgend etwas Unerklärliches hielt ihn bei dem Schlafenden zurück. Das edle Antlitz, auf dem das Licht des Mondes lag, zog ihn mächtig an. Wie ein Traum war ihm das Erlebnis; als habe der Rhein eigens für ihn diesen Fremden ans Ufer getragen, – als eine Verkörperung von Natur und Geist, – als den Genius seiner Heimat selber, – als einen Geistergruß für ihn.
Spät kam er nach Hause.
Am andern Morgen, bei Sonnenaufgang, fuhr Ludwig van Beethoven rheinaufwärts, in die Welt hinaus.

*

ZWEITES BUCH

BEETHOVENS VOLLENDUNG

Erstes Kapitel

Das Licht unzähliger Wachskerzen, von wandhohen venezianischen Spiegeln zurückgeworfen, erfüllte den weiten heiteren Raum, liebkoste die weißen Schultern der Damen und ihr weiß gepudertes, kunstvoll frisiertes Haar, ihre Halsbänder, Diademe und Armgehänge und ihre lustigen lachenden Augen. An die hundert Gäste, Damen wie Herren in farbige Seide gekleidet, in Rot und Blau und Grün und Gelb und Weiß und Lila, umgaben die runden damastschimmernden, mit silbernen Tafelaufsätzen geschmückten Tische wie lebendige Blumengirlanden.
Die glänzendsten Geschlechter des österreichisch-ungarischen Hochadels waren vertreten: die Liechtenstein, Fürstenberg, Thun, Dietrichstein, Harrach; die Lobkowitz, Czernin, Schwarzenberg, Clary und Kinsky; die Esterhazy, Zichy, Szecheniy, Erdödy, Karoly. Hundert Stimmen schwirrten durcheinander und gaben doch keinen lärmenden Mißklang, sondern ein angenehmes Geräusch, das die Sinne sanft umnebelte wie der Champagner, den eine Schar Lakaien überall nachschenkte, wo es daran fehlte.
Das Souper war beendet, und die Herrin des Hauses, die junge Fürstin Christiane Lichnowsky, warf ihrem Gemahl am Nachbartisch einen fragenden Blick zu; der nickte, winkte den Haushofmeister herbei und schickte ihn mit einem Auftrag fort.
Freiherr van Swieten, ein würdiger alter Herr, der den Ehrenplatz neben der Hausherrin innehatte, tat einen bedächtigen Schluck und blickte dann eine Weile sinnend auf das zarte Spiel der Schaumperlen in seinem Glase. Nun sagte er: „Dieser köstliche Wein hat einen einzigen Fehler: seinen Namen. Man sollte ihn umtaufen."
„Warum, Exzellenz?" fragte die Fürstin.
„Wegen der traurigen, ja beschämenden Erinnerungen, die das Wort Champagne im Herzen eines jeden Österreichers zurückgelassen hat."

„Beschämende Erinnerungen, Exzellenz?" rief der andre Nachbar der Gastgeberin, Fürst Esterhazy, der ungekrönte König von Ungarn. „Da muß ich aber doch sehr bitten! Hatten wir vielleicht Schuld an der Débâcle? Wer hat denn das Kommando geführt? Doch dieser alte Braunschweiger, dessen Taktik noch aus dem Siebenjährigen Kriege stammt!"
„Hatte er vielleicht auch in den Niederlanden das Kommando, Durchlaucht?" erwiderte Baron van Swieten. „Haben wir sie uns nicht von diesem Satan von Dumouriez abnehmen lassen?" Er zog eine Dose von Schildkrot aus der Tasche seiner weißseidenen silbergestickten Weste und nahm umständlich eine Prise.
„Ach was, Exzellenz!" rief Fürst Esterhazy, „unser neues Heer wird ihm die Niederlande bald wieder abjagen. Der Prinz von Coburg versteht seine Sache, und der junge Erzherzog Karl ist ein geborener Feldherr. Glaubt denn jemand im Ernst, diese zusammengelaufenen Revolutionshorden werden auf die Dauer Sieger bleiben? Sie lächeln so skeptisch, Andreas Kyrillowitsch?" wandte er sich an den Grafen Rasumowsky, den russischen Botschafter. „Hab' ich nicht recht?"
„Wir sind alle keine Propheten, Durchlaucht", erwiderte Rasumowsky. „Die Revolution ist eine westliche Erfindung. Der Westen ist groß. Aber Rußland ist größer."
„Was wollen Sie damit sagen? Soll die Revolution etwa erst an Rußland zerschellen? Da möcht' ich doch für meine Ungarn bürgen!"
„Du, Nickerl!" rief die schöne schwarzäugige Fürstin Esterhazy vom Nachbartisch, „hörst gleich mit dem langweiligen Politisieren auf! Schau du lieber, daß du deine Diamanten wieder aufliest! Denkt euch, der gute Nickerl hat bei seinem letzten Ritt wieder mal für fünfzehntausend Gulden Diamanten von seiner Schabracke verloren! sie springen halt so weg! 's ist schon ein Kreuz mit solch 'nem verschwenderischen Mannsbild!"
„Also weißt, Nickerl!", rief ihr Tischnachbar, der junge Fürst Lobkowitz, „wenn ich solch 'nen schlampeten Geizkragen zur Frau hätt', heut noch ließ ich mich scheiden!" Er blickte zärtlich zu seiner jungen Frau hinüber, die zur Rechten des Freiherrn van Swieten saß.
„Ah, geh!" lachte Esterhazy, „die tut ja nur so! Wenn ich

nicht unser Bißerl zusammenhielte, von ihr aus wären wir längst ruiniert! Aber weißt, Karl", wandte er sich zu dem Fürsten Lichnowsky hinüber, „einen Wunsch hab' ich: deinen Küchenchef möcht' ich dir abspenstig machen! so gut hab' ich lange nicht soupiert!"
Über Lichnowskys volle Lippen ging ein geschmeicheltes Schmunzeln. „Möchte der gute André das nie erfahren, sonst will er gleich ein höheres Salär."
„Gibt's nachher Musik, Christel?" fragte die Fürstin Lobkowitz. „Natürlich gibt's Musik, sonst wären wir nicht bei Lichnowskys!"
„Ja, es gibt Musik, und zwar was ganz Besonderes, möcht' ich mir schmeicheln."
Freiherr van Swieten spitzte die Ohren und lehnte sich ein wenig zu seiner Nachbarin hinüber: „Darf man fragen, Durchlaucht, was das ganz Besondere sein soll?"
„Es sind jetzt fünf Jahre her", sagte die Fürstin, „da kam ein junger Mensch aus Bonn zu uns – eigentlich war er noch ein halbes Kind –, den hatte der Kölnische Kurfürst, unser Erzherzog Max Franz, nach Wien geschickt, um bei Mozart Klavierunterricht zu nehmen. Er brachte Empfehlungen von meinem Vetter Waldstein mit und hat bei uns gewohnt, mußte aber bald wieder heim. Jetzt hat ihn der Kurfürst zum zweitenmal hergeschickt, um bei Haydn zu studieren. Also den sollt ihr heut hören!"
„Ich glaube mich seiner zu entsinnen", sagte van Swieten. „Hatte er nicht einen holländischen Namen?"
„Er heißt Ludwig van Beethoven."
„Ganz recht", nickte van Swieten. „Der selige Mozart hat ihn mir bei einem Augartenkonzert vorgestellt. ‚Er kann was', sagte er, ‚und er wird bald noch mehr können.' Ich höre noch die Worte, als sei es gestern gewesen, und weiß noch, wie ich mich wunderte, denn was Besondres ließ sich an dem häßlichen kleinen Burschen nicht entdecken. Hat sich denn Mozarts Prophezeiung nun erfüllt?"
„Waldstein schrieb mir jetzt wieder", sagte die Fürstin, „er werde gewiß mal ein zweiter Mozart werden!"
„Ein zweiter Mozart?" rief van Swieten, und sein Gesicht wurde langsam rot. „Ein zweiter Mozart sagen Sie, Durchlaucht?"

„Ja, Exzellenz! Im Klavierspiel ist er sogar dem Mozart über."

„Durchlaucht!" sagte van Swieten feierlich, „bei allem Respekt vor Ihren hohen musikalischen Gaben – dies grenzt an Gotteslästerung!" Er tat einen langen Zug und setzte sein Glas ziemlich heftig auf den Tisch. „Im Klavierspiel dem Mozart über? Von wem soll er's denn gelernt haben?"

„Der kurfürstliche Hoforganist Neefe in Bonn war sein Lehrer."

„Na, da haben wir's ja schon!" rief van Swieten triumphierend. „Hat man je gehört, ein Organist sei ein guter Klavierspieler? Die Orgel verdirbt das Klavierspiel, das weiß doch jedes Kind!"

„Der junge Beethoven ist sogar selber Organist", warf Fürst Lichnowsky ein, „und trotzdem ist er ein vollkommener Klavierspieler!"

„Wie alt ist denn der junge Mann?"

„Ja, denken Sie sich", sagte die Fürstin, „das weiß er selber nicht genau. So um zwanzig oder einundzwanzig. Er war ein Wunderkind, und sein Vater, ein trunksüchtiger Kapellsänger, fand es für gut, das Alter seines Söhnchens etwas zu retuschieren."

„So, so!" höhnte van Swieten, „Orgelspieler, so um zwanzig oder einundzwanzig, Sohn eines trunksüchtigen Kapellsängers, Schüler eines andren Organisten, und trotzdem im Klavierspiel dem Mozart über! Nun, da bin ich gespannt! Da bin ich wirklich gespannt! Heiliger Mozart, steh uns bei!" Er trank sein wieder gefülltes Glas auf einen Schluck leer und nahm eine gewaltige Prise.

„Hören Sie ihn, Exzellenz", lächelte die Fürstin, „und dann urteilen Sie! Ja, und nun kommt eigentlich die Hauptsache! Der junge Mensch ist arm wie 'ne Kirchenmaus. Der Kurfürst hat ihm zu seinem Hoforganistengehalt von hundert Talern jährlich noch eine kleine Zulage versprochen. Im ganzen wird er sich auf etwa neunzig Gulden im Monat stehen. Davon soll der nun in Wien leben! Gelt, da schaudert's euch! Und dabei war seine Garderobe in einem Zustand, daß er sich unmöglich präsentieren konnte. ‚Denken Sie sich, Durchlaucht', sagt er mir gestern, ‚da hab ich mir ein Paar schwarzseidene Strümpfe gekauft; wissen Sie, was ich bezahlen mußte? Einen ganzen Dukaten!' Kinder, ich hätt' beinah geheult!"

„Setzt eurem Wundertier doch eine Rente aus!" meinte Fürst Esterhazy.

„Das haben wir ihm natürlich angeboten. Aber der junge Mann ist stolz! Er will nichts geschenkt. Nicht mal das kleine Zimmer unterm Dach, das er den Schneidersleuten abgemietet hat, dürfen wir ihm bezahlen. Er sagt: wenn er nur ein paar Schüler fände, dann wär' ihm geholfen. Und die möchten wir ihm nun verschaffen. Nickerl, ich hab' euren Leib- und Magenpianisten, den Abbé Gelinek, gebeten, sich heute bei uns mit unsrem Schützling zu messen. Wenn Beethoven siegt, woran ich nicht zweifle, dann ist er mit einem Schlage bekannt."

„Hättest du dir nicht jemand andren aussuchen können als unsren guten Abbé?"

„Weißt, Nickerl, der Gelinek ist nun mal der erste Virtuos in Wien. Je größer der Gegner, desto ehrenvoller der Sieg!"

„Oder die Niederlage, ma Chère!"

„Na, wie's nun auch ausgehen mag, tut mir die Liebe und interessiert euch für den jungen Mann! Ihr tut ein gutes Werk, und mir den größten Gefallen."

„Ich bleibe dabei", sagte van Swieten nach einer kleinen Pause, „es hat nur einen Mozart gegeben, es wird keinen zweiten geben! Und mit Gelinek will er sich messen? Der junge Mann hat Mut!"

„Ist das ein Verbrechen, Exzellenz?"

„Ich bin gespannt!" murmelte van Swieten, „ich bin wirklich gespannt!"

Inzwischen war der Haushofmeister wieder erschienen und meldete, er habe den Auftrag von vorhin vollzogen. Fürst Lichnowsky stand auf und klopfte an sein Glas.

„Mesdames et Messieurs, ich mache mir das Vergnügen, Sie in den Musiksaal hinüberzubitten!"

Alles erhob sich; paarweise, plaudernd und lachend, schritten die Gäste langsam in den Musiksaal und nahmen auf den Sesseln Platz, deren Reihen fast den ganzen Raum füllten. In einer Ecke, nahe dem Podium, stand der junge Ludwig van Beethoven im Gespräch mit einem Manne von etwa fünfunddreißig Jahren, der ein Priestergewand trug.

„Fast der ganze Wiener Hochadel ist heute beisammen", sagte Abbé Gelinek. „Wenn Sie vor diesem Publikum Erfolg haben, mein junger Freund" – ein etwas boshaftes Lächeln zog über sein mageres, erdbraunes Gesicht –, „dann können Sie sich was drauf einbilden! Diese Menschen verstehen wirklich etwas von Musik! Gluck und Mozart und Haydn haben nicht umsonst in Wien gelebt! Sehen Sie den jungen Herrn da, den mit der Krücke! Das ist Fürst Lobkowitz. Der hält sich ein ganzes Orchester! Vom Morgen bis zum Abend wird bei ihm Musik gemacht, und er selber ist immer dabei. Dort kommt Fürst Esterhazy – der da, in dem roten diamantbestickten Frack, der hat jetzt auch wieder sein eigenes Orchester. Wenn ich Ihnen die guten Klavierspieler nennen sollte, die heute hier beisammen sind, so wüßt' ich nicht, wo anfangen. Die Fürstin Lichnowsky, so gut sie spielt, ist noch lange nicht eine der besten. Ja, Herr van Beethoven, wir werden heute vor dem musikalischsten Publikum von Europa spielen. Schlagen Sie mich nur in Grund und Boden, ich bin nicht neidisch!"

„Ich will es versuchen", erwiderte Beethoven etwas zerstreut, denn er war ganz mit dem beschäftigt, was er sah. Er hatte oft in den kurfürstlichen Gemächern gespielt und war an vornehme Gesellschaft gewöhnt; doch die Erinnerung an den bescheidenen Glanz des Bonner Hofes verblaßte vor der strahlenden Pracht, mit der der Wiener Adel sich zu schmücken wußte. Er warf seinem Spiegelbild einen besorgt prüfenden Blick zu; doch er fand nichts an sich auszusetzen. Mit dem dunkelgrünen Frack konnte der schneidernde Logiswirt Ehre einlegen, selbst in dieser Umgebung. Und den schwarzseidenen Strümpfen sah man es an, daß sie einen Dukaten gekostet hatten.

Alles hatte nun Platz genommen; man plauderte und wartete der kommenden Dinge.

Fürst Lichnowsky kam herbei: „Ich denke, meine Herren, wir können anfangen!" Um seine Lippen war ein nervöses Zukken: „Mesdames et Messieurs, ich habe Sie heute zu einem besonderen Kunstgenuß geladen. Der erste Klavierspieler unserer Kaiserstadt, Herr Abbé Gelinek, will einem jungen Kunstbruder Gelegenheit geben, mit ihm um die Palme zu ringen. Herr Ludwig van Beethoven, den ich Ihnen hiermit vorstelle, ist Hofpianist und Hoforganist Seiner Königlichen Hoheit des Erzbischofs und Kurfürsten von Köln, unsres lieben Erzherzogs Max Franz. Er hält sich jetzt in Wien auf, um sein Kompositionstalent unter Meister Haydn weiter auszubilden. Unsere beiden Virtuosen wünschen zu phantasieren und bitten um ein Thema. Das Los hat entschieden, daß Herr Abbé Gelinek beginnen soll."

Die Stille, die bei Lichnowskys ersten Worten eingetreten war, ging in ein fröhlich erregtes Stimmengewirr über. Das war einmal etwas anderes! eine famose Idee von dem Fürsten! Na, den wird der Gelinek zusammenhauen! Der arme Junge! Hübsch ist er nicht! Pfui, wie häßlich! Na, der Abbé ist auch keine Schönheit!

Inzwischen hatte Gelinek am Flügel Platz genommen; Beethoven wurde von dem Fürsten aufgefordert, sich neben ihn zu setzen, was eine alte wohlbeleibte Fürstin zu einem mißbilligenden Schütteln des Kopfes samt diamantenem Anhang veranlaßte.

„Nun, wer gibt dem Herrn Abbé ein Thema?" rief die Fürstin Lichnowsky und sah sich fragend um.

„Die Fürstin wird um ein Thema gebeten!" rief einer der Kavaliere.

„Wohl von mir selber?" entgegnete sie lachend. „Nein, danke schön!"

„Also dann Baron van Swieten!"

„Ja, Baron van Swieten!" rief alles durcheinander.

Gottfried, Freiherr van Swieten, Direktor der Hofbibliothek, der Freund und Gönner Mozarts, der Verehrer Bachs und Händels, Komponist von Symphonien, die der Schrecken der Liebhaberkonzerte waren, galt in Wien als höchste Autorität in musikalischen Dingen. Der alte Herr erhob sich würdevoll, seiner Verantwortung bewußt. Gemessenen Schrittes ging er zum Podium und kletterte vorsichtig die etwas wackligen zwei Stufen hinauf. Gelinek machte ihm mit einer weltmännischen Verbeugung am Flügel Platz. Van Swieten setzte sich umständlich und blickte sinnend an die Decke. Endlich schien er unter der Menge der anstürmenden Themen die Wahl getroffen zu haben und spielte eine achttaktige Melodie. „So steif wie er selber!" flüsterte Beethoven dem Fürsten zu. Van Swieten erhob sich in dem Gefühl, daß an dem zu erwarten-

den Erfolge des Abbés ein immerhin beachtenswerter, sehr beachtenswerter Anteil ihm selber gebühren werde, und begab sich an seinen Platz im Publikum zurück.
Gelinek setzte sich wieder ans Klavier, schlug ein paar gefällig präludierende Akkorde an und begann mit van Swietens Thema. Der kann spielen! dachte Beethoven bei den ersten Tönen. Ein schöner weicher Anschlag! freilich kein gutes Legato, etwas zerhackt, wie bei Mozart.
Gelinek fing nun an, das Thema zu variieren. Er löste die Viertelnoten der Melodie in Achtel, in Sechzehntel, in Zweiunddreißigstel auf, die geschmeidig glitzernd über die Tasten liefen, ohne daß auch nur ein Ton fehlgegriffen wurde. Dann zeigte sich die Melodie in Moll, und dem alten van Swieten wurde es ordentlich wehmütig ums Herz. Ja, ja! was doch alles in seinem kleinen Thema steckte! eine ganze Welt, sozusagen! Nun kehrte es nach Dur zurück und machte wieder ein vergnügtes Gesicht. Ja, es wurde förmlich übermütig, stürzte sich in brillante Läufe, in schwierige Terzen-, Sexten- und Oktavengänge und verstieg sich schließlich zu einer langen Trillerkette. Danach war eine weitere Steigerung nicht mehr denkbar; also Schluß!
Gelinek stand auf und nahm den rauschenden Beifall als verdiente und längst gewohnte Huldigung weltmännisch lässig entgegen. Lichnowsky schüttelte ihm die Hand, und Baron van Swieten schloß ihn gerührt in die Arme, was dem Applaus zu einem erheblichen Crescendo verhalf. Auch Beethoven stand auf und drückte ihm die knochendürre kalte Hand.
Die beiden Rivalen wechselten nun die Plätze.
„Wer gibt Herrn van Beethoven ein Thema?" rief die Fürstin wieder.
„Danke, Durchlaucht", sagte er, „ich wähle dasselbe Thema."
Allgemeines Staunen. Der junge Mann hat Courage! dachte Gelinek. Lichnowsky faltete in stummer Verzweiflung die Hände; er wünschte den alten Swieten samt seinem langweiligen Thema zu allen Teufeln. Wie sollte Beethoven sich davon begeistern lassen!
Der saß unbeweglich vor dem Flügel und blickte auf die Tasten nieder. „Seinen Frack hat er gewiß aus Bonn mitgebracht!" kicherte ein junges Komteßchen ihrem Nachbar

ins Ohr. Beethoven drehte den Kopf nach der Schönen; sie schwieg errötend.
Nun hob er die Hände; ein leises Lächeln zuckte um seinen Mund.
Swietens Thema machte seine Reverenz. Eine kurze Variation in Achteln, dann eine in trostlos perlenden Sechzehnteln, genau wie bei Gelinek. Eine Zweiunddreißigstelkette im Diskant – Krach! da bekam sie von der linken Hand eins auf den Kopf; bestürzt verkroch sich das Thema im Baß. Eine Pause, die sprach: so hat's der andre gemacht. Jetzt komme ich! Wieder das Anfangsthema. Aber was ist aus dem hölzernen stelzbeinigen Gesellen geworden? Ist er's überhaupt noch? Er hat Grazie bekommen und Gelenkigkeit und lächelt lieb und schalkhaft. Und jetzt ist er's bestimmt nicht mehr; jetzt ist es ein schönes Mädchen. Doch! da ist auch der andere wieder! Aber nein! es ist ein Jüngling, schön und galant, drängend und werbend. Ein reizender Zwiegesang beginnt, löst sich in ein freies Rezitativ, nimmt wieder festeren Rhythmus an und wird zum Menuett. Ein Seufzer des Entzückens geht durch die Gesellschaft. Baron van Swieten strahlt. Welch reizendes Menuett! Haydn und Mozart haben nichts Besseres ersonnen. Und er selber auch nicht. Wie anmutig, wie glatt schreitet diese Melodie dahin! mit welcher Grazie weiß sie sich zu biegen und zu wenden! Da plötzlich ein kurzer abgerissener Lauf im Baß, – eine überraschte Pause. Was für ein fremder Eindringling ist da erschienen? Es ist wieder das Swietensche Thema; aber anders kommt es jetzt daher! Es marschiert, es ist trotzig, angriffslustig, es schert sich den Teufel um die Tänzer, die es da in ihrem schönen Menuett gestört hat. Erschrocken stolpern die beiden nach rechts und links auseinander, und der ungebetene Gast macht sich in der Mitte breit. Jetzt versucht er's mal selber mit dem Menuett, aber es behagt ihm nicht. Zwei Takte reißt er sich heraus; die übrigen fliegen in Fetzen davon. Nur die zwei Takte bleiben, verdoppeln sich, werden zu einer Melodie von hinreißender Schönheit. Ein Lied ist es, ganz einfach, schlicht und volkstümlich, innig und kräftig. Es wird immer schöner, immer reicher; es singt und jubelt, wächst zum hymnischen Chor, zum erhabenen Ausklang.
Beethoven erhob sich, und der Beifall brach los. Immer wie-

der mußte er sich verneigen. Endlich, als er glaubte, es sei genug, sprang er die paar Stufen vom Podium hinab. Aber alles erhob sich; was auf den ersten Reihen saß, drängte auf ihn zu und umringte ihn. „Weiterspielen! bitte, bitte! noch mehr! noch ein einziges Stück! ein ganz kleins Bißerl! bitte weiterspielen! bitte, bitte!"
Da stand er nun, von schönen Damen und eleganten Kavalieren umringt, verlegen und glücklich. „Also gut", murmelte er, „wenn es Ihnen Freude macht", und begab sich wieder zum Flügel, umbraust von Händeklatschen und Bravorufen. Alles nahm wieder Platz, aufs höchste gespannt, was nun kommen würde.
Ein Augenblick tiefster Stille.
Wieder das kleine steife Thema. Ist er wahnsinnig? dachte Gelinek. Was kann er noch mehr herausholen?
Aber wieder geschah das Wunder; die paar hölzernen Takte wandelten sich wiederum zu etwas ganz Neuem, zu einer Melodie von beglückender Schönheit. Immer neue Gebilde wuchsen heran, immer ferner dem armen niederen Ursprung, immer näher dem Unendlichen. Raum und Zeit war versunken, alles Irdische ausgelöscht; selige Geister schwebten vom Himmel herab, sangen Frieden und Erlösung, vereinigten sich zu mystischen Chören, entschwebten wieder zum Himmel.
Keine Hand wagte sich zu regen. Das Göttliche hatte gesprochen. Diesen Kindern der Welt war es heute bewußt geworden, daß Musik noch etwas anderes sein könne als frohe Unterhaltung, als ein schöner Schmuck des Lebens. Eine andere Welt hatte sich aufgetan.
Noch sitzt er am Flügel, der Spieler. Hat er geendet? Seine Hände liegen unbewegt noch auf den Tasten. Aber jetzt beginnen sie sich zu regen; leise widerhallt der letzte Akkord, löst sich in wogenden Arpeggien, die zu immer höheren Wellen anschwellen. Einzelne Töne spritzen gleich Tropfen heraus, – da ist das Anfangsthema wieder. Eine Taktverschiebung, eine Veränderung der Harmonie, und nun kommt es heran, das abermals gewandelte Thema: drohend, gefährlich, dämonisch. Ein Tanz beginnt, der das Herz bald jubeln, bald erschauern macht. Wie von Blitzen zuckt es im Diskant, in den Bässen rollt der Donner; es tobt und rast und droht

Vernichtung. Hingerissen starrt alles auf den Spieler. Die Adern an seinen Schläfen sind geschwollen, die Augen blicken in die Ferne. Ein Zauberer, überwältigt von den Geistern, die er selber gerufen! Wird es dunkel im Saal, trotz der tausend Kerzen? Schwankt der Boden? Ein Vulkan schleudert Feuergarben zum Himmel. Und nun ein Sturm gebrochener Moll-Akkorde, hinauf und hinab und wieder hinauf; eine beklemmende Pause; Trompetenstöße, Fanfarengetön – und jetzt das Ende.
Sekunden tiefster Stille, – dann bricht der Sturm von neuem los. Alles springt auf, klatscht Beifall, drängt nach vorn, dem Spieler zu danken, ihm die Hand zu drücken, ihm zu sagen, wie überwältigend schön es gewesen sei. All die erlauchten Namen des österreichischen Hochadels schwirren um Beethovens Ohren. Immer wieder muß er sich verneigen, zarte ringgeschmückte Hände an die Lippen führen.
Ein wenig abseits stand Abbé Gelinek inmitten einer Gruppe älterer Herren. Es waren Berufsmusiker, angesehene Künstler, die der Fürst zwar nicht zum Souper, wohl aber zu dem musikalischen Wettstreit eingeladen hatte.
„Nun", meinte der eine, „das ist wirklich ein starkes Stück! Diesem jungen Fant jubelt man zu! Sind wir in ein Irrenhaus geraten? Herr Abbé, was sagen Sie zu dem Wundertier vom Rhein? Hat es nicht gut gebrüllt?"
„Herr Kapellmeister", antwortete Gelinek, „in dem Menschen steckt der Satan! Nie hab' ich so spielen hören!"
„Ich auch nicht, Herr Abbé! Gott sei Dank, ich auch nicht! Er hat gar keine Schule!"
„Er hat seine eigene, und vor der können wir alle einpacken."
„Aber mein verehrter Herr Abbé, das nenn' ich denn doch die Großmut übertreiben! Oder belieben Sie zu scherzen? Seine Technik ist das Gegenteil von delikat! sie ist geradezu unsauber, und das sucht er durch übermäßigen Pedalgebrauch zu verschleiern!"
„Seine Technik ist phänomenal. Was für ein farbenreicher Anschlag! welch kräftiges ausdrucksvolles Spiel! Er kennt keine Schwierigkeiten. Effekte, von denen wir uns nie haben träumen lassen, die wirft er nur so hin, als sei es nichts. Und dabei war sein Lehrer ein ganz unbedeutender Klavierspieler! er hat alles aus sich selbst!"

„Das sag' ich ja grade, Herr Abbé! Keine Schule, keine Methode! Nein, ich bin einfach entsetzt, empört! hors de moi! Also, ich bitt' schön: dies sollte eine Phantasie sein! Was verlangt man denn von einer Phantasie? Angenehme Unterhaltung, ein heiteres Spiel, das stets Maß hält, sich niemals hinreißen, nie vergessen läßt, daß eben doch alles nur ein Spiel ist. Und nun setzt sich dieser junge Mann ans Klavier und tobt seine Leidenschaften aus! Eine Arroganz sondergleichen! ein völliges Fiasko des Anstandes! Meine Herren, das ist die Revolution! das ist die Französische Revolution, ins Musikalische übertragen!"
„Hoffentlich ist es nur eine Überrumpelung", mischte sich ein Dritter ins Gespräch, „und die Ernüchterung wird bald folgen. Daran zweifeln hieße unsrer Kunst den Untergang prophezeien!"
„Der Kunst, Herr Kollega, und uns Künstlern!" rief der Kapellmeister. „Wenn dieser junge Mann hier Boden gewinnt, dann wird er uns eingesessenen Musikern ein gefährlicher Rivale! Aber wir wollen uns unsrer Haut wehren! Alle gegen Einen! eine geschlossene Phalanx gegen diesen landfremden Eindringling! Revolution! ein vorzügliches Stichwort, meine Herren! Vor Revolution hat der Adel eine Höllenangst! Solange darauf herumreiten, bis der da vorn sein Bündel schnüren muß!"
Jetzt trat die Fürstin Lichnowsky auf ihren Schützling zu und drückte ihm die Hand: „Beethoven, Sie sind ein Dichter! Ein Musikdichter! etwas ganz Neues! noch nie Dagewesenes! Wie bin ich stolz, daß uns die Ehre widerfahren ist, Sie in die Welt einzuführen!" Sie hätte noch vieles sagen mögen; aber da kam die Fürstin Esterhazy.
„Wie sollen wir Ihnen für diesen unbeschreiblichen Genuß danken, Herr van Beethoven! Verzeihen Sie die Frage: würde ein Meister wie Sie sich herablassen, eine arme Klavierdilettantin in das wahre Heiligtum der Musik zu geleiten? Mit einem Wort und auf gut Wienerisch: würden Sie mir Lektionen geben?"
Beethoven beteuerte, daß ihm nichts erwünschter sein könne. Und nun kamen sie, eine nach der andern, und alle mit demselben Anliegen. Fürst Lichnowsky stand schmunzelnd dabei. Er hatte ein Notizbuch hervorgezogen und hier und da etwas

aufgeschrieben. Als es ans Abschiednehmen ging, drückte er Beethoven ein Blatt Papier in die Hand.
„Das sind Ihre neuen Schülerinnen!" sagte er strahlend. „Drei Fürstinnen, zwei Gräfinnen, fünf Komtessen, zwei Baroninnen! Morgen fahren wir zusammen aus, und Sie machen überall Ihre Aufwartung!"
„Ich warte niemandem auf, Durchlaucht!"
„Also Ihren Besuch, Sie entsetzlicher Jakobiner! Ach, ich hätt' es Ihnen gern erspart", setzte er seufzend hinzu; „wenn es Ihnen mal zu dumm wird, dann sagen Sie mir's, gelt?"

*

Beethoven stieg die Treppe zu seiner Wohnung hinan. Aber dann zögerte er einzutreten. Sich jetzt in sein enges Zimmer einschließen, wenn doch an Schlaf nicht zu denken war? Hinaus ins Freie!
Er betrat die stille Straße, die von seinen Schritten widerhallte, und ging, ging immerfort. Er hätte schreien mögen vor Glück. Auf solch überwältigenden Erfolg hatte er nicht zu hoffen gewagt. Sein Stern funkelte heller als der Jupiter dort oben! Mit diesem Abend war er der erste Virtuose Wiens geworden, und alle Sorgen würden nun ein Ende haben. Er fühlte Lichnowskys Zettel in der Tasche; zwölf Schüler hatte er schon, und das war erst der Anfang! Und auch als Schaffender hatte er gesiegt! Vor seinen Phantasieausbrüchen verblaßte Mozarts und Haydns Klaviermusik! das wußte nicht nur er, auch die Zuhörer hatten es begriffen. Er pfiff Swietens Thema und verfolgte es durch alle Wandlungen, die er ihm gegeben, bis es zuletzt in erschütternder Größe vor ihm stand. Da versagten ihm die Lippen; er tat einen Schrei, einen Schrei des Entsetzens und des Glückes. Schauerlich tönte das Echo zurück.
Beethoven kam zu sich und blieb stehen. Wo war er denn? Dies kleine Haus da vor ihm, das ihm geantwortet hatte, dies Haus mit dem spitzen Dach inmitten des kleinen Gartens, es war ihm bekannt. In seine Gedanken versunken war er den Weg gegangen, den er vor fünf Jahren sooft zu Mozart gegangen war. Kein Fenster war erleuchtet; alles war dunkel und still.

Beethoven trat näher, bis an die kleine Gartenpforte.
„Mozart! ich hätte dich besiegt? Der Tod hat dich besiegt! Wärest du noch am Leben, wie ein Gott ständest du über mir, du unfaßbar Großer!"
Ein Stern löste sich vom Himmel und sank schimmernd in die Nacht.

Zweites Kapitel

Beethoven trat in Haydns stilles behagliches Arbeitszimmer. Der alte Meister, in seinen grauen Tuchrock mit weißen Knöpfen gekleidet, saß an einem Tisch aus Tannenholz und schrieb an dem Menuettsatz einer Symphonie. Als er seihen Schüler erblickte, zog ein Lächeln über sein pockennarbiges Gesicht, dessen braune Farbe seltsam gegen das Weiß des Spitzenkragens und der gepuderten zierlich frisierten Lockenperücke abstach.
„Gleich bin ich so weit, mein Lieber. Machen Sie sich's bequem!" Bedächtig tauchte er die Gänsefeder in das Tintenfaß aus weißem Porzellan und setzte weiter langsam Note für Note auf die Linien, wobei er zuweilen gutmütig vor sich hinlächelte.
Beethoven holte sich einen Band der Haydnschen Streichquartette aus dem Notenschrank. Er schlug das große D-Dur-Quartett auf und vertiefte sich in das Fis-Dur-Largo. Welch weitgeschwungene, erhabene Melodie! Das gehörte wohl zum Herrlichsten, was je in der Musik geschaffen war.
Haydn legte endlich die Feder weg. „Na", sagte er, „wenn die Herren Engländer das hören, die werden die Ohren spitzen!"
„Die Engländer?" fragte Beethoven.
„Ja! ich gehe nächstes Jahr wieder nach London; da muß ich einen Pack neue Symphonien mitbringen. Machen Sie's später auch so! In Deutschland kommt kein Musiker auf einen grünen Zweig." Er stand auf und trat zu Beethoven: „Was lesen Sie da? Soso, das Fis-Dur-Largo." Er sagte weiter nichts, nickte nur vor sich hin.
Beethoven legte das Heft weg und drückte Haydn die Hand: „Danach ist der Übergang zum Kontrapunkt etwas schwer."

Haydn lächelte: „Kann's mir denken. Nur Geduld! wird schon alles noch kommen. Nun lassen Sie sehen, was Sie Schönes mitgebracht haben." Und er vertiefte sich in das Aufgabenheft, das Beethoven ihm vorlegte. Anfangs schien er befriedigt; aber dann runzelte er die Stirn.

„Ei, ei! was haben Sie denn da wieder gemacht! Schauen Sie mal her! Ist das richtig!"

„Ja, ich weiß nicht, lieber Papa –"

„Schauen Sie doch genau hin! Springt's Ihnen denn nicht in die Augen? – Sie haben ja den Quartvorhalt mit der Terz und Sext begleitet! Wie fordert's die Regel? wie muß eine solche Dissonanz aufgelöst werden?"

„Mit der reinen Quint."

„Nun, warum tun Sie's denn nicht, wenn Sie's doch wissen?!" Er schüttelte mißbilligend den Kopf, daß sein Zöpflein hin und her wackelte.

„Lieber Papa, an dieser Stelle klingt es doch so viel besser!" Haydns gutes altes Gesicht nahm einen etwas gereizten Ausdruck an.

„Das sagen Sie! es ist aber nicht wahr! es klingt infam, abscheulich! Und wenn es auch wirklich besser klänge, ich dürft' es Ihnen doch nicht durchgehen lassen! Die Regeln sind da, damit man sie befolgt! Wenn Sie das nicht wollen, wird Ihr Lebtag nix aus Ihnen, und wenn Sie das größte Genie wären!" Sein Späherblick wanderte weiter. „Ei ei ei! verdeckte Quinten zwischen Alt und Baß! – O du großer himmlischer Vater! eine Quintenparallele zwischen den äußeren Stimmen! Jesses Maria! Sie fangen ja die kontrapunktierende Stimme mit einem Intervall an, das nicht zum tonischen Dreiklang gehört! Aber, lieber Beethoven, das ist ja fürchterlich! das sind ja Verbrechen am heiligen Geist der Musik! Wo hab' ich denn nur damals in Bonn meine Augen gehabt, als ich Ihre Kaiserkantate las! Sie können ja noch nichts! Sie sind wie ein Dichter, der die schönsten Einfälle hat, aber seine Sprache nicht beherrscht! Lieber Beethoven, ich muß schon dringend um größeren Fleiß bitten! Ich geb mir Mühe mit Ihnen, obgleich ich selber bis an den Hals in der Arbeit stecke, da muß ich wirklich bitten, daß Sie mich besser unterstützen!" Beethoven blickte beschämt und ratlos vor sich hin. Haydn sah es, und gleich bedauerte er seine scharfen Worte.

„Nun, nehmen Sie sich's nicht zu Herzen! es war nicht bös gemeint. Ich weiß, Sie haben's nicht leicht. 's ist halt ein Kreuz mit Ihnen! Es ist unendlich schwer, noch einmal vorn zu beginnen, wenn man schon soviel kann wie Sie."
„Eben haben Sie doch gesagt, daß ich noch gar nichts kann!"
„Sie wissen schon, wie ich's meine, lieber Beethoven. Was man nicht lernen kann, das können Sie. Aber was man lernen kann und lernen muß, das können Sie nicht. Wären Sie vor ein paar Jahren zu mir gekommen, dann wären Sie jetzt ein fertiger Meister. Aber so schweben Sie immer schon in den höheren Regionen und verachten die trocknen Fundamente."
„Ich verachte sie gar nicht, lieber Papa! ich bin ja eigens zu Ihnen gekommen, um sie zu lernen!"
„Aber im Grunde verachten Sie sie doch! Sie können halt nicht dagegen an. Ich begreif' es und nehm' es Ihnen auch gar nicht übel. Aber es ist ein Kreuz! Nur nicht nachlassen, mein Lieber! Immer den Kopf hoch! die Zähne zusammenbeißen! um so schöner wird dann der Preis Ihrer Mühen sein!"
So schleppte sich die Stunde ihrem Ende zu. Verstimmt und niedergeschlagen ging Beethoven seines Weges.
Er begann an Haydn zu zweifeln. Über ein halbes Jahr war er nun sein Schüler, und noch immer mußte er, der erste Klavierspieler Wiens, sich mit den Grundzügen der Theorie abquälen! Befand er sich wieder auf einem falschen Wege? Seine Gedanken schweiften in die Vergangenheit zurück, nach Bonn. Zu seinem Vater, der um jeden Preis ein Wunderkind aus ihm machen wollte und ihm mit seinem öden Drill die Musik beinah verleidet hätte. Wie er dann planlos immer wieder einem andren Lehrer in die Hände gegeben wurde, bis er endlich mit zwölf Jahren an seinen lieben Neefe geriet, einen tüchtigen Praktiker auf dem Klavier und der Orgel, einen achtbaren Komponisten, der aber Autodidakt war und ihm längst nicht alles geben konnte, was er brauchte. – Mozart! Sein Genius hatte ihn mit seinen Schwingen gestreift, vor fünf Jahren, als er, noch ein halbes Kind, zum ersten Mal nach Wien gekommen war. Doch schon nach wenigen Monaten hatte er heimkehren müssen zu der sterbenden Mutter. Die Jahre waren dahingegangen, Jahre des Lernens und des eigenen Schaffens. Immer gewaltiger quoll und drängte es in

ihm, Werk schuf er um Werk, und doch verließ ihn nie das quälende Bewußtsein, daß er das Handwerk seiner Kunst noch immer nicht beherrschte. Da war Haydn nach Bonn gekommen, hatte eine Komposition von ihm gesehen und ihn aufgefordert, sein Schüler zu werden. Wie war er selig gewesen! Er hatte gehofft, an Haydns Hand in die blühenden Gärten der Musik geleitet zu werden. Aber nur vor eine hölzerne Wand wurde er geführt, die diese Gärten umschloß, ohne Eingang, ohne Einblick! Auf eignes Schaffen sollte er für Jahre verzichten! Und dabei brachte jeder Tag ihm neue Einfälle, Melodien und Themen, die vorläufig in seinem Skizzenbuch festgehalten wurden, um später einmal benutzt zu werden. Aber sie lebten in seiner Vorstellung, wollten sich entwickeln, lehnten sich auf gegen ihre tatenlose Gefangenschaft, und dagegen war er machtlos. Unter seinen Handschriften, die er aus Bonn mitgebracht, befanden sich Entwürfe zu drei Klaviertrios. Ohne daß er es wollte oder es verhindern konnte, hatten sie von ihm Besitz genommen, sich in den Mittelpunkt seines Denkens und Fühlens gedrängt, waren herangewachsen und endlich fertig vor ihm gestanden. Sie d u r f t e n ihm nicht verlorengehen; so hatte er sie denn niedergeschrieben. Und sie dünkten ihn gut. Wer diese Trios gemacht hatte, der war kein Anfänger mehr, und das mußte auch Haydn begreifen. Aber wie sie ihm bekannt machen? Der Meister war so in seine Londoner Symphonien vertieft, daß Monate vergehen mochten, bis sich einmal Zeit dafür fände. Aber er konnte sie in einem Konzert bei Lichnowsky spielen und Haydn dazu einladen. Da gab es dann kein Ausweichen. So wurden denn die Trios mit des Fürsten Hausmusikern geübt: dem Geiger Schuppanzigh, einem zur Fettsucht neigenden siebzehnjährigen Jüngling, und dem Cellisten Kraft, einem berühmten Meister seines Instrumentes, der viele Jahre lang der Esterhazyschen Kapelle unter Haydn angehört hatte.
Der Freitagvormittag war gekommen. Fürst Lichnowsky hatte wieder einmal Lampenfieber und ging unruhig zwischen seinen Gästen umher. Es stand aber auch viel auf dem Spiel! Beethoven hatte ihm kein Wort über die Trios gesagt; doch von Kraft und Schuppanzigh wußte er, daß sie zwar sehr schön, aber auch sehr neuartig seien und selbst dem Kenner

wohl nicht gleich beim ersten Hören ganz verständlich. Und unter seinen Gästen gab es viele, die noch der alten Schule angehörten: da war der Hofkapellmeister Salieri, der Komponist Umlauf, der Abbé Gelinek, von dem man ohnehin nicht recht wußte, wie Beethovens Triumph in ihm nachwirkte, und mancher andre. Die große Mehrzahl der Gäste bestand allerdings aus begeisterten Anhängern Beethovens. Den Ausschlag freilich würde Haydn geben, auf den die ganze Veranstaltung ja abzielte. Da trat er grade in den Saal, in seinem braunen Staatsrock mit reich gestickter Weste, wie immer auf das sorgfältigste frisiert. Er ging auf die Fürstin zu und küßte ihr zeremoniell die Hand; dann ließ er sich zu seinem Ehrenplatz führen, einem prächtig geschnitzten Armsessel, der gut und gern für einen Thron gelten konnte; denn seit Mozarts Tode war Haydn der anerkannte König der Musik. – Aber wo blieb Beethoven? Der Fürst stieg die zwei Treppen zu den Schneidersleuten hinauf, klopfte an und trat ein. Da saß Beethoven in seinem Werktagsrock am Fenster und war damit beschäftigt, einen Haufen Kaffeebohnen abzuzählen. Er war höchst erstaunt, daß heute Freitag sei und unten alles auf ihn warte. Rasch sprang er auf und warf sich in seinen Gesellschaftsanzug. „Wissen Sie, Durchlaucht", erzählte er dabei, „mein Kaffeevorrat nimmt immer so merkwürdig schnell ab; da hab' ich mal ausgerechnet, wie lange ein Pfund reichen muß, wenn alles mit rechten Dingen zugeht."
„Lieber Beethoven, sind Sie Ihrer Sache auch sicher?"
„Vollkommen, Durchlaucht! Für eine Tasse guten starken Kaffee –"
„Mensch! ob Sie Ihrer Trios sicher sind?"
Beethoven brach in schallendes Gelächter aus. „Ja, ja, ja! auch der Trios bin ich sicher!"
„Sie sind ja nicht rasiert!"
„Also rasieren wir uns halt." Und er holte herbei, was zu dieser verhaßten Beschäftigung erforderlich war. „Das Rasieren hat der Teufel erfunden", sagte er, während er das Messer abzog. „Wenn man zehn Minuten braucht und rasiert sich fünfzig Jahre lang, was meinen Sie, Durchlaucht, wieviel da herauskommt? Das raten Sie nie! – Dreitausend Stunden! Ist das nicht ein Skandal? eine solche Zeitverschwen-

dung!" Krach! da lag der Spiegel in Scherben. „Was könnte man in der Zeit alles komponieren!" setzte Beethoven gleichmütig hinzu. „Ja, was machen wir jetzt? Sie, Frau Hartl!" rief er zur Tür hinaus, „seien Sie so gut und leihen mir mal den Rasierspiegel vom Herrn Gemahl!"
Es stellte sich heraus, daß der Herr Gemahl sich vor einem Wandspiegel zu rasieren pflegte.
„Dann bringen Sie halt den Wandspiegel!"
Der Fürst bebte vor Ungeduld. Er ist ein Genie, dachte er, man muß ihm manches zugute halten.
Frau Hartl erschien mit dem ‚Wandspiegel', einem winzigen goldgerahmten Gegenstand. Aber wo den nun befestigen?
„Geben Sie her!" rief der Fürst, „ich fahre sonst noch aus der Haut!" Und er hielt Beethoven den Spiegel vors Gesicht. „So! jetzt kann's also losgehen!" sagte der. „Bitte mehr nach rechts, Durchlaucht, ich sehe ja nichts! Wenn ich mich jetzt schneide –"
„Um Gottes willen, nehmen Sie sich in acht!"
„Ich schneide mich nämlich fast jedesmal, und das macht mir die Sache noch abscheulicher. Nicht so hoch nach oben drehen! So ist's recht."
Diesmal schnitt er sich aber nicht, und nach einer Viertelstunde traten die beiden in den Musiksaal. Beethoven begrüßte die Herrin des Hauses und ging zum Flügel.
„Nun, Mylord Falstaff", sagte er zu dem fetten Geiger und gab ihm einen leichten Schlag auf seine massive Schulter, „sitzt die Dezime?" Er meinte eine Stelle im Schlußsatz des ersten Trios.
„Sie sitzt, wir sitzen, das Publikum sitzt, nur Er sitzt nicht."
„Ich sitze schon", sagte Beethoven und nahm am Flügel Platz.
„Herr van Beethoven", verkündete der Fürst, „will uns heute mit drei neuen Klaviertrios seiner Komposition bekannt machen."
Hie und da ein Räuspern, dann erwartungsvolles Schweigen.
Ein ironischer Seitenblick Salieris zu Haydn, aber der schaute ernst und gelassen nach dem Podium.
„Stimmen wir?" fragte Beethoven und schlug leise das A an. Geige und Cello antworteten und schienen befriedigt. „Eine Schwebung höher, Mylord!" Und während Falstaff-Schup-

panzigh seine Saiten eine Spur hinaufstimmte, ließ Beethoven die Augen im Publikum umherwandern, freute sich der Spannung auf allen Gesichtern, nickte einem schönen Knaben, dem Sohne des Fürsten Kinsky, freundlich zu, daß das Kind in seliger Scham zu Boden blickte, betrachtete ein junges Mädchen, das ihm unbekannt war. – „Fertig?" Noch einmal ein leises A. „Also los!"
Urkräftig, jugendfrisch quellend, heiter, glücklich, so rauschte der erste Satz vorüber. Ein schönes inniges Adagio. In rasendem Tempo dahinhuschend das Scherzo. Und das Finale, mit einem ausgelassenen Dezimenjubel beginnend, voll übermütigen Frohsinnes, neckend, spielend, lachend, jauchzend, bis zum energisch zusammengefaßten Schluß.
Rauschender Beifall, ein vollkommener Sieg.
Das zweite Trio folgte, in der Anlage dem ersten ähnlich, in allen Einzelheiten grundverschieden; der langsame Satz in seiner herben Süße vielleicht noch bezwingender als das Adagio aus dem ersten Trio.
Als es verklungen war, blickte Beethoven auf Haydn; der nickte ihm leise zu und legte seine rechte Hand auf das Herz. Und nun das letzte Trio, in C-Moll.
Eine andere Welt. Verschwunden die Freude am schönen Leben; trotzige Leidenschaft holt mächtig zum Kampf aus gegen die dunklen Gewalten des Schicksals, aber Sieg und Friede versagen sich ihr.
Als der letzte Ton verhallt war, suchte Beethoven wieder Haydns Blick. Doch er begegnete ihm nicht. Über den Zuhörern lag es wie Befremdung; ihr Beifall klang etwas gezwungen.
„Sie hätten das C-Moll-Trio an die zweite Stelle setzen sollen!" brummte der Cellist, „ich hab's doch gleich gesagt!" Nun sah Beethoven sich von dem Schwarm seiner Anhänger umringt, nahm Dank und Glückwünsche entgegen. Und Haydn? Er saß noch auf seinem Platz und blickte gedankenvoll vor sich hin, während Salieri leidenschaftlich auf ihn einredete. Ein peinigendes Gefühl stieg in Beethoven auf. Was bedeutete diese Zurückhaltung?
Rasch entschlossen ging er auf den alten Meister zu.
„Ihr Urteil, lieber Papa Haydn!" Die ganze Gesellschaft drängte heran.

Haydn stand auf und drückte Beethoven die Hand.
„Schön war es! neu und reich! Vieles wäre zu sagen, so viel, daß ich nicht weiß, wo anfangen. Erlassen Sie mir das heute, lieber Beethoven! Einmal, wenn wir allein sind!"
„Soll ich die Trios veröffentlichen?"
„Die beiden ersten unbedingt!"
„Und das letzte?"
Haydn zögerte mit der Antwort. „Das letzte vielleicht lieber nicht."
Ein betretenes Schweigen folgte. Beethoven verbeugte sich, nahm sein Notenheft und wollte gehen. Die Fürstin trat ihm in den Weg.
„Beethoven, Sie wollen uns doch nicht davonlaufen?"
„Gestatten Sie, Durchlaucht, daß ich mich empfehle, ich bin etwas müde."

*

Er trat in sein Zimmer, riß das Fenster auf und atmete die frische Luft. Dann suchte er sich die Haydnschen Klaviertrios und begann zu lesen. Eine Stunde mochte vergangen sein; da klappte er das Buch zu.
„Alles gut, formvollendet, schön. Ich glaube fast, ich bin zu früh auf die Welt gekommen."
Es klopfte; auf Beethovens unwirsches Herein stand ein fremder Herr von mittleren Jahren auf der Schwelle.
„Was wollen Sie?" fragte Beethoven nicht eben liebenswürdig, „ich arbeite." Aber als er die Enttäuschung auf dem offenen biederen Gesicht des Besuchers sah, tat ihm der schroffe Empfang leid. „Setzen Sie sich!" sagte er etwas freundlicher, „womit kann ich dienen?"
„Herr van Beethoven, ich bin der Kapellmeister Schenk von Marinellis Theater. Ich hatte das Glück – ich habe heute Ihre Trios gehört. Ja, und – ich möchte Ihnen etwas sagen. Haydn hat nicht recht! er hat bestimmt nicht recht! Ich unbedeutender Mann will mich natürlich nicht mit Haydn vergleichen, aber ich sage das nicht allein! Abbé Gelinek sagt dasselbe, auch Salieri!"
„Wie! auch Salieri?"
„Ja! Und da dacht' ich, es würde Sie doch vielleicht freuen –"
„Natürlich freut es mich! Sprechen Sie nur weiter!"
„Ihre Trios, Herr van Beethoven, stehen hoch über allen

Trios von Haydn, ja selbst über denen von Mozart! Ich kenne überhaupt keine Instrumentalmusik, die mich so erschüttert hätte. Es ist etwas ganz Neues, Gewaltiges! Und grade das dritte! grade dieses! Es läßt mich in eine Menschenseele blicken, in eine große Menschenseele! Und das geschieht in keinem der Mozart- und Haydntrios! Nun das rein Musikalische! ich weiß gar nicht, wo ich da beginnen soll! Sie haben das Cello frei gemacht, das bei Haydn meist nur die Klavierstimme füllen hilft; bei Ihnen sind die drei Instrumente einander ebenbürtig. Dann das Klavier! diese Vollgriffigkeit! diese herrlich weiten Tonlagen! diese wundervollen Passagen! Und nun vor allem jene kurzen Mittelsätze, die Sie an die Stelle des Haydnschen Menuetts gesetzt haben, ich weiß nicht, wie ich sie benennen soll."
„Nennen wir sie Scherzi", sagte Beethoven.
„Grade die Scherzi schienen mir das Genialste! Wie dadurch die Stimmung des Ganzen sich weitet! welche Gegensätze zum Adagio und zu den Ecksätzen erzeugt werden! Und wie strömt alles bei Ihnen! welch ungeheurer Reichtum! niemals matte Wiederholung! und bei aller Phantasie, wie herrscht doch überall die Form, der Aufbau! Um es in einem Wort zu sagen, Herr van Beethoven: mit diesen Trios haben Sie sich den ersten Platz unter den lebenden Komponisten errungen!"
Beethoven erwiderte nichts; aber es war ihm anzusehen, daß er sich freute.
„Ich habe zu meinem Staunen gehört", fuhr Schenk fort, „daß Sie Haydns Schüler in der Theorie sind. Was Sie bei ihm noch lernen wollen, weiß ich allerdings nicht."
„Ich lerne bei ihm den einfachen Kontrapunkt."
„Herr van Beethoven, das soll wohl ein Scherz sein? Nein? ein vollendeter Meister wie Sie studiert den einfachen Kontrapunkt?"
Beethoven holte eines seiner Übungshefte und reichte es Schenk: „Da sehen Sie selber. Dies hier sind Haydns Verbesserungen."
Schenk begann zu lesen, aber je weiter er kam, desto bedenklicher wurde seine Miene.
„Nun", sagte er endlich, „dies ist das Tollste, was ich je erlebt habe. Darf ich offen sprechen?"

„Ich bitte Sie darum."
„Ich sehe mit Staunen, daß Sie den strengen Satz tatsächlich nicht beherrschen, so unfaßbar mir das auch ist. Aber dieser Unterricht ist durchaus mangelhaft! Sehen Sie, hier hat Haydn einen Fehler korrigieren wollen und schreibt selber verdeckte Quinten hinein! Hier übersieht er offene Quinten; hier offene Quarten zwischen Alt und Tenor. Hier stehen Übungen, in denen überhaupt nichts korrigiert ist, und dabei wimmeln sie von Fehlern!"
Beethovens Gesicht nahm einen bösen Ausdruck an.
„Ah! jetzt begreif' ich ihn, den guten Papa Haydn! Er w i l l, daß ich nichts lerne! darum kein Vorwärtskommen! Neidisch ist er! darum taugt das C-Moll-Trio nichts!"
„Lieber Herr van Beethoven, davon kann gar keine Rede sein! Haydn ist ja die Lauterkeit in Person!"
„Heuchelei!"
„Aber nein, Herr van Beethoven! Sehen Sie, Haydn ist ein alter Mann. Wenn da ein junger Revolutionär kommt –"
„Ich bin kein Revolutionär, ich schaffe in den überlieferten Formen!"
„Aber Sie füllen sie mit einem neuen Geist, der nicht mehr Haydns Geist ist, den er nicht mehr versteht! Und was den Unterricht betrifft, dafür ist er nicht geschaffen, dafür ist er viel zu genial. Aber boshaft? neidisch? Um Gottes willen, das mag ich gar nicht gehört haben! Nein, wie Sie gleich aufbrausen! Das müssen Sie nicht, Herr van Beethoven! Nicht so mißtrauisch sein! da tun Sie sich selber nichts Gutes! Jetzt sehen Sie mal die Dinge an, wie sie sind, und lassen uns überlegen, was zu tun ist!"
„Was zu tun ist? ihm sagen, ich danke für solche Sudelei!"
„Aber! aber! Herr van Beethoven! Das sagt man doch nicht! das tut man doch nicht!"
„Der Unterricht hat doch gar keinen Sinn mehr!"
„Das hat er freilich nicht. Aber hören Sie! ich weiß einen Ausweg. Haydn will im Januar nach England gehen; die paar Monate müssen Sie noch aushalten!"
„Fällt mir gar nicht ein!"
„Doch, Herr van Beethoven! Passen Sie auf! wir machen es so: ich sehe Ihre Aufgaben vorher durch und korrigiere sie; dann schreiben Sie sie noch mal ab! So wird er nichts merken."

„Herr Schenk, das kann ich doch unmöglich annehmen!"
„Das können Sie sehr wohl annehmen! Wenn ich Ihnen mit meinen schwachen Kräften etwas helfen kann, so trägt das seinen Lohn in sich selber. Zwei Bedingungen muß ich aber stellen: kein Honorar und unverbrüchliches Schweigen! Einverstanden?"
„Einverstanden! und von ganzem Herzen Dank!"

Drittes Kapitel

Es war ein schwerer Gang für Beethoven, als er sich mit seinen schon vorkorrigierten Übungen zu Haydn begab. Er hatte sich in den Gedanken verbissen, sein Lehrer meine es nicht ehrlich mit ihm. Dies Gefühl sollte er nun verbergen und gar noch weiter den lernbegierigen Schüler spielen. Aber es half nun einmal nichts. Sein C-Moll-Trio nahm er für alle Fälle mit.
Haydn freute sich, daß er gar nichts zu verbessern fand und einmal nur loben konnte. Beethoven hörte ihn mit eisiger Miene an.
„Machen Sie doch kein so finstres Gesicht, lieber Beethoven! Gelt, Sie sind mir noch bös wegen des Trios? Es war auch ungeschickt von mir, so herauszuplatzen und Ihnen die Freude zu verderben! Aber wie ich Sie kenne, glauben Sie mir ja doch nicht!"
„Allerdings nicht!"
„Nun, dann ist die Sache ja nicht so schlimm. Ich kann mir vorstellen, wie Ihnen zumute ist! Solche Werke schreiben und noch Schüler sein, das wurmt Sie natürlich! Ich hab' mir aber einen kleinen Trost ausgedacht! Im Januar gehe ich nach London und schlage Ihnen vor, mich zu begleiten."
Beethoven war aufs höchste überrascht.
„Sie werden's nicht bereuen", fuhr Haydn fort. „London ist ja ganz was andres als Wien. Dort gibt es öffentliche Konzerte in Riesensälen, mit vorzüglichen Kapellen, und das Publikum wird Sie vor Begeisterung auffressen! Sie können Klavierkonzerte spielen, phantasieren, Ihre Trios aufführen,

und wenn Sie heimkommen, bringen Sie einen Sack Guineen mit und sind ein berühmter Mann."

Beethoven streckte Haydn die Hand hin. „Lieber Papa, verzeihen Sie mir! Ich hatte gedacht – nein, es ist so dumm, ich kann es nicht sagen."

Immer wieder drückte er dem alten Meister die Hand.

„Also, lieber Beethoven, nun mal heraus mit der Sprache! Was haben Sie gedacht?"

„Ich dachte, – Sie – seien neidisch auf mich." Ganz beschämt blickte er zu Boden.

„Neidisch?" Haydn sah seinen jungen Schüler ganz erstaunt an. Dann lächelte er. Ein ganz klein wenig Ironie war in diesem Lächeln, ein klein wenig Schmerz und viel, viel Güte. „Wenn mir das Neidischsein läge", sagte er endlich, „dann könnt' ich es vielleicht sein. Ihre Trios sind Meisterwerke. Nur – das C-Moll-Trio – neulich vor all den Leuten konnt' ich Ihnen nichts sagen. Heut sind wir allein. – Also ich bin nicht neidisch?"

„Nein, lieber Papa Haydn!"

„Gut! dann will ich Ihnen sagen, was ich auf dem Herzen habe. Wäre Mozart noch am Leben, so würd' ich es nicht tun, ich würde Sie an ihn verweisen; denn ich fühl' mich als seinen Schüler, wenn ich auch zweiunddreißig Jahre älter bin. Aber ich fühl' mich auch als seinen Erben, ob ich gleich an seinen Genius nicht heranreiche. Lieber Beethoven, würd' ich heut sterben, dann ließe ich Sie als m e i n e n Erben zurück! Dies Gefühl hab' ich von Anfang an gehabt. Daß ich Ihr Lehrer sein durfte, das machte mich froh und dankbar. Aber wissen Sie auch, welche Verantwortung das ist? Wenn ich Sie im Begriff sehe, von dem abzuweichen, was mir als heiliges Gesetz gilt, muß ich da nicht meine Stimme erheben? Und was gilt mir als heiliges Gesetz? Das sagen Ihnen meine Werke! Verzeihen Sie, wenn ich davon spreche; es geschieht gewiß nicht aus Eitelkeit. Der Grundzug meiner Werke ist Wahrheit und Natürlichkeit, ihr oberstes Gesetz Schönheit. Ich bin im Grunde meines Wesens heiter, und das kommt daher, daß ich an Gott glaube. Ich bin ihm dankbar, daß er die Erde so schön gemacht hat und den Menschen die Musik gegeben hat, ihn zu preisen; nicht etwa nur in den kirchlichen Werken, sondern auch in den weltlichen, ja grade in diesen!

Ich kann zur rechten Zeit auch ernst sein; das beweisen Ihnen viele meiner Adagiosätze. Aber es ist sozusagen ein heiterer Ernst; ich weiß ja, daß mein Gott hinter mir steht und mir nichts Böses geschehen läßt. – Und nun kommen Sie, mein Schüler, mein Erbe, mit Ihrem C-Moll-Trio! Beethoven, diese Musik macht mir Angst! Sie ist aufwühlend, sie ist trotzig, wild, revolutionär! sie ist mit einem Wort: gottlos, Gott fremd. Beethoven! glauben Sie nicht an Gott?"

„Ich glaube freilich an Gott. Aber doch wohl anders als Sie. Ich stelle ihn mir nicht als einen guten Vater vor, der unausgesetzt auf uns Menschen achtgibt, daß uns kein Leid geschieht."

„Sie Armer!" sagte Haydn. „So fehlt Ihnen also das Beste. Und das hab' ich gefühlt. Nur aus dem echten Kinderglauben können echte Kunstwerke erwachsen! So ist es bei allen großen Meistern gewesen; so war es auch bei Mozart. Möchten Sie doch den Weg zu diesem Glauben finden! Jeden Abend will ich dafür beten. – Ich bin aber noch nicht fertig! Ich hab Ihnen fast noch Schlimmeres zu sagen – nein, Schlimmeres nicht, denn was kann es Schlimmeres geben als dies! Aber Unangenehmeres, etwas, das Sie vielleicht verletzt. Ich find' es – ja, mir fällt grade kein anderer Ausdruck ein –, ich find' es geschmacklos, so von sich zu reden, wie Sie es in diesem C-Moll-Trio tun! Sie reden darin von Ihren ganz persönlichen Kämpfen und Leidenschaften; es ist eine seelische Entblößung, die Sie da vornehmen. Dazu ist aber die heilige Kunst nicht da!"

„Das kann ich nicht gelten lassen", erwiderte Beethoven. „Wovon soll denn der Künstler reden, wenn nicht von sich? Steht nicht hinter jedem echten Kunstwerk sein Schöpfer? Und wenn man ihn nicht dahinter fühlt, ist dann das Werk überhaupt ein Kunstwerk? Glauben Sie etwa, man sieht aus Ihren Symphonien nicht Ihr gutes freundliches Gesicht herausschauen?"

„Ich behellige die Welt aber nicht mit meinen ganz persönlichen Leiden und Kämpfen, das ist der große Unterschied. Solche Dinge hat ein echter Mann mit sich allein abzumachen."

„Lieber Papa Haydn, da bin ich anderer Meinung. Ich bin entschlossen, in meiner Kunst mich selber auszusprechen, und sehe leider die Welt nicht so schön und heiter wie Sie. Ich

habe eine schwere Jugend gehabt, habe sehr viel Leid gesehen, um mich und in mir."
„Gehen Sie nie in die Kirche?"
„Nein. – Ich habe einen großen Teil meiner Kindheit und Jugend an der Orgel in der Kirche verbracht. So ist mir der Gottesdienst zur täglichen Pflicht geworden, allmählich zur Last. Meine Kirche ist die freie Natur, der Wald. Da ruft mir jeder Baum, jede Blume zu: Heilig! heilig! Im Wald ist Frieden, Gott zu dienen, nicht in der Kirche."
„Ihr Gottesglaube ist das, was die Wissenschaft Pantheismus nennt, und von diesem ist nur ein Schritt zum Heidentum. Gott in allem sehen heißt schließlich, ihn in nichts sehen."
„Ich widerspreche Ihnen nicht, weil es keinen Zweck hat."
„Beethoven! ich bitte Sie herzlich: gehen Sie einmal wieder zur Kirche, ein einziges Mal! Sie werden Ihren Gott wiederfinden!"
„Ich habe meinen Gott, so gut wie Sie den Ihren. Leben Sie wohl, lieber Papa Haydn! Und wenn Sie mich nun vielleicht nicht mehr als Ihren Erben ansehen mögen – ich bin es deshalb doch! Ja, und London! Nein, ich muß in Wien bleiben! ich muß lernen! muß aus den Elementen heraus! Wenn Sie fort sind, such' ich mir einen andren Lehrer – vielleicht Albrechtsberger. Haben Sie Dank für Ihre gute Absicht und für alles, was ich Ihnen schulde!"

*

Als Beethoven gegangen war, kniete Haydn auf seinem Betstuhl nieder und sprach: „Lieber Vater im Himmel! Du hast mir meine Kunst gegeben, und ich danke dir dafür, wie so oft schon. Ich bin alt, und jeden Tag kann es geschehen, daß du mich zu dir rufest. Wer wird dann mein Nachfolger sein? Hier ist der junge Ludwig van Beethoven. Du hast ihn reich begabt, reicher als mich. Doch er ist auf schlechten Wegen; er ist im Begriff, dich zu verlieren. Aber er ist nur irregeleitet. Tu nun dein Werk ganz, lieber Gott, und führ ihn wieder zu dir zurück, auf daß er einst mein Werk fortsetze! Erhör mein Gebet, lieber Gott, erhör deinen Knecht!"
Er stand auf und bemerkte Beethovens Trio auf dem Schreibtisch. Sollte er es jetzt lesen? Lieber ein andermal.

Er setzte sich in seinen Stuhl am Fenster und schaute in die Dämmerung hinaus. Es wurde dunkler.
Hat es nicht gepocht?
Die Tür geht auf, ein kleiner unscheinbarer Herr tritt ein. Sein starkes blondes Haar ist in einem gepuderten Zopf zusammengefaßt. Ein brauner Überrock nebst einer Weste von etwas verschossenem Blau umhüllt den Oberkörper.
Mozart! will Haydn rufen; doch er bringt keinen Laut hervor. Jener schreitet unhörbar durch das Zimmer, bleibt am Schreibtisch stehen, nimmt das Notenheft, setzt sich und beginnt zu lesen. Sein Blick ist ernst, wird immer gespannter, je weiter er liest. Jetzt nickt er lächelnd vor sich hin. Seine Lippen öffnen sich, als ob er leise mitsänge. Er liest weiter, immer weiter, bis zum Ende. Er schließt das Heft, legt es auf den Tisch, streicht liebkosend mit seiner zarten weißen Hand darüber hin, steht auf und ist verschwunden.
Haydn erwachte. Es war ganz dunkel geworden. Er entzündete die Lampe und setzte sich wieder in seinen Stuhl. Diesen Traum hatte Gott ihm gesandt, daran gab es keinen Zweifel. In Demut faltete er die Hände.
„Mein Gott, ich danke dir, daß du mich vor Überhebung bewahrst. Ich hatte vergessen, daß alles, was geschieht, nach deinem Willen geschieht. So muß denn auch dies, was mich verwirrt und erschreckt, so sein, weil du es willst. So bricht denn eine neue Musik an, geht über uns Alte hinweg, neuen Zielen entgegen. Wer dürfte so vermessen sein, ihr Fesseln anzulegen! Mich laß dir weiter auf meine Weise dienen; aber gib mir noch ein paar Jahre, daß ich sehe, wie Neues sich aus Altem gestaltet. Daß es gut und groß werde, dafür wirst du sorgen, lieber Gott!"

*

Fürst Lichnowsky drängte seinen Schützling, den großen Erfolg der Trios auszunutzen und sie zu veröffentlichen. Aber Beethoven weigerte sich. Haydns Worte hatten ihm doch Eindruck gemacht; er war mißtrauisch gegen sein Werk geworden und beschloß, es noch eine Weile in seinem Schreibtisch ruhen zu lassen. Statt dessen gab er jetzt ein paar Hefte Varitionen heraus, darunter die über „Se vuol ballare" aus dem Figaro, die er – wieweit lag das zurück! – in Beul für Eleonore von Breuning begonnen hatte.

Beethoven war jetzt ein Jahr in Wien. Sein leicht entzündliches Herz hatte sich kleinen Liebesabenteuern nicht verschlossen, aber eine große Leidenschaft nicht wieder erlebt. Bisher hatte er es noch nicht vermocht, an Eleonore zu schreiben; die Variationen mit der Widmung an sie waren ihm nun ein willkommener Zwang. Ein schön gebundenes Exemplar des kleinen Werkes begleitete er mit dem folgenden Brief:

Wien, den 2. November 1793.

Verehrungswürdige Eleonore! Meine teuerste Freundin! Erst nachdem ich nun hier in der Hauptstadt bald ein ganzes Jahr verlebt habe, erhalten Sie von mir einen Brief; und doch waren Sie gewiß in einem immerwährenden Andenken bei mir! Sehr oft unterhielt ich mich mit Ihnen und Ihrer lieben Familie; nur öfters mit der Ruhe nicht, die ich dabei gewünscht hätte. Da war's, wo mir der fatale Zwist noch vorschwebte, wobei mir mein damaliges Betragen so verabscheuenswert vorkam. Aber es war geschehen. Ihr guter und edler Charakter, meine liebe Freundin, bürgt mir zwar dafür, daß Sie mir längst vergeben haben. Aber man sagt, die aufrichtigste Reue sei die, wo man sein Verbrechen selbst gesteht. Dies habe ich gewollt.

Sie erhalten hier eine Dedikation von mir, wobei ich nur wünschte, das Werk wäre größer und Ihrer würdiger. Man plagte mich hier um die Herausgabe dieses Werkchens, und ich benutzte diese Gelegenheit, um Ihnen, meine verehrungswürdige Eleonore, einen Beweis meiner Hochachtung und Freundschaft gegen Sie und eines immerwährenden Andenkens an Ihr Haus zu geben. Nehmen Sie diese Kleinigkeit hin, und denken Sie dabei, sie kommt von einem Sie sehr verehrenden Freunde. O wenn sie Ihnen nur Vergnügen macht, so sind meine Wünsche ganz befriedigt. Es sei eine kleine Wiedererweckung an die Zeit, wo ich so viele und so selige Stunden in Ihrem Hause zubrachte. Vielleicht erhält es mich in Andenken bei Ihnen, bis ich einst wiederkomme, was nun freilich so bald nicht sein wird. O wie wollen wir uns dann, meine liebe Freundin, freuen! Sie werden dann einen fröhlicheren Menschen an Ihrem Freunde finden, dem die Zeit und sein besseres Schicksal die Furchen seines vorhergegangenen widerwärtigen ausgeglichen hat.

Zum Schlusse meines Briefes wage ich noch eine Bitte; sie ist, daß ich wieder gern so glücklich sein möchte, eine von Hasenhaaren gestrickte Weste von Ihrer Hand, meine liebe Freundin, zu besitzen. Verzeihen Sie die unbescheidene Bitte Ihrem Freunde; sie entsteht aus großer Vorliebe für alles, was von Ihren Händen ist. Und heimlich kann ich Ihnen wohl sagen, eine kleine Eitelkeit liegt mit dabei zugrunde: nämlich, sagen zu können, daß ich etwas von einem der besten, verehrungswürdigsten Mädchen in Bonn besitze. Ich habe zwar noch die Weste, womit Sie so gütig waren, in Bonn mich zu beschenken; aber sie ist durch die Mode so unmodisch geworden, daß ich sie nur als etwas von Ihnen, mir sehr Teures im Kleiderschrank aufbewahren kann. Vieles Vergnügen würden Sie mir machen, wenn Sie mich bald mit einem lieben Brief von Ihnen erfreuten. Sollten Ihnen meine Briefe Vergnügen verursachen, so verspreche ich Ihnen gewiß, soviel mir möglich ist, hierin willig zu sein; sowie mir alles willkommen ist, wobei ich Ihnen zeigen kann, wie sehr ich bin Ihr Sie verehrender wahrer Freund

       Ludwig v. Beethoven

P. S. Die Variationen werden etwas schwerer zu spielen sein, besonders die Triller in der Coda. Das darf Sie aber nicht abschrecken; es ist so veranstaltet, daß Sie nichts als den Triller zu machen brauchen; die übrigen Noten lassen Sie aus, weil sie in der Violinstimme auch vorkommen. Nie würde ich so etwas gesetzt haben; aber ich hatte schon öfter bemerkt, daß hie und da einer in Wien war, welcher, meistens wenn ich des Abends phantasiert hatte, des andren Tages viele von meinen Eigenheiten aufschrieb und sich damit brüstete. Weil ich nun voraussah, daß bald solche Sachen erscheinen würden, so nahm ich mir vor, ihm zuvorzukommen. Eine andre Ursache war noch dabei, nämlich die hiesigen Klaviermeister in Verlegenheit zu setzen. Manche davon sind meine Todfeinde, und so wollte ich mich auf diese Art an ihnen rächen, weil ich vorauswußte, daß man ihnen die Variationen hie und da vorlegen würde, wo die Herren sich dann übel dabei produzieren würden."

       *

Im Januar 1794 reiste Haydn nach London, und Beethoven wählte den Domorganisten Albrechtsberger zum Lehrer, der für den ersten Musiktheoretiker Deutschlands galt. Der alte Herr war von einer ehernen Gründlichkeit; es hieß, mit dem einfachen Kontrapunkt noch einmal von vorn beginnen.

„Es ist ein Kreuz mit Ihnen", sagte Albrechtsberger, genau wie Haydn gesagt hatte. „Sie sind halt ein verwahrlostes Genie. Studieren Sie fleißig, sonst wird Ihr Lebtag nix aus Ihnen."

Und Beethoven fügte sich, denn er begriff, daß er endlich bei dem Lehrer angelangt war, den er brauchte. Als der Unterricht nach Jahresfrist beendet war, da war aus dem Schüler ein Meister geworden, für den es keine technischen Schwierigkeiten mehr gab.

Viertes Kapitel

Die Alsergasse herauf rasselte ein Fiaker und hielt vor einem herrschaftlichen Gebäude. Ein junger Herr, dessen Reisekleidung den Fremden verriet, stieg aus und entlohnte den Kutscher. Da trabten zwei Reiter heran und hielten. Ein junger Kavalier sprang aus dem Sattel und warf dem Reitknecht die Zügel zu. Nun erblickte er den Fremden.

„Wegeler! Mensch, wo kommst du her?"

„Ja, Louis, bist du's denn wirklich?" Die Freunde schlossen sich in die Arme.

„Kommst du aus Bonn? ja? bleibst länger hier? Das ist ja herrlich!"

Er faßte den Freund unter den Arm und führte ihn zum ersten Stock hinauf.

„Hier wohnst du?" fragte Wegeler erstaunt.

„Bis vor kurzem hab' ich unterm Dach gehaust. Jetzt lebe ich beim Fürsten Lichnowsky; er hat's halt nicht anders getan."

Er führte den Freund in sein Zimmer; dann umarmte er ihn aufs neue: „Wegeler! lieber guter Kerl! Das nenn' ich eine Überraschung!" Er packte ihn bei den Schultern, hielt ihn auf Armeslänge von sich, zog ihn wieder an die Brust: „Solche Freunde wie du gibt es nicht in Wien, die wachsen

nur am Rhein! Aber nun setz dich und erzähl! Also du kommst wirklich aus Bonn? Was führt dich denn nach Wien?"
Über das fein durchgeistigte Gesicht des Freundes ging ein Schatten.
„Leider nichts Erfreuliches, Louis. Ich mußte fliehen; die Franzosen sind da."
„Großer Gott! also doch! Und wo sind Breunings?"
„In Bonn geblieben."
„Da konntest du sie verlassen?"
„Ich mußte. Es ging um mein Leben."
„Was? wieso denn?"
„Wir hatten Kriegsgefangene in Bonn, unter denen brachen ansteckende Krankheiten aus. Ich verbot also unsren Studenten, sie zu besuchen; ich bin nämlich Rektor der Universität. Da haben mich die Franzosen als wütenden Feind der Republik geächtet, und als sie kamen, blieb mir nichts übrig als Flucht."
„Die armen Breunings! diesen Horden ausgeliefert! Und hier sitzen zwei Bonner, zwei junge kräftige Kerle, weit vom Schuß! Ist der Kurfürst geflohen?"
„Natürlich! die ganze Regierung mit ihm."
„Und mein alter Neefe?"
„Der spielt seine Orgel weiter, solange die Franzosen den Gottesdienst gestatten."
„Hast du meine Brüder kürzlich gesehen?"
„Ja, ab und zu. Karl macht sich; aber Johann ist ein rechter Leichtfuß geworden, seit du nicht mehr da bist."
„Da wirst du dir eine schöne Last aufladen!"
„Es sind doch meine Brüder! Mir geht es jetzt so gut, hier könnt' ich ihnen wohl am besten vorwärts helfen."
„Ja, dir scheint es wirklich nicht schlecht zu gehen! du bist ja ein großer Herr geworden!"
Beethoven lachte sein derbes, ungeniertes, rheinisches Lachen.
„Das ist alles nur äußerlich. Innerlich bin ich noch der eklige, ruppige, widerhaarige Kerl von früher. Wenn man aber mit Fürsten unter einem Dache wohnt, muß man sich äußerlich doch ein bißchen anpassen. Und du bist Rektor der Alma mater Bonnensis? mit achtundzwanzig Jahren? Da hast du ja eine glänzende Karriere gemacht! Warst aber auch immer ein tüchtiger Kerl!"

„Ich habe Glück gehabt", wehrte Wegeler bescheiden ab. „Und du, Louis? bist du zufrieden? kommst du vorwärts in deiner Kunst?"
„Das kann ich wohl sagen! Ich bin der glücklichste Mensch – oder war es wenigstens noch vor fünf Minuten. O Wegeler, wie furchtbar ist das! Was glaubt man denn in Bonn? Werden die Franzosen bleiben? werden sie wieder abziehen?"
„Wer das wüßte, Louis! Im Augenblick sind sie jedenfalls die Herren auf dem ganzen linken Rheinufer."
Der tiefe Schall einer Glocke tönte durch das Haus.
„Frühstückszeit", sagte Beethoven. „Jetzt soll ich mich mit denen zu Tich setzen, dummes Zeug schwatzen, und dabei immer nur an Bonn denken. Bei Fremden zu Gast sein hat auch seine Schattenseiten. Komm, Wegeler, du ißt natürlich mit uns."
„In meiner Reisekleidung?"
„Macht nichts, die nehmen's nicht so genau."
Die Freunde gingen in den Speisesaal hinüber, und Wegeler wurde von dem fürstlichen Paar auf das herzlichste aufgenommen, als Beethoven ihn als seinen ältesten und besten Freund vorstellte. Man setzte sich zu Tisch. Wegeler war es seltsam zumute. Holländische Jagdbilder in schweren goldenen Rahmen hingen an den Wänden, man saß auf ledergepreßten flämischen Stühlen, ein Diener servierte lautlos erlesene Gerichte, goß Wein in edle Kristallgläser, und er saß hier mit seinem alten Freund aus der Rheingasse zwischen einem Fürsten und einer Fürstin, als ob sich das von selbst verstände.
Man sprach natürlich von den politischen Ereignissen, und Wegeler geriet mit dem Fürsten bald in eine lebhafte Debatte über Österreichs Haltung, die er heftig angriff, der Fürst jedoch mit einleuchtenden Gründen zu verteidigen wußte, wobei er die Schuld an allen Mißerfolgen auf den preußischen Verbündeten schob.
„An der Nase führen sie uns herum, diese Preußen!" rief er erregt, „und weshalb? Weil sie die Augen auf Polen geworfen haben! Das ist ihnen viel wichtiger als der Krieg mit Frankreich, und dafür müssen unsre braven Truppen bluten! Geben Sie acht, eines Tages wird Preußen auf eigne Faust Frieden schließen mit dieser Mörderbande, die uns unsre

liebe Prinzeß getötet hat, und was bleibt uns dann weiter übrig, als ebenfalls Frieden zu machen! Nun erzählen Sie uns aber etwas über Ihren Kurfürsten, Herr Professor! Das interessiert uns in Wien ganz besonders!"
„Der Kurfürst ist ein gebrochener Mann. Wie die Nachricht kam, seine Schwester sei hingerichtet, da wär' es um ein Haar mit ihm zu Ende gewesen. Als nun die Franzosen immer näher rückten, mußte er sich zur Flucht entschließen. Der Abschied war ergreifend. Das Volk scharte sich um seinen Wagen, sank weinend auf die Knie; mit zitternder Hand erteilte er den erzbischöflichen Segen. Dann fuhr er langsam dem Rheine zu."
„Nun", sagte die Fürstin ermunternd, „noch ist nicht aller Tage Abend! England ist auch noch da! Jetzt lassen Sie uns aber von erfreulicheren Dingen reden! unser lieber Beethoven wird ja ganz melancholisch! Werden Sie sich länger in Wien aufhalten, Herr Professor?"
„Es wird mir wohl nichts andres übrigbleiben, Euer Durchlaucht."
„Nun, dann werden wir Sie hoffentlich recht oft bei uns sehen! Sind Sie auch musikalisch?"
„Ich spiele selber nicht, doch höre ich gern gute Musik."
„Dann macht es Ihnen vielleicht Freude, zu unsren Konzerten zu kommen. Wir halten uns ein Streichquartett, das jeden Freitagmorgen spielt. Überhaupt, Herr Professor, betrachten Sie unser Haus als das Ihre!"
Beethoven, der sich an dem Gespräch nur wenig beteiligt hatte, sah jetzt nach der Uhr und stand auf:
„Verzeihen Sie, Durchlaucht, ich hab' in der Nachbarschaft eine Lektion. Wegeler, laß dich nicht stören und vertreib dir nachher die Zeit auf meinem Zimmer. In einer Stunde bin ich zurück." Damit ging er.
Der Fürst warf einen ratlosen Blick auf seine Frau: „Hat er wirklich jetzt eine Lektion?"
„Ich weiß es nicht. Vielleicht möcht' er nur allein sein. Die traurigen Nachrichten aus seiner Heimat haben ihn verstimmt. Ja, Herr Professor, in Ihrem Freund wohnt eine zarte Seele, so kräftig, ja robust er ausschaut. Man muß ihn manchmal mit glacierten Handschuhen anfassen. Aber das tun wir gern, nicht wahr, Karl?"

Der Fürst nickte: „Ihr Freund ist uns ein wahres Himmelsgeschenk", sagte er mit einem Ausdruck stiller Leidenschaft. „Er ist das größte Genie, das die Welt gesehen hat. Meine Frau und ich sind glücklich, daß wir ihm sein äußeres Leben etwas erleichtern dürfen. Ich habe manchmal das Gefühl, daß unser Dasein durch ihn erst Sinn und Zweck bekommen hat. Sehen Sie, Herr Professor, Sie sind ein Mann der Arbeit. Aber wir, wozu leben wir eigentlich? Uns die Zeit zu vertreiben! Ein schöner Lebenszweck!" Er schenkte Wegeler und sich selber ein, trank und fuhr fort: „Aber jetzt hat unser Leben einen Zweck, nicht wahr, Christiane? Und der heißt Ludwig van Beethoven!"

„Soviel ich weiß", sagte Wegeler, „hat der Wiener Adel von jeher viel für Musik getan."

„Gewiß! aber das war etwas ganz andres! Bisher war uns Musik ein angenehmer Zeitvertreib, ein schöner Schmuck des Lebens. Wer es sich leisten konnte, hielt sich seine Hauskapelle, sein Streichquartett, sein Bläserensemble. Warum auch nicht? unter Musikbegleitung fließt das Leben um so angenehmer dahin. Da kam dieser junge Mann vom Rhein! Jener Abend bei uns, da er zum ersten Male vor der Gesellschaft spielte! Hätten Sie das erlebt! Man kam, ahnungslos, etwas neugierig vielleicht – ein neuer Virtuose, ein neuer Zeitvertreib. Und dann brach es über uns herein wie ein gewaltiges Naturereignis! Ich habe einmal einen Ausbruch des Vesuvs erlebt; so war es! Und dann jener andre Tag, an dem er uns seine Trios vorgeführt hat! Ihnen das zu beschreiben, dazu bin ich gänzlich außerstande. Jedes Wort wäre Entweihung!"

Er schwieg eine Weile. „Ja, Herr Professor", fuhr er dann fort, „Ihr Freund ist nicht nur der König des Klavierspiels, er ist der König der Musik überhaupt, wenn man das auch in Wien noch nicht laut sagen darf. Sein glänzender Aufstieg, so phänomenal er war, war doch nur verdient! Und daß ich dazu beitragen durfte, das ist mein ganzes Glück!" Seine Lippen bebten, er leerte hastig sein Glas. Die Fürstin warf ihm einen etwas besorgten Blick zu.

„Nun, Herr Professor", sagte sie, „jetzt lassen Sie uns auf gute Freundschaft auch mit Ihnen anstoßen!"

Die Gläser klangen zusammen. Man erhob sich; Wegeler

nahm Abschied und ging in Beethovens Zimmer hinüber, etwas benommen von dem schweren Wein, beglückt von dem, was er über den Freund gehört, hingerissen von der Liebenswürdigkeit des fürstlichen Paares.
Beethoven stand am Fenster und blickte zu den Wolken empor, die nach Nordwesten zogen. „Ach Wegeler!" rief er, „wie gut, daß du da bist! Ein Stück Heimat! Nun ruh dich mal aus von den Strapazen der fürstlichen Konversation! Wie gefallen dir die beiden?"
„Louis, du hast ein unglaubliches Glück", entgegnete Wegeler, indem er sich behaglich in einem Polstersessel dehnte und an die wackligen harten Stühle in Beethovens Elternhaus dachte.
„Lieber Wegeler, ich sitze hier in einem goldenen Käfig!"
„Sehnst du dich hinaus?"
„Allerdings! Ich werde dem Fürsten ewig dankbar sein und der Fürstin erst recht. Am liebsten würden sie mich unter eine Glasglocke setzen, daß mich nur ja kein Unwürdiger berührt! Aber ich sehne mich nach Freiheit! Täglich um halb vier soll ich zu Hause sein, mich etwas besser anziehen, für den Bart sorgen. Lange halte ich das nicht mehr aus!"
„An deiner Stelle, Louis, wär' ich Gott dankbar!"
Beethoven sah ihn etwas ironisch an. „Nun, Wegeler", wechselte er das Thema, „was gedenkst du in Wien zu tun?"
„Ich will mich in meiner Wissenschaft fortbilden. Die Wiener Krankenhäuser sind immer noch die besten in Europa."
„Hast du schon ein Quartier? Nein? also vorwärts! ich helf dir suchen." Er klingelte, ein Diener erschien.
„Den Wagen!" Der Diener verschwand nach einer tadellosen Verbeugung.
„Die fürstlichen Bedienten sind selber die reinen Grandseigneurs", meinte Wegeler.
„Das ist zufällig mein eigener Diener. Auch das Pferd von vorhin war mein eigenes. Ich will unabhängig sein, soweit es geht." Er sah auf die Uhr. „Jetzt müßt' ich eigentlich zur Fürstin Liechtenstein. Ach was, die wird auch nicht sterben, wenn sie mal umsonst wartet."
„Bitte, Louis, geh hin!"
„Fällt mir gar nicht ein!"
„Wenn sie sich nun ärgert und sich einen anderen Lehrer nimmt?"

„Das tut sie nicht, und wenn sie's täte, wär' mir das auch gleich. Die Leute laufen mir ja nach, daß ich mich ihrer kaum erwehren kann. Hätte der Tag achtundvierzig Stunden, ich könnt' achtundvierzig Lektionen geben. Komm, wir wollen fahren!"
Ein Zimmer war bald gefunden; der Wagen wurde nach Hause geschickt, und die beiden Freunde schlenderten Arm in Arm durch die schönen menschengefüllten Straßen. Dann traten sie in ein Kaffeehaus, fanden einen Fensterplatz und schauten eine Zeitlang dem Leben zu, das in bunter Mannigfaltigkeit vorüberzog: Wiener Bürgersleute, Alpenländler, Slowenen, Ungarn in ihren malerischen Nationaltrachten, Straßensänger mit ihren kleinen Harfen, Obstverkäufer, Sänftenträger, Soldaten in ihren bunten Uniformen; adlige Karossen, denen Schnelläufer in phantastischen Kostümen voraneilten; Fiaker, deren Stolz es war, den fürstlichen und gräflichen Wagen an Schnelligkeit nicht nachzustehen, – ein lustiges buntes Bild.
„Wien ist doch wundervoll!" sagte Wegeler. „Dagegen ist unser liebes Bonn ein Dorf! Wenn ich an den Marktplatz mit seinen schmalen spitzgiebligen Häuschen denke, die aussehen, als ob eines das andre grade noch vor dem Umfallen bewahrt –"
„Und an das alte liebe Rathaus", unterbrach ihn Beethoven, „und an den Münsterplatz mit dem schönen alten Münster, und an das Schloß am Rhein – mein guter Wegeler, dafür gäbe ich ganz Wien hin!"
„Möchtest du nicht hierbleiben, Louis?"
„Ich werde wohl bleiben müssen, ob ich will oder nicht. Musik gilt hier alles, und grade mein eigentliches Fach, die Instrumentalmusik, steht obenan. Es gibt hier adlige Privatkapellen, größer und besser als die Bonner Hofkapelle; mit denen kann ich musizieren, soviel ich will; man reißt sich ja überall um mich. Das ganze Volk ist musikalisch, alles singt und spielt Klavier; diese Menschen haben's mit auf die Welt bekommen. Auch die Mundart ist musikalisch. Über allem liegt Musik. Aber – es ist nicht m e i n e Musik."
„Wieso – d e i n e Musik?"
„Die Musik, wie ich sie fühle. Es ist alles zu weich, zu sinnlich, nur auf die äußere Schönheit gestimmt, zu weiblich, zu

wenig männlich. Wenn ich in Wien bleibe, ich werde hier wohl immer ein Fremder sein. Die Leute behandeln mich wie ein Wundertier, schwärmen für meine Musik, spielen meine Sachen, erklären mich für das größte Genie, sagen mir, ich dürfte nie wieder fortgehen, wenn ich sie nicht unglücklich machen wolle; aber glaubst du, sie verstehen mich? Nein! Ich imponiere ihnen, weil ich was kann, weil ich Ideen habe; aber das Wesentliche meiner Musik, ihr innerster Kern, davon haben sie keine Ahnung. Verstehst du, was ich meine?"
„Nicht ganz, Louis. Was meinst du mit dem innersten Kern?"
„Damit meine ich etwas, das nicht eigentlich musikalisch ist, sondern in jeder großen Kunst steckt, in der Musik so gut wie in der Dichtkunst und in den bildenden Künsten. Was das ist, das kann ich dir nicht erklären. Aber es ist das Entscheidende. Und die Wiener, siehst du, die merken das nicht und werden's nie merken. Sie sind mir zu sinnlich, wie ich schon sagte, zu südländisch, zu italienisch, und ich bin im Norden zu Haus, am Niederrhein, und vielleicht noch weiter nordwärts am Meer, von wo mein Großvater herstammt. Da unten wäre mein Platz! Aber leider gibt es da keine Musikstadt gleich Wien."
„Wie stehst du dich denn mit deinen Collegias?"
„Die älteren Klavierspieler hassen mich wie die Pest, erklären meine Musik für irrsinnig. Die meisten jüngeren halten zu mir; es sind ein paar brave Kerls darunter, mir viel lieber als die Fürsten und Grafen, obgleich es auch unter denen einige gibt, die das Herz auf dem rechten Fleck haben. Wart mal! wie spät ist es? halb sechs. Hast du Lust, so gehen wir jetzt mal in mein Stammbeisel, da treffen wir vergnügte Gesellschaft."
Das Wirtshaus ‚Zum Weißen Schwan' in dem alten Schwarzenbergischen Stadthaus war bald erreicht. Durch die niedrige verräucherte Gaststube gelangten die Freunde in ein kleines gemütliches Hinterzimmer. Lautes Hallo begrüßte sie; dann begannen ein paar kräftige Männerstimmen zu singen:

„Hoch lebe unser Herr und Meister!
Ludwig van Beethoven heißt er!"

Andre fielen kanonisch ein, und schließlich gab es ein fürchterliches Durcheinander, das erst aufhörte, als Beethoven

mit dem Spazierstock auf den Tisch schlug und Ruhe gebot. „Edle Getreue! seid gegrüßt! Hier bringe ich euch meinen ältesten und besten Freund, Herrn Professor Wegeler, Doktor der Medizin, aus Bonn, aus Bonn am Rhein. Wegeler, hier findest du meine Ritter versammelt. Tretet an! Herr Baron Zmeskall von Domanovez, Großsiegelbewahrer und Hofbankier Meiner Majestät, Großkreuz des Violoncellordens. Herr Wenzel Krumpholz, Hofnarr und Geigenlehrer Meiner Majestät. Herr Michael Vogel, schlechter Jurist und guter Tenorsänger. Herr Anton Kraft, Großkomtur des Violoncellordens. Herr Ignaz Schuppanzigh, König aller Geiger, entsprossen aus dem altenglischen Geschlecht des Mylords Falstaff. Na, Kinder, setzen wir uns!" Er ließ sich von Krumpholz aus dem Mantel helfen und nahm an dem runden ungedeckten Eichentisch Platz: „Was trinkt ihr da Gutes?"
„Gumpoldskirchener", erklärte Schuppanzigh, „ein feiner Tropfen!"
„Na, wenn das Mylord Falstaff sagt, dann kann man ihn trinken. Ich halt euch frei! Solch ein Freund kommt nicht alle Tage nach Wien hereingeschneit!"
Ein fröhliches Zechen begann, das bis tief in die Nacht dauerte. Als man endlich aufbrach, improvisierte Beethoven noch rasch einen Kanon auf seinen dicken Primgeiger, und während die ganze Gesellschaft im Gänsemarsch durch die Kärtnerstraße zog, schallte es weithin: Schuppanzigh ist ein Lump – Lump – Lump!

FÜNFTES KAPITEL

Der Einladung der Fürstin zu ihren Morgenkonzerten folgte Wegeler gleich am nächsten Freitag. Beethoven spielte drei neue Klaviersonaten, die er später mit der Widmung an Haydn als Opus 2 herausgab: die düster-großartige in F-Moll, die sonnenhelle zweite in A-Dur und die freudig-schwungvolle C-Dur-Sonate. Es wurde wieder ein triumphaler Erfolg, der aber Wegeler nicht ganz beglückte. Er konnte sich des Gefühls nicht erwehren, als triebe man hier den Kult

mit seinem alten Louis etwas zu weit. Schließlich lebte doch Haydn noch, mit dem verglichen sein Freund ein junger Anfänger war. Aber diese guten Leute taten ja, als gäbe es außer Beethoven überhaupt nichts mehr. Und er ließ sich das offenbar auch ganz gern gefallen; die begeistertsten Lobsprüche nahm er wie etwas Selbstverständliches entgegen. „Unser Großmogul" sollte ihn Haydn einmal genannt haben; Wegeler mußte sich gestehen, daß der Scherz nicht ganz danebentraf. Auch in Bonn war Beethoven bewundert und gefeiert worden; aber wie bescheiden hatte er es immer abgelehnt, in einem Atem mit den großen Meistern genannt zu werden!
Soll ich ihm einmal die Meinung sagen? dachte Wegeler; muß ich es nicht tun als sein ältester Freund?
Wieder einmal wurde beim Fürsten Lichnowsky musiziert; Beethoven beschränkte sich aufs Zuhören, obgleich er von allen Seiten bestürmt wurde, daß er spiele. Er sei heute nicht in Stimmung, entgegnete er, man möge ihn in Ruhe lassen. Doch die alte Gräfin Thun, die Mutter der Fürstin, ließ sich nicht abweisen; schließlich kniete sie vor Beethoven nieder und bettelte um etwas Musik, – vergeblich.
Als Wegeler später mit dem Freunde allein war, glaubte er nicht länger schweigen zu dürfen.
„Sag' mal, Louis, war diese Szene mit der Gräfin Thun nötig?"
„Nötig? Natürlich nicht! sie hätte mich in Ruhe lassen sollen!"
„Da sie es nun aber nicht getan hat?"
„So bekam sie eine Lehre."
„Hättest du ihr nicht den Gefallen tun können?"
„Freilich hätt' ich das."
„Warum hast du's nicht getan?"
„Weil ich diesen Leuten einmal zeigen wollte, wer hier eigentlich der Gebende ist und wer der Nehmende! Wegeler, die Zeiten, wo die Musiker zu den Bedienten gerechnet wurden, sind für mich vorbei! Weißt du, daß ein Genie wie Mozart von seinem Erzbischof mit Fußtritten traktiert worden ist? Weißt du, daß, als er starb, niemand von seinen hochadeligen Gönnern zur Stelle war, auch nicht Lichnowsky, auch nicht die Gräfin Thun! Daß niemand ihm das letzte Geleit gegeben hat? daß man ihn im Armengrab verscharrt hat und den Platz nicht kennt, wo er liegt?" Er biß die Zähne zu-

sammen und schwieg eine Weile. „Wegeler, ich räche Mozart! verstehst du das?"
„Ich versteh' es, Louis, und versteh' es wieder nicht. Diese Leute, wie du sie nennst, zeigen doch selber auf das deutlichste, daß jene Zeiten auch für sie vorbei sind! Laß dir doch daran genügen! Du bist ein junger Anfänger und solltest denen dankbar sein, die dir den Weg auf so vornehme Weise ebnen und dich ganz als ihresgleichen behandeln!"
„Also eigentlich stehe ich ihnen nicht gleich? Bedeutet das, was ich in mir trage, nicht millionenmal mehr als ein lumpiger Fürstentitel? Wegeler, du glaubst nicht an mich, und wer nicht an mich glaubt, kann mein Freund nicht sein!"
„Louis, du weißt nicht was du sagst! Denk an unsre alte Freundschaft! denk an Breunings!"
„Geduldet habt ihr mich nur!" schrie Beethoven, „geduldet den Emporkömmling, den Musikanten, in eurem vornehmen Kreis!"
„Ich bin nicht von vornehmerer Geburt als du und habe nie Anspruch gemacht, es zu sein. Du solltest dich schämen, Louis! Leb wohl!"
Abends gab Beethovens Diener bei Wegeler einen Brief ab.
„Liebster! Bester! In was für einem abscheulichen Bilde hast Du mich mir selber dargestellt! Ich erkenne es, ich verdiene Deine Freundschaft nicht! Du bist so edel, so gutdenkend, und das ist das erstemal, daß ich mich nicht neben Dich stellen darf; weit unter Dich bin ich gefallen. Du glaubst, ich habe an der Güte meines Herzens verloren. Dem Himmel sei Dank, nein! O wie schäme ich mich vor Dir wie vor mir selbst! fast traue ich mich nicht mehr, Dich um Deine Freundschaft wieder zu bitten. Ach Wegeler, nur mein einziger Trost ist, daß Du mich fast seit meiner Kindheit kanntest. O laß mich's selbst sagen: ich war doch immer gut und bestrebte mich immer der Rechtschaffenheit und Biederkeit in meinen Handlungen; wie hättest Du mich sonst lieben können! Sollte ich denn jetzt seit der kurzen Zeit auf einmal mich so schrecklich, so sehr zu meinem Nachteil geändert haben? Unmöglich! Diese Gefühle des Großen, des Guten sollten alle auf einmal in mir erloschen sein? Nein, Wegeler, lieber, bester! O wag es noch einmal, Dich wieder ganz in die Arme Deines Beethoven zu werfen! baue auf die guten Eigenschaften, die

Du sonst in ihm gefunden hast! Ich stehe Dir dafür, der reine Tempel der heiligen Freundschaft, den Du darauf aufrichten wirst, er wird fest, ewig stehen! kein Zufall, kein Sturm wird ihn in seinen Grundfesten erschüttern können! Fest, ewig unsre Freundschaft! Verzeihung, Vergessen, Wiederaufleben der sterbenden sinkenden Freundschaft! O Wegeler, verstoße sie nicht, diese Hand der Aussöhnung, gib die Deinige in die meine! Ach Gott! Doch nichts mehr! ich selbst komme zu Dir und werfe mich in Deine Arme, und bitte um den verlorenen Freund, und Du gibst Dich mir wieder, dem reuevollen, Dich liebenden, Dich nie vergessenden
Beethoven."

Was Beethoven von Wegeler über seine Brüder gehört hatte, ließ ihm keine Ruhe. Er beschloß, sie nach Wien kommen zu lassen. Johann wollte er in einer Apotheke unterbringen, und Karl konnte er Klavierschüler zuweisen, soviel er haben wollte.

Schon im Gasthof wurden die beiden auf ihren Namen angeredet und hörten mit Staunen, daß ihr Bruder eine Wiener Berühmtheit war. Und als sie gar vor dem ehrfurchtgebietenden fürstlichen Portier standen, da klopfte ihr Herz vor Stolz auf den Bruder, der es so weit gebracht hatte. Johann trat in seine Apotheke ein. Er fühlte sich in Wien unendlich wohl, sprach mit Verachtung von dem kleinstädtischen Bonn und gab es jedem zu hören, er sei der Bruder des berühmten Kompositeurs. Daß seine Apotheke „Zum Heiligen Geist" hieß, hielt ihn keineswegs ab, in der Nachbarschaft allerlei Liebesverhältnisse anzuknüpfen, um die der schlank und hoch gewachsene, schöne junge Mann von seinen Kollegen in der Rezeptur lebhaft beneidet wurde. Karl erhielt erst noch ein halbes Jahr Klavierunterricht und war dann soweit, daß sein großer Bruder ihm Schüler überlassen durfte, die er selber nicht annehmen konnte oder mochte.

Inzwischen hatte Beethoven seine Trios herausgegeben, als Opus 1, als die erste Schöpfung, die er für würdig erachtete, sein Lebenswerk zahlenmäßig zu eröffnen. Bald danach trat er in drei einander folgenden Konzerten der Hofkapelle zum erstenmal vor das große Publikum und riß es mit seinen freien Phantasien, mit einem Klavierkonzert eigener Komposition und mit Mozarts D-Moll-Konzert zu unerhörten Beifallsstürmen hin.

Von nun an leuchtete am musikalischen Himmel der Kaiserstadt Beethoven als hellster Stern, neben dem selbst Haydns mildes Gestirn zu verblassen begann.

Im Jahre 1796 reiste Beethoven mit dem Fürsten Lichnowsky nach Prag, Dresden und Berlin. Überall wurde er enthusiastisch aufgenommen. In der preußischen Hauptstadt gewann er einen glühenden Bewunderer an dem jungen Prinzen Louis Ferdinand, einem hochbegabten Musiker, der mit Vergnügen die Versicherung entgegennahm, er spiele gar nicht prinzlich, sondern wie ein tüchtiger Virtuose. Gern hätte er Beethoven an Berlin gefesselt. König Friedrich Wilhelm bot ihm einen Kapellmeisterposten unter glänzenden Bedingungen an; aber Beethoven lehnte ab. Es ging ihm, wie es Mozart gegangen war, den derselbe König ja auch nach Berlin hatte ziehen wollen: alles kam ihm so nüchtern vor, so unmusikalisch, so ganz anders als in Wien. Er war froh, als er wieder die Wiener Luft atmete. Daß ihm diese Stadt doch ans Herz gewachsen war, das hatte ihm Berlin zum Bewußtsein gebracht.

Während seiner Abwesenheit war die politische Lage ernst geworden. Preußen hatte mit Frankreich einen Sonderfrieden geschlossen, und Österreich, von England lediglich mit Geld unterstützt, stand nun allein im Kampf. Zwar hatte Erzherzog Karl die beiden feindlichen Heere, die durch die Täler des Mains und der Donau gegen Wien marschieren sollten, geschlagen und zurückgedrängt. Um so größer wurde die Gefahr, die von Süden her drohte, seit ein junger General mit Namen Bonaparte den Befehl über die nach Oberitalien eingefallene französische Armee übernommen hatte. Ein Genie an Willen, Klugheit und Kühnheit, der Abgott seiner Soldaten, führte er sie von Sieg zu Sieg, schlug die Österreicher bis zur Vernichtung. Das feste Mantua hemmte eine Weile seinen Siegeslauf, bis es im Frühjahr 1797 kapitulieren mußte. Nun marschierte Bonaparte über die Alpen. Bald war Krain, Kärnten und Tirol erobert. Der österreichische Landsturm wurde aufgeboten. Haydns Kaiserhymne erklang zum erstenmal, und Beethoven komponierte ein Kriegslied, das mit dem stolzen, viel zu stolzen Wort begann: Ein großes

deutsches Volk sind wir. Oh, er haßte Bonaparte! Und doch mußte er ihn bewundern, ja beinah lieben. Wenn ich die Kriegskunst so gut verstände wie die Musik, dachte er, ich würde ihn gewiß schlagen! Aber gegen diesen menschgewordenen Kriegsgott stand kein Ebenbürtiger auf. Der Kaiser mußte Frieden schließen. Das linke Rheinufer fiel an Frankreich. Beethoven hatte kein Vaterland mehr.
Nach seiner Rückkehr von Berlin war er nicht wieder beim Fürsten Lichnowsky eingezogen; er wollte sein eigener Herr sein. Der Fürst freilich war unglücklich über die Trennung, und es wär ihm nur ein schwacher Trost, daß er seinem Schützling wenigstens ein Jahresgehalt von sechshundert Gulden aussetzen durfte. Auf solche Unterstützung angewiesen war Beethoven nicht mehr. Mit Klavierunterricht und dem Verkauf seiner Kompositionen verdiente er mehr als er brauchte.
Sein Skizzenbuch hatte er voller Entwürfe heimgebracht; eine Masse Samenkörner, die nun zu den schönsten Blumen aufgingen. Da gab es kleinere Klavierstücke, Arien und Lieder, darunter die schwärmerische Adelaide und das schöne ernste Opferlied; ein glänzendes Sextett für Bläser, ein andres für zwei Hörner und Streicher; ein Trio für zwei Oboen und Englisch Horn; eine lustige Serenade für Streichtrio; ein Quintett für Klavier und Bläser; eine Menge reizender Tänze für Orchester. Es wurde ein wahrer Blumengarten, heiter und bunt und reich. Einsam für sich stand ein Rosenstrauch mit vier dunkelroten Blüten, die schöner waren und süßer dufteten als alle andren Blumen: mit der Klaviersonate Opus 7 war Beethoven ganz ein Eigener geworden; auch die letzten Spuren der Abhängigkeit waren ausgelöscht. Er fühlte sich jetzt mit seinen sechsundzwanzig Jahren auf der Höhe seiner Schaffenskraft. Kaum war ein Werk beendet, so war auch das andre schon begonnen, ja oft schrieb er an zwei oder drei Werken zugleich, so strömte er über von Musik. Und alles war ein Fortschreiten, ein Reifen. Seine Laufbahn lag in herrlichem Aufstieg vor ihm. Nichts fehlte ihm, um glücklich zu sein, und er war glücklich.

Sechstes Kapitel

Als Beethoven eines Morgens erwachte, vernahm er ein leises dumpfes Brausen. Es klang wie strömender Regen, doch der Himmel war rein und blau. Brannte es gar in der Nachbarschaft? Er sprang aus dem Bett und trat ans Fenster; aber nirgends war Rauch zu sehen, und die Straße bot den gewohnten friedlichen Anblick. Er rief den Diener herbei; der horchte eine Weile und erklärte dann, er wisse nicht, was der Herr meine, er höre nichts. Merkwürdig! Dann konnte das Geräusch also nicht von außen kommen. Richtig! im linken Ohr saß es; schloß er dieses mit dem Finger, so nahm das Brausen sogar noch zu. Nun, es würden wohl die Nerven sein, Blutandrang nach dem Kopf, Überarbeitung vielleicht. Also heute mal nichts getan, spazierengegangen, früh ins Bett! Am andren Morgen noch dasselbe dumpfe Brausen. Ach was! es wird schon vorübergehen. Heute wird gearbeitet.
Ein Streichtrio ward es diesmal. Ein zweites folgte, ein drittes. Beethoven war zufrieden. Welches das beste sei, wußte er selber nicht. Sie wirkten schon auf dem Klavier ganz ausgezeichnet, obgleich mit dem seit ein paar Tagen etwas nicht in Ordnung war; der Diskant war matt. Er wollte einmal seinen Freund Streicher, den Klavierbauer, kommen lassen. Wie mußten die Trios erst auf Lichnowskys alten italienischen Meisterinstrumenten klingen!
Die Hausmusiker des Fürsten waren von den neuen Werken entzückt und übten mit Begeisterung.
Der Tag der Aufführung war gekommen. Beethoven war seines Erfolges sicher. Und obgleich es in seinem Ohr immer weiterbrauste, war er in der heitersten Stimmung, als er in Lichnowskys Musiksaal eintrat. Aber was war denn heute nur mit Schuppanzighs Geige? Die tiefen Lagen klangen gut, die hohen matt; rasche Läufe im Diskant wurden von Bratsche und Cello beinah zugedeckt.
„Was fehlt denn heute seiner Geige?" sagte Beethoven zu dem dicken Primgeiger, „die hat wohl den Schnupfen?"
Schuppanzigh sah ihn erstaunt an. „Ich weiß nicht, was Er will."
„Sein Trommelfell ist so dick wie Er selber! Die Höhe klingt doch gar nicht!"

Mylord Falstaff war etwas gekränkt. „Ich frage die Anwesenden: klingt die Höhe wirklich nicht?"
Ihm sei nichts aufgefallen, meinte der Fürst. Auch Bratsche und Cello nahmen für die Geige Partei.
„Also weiter! Ihr habt alle kein Gehör!"
Der zweite Satz begann. Aber schon nach den ersten Tönen sprang Beethoven auf. „Merkt ihr denn wirklich nichts?" Die Musiker sahen sich etwas verwundert an und schwiegen. „Ich frage jetzt auf Ehre und Gewissen: klingt die Geige nicht, oder höre ich schlecht?"
„Er wird halt selber den Schnupfen haben", meinte Schuppanzigh, „der schlägt sich manchmal aufs Ohr."
Noch am gleichen Tage begab Beethoven sich zu dem berühmtesten Arzt von Wien, Professor Frank.
Ein harmloser Katarrh, meinte der, eine Art Gehörschnupfen. Fleißig warmes Mandelöl eingießen, in ein paar Wochen sei alles wieder in Ordnung. Aber es wurde nicht besser; ja eines Morgens bemerkte Beethoven mit Schrecken, daß nun auch das rechte Ohr brauste.
Er müsse halt auch ins rechte Ohr Öl eingießen, meinte der Professor.
„Wird es noch lange dauern?"
„Noch ein paar Wochen."
„Bestimmt?"
„Bestimmt!"
„Ich höre auf dem linken Ohr sehr schlecht!"
„Wird alles wieder werden."
„Bis jetzt merk' ich aber noch gar keine Besserung!"
„Na ja, nur Geduld!"
„Wenn es nun schlechter wird?"
„Wird es nicht."
„Wenn ich nun taub werde?"
„Lassen Sie sich nicht auslachen, Verehrtester!"
Beethoven erfüllte die ärztlichen Vorschriften mit peinlichster Genauigkeit. Ward es nicht schon besser? Es gab Tage, an denen das Brausen verschwunden war, und dann dankte er Gott und glaubte sich geheilt. Aber dann war es plötzlich wieder da, so stark wie vorher. Was soll nur werden? dachte er, was soll nur werden! Es m u ß doch wieder gut werden! Und wenn es n i c h t wieder gut wird? wenn es immer

schlechter wird? wenn ich taub werde? Nein! das war so entsetzlich, so unausdenkbar fürchterlich, daß es eben nicht sein k o n n t e. Mit Gewalt riß er sich aus seinem Grübeln. Mut! auch bei allen Schwächen des Körpers soll doch mein Geist herrschen! schrieb er in sein Tagebuch. Arbeiten! Versank er wieder in seine Musik, dann war alles vergessen, dann gab es nur die Seligkeit des Schaffens.
Die drei Klaviersonaten Opus 10 entstanden. Die Sonatenform, wie er sie von Philipp Emanuel Bach und den Mannheimern, von Haydn und Mozart übernommen, bewahrte er noch in treuer Ehrfurcht; aber er füllte sie mit seinen Gedanken. Aus dem edlen musikalischen Spiel der Vorgänger wurden Seelengemälde, Bekenntnisse tiefsten Menschentums. Ihre Wirkung war ungeheuer: Von den Anhängern der alten Musik in Acht und Bann getan, wurden sie von allen, die jung waren und jung fühlten, stürmisch begrüßt. Ein Menschenherz schlug in dieser Musik, ein wildes, heißes, edles Herz, das überströmte von Schmerz und Freude, von Witz und Laune, von Kraft und Stolz und Heroismus, und das sich doch demütig zu beugen wußte vor der Gottheit, die es in sich selber trug. Diese Musik war ein treues Spiegelbild ihres Schöpfers, der so mutig und entschlossen, so kraftvoll und reich ins Leben hinausgetreten war und nun oft verzagen wollte vor der unheimlichen Macht, die sich wie ein Gespenst erhob und sein Künstlertum, sein Glück zu bedrohen schien. Doch immer wieder fand er in seinem Innern Trost und Erhebung; selbst aus dem Grabgesang des D-Moll-Largos in der dritten Sonate kämpfte er sich wieder hindurch zu Lebenswillen und Frohsinn. Und wenn er ein Werk vollendet hatte und sah, daß es gut war, dann war es ihm oft, als ob Leiden auch Glück sein könne.
Aber glücklich war er doch nur, wenn er schuf. Gönnte er sich eine kurze Atempause, dann drang es wieder mit unverminderter Wucht auf ihn ein: die Angst vor dem Taubwerden. Denn die Abnahme seines Gehörs schritt langsam weiter. Zu dem Sausen und Brausen gesellten sich jetzt andre Geräusche: es klopfte und knarrte; es pfiff laut und gellend, daß er entsetzt in die Höhe fuhr; es heulte wie der Wind im Kamin; es ächzte wie ein Mensch, der sich in Qualen windet. Und das Furchtbarste für einen Musiker: er hörte manchmal

die Töne nicht mehr rein, sondern statt e i n e s Tones zwei zugleich, den einen etwas höher als den andren, – eine teuflische Qual.
Professor Frank lachte ihn nicht mehr aus. Er meinte jetzt, dem Leiden müsse eine Störung des ganzen Körpers zugrundeliegen, und verordnete stärkende Medizinen und Bäder.
Alles umsonst. Eine fürchterliche Angst trieb Beethoven um, ließ ihn nicht mehr richtig zur Ruhe, zum Schlaf, zur Arbeit kommen. Er mied die Menschen; niemand sollte wissen, wie es um ihn stand. Gesellschaften besuchte er nicht mehr, Unterricht wurde auf unbestimmte Zeit abgesagt, sein Essen ließ er sich vom Wirtshaus in die Wohnung bringen. Traf er Bekannte, so schlug er einen Ton krampfhafter Lustigkeit an, daß man nur ja nicht merke, wie verzweifelt er war. Hätte er eine Frau zur Seite gehabt, die ganz sein war, der er alles vertrauen konnte, die ihn an ihr Herz nahm und ihn tröstete, ihm sagte, daß alles wieder gut werde! und wenn es nicht wieder gut würde, daß sie ihn nur desto mehr lieben werde! Aber er hatte keine Frau; keine von denen, die seinen Weg gekreuzt, war ihm nah genug gekommen, daß er gewünscht hätte, sie möchte ihm nie wieder entgleiten.
So saß er oft, in düsteres Brüten versunken, zu Hause, horchte in sich hinein, lauschte den Geräuschen, die in seinen Ohren ein wahres Höllenkonzert aufführten.
Ein tauber Musiker! Als Klavierspieler über kurz oder lang unmöglich; abgeschnitten von dem höchsten Glück des Schaffenden, das, was sein inneres Ohr vernommen, lebendig werden zu hören! Und was würde die Welt sagen, wenn sein Zustand erst offenbar wurde? Ein gefundenes Fressen für seine teuren Brüder in Apoll! „Haben wir's nicht immer gesagt? Verworrenheit, dicke Instrumentierung, Disharmonie, Armut an Melodien, – na, der arme Kerl ist ja taub! Und auf den ist das Publikum hereingefallen, hat ihn über uns gestellt, über uns, die wahren Hüter von Mozarts Erbe!"
Sein einziger Trost war bis jetzt gewesen, daß ihm wenigstens seine Schöpferkraft nicht genommen werden könne, denn die war ja unabhängig vom äußeren Hören. Aber es kam eine Zeit, da schien es auch damit vorbei zu sein. Wenn er sein Skizzenbuch aufschlug und sich in eines der vielen Themen

versenkte, die noch der Erlösung harrten, dann erklang ihm keine Musik mehr, er hörte nur das Brausen in seinen Ohren.
Nicht mehr schaffen können? Dann nicht mehr leben! Dann war es besser, aus der Welt zu gehen auf der Höhe des Ruhmes; ein leuchtendes Andenken zu hinterlassen, statt traurig dahinzusiechen, bemitleidet anfangs und bald vergessen. Der Gedanke ließ ihn nicht mehr los, lockte, gewann immer mehr Macht. Aber noch kämpfte sein Wille einen verzweifelten Kampf. Immer wieder wollte er sich zum Schaffen zwingen, immer wieder nahm er seine Skizzen vor und wartete, ob es in der Seele klingen möchte.
Wieder einmal saß er am Schreibtisch, vor sich ein Blatt mit ein paar Themen, die ihn schon oft bedrängt hatten, ohne daß er wußte, wohin sie zielten. Wieder versuchte er, sie zum Leben zu erwecken, lauschte Stunde um Stunde in sich hinein. Umsonst. Nur seine Ohren brausten ihr fürchterliches Lied. Da ward es Nacht in seiner Seele. Er stand auf und nahm die Pistole aus dem Schrank. Ja, sie war geladen.
‚Was in dem Schlaf für Träume kommen mögen, wenn wir des sterblichen Getümmels ledig, das läßt uns stille stehn? Wenn nicht die Furcht vor etwas nach dem Tode den Willen verwirrt?' – Hamlet, du bist ein Schwächling. Nein, davor fürchtet er sich nicht. Was nach dem Tode kommt, das kann nicht Schlaf und Traum sein! Ein neues Leben muß es sein, befreit von allen menschlichen Schwächen. Tiefe Ruhe ist in ihm, Verklärung, Friede.
Wie seltsam die Notenköpfe auf dem Papier ihn anblicken! Und jetzt beginnen sie zu sprechen, nein, zu singen. Nun, denkt er, weit werdet ihr nicht kommen, es stehen ja nur ein paar Takte auf dem Papier. Aber die Noten lassen sich nicht stören; ganz unbekümmert singen sie weiter. Es wird immer größer, immer reicher.
Nun ist es still. Beethoven greift nach Papier und Bleistift. Er schreibt und schreibt, stundenlang, ohne abzusetzen. Jetzt ist er zu Ende. Nun überliest er das Ganze. Tief beglückt legt er die Blätter aus der Hand. Das ist der Anfangssatz einer Symphonie!
Was liegt da auf dem Tisch? seine Pistole? Wie? er wollte –? Unsinn! Irrsinn! Er, der gesegnet ist wie kein andrer, er hat

aus dem Leben gehen wollen? er, der noch schaffen kann? Ist sein Genie nicht ein Geschenk Gottes an die ganze Menschheit? Hat er nicht die heilige Pflicht, dies Geschenk den Menschen zu erhalten, zu vervollkommnen? Er läßt die Reihe seiner Werke an sich vorüberziehen. Eine herrlich aufsteigende Linie! Und doch weiß er, er steht noch ganz am Anfang. Wieviel ungeborene Werke schlummern noch in ihm! Sie alle werden das Licht erblicken, wenn Gott ihm nur das Leben läßt! Fahnenflüchtig werden, feig davongehen, er, der zu so Großem bestimmt ist? Nein, nein, nein! Fort mit allen trüben Gedanken! Der gestirnte Himmel über uns, und das moralische Gesetz in uns! Banner meines Lebens, flattre im Sturm! Er wird dich nicht zerfetzen!

SIEBENTES KAPITEL

An einem Maitage des Jahres 1799, um die Mittagsstunde, fuhr eine herrschaftliche Equipage über den Petersplatz und hielt vor dem Hause, worin Beethoven wohnte. Ein alter Diener in einer Livree von ziemlich ländlichem Aussehen kletterte vom Bock und öffnete den Schlag. Eine kleine grauhaarige, lebhaft und energisch blickende Dame in einem etwas altmodischen schwarzseidenen Mantel stieg aus. Zwei junge Mädchen in schlichten weißen Kattunkleidern folgten.
„Also drei Treppen hoch!" sagte die Mutter auf ungarisch und blickte resigniert an dem Haus in die Höhe. „Ich kann mich nicht entsinnen, jemand besucht zu haben, der drei Treppen hoch wohnte. Das muß mir nun auf meine alten Tage passieren!"
„Ach Mama", meinte die jüngere Tochter, ein blutjunges bildschönes Geschöpf mit lustigen hellbraunen Augen, „was reden Sie da von alten Tagen! Wenn Sie nicht so jung wären, hätten wir Ihnen die drei Treppen gewiß nicht zugemutet!"
„Also kommt, Kinder!" sagte die Mutter, etwas milder gestimmt. „Tesi, halt dich grade! Und du, Pepi, lach nicht soviel!"
Es ging drei enge Wendeltreppen hinauf. Ein Diener öffnete,

nahm die Besuchskarte in Empfang und führte die Damen in ein bescheidenes Wohnzimmer.
„Graf Sereniy wohnte einmal drei Treppen hoch", setzte die Mutter ihren Gedankengang fort, „aber nur ein paar Tage; dann erschoß er sich."
„Wegen der drei Treppen, Mama?" fragte die jüngere Tochter mit harmloser Miene.
„Nein, Pepi! natürlich nicht! rede doch nicht solchen Unsinn! Er hatte Schulden, eine halbe Million, hieß es. Ich glaube aber", fügte sie geheimnisvoll hinzu, „es war unglückliche Liebe. Als er tot war, bekam ich einen Brief von ihm –"
„Aus dem Jenseits, Mama?"
„Pepi, du bist eine Gans! Den Brief schrieb er natürlich, bevor er sich erschoß. Übrigens gibt es verbürgte Fälle, wo Tote, oder vielmehr ihre Geister, Briefe geschrieben haben. Ja, was wollte ich denn sagen? Ach so! ja", sie dämpfte ihre Stimme etwas, „heut muß man nun solchen Leuten bis unters Dach nachklettern! Vor zwanzig Jahren wäre das einfach unmöglich gewesen!"
„Solchen Leuten!" schmollte Pepi. „Hörst du, Tesi, was Mama für gotteslästerliche Reden führt?"
Die Schwester antwortete nicht. Ein Heft Noten unterm Arm, blickte sie gespannt auf die Tür.
Beethoven saß am Schreibtisch und arbeitete. Unwillig sah er auf, als der Diener eintrat, las die Karte und warf sie auf den Tisch. „Keine Zeit. Soll ein andermal kommen."
„Drei vornehme Damen!" wagte der Diener zu bemerken, „sehr schöne Damen!"
„D r e i Damen?"
„Mutter mit zwei Töchtern."
Beethoven stand auf, trat an die Tür und blickte durch ein Guckloch in den Nebenraum. „Gut, ich komme gleich."
Kaum war er allein, so bereute er die Worte. Aber dann sah er, wie es in den Gesichtern der jungen Mädchen aufleuchtete, und es wurde ihm warm ums Herz. Die wünschten gewiß Unterricht. Doch er wollte nicht unterrichten, konnte nicht. Zögernd ging er in sein Schlafzimmer und machte sorgfältig Toilette. Nun trat er in den Empfangsraum.
„Frau Gräfin Brunsvik?"
„Herr van Beethoven, verzeihen Sie diesen Überfall! Der

Ruhm Ihres Namens ist auch auf unser weltabgelegenes Schloß in Ungarn gedrungen. Das heißt, weltabgelegen ist es eigentlich nicht. Martonvasár liegt nicht allzu weit von Pesth."
„Soso", sagte Beethoven und sah auf die Töchter, die ihn aus ihren großen braunen Augen anblickten, als sei er ein höheres Wesen. Welche ist die schönere? dachte er.
„Nun will ich mich mit meinen Töchtern – Komteß Therese, Komteß Josefine – ein paar Wochen in Wien aufhalten –"
„Nur ein paar Wochen?"
„Und möchte fragen, ob Sie den Komtessen Klavierunterricht geben würden."
„Ich unterrichte seit einiger Zeit nicht mehr", entgegnete er, „und wenn es sich nur um ein paar Wochen handeln soll, hätte die Sache sowieso wenig Zweck."
„Dann verzeihen Sie die Störung", sagte die Gräfin mit eisiger Miene. „Kommt Kinder."
Aber da sah Beethoven in den Augen der Jüngeren Tränen.
„Einen Moment, Frau Gräfin! Vielleicht ließe sich doch – lassen Sie mich überlegen!" Er tat, als dächte er angestrengt nach, und sah nur, wie die Jüngere wieder lächelte und wie sie schöner war als alles, was er je gesehen. „Wenn Ihren Töchtern wirklich ein besondrer Gefallen geschieht –"
„Es ist allerdings unser sehnlicher Wunsch", sagte nun Therese, die Ältere. Ihre Stimme klang voll und süß wie eine Klarinette. Sie sah ihm ernst und grade in die Augen. War sie nicht ebenso schön wie die Schwester?
„Nun", sagte er, „dann wollen wir einmal sehen. Vielleicht geben mir die Komtessen eine kleine Probe ihres Könnens!"
Die Gräfin zog resigniert die Augenbrauen in die Höhe. Dieser Mensch stellte Bedingungen! Aber wer A sagt, muß auch B sagen. „Komteß Therese", erklärte sie, „war sozusagen ein Wunderkind. Bereits mit sechs Jahren hat sie in Pesth ein Klavierkonzert mit Orchester gespielt, natürlich nur vor der Noblesse! Von wem war es doch, Tesi?"
„Von Rosetti, Mama."
„Soso!" sagte Beethoven, „dann sind wir also gewissermaßen Kollegen, gnädigste Komteß!"
„Kollegen?" entgegnete die Gräfin. „Ich sagte doch, meine Tochter spielte nur vor der Noblesse, zu einem wohltätigen Zweck natürlich! War es nicht für die Abgebrannten, Tesi?"

„Für die Überschwemmten, Mama", erwiderte Therese, die dunkelrot geworden war. Sie legte nun ein Heft auf den Notenhalter und setzte sich an den Flügel.
„Was? meine Trios wollen Sie spielen?" rief Beethoven. „Und die anderen Stimmen?"
„Die sing' ich, so gut es geht."
Sie spielte entzückend; anmutig und doch kräftig. Ihre Stimme, anfangs befangen, wurde bald frei und half der Geige und dem Cello an allen wichtigen Stellen, soweit das technisch möglich war, zu ihrem Recht. Es war ein richtiges Engelkonzert.
„Brava! Bravissima!" rief Beethoven, „wir sind d o c h Kollegen, Komteß!"
Danach mußte Josefine zeigen, was sie konnte.
„Nun, Frau Gräfin", sagte Beethoven, „Ihre Töchter sind so musikalisch, daß ich gern einmal eine Ausnahme mache. Schade, daß es sich nur um Wochen handeln soll!"
Die Schwestern fielen sich um den Hals; dann streckten sie Beethoven die Hände entgegen. Er nahm eine in die Rechte, eine in die Linke und hielt sie länger fest, als eben nötig war, wie die Gräfin zu ihrem Mißfallen bemerkte.
„Aber eines bitt' ich mir aus: geübt muß werden! Versprecht ihr mir das?" Die Mutter zuckte zusammen.
„Hoch und heilig!" riefen die Schwestern.
„Trotz dem Prater? trotz Schönbrunn? trotz den Gemäldesammlungen?"
„Trotz, trotz, trotz!" riefen die beiden lustig durcheinander.
Es wurde nun ausgemacht, daß er täglich um zwölf in ihr Hotel zum Goldenen Greifen käme.
Und dann war Beethoven wieder allein.
Gleich darauf klopfte es, sein alter Freund Baron Zmeskall trat ein. Er war den Damen auf der Treppe begegnet und hatte die Landsmänninnen natürlich erkannt.
„Ungarischen Besuch gehabt?" Beethoven nickte. Zmeskall nahm die auf dem Tisch liegende Karte:
„Die Gräfin Brunsvik! hat die sich mal aus ihrem Martonvasár herausgemacht!"
„Kennen Sie sie?"
„Persönlich nicht, aber den Namen kennt jeder Ungar."
„Er klingt eigentlich nicht ungarisch!"

„Brunsvik heißt Braunschweig. Als Heinrich der Löwe, der große Braunschweiger Herzog, von einem Kreuzzuge zurück durch Ungarn kam, soll einer seiner Söhne sich in eine schöne Ungarin verliebt haben und im Lande geblieben sein. Auf den führen die Brunsviks ihr Geschlecht zurück."
„Die Therese hat etwas von einem Löwen", meinte Beethoven, „stark, edel, treu. Die Jüngere ist das Schönste, was ich jemals gesehen habe!"

*

„Jetzt haben wir also den großen Beethoven kennengelernt", sagte die Gräfin, als man wieder im Wagen saß.
„Hat er Sie enttäuscht, Mama?" fragte Josefine.
„Im Gegenteil, liebes Kind! genau so hatt' ich ihn mir vorgestellt. Er hat gar keine Manieren!"
„Aber Mama!"
„Gar keine Manieren! ‚Ihr' hat er euch genannt! Und Tesi als Kollegen zu bezeichnen. Dieser Mensch, der von Musikmachen lebt, und Tesi, die in einem Wohltätigkeitskonzert vor der Noblesse gespielt hat! Nun ja, die Zeiten ändern sich. Früher gehörten die Musiker zu den Bedienten und heute läuft man ihnen nach! Aber da wir es selber tun, haben wir auch kein Recht zu klagen."
„Er hat wundervolle Augen", bemerkte Josefine nachdenklich, „aus denen schaut das Genie!"
„Nun, Pepi, dann frag ihn mal, ob er deine Augen nicht auch wundervoll findet, – womit er übrigens ganz recht hat, mein süßes Kind!"
Josefine lachte und wurde über und über rot. Therese sagte nichts. Beethovens Trios hielt sie fest an sich gedrückt.

*

Gräfin Brunsvik wollte ihren Töchtern natürlich möglichst viel von Wiens Sehenswürdigkeiten zeigen. So wurde noch am gleichen Tage die Müllersche Kunstgalerie am Rotenturmtor besucht, ein prächtiger, auf den Kasematten errichteter Rustikabau, der eine Sammlung von Gipsabgüssen nach den berühmtesten Originalen italienischer Museen enthielt.
Die arme Gräfin seufzte, als sie die endlose Reihe von Sälen

sah und ihren wißbegierigen Töchtern nun über Kunstwerke und Künstler Auskunft geben sollte, von denen sie selber nicht viel wußte. Ein älterer Herr kam herangeschlendert und hielt sich in einiger Nähe. Als er merkte, daß hier ein Führer am Platze sei, stellte er sich als den Besitzer der Galerie vor und bat um den Vorzug, das Wertvollste zeigen und erklären zu dürfen. Man stand grade vor einer Gruppe, die eine schlafende Nymphe und einen Faun darstellte, der sie lüsternen Blickes betrachtete. Herr Müller ist ein Mann, dachte die Mutter, aber doch schon ein alter Herr. Ich darf sein freundliches Anerbieten wohl annehmen. Herr Müller zeigte sich von einer geradezu rührenden Ausdauer. Die Besuchszeit war längst abgelaufen, als er seine erschöpften Gäste zum Wagen geleitete, für die Ehre des Besuches dankte und darum bat, den Damen auch zu allen sonstigen Sehenswürdigkeiten Führer sein zu dürfen.

Am andern Mittag erschien er im Goldenen Greifen, bat, über seine Zeit gänzlich verfügen zu wollen und gleich mit einer Fahrt nach dem Belvedere zu beginnen. Daraus wurde nun vorläufig nichts, denn es schlug eben Zwölf, und gleich darauf wurde Herr van Beethoven gemeldet, dem nun Herr Müller zu seinem lebhaften Bedauern das Feld räumen mußte. Beethoven war mit gewählter Eleganz gekleidet; Gräfin Brunsvik fand zu ihrem Erstaunen, daß er eigentlich eine ganz gute Figur mache. Er war in der heitersten Laune, schien es mit dem Unterricht gar nicht eilig zu haben und ließ sich von den jungen Gräfinnen zunächst einmal allerlei erzählen: wie ihnen Wien gefalle; ob es nicht schöner sei als Pesth, und ob sie nicht länger hierbleiben möchten. Es stellte sich heraus, daß sie eine ganze Anzahl von gemeinsamen Bekannten hatten, denn drei Schwestern des verstorbenen Grafen Brunsvik waren in Wien verheiratet, Damen aus der großen Welt, in der Beethoven nun seit Jahren ein und aus ging.

Endlich öffnete die Gräfin nachdrücklich den Flügel und der Unterricht begann, wobei Beethoven zunächst einmal die Handhaltung seiner neuen Schülerinnen zu beanstanden hatte und mit unerschöpflicher Geduld ihre schönen Finger immer wieder in die richtige Stellung brachte. Es schlug ein Uhr, es schlug zwei Uhr, aber er dachte nicht an Aufhören. Die gute Gräfin fühlte sich durch solches Interesse des berühmten

Meisters doch recht geschmeichelt und mochte nicht drängen. Um fünf Uhr endete unter allgemeiner Erschöpfung diese erste Klavierstunde.
Tag für Tag um die Mittagszeit erschien Beethoven nun im Goldenen Greifen. Ihm waren diese Stunden mit den jungen Gräfinnen unendlich lieb geworden. Vergessen war, was ihn noch vor kurzem so tief bedrückt hatte. Eine neue Jugend war ihm angebrochen, er war wieder froh, konnte wieder lachen. Er war glücklich, wenn er Therese und Josefine nur sah. Daß auch er ihnen lieb war, zeigte ihm jeder Blick, jedes Wort. Sie waren ihm nicht nur aus tiefer Seele dankbar für alles, was er ihnen durch seine Musik und seine Unterweisung gab. Der ganze Mensch hatte es ihnen angetan, die Reinheit und Güte seines Herzens, sein reicher Geist, seine Gradheit, seine Heiterkeit, sein Witz, das vollkommen Unkonventionelle, Einzigartige seiner ganzen Persönlichkeit. Welche von den Schwestern ihm lieber sei, das hatte er anfangs nicht gewußt; er liebte sie beide. Aber allmählich zog es ihn immer mehr zu Josefine, hinter deren vollkommener Schönheit Therese doch etwas zurückstehen mußte.
So gingen die paar Wochen rasch dahin, und eines Tages hieß es: morgen fahren wir wieder heim nach Ungarn.
Am letzten Morgen ließ Herr Müller sich im Goldenen Greifen melden. Herr Müller hatte die letzte Zeit ziemlich abseits stehen müssen. Man hatte ihn doch immer nur als eine Art Fremdenführer behandelt, dem man zwar kein Trinkgeld geben, aber auch keine gesellschaftliche Gleichstellung einräumen konnte, obgleich er über vorzügliche Umgangsformen verfügte und den Eindruck machte, als habe er einmal bessere Zeiten gesehen.
Herr Müller hatte seinen Staatsrock an und brachte einen herrlichen Blumenstrauß mit. Feierlich bat er die Gräfin um eine Unterredung unter vier Augen. Und nun entpuppte sich Herr Müller als einen Grafen Deym, ehemaligen Kammerherrn Seiner Majestät des Kaisers. Als junger Mensch habe er wegen eines unglücklichen Duelles fliehen müssen und den bürgerlichen Namen angenommen; aber ein Edelmann sei er geblieben, und jeden Tag stehe es ihm frei, wieder als der zu erscheinen, der er sei. Komteß Josefine habe einen unauslöschlichen Eindruck auf ihn gemacht. Er sei zwar nicht mehr

der Jüngste, doch schmeichle er sich, die Komteß glücklich machen zu können.

Die Gräfin, die einst selber durch ein Machtwort der Kaiserin Maria Theresia ihren Mann bekommen hatte, sah und hörte weiter nichts, als daß der Träger eines altadligen Namens ihre Tochter zur Frau begehrte.

„Du kannst mich und uns alle glücklich machen!" sagte sie zu der armen Josefine. Das gab den Ausschlag.

Als Beethoven zum Abschiednehmen kam und die Verlobung erfuhr, war er wie vor den Kopf geschlagen.

„Wie? was? Graf Deym? welcher Graf Deym? Herr Müller? der Kunstmüller mit den Gipsabgüssen?"

Und vor ihm stand Josefine, hatte die Augen niedergeschlagen, sprach kein Wort.

„Dann muß man also Glück wünschen", sagte er endlich und streckte ihr seine Hand hin. Sie ergriff sie und sah ihn an; da wußte er alles. Er zog die Schwester ins Nebenzimmer.

„Therese!" sagte er und sah sie an mit einem Blick, der ihr ins Herz schnitt, „wie konnten Sie das geschehen lassen?"

„Das fragen Sie meine Mutter! sie regiert uns mit eiserner Hand."

Er kehrte zu der Schwester zurück. „Leben Sie wohl, Josefine. Das Gute –." Er erschrak und schwieg.

„Ja", entgegnete sie, „ich werde in Wien leben und bleibe Ihre Schülerin, lieber, lieber Beethoven!"

Josefinens Hochzeit fand schon sechs Wochen danach in Martonvasár statt; am selben Tage fuhr das ungleiche Paar nach Wien zurück.

Achtes Kapitel

Ein Jahr war vergangen. Die drei ersten Violinsonaten und die ersten sechs Streichquartette waren entstanden, das Oratorium „Christus am Ölberg", das Klavierkonzert in C-Moll und das Septett, das Beethovens Weltruhm begründete, obgleich er selber es nicht unter seine besten Werke rechnete.

Das Gehörleiden war immer sein ängstlich behütetes Geheimnis. Selbst Josefine, die ihm am nächsten stand, ahnte nichts davon.

Als Beethoven wieder einmal bei seiner Freundin eintrat, traf er ein junges Mädchen bei ihr.
„Wie schön, daß Sie kommen!" sagte Josefine, „wir sprechen schon eine ganze Weile von Ihnen. Meine Kusine, Komteß Guicciardi aus Triest – Herr van Beethoven!"
Er reichte Julie Guicciardi die Hand und bewunderte dabei den Glanz ihres kupferfarbenen Haares und der stahlblauen Augen. Herrgott! dachte er, ist die schön!
„Setzen Sie sich, Beethoven!" sagte Josefine.
„Viel Zeit hab' ich nicht; ich wollte nur mal Guten Tag sagen. Wie geht's denn der Viky?"
„Ach, setzen Sie sich doch einen Augenblick! ich bring' sie gleich einmal her." Damit ging sie.
„Sie sind gewiß auf Besuch hier, Komteß?" fragte Beethoven, um nur etwas zu sagen.
„Nein, wir bleiben in Wien. Mein Vater ist zur böhmischen Hofkanzlei versetzt worden."
„War es Ihnen leid, Triest zu verlassen?"
„Aber nein! Wien ist ja viel schöner. Triest ist eine Landstadt, trotz seiner sehr guten Opera seria. Ein prachtvoller Tenor ist jetzt da – ein gewisser Herr Lazarini –, übrigens ein ganz reizender Mensch!"
„Die hiesige italienische Oper ist auch sehr gut."
„Ich habe schon davon gehört. Aber nun möcht' ich vor allem deutsche Musik kennenlernen. Würden Sie mir wohl Unterricht geben?"
„Tut mir leid, Komteß."
„Herr van Beethoven, wenn ich Sie nun recht schön bitte!"
„Ich hab' keine Zeit."
„Sie geben doch auch Josefine Lektionen!"
„Das tu' ich nur aus alter Freundschaft."
„Wenn Sie's nun bei mir aus junger Freundschaft täten?"
„Mein liebes Kind – verzeihen Sie, Komteß!"
„Ich höre das liebe Kind sehr gerne von Ihnen!"
„Komteß, Sie ahnen gewiß nicht, wie beschäftigt ich bin."
„Sie komponieren wohl den ganzen Tag?"
„Na, sagen wir mal, den halben."
„Und den andern halben?"
„Schon das Korrekturlesen nimmt täglich viele Stunden in Anspruch."

„Aber doch nicht Ihre ganze Zeit? Herr van Beethoven, wenn man jemand glücklich machen kann, soll man's dann nicht? Ich wär' Ihnen so dankbar!" Sie wandte den Blick nicht von ihm; er fühlte, wie sie Besitz von ihm zu nehmen begann.
„Was können Sie denn überhaupt, Komteß?"
„Viel wird es nicht sein. Ich bin ja kaum siebzehn Jahre alt."
Also fast noch ein Kind, dachte er, und schon eine große Dame!
„Und in Triest gibt es natürlich nicht solche Klaviermeister wie hier. Darf ich mal eine Probe geben?" Ohne die Antwort abzuwarten, setzte sie sich ans Klavier und spielte eine beliebte Modekomposition herunter. Beethoven hörte mit nachsichtigem Lächeln zu. Josefine trat ein, ihren Säugling auf dem Arm. Julie Guicciardi warf ihr einen wütenden Blick zu. Konnte die nicht noch etwas warten?
„Na", sagte Beethoven, als sie geendet hatte, „was nicht ist, kann noch werden. Ah, da ist ja die Viky! Mein Herzl, wie geht dir's denn? Bist hübsch dick und rund, wie sich's gehört! Goldiges kleines Ding! Hast ganz die Augen der Mama!"
„Es wiegt schon vierzehn Pfund!" sagte Josefine stolz. „Ist es nicht süß, Julie?"
„Reizend!" erwiderte sie und kitzelte das kleine Wesen am Hals, daß es erschrak und das Mündchen verzog. „Na ja, vorläufig interessiert mich die Kunst mehr, wenn ich aufrichtig sein soll. Aber Herr van Beethoven scheint zu denken, ich soll die Musik lieber gehen lassen."
„Das will ich nicht sagen, Komteß."
„Das Klavier ist ganz neu und spielt sich noch etwas schwer", kam Josefine ihrer Kusine zu Hilfe, „aber es hat einen herrlichen Ton. In Streichers Magazin klang es freilich noch schöner, nicht wahr, Beethoven?"
Er antwortete nicht. Da war es wieder, das tiefe Cis, das er seit ein paar Tagen fast unausgesetzt hörte, rhythmisch mit jedem Herzschlag, siebzig- oder achtzigmal in der Minute, Tausende von Malen am Tage. Er trat zum Klavier und schlug den Ton an, wieder und wieder. Ein unheimlich klopfendes Motiv entwickelte sich. Jetzt saß er am Flügel. Eine dunkle schwermütige Melodie hub an, die immer um das tiefe Cis kreiste. Kein Stern leuchtete dieser Nacht. Im leisesten Piano, wie er begonnen, verklang der Satz.

„Ja, Josefine", sagte Beethoven, „so ist das Leben."
„Nicht immer", erwiderte sie und blickte auf ihr schönes Kind, das sanft schlief. „Spielen Sie weiter!"
Er begann von neuem – eine liebliche Unschuldsweise. Eine Pause. Dann raste es dahin, todgeweiht, dem sichren Untergang zu.
Eine Weile wagte niemand zu sprechen. „Himmlisch!" sagte endlich Julie. Da fuhr Beethoven mit dem Zeigefinger die ganze Klaviatur hinauf und hinunter und sprang auf.
„Höchste Zeit! ich muß fort! Halt, Josefine, fast hätt' ich's vergessen: paßt es Ihnen, wenn wir übermorgen abend bei Ihnen Musik machen? Ja? Schön! Sie sollen drei neue Streichquartette hören. Schuppanzigh spielt die Primgeige, Zmeskall Cello. Kraft wär' mir ja lieber gewesen, aber ich sah, wie es Zmeskall wurmte, da hab' ich's ihm versprochen. Also auf Wiedersehen!"
„Und mein Unterricht?" rief Julie. Beethoven blickte sie an und sah wieder, wie schön sie war.
„Na, versuchen wir's mal!" sagte er und ging.
„Unterricht?" fragte Josefine erstaunt.
„Ja, warum nicht?"
„Julie, da kannst du dir was drauf einbilden!"
„Ist er denn wirklich so berühmt?"
„Beethoven ist nächst Haydn der berühmteste Musiker, der jetzt lebt."
„Da muß er wohl viel Geld verdienen!" sagte Julie nachdenklich.
„Er verdient sehr gut."
„Und natürlich von Jahr zu Jahr immer besser!"
„Das ist wohl anzunehmen. Aber was interessieren dich denn Beethovens Finanzen?"
„Nun, das gehört doch schließlich auch zu einem Menschen", entgegnete Julie, während sie mit ihrem Armband spielte. „Übrigens danke ich dir tausendmal für diese Bekanntschaft, Pepi! Ein interessanter Mensch! Schön ist er ja nicht mit der untersetzten Figur und dem pockennarbigen Gesicht. Übrigens sind schöne Männer meistens stocklangweilig."
„Hast du schon soviel Erfahrung, kleine Julie?"
„Wie alt mag er sein?"
„Gegen dreißig."

„Und adelig ist er auch."
„Adelig?"
„Er heißt doch van! Sag mal, Pepi, drückt ihn ein Kummer?"
„Das kann ich dir nicht sagen."
„Vielleicht eine unglückliche Liebe?" Sie sah ihre schöne Kusine prüfend an.
„Ich weiß es nicht, Julie."
„Dein Kleines ist wirklich süß! Ja, nun muß ich aber nach Hause. Grüß deinen Gatten! Darf ich übermorgen zu eurem Konzert kommen?"
„Selbstverständlich, liebe Julie."
„Tausend Dank, Pepi! Was zieht man denn an?"
„Man kommt ganz sans façon."
„Also nochmals vielen, vielen Dank! Auf Wiedersehen, Pepi!"
Josefine brachte ihr Kind in sein Bettchen. Dann trat sie ans Fenster und blickte nachdenklich in die Dämmerung hinaus.
Julie war so schön, daß sie in der Wiener Gesellschaft Aufsehen machte; sie hieß überall nur die schöne Guicciardi. Und sie genoß ihre Triumphe. Nur e i n Mann blieb kühl und zurückhaltend, einer, mit dem sie zweimal in der Woche in nahe Berührung kam; einer, der sie von Anfang an auf das stärkste interessiert hatte: der berühmte Beethoven, dieses kalte Genie, in dem doch ein so feuriges Herz schlagen mußte. Von seinen Beziehungen zu Damen aus hohen Kreisen hatte sie schon öfters sprechen hören; sie hatte sogar ihre schöne Kusine in Verdacht, daß ihre Freundschaft nicht ganz platonisch sei. Unwiderstehlich lockte es sie, die Macht ihrer Schönheit an ihm zu erproben; es durfte einfach nicht sein, daß er kalt blieb, sie mußte ihn zu ihren Füßen sehen!
Beethoven hatte das Versprechen, das er Julie Guicciardi nur ihrer Schönheit zuliebe gegeben, sogleich bereut. Er war an leichte Siege über Frauenherzen gewöhnt; aber ein Liebesspiel mit Josefinens Kusine verbot sich von selbst. Und ihr musikalisches Talent schien ihm zu gering. So beschloß er, den Unterricht möglichst bald unter irgendeinem Vorwand wieder abzubrechen.
Aber es war ihm doch wohl, wenn er neben ihr am Klavier saß und die reinen Linien ihres Profils betrachtete, den zarten Duft einatmete, der von ihr ausging; wenn er ihre feinen

Finger berührte, um ihnen die richtige Haltung zu geben, und die warme Glätte ihrer Haut fühlte. Ja, sie war bezaubernd! Und sie hatte doch mehr Talent, als er anfangs geglaubt; es blühte unter seinem Einfluß förmlich aus. Ihr Geschmack wandelte sich überraschend schnell; über die süßen Weisen der italienischen Modekomponisten lachte sie nur noch, wollte immer nur seine eigenen Werke spielen.
Beethoven schrieb damals die Musik zu einem Ballett, das „Die Geschöpfe des Prometheus" hieß. Er hatte über den Gedanken gelacht, die gewaltigste und ergreifendste Gestalt der griechischen Sagenwelt zum Helden eines Balletts zu machen. Aber die Handlung, die der italienische Tänzer Vigano entworfen, hatte ihn dennoch gepackt: Prometheus hat seinen aus Lehm geformten Geschöpfen Leben eingehaucht, aber noch sind sie nur das äußere Abbild ihres Schöpfers, ihr Wesen ist noch tierhaft. Da führt Prometheus sie auf den Parnaß, und die Macht der Musik weckt ihre schlummernden Menschenseelen zum Bewußtsein. Wenn Beethoven an die Veränderung dachte, die mit Julie vor sich ging, seit sie unter seinem Einfluß stand, dann kam er sich manchmal selber wie eine Art Prometheus vor, und die schöne Julie wie sein Geschöpf – ein Gedanke, der etwas Rührendes für ihn hatte und sie ihm beinahe teuer machte.
So vergingen die Wochen, die Monate. Juliens Unterricht war ihm allmählich zur lieben Gewohnheit geworden.
„Konzert geübt?" fragte Beethoven, als er wieder einmal neben Julie am Flügel saß.
„Bei Tage, und sogar nachts im Traum! Es ist himmlisch, es läßt mich nicht mehr los – wie alles, was von Ihnen kommt!"
„Machen Sie mich nicht eitel, Komteß!"
„Kann Sie eitel machen, was ich sage, ich dummes junges Ding?"
„Nun, lassen wir das auf sich beruhen. Also vorwärts, angefangen!"
Julie begann, brach aber gleich nach ein paar Takten wieder ab.
„Wollen Sie mir den Anfang einmal selber vorspielen? So ist es noch nicht das rechte." Sie rückte zur Seite, so wenig, daß Beethoven, als er die tiefen Töne anschlug, ihren Körper berühren mußte. Gebieterisch drohend stieg der C-Moll-Akkord

empor und wieder in die Tiefe; geheimnisvoll hallte das Quartenmotiv nach. Langsam löste er sich von ihrer Berührung.

„Man muß ein Mann sein, um das spielen zu können!" sagte Julie, „ach, ich werde es nie zu etwas Rechtem bringen."

„Sie haben Talent, Sie werden einmal zu den besten Klavierspielerinnen von Wien gehören."

„Aber wann?"

„In ein paar Jahren!"

„Wer weiß, ob ich dann noch hier bin!"

„Wieso, Komteß?"

„Meine Eltern wollen mich verheiraten, und mein Zukünftiger strebt nach Italien."

„Darf ich fragen, wie der Glückliche heißt?"

„Der Glückliche?"

„Na, oder der Unglückliche!"

„Graf Gallenberg."

„Wer ist das?"

„Ein junger Musiker, Kompositionsschüler von Albrechtsberger."

„Habe nie etwas von ihm gehört. Ach, zum Donnerwetter, macht er vielleicht Ballettmusik? Richtig, jetzt weiß ich Bescheid. Also d e r ist Ihr Zukünftiger? Na, ich gratuliere. Also weiter!"

„Herr van Beethoven!"

„Was?"

„Es ist ja noch gar nicht sicher, daß wir heiraten!"

„Zum Teufel, was geht's mich an! ich bin Ihr Klavierlehrer." Sie spielte weiter, aber so gottserbärmlich matt, daß er schon nach ein paar Takten Halt gebot. „Liebes Kind, was haben Sie denn?"

„Herr van Beethoven, warum sind Sie immer so hart mit mir?"

„Soll ich vielleicht weich sein? dafür haben Sie ja den Gallenberg! Oder ist er ein Gallenstein?"

„Ledern ist er!" gab sie lachend zur Antwort.

„Dann schicken Sie ihn doch zum Teufel!"

„Die Eltern wollen es aber!"

„Meine Gnädigste, Sie sehen mir gerade danach aus, als ob Sie täten, was Ihre Eltern wollen! Aber ich möchte mich um

Gottes willen nicht in Ihre Familienangelegenheiten mischen!"
Julie brach in Tränen aus. „Ich glaubte", stammelte sie, „Sie seien mein Freund – und würden mir raten – und nun sind Sie so hart!"
Sie lehnte ihren Kopf an ihn; er fühlte, wie ihr Körper zuckte. Vorsichtig legte er seinen Arm um ihre Schulter.
„Ich bin nicht hart, Komteß. Sie müssen aber doch begreifen – ich bin in einer schwierigen Lage. Wählen Sie nach Ihrem Herzen! das ist alles, was ich Ihnen raten kann."
Sie machte sich von ihm los. „Doch, Sie sind hart!" sagte sie trotzig. „Gut, ich heirate den Gallenberg. So, jetzt geht es wieder!" – Sie begann den Satz noch einmal von vorn, hörte aber plötzlich auf und lief schluchzend aus dem Zimmer.
Was soll das nun bedeuten! dachte Beethoven, als er nach Hause ging; das war ja eine merkwürdige Klavierstunde! Gallenberg! – er entsann sich einer kurzen, völlig talentlosen Ballettmusik von ihm. Und nun fiel es ihm auch ein, wie sein alter Lehrer Albrechtsberger ihm einmal vorgejammert hatte, daß die Not ihn zwinge, hirnlosen Windbeuteln wie Gallenberg Unterricht zu geben. Also d e n sollte die reizende Julie heiraten! „Nun, was geht es mich an!" sagte er laut vor sich hin. Es war aber doch süß gewesen, wie er sie so im Arm gehalten und ihren schönen Körper gefühlt hatte. Wozu aber die ganze Szene? Er sollte ihr seinen Rat geben? Lächerlich! Wenn er sie nun genommen und geküßt hätte? ob sie sich's hätte gefallen lassen? Süß mußte es sein, sie zu küssen, auch wenn sie's nicht litt; und wenn sie's litt, desto süßer.
Am nächsten Tage zog Beethoven Erkundigungen über den Grafen Gallenberg ein. Ein zwanzigjähriger Lebejüngling, ohne Vermögen, mit sehr viel Schulden, solle aber hohe Protektoren haben, die ihm gewiß einmal einen hübschen Posten an irgendeinem Hoftheater verschaffen würden. Pfui Teufel noch mal! Und dem sollte er Julie gönnen? – Gönnen? was ging sie ihn an? Aber es half nichts, er kam zu der Erkenntnis, daß sie ihn sehr viel anging.
In der nächsten Nacht erschien sie ihm im Traum.
Ich gehe nicht wieder hin, dachte er am andren Morgen. Aber da kam schon ein Briefchen: er solle heute ja nicht absagen, sie habe ihm etwas ganz Wichtiges mitzuteilen. – Gut, also noch dies eine Mal!

Er traf einen jungen Kavalier bei ihr.

„Graf Gallenberg – Herr van Beethoven!"

Graf Gallenberg, der ihn um Haupteslänge überragte, legte für einen Augenblick seine aristokratischen Finger in Beethovens breite kräftige Hand.

„Äußerst glücklich, die Bekanntschaft des Meisters zu machen! Meine Braut hat mir viel von Ihnen vorgeschwärmt!"

„Ich bin nicht Ihre Braut!" sagte Julie trotzig, was bei Gallenberg einen Lachkrampf hervorrief.

„Auch Musiker?" sagte Beethoven.

„Polyhymnias bescheidener Jünger", erwiderte Gallenberg. „der sich neben Ihnen noch nicht sehen lassen kann."

„Sie sind ja auch noch sehr jung. Es braucht immer Zeit, bis man sich durchsetzt."

„Ausgezeichnet! haben Sie's gehört, Giulietta? Das Publikum ist wie eine schöne Frau; es will umworben sein, bis es sich ergibt. Nicht wahr, mein Engel?"

„Es kommt wohl auch darauf an, mein Freund, wie man wirbt! Vielleicht verrät Ihnen Herr van Beethoven das Geheimnis seiner Erfolge – beim Publikum, meine ich."

„Ausgezeichnet!" rief Gallenberg. „Also, Herr van Beethoven, wie soll man werben?"

„Ehrlich!" entgegnete er. „Nicht mehr scheinen wollen, als man ist! nicht mehr sagen wollen, als man zu sagen hat!"

Gallenberg warf ihm einen etwas unsichren Blick zu. Ging das auf ihn? „Ein Orakelspruch!" lachte er, „orakelhaft wie – verzeihen Sie meine Offenheit! –, wie manchmal Ihre Musik!"

„Orakelhaft für Dummköpfe!" warf Julie ein.

„So, mein Engel? Herr van Beethoven kennt gewiß die Kritiken in der Leipziger Musikalischen Zeitung! oder – warten Sie mal" – er zog ein Blatt aus der Tasche –, „da hab' ich zufällig die Kritik über das Prometheusballett in der Zeitung für die elegante Welt bei mir. Hören Sie bitte: ‚Die Musik entsprach der Erwartung nicht ganz, ohnerachtet sie nicht gemeine Vorzüge besitzt. Alles ist für ein Divertissement, was doch das Ballett eigentlich sein soll, zu groß angelegt. Allein nur Beethovens Neider können ihm eine ganz vorzügliche Originalität absprechen, durch welche freilich er öfter seinen Zuhörern den Reiz sanfter, gefälliger Harmonien entzieht.' – Da haben Sie's! Zu groß angelegt! Meiner Ballettmusik hat das noch niemand nachgesagt! Ich gebe zu, durch die entsetzlich langweilige Figur des Prometheus waren Ihnen die Hände einigermaßen gebunden. Aber immerhin, Ballett bleibt Ballett! Den Reiz gefälliger Harmonien will das Publikum nun einmal nicht entbehren, und wer ihm die gibt, der ist sein Mann!"

„Punktum", sagte Beethoven.

„Und jetzt dürfen Sie verschwinden, Gallenberg", setzte Julie hinzu, „leisten Sie Mama ein wenig Gesellschaft!"

„Wie Sie befehlen, mein Engel! Herr van Beethoven, ich räume Ihnen das Feld. Bin entzückt von der Ehre! aufrichtig! Addio, mein Engel. Übrigens, um noch einmal auf den Prometheus zurückzukommen, die Casentini hatte zuviel an. Wenn ich an die Medina denke – fleischfarbene Trikots, und nichts drüber! süperb!"

Er warf Julie eine Kußhand zu und verschwand.

Nun waren sie allein. Lange Pause. Julie hatte sich in einen Lehnstuhl geworfen. Beethoven saß vor dem Flügel und spielte eine lautlose Tonleiter.

„Das war er!" sagte endlich Julie.

„Sie wollten mir eine wichtige Mitteilung machen, Komteß?"

„Ich wollte Ihnen den zeigen, den ich heiraten soll!"

Jetzt erst blickte er sie an und wurde beinah erschüttert von dem Ausdruck der Verzweiflung in ihren schönen Zügen. „Ja, Komteß, da wird einem das Gratulieren verdammt sauer."

Sie sprang auf. „Ich liebe ihn nicht! ich verachte ihn! Herr van Beethoven, helfen Sie mir!"

„Kind, was verlangen Sie von mir! wie käme ich dazu!"

Da stürzte sie ihm um den Hals und verschloß seinen Mund mit ihren Lippen. Er umschlang sie, preßte sie an sich, küßte sie wieder und immer wieder. Plötzlich riß sie sich los, eilte zur Tür und stand eine Weile lauschend. Dann lag sie wieder in seinen Armen.

„Julie! heut nacht hab' ich von dir geträumt!"

„War es so wie jetzt?"

„Noch viel schöner!" Heiße, wilde Küsse. „O du! Julie! du machst mich toll! Julie! du! du!"

Plötzlich richtete sie sich auf. Ihre stahlblauen Augen leuchteten. „Willst du mir helfen?"

„Ich tue alles, was du willst!"
„Ludwig, hör zu! Aber halt! ich habe ja Klavierstunde! Mama wird mißtrauisch, wenn ich gar nicht spiele!" Sie brachte rasch ihr Haar in Ordnung, setzte sich an den Flügel und zog Beethoven neben sich. Dann begann sie den zweiten Satz des Klavierkonzertes, der mit seinem schwärmerischen E-Dur in so seltsam schönem Gegensatz zu dem trotzigen C-Moll des ersten steht. Mit den Tönen der Solostimme verwob Beethoven die Orchesterbegleitung. Eng aneinander geschmiegt, wie das Gefüge der Stimmen es ergab, spielten sie den Satz zu Ende.
Die Tür ging auf, die Gräfin Guicciardi rauschte herein.
„Ei, das war einmal eine schöne Musik!" sagte sie möglichst liebenswürdig. „Meine Julie macht Fortschritte! nicht wahr, Herr van Beethoven?"
„Die Komteß macht erstaunliche Fortschritte", entgegnete er und sah Julie an. „Technisch, und vor allem in Empfinden", setzte er gelassen hinzu.
„Sie haben ganz recht", erwiderte die Gräfin und lächelte der Tochter vielsagend zu. „Als Sie zu uns kamen, war sie noch ein Kind; und jetzt – doch ich will nicht aus der Schule schwatzen. Ja, was ich sagen wollte, Herr van Beethoven: Sie haben bis jetzt jedes Honorar abgelehnt. Das kann doch gar nicht so fort gehen!"
„Die Fortschritte der Komteß sind mir der schönste Lohn."
„Nein, das lass' ich nicht mehr gelten! Aber da Sie durchaus kein Geld nehmen wollten, so hat meine Tochter sich eine kleine Freude für Sie ausgedacht."
„In der Tat?" sagte Beethoven und blickte auf Julie. Die konnte sich nicht länger beherrschen und fiel ihrer Mutter lachend um den Hals.
„Mama, wenn Sie so feierlich reden, wird Herr van Beethoven enttäuscht sein!"
„Es sind – ja, es sind Hemden", sagte die Gräfin.
„Aber Kind, was lachst du denn so? Hemden sind durchaus gesellschaftsfähig! glaubst du, ich hätt' es sonst erlaubt, daß du ihm welche verehrst?" Sie nahm ein Päckchen von einem Wandtisch und überreichte es Beethoven. „Meine Tochter hat sie selbst genäht! Ein prosaisches Geschenk! doch die Dankbarkeit hat die Nadel geführt!"

„Gnädigste Gräfin, ich bin gerührt über solch zarte Aufmerksamkeit! Ein lieber Gedanke von Ihnen, Komteß! Was mir das Allernächste sein wird, das wird mich ständig an Sie erinnern!"

„Und nun muß ich leider bitten, die Stunde abzubrechen. Ich habe mit meiner Tochter eine dringende Angelegenheit zu bereden."

Was war zu tun? Beethoven nahm sein Päckchen und verabschiedete sich.

„Morgen komm' ich!" flüsterte Julie ihm zu.

Am andren Tage, um die Abenddämmerung, kam sie, und die Erinnerung an seinen Traum verblaßte vor der Wonne der Wirklichkeit.

*

Wochen vergingen. Beethoven lebte wie auf einer seligen Insel, zu der niemand Zutritt hatte als die Göttinnen der Liebe und der Musik. Sein Hoheslied des Glückes entstand, seine zweite Symphonie. Es war ein frohes, beschwingtes Schaffen. In dem quellfrischen, männlich kräftigen ersten Satz erwachte nur einmal, mit dem düsteren D-Moll-Akkord, ein Erinnern an das, was Beethoven noch vor kurzem gelitten; doch es war nur ein Wetterleuchten aus weiter Ferne, das gleich wieder verglomm vor der strahlenden Sonne des Glückes.

Zuweilen stieg Beethoven mit seinen Gedanken zur Erde hinab, wenn er an die Zukunft dachte. Daß er ohne Julie nicht mehr leben könne, stand bei ihm fest. Auch zweifelte er nicht, daß ihre Eltern sie ihm zur Frau geben würden. Er war jetzt ein berühmter Meister; gleich Gluck und Haydn würde er gewiß einmal zu Wohlstand gelangen. Und die Guicciardis galten für arm, würden sich freuen, wenn ihre Tochter versorgt war. Freilich, sein Gehör! Aber es konnte doch wieder besser werden! das hatte ihm noch jeder Arzt versichert, und die Ärzte mußten es doch schließlich wissen! Gern hätte er mit Julie davon gesprochen; aber eine unbestimmte Angst hielt ihn immer wieder zurück. Wenn sie ihn nun verließ? Nein, das würde sie nicht tun! Nur noch mehr würde sie ihn lieben, wenn sie wußte, daß er litt; daran zweifeln, hieß ihr edles Herz beleidigen. Und doch wagte

er nicht zu sprechen. Bis dann der Tag kam, an dem es dennoch geschah.
Julie war bei ihm.
Sie lag mit geschlossenen Augen; ihr Atem ging tief und gleichmäßig. Beethoven erhob sich, setzte sich neben sie und versenkte sich in den Anblick der schönen, vom Schlafe gelösten Gestalt. Endlich stand er auf, ging geräuschlos ins Nebenzimmer und setzte sich ans Klavier, um die Geliebte mit seinen Tönen zu wecken; denn sie hatte ihm einmal gesagt, daß sie Seligeres nicht wisse als dies.
Er begann den zweiten Satz der Symphonie. Reinen Wohllautes voll zog das Larghetto dahin, bis zu jener Stelle, wo dunkle Baßnoten leise anklopfen und das Herz in Ahnung erschauern machen. Doch sie müssen verstummen in diesem Liede des Glückes, und rein und still zieht es weiter bis zum friedevollen Ende.
Julie trat ein und küßte ihn auf die Stirn.
„Warum pocht es einmal so seltsam?"
„Ja, warum!"
Beide schwiegen eine Weile.
„Ludwig", begann Julie plötzlich, „ich möchte einmal von unsrer Zukunft sprechen. Ich halt' es zu Hause bald nicht mehr aus. Von allen Seiten werd' ich bedrängt und mit Vorwürfen überschüttet, daß ich von Gallenberg nichts wissen will. Geh zu meinen Eltern und bitt' in aller Form um mich!"
Er schwieg lange. Dann sagte er ihr alles, sah ihre Bestürzung, sah, wie in ihre schönen Augen ein fremder harter Zug kam.
„Also d a s ist es!" sagte sie endlich. „Ich hab' es selber schon bemerkt, daß du zuweilen ein Wort nicht auffaßtest; aber ich dachte: er ist ein großer Mann, er gibt nicht immer acht darauf, was ich oder andre Leute schwatzen. Also d a s ist es!"
„Julie! die Ärzte sagen ganz bestimmt, es wird wieder besser! wird wenigstens nicht schlimmer!"
„Und du selber? Du mußt es doch am besten wissen! Ist es schon besser geworden?"
„Nein."
„Ist es schlimmer geworden?"
„In der letzten Zeit nicht."
„In der letzten Zeit nicht! Und seit dem vorigen Jahre?"

„Seitdem ist es schlimmer geworden."

Sie lächelte bitter. Ein tauber Musiker! dachte sie; das ist ja eine schöne Zukunft! „Warum hast du mir nie davon gesprochen?"

„Weil ich zu feige war."

„Du, und feige! O Ludwig, wie furchtbar ist das!" Sie stand auf und reichte ihm die Hand.

„Willst du schon gehen, Julie?"

„Ich muß, man erwartet mich zu Hause. Leb wohl, Ludwig!" Sie küßte ihn und ging.

Am nächsten Tage schrieb sie ihm, daß sie ihn heiß und innig geliebt habe, aber als ein Mädchen ohne Vermögen an ihre Zukunft denken müsse, und da wäre eine eheliche Verbindung mit ihm ein Leichtsinn, dessen sie sich nicht schuldig machen dürfe. So müsse es denn aus sein zwischen ihnen.

Neuntes Kapitel

Beethoven war aus der Stadt geflüchtet, in die Einsamkeit, auf das Land. Ein ärmliches Winzerhäuschen in Heiligenstadt am Fuße des Kahlenberges war sein Obdach. Tagein tagaus streifte er durch die Wälder, achtete nicht, ob die Sonne schien oder der Regen strömte. Erschöpft kehrte er abends heim in sein winziges Zimmer, warf sich auf sein Lager, wartete vergebens auf Schlaf und Vergessen.

Nun hatte der Dämon in seinen Ohren ihm den zweiten Schlag versetzt! Taub! und einsam! Das war die Zukunft, die vor ihm lag.

„Gott! mein Gott!" so sprach er in die Dunkelheit hinein, „sieh auf mich herab! Was hab' ich denn getan, daß du mich so grausam strafst! mich ausstößt aus der Menschheit! von mir abwendest, wer mich liebt! War es nicht genug mit diesem Leiden, das mich ängstigt und quält! Soll ich denn nie, nie einen Menschen haben, der zu mir gehört, mir mein Unglück tragen hilft, mich tröstet, wenn ich einmal den Mut verliere! Willst du mich niemals d i e finden lassen, die erlaubt mein ist? Hör mich, Gott! höre den Unglücklichsten aller Sterblichen!"

Der Unglücklichste aller Sterblichen? Er war es, solange sein Genius schwieg. Doch bald schritt Beethovens Schöpferwille zu neuen Taten. Er beschwor die Stürme der düster großartigen D-Moll-Sonate für Klavier, der C-Moll-Sonate für Violine. Gleich seinem Freunde Prospero in Shakespeares „Sturm" unterwarf er sich die tobenden Elemente, lenkte sie mit eherner Kraft nach seinem Willen, bis sie ihren Meister erkannten und in finsteren Moll-Akkorden schließlich verhallten. Zwei liebliche Violinsonaten folgten; danach zwei Variationszyklen für Klavier, großartig hingeworfene Virtuosenstücke.
So ward Beethoven bald emporgetragen im Glück des Schaffens, bald wieder in die Tiefe geschleudert im Bewußtsein seines Unglückes.
Eines Morgens, als er eben im Begriff war, vor der Öde seiner vier Wände und der Unruhe seines Herzens ins Freie zu entfliehen, klopfte es und sein Schüler Ries, der siebzehnjährige Sohn seines alten Bonner Freundes, trat ein. Nun, doch ein Mensch, und ein Stück Heimat dazu!
Ries überbrachte die Einladung zu einer Abendgesellschaft beim Grafen Browne, in dessen Hause sein Meister ihm eine Stelle als Klavierspieler verschafft hatte.
„Gesellschaft? Nein, ich danke."
Es würden aber alle untröstlich sein, wenn er nicht käme.
„Werden sich schon trösten."
Ja, dann wolle er wieder gehen.
„Wenn Sie Lust haben, begleiten Sie mich ein wenig."
Ries hatte die tiefe Verstimmung des Meisters bemerkt, ohne die Ursache zu ahnen. Er gab sich Mühe, ihn aufzuheitern, erzählte in seiner rheinischen Mundart eine lustige Geschichte von gemeinsamen Freunden in Bonn; aber Beethoven blieb stumm.
Sie hatten die langsam ansteigende Dorfstraße mit den niedrigen weinumrankten Winzerhäuschen durchschritten und standen nun auf einer kleinen Anhöhe, die eine reizende Fernsicht darbot. Zu ihren Füßen lag das Dorf mit seinen roten Ziegeldächern und dem gotischen Kirchlein, eingebettet in Obstbäume und Linden. Dahinter dehnten sich weite Wiesen, die in die sanften Linien des rebentragenden Kahlenberges übergingen. In der Ferne floß die mächtige Donau

mit ihren weidenbewachsenen, silbergrau schimmernden Inseln, und jenseits des Stromes breitete sich die unendliche Ebene des Marchfeldes.
Beethoven war stehengeblieben; sein Gesicht heiterte sich ein wenig auf.
Eine Herde weidender Schafe tauchte drüben am Wiesenrand auf und schob sich wie eine wandelnde Mauer langsam vorwärts. Der Hirt war nicht zu sehen, aber da hörte Ries schon seine Schalmei. Lieblich fügte sich ein Ton zum andern. Die Natur selber schien zu lauschen, so still war es.
„Wie hübsch der Bursche bläst!" sagte Ries endlich, „ein Wiener Hofkapellist könnt' es nicht besser!"
„Welcher Bursche?"
„Nun, der Hirt!" Er blickte seinen Meister an und erschrak, als er den Ausdruck gespannten Lauschens bemerkte.
„Bläst er noch?" fragte Beethoven nach einer langen Pause. Er höre nichts mehr, versicherte Ries; aber Beethoven sah sein unglückliches, verlegenes Gesicht.
„Na, dann wollen wir weitergehn."

*

Der Oktober zog ins Land, die Tage wurden kürzer und kühler; Herbststürme rissen die dürren Blätter von den Bäumen. Es wurde Zeit, in die Stadt zurückzukehren; doch Beethoven graute vor Wien, graute vor den Menschen. Auf einer Wanderung im Wind und Regen erkältete er sich und wurde krank. Lange graue Tage lag er, vom Fieber geschüttelt, einsam auf seinem Bett. Da warf das Bewußtsein seines Unglückes sich wieder mit aller Macht auf ihn. Kam jetzt der Tod, er würde als Erlöser kommen, als Befreier von untragbarem Leid.
Da schrieb Ludwig van Beethoven sein Testament.
„O ihr Menschen, die ihr mich für feindselig, störrisch oder misanthropisch haltet, wie unrecht tut ihr mir! Ihr wißt nicht die geheime Ursache von dem, was euch so scheinet. Mein Herz und mein Sinn waren von Kindheit an für das zarte Gefühl des Wohlwollens; selbst große Handlungen zu verrichten, dazu war ich immer aufgelegt. Aber bedenket nur, daß seit sechs Jahren ein heilloser Zustand mich befallen,

durch unvernünftige Ärzte verschlimmert. Von Jahr zu Jahr in der Hoffnung, gebessert zu werden, betrogen, endlich zu dem Überblick eines dauernden Übels (dessen Heilung vielleicht Jahre dauert oder gar unmöglich ist) gezwungen, mit einem feurigen lebhaften Temperament geboren, selbst empfänglich für die Zerstreuungen der Gesellschaft, mußte ich früh mich absondern, einsam mein Leben zubringen. Wollte ich auch zuweilen mich einmal über alles das hinaussetzen, o wie hart wurde ich durch die verdoppelte traurige Erfahrung meines schlechten Gehörs dann zurückgestoßen! Und doch war's mir noch nicht möglich, den Menschen zu sagen: sprecht lauter, schreit! denn ich bin taub! Ach, wie wär's möglich, daß ich die Schwäche eines Sinnes angeben sollte, die bei mir in einem vollkommenerem Grade als bei anderen sein sollte! eines Sinnes, den ich einst in der größten Vollkommenheit besaß, in einer Vollkommenheit, wie ihn wenige von meinem Fach gewiß noch gehabt haben. Oh, ich kann es nicht! Drum verzeiht, wenn ihr mich da zurückweichen sehen werdet, wo ich mich gern unter euch mischte. Doppelt wehe tut mir mein Unglück, indem ich dabei verkannt werden muß. Für mich darf Erholung in menschlicher Gesellschaft, feinere Unterredungen, wechselseitige Ergießungen nicht statt haben; fast nur soviel, als es die höchste Notwendigkeit fordert, darf ich mich in Gesellschaft einlassen; wie ein Verbannter muß ich leben. Nahe ich mich einer Gesellschaft, so überfällt mich eine heiße Ängstlichkeit, indem ich befürchte, meinen Zustand merken zu lassen. So war es denn auch dieses halbe Jahr, das ich auf dem Lande zubrachte. Von meinem vernünftigen Arzte aufgefordert, soviel als möglich mein Gehör zu schonen, kam er fast meiner jetzigen Disposition entgegen, obschon, vom Triebe zur Gesellschaft manchmal hingerissen, ich mich dazu verleiten ließ. Aber welche Demütigung, wenn jemand neben mir stand und von weitem eine Flöte hörte und ich nichts hörte, oder jemand den Hirten singen hörte und ich wieder nichts hörte! Solche Ereignisse brachten mich nahe an Verzweiflung; es fehlte wenig, und ich endigte selbst mein Leben. Nur sie, die Kunst, sie hielt mich zurück. Ach, es dünkte mir unmöglich, die Welt eher zu verlassen, bis ich das alles hervorgebracht, wozu ich mich aufgelegt fühlte, und so fristete ich dieses elende Leben, wahrhaft elend bei einem so reizbaren Körper, daß eine etwas schnelle Veränderung mich aus dem besten Zustand in den schlechtesten versetzen kann. Geduld, so heißt es, sie muß ich nun zur Führerin wählen; ich habe es. Dauernd, hoffe ich, soll mein Entschluß sein, auszuharren, bis es den unerbittlichen Parzen gefällt, den Faden zu brechen. Vielleicht geht's besser, vielleicht nicht, – ich bin gefaßt. Schon in meinem achtundzwanzigsten Jahre gezwungen, Philosoph zu werden – es ist nicht leicht! Für den Künstler schwerer als für irgend jemand. Gottheit, du siehst herab auf mein Inneres! du kennst es, du weißt, daß Menschenliebe und Neigung zum Wohltun darin hausen. O Menschen! wenn ihr einst dies leset, so denkt, daß ihr mir Unrecht getan! Und der Unglückliche, er tröste sich, einen seinesgleichen zu finden, der trotz allen Hindernissen der Natur doch noch alles getan, was in seinem Vermögen stand, um in die Reihe würdiger Künstler und Menschen aufgenommen zu werden. – Ihr, meine Brüder, sobald ich tot bin, und Professor Schmidt lebt noch, so bittet ihn in meinem Namen, daß er meine Krankheit beschreibe, und dieses hier geschriebene Blatt füget ihr meiner Krankengeschichte bei, damit wenigstens soviel als möglich die Welt nach meinem Tode mit mir versöhnet werde. Zugleich erkläre ich euch beide hier für die Erben des kleinen Vermögens (wenn man es so nennen kann) von mir. Teilt es redlich und vertragt und helft euch einander! Was ihr mir zuwider getan, das, wißt ihr, war euch schon längst verziehen. Empfehlt euren Kindern Tugend! sie nur allein kann glücklich machen, nicht Geld. Ich spreche aus Erfahrung. Sie war es, die mich selbst im Elend gehoben; ihr danke ich, nebst meiner Kunst, daß ich durch keinen Selbstmord mein Leben endigte. Lebt wohl und liebt euch! So wär's geschehen! mit Freude eil' ich dem Tode entgegen. Kommt er früher, als ich Gelegenheit gehabt habe, noch alle meine Kunstfähigkeiten zu entfalten, so wird er mir trotz meinem harten Schicksal doch noch zu frühe kommen, und ich würde ihn wohl später wünschen. Doch auch dann bin ich zufrieden; befreit er mich nicht von einem endlosen leidenden Zustande? Komm, wann du willst! ich gehe dir mutig entgegen."

Es begann zu dunkeln. Beethoven legte sich in die Kissen zurück und schloß die Augen.

Als er sie wieder öffnete, lag er auf steiler Felsenhöhe. Tief unten dehnte sich die Ebene. Er wollte aufstehen; doch seine Füße waren mit eisernen Ringen an den Felsen geschmiedet. Unten in der Ebene gewahrte er Menschen, viele Menschen. Sie blickten empor, erhoben die Hände zu ihm, riefen vielleicht, doch kein Laut drang herauf in seine gräßliche Einsamkeit. Die Sonne hing als matte Scheibe am schwarzen Himmel.

Das ferne Meer erhob sich zu weißer Wellenwand; sie brauste heran, riß mit sich, was sie erreichte, ebbte zurück. Felsenhöhlen öffneten sich, wilde Tiere drangen heraus und warfen sich auf die Menschen; Entsetzen und Tod war überall.

Da gewahrte er fern am Himmel einen Vogel. Ein Adler war es; in rasendem Fluge kam er heran. Ein Brausen erfüllte die Luft; nun stand er über ihm, schoß senkrecht herab, krallte sich am Felsen fest und schmiegte seinen schönen Kopf an ihn.

„Vater Prometheus", sprach der Adler, „deine Geschöpfe verzweifeln. Singe mir, was ich ihnen künden soll!"

Da sang der Gefesselte ein erhabenes Lied von Willen und Kraft. Dann sprach er: „Flieg, mein Adler, bring den Menschen meine Botschaft!"

Da stürzte sich der Adler in die Tiefe und schwebte über den Menschen in gewaltigen Kreisen; und sie lauschten seinem Gesang. Und die Sonne und der Himmel wurden heller. Die Menschen winkten hinauf zu dem Gefesselten; dann schlossen sie sich zusammen und trieben die wilden Tiere zurück in ihre Höhlen. Dort, wo das Meer brandete, wuchs ein Damm empor. Werkzeug wurde geschmiedet, Bäume stürzten unter der Axt, die Pflugschar riß die Erde auf; bald wogten die Felder, und ihre Frucht sank unter der Sichel. Und wieder flog der Adler heran, ließ sich bei dem Gefesselten nieder und sprach:

„Vater Prometheus, deine Geschöpfe sind gerettet; aber sie sind traurig! sie wissen nicht, wofür sie leben."

Da sang der Gefesselte ein erhabenes Lied von Menschenliebe und Freude. Dann sprach er: „Flieg, mein Adler, bring den Menschen meine Botschaft!"

Da stürzte sich der Adler in die Tiefe und schwebte über den

Menschen in gewaltigen Kreisen; und sie lauschten seinem Gesang. Und die Sonne wurde ganz hell, und der Himmel leuchtete. Aus der Tiefe herauf stieg das Lied des Gefesselten und brandete an seinem Felsen in mächtigem Chor. Da kam der Adler zurück und ließ sich nieder auf dem Felsen, legte seinen Kopf an des Gefesselten Brust und sprach: „Vater Prometheus, nun sind deine Geschöpfe froh! Held! Schöpfer! Menschheitsbeglücker! laß mich nun bei dir bleiben als deinen treuen Boten! Denn vieles hast du den Menschen noch zu künden! Noch wissen sie den Weg nicht zu Gott! Den Weg mußt du ihnen weisen!"
„Wie, mein Adler! ich, den Gott so schwer gestraft, ich soll den Menschen den Weg weisen zu ihm?"
„Ja, Vater Prometheus! Gott hat dich nicht gestraft, als er dich in deine Einsamkeit verbannt hat. Nur in der Einsamkeit werden deine Gedanken reif, zu künden das göttliche Wort! Ruhe nun, Vater! Blendet dich die Sonne? Ich will dir Schatten geben." Und er breitete seine dunklen Schwingen über ihn.
Als Beethoven erwachte, schien die milde Oktobersonne zum Fenster herein; die Birken im Garten standen weiß und golden gegen den blauen Himmel.
Er lag eine Weile ganz still; er hatte das Gefühl des Genesenseins. Da kam ihm sein Traum in den Sinn. Er faltete die Hände auf der Brust und schloß die Augen.
Aus weiter Ferne klang Prometheus' Heldengesang.
Lange sann er dem Traume nach. „Herr", sagte er dann, „nicht wie ich will, sondern wie du willst."
Da krähte vor dem Fenster ein Hahn. Beethoven lachte vor Freude. „Noch bin ich ja nicht taub!"

Zehntes Kapitel

Ergeben in sein Los, entschlossen zu tragen, was ihm auferlegt, gab Beethoven sich nun keine Mühe mehr, die Schwäche seines Gehörs vor den Menschen zu verbergen. Er suchte wieder alte Freunde auf, zeigte sich auch wieder in Konzerten und im Theater. Ganz vorn, an die Orchesterrampe gelehnt,

damit ihm möglichst wenig entgehe, verfolgte er dann gespannten Blickes Sänger und Orchester.
Am Wiener Opernhimmel war soeben ein neuer Stern erster Größe aufgegangen: Cherubini. Um jedes seiner Werke — die Lodoiska, Elisa, Medea, den Wasserträger — gab es ein Wettrennen zwischen der Hofoper und der andren großen Opernbühne, Schikaneders Theater an der Wien. Beim Wasserträger kam Schikaneder dem Rivalen mit der Erstaufführung glücklich um einen Tag zuvor. Da reiste Baron Braun, der Pächter des Hoftheaters, nach Paris, sicherte sich Cherubinis drei nächste Werke und nahm den Meister gleich nach Wien mit. Das war für Schikaneder ein schwerer Schlag. Er gedachte nun Beethoven gegen Cherubini auszuspielen und bot ihm einen eigenen Operntext zur Vertonung an: Alexanders Zug nach Indien.
Alexander? Ein andrer Held lag Beethoven im Sinn. Er hatte den Prometheustraum nicht vergessen. An seine Ballettmusik dachte er jetzt mit einem Gefühl von Scham; nach einer Prometheussymphonie war ihm zumute. Aber eine Oper — der Gedanke lockte ihn dennoch; er erklärte sich bereit und bezog sogar eine Wohnung im Theater. Doch der schreckliche Text wollte keine Musik in ihm erwecken. Was Schikaneder, der wie eine Katze um Beethovens Arbeitszimmer herumstrich, da drinnen belauschte, war etwas ganz andres: eine große Violinsonate, die er einem fremden Virtuosen zu Gefallen schrieb. Später widmete er sie dem französischen Geiger Rudolf Kreutzer, mit dem er vor sechs Jahren Freundschaft geschlossen hatte, als jener im Gefolge des Generals Bernadotte nach Wien gekommen war. Mit seinem Dank verband Kreutzer die Frage, wo denn die Bonapartesymphonie bleibe, die Beethoven ihm damals versprochen habe.
Beethoven hatte Bonapartes Aufstieg leidenschaftlich miterlebt. Er war ihm nicht nur der Held in hundert siegreichen Schlachten; er hatte den großen Gedanken der Revolution gerettet, als sie an sich selbst unterzugehen drohte, hatte Ordnung in das Chaos gebracht. Jetzt würde er den geknechteten Völkern ihre natürlichen Rechte zurückgeben, die Fahne der Freiheit aufpflanzen, alle Nationen zu einem großen Bruderbunde zusammenschließen, den uralten Traum vom ewigen

Frieden verwirklichen. So sah Beethoven in Napoleon Bonaparte den Beglücker der Menschheit, den Kulturbringer, den modernen Prometheus. Die Brücke zwischen Mythos und Gegenwart war geschlagen. Mehr und mehr flossen seine Vorstellungen von den beiden Helden ineinander über, waren schließlich nicht mehr zu trennen. Was sich aus dem Prometheusgedanken in ihm entwickelt, gestaut hatte, zu gewaltigen Tonbildern herangewachsen war, das verlangte jetzt nach Befreiung. Er wußte, es war eine ungeheure Aufgabe, vielleicht die größte seines Lebens. Aber er fühlte sich ihr gewachsen. In der zweiten Symphonie hatte er sich bewiesen, daß er auf dem Orchester spielen konnte wie auf seinem Klavier. Jedes Instrument hatte er mit eigenem Leben erfüllt. Was er jetzt schreiben wollte, das mußte etwas ganz Großes werden. Zum Teufel mit Schikaneders Heldengeschwätz! Fort aus dem Theater, aus der Stadt, hinaus in die Stille des Landes, an die Arbeit, die große herrliche Arbeit!
So zog er im Sommer 1803 hinaus nach Oberdöbling. Ein mitten in Weinbergen gelegenes Bauernhaus nahm ihn auf. Wenn er aus dem Fenster sah, so blickte er auf einen weidenumsäumten Bach, darüber hinaus auf sanfte bewaldete Anhöhen, die sich bis zum Kahlenberg hinzogen. Folgte er dem Bach landeinwärts, so gelangte er bald in ein anmutiges weltabgeschiedenes Tal. Inmitten dieses Friedens gestaltete er die Visionen seiner Eroica, Visionen von Kampf und Sieg, Tod und Verklärung, Frieden und Kultur. Es war ein Schaffen ohnegleichen. Nicht mehr Napoleon war der Held der Heroischen Symphonie. Der Held wurde Beethoven selbst, wie er durch Kampf und Niederlage sich durchrang zu seiner herrlichen Bestimmung, Beglücker der Menschheit zu werden: Beethoven-Prometheus.

*

Im Herbst kehrte Beethoven nach Wien zurück. Auf seinem Tisch lag ein Brief mit dem Guicciardischen Wappen: Julie hatte sich dem Grafen Gallenberg verlobt.
Am nächsten Tage besuchte er Josefine.
„Ich verstehe meine Kusine nicht", meinte sie. „Ich bin gewiß, sie liebt den Gallenberg nicht."
„Sie fügt sich dem Willen ihrer Eltern", sagte Beethoven.

„Nein, so ist Julie nicht." Sie sah den Freund forschend an; der saß unbeweglich, schweigend. Josefine nahm seine Hand und strich darüber hin. „Wie geht es Ihnen, Beethoven?"
„Meine Symphonie ist fertig, also geht es mir gut. Und wie geht es Ihnen, Josefine?"
„Meine Kinder sind gesund, also geht es mir gut!" antwortete sie lächelnd. „Aber wollen Sie mir nicht von der Symphonie erzählen?"
„Ich kann über Musik nicht reden, am allerwenigsten über meine eigene."
„Sind Sie zufrieden?"
„Ja. Ob aber das Publikum zufrieden sein wird? Es bekommt ein paar Nüsse zu knacken!"
„Und was macht die Oper?"
„Sie meinen den Alexanderzug? der macht gar nichts. Aber ich habe jetzt ein anderes Textbuch: Leonore oder die eheliche Liebe."
„Wollen Sie es komponieren?"
„Ob ich will? ich kann gar nicht anders! ich habe schon begonnen! Wenn ich bei der Symphonie mal ein wenig ausruhte, dann war auch schon Leonore da."
„Wollen Sie mir den Stoff mit ein paar Worten erzählen?"
„Leonore ist die junge Frau eines spanischen Edelmannes. Eines Tages ist er verschwunden. Sie ahnt, daß sein Todfeind ihn in einem Gefängnis verborgen hält. Sie verkleidet sich als Mann, wird der Knecht des Gefängnisaufsehers, dringt endlich bis zum unterirdischen Verließ vor, in dem ihr Gatte schmachtet, und rettet ihn von Gefangenschaft und Tod. Stellen kommen darin vor, – wenn ich nur dran denke, überläuft mich ein Schauer. Jetzt noch rasch eine neue Klaviersonate ausgefeilt, und dann geht es ordentlich an die Leonore!" –
Graf Deym wollte mit seiner Familie den Winter bei Verwandten in Prag zubringen. Kaum dort angekommen, erkrankte er und war nach wenigen Tagen tot. Josefine kehrte nach Wien zurück.
„Nun bin ich Witwe", sagte sie zu Beethoven, „mit drei kleinen Kindern, bald mit vieren, verstehe nichts von Geschäften, soll die Kunstgalerie verwalten, achtzig möblierte Zimmer vermieten. Hätt' ich mir früher eine solche Lage

vorgestellt, ich wäre verzweifelt! Nicht den Mut verlieren, das hab' ich von Ihnen gelernt!"

*

Eine große Freude erlebte Beethoven um jene Zeit: sein Bonner Jugendfreund Stephan von Breuning wurde zum Hofkriegsrat nach Wien versetzt, und Beethoven siedelte zu ihm in das Rote Haus am Alservorstädter Glacis über.
Von der Eroica war inzwischen eine schöne Abschrift gemacht worden, die durch die französische Gesandtschaft nach Paris geschickt werden sollte. Ganz oben auf dem Titelblatt stand „Buonaparte", ganz unten „Luigi van Beethoven"; kein Wort mehr. Da kam im Mai 1804 die Kunde von Napoleons Kaiserkrönung. Ries brachte Beethoven die Nachricht. Der glaubte erst, falsch gehört zu haben, und ließ sich die Worte noch einmal in die Ohren schreien.
„Napoleon Kaiser?" Ries nickte. Bebend vor Erregung stand Beethoven auf. „Ist der auch nichts andres als ein gewöhnlicher Mensch! Nun wird er auch alle Menschenrechte mit Füßen treten, nur seinem Ehrgeiz frönen! wird sich höher als alle andren stellen, ein Tyrann werden! Und dem wollte ich meine Symphonie widmen?" Er ergriff die Partitur, riß das Titelblatt mit der Widmung herunter und schleuderte es auf den Boden. „Verräter an der heiligen Sache! Verräter an der Menschheit! erbärmlicher, kleiner, elender Mensch! Kommen Sie, Ries, ich muß an die Luft!"
Es ging hinaus auf die Basteien, im Geschwindschritt. Endlich machte er halt und ließ sich schweratmend auf einer Bank nieder.
„Wundert Sie's, daß mich das so packt? Die Menschen waren in Knechtschaft geboren, wuchsen auf als Bediente ihrer gottgesalbten Herren, mußten für sie arbeiten, daß sie Blut schwitzten, wurden als Kanonenfutter übers Meer geschickt, damit der gnädige Herr desto lustiger lebe. Da kam die Revolution drüben überm Rhein, das Volk wurde wach, besann sich auf seine Menschenrechte, aber die Bestie im Menschen erwachte mit. Und dann kam Bonaparte! der bändigte die Bestie, weckte wieder das Große und Edle in den Menschen, – so schien es mir wenigstens. Ein Mann aus dem Volke und doch ein großer Einzelner, Demokrat und Aristo-

krat in einer Person, die Verkörperung einer neuen Zeit, die Schluß macht mit der Versklavung der Menschheit, Schluß mit dem achtzehnten Jahrhundert, Schluß mit den Vorrechten der Geburt; die alle Menschen gleich macht, soweit sie guten Willens sind. Ein goldenes Zeitalter hätt' er heraufführen können, – ‚alle Menschen werden Brüder', wie es Schiller in der Ode an die Freude so herrlich ausmalt. Und nun hat er sich so entpuppt! Ein selbstsüchtiger Alleinherrscher! ganz achtzehntes Jahrhundert! Nun ist die Menschheit wieder um hundert Jahre zurückgeworfen! Oh, über die Schwachheit der menschlichen Natur!" Ein Schauer überlief ihn, er stand auf. „Kommen Sie, Ries, ich will heim, mich friert."
Zu Hause angelangt, mußte er sich sofort ins Bett legen. Sein Körper glühte; die ganze Nacht lag er in Fieberphantasien: Die Eroica sollte aufgeführt werden. Wie er den Taktstock hob, entstand Bewegung im Publikum; in die Fürstenloge trat Napoleon, umwallt vom hermelinbesetzten Purpurmantel, auf dem Haupt die Kaiserkrone. Beethoven ließ den Stab sinken und blickte den Kaiser an. Der schien ungeduldig zu werden. „Auf was wartet der Mensch?" sprach er halblaut. – „Vor Ihnen spiele ich nicht!" – „Man verhafte den Menschen!" Da packte Beethoven seine Partitur und schleuderte sie gegen den Kaiser. Sie sauste durch die Luft, ihre Blätter lösten sich und flatterten durch den Raum, immer mehr, immer mehr; die Noten sprangen daraus hervor und wurden schwarze Vögel, die die Luft verfinsterten und wild durcheinanderkreischten. Da hob Beethoven seinen Stab. Die Hörner schmetterten das Heldenmotiv, das ganze Orchester fiel ein, die Vögel gellten mit tausend Stimmen das Motiv nach, stürzten sich auf den Kaiser und deckten ihn zu. Da stand Gallenberg neben ihm und nahm ihm den Stab aus der Hand. „Respekt vor dem Kaiser! Das müssen Sie ganz anders dirigieren!" Und unter seiner Leitung wurden die erhabenen Töne der Symphonie zu einem faden Gesäusel; halbnackte Weiber drängten sich auf die Bühne und führten Tänze auf; das Publikum wieherte. „Raus mit Beethoven! raus mit dem tauben Narren! wir wollen uns amüsieren!" Da war Julie neben ihm. „Befrei mich von dem Menschen!" Er packte Gallenberg an der Gurgel; der ließ den Stab

fallen, wurde blau im Gesicht, brach tot zusammen. „Mörder!" gellte es um ihn, „tötet ihn! vergiftet ihn!" Ein paar Kerle drängten heran, einer hielt ihm einen Becher an den Mund. „Trink! trink!" – Da kam er zu sich und blickte in Breunings besorgtes Gesicht.
„Trink, Ludwig!" Dankbar schluckte er von dem kühlen Trank.
Wochenlang lag er im Fieber. Ganz Wien war in Aufregung. Die berühmtesten Ärzte trafen sich an seinem Bett. Fürst Lichnowsky erschien fünf-, sechsmal am Tage. Die ganze Aristokratie der Kaiserstadt fuhr beim Roten Hause vor. Eingelassen wurde niemand; ganz allein pflegte Breuning den Freund seiner Kindheit.
Langsam kam die Genesung. An einem schönen warmen Sommertage saß Beethoven zum erstenmal wieder im Lehnstuhl am Fenster, und Breuning konnte es wagen, ihn allein zu lassen. Als er mittags nach Hause kam, fand er den Freund eifrig beim Schreiben.
„Um Gottes willen, Ludwig! du darfst noch längst nicht wieder arbeiten!"
„Laß nur, Steffen! Wenn ich's mir nicht von der Seele schreibe, dann drückt es mich erst recht."
Breuning sah ihm über die Schulter in sein Skizzenbuch.
„Es wird eine Klaviersonate", sagte Beethoven, „in F-Moll. Ach, Steffen", fuhr er fort und faßte des Freundes Hand, „hättest du mich lieber sterben lassen! Was ist das Leben doch erbärmlich! Ich hab' dem Napoleon vielleicht unrecht getan; hatte ihn für einen Halbgott gehalten, und er ist doch nur ein Mensch, kann nicht aus seiner Haut, muß tun, was sein Charakter und sein Schicksal ihm bestimmt. Spielbälle des Schicksals sind wir alle. Hat es da noch Sinn zu kämpfen?"
Er blätterte in seinem Skizzenbuch.
„Sonst dachte ich anders. Sieh, da stehen Skizzen zu einer Symphonie in C-Moll. Das sollte etwas werden! Hier der Anfang zum ersten Satz!" Breuning las ein Thema von vier Noten. „So klopft das Schicksal an die Pforte", sagte Beethoven. „Aber ich wollt' ihm in den Rachen greifen! ein Triumphlied des freien Willens sollte der letzte Satz werden, Sieg des Menschen über das Schicksal! Jetzt glaub' ich fast, ich habe geirrt.

> Es fürchte die Götter
> das Menschengeschlecht!
> Sie halten die Herrschaft
> in ewigen Händen
> und können sie brauchen,
> wie's ihnen gefällt.
> Der fürchte sie doppelt,
> den je sie erheben!
> Auf Klippen und Wolken
> sind Stühle bereitet
> um goldene Tische.
> Erhebet ein Zwist sich,
> so stürzen die Gäste,
> geschmäht und geschändet,
> in nächtliche Tiefen
> und harren vergebens,
> im Finstren gebunden,
> gerechten Gerichts.

Er starrte in die Ferne. „Wo ist nun die Wahrheit?" sagte er nach einer Weile. „Ich weiß es nicht. Der fürchte sie doppelt, den je sie erheben!" Er zog den Freund an sich. Für einen Augenblick erlag sein eiserner Wille. Doch schon hatte er sich wieder gefaßt. „Verzeih, Steffen! Ich bin noch recht schwach."

„Du solltest noch längst nicht wieder arbeiten, Ludwig!"

„Es hilft nichts, Steffen. Ich kann nun mal nicht anders. Auch das ist mein Schicksal, und das Schicksal ist stärker als wir. Wahnsinn, sich dagegen verschließen zu wollen. Und diese Erkenntnis muß ich mir nun von der Seele schreiben. Es treibt in mir, und braust in wahnsinnigem Wirbel, und muß aufgeschrieben werden; eher hab' ich keine Ruhe."

So wuchsen die Skizzen zur F-Moll-Sonate heran; so gewaltig, daß Beethoven selber oft ein Schauer überkam vor diesen Tönen der Leidenschaft. Der erste Satz war im Entwurf fertig, das Thema des zweiten Satzes gefunden, eine Melodie tiefster Ergebung in den Willen der Gottheit.

Breuning schüttelte oft den Kopf über dies fieberhafte Arbeiten. Die Genesung machte auch nur langsame Fortschritte; dabei war der Freund von einer nervösen Reizbarkeit, die Breuning, der selber ein Hitzkopf war, oft nur mit größter Selbstbeherrschung ertrug. Doch eines Tages kam der Ausbruch. Anlaß war ein Streit mit Beethovens Bruder Karl. Beethoven selber hatte keineswegs eine hohe Meinung von

seinen Brüdern; wenn sie aber angegriffen wurden, war er sofort geneigt, ihre Partei zu ergreifen. So auch diesmal. Es kam zu einer heftigen Szene zwischen den Freunden, ja zu einem förmlichen Zerwürfnis; Beethoven packte seine Sachen und zog hinaus aufs Land.
In der Weltabgeschiedenheit von Döbling lebte er langsam wieder auf. Die Arbeit ließ er noch ruhen; es war so schön, einmal gar nichts zu tun, im Gras zu liegen, in den blauen Himmel zu blicken, sich von der Sonne durchwärmen lassen.
Ries suchte ihm inzwischen eine neue Wohnung, und bald kam er und berichtete, er habe eine gefunden, ganz wie für Beethoven geschaffen, auf der Mölkerbastei, hoch oben im vierten Stock, mit einer weiten Aussicht auf das Glacis und die Vorstädte.
„Zum Dank sollt' ich Ihnen jetzt eine Lektion geben, lieber Ries. Aber es geht noch nicht. Kommen Sie mit spazieren!"
Es war Mittag geworden, beide waren wandermüde und hungrig. Sie kamen zu einem einsamen Winzerhaus und beschlossen, um Essen zu bitten. Ries trat ein; Beethoven blieb an einem Tisch vor dem Hause sitzen, im Schatten einer breitästigen Linde. Ein kleiner blonder Junge spielte in der Nähe mit einem Kätzchen; allmählich kam er näher, das Kätzchen auf dem Arm und den fremden Mann neugierig betrachtend. Beethoven hätte viel darum gegeben, wenn er jetzt statt des Skizzenbuches ein wenig Zuckerwerk in der Tasche gehabt hätte. Schließlich brachte er den Kleinen aber doch dazu, daß er ganz nah herankam und sich sogar auf den Schoß nehmen ließ, ohne sein Kätzchen aber fahren zu lassen.
Ein beglückendes Gefühl überkam Beethoven, wie er den kleinen warmen Körper in den Armen hielt. Selber solch ein Kind haben, für das er sorgen durfte, sich nicht immer nur um sein eignes elendes Ich kümmern, dies Glück würde ihm wohl nie beschieden sein. Eine sanfte Müdigkeit ergriff ihn; wie aus der Ferne klang die Stimme des Kleinen. Die Luft war voll Lindenduft. Wie schön und still war alles!
Da kam Ries wieder und verkündete, daß sie zum Mittagessen eingeladen seien. Sie traten über eine mit weißem, leise knirschendem Sand bestreute Diele in ein freundliches Zimmer. Die Familie versammelte sich um den gedeckten

Tisch, Vater, Mutter und eine Menge blonder blauäugiger Kinder. Eines sprach das Tischgebet; dann wurden die Gäste eingeladen, es sich schmecken zu lassen. Die Mutter hob den Deckel von einer Schüssel eiergelber Dampfnudeln und gab jedem sein Teil. Der Vater schenkte drei Gläser voll Wein und trank den Gästen Willkomm zu. Man sprach vom Wetter, von den guten Aussichten der Weinernte. Beethoven fühlte sich unendlich wohl in diesem Kreise schlichter glücklicher Menschen. Wie gut hatten die es aber auch bei ihrer gesunden Arbeit im Freien, die so ganz verwachsen war mit der Natur! Sehnsucht überkam ihn, ihnen gleich zu sein, alles hinter sich zu werfen, ein Bauer zu werden, tagüber hinter dem Pflug zu gehen oder seinen Weinberg zu graben, abends den müden Körper zur Ruhe hinzustrecken, ein liebes Weib, eine Schar froher Kinder um sich zu haben, nichts mehr zu wissen von all den Kämpfen mit dunklen Mächten. Was für ein schweres Los hatte ihm die Gottheit aufgeladen: den Menschen Freude, Beseligung schenken, und selber freudlos, unselig durch das Leben gehen! Seine anfangs so heitere, dankbar glückliche Stimmung umdüsterte sich; während er zuerst, so gut es ging, an der Unterhaltung teilgenommen, wurde er allmählich still.

Auf dem Heimwege schwieg er lange. Plötzlich begann er abgerissene Töne vor sich hin zu brummen, immer herauf und herunter. Was es werde? fragte Ries. Der letzte Satz der F-Moll-Sonate.

Döbling war wieder erreicht. Sie traten in Beethovens Zimmer, er ging ans Klavier.

Und nun brach es los wie ein Gewitter auf hohem Meere. Gischtgekrönte Wellen jagten daher; mit wütendem Anprall warfen sie sich auf das grandiose Eingangsthema, daß es erbebte wie ein Schiff im Sturm. Krachend tobte der Donner, dumpf brodelte die See, warf das Schiff bergehoch empor und ließ es in jähen Wellenschluchten versinken. Und nun ein Presto, alles niederschmetternd mit dämonischer Gewalt, hinab in den Abgrund.

Schweratmend stand Beethoven vom Klavier auf und trocknete sich die Stirn. „Solange ich das kann, bin ich Sieger!" sagte er vor sich hin und blickte hinauf zum nächtlichen Himmel.

Jetzt bemerkte er Ries. „Sie sind noch da? Gute Nacht! ich muß arbeiten."

*

Beethoven war noch nicht lange wieder in Wien, da begegnete er Stephan von Breuning, der ihn traurig ansah. Da lief er auf ihn zu und schloß ihn in die Arme. Und um die Versöhnung zu besiegeln, schickte er ihm das beste Bild, das von ihm gemacht war, und schrieb ihm dazu:
„Hinter diesem Bilde, mein guter lieber Steffen, sei auf ewig verborgen, was eine Zeitlang zwischen uns vorgegangen. Ich weiß es, ich habe dein Herz zerrissen. Die Bewegung in mir, die du gewiß bemerken mußtest, hatte mich genug dafür gestraft. Bosheit war's nicht, was in mir gegen dich vorging; nein, ich wäre deiner Freundschaft nie mehr würdig. Leidenschaft bei dir und bei mir! aber Mißtrauen gegen dich ward in mir rege; es stellten sich Menschen gegen uns, die deiner und meiner nie würdig sind. Mein Porträt war dir schon lange bestimmt; wem könnte ich es wohl so mit dem wärmsten Herzen geben als dir, mein treuer, guter, edler Steffen! Verzeih mir, wenn ich dir wehtat; ich litt selbst nicht weniger. Als ich dich solange nicht mehr um mich sah, empfand ich's erst recht lebhaft, wie teuer du meinem Herzen bist und ewig sein wirst. Du wirst wohl auch wieder in meine Arme fliehen wie sonst."

ELFTES KAPITEL

Die F-Moll-Sonate war kaum im Entwurf beendet, da arbeitete Beethoven schon an der neuen Oper. Leonore, die treue tapfre Frau, der nichts zu hart, nichts zu schwer ist für den geliebten Mann; die Frau, nach der er sich zeitlebens vergeblich sehnen würde, als Künstler wenigstens wollte er sie gewinnen, sein eignes geliebtes Geschöpf! Die Kerkerszene mit ihrem unterirdischen Grauen, wieder und wieder hatte er sie gelesen, aufs tiefste bewegt. Und dann das Trompetensignal! wie Gottes Stimme da hinabdringt in die Nacht

der Erde, das Kerkergewölbe zu sprengen und Gericht zu halten!
In kurzer Zeit war der Entwurf fertig. Dann begann die Ausführung: nicht nur jede einzelne Melodie, jedes einzelne Motiv, nein, auch ihre kleinsten Elemente wurden hin und her gewendet, zehnmal, zwanzigmal, bis die beste Lösung gefunden war.
Was Beethoven gestaltet hatte, trug er alsbald zu Josefine, spielte es ihr vor und freute sich ihrer begeisterten Zustimmung. Sie hatte im vergangenen Sommer, um dieselbe Zeit, als er krank im Roten Hause lag, einen Typhus überstanden, von dem sie sich noch nicht völlig erholt hatte. Immer müde, von Kopfschmerzen gepeinigt, lag sie den ganzen Tag im verdunkelten Zimmer auf dem Sofa. Ihre Schönheit hatte etwas Unirdisches bekommen, das Beethoven jedesmal von neuem ergriff. Fein, zart, zerbrechlich, schien sie dem Leben nicht mehr gewachsen. Die Erziehung ihrer vier kleinen Kinder und die Sorge um das große Haus mit dem Museum lasteten allzu schwer auf ihr und ließen sie oft beinah verzweifeln. Es gab nur e i n e n Menschen, an dem sie sich immer wieder aufrichtete. Trat Beethoven abends ins Zimmer, blickte sie in seine Augen, in denen noch das Glück des Schaffens leuchtete, dann fühlte sie, wie ein Strom von Kraft auf sie überging; dann war es ihr, als könne es keine Sorgen, kein Leid mehr geben. Setzte er sich an den Flügel und spielte ihr vor, was er seit dem letztenmal wieder geschaffen, dann gab seine Musik ihr etwas von Leonorens Mut und Kraft. Allmählich schwand ihre Schwäche; schließlich wurde auch der jahrelang unterbrochene Klavierunterricht wieder begonnen; die Herrlichkeiten einer neuen Sonate in C-Dur, die Waldsteinsonate, gingen ihr auf. Beethoven kam nun fast täglich; blieb er einmal aus, so war es für sie ein verlorener Tag. Sie hatte das Gefühl, daß sie ohne ihn nicht mehr leben könne, wieder versinken würde in Verzagtheit und Schwäche. Und er war glücklich, daß er dieser wunderschönen zarten Blume die Sonne sein durfte, die ihr Wärme, Kraft und Leben spendete. Und doch wußte er, daß diese Sonne einst ihre Kraft verlieren würde; denn drohend stand am Horizont die Wolke der Taubheit.
Im September 1805 hatte Beethoven die Oper beendet, und

die Proben konnten beginnen. Es war freilich eine Zeit, in der den Wienern der Sinn auf alles andre eher, denn auf Theater und Musik gerichtet war.

Die Höfe von Wien und Petersburg hatten sich mit England, das sich seit zwei Jahren wieder im Kriegszustand mit Frankreich befand, zu einem heimlichen Bündnis zusammengeschlossen. Napoleon hatte in Boulogne ein großes Heerlager versammelt, um, wie es schien, an der englischen Küste zu landen. In aller Stille begannen die verbündeten Landmächte den Vormarsch; ein österreichisches Heer rückte in Süddeutschland ein. Aber während man Napoleon noch in Boulogne vermutete, hatte er seine Truppen schon über den Rhein geworfen. Der österreichische General Mack ließ sich in Ulm einschließen und zu einer schmählichen Kapitulation bereitfinden. Die Franzosen rückten in Österreich ein, Wien war unbeschützt. Wer konnte, flüchtete. Josefine reiste mit ihren Kindern zu Verwandten. Es war ein schwerer Abschied. „Ludwig", sagte sie, „was soll aus mir werden ohne dich!" Sie lehnte ihren Kopf an seine Brust. „Ich bin so schwach! nur bei dir fühle ich mich stark. Sollte ich dich einmal ganz verlieren, ich weiß, dann muß ich sterben. Sag mir, daß ich bald wiederkomme, sag mir, daß wir uns dann ganz verbinden werden!"

„Josefine, wie könnte ich dir das sagen! Es wird einmal der Tag kommen, da werde i c h es sein, der Hilfe braucht. Denk an deine Kinder; sie brauchen wieder einen Vater; aber er muß gesund sein und fest im Leben stehen. Laß mich dein Freund bleiben, Josefine!"

Sie zog ihn an sich und weinte.

Am dreizehnten November rückten die Franzosen mit fliegenden Fahnen und klingendem Spiel durch das Burgtor ein. Eine Woche danach war die Uraufführung der Leonore. Der Zuschauerraum des Theaters an der Wien war halbleer; im Parterre und den Logen saßen französische Offiziere, auf der Galerie französische Soldaten. Nach den Aktschlüssen regte sich kaum eine Hand. Beethoven, der selber dirigierte, war tief verstimmt. An den beiden nächsten Tagen wurde die Oper vor fast leerem Hause wiederholt; dann zog er sie zurück.

ZWÖLFTES KAPITEL

Ohne sich durch die an der Oper erlittene Enttäuschung niederdrücken zu lassen, schritt Beethoven sogleich zu neuen Werken. Der Sommer 1806 wurde mit dem Klavierkonzert in G-Dur und den drei großen Streichquartetten gesegnet, die für den russischen Botschafter Rasumowsky, der Fürstin Lichnowsky Schwager, bestimmt waren.

Im Frühherbst reiste Beethoven nach Martonvasár, wo ihn Therese Brunsvik und ihr Bruder Franz erwarteten, der ihm längst ein lieber Freund geworden war.

Nach tagelanger heißer Fahrt auf sandigen Straßen zwischen ungeheuren Maisfeldern, auf denen still und schwer die Sonne brütete, tauchte der Schloßpark aus der unendlichen Ebene auf. Der Wagen fuhr durch das Dorf mit seinen niedrigen gelb und weiß getünchten Häusern, an spielenden Kindern, würdevollen Gänsen und grunzenden Schweinen vorbei; dann bog er von der Landstraße in eine Allee riesiger Akazien ein. Da lag breit hingestreckt, von hohen Bäumen beschützt, doch nicht bedrängt, das weiße zinnengeschmückte Schloß. Aus einem Kamin stieg blauer Rauch kerzengerade in den goldenen Abendhimmel; die lange Flucht der Fenster brannte im Widerschein der untergehenden Sonne.

Der Wagen rollte die Schloßrampe hinauf und hielt. Ein Bernhardiner, der vor dem Tor geschlafen hatte, erfüllte seine Wächterpflicht durch ein gemütliches Bellen. Ein Diener eilte herzu und öffnete den Schlag, Beethoven sprang aus dem Wagen. Da stand Gräfin Therese im Tor; ihr schönes Gesicht strahlte.

„Glücklich der Mann, den ein liebendes Weib heimkehrend erwartet", fuhr es ihm durch den Kopf.

Nun stand er vor ihr und hielt ihre Hand.

„Beethoven!" sagte sie in ihrem schönen reinen Deutsch, „lieb von Ihnen, daß Sie gekommen sind!"

Wie sie langsam und deutlich sprach! sie wußte also schon Bescheid.

„Lieb von Ihnen, daß Sie mich haben wollen!" entgegnete er. „Wie geht's in Martonvasár?"

„Alles ist wohlauf. Wir haben viel Arbeit. Das heißt: wir? Ich faulenze und lasse Mutter und Bruder schaffen."

„Mit dem Faulenzen wird es wohl nicht so gefährlich sein, oder ich müßte die immer tätige Therese nicht kennen. Was macht das Klavier?"

„Ich übe tüchtig. Bringen Sie Neues mit?"

„Allerhand, Therese."

„Was haben Sie alles Herrliches geschaffen, seit wir uns das letztemal gesehen haben!"

„Na ja, das ist nun auch eine ganze Weile her. Ich fange jetzt langsam an zu wissen, was komponieren heißt. Lachen Sie nicht! es ist mein voller Ernst. Wo steckt denn der Bruder?"

„Franz ist noch mit der Mutter auf dem Feld; wir sind mitten in der Ernte."

„Und die Frau Mama noch immer dabei? Eine fabelhafte alte Dame! Ich glaube, die überlebt uns alle. Aber sagen Sie, Therese, komm' ich euch da nicht recht ungelegen?"

„Sie werden halt in der Hauptsache mit mir vorliebnehmen müssen."

„Das sind ja schlimme Aussichten", sagte er vergnügt, „da werd' ich's wohl nicht lange hier aushalten. Na, Arpad, immer noch wohlauf?" begrüßte er den alten Diener.

„Unkraut vergeht sich nicht, Herr Baron!"

„Arpad", sagte Therese, „führ Herrn van Beethoven auf seine Zimmer. Um halb acht wird gegessen, wenn's Ihnen recht ist."

Zwei Zimmer im ersten Stock warteten auf den Gast. Schöne schlichte Nußbaummöbel, ein paar gute Bilder auf der grünseidenen Tapete waren Zeugen alter Kultur. Nahe dem Fenster stand ein Flügel von Streicher in Wien. Auf einem Bücherbrett entdeckte Beethoven seine Lieblinge: Homer, Shakespeare, Goethe. Auf dem Schreibtisch duftete ein großer Strauß dunkelroter Rosen; daneben lag ein Stoß Notenpapier und ein Bund Schreibfedern. Beethoven trat ans Fenster und blickte in den Park hinaus. Auf den Wipfeln der Bäume ruhte das zartgrüne Licht der Abenddämmerung. – Hier war freilich gut sein!

Er wusch sich, wechselte Wäsche und Kleidung und begab sich ins Speisezimmer. Graf Franz empfing ihn so herzlich wie einen Bruder. Auch die alte Gräfin freute sich über den Besuch des berühmten Freundes ihrer Kinder. Man begab

sich zu Tisch, und Beethoven erholte sich von den Strapazen einer ungarischen Reise. Graf Franz ließ seinen edelsten Wein auftragen, und man geriet bald in eine ausgelassene Stimmung, der sich auch die Mutter nicht entzog.
„Und wem verdankt ihr's", rief sie, „daß wir hier so gemütlich zusammensitzen? Mir! mir ganz allein! Wäre ich nicht damals mit den Mädchen die drei Treppen zu Herrn van Beethoven hinaufgestiegen, was dann? Graf Sereniy wohnte einmal drei Treppen hoch –"
„Dann wären wir eben allein zu Herrn van Beethoven gegangen!" lachte Therese.
„Das hättet ihr n i c h t getan, liebste Tesi! Nein, bitte, i c h habe mich geopfert! Und wie dann Herr van Beethoven in den Goldenen Greifen kam und die Lektionen ins Unendliche ausdehnte, da hab' ich mich w i e d e r geopfert! Arpad, noch ein Stück Truthahn! Mir wird immer noch ganz schwach, wenn ich daran denke! nie im Leben hab' ich solchen Hunger gehabt."
Beethoven brach in sein schallendes Lachen aus. „Ich war halt in euch alle drei verliebt, nur wußt' ich nicht, wer mir am besten gefiel, die Tesi, die Pepi oder die Mama!"
„Die Mama auch?" erwiderte die Gräfin. „Das glaub' ich! Ja, das waren noch glückliche Zeiten", fuhr sie fort und wurde ernst. „Was hat sich seitdem alles gewandelt! Mein süßes Jüngstes, meine Lotte, wir haben sie besucht bei ihrem Grafen Teleki. In eine wahre Einöde hat er sie geschleppt, mein armes Kind! Wissen Sie, was für ein Spruch über der Tür seines Arbeitszimmers steht? ‚Glücklich, wer allein lebt.' Was soll denn das heißen, lieber Teleki? frage ich. Der Spruch soll wohl die Schwiegermutter verscheuchen? – Die auch, sagt er. – Wen denn noch? – Jedermann! – Wie? auch Ihre Frau? – Selbstverständlich! – Ja mein Gott, warum hat der Mann denn geheiratet? Aber da sitzen zwei eingefleischte Junggesellen und denken wahrscheinlich im stillen, der Teleki hat ganz recht!"
Beethoven und Graf Franz beteuerten, daß sie auch nicht im Traume so etwas denken würden.
„Warum heiratet ihr dann nicht?" rief sie gereizt. „Es ist einfach Egoismus! Die Männer sind alle Egoisten! Tesi, wenn mal einer kommt und dich heiraten will, der Mann

muß mir erst einen heiligen Eid schwören, daß er nie einen solchen Spruch über sein Zimmer malen lassen will!"
„Zu dem Eid bin ich bereit!" rief Beethoven. „Übrigens, Exzellenz, wissen Sie nicht, daß ich eine Oper geschrieben habe: Die eheliche Liebe?"
„Ich dachte, sie hieße Fidelio?"
„Leonore oder die eheliche Liebe heißt sie!"
„Eheliche Liebe gehört schon nicht in den Untertitel, mein junger Freund! Sehen Sie, wie naiv Sie sich demaskieren? Ach, Kinder, ich bin heute zwölf Stunden im Sattel gesessen. Laßt euch nicht stören, ich gehe schlafen."
Als Beethoven am andren Morgen reichlich spät zum Frühstück auf der Terrasse erschien, waren Graf Franz und seine Mutter schon längst wieder draußen auf dem Felde. Therese hatte einen großen Korb mit Bohnen vor sich stehen, die sie für das Mittagsmahl herrichtete. Beethoven war in heiterster Stimmung. Nach der gewaltigen Arbeit der letzten Wochen sehnte er sich danach, einmal von ganzem Herzen faul zu sein, und so lag die Zeit in Martonvasár, im Kreise dieser lieben Menschen, vor ihm wie die grüne Wiese da draußen, auf der man sich hinstreckt und von der Sonne durchwärmen läßt im Gefühl seines guten Rechtes auf Nichtstun.
Nachdem er sich das Frühstück hatte schmecken lassen, ergriff er ein silbernes Tischmesser und schickte sich an, seiner Freundin zu helfen. Therese nahm es ihm lächelnd aus der Hand und reichte ihm ein kleines hölzernes Küchenmesser. Er gab acht, wie sie von den festen gelben Bohnen mit einem Schnitt und Ruck die Fäden entfernte; dann machte er sich selber ans Werk.
„Ich finde das viel schöner", sagte er nach einer Weile, „als Noten schreiben und sich die Finger mit der ekligen Tinte beschmieren. Als ich noch ein Kind war, da hab' ich's oft tun müssen, wenn die Mutter krank war. Ich hab' es noch ganz gut in den Fingern, wie Sie sehen. Einmal machte unsre Kapelle eine lange Fahrt zu Schiff, den Rhein hinauf. Da wurde ich zum Küchenjungen ernannt, bekam eine weiße Mütze auf den Kopf gestülpt und mußte auch Bohnen abziehen."
Therese ließ ihr Messer einen Augenblick ruhen und betrach-

tete ihn lächelnd. „Sie müssen kostbar ausgesehen haben!"
„Ich war damals sehr unglücklich. Ich war zum erstenmal verliebt. Es war auch eine Gräfin. Aber wie ich erst mal eine Schüssel Bohnen abgezogen hatte, da war mir schon viel leichter ums Herz."
„Das ist der Segen der einfachen Arbeit", erwiderte Therese, „die hilft am besten weg über trübe Gedanken."
„Kennen Sie die auch, Therese? In meiner Erinnerung lebten Sie immer als ein glücklicher Mensch!"
„Lieber Gott, wer ist wohl immer glücklich!"
„Drückt Sie ein Kummer, Therese?"
„Ein Kummer? Nein, das kann ich nicht sagen."
„Was dann? Haben Sie kein Vertrauen zu mir?"
„Beethoven, es gibt keinen Menschen, zu dem ich mehr Vertrauen hätte. Nun denn – ja, wie soll ich es ausdrücken! Mir fehlt – eine große Aufgabe. Ich möchte wirken, etwas Großes leisten im Leben, und weiß nicht, was. Und dann fehlt mir auch die Befähigung dazu, eine gründliche Bildung."
„Aber erlauben Sie mal, Therese!"
„Doch, Beethoven! Alles, was ich weiß und kann, ist Zufall. Wir haben unsren Vater früh verloren. Mama kümmerte sich eigentlich nur um die Landwirtschaft, war fast den ganzen Tag auf dem Felde. Ein paar Jahr hatten wir eine Gouvernante; in der Geographie fing sie bei Portugal an und kam glücklich bis Spanien. Dann waren wir uns selbst überlassen. Wir lasen, was uns in die Hände kam; ich lernte Klavierspielen, Singen, Malen – aber was half alle Energie, wenn die systematische Leitung fehlte! Mit zwölf Jahren kam ich in Pension nach Wien, aber das war auch nichts Rechtes. Seitdem sitz' ich in Martonvasár, ein Jahr vergeht um das andre, und das Leben, das noch vor einem liegt, wird immer kürzer. Ich möchte manchmal vergehen vor Tatendrang, ich möchte irgend etwas Großes, Nützliches unternehmen – und sitze hier und ziehe Bohnen ab!"
Sie sollte heiraten, dachte Beethoven. Aber das sprach er nicht aus. Therese war einunddreißig Jahre alt; es war so gut wie sicher, daß er da an schmerzliche Erinnerungen gerührt hätte.
„Was Ihre Unbildung betrifft, Therese", sagte er endlich,

„so trösten Sie sich nur mit mir. Oder vielmehr: im Vergleich zu mir sind Sie der größte Gelehrte."
„Ja, aber Sie sind Beethoven! Sie haben schon so Großes geschaffen, und werden noch Größeres schaffen! Wie beneide ich Josefine! Die weiß mit ihren vier Kindern, wofür sie lebt. – Aber ich habe wohl kein Recht, mich zu beklagen. Unzähligen Mädchen wird es gewiß nicht anders gehen. Nur – es ist eben nicht eine wie die andre. So! jetzt hab' ich Ihnen genug vorgejammert. Wollen Sie mich für eine halbe Stunde entschuldigen? ich muß in die Küche. Nachher zeige ich Ihnen unsren Park." Sie nahm ihre Bohnen, nickte dem Freunde zu und ging.
Beethoven stand auf, schritt die Treppe in den Garten hinab und setzte sich auf eine Bank neben dem kleinen Springbrunnen. Während er dem Steigen und Fallen des Wassers zusah, ließ er sich durch den Kopf gehen, was er soeben gehört hatte. Natürlich hätte Therese heiraten müssen. Wenn sie es nicht getan hatte, so war eben der Richtige noch nicht gekommen. Zu einer Allerweltsehe mit irgendeinem Landedelmann konnte eine Therese Brunsvik sich natürlich nicht entschließen. Leonore! schoß es ihm durch den Kopf. Ja, Therese war seiner Leonore verwandt! – War sie die Frau, nach der er sich sehnte? Er verglich sie mit ihrer schönen Schwester, an der jeder Zug süße Weiblichkeit war; – mit ihrer Kusine Julie. Was körperliche Schönheit betraf, konnte Therese mit beiden den Vergleich nicht aushalten. Aber sie besaß etwas, das ihnen fehlte: jenen Zug stiller Größe, jene Verwandtschaft mit der Leonore, die ihm soeben aufgegangen war und ihm längst als das Wesentliche galt an einer Frau, die ihm Gefährtin sein könnte. Auch Gefährtin eines Tauben? Ja! auch die eines Tauben! Solcher Heroismus, zu dem Julie nie, Josefine wohl kaum die seelische Kraft aufgebracht hätte – Therese war seiner fähig! Je schwerer sich sein eigenes Schicksal gestalten, je mehr die zunehmende Taubheit eine Scheidewand zwischen ihm und den Menschen errichten würde – desto mehr würde ihre Liebe wachsen, desto mehr würde sie ihm alles das zu ersetzen suchen, wovon ihn das Schicksal ausschloß; – ganz Opferbereitschaft – ganz hingebende Liebe!
Was für Unsinn phantasierte er da zusammen! Sie liebte

ihn ja gar nicht, hatte die ganzen Jahre wahrscheinlich kaum an ihn gedacht!
Da kam sie die Treppe herunter. Sie trug ein schlichtes weißes Morgenkleid und sah jung und schön aus. Fast so schön wie ihre Schwester.
„Wie Sie Josefine ähnlich sehen!"
Sie bemerkte seinen bewundernden Blick und wurde ein wenig rot. „Nun, Beethoven, wie wär's mit einem Spaziergang durch den Park?"
Er stand auf und bot ihr den Arm. Schön war es, so mit ihr dahinzuschlendern.
„Als mein Großvater Martonvasár übernahm", erzählte Therese, „da war es eine Wüste. Auf achttausend Joch Land stand ein einziger Baum. Wie herrlich das gewesen sein muß, so aus dem Nichts heraus zu schaffen! Etwa so, wie wenn Sie eine Symphonie dichten. Zuerst sind es nur Blätter mit lauter leeren Linien, und schließlich ist es etwas, das den Menschen noch nach Jahrhunderten wohltun wird!" Sie blieb stehen und reichte ihm die Hand.
„Was wird nun Ihr nächstes Werk?" fragte sie im Weitergehen.
„Ich weiß es noch nicht. Vielleicht wieder eine Symphonie – vielleicht ein Violinkonzert."
„Wahrscheinlich beides und noch ein drittes dazu!"
„Auch möglich, Therese."
„Es ergreift mich oft so seltsam", sagte sie, „wenn es mir bewußt wird, wie jeder eine Welt für sich ist. Schon bei ganz einfachen Menschen fühl' ich das oft so stark, daß es mich schaudert. Ein Bauer steht neben mir, und ich denke: das bin ich, und das ist er. Der denkt jetzt Gott weiß was: daß seine Hühner gut oder schlecht legen, oder wann seine Kuh kalben wird – vielleicht denkt er auch ganz etwas andres, und ich weiß es nicht! Und er weiß nicht, was ich denke. Und nun erst bei Ihnen! Daß aus Ihrem Kopf Ihre Werke hervorgegangen sind! daß Sie vielleicht grade jetzt wieder an ein neues Werk denken, daß dies alles in Ihrem Kopf beschlossen liegt, und ich weiß es nicht! Daß Sie Beethoven sind, und ich gehe dicht neben Ihnen und bin Therese Brunsvik! Ganz unheimlich ist das! So isoliert, so ganz für sich ist jeder Mensch!"

„Solang er hören kann, was man zu ihm spricht", entgegnete er, „mag es wohl nicht so schlimm sein."
Therese erschrak.
„Aber wenn ich denke", fuhr er fort, „es kommt einmal die Zeit, da ich nicht mehr hören werde, was man zu mir spricht – oder vielmehr, da niemand mehr zu mir sprechen wird, weil ich nicht mehr höre –"
„Beethoven, die Zeit wird nie kommen!"
„Doch, Therese, sie wird kommen! unfehlbar wird sie kommen! Dann werde ich wirklich ganz isoliert sein, ganz für mich, ganz einsam!"
Therese schwieg. Er fühlte, wie ihr Arm leise zitterte.
„Beethoven!" sagte sie plötzlich, „Sie müssen heiraten! Sollte es wirklich einmal so kommen, dann dürfen Sie nicht allein sein!"
„Wer wird einen Mann heiraten, der taub wird!"
„Wenn die, die Sie lieben, auch Sie liebt, dann wird sie davor nicht zurückschrecken! Im Gegenteil! glücklich wird sie sein in dem Bewußtsein, Ihnen helfen zu dürfen, daß Sie den Mut nicht verlieren, daß Sie weiter schaffen!"
Ein Strahl der Hoffnung war bei ihren Worten in seine Seele gedrungen. Er sah sie an: ihr Blick war voll Güte und Freudigkeit, aber fest und ruhig. Er begriff, sie hatte nicht im entferntesten an sich selber gedacht.
„Nun, Therese, warten wir es ab. Noch liegt das alles ja in einiger Ferne. Noch hör' ich! Da, die Amsel oben im Baum! ich höre, wie sie pfeift:

Was für ein entzückendes Motiv! Das wäre was für den letzten Satz des Violinkonzertes! Warten Sie einen Augenblick!"
Er holte ein Notizbuch hervor und schrieb die paar Noten auf.
„Sehen Sie, Therese", sagte er im Weitergehen, „es gibt noch so viele andre Stimmen, die mir lieb sind: die Stimmen der Vögel, des Wassers, der Bäume, wenn sie rauschen im Sturmwind. Auch darauf werd' ich verzichten müssen."

Sie wußte nichts zu entgegnen. Schweigend gingen sie eine Weile nebeneinander her. Da fing Beethoven an, leise vor sich hin zu brummen. Er blieb wieder stehen und schrieb etwas auf.
„So! jetzt hab' ich's!" sagte er vergnügt. „Ein reizendes Thema! ein richtiges Rondothema! Jetzt haben wir genug von traurigen Dingen geschwatzt! Die Welt ist ja so schön! Noch höre ich! Und manchmal denk' ich: vielleicht hat der liebe Gott doch noch ein Einsehen und sagt zu meiner Krankheit: Halt! bis hierher und nicht weiter! Und wenn er's n i c h t sagt – meine Schaffenskraft wenigstens wird er mir nicht nehmen!"
Der Weg weitete sich zu einem runden Platz, der ringsum mit jungen Linden bepflanzt war. Therese blieb vor einem besonders schönen kräftigen Baum stehen, der seine Äste frei nach allen Seiten entfaltet hatte.
„Das sind Sie, Beethoven!"
„Was meinen Sie damit, Therese?"
„Die Linden hab' ich gepflanzt. Sie bedeuten uns Geschwister und ein paar auserlesene Menschen, die wir lieb haben. Hier sitz' ich gern und habe mich schon oft mit Ihnen unterhalten. Wenn ich etwas Neues von Ihnen kennenlerne, dann geh' ich zu dem Baume und bedanke mich. Er hat mich auch schon oft getröstet, wenn ich des Trostes bedurfte. Finden Sie das dumm? Natürlich war es Ihre Musik, die mich getröstet hat. Kraft und Mut hab' ich daraus geschöpft, o wie oft schon! Aber solch ein Baum, ein lebendes Wesen, mit dem spricht sich's doch besser als mit Noten; er ist wie ein Mensch."
Sie lehnte sich an den Stamm und umschlang ihn.
„Wann haben Sie ihn gepflanzt?"
„Vor sechs Jahren, als wir nach Josefinens Verlobung von Wien zurückgekehrt waren."
„Solange bedeute ich Ihnen schon etwas?"
„O schon viel länger! seit ich die erste Note von Ihnen gespielt habe!"
Beethoven seufzte leise. Sie liebte eben doch nur seine Musik.
„Was ist denn aber das für ein armes Bäumchen?"
„Das ist ein Freund von mir, ein junger Offizier."
„Es scheint etwas schwach veranlagt!"
„Ja, es will nicht recht wachsen."

Beethoven lächelte befriedigt und konnte es sich nicht versagen, als sie weitergingen, dem Bäumchen zum Abschied einen leichten Stoß mit dem Ellbogen zu versetzen. Therese hatte es nicht bemerkt. Die Augen gesenkt, ein leises Lächeln um den Mund, schritt sie schweigend dahin.
„Nun, es wird schon noch wachsen", sagte sie endlich.
„Wer wird wachsen?" fragte er erstaunt.
„Das Bäumchen." Dann schwieg sie wieder. Auch Beethoven sagte nichts. Das Amselthema hatte ihn gepackt, er spann es in Gedanken weiter. Bei einer Bank auf einer kleinen Anhöhe blieb er stehen.
„Das wäre ein Platz für mich, Therese! Der schöne weite Blick über Park und Teich! Nehmen Sie mir's übel, wenn ich jetzt arbeiten möchte?"
„Aber, Beethoven, Sie sind doch gekommen, um auszuruhen!"
„Kann ich's ändern? Es arbeitet in mir, dagegen kann ich nichts machen."
„Haben Sie denn genug Schreibzeug bei sich?"
„Nicht ohne meine Fahne darf ich kommen, sag' ich mit der Jungfrau von Orléans." Und er holte sein Skizzenbuch und einen dicken Bleistift aus der Tasche.
„Dann wär's ja ein Verbrechen, wollt' ich Sie stören. Auf Wiedersehen, Beethoven! kommen Sie zum Essen, wann Sie wollen!"
„Wenn aber die Bohnen zerkochen?"
Sie lachte, reichte ihm die Hand und ging. Er sah ihr nach. wie sie dahinschritt und endlich im Grünen verschwand. Dann hatte die Amsel das Wort.

Schöne glückliche Zeit in Martonvasár! Der erste Morgengruß von den Lippen eines lieben Mädchens. Eine Stunde nahen Beisammenseins mit ihr auf der Terrasse beim Frühstück. Dann hinaus in den kühlen schattigen Park zur Arbeit, zur gesegneten herrlichen Arbeit.
Mein Violinkonzert! Wie gelingt mir wieder alles so glücklich! Wie im Eingang die Sologeige lange schweigt und das Orchester sich erst einmal aussprechen läßt, aber dann selber das Wort ergreift mit ihren majestätischen Oktaven, während alle Instrumente verstummen und ihrer Königin zuhören! Wie sie sich dann hinaufschwingt in selige Höhen und

mit ihren glitzernden Läufen die Melodien des Orchesters umrankt! Wie geigenmäßig ist das alles! Woher hab' ich das? bin doch auf der Geige nur ein schwacher Dilettant. Mein Larghetto! mein geliebtes Larghetto! Wenn ich einmal taub sein werde und unglücklich, dann sollst du mir sagen, daß ich auch einmal glücklich gewesen bin. Und du, mein Rondo, so lustig und leicht wie die Amsel, die mir dein Thema zugetragen hat – werd' ich mich nicht einst sehnen nach der Zeit, wo ich solcher Freude noch fähig war? Mein Gott, ich danke dir, daß ich es noch bin!
„Therese", sagte er eines Morgens beim Frühstück, „das Violinkonzert ist fertig – natürlich nur im Entwurf. Die Ausarbeitung spar' ich mir für Wien."
„Sind Sie zufrieden?"
„Es ist wohl mein glücklichstes Werk. Nun gehör' ich wieder Ihnen – auf ein paar Tage."
„Nur auf ein paar Tage?"
„Sie hatten recht mit Ihrer Prophezeiung. Es wird wirklich mal wieder beides. Jetzt kommt die Symphonie an die Reihe."
Schöne Tage der Ruhe! Beethoven lag oft stundenlang auf dem Rasen in der Sonne, so daß sein Gesicht bald die Farbe des Kupfers annahm; oder er begleitete Franz Brunsvik und seine Mutter zu Pferde hinaus auf die Felder und ließ sich von der alten Dame in die Geheimnisse der Landwirtschaft einweihen. Abends nach dem Essen wurde meistens musiziert; er spielte vierhändig mit seiner Freundin, oder Cellosonaten mit ihrem Bruder. Aber das Schönste waren doch die Spaziergänge an Theresens Seite in dem Park.
Therese wurde ihm von Tag zu Tag lieber, und er begriff jetzt nicht, wie er sie in Wien neben ihrer Schwester fast hatte übersehen können. Ihre ruhige Würde, die er damals wohl für Kälte genommen, war nur der sichtbare Ausdruck ihrer großen Seele, die sich ihres Wertes und ihrer Pflichten bewußt war. Was sie manchmal unruhig erscheinen ließ und ihr reines stilles Bild trübte, das war wohl nichts weiter, als der Mangel einer großen Aufgabe, wie sie ihrem Geist und Herzen angemessen war. Was für schöne Worte hatte sie neulich gefunden, als sie von der Frau sprach, die glücklich sein würde in dem Bewußtsein, ihm zu helfen, daß er das Leben

ertrage, daß er weiter schaffe! Warum kam es ihr nicht in den Sinn, sie selber könne zu dieser Aufgabe berufen sein? Sie liebte ihn wohl nicht. Oder – wartete sie auf ein erstes Wort von ihm? Geduld! die Zeit war eben noch nicht gekommen. Aber die Hoffnung blieb ihm, und die Welt wurde ihm mit jedem Tage schöner.

Eine neue Symphonie war in sein Bewußtsein getreten. Noch harrte die Schicksalssymphonie der Vollendung. Doch Martonvasárs selige Stille schien mit einem weiten hohen Wall umfriedet, an dem die Wogen der C-Moll-Symphonie vergeblich brandeten. So ward ein anderes Werk die Nachfolgerin der Eroica. Die Vierte Symphonie ward ein tiefer Traum von reinem Glück.

Beethoven hatte dem Fürsten Lichnowsky versprochen, ihn von Ungarn aus auf seinen schlesischen Gütern zu besuchen; doch er schob die Abreise immer wieder hinaus. Der Entwurf zur Vierten Symphonie war beendet; nun konnte er sich wieder seiner Freundin widmen und hoffte jeden Tag von neuem, es möchte zu einer Aussprache kommen.

Als er eines Morgens auf der Terrasse erschien, traf er Therese, wie gewöhnlich auf ihn wartend. Vor ihr auf dem Tisch lag ein geöffneter Brief. Als sie ihm den Kaffee einschenken wollte, zitterte ihre Hand so stark, daß sie die Kanne wieder hinstellte.

„Nun, Therese? doch hoffentlich keine schlechte Nachricht erhalten?"

Sie sah ihn an und lächelte: „Nein! eine gute!"

„Darf ich's wissen?"

„Der Brief ist von dem Freunde, von dem ich Ihnen erzählt habe."

„Sie mir erzählt? Ach! das Bäumchen, das nicht wachsen will?"

„Es wird schon noch wachsen. Also, Beethoven, ich werde mich verloben!"

Hatte er recht gehört?

„Er ist ein junger Offizier, der uns öfters besucht hat. Als er nun ins Feld mußte und Abschied nahm, da sagten wir es uns, daß wir uns gern hätten."

„So, so! ganz recht!"

„Fest versprochen hatten wir uns noch nicht; aber nun

schreibt er, bei ihm habe sich nichts geändert, und wie es bei mir aussähe."
„Nur weiter! ich verstehe schon."
Sie sah ihn erstaunt an. „Freut Sie's gar nicht, Beethoven?"
„Aber natürlich, Therese! außerordentlich! Nun, da haben Sie ja die Lebensaufgabe, nach der Sie sich sehnen!"
„Ja, das hab' ich!" rief sie freudig. „Ich bin etwas älter als er, aber das ist grade gut, denn er ist noch etwas – unstet, und braucht eine Frau, die ihn ein wenig bemuttert."
„Eine schöne Aufgabe für Therese Brunsvik!"
„Beethoven! kann es für eine Frau Höheres geben, als einem Manne alles sein zu können?"
„Sie haben recht, Therese. – Ja, nun muß ich mir meinen Kaffee wohl selber einschenken."
Am Nachmittag teilte er seiner Freundin mit, daß er den Fürsten Lichnowsky, dem er tausendfach verpflichtet sei, nun nicht länger warten lassen dürfe und morgen abreisen wolle.
„Muß das sein?" fragte sie.
„Ja, Therese, es muß sein."
„Gut, dann will ich kein Wort dagegen reden, und wenn Sie fort sind, mich auf den nächsten Sommer freuen, denn dann müssen Sie wiederkommen!"
Der letzte Spaziergang mit Therese.
Sie hatten den Park verlassen und waren hinausgewandert in die unendlichen Felder. Die Sonne näherte sich dem Horizont und ruhte als ein riesiger glutroter Ball eine Weile auf dem Rande der Erde. Die beiden blieben stehen und schauten zu, wie sie langsam dahinsank.
„Auf Wiedersehen!" sagte Therese, als das letzte Stück glühenden Purpurs verschwunden war, und ergriff Beethovens Hand.
„Auf Wiedersehen, Therese!"
Die Glut des Himmels verblaßte allmählich; ein zartes grünes Licht tastete sich über Himmel und Erde; in zitternder Scheu erschien Stern um Stern.
„Wir müssen umkehren", sagte Therese, „sonst kommen wir in die Nacht hinein."
Sie wandten sich heimwärts. Vor ihnen in einiger Entfernung brannte ein großes Feuer. Als sie näher kamen, sahen sie

einen Trupp Zigeuner, die sich um die Flamme gelagert hatten. Sie sangen eine schwermütige Weise, getragen von den dumpfen abgerissenen Tönen einer Laute; ein uraltes Klagelied, fremdartig in seinen Harmonien, heimatlos. Müde und stumpf schleppte es sich dahin, auf und ab, ohne Zweck, ohne Ziel. Drohend schwollen zum Schluß die Töne der Laute an, wurden leiser, verklangen in die Nacht.
Sie schritten fort aus dem Lichtkreise des Feuers, begleitet von stumpfen Blicken aus braunen gleichgültigen Gesichtern.
Das Abendessen verlief ziemlich schweigsam; auf allen lastete der Abschied.
Die Geschwister hatten Beethoven schon mehrmals gebeten, ihnen seine F-Moll-Sonate zu spielen; er sei nicht in Stimmung, hatte er immer geantwortet. Nun erbot er sich selber dazu. – –
Er hatte geendet.
Therese saß in ihrem Sessel zurückgelehnt; ihr Gesicht war weiß wie Marmor. Franz Brunsvik stand plötzlich auf und verließ den Saal. Leise tönte das Ticken der Uhr durch das Schweigen. Endlich erhob sich Therese und drückte Beethoven die Hand.
„Was ist mit Franz?" sagte er nach einer Weile. „Ich will nach ihm sehen."
Er trat in sein Zimmer ein. Da saß er, das Tuch gegen die Augen gepreßt.
„Franz! Was sind mir das für Sachen!"
Franz Brunsvik warf sich ihm an die Brust. „Mensch!" flüsterte er, „Mensch!"
„Komm, Franz! sei ein Mann! deine Schwester hat nicht geweint! Musik soll dem Manne Feuer aus dem Geist schlagen, aber kein Wasser! Die Sonate wird dem Grafen Franz von Brunsvik gewidmet! aber nur, wenn er mit der Flennerei aufhört! So! das ist recht! Nun ist sie dein für alle Zeiten! Und jetzt komm zu deiner Schwester zurück!"
„Ich kann nicht! Laß mich allein! Gute Nacht, Bruder!"
Im Musiksaal traf Beethoven nur den alten Diener, der ihm mitteilte, Gräfin Therese ließe sich entschuldigen, sie sei schlafen gegangen. So begab sich auch Beethoven auf sein Zimmer. Bei Therese sah er noch Licht. Jetzt schreibt sie an ihren Verlobten, dachte er.

Aber Therese schrieb nicht. Sie kniete vor ihrem Bett und schluchzte.

*

Beethoven setzte sich ans Fenster und blickte in den Park hinaus, über den der Mond sein mildes Licht breitete. Es herrschte Totenstille.
Ihm war traurig zum Sterben. Seine Leonore – dahin, dahin! Nie würde er die Gefährtin finden! Einsam wie bisher mußte er weiter wandern – einsam und heimatlos wie die Zigeuner der Pußta. Er hörte wieder ihre traurige Weise, hörte wieder die dumpfen müden Töne der Laute. Plötzlich stand er auf, entzündete die Schreibtischlampe, nahm ein Notenblatt und begann zu schreiben. Als der Morgen graute, hatte er den langsamen Satz zum C-Dur-Quartett geschaffen, auf den er solange gewartet hatte.
Am Morgen hielt der gräfliche Reisewagen vor dem Schloß. Der Abschied wurde Beethoven unendlich schwer; aber mit keiner Miene verriet er, was in ihm vorging. Als der Wagen in die Landstraße einbog, wandte sich Beethoven noch einmal zurück. Da stand Therese; ihre weiße Gestalt schimmerte aus dem dunklen Grün der Bäume. Sie winkte ihm. Ich darf nicht Mensch sein wie andre Menschen, dachte er. Für mich gibt es kein Glück mehr als in mir selbst, in meiner Kunst. Mir bleibt nur noch mein Werk!

Dreizehntes Kapitel

Der Krieg zwischen Preußen und Frankreich war ausgebrochen. – Kaum war Beethoven auf Lichnowskys Schloß Grätz in Schlesien angelangt, da kam die Kunde von dem Heldentod seines Freundes, des Prinzen Louis Ferdinand – von der Katastrophe bei Jena und Auerstädt. Nicht lange danach wälzte sich ein Teil des französischen Heeres nach Schlesien, grade auf die Troppauer Gegend zu. Beethoven wäre gern abgereist; aber da Lichnowsky sein Besitztum nicht herrenlos dem Feinde preisgeben wollte, so blieb auch er.

Eines Tages nahm ein Divisionsstab auf dem Schloß Quartier, und nun saß Beethoven zu seiner stillen Wut bei Tisch neben feindlichen Offizieren. Schon am zweiten Abend nahte das Verhängnis.

Man hatte vorzüglich gespeist und wollte gern Musik hören. „Wir wären untröstlich", sagte der französische General, „wenn wir aus diesem gastlichen Hause scheiden müßten, ohne den weltberühmten Beethoven gehört zu haben, mit dem uns unser Glücksstern so unerwartet zusammengeführt hat."

„Ich bedauere", entgegnete er, „Ihren Wunsch nicht erfüllen zu können. Vor Feinden meines Vaterlandes spiele ich nicht."

„Pardon, Herr van Beethoven: sind Sie Preuße?"

„Ich bin Deutscher."

„Wir führen aber nur mit Preußen Krieg! das halbe Deutschland ist ja mit uns verbündet! Darf ich fragen, welcher Staat das Glück hat, Sie seinen Bürger zu nennen?"

„Ich stamme aus Bonn."

„Aus Bonn am Rhein? Nun, dann sind wir ja Landsleute! Bonn ist doch französisch!"

„Unverschämtheit!" sagte Beethoven auf deutsch zu Lichnowsky.

„Beethoven! ich bitte Sie inständigst! Nehmen Sie Rücksicht auf uns!"

„Herr General! Bonn wäre französisch? Bonn ist deutsch! Bonn wird deutsch bleiben, und wenn Ihr Kaiser selber dort seine Residenz errichtet!"

„Das wird er schwerlich tun", erwiderte der General. „Aber wie dem auch sei – Kunst ist international! Herr van Beethoven, lassen Sie mich keine Fehlbitte tun!"

„Was ich gesagt habe, das habe ich gesagt. Guten Abend, meine Herren!" Er erhob sich und ging auf sein Zimmer. Der Fürst folgte ihm auf dem Fuß. „Lieber Beethoven, was haben Sie da gemacht! In welche Lage bringen Sie mich! Es sind doch schließlich meine Gäste!"

„Ungeladene Gäste!"

„Immerhin meine Gäste! Ich bitte Sie inständigst, machen Sie diesen faux pas wieder gut!"

„Auch ich bin Ihr Gast! Ich muß bitten, Fürst, mir keine Belehrungen über mein Benehmen zu erteilen!"

„So war es ja nicht gemeint!"
„Wieso nicht gemeint? Sie stellen mich als einen Flegel hin!"
„Es fällt mir ja gar nicht ein! Ich begreife Sie ganz gut, aber man muß doch auch einmal ein Opfer bringen können!"
„Vor Feinden meines Vaterlandes spiele ich nicht!"
„Beethoven! Sie müssen mir den Gefallen tun!"
„Ich spiele nicht!"
Der Fürst war ganz blaß geworden. „Also gut! wie Sie wollen. Dann muß ich Sie aber bitten, hinfort die Mahlzeiten auf Ihrem Zimmer einzunehmen, bis die Herren wieder abgerückt sind."
Beethoven wurde kreideweiß. „Was! mir Stubenarrest geben? mich einsperren? Fürst! wissen Sie nicht, wer ich bin? und wer Sie sind? Fürsten hat es zu Tausenden gegeben und wird es noch zu Tausenden geben; Beethoven gibt es nur einen!"
Der Fürst zuckte die Achseln und ging. Beethoven packte seine Handtasche und verließ das Schloß. Es war eine kalte Nacht und regnete in Strömen. Nach langem, mühseligem Marsch langte er naß und durchfroren in Troppau an, klopfte den Leibarzt des Fürsten heraus und bat um Nachtquartier. Am andren Morgen nahm er Extrapost nach Wien.
Das erste, worauf sein Blick fiel, als er seine Wohnung betrat, war Lichnowskys Büste, die der Fürst ihm einmal verehrt hatte; etwas verstaubt blickte sie von einem Schrank ernst und freundlich auf ihn herab. Er hakte den Griff seines Spazierstockes um ihren Hals, und mit einem gewaltigen Krach lag sie zertrümmert auf dem Boden.

*

Voll leidenschaftlicher Spannung verfolgte Beethoven die kriegerischen Ereignisse im Norden. Rußland kam Preußen zu Hilfe. Oh, wenn sich jetzt Österreich erhöbe! Aber Österreich rührte sich nicht. Es schien sich in sein Schicksal ergeben zu haben, das ihm vor einem Jahr im Preßburger Frieden auferlegt war. Es kam die Zeit von Deutschlands tiefster Erniedrigung, der Verzweiflung an sich selbst.
Da sang Beethoven den Deutschen sein Lied vom Sieg des Willens über das Schicksal.
Zurück zur C-Moll-Symphonie! zurück noch einmal in die

gespenstische Welt des Scherzos! Noch einmal tönt des Schicksals Stimme aus dem ersten Satz, verhallt in die Nacht. Das Chaos ist da, das Grauen. Da reckt sich der Meister. Er packt die Nachtgespenster, er reißt sie empor aus der Tiefe, immer höher – die Sonne geht auf, und ein Triumphlied hebt an, vor dessen Jubelsturm alles Dunkle, alles Trübe in Nichts zergeht.

*

Der Mai war gekommen, Beethoven zog wieder hinaus aufs Land nach seinem lieben Heiligenstadt, und schon begann es wieder in ihm zu klingen – ein Danklied an den Schöpfer, der ihn zu dem gemacht hatte, der er war, und der auch die ganze schöne Welt geschaffen hatte, die Wälder und Wiesen und Bäche, die Tiere des Waldes und die Vögel unter dem Himmel. Ländliche Symphonie – ein Idyll nach dem Drama der Fünften Symphonie – ja, danach war es Beethoven jetzt zumute.
Das Skizzenbuch in der Tasche, trat er schon mit Sonnenaufgang vor sein Haus. Stille, Friede ringsum! Auf den Blättern lagen noch dicke Tautropfen. Er nahm ein Blatt an die Lippen und ließ die frische Kühle darüberfließen. Die Heiligenstädter Bauern schliefen noch; nur die Hähne waren schon wach und begrüßten den Tag.
Beethoven schritt über den stillen Marktplatz und rief im Vorbeigehen dem hölzernen Sankt Michael, der mit dem Federbusch auf dem Helm und der Lanze in der Hand Posten stand, einen Guten Morgen zu; dann schlug er den Weg zu seinem geliebten Wiesengrund ein. Bald war er am Ziel. Das Gras glänzte, die Wipfel der mächtigen Ulmen ragten still und dunkelgrün. Finken schmetterten ihren Fanfarenruf; und der Bach floß so rein dahin, als sei er eben erst aus des Schöpfers Hand hervorgegangen. Hier und da hemmten moosbewachsene Steine seinen Lauf und zwangen ihn, sich in winzigen Wasserfällen den Weg zu suchen. Wie schön war das alles!
Die Sonne war höher gestiegen und trocknete schon das Gras vom Tau. Dicht am Rande des Baches legte Beethoven sich in das Grün und schaute voll seligen Friedens empor zum Himmel. Eine weiße Wolke zog einsam durch das Blau. So

zog seine Seele dahin durch den unendlichen Raum, zu Gottes Thron, zu dem All-Schöpfer, dem All-Erhalter, willig ihm zu dienen, ihn zu preisen, der ihm Herz und Seele gefüllt mit Musik. Lange lag er so, durchströmt von dem seligen Gefühl, eins zu sein mit Gottes Schöpfung; – Geschöpf und Schöpfer zugleich.
Er öffnete sein Skizzenbuch und las das Eingangsthema des ersten Satzes, und mit einem Schlage standen ihm wieder die Empfindungen vor der Seele, die ihn erfaßten, als der Postwagen ihn hinausgeführt aus dem großen lauten Wien auf sein geliebtes Land:
Noch ist es früher Morgen; leichte Nebelschleier liegen über den Wiesengründen; alles ist still. Doch allmählich erwacht das ländliche Leben – Vogelruf, Grillengezirp, Herdenglocken, Hummelgesumm. Das Gras auf den Wiesen, das Korn auf den Feldern scheint mitzuschwingen, mitzuläuten. Der frühe Wanderer bleibt stehen und lauscht; am Rande eines Kornackers legte er sich ins Gras und schließt die Augen. Die warme Sonne scheint auf ihn herab; es ist alles wie ein Traum. Die Bäume singen mit und die Hügel und die Wälder; ein großer stiller Chor der ganzen Schöpfung. –
Die Sonnenstrahlen zeichneten zitternde Lichtkreise auf den Wellen, Blumen und Gräser drängten durstig hinab zu der feuchten Kühle, Libellen huschten hin und her. Eine Goldammer flog herbei, trank zierlich und zwitscherte dann ihren lustigen gebrochenen G-Dur-Akkord. Voll inniger Freude, daß er sie hören konnte, blickte Beethoven zu ihr hin. Dies Motiv, so naturfrisch und doch so lieblich stilisiert, das mußte er verwenden! die Goldammer hatte mitkomponiert.
Was würden aber seine braven Kunstrichter sagen, wenn er Vogelstimmen herausklingen ließ aus seiner „Szene am Bach"? Musik soll doch nicht malen! Aber er malte ja nicht! Vogelgezwitscher w a r doch Musik! Musik war auch das Murmeln des Baches; und Musik war auch der Bauerntanz in der Mitte des dritten Satzes, der ein lustiges Zusammensein der Landleute schildern sollte, wie Beethoven es von seinen Sonntagswanderungen kannte und liebte. Besonders eine Bauernkapelle hatte es ihm angetan, die im Gasthause ‚Zu den zwei Raben' in Mödling zu spielen pflegte. Er sah sie ordentlich vor sich, seine sieben Kunstbrüder, wie sie, ihr

Schöppchen Wein zu Füßen, inmitten des tanzenden, jubelnden, kreischenden Volkes dasaßen, unerschüttert wie ein Fels in der Brandung, und mit todernsten Gesichtern ihre Weisen spielten; wie einer mal sein Instrument sinken ließ, um einen Schluck zu tun, ein andrer einnickte, dann wieder, noch halb im Schlaf, ein paar Striche auf der Geige tat oder ein paar Töne blies, ganz aufs Geratewohl, meistens im Takt und der richtigen Tonart, mitunter auch nicht. Und Musik war auch das Gewitter, das dem fröhlichen Treiben plötzlich ein Ende macht, mit seinem immer näher kommenden Donnergegroll, mit aller Pracht seiner Blitze, des Sturmes, des strömenden Regens. Ferner und ferner verhallt der Donner, der Himmel klärt sich auf, und aus Geigen und Klarinetten steigt eine innige Musik empor: Hirtengesang, frohe und dankbare Gefühle nach dem Sturm. Ein großer Lobgesang, emporschwebend zum Throne Gottes, des Schöpfers, der alles so schön gemacht hat, so schön!

*

Bald nach Beendigung der Pastoralsymphonie erhielt Beethoven einen Ruf als Erster Kapellmeister nach Kassel an den Hof des Königs Jérôme von Westfalen.
Er sehnte sich schon lange nach einer festen Anstellung, die ihn der Sorge um das tägliche Brot enthoben hätte. Vor zwei Jahren hatte er sich um einen Kapellmeisterposten bei der Hofoper beworben; aber sein Gesuch war nicht einmal beantwortet worden. Der Kaiserliche Hof, der eine ganze Anzahl kleinerer Talente mit festen Anstellungen stützte, hatte für Beethoven nichts übrig; auch die Bemühungen des jungen Erzherzogs Rudolf, den er seit einiger Zeit unterrichtete, waren an der hoffnungslosen Gleichgültigkeit seines kaiserlichen Bruders gescheitert. So war Beethoven noch immer in der Hauptsache nur auf Verlegerhonorar angewiesen, lebte eigentlich von der Hand in den Mund. Was sollte werden, wenn seine Schöpferkraft einmal nachließ, wenn er alt wurde? Zwar sein Bruder Apotheker meinte: „Wenn ich Beethovens Kompositeur wäre, dann schwämme ich in Millionen!" Aber leider fehlten ihm die geschäftlichen Anlagen seines Bruders; das Schachern mit seinen Werken war ihm unendlich zuwider. In Kassel bot man ihm ein schönes Gehalt; dafür

sollte er keine anderen Pflichten haben, als die Kammerkonzerte des Königs zu leiten, die kurz und selten waren; – dieser „König Lustik" mußte ein seltsamer Musikenthusiast sein!

Trotzdem dachte Beethoven nicht ernstlich daran, den Ruf anzunehmen. Aber die Sache hatte doch ein Gutes: seinen Gönnern und Freunden wurde bewußt, was man bisher an ihm versäumt hatte. Erzherzog Rudolf, Fürst Kinsky und Fürst Lobkowitz taten sich zusammen und verpflichteten sich, ihm eine lebenslängliche Rente von viertausend Gulden zu zahlen, mit der einzigen Bedingung, daß er den Ruf nach Kassel ausschlage und in Österreich bleibe.

Seine Hoffnung, nun aller Geldsorgen ledig zu sein, wurde indessen durch die politischen Ereignisse bald zerstört. Österreich rüstete zum viertenmal gegen Frankreich, das nun schon über ein Jahr lang in Spanien Krieg führte und trotz aller Siege die von England unterstützten Spanier nicht zu unterwerfen vermochte. So schien der Augenblick günstig. Die vaterländische Begeisterung war allgemein; Österreich glich einem großen Heerlager. Erzherzog Karl, der Oberbefehlshaber, rief die deutschen Völker auf zur allgemeinen Erhebung gegen den fremden Tyrannen:

„Wir kämpfen, um die Selbständigkeit der österreichischen Monarchie zu behaupten, um Deutschland die Unabhängigkeit und Nationalehre wieder zu verschaffen. Dieselben Anmaßungen, die uns jetzt bedrohen, haben Deutschland bereits gebeugt. Unsere Sache ist die Sache Deutschlands. Deutsche! würdigt eure Lage! Nehmt die Hilfe an, die wir euch bieten! wirkt mit zu eurer Rettung! Der jetzige Augenblick kehrt nicht zurück in Jahrhunderten! Ergreift ihn, damit er nicht für euch auf immer entfliehe! Ahmt Spaniens großes Beispiel nach!" –

Aber kein deutscher Staat wagte die Waffen gegen d e n zu erheben, den noch der Glorienschein der Unbesiegbarkeit umstrahlte. Nur in Tirol, das durch den Preßburger Frieden vom Mutterlande gerissen und zu Bayern geschlagen war, brach der Sturm los. So ging Österreich fast allein in den Krieg.

Von Württemberg, Bayern und andern Rheinbundstaaten unterstützt, zog Napoleon mit bedeutender Heeresmacht

entlang der Donau heran und drängte die Österreicher überall zurück. Am zehnten Mai stand er vor den Toren Wiens. Eine Kapitulation wurde abgelehnt; am nächsten Abend begann die Beschießung. Beethoven nahm Zuflucht im Keller bei seinem Bruder Karl. Seine armen Ohren litten unsäglich unter dem Donner der einschlagenden Granaten. Am andern Tage wurde die weiße Fahne gehißt, und der Feind besetzte die Stadt. Requisitionen aller Art drückten die Bürger und mit ihnen auch Beethoven.
Dann dröhnten von Aspern die Kanonen herüber; Napoleon wurde geschlagen, zum erstenmal völlig geschlagen. Sein Heer war zerrüttet, Tirol war in vollem Aufstand, in Spanien tobte noch immer ein mörderischer Krieg; in ganz Norddeutschland gärte es, Preußen war zur Erhebung geneigt, der Rheinbund wankte. Aber dann kam die Katastrophe von Wagram; es kam der Waffenstillstand und der schmachvolle Wiener Friede. Wieder einmal hatte der korsische Kriegsgott triumphiert; Deutschlands Ketten schienen fester geschmiedet denn je.
Haydn starb. Als die feindlichen Kanonen zu donnern begannen, befiel den greisen Meister eine zunehmende Schwäche. Noch ließ er sich täglich ans Klavier führen und spielte seine Kaiserhymne. Am letzten Maitage hauchte er seine reine Seele aus.
Erst im Herbst vermochte Beethoven sich zu neuem Schaffen aufzuraffen; aber nun entstand auch in ein paar Monaten ein Meisterwerk nach dem andern: drei Klaviersonaten, das Streichquartett in Es-Dur, das man das Harfenquartett genannt hat; die Klavierphantasie und das Klavierkonzert in Es-Dur.
Und schon schritt er wieder zu neuen Werken. Sie wollten nicht warten, sie drängten, trieben, hetzten, ließen zu nichts anderem Zeit. Von seinem Genius, seinem Dämon zu immer neuem Schaffen gezwungen, durfte Beethoven nie Mensch sein wie andre Menschen. Selig-unselig ward er von Werk zu Werk gerissen. Und er wußte: so würde es fortgehen, das ganze Leben hindurch, bis ans Ende.

Vierzehntes Kapitel

Eine Mainacht ging zu Ende. Die Sterne erblaßten, die Nachtigallen hatten sich müde gesungen und verstummten. Beethoven erwachte. Im Nordosten war es schon hell; bald mußte die Sonne kommen und der Tag, der einsame, der Arbeit geweihte Tag. Er trat ans Fenster und blickte in die Morgendämmerung hinaus. Unendliche Stille überall. Vom Schlaf bezwungen lag noch die Welt.
Es wurde heller. Ein schmerzhaftes Beben ging durch die Natur. Am Horizont hob sich langsam die Sonne.
Beethoven faltete die Hände.
„Erhabener! Unbegreiflicher! Unfaßbarer! Erhalte mir die Kraft zu meinem Werk! Gib mir die Kraft, daß ich entsage! daß ich verzichte auf das, was die Menschen Glück nennen! Laß mich mein Glück nur in meinem Werk finden! Gib mir Kraft, großer Gott, gib mir Kraft!"
Er überschüttete sich mit Strömen kalten Wassers, kleidete sich an, verzehrte sein einfaches Frühstück. Goethes Gedichte lagen, wie stets, auf seinem Schreibtisch. Er nahm das Buch, blätterte darin und blieb an ein paar kurzen Zeilen haften:

> Trocknet nicht, trocknet nicht,
> Tränen der ewigen Liebe!
> Ach, nur dem halbgetrockneten Auge
> wie öde, wie tot die Welt ihm erscheint!
> Trocknet nicht, trocknet nicht,
> Tränen unglücklicher Liebe!

Da flossen seine Tränen, heiß und gewaltsam. Und in sein Herz, das die Pflugschar des Schmerzes aufgerissen, senkte sich die Saat des Dichterwortes, keimte, schoß auf, trieb Blüte und Frucht. In sich versunken saß Beethoven, bis die Frucht reif zur Ernte war. Die Niederschrift des Liedes war rasch vollendet; nun überlas er das Blatt noch einmal.
Es klopfte an der Tür, nicht eben leise. Der da kam, schien zu wissen, daß hier einer wohne, an den irdischer Laut schwer herandringt.
Beethoven hörte nichts. Eine Hand legte sich auf seine Schulter. Neben ihm stand ein junges Mädchen. Aus einem blaßbräunlichen südländischen Gesicht blickten ihn ein Paar wun-

derschöne dunkle Augen schüchtern, doch vertrauend an. Sie beugte sich zu seinem Ohr herab und sagte laut und langsam: „Ich heiße Brentano!"

„Wer Brentano heißt, ist mir willkommen!" erwiderte er, stand auf und drückte ihre zarte Hand. „Gewiß sind Sie eine Schwester meines Freundes Franz!"

„Ja, ich bin die Bettina!"

„Sind Sie allein gekommen, liebe –"

„Bettina!" ergänzte sie. „Nennen Sie mich so, wenn ich Sie darum bitten darf; nennen Sie mich um Gottes willen nicht Fräulein!"

„Sie brauchen nicht so laut zu reden, liebe Bettina. Man hat Ihnen wohl gesagt, ich sei halb taub? Haben Sie sich ganz allein hergefunden in dem großen Wien?"

Ja, sie sei allein gekommen; man habe sie nicht herführen wollen, habe ihr dringend abgeraten von diesem Besuch, der für den Meister ja nichts als eine lästige Störung bedeuten könne.

Beethoven lachte. „Man mag Ihnen schöne Dinge von mir erzählt haben, liebe Bettina! Ja, ich bin ein alter Bär geworden, und wer in meine Höhle eindringt, ist oft rasch wieder draußen. Nun setzen Sie sich und erzählen Sie, welch günstiger Wind Sie hergeweht hat. Ach Gott, wie sieht es wieder bei mir aus!"

Er räumte rasch einige Notenblätter fort und machte einen Stuhl frei.

Bettina berichtete, daß sie sich mit ihrer Schwester und ihrem Schwager Savigny, bei denen sie seit einiger Zeit in Landshut gelebt habe, auf der Durchreise nach Berlin befände, wohin Savigny an die neu gegründete Universität berufen sei. Der Umweg über Wien habe dem Bruder gegolten; in drei Tagen gehe es weiter.

„In drei Tagen schon!" rief Beethoven bedauernd. „Da kommt nun endlich mal ein Mensch zu mir, ja, ein Mensch! Ich lese es in Ihren Augen, daß Sie aus einer andern Welt stammen als aus dieser absurden, die mich quält. Und schon klingt mir das Lebewohl in den Ohren! Also Sie sind aus Frankfurt, liebe Bettina, aus Goethes Stadt, kennen ihn sogar persönlich, wie mir Ihr Bruder erzählt hat. Da sind Sie wirklich zu beneiden! Ich liebe ihn über alles! Sehen Sie" –

er schob ihr den Gedichtband hin –, „wie das zerlesen ist! Ich lebe in seinen Gedichten, wahrscheinlich viel mehr, als ich es selber weiß. Ihr Inhalt, die wundervolle Sprache – ja schon ihr Rhythmus übt eine große Gewalt über mich aus. Grad' hab ich wieder ein Lied von ihm komponiert. Wollen Sie es hören?"
Sie nickte. Er setzte sich an den Flügel, spielte und sang. Seine Stimme war scharf und schneidend, tat dem Ohr weh, und griff doch ans Herz durch den Schrei der Leidenschaft.
„Nun, wie gefällt es Ihnen?" Sie nickte, er sah ihre Augen glänzen. „Aha! Sie sind ein Künstler!" rief er. „Die meisten Menschen sind gerührt über etwas Schönes; das sind aber keine Künstlernaturen. Künstler sind feurig. Wollen Sie noch ein Lied von Goethe hören? ich hab' es auch erst vor kurzem gemacht."
Er sang Mignons Lied „Kennst du das Land". Als er geendet, sah er seine junge Zuhörerin, deren Heiterkeit im Genießen ihn soeben noch erfreut, in tiefer Bewegung. Doch seiner Frage, was ihr sei, wich Bettina aus.
„Ich gäbe was drum", sagte Beethoven, „wenn ich wüßte, was Goethe zu meinen Liedern meint!"
„Er wird sie kaum kennen", entgegnete Bettina, und bedauerte ihre Worte, als sie Beethovens Enttäuschung sah.
„Woher wissen Sie das?"
„Wir haben viel über Musik gesprochen. Als Komponisten seiner Lieder erwähnte er immer nur Zelter und Reichardt."
„Und sonst? was kennt er sonst von mir? Kein Quartett, keine Sonate, keine Symphonie?"
„Ich weiß es nicht."
Er lächelte etwas schmerzlich. „Für seinen Beifall gäb' ich den Beifall der ganzen Welt, und er kennt mich wahrscheinlich gar nicht! Und ich, ich kenne ihn fast so lange, als ich denken kann, und lasse mich von ihm begeistern. Grade jetzt hab' ich die Musik zum Egmont geschrieben; in ein paar Tagen wird sie zum erstenmal aufgeführt."
„Schicken Sie ihm Ihre Lieder doch einmal!" meinte Bettina, „oder noch besser, besuchen Sie ihn einmal in Weimar! Oh, so schön ist es bei ihm! In den Nischen auf der Treppe stehen Statuen, sie gebieten Stille. Alles ist freundlich und doch so feierlich!"

„Es ist eine weite Reise bis Weimar", meinte Beethoven.
„Könnten Sie denn nicht in einem der böhmischen Bäder mit ihm zusammentreffen, wohin er jeden Sommer fährt?"
„Das wäre ein Gedanke!" rief Beethoven, „das ließe sich machen! das wäre was! Ihm selber meine Sachen vorspielen! Ich würde ihn nicht loslassen, bis er mich versteht, und er m u ß mich verstehen! Aber freilich, er ist ein großer Herr, hab' ich sagen hören. Wird er mich freundlich aufnehmen?"
„Er wird in Ihnen den Ebenbürtigen erkennen und Sie lieben!"
Er mußte über ihren Enthusiasmus lächeln. „Kind, Kind! was sagen Sie da! Mich mit Goethe in eine Linie stellen, das würde mir im Traume nicht einfallen. Aber wollen wir denn noch lange in diesem traurigen Zimmer bleiben, wo draußen ein sanfter Wind vom blauen Himmel weht?"
Bettina sah sich um. „Das Zimmer ist nicht traurig! Ich beneide die Wände um alles, was sie schon Herrliches gehört haben."
„Was ich Gutes gemacht habe", rief Beethoven, „das hab' ich zuerst nicht zwischen meinen vier Wänden gehört, sondern draußen in der freien Natur. Kommen Sie! machen wir einen Spaziergang!"
Sie blickte auf die Uhr. „Ich muß nach Hause zum Bruder. Es ist große Gesellschaft zu Mittag, mir zu Ehren. Ich wollte, daß Franz Sie mit dazu bäte, aber er lachte und sagte: den menschenscheuen Beethoven! der kommt nicht. Soll ich nun allein unter all den Fremden sitzen und doch dabei nur an Sie denken? Kommen Sie mit!"
„Wohin Sie wollen!" rief er und langte nach seinem Hut, „also vorwärts!"
Bettina stand auf; aber dann musterte sie etwas zaghaft den ziemlich abgetragenen und keineswegs ganz sauberen Rock, der den König der Musik umhüllte.
Beethoven lachte.
„Gelt, ich bin Ihnen nicht fein genug! Ich hab' aber bestimmt noch einen guten Rock im Schrank." Und er ging ins Nebenzimmer.
Bettina stand eine Weile unbeweglich. Dann ließ sie sich auf dem Sofa nieder und lehnte sich zurück. Ein Gefühl großer Schwäche hatte sie ergriffen. Sie war gekommen, den be-

rühmten Musiker kennenzulernen, den Freund ihres Bruders, der doch schließlich ein Mensch sein mußte wie andere Menschen auch. Aber der ihr entgegentrat, war ein ganz anderer: die Verkörperung des Genies. Auch Goethe war ein Genius; aber er war zu fassen, zu begreifen, war nur die höchste Steigerung dessen, was sie selber in sich trug, ihr Bruder Clemens, ihr Freund Arnim und manch anderer, den sie kannte. Doch Beethovens Genius war von ganz andrer Art, unfaßbar, unbegreiflich, ein wahrer Sendling der Gottheit. Da kam er zurück in einem neuen blauen Frack mit blanken Messingknöpfen und weißen eng anliegenden Hosen, wie sie die Mode vorschrieb.
„Gelt, da staunen Sie!" sagte er lachend. „Nun aber endlich ins Freie!"
Franz Brentano, der Frankfurter Großkaufmann, war erst im vorigen Jahr nach Wien gezogen, als sein Schwiegervater, der Hofrat von Birkenstock, gestorben war und ihm sein schönes, mit den herrlichsten Kunstschätzen gefülltes Haus hinterlassen hatte; es blieb auch unter dem neuen Herrn ein Sammelpunkt aller Freunde der Künste und Wissenschaften. Beethoven hatte seit langem jede Geselligkeit gemieden; sein unerwartetes Erscheinen war daher ein Ereignis. Er wurde umdrängt, mit Fragen bestürmt, jeder wollte ihm die Hand schütteln, und so war er eine Weile von seiner neuen Freundin getrennt. Bei Tisch fand er sie dann an seiner Seite wieder. Aber so lebhaft er vorher gesprochen hatte, so still war er jetzt. Auch schien es ihr, daß er bei dem Gewirr der vielen Stimmen das meiste, was sie sagte, nicht verstand. So schwieg sie denn auch und suchte nur manchmal dem leuchtenden Blick seiner Augen zu begegnen. Ab und zu zog er ein kleines Heft hervor und schrieb ein paar Noten hinein.
Endlich wurde die Tafel aufgehoben. Bettina zupfte Beethoven am Ärmel, führte ihn durch ein Nebenzimmer in den Gang zu einer Wendeltreppe und hinauf auf einen Turm, von dessen Plattform man weit ins Land hinaussah.
Beethoven lachte vergnügt. „Das haben Sie gut gemacht, Bettina! ich fing schon an, melancholisch zu werden, und hatte die größte Lust, davonzulaufen. Wie schön es hier oben ist! Bäume, Wiesen, Wasser, Luft, der Donaukanal, der Prater!"

„Ja, Wien ist schön", entgegnete sie, „aber die Donau ist doch nicht der Rhein!"
„Genau dasselbe dachte ich soeben auch."
„Wir haben in Winkel ein Landhaus", erzählte sie, „am Fuß des Johannisberges; da bin ich oft im Sommer. Sind Sie dort bekannt?"
„Fast gar nicht. Aber einmal, ich war so gegen zwanzig, da machte ich mit der kurfürstlichen Kapelle eine Fahrt rheinaufwärts, von Bonn bis hoch in den Main hinauf. In Aßmannshausen gingen wir an Land und erstiegen den Niederwald. Kennen Sie den Blick von dort oben?"
„Ob ich ihn kenne!" rief sie begeistert. „Zur Linken Rebhügel, grüne Täler mit Klöstern und Saatfeldern. Zur Rechten, wie da plötzlich des Rheines lichte majestätische Breite sich einengt zwischen düstere Felsen; tief unten das schäumende Bingerloch, wo die Kähne durch die reißende Flut am Mäuseturm vorbeischießen! Nie wieder werden die Ufer so schön!"
„Oho!" rief Beethoven, „da muß ich doch widersprechen! Nirgends ist der Rhein schöner als zwischen Rolandseck und Bonn! Mir stehen die Worte nicht so zu Gebote wie Ihnen; es würde ein kindliches Gestammel, wollte ich meine Sieben Berge vor Ihnen rühmen. Aber in meinen Werken, da hab' ich ihnen und dem Rhein und Bonn oft und oft ein Denkmal gesetzt! Ach, Bettina! Sie werden mir von Stunde zu Stunde lieber! Und nun gar, seit ich weiß, wie Sie den Rhein lieben! Was soll nur werden, wenn Sie wieder fort sind!"
„Müssen wir nicht hinuntergehen?" sagte sie, „man wird uns vermissen."
„Was schadet das! Was tun wir zwei unter den Menschen? Mich halten sie ja doch für halb verrückt!"
„Wirklich?" rief sie entzückt. „Denken Sie nur, mich auch! das heißt, nur meine nächsten Bekannten. Die meisten halten mich einfach für dumm."
„Was? Sie?"
„Ja, und sie haben nicht so ganz unrecht. Wenn ich unter Menschen bin und lasse mich von ihrem Metrum, das ganz auf den Gassenhauer geht, mit fortreißen, da fühl' ich mich erbärmlich und weiß nichts als lauter dummes Zeug. Aber wenn ich draußen bin, im Freien, im Walde oder am Berg

hinauf, da liegt ein Rhythmus in meiner Seele, nach dem muß ich denken. Und dann ein Herz an meiner Seite, das mich versteht – ich will ihm ein Festmahl geben!"
Stimmen klangen von der Treppe herauf.
„Es kommt jemand", sagte sie. „Beethoven, ich hätte Sie noch so vieles zu fragen. Wollen Sie mich morgen zum Spazierengehen abholen?" Er nickte. „Und nun hab' ich noch eine große Bitte: ich möchte Sie am Klavier hören!"
„Ach, Kind, muß das sein?"
„Ich möchte mein Leben gern mit dem Herrlichsten füllen, und Ihr Spiel wird eine Epoche darin bedeuten!"
Beethoven nahm am Flügel Platz. Lautlose Stille trat ein. Er begann mit einer Hand abgerissene unwirsche Läufe, die plötzlich innehielten. Ein paar unruhige fragende Akkorde. Und jetzt eine Melodie voll des reinsten Wohllautes. Noch traf er Bettinas innigen Blick; dann war er allein, und seine Seele breitete ihre Schwingen zum Fluge in die Unendlichkeit.

*

Am andren Tage kam Beethoven wieder und lud Bettina ein, mit ihm zur Probe der Egmont-Ouvertüre zu fahren. Im Theater angelangt, führte er sie in eine Loge und ließ sie allein. Das große Haus war nicht erleuchtet und Bettina der einzige Zuhörer. Durch einen Türspalt drang ein Sonnenstrahl, auf dem ein Heer bunter Lichtfunken durcheinandertanzte, – eine Himmelsstraße, mußte sie denken, mit seligen Geistern bevölkert.
Die Musiker versammelten sich im Orchester und stimmten ihre Instrumente. Nun trat Beethoven unter sie und nahm seinen Platz am Dirigentenpult ein. Er hob den Taktstock und stand einen Augenblick unbeweglich; jeder Zoll an ihm verkörperte Kraft, jeder Zug in seinem Gesicht verkörperter Wille zum Höchsten. – Wie aus tiefem Traume erwachte Bettina, als der letzte Ton verhallt war. Was bedeutete, verglichen mit dieser grandiosen Dichtung von Tyrannei und Befreiung, das Drama ihres angebeteten Goethe!
Vor dem Theater ließ sie sich auf einer Bank nieder, um auf Beethoven zu warten. – Welch ein ungeheurer Geist wohnt in diesem Menschen! Man möchte weissagen, dachte sie, daß ein solcher Geist in späterer Vollendung als Weltherrscher

wiederauftreten werde. Weit schreitet er der Bildung der Menschheit voran. Ob wir ihn je einholen? Möge er nur leben, bis das gewaltige und erhabene Rätsel seines Geistes zur höchsten Vollendung herangereift ist; gewiß! dann läßt er den Schlüssel zu einer himmlischen Erkenntnis in unsren Händen, die uns der wahren Seligkeit um eine Stufe näherrückt.
Da kam er, heiter und glücklich im Bewußtsein des Gelungenen. „Nun, hat es Ihnen gefallen?"
Bettina suchte nach Worten, aber alles, was sie hätte sagen können, schien ihr erbärmlich. „Beethoven, wie müssen Sie glücklich sein!" Das war alles, was sie herausbrachte. Er lachte laut, sein ungeniertes derbes Lachen.
Sie schritten still durch die Straßen, hinaus zum Prater ins Grüne. Die Kastanienalleen leuchteten im Schimmer ihrer tausend festlichen Kerzen. Auf einer Bank ließen die beiden sich nieder. Kein Mensch war weit und breit zu sehen; nichts war zu hören als der Orgelton schwärmender Bienen zu ihren Häupten. Die Nelkenbeete dufteten betäubend.
„Liebe Bettina", hub endlich Beethoven an, „war das nun Ihre ganze Kritik, daß ich glücklich sein muß? Das ist mir von Ihnen nicht genug! ich weiß, Sie könnten mir mehr sagen!"
„Ach Gott, muß ich wirklich etwas sagen? Kritik wollen Sie von mir? Kritik ist Sache des Verstandes. Was hat aber Musik mit dem Verstande zu schaffen!"
„Zum Teufel noch mal, Bettina, denken Sie, ich will von Ihnen etwas über Themen und Verarbeitung und Kontrapunkt hören? Was Sie bei meiner Musik g e f ü h l t haben, das sollen Sie mir sagen!"
„Ich habe an die Tiroler gedacht, an die armen herrlichen Tiroler, wie sie ihre Freiheitskämpfe fochten. Ich sah ihre Scharen hinunterbrausen ins Tal und siegend sich verbreiten, sah die bunten Fähnlein fliegen und den Pulverdampf in den sonnenhellen Gefilden. Ich sah die hohen Eichen und die Wohnungen der Menschen in Flammen aufgehen, sah die Häupter der Gefangenen unter dem Beil niederrollen auf dem Schafott, sah Andreas Hofer aus der Kerkertür schreiten, auf den Richtplatz treten und stolz und ruhig die tödliche Kugel empfangen." Sie schwieg und schluchzte.

„Nein, ich will nicht weinen. Ich sah die Heldenseelen der Tiroler verklärt gen Himmel fahren, sah ihr vergossenes Blut in den Busen der Gottheit zurückströmen. Und da empfand ich's wieder, da bestätigte mir Ihre Musik, was ich im vergangenen Jahr oft und oft gedacht habe: alles Zerschmetternde in jenen Heldenereignissen war mir doch wieder so belebend, so begeisternd wie dies Streben und Wogen der Melodien, die trotz all ihrer eigenwilligen Richtung doch durch ein Gesamtgefühl getragen, zur Vollendung sich zusammenschließen. Das freudige Sterben der Helden war mir wie das ewige Sichopfern der Töne für einen hohen gemeinsamen Zweck, der mit göttlicher Kraft sich selbst erstreitet; eine Symphonie des göttlichen Geistes, der in dem Busen des Menschen Ton geworden ist himmlischer Freiheit."
Beethoven faßte ihre Hand. Beide schwiegen eine lange Zeit. „Bettina", sagte er endlich, „Sie sind ein wundervolles Geschöpf! Ich will Goethe die Egmont-Musik schicken. Möchte er sie verstehen so wie Sie! Glauben Sie, er wird mich begreifen?"
Sie überlegte eine Weile. „Die Frage ist schwer, schwer zu beantworten. Daß er im tiefsten Innern seiner Seele Musik hat, daran ist nicht zu zweifeln. Wie könnte es auch anders sein! Am Firmament seines Geistes wandeln Sonne, Mond und alle Sterne, und da sollte der höchste, der gewaltigste Planet unter allen, da sollte Musik ihm nicht leuchten? Und sie durchströmt doch alle seine Lieder! Aber das ist bei ihm alles unbewußt. Sobald Musik in sein Bewußtsein tritt, möchte er sie mit dem Verstande beurteilen, und dann wird es schlimm! Da holt er sich Rat bei seinem Freunde Zelter und ähnlichen gelehrten Handwerkern, die nichts die Maut passieren lassen, als was sie verstehen. Aber Musik beginnt doch gerade dort, wo der Verstand nicht mehr hinreicht! Wieviel hab' ich hierüber schon an Goethe geschrieben! denn ich hatte mir vorgenommen, ihm über Musik ein Licht aufzustecken; ja, lachen Sie nur! ich wollte das. Ich kann nicht lassen von diesem Unauflöslichen! Immer wieder fang ich davon an. Das Unbegreifliche, so denk ich, ist immer Gott; und da Musik unbegreiflich ist, so ist sie gewiß Gott. Christus hat gesagt: Auch euer Leib soll verklärt werden! Ist nun Musik nicht die Verklärung der sinnlichen Natur? Alles,

was das Herz und den Geist bewegt und erhebt: Liebe und Freundschaft, Mut, Wille zu großen Taten, Sehnsucht nach der Gottheit, erwacht es nicht zum Leben, wenn Musik ertönt? erhebt sie nicht den Menschen über seinen leiblichen Zustand, verklärt seinen Leib, wie Christus gesagt hat?"
Beethoven hatte lächelnd zugehört.
„Sagen Sie, kleine Bettina, woher haben Sie das alles?"
„Von Ihnen! von Ihrer Musik! von Ihren Symphonien! Die Eroica! o Gott, wie war mir zumute, als ich sie zum erstenmal hörte! Ich sah mich auf freiem Felsen am unendlichen Meer, umkreist von wütenden Orkanen, von türmenden Wogen, die ohne Ende mir ans Herz stiegen, zurückprallten, wiederkehrten, mit erneuter Macht mich umschmetterten. Da erhob sich der große Geist des Erschaffens, ich hörte im Brausen seine Stimme, Ihre Stimme, Beethoven! Von Himmel zu Himmel stiegen die Töne gewaltig, in unermüdlichem Steigen und Sinken, strömten sie schäumend den Winden entgegen, breitete sich aus zum Sonnenozean der Harmonie. Oh! wessen fühlte ich mich nicht fähig! welche Gelübde tat ich den Geistern! wie vieles sah ich in der Welt noch erstarrt und leblos, das erst noch lebendig werden sollte vom Geiste der Musik! Drum hab' ich mich darauf gestürzt, Goethe die Musik lebendig erleben zu lassen. Aber ich fürchte, ich habe mir zu Gewaltiges vorgenommen; ihre Wahrheit ist ja doch nicht mit irdischer Zunge auszusprechen. So bin ich mit meinem Gestammel nur Ihr Vorkämpfer bei Goethe gewesen; die Hauptschlacht müssen Sie selber schlagen!"
„Mein braver, kleiner Knappe!" sagte Beethoven, „mein gutes treues Kind! Von Ihnen fühl' ich mich verstanden wie sonst von keinem Menschen auf der Welt! Sie wissen um das Geheimnis der Musik: hoch erhaben ist sie über alles, was dem Verstande erreichbar. Der Zugang ist sie zu einem höheren Leben, ja das höhere, eigentliche Leben selber! Sie wissen es, Bettina: Musik ist höhere Offenbarung als alle Weisheit und Philosophie! Sie ist der Wein, der zu neuen Erzeugungen begeistert, und ich bin Bacchus, der für die Menschen diesen herrlichen Wein keltert und sie geistestrunken macht, daß sie frei werden von all dem Elend, womit die andern sich schleppen!"

*

Der dritte Tag war gekommen, der letzte.
Beethoven und Bettina waren hinaus ins Grüne gefahren und wanderten nun auf Waldwegen bergan. Auf Beethoven lastete die nahe Trennung. Aber Bettina war in der glücklichsten Stimmung; leicht schritt sie neben ihm her. Um ihren kindlichen Nacken spielten ein paar Löckchen im Winde. Auf einer Waldwiese blieb sie stehen und atmete tief.
„Oh, die gute reine Luft! Fühlen Sie auch dies Glücklichsein, bloß weil man atmet? Der unermeßliche Äther über uns, daß wir den trinken, daß wir mit dem verwandt sind, so nah, daß alles Leben in uns strömt von ihm!"
Im Weitergehen hub sie an zu singen. Ihre Stimme war voll und weich. Sie sang Mignons Lied „Kennst du das Land", aber nach einer Weise, die Beethoven unbekannt war. Es begann feierlich prächtig, dann ward die Melodie dumpfer und düsterer; geheimnisvoll klangen die Worte: kennst du es wohl? In dem Dahin! dahin! lag eine unwiderstehliche Sehnsucht, und ihr „laß uns ziehn" klang bald bittend und dringend, bald treibend und verheißend. Beethoven, ganz überrascht von der Kraft des musikalischen Ausdruckes, fragte, als sie geendet, nach dem Komponisten. Wie erstaunte er aber, als Bettina erklärte, sie habe das Lied eben nur so hingesungen, wie es ihr gerade eingefallen sei. Und als er sie bat, es zu wiederholen, da entgegnete sie, dazu sei sie ganz außerstande; es würde etwas ganz andres, sicher viel Schlechteres herauskommen, und wahrscheinlich würde sie gar nicht noch einmal bis zum Ende gelangen.
„Kind! Kind!" sagte er, „Sie sind ein Naturgenie! Sie haben Musik und Poesie in sich, und eine herrliche Stimme dazu! Was könnte aus Ihnen werden, wenn Sie in die rechten Hände kämen! Bleiben Sie in Wien! ich will Sie unterrichten!"
„Nach einem Monat hätten Sie mich satt bis zum Überdruß!" entgegnete sie lachend. „Ich kann mich einfach keiner Beschäftigung dauernd hingeben. Inwendig ruft es: dorthin! und dort ruft's wieder: hierher! und hier lockt's, da flüstert's, und hinter mir und vor mir gehen Stimmen durcheinander, die mich rufen und locken. Was soll ich denn auch das lernen, was andre schon wissen! das geht ja doch nicht verloren. Aber was grade nur mir zuliebe geschieht, das will ich er-

leben, und es ist so unendlich viel, daß ich zu allem andren gar keine Zeit habe."
„Aber Sie wissen doch soviel! sind doch hochgebildet!"
„Ach nein! Ich nähre mich von Inspirationen. Ich habe einen Dämon in mir, der mich unterweist, und der heißt Liebe. Goethe hat einmal zu mir gesagt: Kein gescheites Wort bringst du vor, aber deine Narrheit belehrt besser als alle Weisheit. Was will ich denn noch mehr! Zum Tempeldienst bin ich geboren! ich habe Goethe, und das ist mir genug."
„Wieso haben Sie ihn eigentlich? Sie leben doch weit voneinander entfernt!"
„Ich schreibe ihm, oft und oft, und das gefällt ihm, er verlangt immer mehr. Ich besitze ihn auf meine Weise; keine hat es vor mir gekonnt, trotz allen seinen Liebschaften. Wie ein Bächlein bin ich dahingerauscht über Klippen und Felsen, bis sein gewaltiger Strom mich verschlang. So bin ich ihm nachgekommen ans Licht, und so werd' ich ihm nachziehen ins Dunkel."
Sie war blaß geworden, ihre Lippen bebten.
Beethoven schwieg. Die anbetende Hingabe dieses jungen schönen Mädchens an einen weit älteren verheirateten Mann begann ihn etwas zu ärgern. Wie alt war denn Goethe eigentlich? Er rechnete nach und stellte fest, daß er die Sechzig schon überschritten hatte. Dies ganze seltsame Verhältnis, dieser Tempeldienst, wie Bettina es treffend benannt hatte, kam ihm befremdend, ja ungesund vor. Wohin sollte das führen?
Doch er behielt seine Gedanken noch für sich. Eben traten sie aus dem Walde heraus, und vor ihnen lag sein geliebtes Wiesental am Heiligenstädter Bach, das Ziel ihrer Wanderung.
Er blieb stehen und sah ganz verklärt aus.
„Alles ist noch wie vor zwei Jahren, als ich an meiner Pastoralsymphonie arbeitete. Dort am Bach unter den Ulmen ist sie entstanden. Singen die Vögel?"
Bettina lauschte eine Weile. Im Gebüsch schmetterte ein Fink. „Nein, es ist alles still."
„Schade! das Vogelkonzert gehört eigentlich dazu, besonders die Goldammer. Nun, vielleicht läßt sie sich noch hören. Jetzt Achtung! wer zuerst unten ist!"

Siegesgewiß galoppierte er den steilen Wiesenhang hinab. Aber plötzlich sauste Bettina an ihm vorüber, die Röcke bis über die Knie erhoben; ihre Beine flogen nur so. Schon war sie unten angelangt und breitete ihm lachend die Arme entgegen. Er rannte geradeswegs hinein, sie fielen in das weiche hohe Gras und blieben schweratmend liegen. Für eine Sekunde fanden sich ihre Lippen. Dann schnellte Bettina in die Höhe.

„So! jetzt sind wir wieder gesittet! das heißt: soweit uns das möglich ist. Sehen Sie, Beethoven, etwas hab' ich doch gelernt: laufen, springen, klettern, da bin ich in meinem Element, da tut es mir keiner zuvor!"

Mit einem Sprung war sie über den Bach und sah sich nach einem Ruheplatz um. Zwischen den Wurzeln einer uralten Ulme schmiegte sie sich in das dicke weiche Moos, verschränkte die Arme unter dem Kopf und sah vergnügt zu, wie Beethoven es sich etwas umständlicher neben ihr bequem machte.

„Also hier ist die Pastoralsymphonie entstanden!" sagte sie nach einer Weile. „Ja, ich glaub' es. Hier ist Melodie in allem. Der Bach singt, die Wiese, die Bäume singen, der Himmel, die Wolken, – von Amsel und Goldammer gar nicht zu reden, denn die schweigen heute. Wie schön hier alles ist! wie einfach und schön! Wie wenig begegnet einem in der Menschenwelt, das einfach genug ist, ganz reiner Lebenstrieb; das mich rührt wie der Grashalm, die frische Spitze der Saat, ein Vogelnest, mit Treue gebaut! Aber schöner ist es, nicht davon reden, schöner ist Schweigen."

Sie lagen ganz still. Nichts war zu hören als das leise Murmeln des Baches.

„Was der alles redet!" sagte sie nach einer Weile.

„Wer, Bettina?"

„Der Bach. Ich frage in meine Seele hinein, und er gibt mir Antwort. Ich kann sie aber nicht gleich in Worte übertragen. Es ist eben alles Musik."

Schweigen.

Bettina blickte in die Höhe und entdeckte in den Zweigen ein Rotkehlchen, das aufmerksam zu ihr hinuntersah. Lautlos sprang es abwärts von Ast zu Ast und schwang sich dicht vor ihr zur Erde hinab. Lange blickten Vogel und Mensch sich in die Augen, ernst und unbeweglich. Dann war das kleine Geschöpf verschwunden.

„Haben Sie es gesehen?" fragte sie. „Wie es mich ansah, ernst und dringend! Es wollte mir etwas sagen und konnte doch nicht. Ach, wie oft hab' ich Ähnliches erlebt! als ob die Natur mich wehmütig um etwas bäte, daß es mir das Herz durchschnitt, nicht zu verstehen, was sie verlangte!"

„Nun, Bettina", sagte Beethoven, indem er näher zu ihr hinrückte und ihre Hand ergriff, „dann lassen Sie es mich ausnützen, daß ich kein Rotkehlchen bin und sprechen kann! Morgen um diese Zeit sind Sie schon fort, Gott weiß wie weit! und ich hätt' Ihnen noch soviel zu sagen, liebe liebe Bettina! Wie schön, wie unendlich reich waren die drei Tage mit Ihnen! Vorher hatt' ich kaum etwas von Ihnen gewußt, und heute ist es mir, als kennt' ich Sie seit Jahren! Bettina! ist es denn möglich, ein solches Glück: ein Herz zu wissen, das so warm und treu für einen schlägt! und das einen versteht! In allem verstehen wir uns! in allem sind wir einig! Wir machen uns nichts aus den Menschen, aber wir beten die Natur an und die Musik! Bettina, was soll aus mir werden, wenn Sie fort sind! In Wien bin ich ganz allein; wenigstens hab' ich niemand, der mich versteht so wie Sie! Seit Sie da sind, ist alles so schön!"

„Ja", entgegnete sie, „wenn zwei miteinander sind und der göttliche Genius waltet zwischen ihnen, das ist das höchste Glück!"

Er gewahrte ihren entrückten Blick. „Jetzt denken Sie an Goethe!" sagte er heftig.

„Ich denke immer an Goethe, auch wenn ich nicht an ihn denke."

Er packte ihren Arm, so fest, daß sie einen leisen Schrei ausstieß.

„Sie sollen nicht an Goethe denken! An mich sollen Sie denken, Bettina! Ich liebe Sie! werden Sie mein! Ich schwör' es Ihnen, bei mir sollen Sie den alten Herrn in Weimar vergessen!"

Sie sah, wie seine Augen glühten, wie sein Körper bebte. „Beethoven, lassen Sie mich los. Sie tun mir weh!"

Er ließ sogleich von ihr ab. Sie saß blaß und stumm neben ihm.

„Sind Sie mir böse?" fragte er dumpf.
„Auf mich bin ich böse. Ich hätt' Ihnen etwas sagen sollen: ich bin halb und halb verlobt."
„Mein Gott! Mit wem denn?"
„Mit dem Dichter Arnim."
„Weiß er denn, wie es zwischen Ihnen und Goethe steht?"
„Er weiß alles und begreift mich. Er nimmt mich, wie ich bin."
„Das ist nichts", rief Beethoven, „und wird nichts! Sie werden beide unglücklich werden! Halb und halb verlobt? also noch nicht fest versprochen?"
„Nein, fest noch nicht."
„So tun Sie es nicht! Um Ihrer selber willen tun Sie es nicht! und wenn Sie Arnim ein wenig lieben, tun Sie es auch um seinetwillen nicht! Er hat bewiesen, daß er Sie nicht von Goethe losreißen kann. Lassen Sie mich es versuchen! ich spüre die Kraft dazu!"
„Wollen Sie mich halb haben?"
„Nein, ganz mit Leib und Seele!"
Er umschlang sie, zwang ihre Lippen zu den seinen und küßte sie, immer und immer wieder. Er spürte, wie der federnde Widerstand ihres Körpers nachzugeben begann. Aber im nächsten Augenblick hatte sie sich aus seiner Umarmung gerissen. Totenblaß, mit zuckenden Lippen blickte sie ihn an.
„Beethoven, ich beschwöre Sie! mein Bruder! seien Sie gut mit mir!"
Sie drohte umzusinken.
Er stützte sie, sie lehnte ihren Kopf an seine Schulter und weinte still.
„Es ist nun einmal so und nicht zu ändern", sagte sie endlich. „Goethe gehör' ich und kann von ihm nicht lassen. Von diesem steilen Fels, auf den sich meine Liebe mit Lebensgefahr gewagt hat, ist kein Herunterkommen mehr, ich bräche auf alle Fälle den Hals. Und das wollen Sie doch gewiß nicht, lieber Beethoven!" setzte sie hinzu und lächelte unter Tränen. Er küßte sie auf die Stirn.
„Seien Sie nicht traurig!" sagte sie nach einer Weile, „betrachten Sie mich nicht als Bettina Brentano! die ist ein Nichts, ist Ihrer gar nicht wert. Betrachten Sie mich als ein Werkzeug, als die Vermittlerin zu Goethe, zu ihm, der allein Ihrer

würdig ist. Sie beide müssen sich finden! Seit Schiller tot ist, ist Goethe einsam. Seine Seele dürstet nach einem Ersatz für den verlorenen Freund! Sie haben so unendlich viel mit Schiller gemeinsam! Sie haben seinen großartigen Idealismus, den Goethe anbetet, weil er ihn selber nicht hat. Es kann gar nicht anders sein: wenn er Sie findet, wird er Sie ergreifen und festhalten als den einzigen ihm Ebenbürtigen. Und in dem Augenblick, da Goethe Beethoven zum erstenmal an seine Brust ziehen wird, da wird der Herzschlag der Welt eine Sekunde stillestehn!"

Fünfzehntes Kapitel

Zwei Jahre waren vergangen. Beethoven hatte sich im Sommer 1811 zur Kur nach Teplitz begeben, das bei Gehörleiden Wunder wirken sollte. Aber das Wunder war ausgeblieben. Und seine Hoffnung, Goethe in Teplitz zu begegnen, war enttäuscht worden.
Geldsorgen drückten ihn. Der verlorene Krieg hatte die Regierung zu dem berüchtigten Finanzpatent veranlaßt, das den Wert des österreichischen Geldes auf ein Fünftel herabsetzte. Er meinte, seine fürstlichen Gönner und Schuldner müßten sein Gehalt entsprechend erhöhen, denn es sollte ihn doch für den ausgeschlagenen Kapellmeisterposten in Westfalen entschädigen. Aber seine Erwartungen wurden nicht erfüllt; ja, die Zahlungen des Fürsten Lobkowitz hörten ganz auf, da er wegen seiner maßlosen Verschwendung entmündigt wurde. Erzherzog Rudolf entschloß sich erst ein Jahr später, seinen Anteil aufzuwerten. Die Kassenverwaltung des Fürsten Kinsky lehnte es ab, das gleiche zu tun.
So galt es also doppelt fleißig zu sein. Ende 1811 war der Schlußsatz der Siebenten Symphonie vollendet, und schon wuchs die Achte Symphonie heran.
So kam der Sommer 1812, und Beethoven rüstete für eine neue Badereise nach Teplitz. Eine einzige Kur genüge bei einem so tief eingewurzelten Leiden nicht, hatten ihm seine Ärzte gesagt. Nun gut! schlug auch dieser Versuch fehl, so

sollte es der letzte gewesen sein. Aber wenigstens durfte er diesmal bestimmt auf eine Begegnung mit Goethe rechnen. Fürst Lichnowsky hatte ihm erzählt, auch die Kaiserin werde die Teplitzer Kur gebrauchen; er selber ginge mit, da er zum Vorleser bestimmt sei, und Goethe, der sich vor zwei Jahren in Karlsbad mit einer gradezu schwärmerischen Verehrung an Ihre Majestät angeschlossen habe, werde ganz gewiß nicht fehlen.

Ende Juni reiste Beethoven von Wien ab. In Prag unterbrach er die Fahrt, um den Fürsten Kinsky aufzusuchen. Ein schwerer Gang, denn es hieß um Geld bitten. Doch der Fürst machte es ihm leicht. Wie? seine Kassenbeamten wollten sich an den schnöden Buchstaben halten? Natürlich gebühre ihm, was ihm versprochen sei, und er möge es ihm nicht verübeln, wenn er ihm gleich sechzig Dukaten als Abschlagszahlung so gradezu in die Hand drücke.

„Aber wir sind ja unter uns, Herr van Beethoven! Fürst zu Fürst! Verzeihen Sie meine Anmaßung! ich sollte sagen: Fürst zu König!"

„Ich danke Ihnen, Durchlaucht! Die nächste Widmung eines großen Werkes gehört Ihnen!"

„Ein königlicher Dank, Herr van Beethoven! Sie machen uns arme Fürsten mit Ihren Widmungen unsterblich!"

„Es bedarf meiner Widmung nicht, Durchlaucht! Der Name Aspern wird mit dem Ihren ewig verknüpft sein!"

„Aspern und Beethoven!" nickte der Fürst. „Zwei gute Namen! Aber mein Ehrgeiz ist noch nicht befriedigt! Nun, wer weiß, wie bald wir wieder zu Pferde sitzen und gegen ihn reiten, den Herrn der Welt, der jetzt gegen Rußland zieht! Beten wir für eine Siegessymphonie von Ihnen!" —

Am fünften Juli langte Beethoven in Teplitz an und stieg im Haus „Zur Eiche" ab. Goethes Namen fand er noch nicht in der Kurliste; aber die Kaiserin war schon da und der Herzog von Weimar. Das war eine gute Vorbedeutung!

Morgens wurde gebadet, dann fand Beethoven sich am Sprudel ein und schluckte halb gläubig, halb ungläubig ein paar Glas Teplitzer Wasser, von Badegästen aus allen Gegenden Deutschlands mit Neugier, Verwunderung, Mitleid, Verehrung, Liebe beobachtet, je nachdem, was sie von ihm und

seiner Kunst wußten. Dann wurde in dem schönen Claryschen Schloßpark oder in der lieblichen Umgebung umhergestreift. Der Nachmittag gehörte der Achten Symphonie. Mittlerweile war auch Fürst Lichnowsky eingetroffen, und ein paar Tage später teilte er Beethoven die ersehnte Neuigkeit mit, Goethe sei angekommen, er habe schon bei der Kaiserin mit ihm gespeist, und Beethoven dürfe seinen baldigen Besuch erwarten.
Es war am neunzehnten Juli. Beethoven saß in seinem Zimmer; vor ihm auf dem Tisch lag eine Brieftasche, unbeholfen mit bunten Glasperlen bestickt. Eine unbekannte kleine Verehrerin, ein neunjähriges Mädchen in irgendeiner norddeutschen Kleinstadt, hatte sie ihm geschickt. Nun wollte er ihr danken. Er schrieb:
„Meine liebe gute Emilie, meine kleine Freundin!
Spät kommt die Antwort auf Dein Schreiben an mich; eine Menge Geschäfte, beständiges Kranksein mögen mich entschuldigen. Das Hiersein zur Herstellung meiner Gesundheit beweist die Wahrheit meiner Entschuldigung. Nicht entreiße Händel, Haydn, Mozart ihren Lorbeerkranz; ihnen gehört er zu, mir noch nicht. Dein Brief wird aufgehoben unter anderen Zeichen einer noch lange nicht verdienten Achtung von manchen Menschen. Fahre fort, ü b e nicht allein die Kunst, sondern dringe auch in ihr Inneres; sie verdient es, denn nur die Kunst und die Wissenschaft erhöhen den Menschen bis zur Gottheit. Solltest Du, meine liebe Emilie, einmal etwas wünschen, so schreib mir zuversichtlich. Der wahre Künstler hat keinen Stolz; leider sieht er, daß die Kunst keine Grenzen hat; er fühlt dunkel, wie weit er vom Ziele entfernt ist, und indes er vielleicht von andern bewundert wird, trauert er, noch nicht dahin gekommen zu sein, wohin ihm der beßre Genius nur wie eine ferne Sonne vorleuchtet. Vielleicht würde ich lieber zu Dir, zu den Deinigen kommen als zu manchem Reichen, bei dem sich die Armut des Innern verrät. Sollte ich einst nach H. kommen, so komme ich zu Dir, zu den Deinen. Ich kenne keine andren Vorzüge des Menschen als diejenigen, welche ihn zu den beßren Menschen zählen machen; wo ich diese finde, dort ist meine Heimat. Willst Du mir, liebe Emilie, schreiben, so mache nur die Überschrift grade hierher, wo ich noch vier Wochen zu-

bringe, oder nach Wien; das ist alles dasselbe. Betrachte mich als Deinen und als Freund Deiner Familie."
Es klopfte, das Zimmermädchen trat ein und überreichte ihm eine Besuchskarte, die Karte des Wirklichen Geheimen Rates Johann Wolfgang von Goethe.
Beethoven schlug das Herz bis zum Halse. Er sprang auf und blickte erwartungsvoll nach der Tür.
Ein schöner, vornehmer, älterer Herr trat ein, machte eine sehr förmliche Verbeugung und reichte ihm die Hand.
„Mein wertgeschätzter Herr van Beethoven, ich freue mich außerordentlich, Ihre Bekanntschaft zu machen. Niemals habe ich etwas von Ihren Arbeiten durch geschickte Künstler und Liebhaber vortragen hören, ohne daß ich gewünscht hätte, Sie kennenzulernen, Sie vielleicht selbst einmal am Klavier zu bewundern und mich an Ihrem außerordentlichen Talent zu ergötzen."
„Sehr freundlich von Ihnen, Exzellenz!" stammelte Beethoven. Er hielt noch immer Goethes Hand fest, ohne zu bemerken, daß jener wiederholt den leisen Versuch machte, sie ihm zu entziehen.
„Zudem", fuhr Goethe fort, „kann ich mich gleichzeitig einer Schuld der Dankbarkeit entledigen, die Sie durch die gütige Übersendung Ihrer Lieder und der Musik zu meinem Egmont auf mich geladen haben. Ich weiß den hohen Wert Ihres Geschenkes wohl zu würdigen und danke Ihnen verbindlichst!"
„Nichts zu danken, Exzellenz. Ich danke I h n e n ! Ich danke Ihnen, ja, für alles! Daß Sie sich zu mir bemüht haben! Mein Gott, was sage ich! was soll ich sagen! Ich danke Ihnen, daß Sie – daß Sie dichten!"
Er schüttelte herzhaft Goethes Hand, einmal um das andre. Dann ließ er sie endlich frei und bat seinen Gast, Platz zu nehmen. „Exzellenz, dieser Tag ist einer der glücklichsten meines Lebens! Wie bin ich der lieben herrlichen Bettina dankbar! Wie geht es ihr denn?"
„Ich habe seit einiger Zeit nichts mehr von ihr gehört", antwortete Goethe und sah sich kühlen Blickes im Zimmer um. „Das wundert mich aber!" rief Beethoven, „wo sie doch mit solch glühender Verehrung an Ihnen hängt! Nun ja, sie hat sich inzwischen verheiratet; da wird sie an andres zu denken haben als an Briefe schreiben."

„Hoffentlich", entgegnete Goethe. Er blickte auf die mit Glasperlen gestickte Brieftasche, die grade vor ihm lag, und schob sie etwas weiter von sich. Beethoven nahm sie und steckte sie in die Brusttasche.
„Nun, wie gefällt es Ihnen in Teplitz, Herr van Beethoven? Sie sind Ihrer Gesundheit wegen hier, wie ich von Seiner Durchlaucht dem Fürsten Lichnowsky zu meinem Bedauern gehört habe."
„Ganz recht, Exzellenz. Vor allem ist mein Gehör leider nicht gut, und da hoffe ich von Teplitz – hoffe zum letztenmal – Besserung oder wenigstens Stillstand des Leidens."
„Möchte Ihre Hoffnung sich erfüllen! Die Kunstwelt würde unzweifelhaft den größten Nutzen davon ziehen! Grade als Musiker muß Sie dieses Leiden doppelt empfindlich treffen. Und ebenso sind Sie doppelt zu bewundern, daß Sie trotzdem weiterkomponieren. Ja, ich frage mich, wie dies überhaupt möglich ist."
„Auf mein Schaffen hat die Harthörigkeit Gott sei Dank keinen Einfluß. Meine Klangvorstellungen sind so rein und deutlich wie nur je."
„Ein Phänomen von höchstem Interesse! Bedarf es aber schließlich nicht doch der Kontrolle des Geschaffenen durch das äußere Gehör?"
„So wenig, wie der Dichter sein Gedicht sich laut vorsprechen muß. Oder muß er das vielleicht?"
„Er muß es wohl nicht unbedingt. Trotzdem würde ich persönlich nicht gern darauf verzichten. Aber mir scheint, Sie sind gar nicht in dieser Lage, Herr van Beethoven, Sie hören doch recht gut!"
„Sie sind sehr gütig, Exzellenz", lächelte Beethoven etwas schmerzlich. „Noch geht es einigermaßen, vielleicht wird es auch wieder besser. Doch ich schwatze immer nur von mir und vergesse die Hauptsache: Ihnen zu danken für alle Ihre herrlichen Werke! Seit meiner frühen Jugend bewundere und liebe ich sie! Mit dem Götz hat es angefangen. Dann kam der Werther, dieser himmlische Werther! Wie habe ich mit ihm gelitten, mit ihm geweint!"
„Ja, der Werther hat viel Unheil angerichtet", sagte Goethe etwas mißmutig.
„Und dann der Egmont! Ebenso warm, als ich ihn gelesen,

habe ich ihn wieder gedacht, gefühlt und in Musik gegeben, aus Liebe zu dieser wundervollen Dichtung, die mich glücklich gemacht hat. Und Ihre Gedichte! sie tragen das Geheimnis der Harmonie schon in sich und drängen förmlich zur Musik!"
Goethe räusperte sich, als ob er etwas sagen wollte, schwieg aber.
„Ich hatte mir erlaubt, Ihnen einige Lieder zu schicken, und es wäre mir natürlich von unendlichem Wert, Ihr Urteil zu hören. Auch wenn Sie mich tadeln, wird das für mich und meine Kunst nur ersprießlich sein und so gern wie das größte Lob aufgenommen."
„Nun, mein verehrter Herr van Beethoven, dann darf ich mich ja ganz offen aussprechen. Ich persönlich maße mir übrigens kein Urteil über Musik an; ich kann nur von der Wirkung reden, die sie auf mich macht, wenn ich mich ihr rein und wiederholt überlasse. Ich habe daher Ihre Lieder gemeinsam mit meinem Freunde Zelter durchgenommen, der Ihnen ja auch bekannt ist, und der die gleichen Gedichte selber in Musik gesetzt hat. Und da habe ich – wenn ich ganz aufrichtig sein soll – doch Zelters Liedern den Vorzug geben müssen, betone aber nochmals, daß mein Urteil ganz unmaßgeblich ist. Zelters Lieder fühle ich sofort mit meinen Gedichten wesensgleich; die Musik nimmt sie nur, wie das einströmende Gas den Luftballon, mit in die Höhe. Bei Ihren Kompositionen hingegen mußte ich erst aufmerken, was Sie aus meinen Gedichten gemacht hatten; ja es wurde mir oft etwas unheimlich, als mir meine Geisteskinder in dieser fremden Kleiderpracht begegneten."
„Fremde Kleiderpracht!" rief Beethoven. „Aber Exzellenz, ich bin doch kein Schneider! Wenn ich ein Gedicht von Ihnen in mich aufgenommen habe, und es beginnt in mir zu tönen, dann entsteht doch nichts äußerlich Schmückendes! Der geistige Inhalt des Gedichtes wird zum sinnlichen Leben! Wem das nicht gelingt, wer am äußerlichen Malen und Schildern hängen bleibt, der soll sich an ein echtes Gedicht lieber nicht heranwagen. Sie geben also Zelters Liedern den Vorzug. Nun, ich will nichts gegen ihn sagen. Ein tüchtiger Musiker! Machen wir mal eine Stichprobe, wenn's Ihnen recht ist? Also erst Zelter, dann ich."

Er setzte sich ans Klavier und spielte. Goethe hörte aufmerksam zu.

„Es ist seltsam", sagte er, als Beethoven geendet hatte, „wie das ergreift! Sie haben ganz recht: der geistige Inhalt meines Gedichtes wird durch Ihre Melodie zum sinnlichen Leben. Mignons ganze Stimmung wird in Ihren Tönen nun erst recht sinnlich lebendig und faßbar. Während Zelters Komposition das allerdings nicht vermag – in keiner Weise vermag."
Er stand auf und tat ein paar erregte Schritte. „Merkwürdig, daß mir das nicht aufgegangen ist, als Zelter mir die Lieder gespielt hat – genau die gleichen Lieder! Ist da vielleicht Hexerei im Spiel? sind Sie ein Hexenmeister, Herr van Beethoven?" Er blieb vor ihm stehen und strahlte ihn aus seinen großen braunen Augen an. „Ja, ja, so ist es! Sie sind ein Zauberer, ein ganz großer sogar, und ich fühl's, wie ich Ihnen rettungslos verfalle. Bei Ihnen kommen mir die Verse aus dem Grafen von Habsburg in den Sinn:

> „Wie in den Lüften der Sturmwind saust,
> man weiß nicht, von wannen er kommt und braust,
> wie der Quell aus verborgenen Tiefen,
> so des Sängers Lied aus dem Innern schallt
> und wecket der dunklen Gefühle Gewalt,
> die im Herzen wunderbar schliefen."

Er blickte in die Ferne. „Ja, das war mein Freund Schiller", sagte er nach einer Weile. „Nun, Herr van Beethoven, jetzt lass' ich Sie nicht sogleich wieder los! Sie können mir noch manches sagen, was ich wissen möchte, und wonach ich bisher immer vergebens gefragt habe. Sprechen wir doch einmal von der reinen Instrumentalmusik! Oder langweile ich Sie? sagen Sie es ehrlich!"
„Exzellenz, ich bin ja überglücklich!"
„Sehen Sie, Herr van Beethoven, zu der reinen Instrumentalmusik hab' ich bisher noch kein rechtes Verhältnis gewinnen können. Bei ihrem Anhören hab' ich immer das Gefühl des Leeren, und am Schluß bin ich unbefriedigt, nicht bereichert. Instrumentalmusik, Melodien und Läufe ohne Wort und Sinn scheinen mir Schmetterlingen und schönen bunten Vögeln ähnlich, die in der Luft vor unsren Augen herumschweben, die wir allenfalls haschen und uns zueignen möchten. Der

Gesang dagegen hebt sich wie ein Genius gen Himmel, reizt das beßre Ich in uns, ihn zu begleiten."
„Exzellenz, ich vermute, Sie haben noch nicht viel gute Instrumentalmusik gehört. Kennen Sie meine Symphonien?"
„Leider nicht."
„Dann möcht ich Ihnen einen kurzen Satz aus meinem letzten Werk spielen, der Siebenten Symphonie."
Er spielte den langsamen Satz.
„Nun, Exzellenz, hat Ihnen diese Musik etwas gesagt?"
„Ich müßte von Stein sein, wenn sie mir nichts gesagt hätte. Das ist groß, das bewegt! Man möchte mitschreiten mit diesen Rhythmen, und wagt doch kaum zu atmen. Ein tragisches Schicksal scheint sich abzuspielen. In der Mitte wird es lichter, man atmet auf, schöpft Hoffnung; doch die Sonne verliert wieder ihren Schein, es wird Nacht. Ja, das ist groß! das ist wahrhaft groß! Jetzt begreif' ich's: Musik braucht nicht Dienerin am Wort des Dichters zu sein! Ja, mir will scheinen, die Würde der Kunst tritt bei ihr vielleicht am hellsten hervor, wenn kein Stoff da ist, der abgerechnet werden müßte. Da kann kein Verstand ihr mehr beikommen! Da geht von ihr eine Wirkung aus, die alles beherrscht – von der niemand imstande ist, sich Rechenschaft zu geben. Da scheint sie das wahre Element, woher alle Dichtung entspringt und wohin sie zurückkehrt!"
„Hat Ihnen das nicht schon Bettina gesagt?"
„Was vermögen da Worte! Sie haben es mir durch die Tat gezeigt! Es ist etwas Ungeheures in dieser Erkenntnis! etwas, das mich überwältigt, mein ganzes Sein erschüttert!" Er stand auf und ging ein paar Schritte auf und ab. Dann blieb er vor Beethoven stehen und faßte seine Hand. „Ich bin glücklich, daß ich Sie getroffen habe! Sie haben mir heute unendlich viel gegeben!" Er blickte ihm fest in die Augen. „Man sagt mir, Sie seien nicht das, was man glücklich nennt. Ist das wahr?"
„Ach, Exzellenz, was soll ich darauf antworten!"
„Lassen Sie die Exzellenz! Sie sind für mich Beethoven, und ich möchte für Sie nichts sein als Goethe."
„Ob ich unglücklich bin? Ich bin es, und bin es nicht. Ich bin es nicht, wenn ich schaffe, denn da habe ich das Gefühl meiner Kraft; wie mir alles gelingt, was ich will, und wie

zum Schluß alles viel herrlicher dasteht, als ich es zu Anfang auch nur geträumt hatte. Aber ich bin nicht nur Künstler, ich bin ja doch auch Mensch! Ich liebe die Menschen, und mein schlechtes Gehör entfremdet mich ihnen, sondert mich ab, macht mich einsam. Ich erscheine als Menschenfeind und bin es doch so wenig!"
„Beethoven, möchten Sie mit irgend jemand tauschen?"
„Nein, Goethe!"
„So! das war eine schöne glatte Antwort, und ich wußte, Sie würden so antworten. Jeder hat sein Kreuz zu tragen; einen Künstler, der sich vollkommen glücklich nennt, hab' ich im Verdacht, daß er kein Künstler ist."
„Die Flamme, die mir im Innern brennt, die kann ja nicht verlöschen!"
Goethe erschauerte. „Beethoven", sagte er nach einer Weile, „was Sie eben gesagt haben" – er stockte und schwieg wieder. „Der Verlust eines äußeren Sinnes – des Sinnes, der für Sie der wichtigste ist -- das Überwinden dieses Verlustes durch die Tat, durch Schaffen – das ist erhaben – das ist göttlich – das entsühnt. Wie sagten Sie? ‚Die Flamme, die mir im Innern brennt, die kann ja nicht verlöschen.'"
Er schwieg. Nach einer Weile flüsterte er:

> „Die Nacht scheint tiefer tief hereinzudringen,
> allein im Innern leuchtet helles Licht."

Beethoven sah gespannt auf Goethe. Er hatte ihn nicht verstanden, wagte aber nicht zu fragen. Goethe blickte ihn voll an. Er betrachtete dies Antlitz, das vom Genius gezeichnet war, die edle, von Leiden durchpflügte Stirn, den herben Mund, den Wille und Kraft geformt hatten, die Augen, aus denen Güte und Liebe blickten. Er stand auf und zog Beethoven an seine Brust.
„Es ist spät geworden", sagte er endlich, „ich bin bei Ihrer Kaiserin zur Tafel geladen. Kann ich Sie morgen wiedersehen? ja? Haben Sie Lust, nach Tisch mit mir ein wenig spazieren zu fahren? Die Umgebung ist ja so schön! Und hinterher spielen Sie mir Ihren Egmont!"
„Was könnt' ich Lieberes tun, Goethe!"
„Ja, und noch eines: ich höre von ihrem Freunde Lichnowsky,

daß Sie sich aller Geselligkeit fernhalten. Warum lassen Sie sich nicht der Kaiserin vorstellen? Sie ist eine der herrlichsten Frauen, die ich kenne, und würde sich sehr freuen, Sie zu sehen!"
Beethoven schüttelte den Kopf. „Mit meinem schlechten Gehör mach' ich in der Gesellschaft eine traurige Figur. Und was die Kaiserin betrifft – in Wien hat sie sich nie um mich gekümmert; ich sehe also nicht ein, warum ich ihr hier nachlaufen soll."
Goethe lachte. „Lieber Beethoven, ich habe mir sagen lassen, in Wien seien Sie als ein ziemlich wütender Republikaner verschrieen. Und die Kaiserin hat in Wien ihren Kaiser. Aber hier ist sie nur Mensch, ein höchst anziehender reizender Mensch, und der Kaiser ist Gott sei Dank nicht da!"
„Nun, ich kann es mir ja überlegen. Aber Sie, Goethe, sind mir lieber als alle Kaiser und Kaiserinnen der Welt. Also freu' ich mich zunächst einmal auf die Fahrt morgen mit Ihnen!"

*

Es wurde dunkel. Noch immer saß Beethoven still in seinem Zimmer. Goethe, den er seit seiner Kindheit verehrt, an den er immer nur mit einem heiligen Schauer gedacht – dessen Werke ihn beglückt, oft und oft zu eigenem Schaffen begeistert hatten – daß er ihn nun kannte, bei Namen nennen durfte, an seiner Brust gelegen hatte – wie war das schön! wie machte ihn das stolz und glücklich, wie erhob ihn das vor sich selbst!

*

An der kaiserlichen Abendtafel im Herrenhaus saß Goethe neben der jungen Kaiserin Ludowika. Bildschön, heiter, glücklich, genoß sie diese Tage, genoß die beinah anbetende Verehrung eines großen Geistes, genoß die Trennung von ihrem etwas langweiligen Vetter und Gemahl, den das Volk den guten Kaiser Franz nannte, und der doch nichts war als ein herzenskalter, engstirniger Tyrann.
An Goethes anderer Seite saß ihre Hofdame, die reizende Gräfin O'Donnell. Der Champagner wurde eingeschenkt, Scherzworte, Neckereien flogen hin und her; doch Goethe,

der sonst die Seele dieses fröhlichen kleinen Kreises war, saß still und in sich gekehrt.

„Herr von Goethe ist heute melancholisch angehaucht", sagte die Kaiserin. „Mir scheint, wir werden ihm schon langweilig, wir armen dummen Frauenzimmer!"

„Ich habe heute Beethoven kennengelernt", erwiderte Goethe, „und muß immerfort an ihn denken."

Fürst Lichnowsky blickte gespannt zu ihm hinüber.

„Nun, Exzellenz, wie finden Sie ihn?"

„Zusammengefaßter, energischer, inniger hab' ich noch keinen Künstler gesehen. Ich begreife recht gut, wie der gegen die Welt wunderlich stehen muß."

„Ach was!" rief die Gräfin O'Donnell, „der alte Brummbär ist selber dran schuld, wenn er mit der Welt nicht zurecht kommt. Wenn er wollte – die Wiener trügen ihn auf Händen! Aber er will einfach nicht!"

„Er hat vollkommen recht, meine kleine Gräfin", erwiderte Goethe. „Wenn ich richtig gesehen habe, so hat er mit den Menschen kaum noch etwas gemein. Er geht den Weg, den ihn sein Dämon führt. Vermessen wär' es, ihm einen andren Weg vorschreiben zu wollen."

„Zusammengefaßt – energisch – innig" – rief Lichnowsky, „wie schön Sie das gesagt haben, Exzellenz! Es kennzeichnet nicht nur den Menschen, nein, auch seine ganze Musik!"

„Ist es Euer Majestät angenehm", wandte Goethe sich an die Kaiserin, „wenn ich etwas vorlese? Mir ist nach Faust zumute."

*

Am andren Nachmittage fuhren Goethe und Beethoven die Straße nach Bilin hinaus.

„Teplitz ist doch um vieles heiterer als Karlsbad", meinte Goethe. „Die Gegend ist weiter und erfreulicher, die Lage an der mittägigen Seite des Erzgebirges und am Nordhang des wunderlichen pseudovulkanischen Mittelgebirges höchst interessant. Nur scheint es, das Baden macht etwas schwach im Kopf; mit der Arbeit geht es bei mir nicht recht vorwärts."

Beethoven lächelte. „Sollte es nicht eher die Hofluft sein, die Ihrer Arbeit nicht günstig ist?"

Goethe antwortete nicht gleich. War das ein Stich, den sein neuer Freund ihm da scheinbar harmlos versetzen wollte? „Sie kennen wohl die Hofluft nicht", sagte er etwas gemessen.
„Ach du lieber Gott! als junger Mensch habe ich sie in Bonn oft genug gerochen! Ich bin froh, daß das vorbei ist. Etwas Kleineres als unsere Großen gibt es doch nicht!"
„Wenn Sie die Kaiserin kennten, würden Sie das nicht sagen! Ich bin meinem Schicksal dankbar, daß ich zur Bildung eines so edlen Geistes ein weniges beitragen darf."
„Und mir will scheinen, daß jede Stunde, die man Ihrem Werk entzieht, Raub am ganzen deutschen Volk ist!"
„Man kann nicht immerfort arbeiten, lieber Beethoven, man muß auch manchmal Feste feiern können. Und der Umgang mit Ihrer Kaiserin ist ein Fest für mich. Sie hat das ewig Weibliche, das uns hinanzieht."
„Mich zieht das ewig Männliche hinan", entgegnete Beethoven. Goethe sah ihn lange an; dann lächelte er gedankenvoll.

*

Nach einer schönen Fahrt war man wieder in Teplitz. Goethe und Beethoven schlenderten Arm in Arm der „Eiche" zu; da sahen sie die ganze Hofgesellschaft herankommen: die Kaiserin mit der Gräfin O'Donnell, den Fürsten Lichnowsky, den Herzog Karl August, den Fürsten Clary mit seinem Schwiegervater, dem Fürsten von Ligne, Damen und Herren aus dem kaiserlichen Gefolge. Goethe machte sich von seinem Begleiter los und stellte sich zur Seite des Weges auf.
„Nun?" fragte Beethoven ganz erstaunt, „was ist denn? was bleiben Sie denn nicht in meinem Arm hängen? Die müssen u n s Platz machen, nicht wir ihnen!"
Goethe schüttelte ärgerlich den Kopf. „Was fällt Ihnen denn ein, Beethoven! bitte blamieren Sie mich doch nicht!"
Beethoven zuckte die Achseln, ging gemächlich weiter und nahm nur vor der Kaiserin den Hut ab. Indessen stand Goethe mit entblößtem Haupt und ließ die Majestät und ihre Begleiter in devoter Haltung an sich vorüber.
Beethoven war in einiger Entfernung stehengeblieben und hatte den Vorgang beobachtet.

„Ei, Goethe!" rief er dann, „was war denn das? Auf Sie hab' ich gewartet, weil ich Sie ehre und achte, wie Sie's verdienen, aber jenen haben Sie zuviel Ehre angetan!"
„Ich tat nichts andres, als was die Etikette vorschreibt. Sie haben wohl vergessen, daß ich nicht nur ein Dichter bin, sondern auch ein herzoglich weimarischer Beamter."
Aber Beethoven wollte sich nicht beruhigen; er wurde ganz aufgeregt. „Und wenn Sie zwanzigmal Geheimrat wären, was will das bedeuten? Einen Hofrat, Geheimrat, Baron, Fürsten können die machen, aber keinen Goethe! Also das, was sie nicht machen können, und was sie selber nicht sind und nie werden können, davor müssen sie Respekt lernen, das ist ihnen gesund! Sie müssen's denen tüchtig an den Kopf werfen, was sie an Ihnen haben, sonst werden die es gar nicht gewahr! Da hab' ich's anders gemacht! Als ich einmal dem Erzherzog Rudolf Unterricht geben sollte, ließ der mich im Vorzimmer warten. Ich hab' ihm nachher die Finger tüchtig auseinandergerenkt, und wie er mich fragte, warum ich so ungeduldig sei, sagte ich: ich hätte meine Zeit im Vorzimmer verloren und könne nun keine mehr aufbringen. Seitdem hat er mich nicht wieder warten lassen."
Goethe hatte inzwischen seinen Ärger hinuntergeschluckt und fing an zu lachen. „Das Bild hätt' ich sehen mögen! Ja, Beethoven, zum Hofmann sind Sie nicht geboren."
„Und Sie erst recht nicht, Goethe!"
„Sie sind ein großes Kind, lieber Beethoven!"
„Das ist keine Antwort! Nein, wirklich, wenn ich so etwas sehe, dann dreht sich mir das Herz im Leibe um. Verkehrte, elende Welt! Statt daß man vor Ihnen auf den Knien liegt –! Was weiß denn in hundert Jahren die Menschheit noch von diesen Leuten! Höchstens, daß sie mit Goethe verkehrt haben. Unsre Namen machen die vielleicht unsterblich, sie nicht uns! Hab' ich nicht recht? muß denn immer geheuchelt werden?"
„Lassen Sie sich eines sagen, lieber Beethoven: sich hergebrachten Formen fügen, entehrt keinen Menschen, auch den größten nicht."
Beethoven brummte etwas Unverständliches. Goethe behagt die Hofluft zu sehr, dachte er; mehr, als einem Dichter geziemt. Was soll man noch von der Lächerlichkeit der Vir-

tuosen reden, wenn der erste Lehrer der Nation über diesem Schimmer alles andre vergessen kann!

Mittlerweile waren sie in der „Eiche" angelangt. Beethoven war die Lust zum Spielen eigentlich vergangen; aber er holte doch seine Egmontpartitur aus dem Koffer, setzte sich an den Flügel und spielte die Ouvertüre. Aber als er geendet hatte und sich nach seinem Zuhörer umsah, begriff er sofort, daß er ihm zuviel zugemutet hatte.
„Ja", sagte Goethe, „ich bin eben doch ein Laie in der Musik. Wenn ich nicht gewußt hätte, daß dies die Egmont-Ouvertüre ist – ich wäre im Leben nicht drauf gekommen."
„Ich kann mir denken, warum", erwiderte Beethoven. „Sie haben ja nun selbst gesehen, was für ein wütender Republikaner ich bin. Da darf Sie's nicht wundern, daß ich Ihr Stück auf meine Weise bearbeitet habe. Ihnen war Egmont die Hauptsache – wahrscheinlich weil Sie selber so eine Art von Egmont sind. Aber ich habe Bauernblut in mir, niederländisches sogar. Mir waren die unterdrückten Niederländer die Hauptsache und ihre Befreiung vom Tyrannenjoch."
„Das ändert allerdings die Sache. Wissen Sie, wen ich die ganze Zeit vor Augen hatte? Sie selbst! Es wollte mir scheinen, als ob Sie in diesem Werk ein getreues Bild Ihrer eigenen Persönlichkeit gegeben hätten."
„Des wütenden Republikaners!" lachte Beethoven.
„Ehrlich gesagt, ja. Ich muß gestehen: mir ist manchmal etwas Angst geworden vor soviel dämonischer Wildheit, für die es schließlich gar keine Schranken mehr zu geben scheint."
„Da irren Sie aber sehr! Gäb' es keine Schranken, dann stände die Ouvertüre nicht auf dem Papier!"
„Ich verstehe. Sie wollen sagen, daß Ihr Künstlerwille sich eben doch nicht von Ihren Leidenschaften beherrschen läßt; daß er der stärkere ist und schließlich im Kunstwerk triumphiert. Gut, ich lasse das gelten. Der geniale Mensch muß sich das Maß wohl immer erst aus der Maßlosigkeit erobern. Trotzdem hab' ich aber das Gefühl, daß Sie in dem Umfang der dargestellten Leidenschaften viel weitergegangen sind, als meinem Drama entspricht. Das ist natürlich Ihr gutes Recht. Nur dürfen Sie es mir nicht übelnehmen, wenn ich mich etwas fremd davon berührt fühle. Ich wüßte ein Drama,

zu dem Ihre Musik fast besser paßt als zu meinem Egmont: das ist Schillers Tell."

„Ich wüßte ein Drama", entgegnete Beethoven, „es spielt schon viele Jahre, und ganz Europa spielt darin mit. Möcht' ich doch zu diesem Drama die Musik vorausgeschrieben haben!"

Goethe schüttelte den Kopf. „Der Mann ist uns zu groß."

„Er ist nicht groß!" rief Beethoven leidenschaftlich. „Früher hab' ich es selber geglaubt. Als er noch Konsul war, hab' ich eine Symphonie auf ihn geschrieben, die ich noch immer für mein bestes Werk halte. Aber dann kam die Wandlung. Der Mann denkt nur an sich, nicht an die Welt, und das nenn' ich klein."

„Beethoven, ich will Ihnen ein Wort sagen, das ich aus Napoleons eigenem Munde habe. Er sagte mir: ‚Sie sollten ein Drama über den Tod Cäsars schreiben. Man müßte der Welt zeigen, wie Cäsar sie beglückt hätte, wenn man ihm Zeit gelassen hätte, seine hochsinnigen Ideen zu verwirklichen.'"

Beethoven brach in wildes Lachen aus. „Und das beziehen Sie auf ihn selber! Hochsinnige Ideen? Ganz Europa in Blut tauchen! ein schöner Hochsinn! Unser Vaterland zerstückeln, große Teile für sich behalten, andre an seine Vasallen hinschenken – können Sie das wirklich Hochsinn nennen?"

„Unser Vaterland, sagen Sie. Hat der Deutsche je ein Vaterland gehabt? Ich bin zwanzig Jahre älter als Sie, aber ich erinnere mich nicht, je eines gesehen zu haben. Ein Haufen kleiner Despotien war Deutschland, als Napoleon auftrat. Daß er da mit eisernem Besen dazwischengefahren ist, dafür bin ich ihm nur dankbar. Glauben Sie mir, in der Verwaltung, der Gesetzgebung, dem Bildungswesen, den Künsten und Wissenschaften sieht es in Deutschland jetzt besser aus als noch vor zehn Jahren. Gesetzt den Fall, es gelänge Preußen mit Rußlands und Österreichs Hilfe, Napoleon zu besiegen – was dann? Wir würden die französische Oberherrschaft gegen eine preußische oder österreichische oder gar russische eintauschen! Eine so unsympathisch, so unerträglich wie die andre! Preußen ist halb polnisch geworden – ein Land finsterer Reaktion. Oder ziehen Sie das halb slawische Österreich vor? oder das halb asiatische Rußland? Nein, da ist mir Frankreich mit seiner schönen alten Kultur lieber."

„Zum Teufel mit aller französischen Kultur!" rief Beethoven. „Wir wollen keine kultivierten Sklaven sein! wir wollen frei sein! frei! frei! Ich hasse Napoleon! Möge er zugrunde gehen in der russischen Steppe samt seiner ganzen glorreichen Armee, und ich werde Gott auf den Knien danken!"

Er hatte die letzten Worte beinah geschrien, sein Gesicht war verzerrt, in seinen Augen brannte ein unheimliches Feuer. Goethe betrachtete ihn, und in seine Züge kam ein Ausdruck von Kälte.

„Ich bedaure es außerordentlich", sagte er, „daß wir ins Politisieren hineingeraten sind; mir liegt das im Grunde ebensowenig wie Ihnen. Das soll indes die hohe Meinung, die ich von Ihnen gefaßt habe, nicht erschüttern, so sehr ich es bedauern muß, daß ein Mensch von Ihren außerordentlichen Geistesgaben einem kongenialen Menschen den Tod wünscht, einem Menschen, den als die Krone der Schöpfung zu bezeichnen ich keinen Anstand nehme."

„Wenn das Ihre Meinung ist, Goethe, dann müssen sich unsre Wege scheiden!"

Goethe lächelte. „Sie sprechen jetzt, lieber Beethoven, wie Schiller gesprochen hätte. Der kannte auch nur ein Entweder-Oder. Aber denken Sie daran, was derselbe Schiller gesungen hat: Alle Menschen werden Brüder! diesen Kuß der ganzen Welt!"

„Ja!" rief Beethoven, „und sein Lied an die Freude zu komponieren, mit dem Gedanken trag' ich mich seit über zwanzig Jahren. Aber solange Deutschland in Frankreichs Ketten liegt, wäre es ja Selbsterniedrigung, von Völkerversöhnung und Menschenverbrüderung zu singen. Also muß ich mit meinem Lied noch warten."

„Bis Napoleon besiegt ist? Ich fürchte, den Gefallen wird er Ihnen nicht tun. Nun leben Sie wohl, Beethoven. Es ist spät geworden. Haben Sie herzlichen Dank für Ihre Musik! Auf Wiedersehen! Nun – bekomm' ich noch eine Hand?"

*

Also das ist Goethe! dachte Beethoven. Goethe, der mir das Symbol des großen freien Menschen war – ein Fürsten-

diener ist er, ein Unfreier! ein Bewunderer des Todfeindes aller, die noch deutsch empfinden, ein Mensch ohne Vaterlandsgefühl, ja ohne Vaterland! Oder tu' ich ihm unrecht? Diese Szene mit der Hofgesellschaft – vielleicht kam sie nur mir so entwürdigt vor, weil ich, Gott sei Dank, mit all dem dummen Kram schon solange nichts mehr zu tun habe? Und Goethe, dem ist durch sein Amt und seine Stellung das alles in Fleisch und Blut übergegangen; er findet wohl nicht mehr darin, als wenn ich vor einem Rindvieh von Bekannten den Hut ziehe. Gut! nehmen wir das an und erteilen ihm Absolution. Aber Napoleon, der Sklavenhalter Europas, von Goethe aufs höchste verehrt, ja beinah vergöttert! Goethe, junger herrlicher Goethe! was ist aus dir geworden!
Eine tiefe Traurigkeit war in ihm. Etwas Heiliges war in den Staub gezogen, rettungslos und für alle Zeiten.
Er entzündete die Lampe und vertiefte sich in die Partitur der Achten Symphonie. Ihrem Geisterfluge hingegeben, überkam es ihn wie ein Traumzustand.
In der Morgendämmerung des Hochgebirges stieg er rüstig bergan. Kein Pfad ebnete sich mehr seinem Fuß, lautlose Einsamkeit war um ihn. Da gewahrte er weit vor sich einen Wanderer, der gleich ihm dahinschritt, bergauf über Felsen und Klippen. Der soll mein Weggenosse sein, dachte er; schöner und leichter wandert es sich zu zweien. Er beschleunigte seine Schritte, verdoppelte seine Eile – umsonst; immer in dem gleichen Abstand ging der Fremde vor ihm her. Nie werde ich ihn einholen, dachte er traurig. Da blieb jener stehen; bald hatte er ihn erreicht.
„Fremder!" redete er ihn an, „laß uns Weggenossen sein! Schöner und leichter wandert es sich zu zweien!"
„Siehst du nicht den Gletscher", sprach der andre, „der den Weg hemmt? Der ist mächtiger als wir. Zu hoch sind wir gestiegen. Ich bin müde – mich friert. Ich kehre um."
Sein schönes junges Gesicht wurde plötzlich alt. Langsam schritt er bergab und verschwand im Nebel.
Da stieß er selber einen Jauchzer aus, daß es fernhin schallte, und schritt weiter aufwärts. Des Gletschers Eiswüste dehnte sich vor ihm, aber sein guter Stab half ihm, Schritt um Schritt, immer bergan. Lang und mühselig war die Wanderung, doch sie nahm ein Ende. Urgestein war wieder unter

seinen Füßen. Endlich war er am Ziel, auf höchster Höhe. Das Eis des Gletschers begann zu glühen, strahlend ging die Sonne auf.
Tief unter sich sah er die Welt der Menschen, winzig klein, ein Spielzeug, ein Nichts; und doch so klar und deutlich, als ob er sie mit Händen hätte greifen können. Das ganze menschliche Treiben, das ihm sonst so verworren erschien, lag nun klar und entwirrt vor ihm, tief, tief unter ihm.
Da brach der Einsame auf seiner sonnigen Höhe in Lachen aus, in ein ungeheures, befreiendes, großes, heiliges Lachen.

Sechzehntes Kapitel

Im September kehrte Beethoven nach Wien zurück, um dieselbe Zeit, als Moskau in Flammen aufging. Dann kam der Rückzug und der Untergang der großen Armee im Schnee der russischen Steppe. Preußen erhob sich und verbündete sich mit Rußland.
Beethoven ging es um jene Zeit nicht zum besten. Auch die zweite Kur in Teplitz war umsonst gewesen. Magenbeschwerden, die sich schon seit Jahren ab und zu gezeigt hatten, wurden häufiger und quälender. Zudem machte ihm sein Bruder Karl schwere Sorgen.
Die drei Brüder hatten sich nie besonders nah gestanden. Johann, der Apotheker, hatte sich in Linz selbständig gemacht und war während des Krieges von 1809 durch Chininlieferung an die Franzosen zu Reichtum gelangt. Karl van Beethoven hatte die Musik schon längst an den Nagel gehängt und war Beamter geworden. Vor sieben Jahren hatte er sich mit der Tochter eines wohlhabenden Tapezierers verheiratet, einer schönen Person von recht zweifelhaftem Ruf, und sich durch diese Verbindung seinem Bruder noch mehr entfremdet. Oft vergingen Monate, ohne daß man sich sah, ja auch nur voneinander hörte. Wenn Karl dann wieder einmal auf der Bildfläche erschien, so war hundert gegen eins zu wetten, daß er Geld brauchte; denn seine Frau mit ihrem Hang zu Putz und Verschwendung stürzte ihn fort und fort in Schulden.

Und nun war der Bruder krank. Er hustete, seine Kräfte nahmen ab. Arzt und Apotheke kosteten Geld. So wurden die Hilferufe immer häufiger. Und dabei hatte Beethoven selber Geldsorgen. Fürst Kinsky war vom Pferde gestürzt und gestorben; seine Vermögensverwalter wollten Beethovens Rente nicht anders als nach dem Kurs von 1811 bezahlen. Da er darauf nicht einging, so war für den Augenblick alles, was von seinem Jahresgehalt gezahlt wurde, der Beitrag des Erzherzogs. Verlegerhonorare waren nicht fällig. So kam es, daß Beethoven gradezu in Not geriet und Schulden machen mußte, um seinem Bruder helfen zu können.
Inzwischen hatte Napoleon in Frankreich wieder ein Heer aufgestellt und im April 1813 den Rhein überschritten und neue Siege erfochten. Im Juni wurde ein Waffenstillstand geschlossen, den die beiden Gegner – Frankreich auf der einen, Preußen und Rußland auf der andren Seite – dazu benutzten, Österreich Bündnisanträge zu machen. Da kam die Nachricht von Wellingtons großem Siege bei Vittoria in Spanien. Nun schlug Österreich sich auf die Seite der Verbündeten und erklärte Frankreich den Krieg.
Für Beethoven sollte die Schlacht bei Vittoria merkwürdige Folgen haben. In Wien lebte ein gewisser Mälzel, Klavierspieler von Profession, Mechaniker aus Begabung und Neigung. Er hatte einen Automaten gebaut, der alle Instrumente einer Militärkapelle in sich vereinigte, war damit durch halb Europa gereist, hatte überall Aufsehen gemacht und Geld verdient. Nun rückte er bei Beethoven an mit dem Vorschlage, für seinen Automaten die Schlacht von Vittoria zu komponieren; er würde dann England bereisen, bürge für einen Erfolg, wie er überhaupt noch nicht dagewesen sei, und sie würden alle beide reiche Leute. Beethoven brüllte vor Lachen über solche Zumutung. Doch als er dann im Geiste kleine Berge von guten englischen Guineen sah, als er an seine Schulden und den kranken Bruder dachte, gab er Mälzels Drängen schließlich nach. „Es wird eine kolossale Dummheit werden", sagt er, „aber ich werde das Publikum damit aufs Haupt schlagen."
Die Partitur, für die Walze des Automaten berechnet, war bald fertig. Da kam Mälzel mit einem neuen Vorschlage: Beethoven solle das Werk für volles Orchester instrumen-

tieren, mit über den Kanal gehen, selber dirigieren. Ganz England würde vor Begeisterung kopfstehen.
Beethoven fiel ein Stein vom Herzen. Er hatte seine Arbeit doch als Entwürdigung empfunden, zu der ihn nur die Not trieb. Nun war er den verfluchten Automaten los, konnte wieder für sein Orchester schreiben. Die ganze Sache war eine Dummheit – jetzt sollte es wenigstens eine großartige Dummheit werden.
Inzwischen war die Völkerschlacht bei Leipzig geschlagen; nach der Schlacht bei Hanau waren zahlreiche Verwundete in Wien eingetroffen und begeistert empfangen worden. Ein Konzert zu ihrem Besten mit der Schlachtmusik und der Siebenten Symphonie ward beschlossen. Die vaterländische Begeisterung, der gute Zweck und Beethovens Name bewirkten, daß alles, was in Wien an bedeutenden Musikern lebte, mitwirken wollte, selbst an ganz untergeordneten Stellen.
Der große Tag war gekommen. Der Universitätssaal war ausverkauft, das Publikum in festlicher Spannung.
Den Beginn machte die Siebente Symphonie. Beethoven selber dirigierte. Gleich einem Zauberer stand er da und schwang seinen Stab, versunken in die Wunderwelt seiner Klänge, die höchstens noch in Forte an sein äußeres Ohr drangen. Schwollen die Tonwellen ab, dann sank er langsam in die Knie, war kaum noch sichtbar; und wuchs wieder empor beim Crescendo, ruderte mit den Armen in der Luft, als seien es Flügel, die ihn emportrugen, wurde größer und größer, sprang beim Forte in die Höhe und sang den Jubel seines Inneren hinein in das Brausen der Tonfluten. Hinter ihm, von Beethoven nicht bemerkt, stand der Kapellmeister Umlauf und griff ein, wenn Gefahr drohte, daß der Meister dem Orchester vorauseilte oder zurückblieb. Aber einmal, bei einer hastigen Bewegung Umlaufs, merkte Beethoven doch, daß da hinter seinem Rücken etwas vorging. Er drehte sich um und begriff sofort. Und für einen Augenblick war er nicht mehr allein in seiner göttlichen, selbsterschaffenen Welt, sondern wieder unter Menschen, ein Halbtauber unter Hörenden. Aber was bedeutete das, gemessen an der Seligkeit, die ihn erfüllte! Ein himmlisches Lächeln erblühte auf seinen Lippen, und während er weiterdirigierte, reichte er dem Helfer, ihm abgewandt, seine linke Hand.

Als die Wunder der Siebenten Symphonie verklungen waren, als der starke und herzliche Beifall sich gelegt hatte, wurde ein metallenes Ungeheuer auf das Podium gerollt: ein mechanischer Trompeter Mälzelscher Erfindung. Vom Orchester begleitet, schmetterte er zwei Märsche in den Saal.
Und dann kam das große Ereignis: die Schlacht bei Vittoria. Trommel- und Trompetensignale, anfangs noch weit entfernt, kommen näher und näher. Rule Britannia setzt ein, erst ganz leise, allmählich stärker, aber ruhig und feierlich. Nun die Franzosen mit ihrem Marlboroughmarsch: leichtsinnig, verwegen, beweglich. Helle Trompetenfanfaren – die Schlacht beginnt. In den Sturmmarsch des Orchesters mischen sich Kanonenschüsse und Kleingewehrfeuer. Hin und her wogt der Kampf; endlich kann am englischen Siege nicht mehr gezweifelt werden. Der vorher so lustige französische Marsch ertönt jetzt in Moll; in immer größerer Hast, in wilder Flucht jagt er dahin; leise, abgerissen verklingt er. Die Siegesfeier des englischen Volkes beginnt; das „God save the King" tönt hinein und führt in einem rauschenden Fugato zum Schluß.
Der Jubel der Zuhörer war ungeheuer. Der jahrelang unterdrückte Freiheitssinn eines ganzen Volkes brach aus wie ein Vulkan. Umbraust von immer neuen Jubelstürmen stand Beethoven auf seinem Platz –
Dreimal wurde die Aufführung wiederholt, doch ohne Mälzels Trompeterscheusal; das letztemal zusammen mit der Achten Symphonie. Jedesmal wieder der gleiche ungeheure Erfolg. Was eine zwanzigjährige Arbeit mit ihrer langen Reihe der edelsten Meisterwerke nicht vermocht hatte, das hatte ein Gelegenheitsstück, eine „kolossale Dummheit" erreicht: Beethoven war der volkstümlichste Mann in Wien. Inzwischen hatte Napoleon seine Krone verloren und war nach Elba verbannt worden. Im September 1814 trafen die gekrönten Häupter Europas zum Kongreß in Wien ein. Ein Fest jagte das andre: Paraden, Feuerwerke, Bälle, lebende Bilder, Maskeraden, Jagden, Karussells, Theater, Konzerte. Ende November führte Beethoven die Siebente Symphonie und die Schlachtmusik auf. Er hatte sämtliche regierenden Fürsten dazu eingeladen, und alle folgten dem Ruf. Sechstausend Menschen füllten den Redoutensaal.

Im Januar des neuen Jahres wurde Beethoven den fremden Fürstlichkeiten präsentiert; er wirkte bei einem Hofkonzert mit und wählte dazu den Kanon aus dem Fidelio und die Adelaide.
Da saßen sie in seiner nächsten Nähe, die Herren Europas, in ihren goldstrotzenden Uniformen, die Brust mit Ordenssternen bedeckt: der Held des Kongresses, Zar Alexander, schön, stattlich, liebenswürdig; der König von Preußen, der sich im Unglück schwach bis zur Entwürdigung gezeigt hatte und nun im Glück stolz, hart und habgierig geworden war; stumm und steif saß er neben der Kaiserin von Österreich, deren lieblich-fremde Schönheit Goethe in Teplitz so begeistert hatte. Da saß neben dem abstoßend häßlichen spindeldürren König von Dänemark der unmäßig fette Herrscher von Württemberg, ehemals Napoleons treuster Vasall, jeder Zoll das Gegenteil eines Königs. Da saß der arme König von Sachsen, der ständig um Verzeihung zu bitten schien, daß er überhaupt vorhanden war, neben ihm Kaiser Franz mit seiner langweiligen Beamtenphysiognomie.
Also das seid ihr! dachte Beethoven, als er, von Händeklatschen begrüßt, in seinem schlichten schwarzen Frack, den kein Orden schmückte, auf das Podium trat und sich ein wenig verneigte. Das seid ihr, die neuen Herren der Welt! Eine Meute, die den Tiger endlich zur Strecke gebracht hat. Von euch hätte mich keiner zur Eroica begeistert! So, nun laßt euch eine halbe Stunde langweilen, sie wird ja vorübergehen.
Sie ging vorüber. Sie wurde allen ein hoher Genuß wie man ihm nachher ein dutzendmal versicherte, als er den Monarchen einzeln vorgestellt wurde. Der liebste war ihm noch der russische Kaiser, der ihm treuherzig erklärte, er habe von Musik keine Ahnung. Das habe er sich schon gedacht, erwiderte Beethoven, nachdem Seine Majestät die vor etlichen Jahren erfolgte Widmung einiger Violinsonaten leider nicht beachtet habe. Der Zar schob die Schuld auf seinen Botschafter, Beethovens Freund und Gönner Rasumowsky, und bedrohte ihn mit Verbannung nach Sibirien, wenn das Versäumnis nicht umgehend gutgemacht werde. Wenn Beethoven mitginge, meinte Rasumowsky, dann ginge er auch nach Sibirien. Beethoven wiederum erklärte, so lieb und wert

Rasumowsky ihm auch sei, er würde weder mit noch ohne ihn nach Sibirien gehen. Dann habe morgen die Sühne zu erfolgen, entschied der Zar.
Am andren Tage rückten denn auch dreihundert „geharnischte Reiter", wie Beethoven die Dukaten zu bezeichnen liebte, bei ihm ein. Im Laufe der nächsten Wochen ergänzten sie sich, dank den übrigen Souveränen, zu einem recht stattlichen Regiment.
Inzwischen hatte Beethoven sich auch mit der Vermögensverwaltung der Fürsten Kinsky und Lobkowitz geeinigt. Verlegerhonorare gingen ein, darunter recht ansehnliche Summen aus England. Die englische Reise wurde wieder erwogen; da trat ein Ereignis ein, das seinem ganzen Leben eine entscheidende Wendung geben sollte.

SIEBZEHNTES KAPITEL

An einem grauen Novembertage des Jahres 1815 erhielt Beethoven einen Brief seines Bruders Karl, mit zitternder Hand geschrieben: er möge schleunigst kommen. Sogleich machte er sich auf den Weg.
Er erschrak, als er den Bruder erblickte. Sein Gesicht war weiß und verfallen, der Atem ging mühsam, oft von Hustenstößen unterbrochen.
„Dank, daß du kommst, Ludwig! Ich mußte die Gelegenheit benutzen; Johanna ist ausgegangen und wird erst spät zurückkommen. Ludwig, ich bin sehr krank; ich habe die Schwindsucht, der Arzt hat es mir endlich gesagt." Beethoven wollte widersprechen, aber sein Bruder unterbrach ihn. „Ich hab' es von der Mutter geerbt, dagegen ist nichts zu machen. Bald ist alles vorbei. Aber was dann? Was soll aus meinem Sohn werden? Sie kann ihn ja nicht erziehen! Denk nicht, daß sie ihn nicht liebt. Oh, sie liebt ihn sehr! tausendmal mehr als mich. Aber erziehen – sie ist ja selber nicht erzogen!"
Die Tür ging auf, der kleine Karl trat ein, erschrak beim Anblick des Oheims, den er nur selten gesehen hatte, und blieb verlegen auf der Schwelle stehen.
„Komm, Karl, sag dem Onkel Guten Tag!"

Der Kleine tat ein paar schüchterne Schritte und machte dann wieder halt.

„Komm nur her, mein kleines Kerlchen!" sagte Beethoven, „ich weiß gar nicht mehr, wie du ausschaust. Hab keine Angst vor dem Onkel, der beißt dich nicht. Nun gib mir mal die Hand! Wie alt bist du denn, Karl?"

„Neun Jahre."

„Gehst schon in die Schule?"

„Er ist der Beste in seiner Klasse", sagte der Bruder. „Oh, er ist sehr begabt, das Lernen ist ihm Spielerei. Und ein Gehör hat er, das ist ganz wunderbar! Ich habe ihm Klavierunterricht gegeben, solange es ging. Er machte so schöne Fortschritte! Gelt, Karl, du spielst gern Klavier?"

„Ja!" sagte das Kind nachdrücklich.

Beethoven betrachtete den Knaben lange und voll Rührung. Ein liebes, anmutiges Gesicht, die Gestalt von vollendetem Ebenmaß, ein Bild kindlicher Anmut. Die feinen schlanken Finger lagen seltsam zart in der breiten kräftigen Hand des Oheims.

„Die Augen hat er von unserer Mutter", sagte Beethoven. „Wirst du mich mal ein bißchen liebhaben, mein kleines Kerlchen?"

Der Knabe sah ihn an, ernst und prüfend. Dann senkte er den Blick und sagte leise: „Sie sind häßlich."

Beethoven hatte nicht verstanden. „Wie sagst du, mein Junge?"

„Er würde dich liebhaben", beeilte sich der Bruder zu antworten.

„Und ich habe dich schon lieb!" sagte Beethoven und gab dem Kind einen Kuß, den es leise abwehrend über sich ergehen ließ.

„Was willst du denn hier, Karl?" fragte sein Vater.

„Ich langweile mich so! Mama ist mit dem andren Onkel fortgegangen, dem mit der schönen grünen Uniform. Was soll ich nun anfangen?"

„Vielleicht gehst du mal in den Garten und schaust dir das neue Eichkatzl an, das die Mama gestern mitgebracht hat."

„Ja, das will ich." Und schleunigst verschwand er.

„Karl! was war das mit dem andern Onkel – in der schönen grünen Uniform?"

Der Bruder brach in Schluchzen aus. „Sie ist schlecht! sie betrügt mich! Seit ich zu Bett liege, nimmt sie nicht mal mehr auf den äußeren Schein Rücksicht! Und dieser Frau soll ich mein Kind überlassen? Es ist ja verloren! es m u ß ja schlecht werden in solchen Händen! Ludwig, hilf mir! Nimm du dich meines Sohnes an! Werde sein Vormund! Ich flehe dich an, tu mir diese Liebe! Ludwig, mein großer großer Bruder, hilf mir!"
Beethoven schwieg lange. „Karl", sagte er endlich, „wie denkst du dir das? Vormund – zusammen mit deiner Frau?"
„Nein! du ganz allein!"
„Anders wär' es auch nicht möglich. Mit deiner Frau als gleich und gleich verhandeln, das könnt' ich nicht! Wenn ich nur an sie denke, dann preßt es mir das Herz zusammen. Also ich ganz allein! Ich müßte ihr den Knaben also wegnehmen?"
„Ja! das will ich ja grade!"
„Zu mir in meine Junggesellenwirtschaft könnt' ich ihn aber auch nicht nehmen! Er braucht den mütterlichen Einfluß einer Frau."
„So gib ihn in ein Erziehungsinstitut!"
„Für ein paar Jahre mag das ein Ausweg sein. Aber später, wenn er zum Jüngling heranwächst? Karl, ich tue nichts halb. Auf die Dauer könnt' ich's nicht verantworten, deinen Sohn unter Fremden zu wissen."
„So nimm ihn später zu dir!"
„Wenn ich ein Mensch wäre wie andre, dann wär' es die einfachste Sache von der Welt. Aber ich bin kein Bürger. Ich muß schaffen und brauche die Einsamkeit."
„Ludwig, das liegt ja alles noch in ferner Zukunft! Denk an das, was jetzt ist! Laß mich in Frieden sterben!"
„Gib mir einen Tag Bedenkzeit, Karl! Heute kann ich dir noch nichts versprechen. Morgen sag' ich dir Antwort."
Tief erschüttert und voll schwerer Sorge ging Beethoven nach Hause.
Daß seine Schwägerin ihm den Knaben freiwillig überlassen würde, daran war nicht zu denken. Furchtbare Szenen, wahrscheinlich ein Prozeß mit all seinen seelischen Martern standen ihm dann bevor. Nun gut, das würde vorübergehen. Einsam war er bisher durchs Leben gegangen. Nun sich mit

der Sorge, der Verantwortung um ein Kind belasten, er, dem stets schon ein neues Werk auf der Seele brannte, noch bevor er sich das frühere heruntergeschrieben, dem jeder Tag nichts war als ein heiliges Opfer im Dienste der großen, der furchtbaren, unerbittlichen Herrin, die neben sich nichts duldete, der jeder Gedanke geweiht war vom Morgen bis zum Abend! Einer Mutter ihr Kind nehmen! Auch eine schlechte Mutter bleibt die Mutter. Diese Mutter freilich, war sie nicht schlimmer als gar keine? Dieser Frau, die sich nicht schämte, ihren kranken Mann vor aller Welt zu betrügen, sollte ein Kind ausgeliefert sein, das den Namen Beethoven trug? Hatte der Vater zuviel in den Knaben hineingesehen, wenn er von seinen herrlichen Anlagen sprach? Er glaubte es nicht. Dies Kind sah aus, als sei es etwas Besondres. Wenn er es zu sich nahm, sein zweiter Vater wurde, vielleicht würde er einmal dem Namen Beethoven ein zweites Denkmal setzen! Und plötzlich überkam ihn eine heiße tiefe Liebe zu dem Knaben. Die Augen der eigenen Mutter hatten ihn angesehen. Er sah sie wieder vor sich, ihre Augen, deren letzter Blick ihn getroffen. Er hörte wieder das letzte Wort der Sterbenden: Geschwister! Er fühlte wieder ihren letzten Händedruck.

Am andern Morgen trat Beethoven wieder bei seinem Bruder ein, der ihm voll ängstlicher Spannung entgegensah.

„Karl, ich bin bereit! Ich gelobe dir, daß ich deinen Sohn halten und für ihn sorgen will, als wär' er mein eigenes Kind."

Karl versuchte, seines Bruders Hand an die Lippen zu ziehen; doch Beethoven beugte sich über ihn und küßte ihn auf die Stirn; dann setzte er sich neben ihn und ergriff seine kalte Hand. Karl lag lange still und unbeweglich, die Augen fest auf den Bruder geheftet.

„Das Testament!" sagte er endlich und machte eine Bewegung nach dem Kopfkissen.

Beethoven zog das Dokument hervor und entfaltete es.

„Sie ist gestern nicht nach Hause gekommen", flüsterte Karl, „da hatte ich freie Hand, ließ drei Nachbarn holen, und nun ist alles in Ordnung. Da, lies selber. Ziffer fünf, das andre ist gleichgültig."

Beethoven nahm das Blatt und las:

„Fünftens bestimme ich zum Vormund meinen Bruder Ludwig van Beethoven. Nachdem dieser mein innigstgeliebter Bruder mich oft mit wahrhaft brüderlicher Liebe auf die großmütigste und edelste Weise unterstützt hat, so erwarte ich auch fernerhin mit voller Zuversicht und in vollem Vertrauen auf sein edles Herz, daß er mir die sooft bezeigte Liebe und Freundschaft auch bei meinem Sohne Karl haben und alles anwenden wird, was ihm nur immer zur geistigen Bildung meines Sohnes und zu seinem ferneren Fortkommen möglich ist."

Beethoven ergriff seines Bruders abgezehrte Hand. „Ich hab' es dir versprochen, Karl! Das Testament übergeb' ich deinem Notar." Er faltete das Dokument zusammen und schob es in die Brusttasche.

„Nun kann ich ruhig sterben, Ludwig. Nein, noch etwas hab' ich dir zu sagen. Ich bin oft undankbar gegen dich gewesen. Aber sie hatte die Schuld! sie hat mich immer aufgehetzt! Und du warst doch immer so gut zu mir!" Er brach in Tränen aus.

„Karl! ich bitte dich! Wer sollte denn gut mit dir sein, wenn nicht dein Bruder! Weißt du noch, in der Rheingasse, wie lustig wir zusammen gespielt haben? Erinnerst du dich noch an Frau Fischers Hühnerhof?"

Karls Gesicht strahlte. „Wie ich Posten stehen mußte, Ludwig, und du dich einschlichest! Oh, die Eier schmeckten gut!"

„Und wie wir mal den Hahn erwischten, der sich zu uns verflogen hatte?"

„Er war weiß und hatte einen schönen schillernden Schwanz."

„Richtig! das weißt du noch?"

„Mir gabst du das beste Stück von der Brust! Ach, fast bekomm' ich Appetit auf einen gebratenen Hahn!"

„Weißt du noch, Karl, wie gut die Mutter zu uns war?"

„Ich weiß es noch, Ludwig."

„Die drei wilden Jungen waren ihr gewiß oft zuviel, sie war ja leidend. Aber nie verlor sie die Geduld, immer war sie gut und liebevoll. Einmal warst du krank; da saß sie an deinem Bett und sang dir Lieder vor. Sie sang und sang, immer leiser, bis du einschliefest."

Karl hatte die Augen geschlossen und antwortete nicht mehr. Seine gequälte Brust hob und senkte sich in ruhigem Schlaf. Auf seinem wachsblassen eingefallenen Gesicht lag ein glückliches Lächeln. Wie er an die Mutter erinnerte! Häßliche Züge, die das harte, friedlose, freudlose Leben eingegraben, waren ausgelöscht. Das unschuldige Kindergesicht aus der Rheingasse war wieder da.

Johanna van Beethoven kam nach Hause. Sie legte Hut und Pelzmantel ab und trat vor den Spiegel, um ihre Frisur in Ordnung zu bringen. Zufrieden lächelnd betrachtete sie ihre stattliche Figur, ihr rosiges regelmäßiges Gesicht, in dem noch keine Falte zu sehen war, ihre großen dunklen Augen, den vollen, mit einer vierfachen Reihe unechter Perlen geschmückten Hals und den weißen Busen in dem tiefen Ausschnitt des kirschroten Seidenkleides. Ja, sie war noch schön mit ihren dreißig Jahren, und bald, spätestens in ein paar Tagen, würde sie ganz frei sein, endlich frei!
Da drinnen wurde ja gesprochen! Sie trat dicht an die Tür des Krankenzimmers und lauschte. Aha, der Schwager.
„Fünftens bestimme ich zum Vormund –"
Jähe Blässe ging über ihr Gesicht. Das Ohr ans Schlüsselloch gelegt, stand sie unbeweglich, lange Minuten.
„Frau Fischers Hühnerhof –"
Sie lächelte höhnisch. „Na, wartet, ihr beiden!"
Jetzt Stille da drinnen. Geht er? Ein leises Stuhlrücken. Fort! Schritte auf dem Vorsaal. Stille. Jetzt hinein zu ihm.
„Schläfst du, Karl? oder tust du nur so?"
Sie schüttelte ihn an der Schulter. Karl van Beethoven erwachte und blickte seiner Frau in die Augen.
„Ist mein Bruder fort?"
„Schon lange. Also, mein Freund, ich will dir zu Mittag ein Hähnchen braten, da du Appetit danach geäußert hast."
„Gut von dir, Johanna."
„Nicht wahr? Ja, ich bin gut! Darum hast du mich auch vor deinem Bruder so gelobt. Aber sag mir, Karl, was war denn das, was er da vorgelesen hat?"
„Mein Testament."
„Dein Testament? Karl, hab' ich recht gehört? Hast du wirklich deinen Bruder zum Vormund gemacht?"
„Ja."
„Er kann dann mit meinem Sohn machen, was er will? Kann er das? Du schweigst! du wagst nicht, mir zu antworten!

O du Schuft! du miserabler, nichtsnutziger Schuft! Meinen Karl, mein eigen Blut willst du dem tauben Narren ausliefern? Das wagst du, du vermaledeiter Schuft? Machst du das rückgängig oder nicht? Ein Kind von seiner Mutter fortreißen, die es unter Schmerzen geboren hat? Wenn du das wolltest, warum hast du mich denn zur Mutter gemacht? Hättest du dir doch lieber irgendeine Straßendirne gesucht, statt ein ehrenhaftes Mädchen unglücklich zu machen! Du! was hast du mir denn geboten? Ein Hungerleben, du kleiner Subalternbeamter! Meinst du, ich hätte nicht bessere Herren als dich finden können? Zehn an jedem Finger hätt' ich haben können! die feinsten Kavaliere sind der Johanna Reiß nachgestiegen! Aber die war dumm! dumm! dumm! Auf den Herrn van Beethoven mit den roten Haaren und dem verrückten Bruder ist sie hereingefallen! Und das soll nun der Dank dafür sein, daß ich dir mein Lebensglück geopfert habe? Mein Kind willst du mir nehmen?" Sie packte den Todkranken an den Schultern. „Du! du! du Verfluchter! Krepier in drei Teufels Namen und mach mich endlich frei, aber vorher nimm das zurück!"

„Ich bitte dich, Johanna, laß mich los!"

„Nein, ich lass' dich nicht los! ich will dir die Seele aus dem Leibe rütteln, wenn du das nicht rückgängig machst!"

Ein Hustenstoß, Blut und Eiter. Sie sprang zur Seite und betrachtete ihren Mann voll Haß und Ekel. Er sank erschöpft zurück, dicke Schweißtropfen standen auf seiner Stirn.

„Bist du fertig? soll ich dich von neuem schütteln? nimmst du es zurück?"

„Wie soll ich das machen? Das Testament liegt beim Notar."

„Laß ihn kommen, mach alles rückgängig!"

„Johanna, preß mir – das letzte – bißchen – Leben heraus, das tu ich nicht! Mein Bruder – bleibt – Vormund."

Sie stand vor ihm, totenbleich; in ihrem Kopf jagten die Gedanken durcheinander. Ihn erwürgen! Kein Mensch würde es erfahren! Und dann? das Testament unanfechtbar! ihr Sohn dem Schwager ausgeliefert!

„Gut! so hör mein letztes Wort! Ich will mich begnügen, wenn du mich zum Mitvormund machst! Tust du das nicht, lieber töt' ich mein Kind, eh' ich mir es nehmen lasse!"

„So ruf den Notar!"

Achtzehntes Kapitel

Am andern Tage stand Beethoven vor der Leiche seines Bruders und wiederholte stumm das Gelöbnis, dem vaterlosen Kinde ein zweiter Vater zu sein. Dann trat er bei der Witwe ein.

„Sie können sich jedes Wort sparen, Schwager!" schrie sie ihm ins Ohr. „Was Sie von mir halten, weiß ich. Ich hab' Ihnen aber einen kleinen Strich durch Ihre Rechnung gemacht! Auch ich bin Karls Vormund!"
Beethoven sah sie entsetzt an. „Wie sagen Sie, Schwägerin?"
„Auch ich bin Karls Vormund!"
„Ich bin es allein!"
„Und ich! Mein Mann hat gestern noch einen Nachtrag zum Testament gemacht!"
„Das haben Sie erschlichen!"
„Oh, ich brauchte bei meinem armen Manne nichts zu erschleichen!"
„Dann haben Sie es ihm abgepreßt!"
„Schwager, Sie werden unverschämt! Der Notar war da und drei ehrenwerte Zeugen! Nehmen Sie Ihre Worte in acht, oder ich werfe Sie hinaus!"
„Schwägerin!" sagte Beethoven, und seine Stimme bebte, „ich gehe jetzt zum Notar. Wenn es wahr ist, was Sie sagen –"
„Das werden Sie schon hören!"
„Dann werd' ich um Karl kämpfen bis zum Äußersten! Sie, Weib, kennen Sie mich? Wissen Sie, wer ich bin?"
„Ein tauber Narr sind Sie!"
„Mag sein, daß ich taub werde. Aber ein Narr bin ich nicht! Meines Bruders Sohn gehört jetzt zu mir! Meines Bruders Sohn lass' ich keiner Dirne!"
Sie schlug ihn ins Gesicht. Er packte ihre Arme und hielt sie fest.
„Schlagen können Sie mich; ich werde Sie nicht wiederschlagen. Aber meinen Willen werden Sie nicht beugen! Gott befohlen, Frau van Beethoven!"
Den Nachtrag anfechten! Mit welcher Begründung? Ihr liederliches Leben vor aller Welt ans Tageslicht zerren? Beethoven der Schwager einer Dirne? O pfui der Schande! Doch

es gibt einen andren Weg! Johanna ist wegen Veruntreuung vorbestraft! Das muß sie der Vormundschaft unwürdig machen. Vier Jahre sind seitdem vergangen; wer zerrt gesühnte Schuld gern wieder ans Licht! Aber es muß sein! hier geht es um die Seele eines Kindes!

Die Landrechte – das Wiener Adelsgericht – erkannten Beethovens Gründe an; am 19. Januar 1816 ward er als alleiniger Vormund bestätigt und gelobte durch Handschlag treue Erfüllung seiner Pflichten. So gehörte Karl nun ihm ganz allein.

Die Wiener Erziehungsinstitute wurden einer Musterung unterzogen und das bestempfohlene gewählt, das des Herrn Giannatasio del Rio. Der kluge ernste Mann, die gütige Frau, zwei erwachsene Töchter, die den Meister schon lange aus der Ferne bewunderten, schienen Gewähr dafür zu bieten, daß der kleine Karl hier eine Heimat finden werde.

Zunächst ging auch alles aufs beste. Der bildhübsche, begabte, liebenswürdige Knabe, der Neffe des großen Beethoven, wurde von der Familie mit offenen Armen aufgenommen; er fügte sich gern und leicht in die neue Umgebung, war folgsam und fleißig.

So fühlte Beethoven sich von einer großen Sorge befreit. Er begann endlich wieder zu schaffen. Die Klaviersonate Opus 101 wuchs heran, dazwischen der Liederkreis „An die entfernte Geliebte". Abends war er ein häufiger Gast bei Giannatasios. Er ließ sich von den Fortschritten des Knaben berichten, trat leise an sein Bett und betrachtete mit Ergriffenheit die geliebten Züge, auf denen die Unschuld und der Friede der Kindheit ruhten. Er führte mit Giannatasio lange Gespräche über Kindererziehung, die bei dem praktischen Manne halb Staunen, halb Belustigung erregten. Denn Beethoven schöpfte seine Grundsätze hauptsächlich aus den alten Klassikern, vor allem aus Plutarch. Am liebsten aber schwatzte er mit den beiden Töchtern, die mit Staunen bemerkten, wie der stille, in sich gekehrte Meister, als er sich in der Familie heimisch zu fühlen begann, allmählich aus sich herausging, ja manchmal gradezu kindlich ausgelassen sein konnte. Der bildhübschen jüngeren Tochter Nanny machte er ein wenig den Hof; schade, daß sie verlobt sei und von ihm nichts wissen wolle. Dann verstummte die ältere Tochter

Fanny, ein zartes, scheues, hochmusikalisches Geschöpf; in ihrem liebebedürftigen Herzen hatte sich eine Hoffnung, nein, der Traum von einer Hoffnung eingenistet, an den sie nicht denken konnte, ohne daß sie meinte vergehen zu müssen ob der Anmaßung: Er, der große Meister, könnte sie seiner Aufmerksamkeit für wert halten. Die resolute Nanny dagegen konnte sich schon etwas herausnehmen. Einmal fragte sie Beethoven gradezu: ob er außer der „Entfernten" noch jemand liebe?
„Meine Kunst!" antwortete er.
„Die werden Sie wohl immer mehr lieben als eine Frau!"
„Das ist auch ganz in der Ordnung", entgegnete er, „und darum bin ich ledig geblieben."
„Haben Sie nie daran gedacht zu heiraten?"
„Allerdings, mein schönes Kind; ein paarmal sogar. Aber heute seh' ich ein, wie gut es ist, daß die Götter die Wünsche der Sterblichen nicht immer erfüllen."
„Rechnen Sie sich zu den Sterblichen, Herr van Beethoven?"
„Sie kleine Schmeichelkatze! Warten Sie, dafür gehört eine Strafe!" Und er packte sie und versetzte ihr einen tüchtigen Kuß.
„Aber Herr van Beethoven", rief Nanny, während sie ihn von sich abwehrte, „wenn das jetzt die ‚Entfernte' sehen könnte!"
Er ließ sogleich von ihr ab; sein Blick wurde kalt, fast feindselig. Ein kurzes Gespräch schleppte sich mühsam hin; dann ging er.
Ja, er war eben ein Sonderling, der Herr van Beethoven; bald freundschaftlich, zutraulich, lustig, ausgelassen, bald still und verschlossen, abweisend, ja oft mißtrauisch, wenn es sich um die Erziehung seines Neffen handelte. Was waren denn auch diese guten Leute anders als biedere Bürger! Sie mochten für alles Höhere Sinn und auch ein gewisses Verständnis haben; verglich er es aber mit dem, was er selber dem Knaben bieten konnte, wenn er ihn ständig um sich hätte, so kam ihm allmählich ein Gefühl der Schuld, daß er seinen Neffen Durchschnittsmenschen ausgeliefert habe, statt ihn in seiner eignen höheren Sphäre heranwachsen zu lassen.
Dieser Gedanke grub sich immer tiefer ein, nahm ihm die

Ruhe, hemmte sein Schaffen. Skizzen zu einer neuen Klaviersonate lagen in seinem Pult, blieben aber Skizzen. Wochen, Monate vergingen, ohne daß er auch nur eine Note zu Papier brachte. Was hinderte ihn denn, Karl zu sich zu nehmen? Die Notwendigkeit mütterlicher Fürsorge? War das nicht nur ein Vorwand? Konnte eine gute Haushälterin nicht dasselbe leisten wie Frau und Töchter Giannatasio? War es nicht vielmehr die Angst, in seiner eignen Ruhe gestört zu werden? Nun, seine Ruhe w a r schon gestört! Sein Gewissen wieder beruhigt, erst dann würde er wieder arbeiten können, obgleich – nein, grade w e i l er nicht mehr allein war. Wie süß mußte es sein, selber für das Kind zu sorgen! Er würde Karls Bett in sein eignes Schlafzimmer stellen, abends mit ihm beten, würde mit der Haushälterin den Küchenzettel entwerfen und Karls Lieblingsspeisen kochen lassen, nachmittags seine Schularbeiten und Klavierübungen überwachen, mit ihm spazierengehen, ihn die Sträucher und Bäume kennen lehren, den Lauf der Sonne und den Gang der Gestirne; würde ihn Gott erkennen lassen im kleinen und im großen.
Eines Abends, nachdem er tagüber mit den Mysterien der neuen „Sonate für das Hammerklavier" gerungen hatte, setzte er sich hin und schrieb an Frau Streicher, die Tochter des berühmten Klavierbauers Stein, die den Wiener Klavierbauer Streicher geheiratet hatte und Beethovens treue Beraterin in häuslichen Angelegenheiten geworden war:
Was gibt man zwei Dienstleuten mittags und abends zu essen, sowohl an der Qualität als Quantität? Wie oft gibt man ihnen Braten? geschieht dies mittags und abends zugleich? Das, was den Dienstleuten bestimmt ist, haben sie dieses gemein mit den Speisen des Herrn oder machen sie sich solches besonders? das heißt: machen sie sich andre Speisen als der Herr hat? Wieviel Pfund Fleisch rechnet man auf drei Personen? Wieviel Brotgeld der Haushälterin und der Dienstmagd täglich? Wie wird es gehalten beim Waschen? bekommen da Haushälterin und Dienstmagd mehr? Wie mit Wein und Bier? gibt man ihnen solches, und wann? Eine Semmel macht im Jahr achtzehn Gulden! Gestern rechnete ich mit jemandem über die zukünftigen Ausgaben. Zwei Dienstboten sollen im Jahr, alles in allem, siebzehnhundert Gulden kosten. Sollte dies so sein? Gott erbarme sich unser! – Und dann rückten

sie an, die alte Haushälterin und das Dienstmädchen; und obgleich die ganze Haushaltung, wie Beethoven sich ausdrückte, einem Allegro di confusione noch verzweifelt ähnlich sah, wollte er nun nicht länger warten. Er warb noch einen Studenten als Hauslehrer an, der seinen Neffen auf das Gymnasium vorbereiten sollte. Zu Anfang des Jahres 1818 nahm er Karl zu sich.

Neunzehntes Kapitel

Das Mittagsmahl war beendet, der Hauslehrer zu einem Spaziergang beurlaubt. Karl wollte vom Tisch aufstehen, aber Beethoven hielt ihn zurück:
„Hat es dir geschmeckt?" Karl nickte. „Wenn's dir mal nicht schmeckt, dann mußt du's sagen. Du sollst es gut bei mir haben!" Er sah dem Knaben zärtlich in die Augen. „Mein guter kleiner Kerl! Ist es dir nicht langweilig bei deinem tauben alten Onkel?" Das Kind schüttelte den Kopf. „Möchtest du nicht zu den Giannatasios zurück? Da war es gewiß lustiger als hier!"
„Hier ist es besser", schrieb Karl auf die Schiefertafel.
„Wirklich? Oh, wie macht mich das glücklich! Möchtest du immer froh und zufrieden bei mir sein! Niemand kann dich so liebhaben wie ich!"
Das Kind warf ihm einen seltsamen Blick zu. „Meine Mutter!" stand auf der Tafel.
„Gewiß, deine Mutter hat dich auch lieb."
„Warum darf sie nur so selten kommen?"
Beethoven erschrak. Was sollte er antworten? „Das verstehst du noch nicht", sagte er endlich. „Knaben werden von Männern erzogen. Denk an den großen Alexander! Sein Vater Philipp hat ihn erzogen."
„Der hatte aber keine Mutter mehr!" schrieb das Kind.
„Und doch ist er ein so großer Mann geworden!" suchte Beethoven abzulenken. „Auch du sollst einmal ein tüchtiger Mann werden, und dann wird deine Mutter selber sagen, daß es so das beste gewesen ist."
„Jetzt sagt sie das aber nicht!"

„Wann hat sie das gesagt? Habt ihr Geheimnisse miteinander?"
Das Kind wurde flammend rot. „Wir haben keine Geheimnisse. Ich mag aber nicht soviel schreiben, das ist langweilig."
Beethoven seufzte. „Du hast gewiß noch Schularbeiten?" Karl nickte. „Dann mach' ich jetzt meinen Spaziergang, und nachher zeigst du mir, was du gearbeitet hast." Er küßte das Kind, stand auf und ging.
In dem Torweg eines Hauses, Beethovens Wohnung gegenüber, stand eine verschleierte Frau. Unablässig wanderte ihr Blick zu den Fenstern des zweiten Stockes drüben hinauf und hinab zur Haustür, hinauf und hinab. Der Märzwind ging kalt und scharf, verfing sich in dem Torbogen, riß Staub und Papierfetzen zum Wirbeltanz um die wartende Frau. Sie achtete es nicht.
Eine Viertelstunde war vergangen, eine halbe Stunde, da öffnete sich gegenüber die Haustür, und heraus trat der Mann, den Johanna van Beethoven haßte wie sonst niemanden auf der Welt. Ein Lächeln der Verachtung kam auf ihre Lippen. Was für eine unmögliche Figur machte ihr Schwager, den alle Welt den großen Beethoven nannte! Da schob er die Straße hinab, den Oberkörper etwas nach vorn geneigt, den Kopf im Nacken, daß die Krempe seines schäbigen Zylinders sich an dem Kragen rieb. Der Wind verfing sich in seinen Rockschößen, aus denen ein paar unförmige Notizbücher herausschauten. Hui! jetzt trat er in eine Regenpfütze, daß der Schmutz an ihm hinaufspritzte. So! jetzt war er um die Ecke.
Ein kurzes scharfes Läuten, zweimal wiederholt. Karl stürzte zur Tür und lag seiner Mutter in den Armen. Köchin und Dienstmagd waren gerührte Zeugen des Wiedersehens.
„Ihr beiden Guten!" sagte Johanna, „ihr habt noch ein Herz in der Brust! Da hab' ich euch was mitgebracht, Zucker und Kaffee! Laßt es euch schmecken! Ich weiß ja, wie knapp ihr gehalten werdet, ihr armen Hascherln! Jetzt gebt nur fein Obacht, daß er uns nicht überrascht! Komm, mein Herzenskind!"
Sie traten ins Wohnzimmer; Johanna legte Mantel und Hut ab; dann riß sie ihren Sohn leidenschaftlich an sich. „Mein Karl! mein Herzenskarl! Ist's nicht 'ne Schand', daß ich mich

heimlich zu dir stehlen muß, mein eigen Fleisch und Blut nur heimlich in die Arme schließen darf?" Sie warf sich in einen Sessel und zog Karl zu sich auf ihren Schoß. Der Knabe hielt seine Mutter fest umschlungen und brach in Tränen aus. „Mein armes armes Kind! Hat man denn so was je erlebt! Ein Kind von seiner Mutter fortzureißen! Ja, gibt's denn so was Gottloses in dem christlichen Wien? Nun, sei nur ruhig, mein Herzblatt! Es dauert nimmer lang! in ein paar Monaten bist wieder da, wo du hingehörst! Komm, Karl, laß das Weinen! Schau, da hab' ich dir was Gutes mitgebracht!" Sie schob ihm ein Stück Konfekt in den Mund, das der Kleine unter Tränen verzehrte. „Nun laß dich mal anschauen, Karl! Wirst immer hübscher! wirst amal ein bildschöner Bursch, auf den die Mutter stolz sein kann! Wie geht dir's denn? Wirst alleweil satt?" Karl nickte. „Kriegst auch hie und da ein Glasel Wein?"

„Nein, das will er nicht."

„Der Geizkragen, der schlampige! Wart, Karl! bist erst wieder bei der Mutter, dann kriegst jeden Tag dein Glasel Tokayer!" Sie prüfte seinen Anzug, seine Wäsche, fand aber nichts auszusetzen. „Nun sag halt, Karl, wie dir's geht! erzähl doch ein bißl!"

„Langweilen tu ich mich! Immer will er mit mir reden, und ich hab' nix andres zu tun als alleweil zu schreiben, weil er ja doch nix hört."

„Der taube Narr! Wie kann einer ein Kind zu sich nehmen, wenn er nicht amal ein vernünftiges Gespräch führen kann!" Sie griff nach der Tafel, die noch auf dem Tisch lag. „Was hast da geschrieben? Der hatte aber keine Mutter mehr? Wer denn?"

„Alexander von Mazedonien."

„Wer ist denn das? wohl ein Freund von deinem Onkel?"

„Nein, ein König. Er lebte vor ein paar tausend Jahren."

„Du großer allmächtiger Heiland! Mit solch damischem Zeug sekkiert der mein armes Kind!" Sie sprang auf und öffnete die Tür. „Pepi! Nanni! kommt mal herein! Jetzt sagt mir nur um Gottes willen, wovon spricht denn euer Herr mit meinem armen Buben?"

„Ach du lieber Heiland!" rief die alte Köchin, „da fragen Sie uns zuviel, Frau von Beethoven! Glauben Sie denn, da

439

fällt auch nur ein vernünftiges Wort? Da wird geredet und geredet, von Musik, und von den alten Römern, und von Goethen oder wie der Mann heißt, der so viele Gedichterln gemacht hat. Und dann heißt's: Karl, nimm dir ein Vorbild! Und das arme Buberl sitzt dabei und schaut und versteht nicht ein einziges Wort. Herr von Beethoven, hab' ich schon gesagt – oder vielmehr geschrieben –, wollen Sie denn nicht amal dem Karl einen Spielkameraden ins Haus bringen? – Halten Sie Ihr Maul, Sie Frauenzimmer! schreit er dann. Soll ich mir meinen Karl von irgendeinem Mistviech von der Straße verderben lassen? – Blutige Tränen könnt' man drum weinen, daß solch ein lieber Bub um seine Kindheit betrogen wird! So, jetzt koch' ich uns einen rechten guten starken Kaffee! Nanni, spring mal hinüber und hol vier Portionen Obers!" Sie öffnete Beethovens Schreibtisch, kramte darin, drückte dem Mädchen Kleingeld in die Hand und zog mit ihr ab.

„Was für ein Glück, mein Buberl!", sagte Johanna, „daß du nicht mehr bei den Giannatasios bist, die dich bewachten wie einen Schwerverbrecher, und ich konnt' mich kein einziges Mal mehr zu dir stehlen!"

Karl sah seine Mutter listig an. „Drum hab' ich ihm auch vorhin gesagt, hier sei es besser als bei den Giannatasios. Er meinte natürlich, mir gefiele es hier besser, und da war er ganz glücklich!"

Johanna brach in schallendes Gelächter aus. „Also so raffiniert bist schon! Hast ganz recht, laß ihn nur glauben, du seiest hier im Paradies. Um so eher kannst dann hinter seinem Rücken anstellen, was du magst. Sag mal, Karl, spricht er schlecht von mir?"

„Nein, das tut er nicht. Aber weißt, Mutter, neulich hab' ich mal gesagt, du seiest eine rechte Rabenmutter, und da mußt' er sich doch das Lachen verbeißen, obgleich er mich tüchtig ausgezankt hat."

„Warum hast denn das gesagt?"

„Ich dacht', er würd' mir was schenken. Aber nix war's, ich hab' mir meinen halben Gulden selber genommen."

„Du, Karl, das darfst nicht!"

„Warum denn nicht? Er sagt ja so immer, was ihm gehört, wird später mal alles mein."

Gegen dieses Argument wußte Johanna nichts einzuwenden.
„Dann schau wenigstens, daß er nix merkt!"
„Und wenn er mich erwischen tät, wie ich in seinen Geldkasten 'neinlange, und ich würd' schwören, es sei nicht wahr, so tät er denken, er hätt' sich geirrt!"
Johanna betrachtete ihren Sohn voll Bewunderung. Zwölf Jahre war er alt und entwickelte schon solche Menschenkenntnis!
Da erschien die Köchin. „Wenn ich nun die Herrschaften dürft bitten! in die Küche, hier wär's doch ein wenig zu riskant."
Man begab sich also in die Küche und ließ sich Kaffee und Kuchen schmecken. „Jesses, wenn der Herr uns jetzt erwischen tät!" lachte die Köchin, „er tät uns alle Knochen im Leibe zerbrechen! Weißt noch, Nanni, wie's dir zu Neujahr ergangen ist? Erzähl doch mal!"
„Ich sollt' am Neujahrstag Holz heraufschleppen und hab' wohl ein schiefes Maul gemacht. Wissen S', Frau von Beethoven, was der Herr da sagte? Unser Erlöser hätt' auch sein Kreuz auf Golgatha geschleppt!"
„Jesses Maria!" rief Johanna und schob ein Stück Kuchen in den Mund.
„Das ist ja Gotteslästerung! schrei ich ihm ins Ohr. Da packt er einen schweren Stuhl und wirft ihn mir auf den Leib!"
„Na, und die Bücher, Nanni!" flocht Karl ein. „Ein ganzes halbes Dutzend hintereinander hat er ihr mal an den Kopf geworfen! Und nachher sagte er zu mir: Vielleicht ist von den Büchern was in ihr Gehirn geraten!
„So ein Teufel!" rief Johanna, „der leibhaftige Satan! Und das haltet ihr aus?"
Das Stubenmädchen fuhr plötzlich zusammen. „Jesses, der Herr!"
Draußen ging eine Tür, man hörte ein paar schwere Schritte, dann war alles ruhig.
„Er ist im Schlafzimmer und wechselt den Rock!" flüsterte die Alte. „Frau von Beethoven, schauen S', daß Sie fortkommen! Gott sei Dank, ich hab' Ihren Hut und Mantel mitgenommen. Schnell, schnell, sonst schlägt er uns tot!"
Ein hastiger Abschied, ein leises Huschen auf dem Vorplatz, und Johanna war fort.

Beethoven hatte seinen Spaziergang abkürzen müssen. Heftige Schmerzen hatten ihn überfallen. Im Schlafzimmer angelangt, nahm er eine Pille und warf sich aufs Bett. Es riß und bohrte unter dem rechten Rippenbogen, als wollt' es den mächtigen Körper auseinandersprengen. Er biß die Zähne zusammen, um nicht zu schreien. Das hätte ja Karl gehört, der nebenan arbeitete. Dem Kinde nur ja keine Schwäche zeigen! Schmerzen? die ertrug man, die waren dazu da, daß man die Kraft des Willens daran übte. Kant hatte herrliche Worte dafür gefunden; die wollte er heute abend dem Knaben einmal vorlesen. Oh, furchtbar, dieser Schmerz! Doktor Braunhofer sagt, es sei der Magen. Sollte es nicht eher die Leber sein? Einmal einen andren Arzt fragen? Malfatti vielleicht? Großer Gott, hilf mir! – Der erste und der letzte Satz in B-Dur. Das Adagio in Ges-Dur? Ges-Dur paßte zu B-Dur, die fallende große Terz des Eingangsthemas. Nein, nicht Dur! – Oh, dieser Schmerz! Taub, und krank, und arm! – Ges-Moll! Fis-Moll! – Wenn ich jetzt stürbe, was würde aus Karl werden? Der Mutter überliefert! Kann Gott das wollen! Das kann er nicht wollen! Also werde ich noch nicht sterben. Mut! Geduld! auch dies wird vorübergehen! – Fis-Moll ja, so muß es sein! Tiefe, tiefe Versenkung, herbe stille Trauer, und Ergebung. Dafür paßt Fis-Moll.
Und der Nachtgesang des Adagios aus der Sonate für das Hammerklavier begann sich seiner Seele zu entringen, ließ die Schmerzen des Körpers von jetzt an umsonst an des Bewußtseins Tore pochen, es wurde ihnen nicht mehr aufgetan. Beethoven erhob sich und ging ins Wohnzimmer. Da saß Karl, in ein Buch vertieft. Aber welch merkwürdiger Geruch in der Luft! ein Geruch, wie er eine gewisse Sorte Damen umweht, wenn sie nachmittags über den Kohlmarkt spazieren.
„Karl!" Der Knabe blickte mit dem Ausdruck der Überraschung auf. „Karl! wer ist hier gewesen?" Das Kind schüttelte erstaunt den Kopf. „Ich rieche es! Jemand Fremdes ist hier gewesen!"
Karl griff zur Tafel und schrieb: „Hier war nur die Nanni."
Beethoven ging in die Küche. Auch dort dieser Geruch, der ihn ekelte. Die beiden Dienstboten saßen beim Kartoffelschälen.

„Sie, Nanni, wenn Sie sich noch einmal mit dem stinkigen Moschus begießen, dann fliegen Sie zum Hause hinaus!" Er schlug die Küchentür zu, hörte nicht, wie die beiden Frauenzimmer sich vor Lachen schüttelten. Er trat zu Karl und setzte sich neben ihn.
„Hast du brav gearbeitet, mein Kerlchen?" Karl nickte. „Nun, dann zeig einmal her!" Da fiel sein Blick auf den kleinen Tisch am Fenster. Ein schwarzer Handschuh lag darauf, ein Damenhandschuh. Beethovens Herz begann zu hämmern. Er stand auf. Mit ein paar schweren Schritten war er an dem Tisch, nahm den Handschuh und roch daran. Derselbe Moschusgestank! Ein Blick auf Karl, der ihm zusah, feuerrot vor Verlegenheit. Er ging in die Küche.
„Zeigt mal eure Hände! Paßt der Handschuh auf eure Elefantenfäuste?" Verlegen, ängstlich zogen sich die beiden zurück. „Wer ist bei Karl gewesen?" Keine Antwort. „Seine Mutter ist dagewesen, und ihr habt sie hereingelassen, ihr falsches, niederträchtiges, viehisches Lumpenpack! Marsch! zum Hause hinaus! Packt euren Kram! augenblicklich!" Heulend und schimpfend liefen die beiden hinaus.
Beethoven zuckte zusammen. Mit furchtbarer Gewalt warf sich der Schmerz wieder auf ihn. Er wankte ins Schlafzimmer, legte sich wieder aufs Bett und stopfte das Kopfkissen zwischen die Zähne. Sein Eingeweide brannte, als ob flüssiges Erz hineingegossen würde. In Strömen rieselte der Schweiß. Stumm ließ er die teuflische Qual über sich ergehen. Der Anfall war vorbei. Es war dunkel geworden. Noch immer lag Beethoven auf seinem Bett und überdachte, was geschehen war. Daß eine Mutter sich nach ihrem Kind, ein Kind sich nach seiner Mutter sehnte, daß ein paar einfältige Geschöpfe einem heimlichen Wiedersehen Vorschub leisteten, was war natürlicher als dies? Aber Karl! wie fest und ehrlich hatte er ihn angesehen, als er ihm sagte, niemand sei dagewesen! Solch kalter, sichrer Verstellung war dies zwölfjährige Kind schon fähig! Oh, entsetzlich! entsetzlich! Dies Kind, das er noch für rein und unschuldig gehalten, es war schon durch Lüge vergiftet! Was sollte er tun? Ein Ende machen! die Vormundschaft niederlegen, nicht mehr Zeit und Kraft verschwenden an eine Aufgabe, zu deren Erfüllung es schon zu spät war! – Wie? Wer sagt, daß es schon zu spät

ist? wer wagt das zu sagen? Heißt das nicht seinen Karl beschimpfen, der doch nur verführt, doch nur ein Opfer seiner Mutter ist? Nein! verzeihen, doppelt wachsam sein, das Kind nicht mehr allein den Dienstboten überlassen! Und vor allem eines: Mutter und Sohn öfter zusammenführen! Mutter bleibt Mutter, und Sohn bleibt Sohn. Ist er selber anwesend, so kann sie ja keinen Schaden anrichten.
Er erhob sich und ging zu Karl, der ihm ängstlich entgegenblickte. Kein Wort des Vorwurfes. Er sagte dem Knaben, wie er ihn liebe; daß es recht und schön sei, wenn er Sehnsucht nach seiner Mutter habe, daß er sie von nun an öfter sehen solle. Aber eines dürfe nie wieder vorkommen: daß Karl kein Vertrauen zu ihm habe, ihm die Unwahrheit sage. Stumm hörte das Kind zu, versprach hoch und heilig, nie wieder zu lügen, immer Vertrauen zu haben, und dachte dabei nur: oh, wär' ich doch jetzt bei Mama! Wie schön sie gerochen hat! wie wohlig ruhte sich's auf ihrem Schoß! und wie langweilig ist hier alles!

*

Die Schwägerin hatte den freundlichen Brief, den Beethoven ihr noch am gleichen Abend geschrieben, kalt und ablehnend beantwortet. Wenn sie ihren Sohn besuche, dann wolle sie mit ihm allein sein; sie verzichte darauf, das Kind immer nur unter Bewachung zu sehen. Übrigens hoffe sie, das ganze Verhältnis werde sich in Kürze völlig ändern. Daß er sich zum Erzieher eigne, werde er bei seiner nahezu völligen Taubheit doch nicht im Ernst behaupten wollen; deshalb habe sie die Vormundschaft ersucht, ihr den Sohn wiederzugeben.
Beethoven legte dem vorerst kein Gewicht bei. Der moralische Ruf der „Königin der Nacht", – so hatte Beethoven sie getauft, nicht nur weil er ihr, gleich dem weisen Sarastro in der Zauberflöte, als einer unwürdigen Mutter, ihr Kind weggenommen hatte, sondern auch, weil sie in allen Nachtlokalen eine wohlbekannte Erscheinung war, – ihr Ruf war durch eine inzwischen erfolgte Niederkunft nicht besser geworden. Das Gericht würde ihre Eignung zum Vormund gewiß nicht anders beurteilen als vor zwei Jahren. Und der

Vorwurf, daß er wegen seines schlechten Gehörs nicht zum Erzieher tauge, war durch die Anstellung eines Hauslehrers hinfällig. Als der Mai kam, zog er mit Karl nach Mödling hinaus und führte die Hammerklaviersonate zum glücklichen Ende. Da erhielt er die Nachricht, Erzherzog Rudolf sei zum Erzbischof von Olmütz ausersehen und solle in zwei Jahren inthronisiert werden.

Beethoven verdankte dem Erzherzog viel; nicht nur die allerdings sehr bescheidene Grundlage seiner materiellen Existenz in Gestalt der Rente. Der Erzherzog war das einzige Mitglied des Kaiserhauses, das in persönliche Beziehung zu ihm getreten war. Trotz allen Unbequemlichkeiten, die mit dem Unterricht eines so hohen Herrn verbunden waren, hatte er seinen Erzherzog lieb, schätzte auch seine musikalische Begabung nicht gering. So war ihm die bevorstehende Rangerhöhung seines Schülers eine wichtige und ehrenvolle Angelegenheit, und er beschloß, dem zukünftigen Erzbischof auf seine Art eine Huldigung darzubringen: ihm eine große Messe zu schreiben.

So ging er gleich nach Vollendung der Hammerklaviersonate an die Arbeit. Das Kyrie entstand, jener wundervolle Eingang der Messe, in dem ein kindlich reines Menschenherz sich in dem großen ruhigen Gefühl demütiger Andacht seinem Schöpfer nähert.

Noch nie hatte Beethoven sich so fern von allem Irdischen gefühlt. Aber das Irdische war da; es klopfte mit roher Hand an die Tür, erzwang sich den Eintritt und trieb den Hohenpriester aus seinem Tempel.

Beethoven wurde mit der Schwägerin vor die Vormundschaftsbehörde geladen. Die Verhandlung nahm einen unerwarteten Ausgang. Es kam zutage, daß die Familie van Beethoven bisher für adlig gegolten hätte, das holländische „van" aber gar kein Adelsprädikat sei und die ganze Angelegenheit deshalb vor die bürgerliche Vormundschaft, nämlich den Stadtmagistrat gehöre.

Beethoven war tief erbittert. Daß er, der sich doch wahrhaftig zu der höheren Klasse Mensch rechnen durfte, unter die Plebs verwiesen wurde, empfand er als Schmach. Außerdem erfüllte ihn der engherzige Geist, der beim Stadtmagistrat walten sollte, mit schlimmen Ahnungen. Sie wurden

bald bestätigt: der Magistrat enthob ihn vorläufig der Vormundschaft und übergab Karl seiner Mutter. Der kam nun freilich dieser Erfolg zu schnell; sie wußte nicht, wohin mit ihrem Sohn, und ging auf einen Vergleich ein, wonach Beethoven weiter für Karl sorgte unter der Bedingung, daß er einer Erziehungsanstalt übergeben werde.
Inzwischen schrieb Beethoven lange Eingaben an den Magistrat, um ihn andern Sinnes zu machen. Vergebens! er wurde der Vormundschaft sogar völlig enthoben. Nun legte er Berufung beim Appellationsgericht ein. „Mein Wille und mein Streben", schrieb er, „geht nur dahin, daß der Knabe die bestmögliche Erziehung erhalte, da seine Anlagen zu den frohesten Hoffnungen berechtigen, und daß die Erwartungen in Erfüllung gehen mögen, die sein seliger Vater auf meine Bruderliebe baute. Noch ist der Stamm biegsam; aber wird noch eine Zeit versäumt, so entwächst er in krummer Richtung der Hand des bildenden Gärtners, und die gerade Haltung der Wissenschaft und Charakter sind für ewig verloren. Ich kenne keine heiligere Pflicht als die Obsorge bei der Erziehung und Bildung eines Kindes."
Im April 1820 fiel endlich die Entscheidung des höchsten Gerichtes: Beethoven ward wieder als Vormund eingesetzt. Er geriet darüber in einen wahren Freudentaumel. Es gab also noch Gerechtigkeit auf der Welt! Vorbei war es nun mit all den fürchterlichen Aufregungen! Nun brauchte er sich nicht mehr die Finger wund zu schreiben mit Eingaben an die Gerichte, mit Briefen an seinen Sachwalter; brauchte nicht mehr zu fürchten, daß seine wohldurchdachten Erziehungspläne an dem Widerstand stumpfer Bürokraten scheiterten. Nun gehörte Karl ihm ganz allein! nun erst war er sein rechtmäßiger Sohn! Schön und still sah er die Zukunft vor sich. Nur noch zwei Dinge sollten hinfort sein Dasein ausfüllen: seine Kunst und sein Sohn! Die großen Werke vollenden, die schon begonnen waren oder noch in ihm schlummerten, und seinen Sohn zu einem tüchtigen Menschen erziehen, seinen Charakter entwickeln, seine schönen Begabungen entfalten, andre Wünsche an das Leben hatte er nicht mehr.
Karl war jetzt vierzehn Jahre alt. In seinem Institut war er gut aufgehoben. So konnte Beethoven sich endlich wieder

der Messe zuwenden; die hemmenden Mächte waren besiegt, ein stiller Friede war in ihm. Er zog wieder hinaus nach Mödling. Kein Mensch störte dort seine Einsamkeit. Bäume, Wiesen und Bach, Himmel und Wolken waren die stillen Zeugen seines Schaffens. Allem Irdischen entrückt, versenkte er sich in die Mysterien des christlichen Glaubens. Das Wort des Messetextes war ihm nur noch das Symbol, um das seine Phantasie in ungeheuren Flügen kreiste. Zu Anfang des Jahres 1823 war die Missa Solemnis beendet.

ZWANZIGSTES KAPITEL

Um jene Zeit sollte nach dreijähriger Pause Fidelio wieder aufgeführt werden, als Festvorstellung zum Namenstage der Kaiserin. Um dem Abend eine besondre Weihe zu geben und dem Meister, der sich seit Jahren der Öffentlichkeit fernhielt, eine Ehrung zu bereiten, hatte die Theaterdirektion Beethoven eingeladen, die Aufführung persönlich zu leiten. Seine Freunde rieten dringend ab, vor allem sein treues Faktotum Anton Schindler, der aus dem täglichen Umgang mit dem Meister wußte, daß er solcher Aufgabe längst nicht mehr gewachsen war. Doch Beethoven rechnete auf die Hilfe seines Freundes, des Kapellmeisters Umlauf, mit dessen Beistand er ja auch seine großen Werke in der Kongreßzeit zum Siege geführt hatte. Und einmal wieder seine geliebte Leonorenmusik unter seiner Stabführung erklingen zu lassen, der Lockung konnte er nicht widerstehen. So kam er zur letzten Probe. Die Ouvertüre gelang vortrefflich; allein schon bei dem ersten Duett zwischen Marzelline und Jaquino zeigte es sich, daß Beethoven von dem, was auf der Bühne gesungen wurde, nichts hörte. Er hielt das Tempo zurück; das Orchester ging mit, aber die Sänger drängten vorwärts, und bei der Stelle, wo am Gefängnistor gepocht wird, fiel alles auseinander. Umlauf ließ halten, und nach einigem Hin und Her mit den Sängern hieß es: da capo. Wieder begann das Duett, und wieder brach bei der Pochstelle das Chaos herein.

Beethoven schaute um sich, ins Orchester, auf die Bühne, unruhig, verwirrt. Die Musiker hatten ihre Instrumente abgesetzt und blickten zu Boden. Ein junger Mensch in der Zweiten Geige hielt sein Tuch gegen die Augen gepreßt. In dem großen Raum, den soeben noch Beethovens Töne durchflutet hatten, war es still. Er fragte Umlauf, was es denn gäbe. Er bekam keine Antwort. Da blickte er auf Schindler. Und der Treue brachte auch dies Opfer und schrieb: „Ich bitte, nicht fortzufahren. Zu Hause das weitere." Beethoven hatte begriffen. Stumm stand er auf und ging. Zu Hause angelangt, setzte er sich aufs Sofa und bedeckte das Gesicht mit den Händen.
Taub! endgültig taub! endgültig ausgeschlossen davon, tätig miterklingen zu lassen, was er selber geschaffen!
Nun, und? Wußte er nicht seit vielen Jahren, daß es einmal so kommen würde? War es nicht eigentlich längst schon so weit? Trotzdem – niemals war ihm das Tragische seines Künstlerschicksales so deutlich geworden. Ein tauber Musiker! Was ihm schon mit siebenundzwanzig Jahren als kaum faßbar vorgeschwebt, was sich im Laufe der Jahre immer mehr zur fürchterlichen Wahrscheinlichkeit verdichtet hatte – heute war es unumstößliche Gewißheit geworden; er selber hatte es vor der versammelten Schar seiner Kunstgenossen bestätigt und besiegelt.
Lange saß er so, ohne sich zu regen. Endlich richtete er sich auf. Sein Blick fiel auf Schindler, der still und traurig in einer Ecke saß. Beethoven trat auf ihn zu und klopfte ihn auf die Schulter. „Ja, Schindler, Ihr großer Meister war ein rechter Esel. Aber die Leonore will ich heute abend doch – sehen."

*

Das Hofopernhaus ist zu Ehren des Kaiserlichen Namenstages festlich erleuchtet, Parkett und Ränge von einer festlich gekleideten, festlich erregten Menge gefüllt. Oben auf der Galerie stehen die Menschen Kopf an Kopf. Ein kleiner, etwas beleibter junger Mann nimmt von Zeit zu Zeit seine Brille ab und trocknet sich die Stirn. Dann späht er wieder hinüber zu einer Loge im ersten Rang, die als einzige noch leer ist. Er sieht nach der Uhr: noch zwei Minuten bis zum

Beginn! Ob er doch nicht kommt? Ein junger Mensch arbeitet sich durch das Gewühl zu ihm.

„Grüß dich Gott, Schubert! Er ist da! ich hab' ihn am Eingang gesehen! Jetzt! schau, jetzt!"

Ein Diener ist in der Loge erschienen, rückt Stühle und verschwindet. Der Lärm im Zuschauerraum ist verstummt, es herrscht feierliche Stille.

Beethoven tritt in die Loge. Er trägt sein Haupt so stolz wie je.

Dann beginnt die Ouvertüre; dann hebt sich der Vorhang, Marzelline, Jaquino, Rocco treiben ihr Wesen. Dann pocht es am Gefängnistor, Jaquino öffnet, und herein tritt, schwankend unter der Last der Ketten, ein Jüngling.

Das ist also die siebzehnjährige Schröder, denkt Beethoven. Endlich eine Leonore, der man es glaubt, daß ihr Geschlecht nicht erkannt wird. Schön ist sie, und durch ihre Knechtesgestalt leuchtet stille Größe. Nun tritt sie an die Rampe und blickt zu mir empor. Hab' keine Furcht vor mir, du Kind! Und ganz leise nickt er ihr zu. Sie hat es gesehen. Nun weicht alle Angst von ihr, die furchtbare Angst, die sie erfüllt hatte bei dem Gedanken an den, der dort oben sitzt – taub, aber sehend. Und während sie sich in Demut vor ihm neigt, spricht sie die ersten Worte ihrer Rolle: „Ich suche zu tun, was mir möglich ist" – und setzt in Gedanken hinzu: hab' Nachsicht mit mir, du Großer! Und als endlich ihre glockenklare Stimme zum Gesang einsetzt, da weiß sie: nun wird alles gut. Beethoven läßt sie mit den Augen nicht mehr los; er liest ihr die Worte, die er beinah auswendig kennt, von den Lippen ab. Die Seele ihres Gesanges offenbart sich ihm in ihrem von Geist und Gefühl durchleuchteten Gesicht, in dem glühenden Leben ihrer Bewegungen. Innerlich hörte er seine Musik. Er, der taub ist, erlebt heute sein Werk zum ersten Male so, wie er es sich erträumt hatte – bis zum jubelnden, beglückenden Schluß.

Die Menschen strömen aus dem Theater. Manche schwatzen und lachen, manche sind still. Zwei junge Leute lösen sich aus dem Schwarm und stellen sich am Ausgang auf. Sie sprechen nicht, sie halten sich an den bebenden Händen. Noch ein paar Nachzügler – dann niemand mehr. Ist er schon fort?

Drei Männer kommen.

„Da ist er! Schubert, jetzt faß dir ein Herz und drück ihm die Hand!"

Aber der bleibt unbeweglich stehen. Beethoven geht an ihm vorbei.

„Ich kann nicht", sagt Schubert, „ich habe keinen Mut. Was bin denn ich gegen ihn!" Er drückt die Hand auf sein pochendes Herz. „Komm, wir wollen ihm nachfolgen! Ich will wenigstens die Luft atmen, die er atmet!"

Einundzwanzigstes Kapitel

Der Erfolg des Fidelio brachte die Theaterleitung auf den Gedanken, Beethoven die Komposition einer neuen Oper anzutragen. Man wußte, er hatte eigentlich sein ganzes Leben hindurch nach Operntexten gesucht, doch außer dem Fidelio nie einen gefunden, der ihm nach dem Herzen gewesen wäre. Nun wandte man sich an den jungen Grillparzer, der sich mit der Ahnfrau, der Sappho, dem Goldenen Vlies schon einen großen Namen gemacht hatte. Er hatte jüngst ein Melusinedrama entworfen; der Stoff schien ihm für die Oper geeignet. In vierzehn Tagen war das Textbuch fertig und wurde Beethoven ins Haus geschickt. Bald darauf wurde Grillparzer aufgefordert, den Meister zu besuchen.

Der zarte, vornehme, etwas verwöhnte Dichter schüttelte den Kopf, als er in die Kotgasse einbog, wo Beethoven damals wohnte, und die ihrem Namen Ehre machte. Zwischen häßlichen Häuserreihen ging es aufwärts bis zu einem unansehnlichen Gebäude, dem gegenüber ein Kesselschmied auf offener Straße die Luft mit seinen gellenden Schlägen erschütterte. Eine steile dunkle Treppe führte zum ersten Stock. Grillparzer öffnete eine Tür und stand in der Küche. Nach vergeblichem Pochen an einer andern Tür trat er in eine geräumige, schmucklose Stube. Auf dem Bett lag Beethoven in einem grauen Hausrock. In der Hand hielt er den Bleistift, vor ihm lagen ein paar Notenblätter. Aber seine Augen waren geschlossen. Schlief er? Grillparzer wollte sofort

wieder gehen und konnte sich doch nicht losreißen vom Anblick dessen, den er verehrte wie keinen andren Sterblichen. So muß König Lear ausgesehen haben, dachte er, oder die ossianischen Barden. Dickes, graues, hier und da weißes Haar überschattete die wunderbar breit und hoch gewölbte Stirn. Unter der kräftigen, löwenartigen Nase war der Mund fest und trotzig geschlossen. Der ruhende, stämmige Körper bot ein Bild gesammelter Kraft. Und doch lag über der ganzen Erscheinung ein Zug des Leidens.
Eben wollte Grillparzer sich entfernen, da schlug Beethoven die Augen auf. Er nahm eines der Blätter, setzte zum Schreiben an – da fiel sein Blick auf den Besucher. Er stand sofort auf und reichte Grillparzer die Hand. Der mußte sich zusammennehmen, um diesen stahlharten grauen Augen standzuhalten, die ihm bis auf den Grund der Seele zu blicken schienen. Aber dann kam ein milder Glanz in diese Augen; Grillparzer hatte Gnade gefunden.
Beethoven fegte mit einer Handbewegung ein paar Bücher und Notenhefte von einem Stuhl herunter.
„Setzen Sie sich, lieber Herr Grillparzer, und verzeihen Sie, wie es bei mir ausschaut. Ordnung halten war von jeher meine schwache Seite. Und das Dienstpersonal in Wien ist ja viehisch, ja mitunter schlimmer als das Vieh. Nun schreiben Sie mir immer nur die Hauptsachen auf, nur die Stichworte; ich weiß mich dann schon zu finden."
„Ich muß um Verzeihung bitten", begann Grillparzer, „wenn ich bei der Arbeit gestört habe. Darf man fragen, was Sie da unter der Feder haben?"
„Eine neue Symphonie."
„Das wäre also Ihre neunte!"
„Ja, meine neunte. Die Philharmonische Gesellschaft in London hat sie bestellt. Den Wienern wäre so was natürlich nicht im Traum eingefallen."
„Das ist ja eine Überraschung, Herr van Beethoven! Ich hatte geglaubt, Sie würden keine Symphonie mehr schreiben."
„Weil meine letzte nun elf Jahre zurückliegt?"
„Ihre Symphonien reihen sich aneinander wie die Glieder einer Kette. Der Kreis ist geschlossen. Sie scheinen mir in Ihren acht Wunderwerken das Leben in allen Höhen und Tiefen so völlig erschöpft zu haben, daß ich nicht weiß, was

Ihnen zu sagen noch übrigbliebe. Sie sind auf dem Gipfel des Berges angelangt. Höher hinauf geht es nicht. Allerdings – wer den Gipfel erreicht hat, der tut gern einen Rückblick auf seinen Weg. Ist es vielleicht dies?"
Beethoven lachte. „Sie sind ein Dichter, Herr Grillparzer, und reden wie ein Dichter. Warten wir es ab. Vielleicht geht es doch noch höher!"
„Auf jeden Fall muß ich dann fürchten, daß Sie für Opernpläne jetzt wenig Sinn haben."
„Das will ich nicht sagen. Ich arbeite meistens gleichzeitig an mehreren Werken. – Das wundert Sie? – Verwirrung? – Keineswegs! Jedes Werk ist doch eine Welt für sich! Nun, Sie haben mir einen sehr schönen Text geschickt!" Er lächelte zart und liebenswürdig. – Wie schön kann er aussehen! dachte Grillparzer.
„Ich hatte tausend Ängste", schrieb er, vor Freude errötend, „ob der Stoff Ihres hohen Genius würdig sei. Übrigens können Sie ihn stürzen und wenden, wie es Ihnen gutdünkt; ich erkläre mich schon jetzt mit allem einverstanden."
„Das wird kaum nötig sein", entgegnete Beethoven. „Sie verstehen für Musik zu schreiben. Ihre Verse haben das Singende, das auch Goethe hat. Sind Sie selber ausübender Musiker?"
„Ich phantasiere gern am Klavier und dabei kommen mir meine besten Einfälle. Doch bin ich nur ein schwacher Dilettant. Immerhin glaube ich, durch die Musik die Melodie des Verses gelernt zu haben."
„Wohl kaum", meinte Beethoven. „Beides lag untrennbar vereint in Ihnen, als Sie auf die Welt gekommen sind. Ja, die Melusine ist gut, wenn sie auch nicht ganz mein Ideal ist." Er runzelte ein wenig die Stirn. „Zauberei – ich bin gegen diese Gattung überhaupt etwas eingenommen, weil Gefühl und Verstand so oft dabei schlummern müssen. Ein Stoff aus dem wirklichen Leben, aus der Geschichte, der Sage wäre mir vielleicht lieber gewesen; – eine Handlung, die tiefe Leidenschaften bewegt, ein großes Ziel verfolgt, rücksichtslos, bis zur Aufopferung des eigenen Ich; – etwas Sittliches, Erhebendes! Kennen Sie die Alceste von Gluck?"
Grillparzer verneinte. „Sehen Sie, die hab' ich als junger Bursch mal in Bonn gehört und gleich hatt' es mir der Stoff

angetan. Wenn ich mal eine Oper schreibe, dacht' ich damals, so muß es etwas Ähnliches sein. Da stieß ich dann später auf die Leonore. Und der Grundzug der Fabel erinnert ja wirklich etwas an die Alceste. Das war also ein Stoff nach meinem Herzen, und darum ist es auch was geworden."
„Ich hätte noch einen andren Stoff, vorläufig allerdings nur im Kopf: die Sage von der böhmischen Drahomira."
„Vielleicht wäre das eher etwas für mich? Was meinen Sie? Nun? heraus mit der Sprache!"
„Ich möchte nicht anmaßend sein, Herr van Beethoven."
„Schwatzen Sie keinen Unsinn, Herr Grillparzer! Ich dichte in Tönen, Sie in Worten. Wir sind also Kollegen. Was ist mit der Drahomira?"
„Der Stoff grenzt ans Diabolische. Nun meine ich, Ihre letzten Werke kommen den äußersten Grenzen der Musik schon so nahe –"
Schallendes Gelächter unterbrach ihn. „Jetzt schau einer den Herrn Grillparzer an! So ein großer Dichter – und plötzlich guckt doch der kaiserlich-königliche Beamte heraus! Also den äußersten Grenzen der Musik nähere ich mich? Kennen Sie denn diese Grenzen? Ich kenne sie nicht! Kunst hat überhaupt keine Grenzen! Ich weiß nur das eine, daß nichts sich so zuchtvoll in die inneren Gesetze der Musik fügt wie meine letzten Werke. Ihnen ist das Septett lieber, nicht wahr?"
„Wenn Sie mich gradezu fragen – ja!"
Beethoven schrie vor Lachen. „Das Septett! O das verflixte Septett! Hätt' ich es doch nie geschrieben! Damals wußt' ich noch nicht, was komponieren heißt. Jetzt glaub' ich es zu wissen. Äußerste Grenzen!" Er brach wieder in Gelächter aus.
„Hätt' ich doch lieber geschwiegen!" schrieb Grillparzer, „ich bin ja gar nicht fähig, über Musik zu urteilen."
„Dummes Zeug! Sie sind der musikalischste Dichter, der jetzt lebt. Dramatische Stoffe erhielt ich schon von vielen. Aber wessen der Musiker bedarf, davon hatten die meisten keinen Begriff. Doch zu Ihnen hab' ich Vertrauen."
„Und mein eignes Vertrauen zu mir sinkt mit jedem Wort, das Sie sagen. Den ungebundenen Flug Ihrer Phantasie in Schranken zu halten, wird mein Buch nicht imstande sein – und vielleicht kein Opernbuch der Welt." Mein Gott, jetzt

hab' ich wieder mal zuviel gesagt! dachte er, jetzt werd' ich wieder ausgelacht!
Aber Beethoven lachte nicht. „Sie haben nicht ganz Unrecht, lieber Grillparzer. Ich weiß, was meine Leonore wert ist; aber mein eigentliches Element ist doch die Symphonie. Wenn es in mir klingt, hör' ich immer das volle Orchester. Und Instrumenten kann ich alles zumuten! Wenn ich für Gesang komponiere, muß ich immer erst überlegen: läßt sich das auch singen? Aber zuzeiten sehne ich mich doch nach dem Wort. Bei der Neunten Symphonie erfülle ich mir vielleicht einen Wunsch, den ich mein ganzes Leben mit mir herumgetragen habe: Schillers Ode an die Freude zu komponieren. Verstehen Sie: als Schlußsatz der Symphonie."
Grillparzer wußte nicht, ob er recht gehört hatte. Beethoven, den das Schicksal geschlagen hatte wie kaum je einen Künstler, der wollte die Freude besingen? Er warf einen scheuen Blick auf den Meister; der fing ihn auf und verstand.
„Sie denken, in meiner Lage hätt' ich eher Anlaß, Traueroden zu komponieren? Lieber Herr Grillparzer, das ist wohl nicht Ihr Ernst, sonst wären Sie kein Dichter! Wir Endlichen mit dem unendlichen Geist sind zu Leiden und Freuden geboren; und beinah könnte man sagen, die Ausgezeichnetsten erhalten durch Leiden Freuden."
„Ich bewundere Sie, Herr van Beethoven, und beneide Sie! Hätt' ich doch den tausendsten Teil Ihrer Kraft und Festigkeit!"
„Wo fehlt es denn bei Ihnen, lieber Freund!"
Grillparzer hatte seine letzten Worte schon bereut. Verschlossen wie er war, pflegte er sein Innerstes keinem zu enthüllen. Aber wie er Beethoven in die Augen sah, die voll unendlicher Güte auf ihm ruhten, konnte er nicht schweigen.
„Ich heiße nicht umsonst Grillparzer. Mit dem Grillenfangen hab' ich von Kind auf zu tun gehabt; und statt Parzer müßt' es eigentlich Patzer heißen. Zwar denk' ich manchmal: als dramatischer Dichter komm' ich gleich hinter Goethe und Schiller – in Abstand natürlich, aber zwischen ihnen und mir steht niemand. Aber dann kommen wieder Zeiten, wo ich an mir verzweifle! Drum klammere ich mich auch an meine jammervolle Beamtenstellung, statt sie hinzuschmeißen und ganz meiner Kunst zu leben. Ich bin ein Sklave. Und Sie

sind frei! Sie sind der freieste Mensch, den ich kenne! Und dann: ich schreibe! Sie komponieren! Über mir lauert die Zensur. Jetzt hab' ich ein Drama ‚Ottokar' geschrieben, ein patriotisches Stück aus der österreichischen Gechichte. Die Zensur hat es verboten."
Beethovens Augen schossen Blitze. „Lumpen in Wien!" schrie er, „vom Kaiser bis zum Schuhputzer! Fressen und saufen, das können die Wiener, aber weiter auch nichts! Auswandern sollte man, sie sitzen lassen in ihrem Dreck und Speck, dann würden sie merken, was sie an uns gehabt haben!"
„Und doch bin ich halb in Wien verliebt", schrieb Grillparzer.
„Jawohl, jawohl!" rief Beethoven. „Es gibt nur e i n Wien! Das hat schon Mozart gesagt, und dafür haben die Wiener ihn auch verhungern lassen. Passen Sie auf, uns beiden wird es auch mal so gehn!"
Grillparzer lächelte melancholisch. „Dennoch möcht' ich nirgendwo anders leben. Gefühl ist hier! Wenn nur die Zensur nicht wäre! Seien Sie froh, Herr van Beethoven, daß Musik nicht auch unter Zensur steht. Wenn man wüßte, was Sie sich bei Ihrer Musik denken! Ich glaube, Sie haben in vielen Ihrer Werke die Freiheit verherrlicht!"
„Schau, schau! Das hat er doch herausgerochen, der Herr Grillparzer, mit seiner feinen Dichternase!"
„Und ich habe manchmal gedacht: wenn ich das in Worten gesagt hätte, was Beethoven in Tönen gesagt hat, dann säß' ich längst hinter Schloß und Riegel.

> Tonkunst, dich preis ich vor allen!
> Höchstes Los ist dir gefallen
> aus den Schwesterkünsten drei:
> Du die freiste, einzig frei!"

Beethoven sprach die Verse laut nach. „Ausgezeichnet! Stammt das von Ihnen? Sie haben den Nagel auf den Kopf getroffen!" Seine Augen schwärmten nach oben und nahmen einen begeisterten Ausdruck an. Nach einer Weile griff er zum Bleistift und schrieb ein paar Noten. Dann sah er wieder auf den Dichter, und in seinem Blick lag schelmische Überlegenheit:
„Grillparzer – Grillparzer! Sie sind kein Patzer, junger Mann! Sie sind wirklich ein Parzer – also eine männliche

Parze. In Ihren Dramen nehmen Sie die Menschenschicksale beim Wickel, wie es die drei ehrwürdigen alten Damen gemacht haben, und folgen dabei Ihren Grillen, Ihren Launen. So ein Grillparzer ist also ungefähr dasselbe wie der liebe Gott; der macht auch mit uns, was er will." – Beide fingen herzlich an zu lachen.

„Etwas wollt ich gern fragen, Herr van Beethoven: sind Sie sich klar darüber, wie Sie zu Ihren musikalischen Gedanken kommen?"

„Mein lieber Freund, die Frage kann ich nicht beantworten. Meine Ideen kommen mir ungerufen – in der freien Natur, im Walde besonders – in der Stille der Nacht – am frühen Morgen – angeregt durch Stimmungen, die sich bei Ihnen in Worte, bei mir in Töne umsetzen, klingen, brausen, stürmen, bis sie endlich in Noten vor mir stehen."

„Und das schreiben Sie dann gleich nieder?"

„O nein. Ich trage meine Gedanken oft sehr lange mit mir herum. Ich verändere manches, verwerfe, versuche aufs neue, so lange, bis ich zufrieden bin. Dann beginnt in meinem Kopf die Verarbeitung, in die Breite, in die Enge, Höhe und Tiefe. Und da ich mir bewußt bin, was ich will, so verläßt mich die zugrunde liegende Idee niemals; sie steigt, wächst empor, ich höre und sehe das Bild in seiner ganzen Ausdehnung vor meinem Geist stehen, und es bleibt mir dann nur noch die Arbeit des Niederschreibens. Seit einiger Zeit allerdings bringe ich mich nicht mehr so leicht zum Schreiben. Ich sitze und sinne und sinne; ich hab' es lange, aber es will nicht aufs Papier. Bin ich erst drinnen, dann geht es wohl."

Die Wirtschafterin war eingetreten und im Nebenzimmer verschwunden. Jetzt kam sie mit einem Teller voll Eiern und einem Stück Butter zurück. Beethoven musterte Eier und Butter mißtrauischen Blickes und schwieg, bis die Frau das Zimmer verlassen hatte.

„Ja, lieber Freund", sagte er dann, „es gibt Dinge, um die bin ich nicht zu beneiden. Hoffentlich sind Sie in meinem Alter nicht mehr unbeweibt!"

Grillparzer schüttelte den Kopf. „Ich werde wohl nie heiraten. Die Geister unter den Weibern haben keine Leiber, und die Leiber keine Geister. Und mit diesem Blitz des eigenen Geistes möcht' ich mich nun empfehlen."

Beide erhoben sich. Beethoven stand dicht neben dem Flügel. Dem andern leuchtete eine Hoffnung auf: wenn er jetzt spielen wollte! Grillparzer trat vor das geöffnete Instrument und schlug einen Akkord an.
„Das ist ein schöner Flügel", sagte Beethoven, „ich hab' ihn aus London zum Geschenk erhalten. Sehen Sie da die Namen!" Er deutete auf den Querbalken über der Klaviatur. Cramer, Clementi, Kalkbrenner, Moscheles stand dort zu lesen; zum Schluß der Name des Erbauers, Broadwood. Die vier größten Klavierspieler Londons hatten sich da verewigt, gewissermaßen als Zeugen, daß dieser Flügel das beste sei, was sein Erbauer hervorgebracht und dem größten lebenden Meister als Huldigung übersandt hatte.
„Er hat einen schönen Ton", sagte Beethoven. Ohne auf die Tasten zu blicken, schlug er einen Akkord an. Mit der rechten Hand hatte er C-Dur gegriffen – mit der Linken das H. „Nicht wahr, das klingt gut!"
Ein brennendes Weh stieg in Grillparzer auf. Er hätte schreien können vor Schmerz und Entsetzen. Doch er riß sich zusammen und nahm Abschied.
Vor der Haustür war ein großes Gedränge. Ein alter Straßensänger schlug seine Harfe und sang ein beliebtes Volkslied. Weiber und Kinder hörten andächtig zu; der Kesselschmied von gegenüber hatte seinen Hammer beiseite gelegt und wiegte sich im Takte der Melodie. Mit finstrer Miene bahnte Grillparzer sich den Weg durch die Menge; empörte Blicke, Schimpfworte folgten ihm.
Ihr **hört**! Hanswurste, Pack! Ihr könnt hören und euch freuen am Klang. Und dort oben sitzt die menschgewordene Musik und ist taub! Gott! wenn du bist, warum hast du das zugelassen! – Dumme Frage! Frage für Kinder und Narren! Ist denn nicht überall, wohin man blickt, derselbe Irrsinn? herrscht nicht überall derselbe einfältige blöde Zufall? Er selber, der ein großer Dichter sein könnte – das ist keine Überhebung! – gebeugt ist er unter dem Joch des Alltages. Sein neuestes, bestes Werk in den Fängen eines höheren Polizisten, der es stumm in der Versenkung verschwinden läßt. Aber was will das bedeuten gegen das Schicksal dessen, dem die Gottheit wie keinen andern die Macht gegeben, Musik zu schaffen und ihm zugleich die Kraft genommen hat, seine

Musik zu hören. Doch wie trägt dieser, den man Beethoven nennt, sein Schicksal! Jeder andre wäre zusammengebrochen. Doch e r steht aufrecht. Er lauscht dem Tönen in seinem Innern und schafft Werk auf Werk, als sei nichts geschehen. Nach einem trachtend, um eines sorgend, für eines duldend, alles hingebend für eines, so geht er durchs Leben, ein Überwinder – ein Sieger! Großer Beethoven, gib mir den tausendsten Teil deiner Kraft!
Inzwischen hatte Beethoven den Melusinetext beiseite gelegt, den Besucher vergessen und schuf weiter an seinem Lebenslied, an der Neunten Symphonie.

Zweiundzwanzigstes Kapitel

Im Februar 1824 war die Neunte Symphonie beendet. Doch Beethoven trug Bedenken, sie in Wien aufzuführen. Seit ein paar Jahren war Rossini mit seiner sinnenfrohen Musik der Abgott der Wiener. Den Erfolg des „Barbiers" fand Beethoven wohlverdient. Aber auch jedes folgende Werk, und mochte es noch so schwach sein, wurde mit dem gleichen Jubel aufgenommen. Für ein Publikum, das sich an Rossinis Champagner berauschte, war ihm sein Herzblut zu kostbar. Er begann mit Berlin zu verhandeln. Wer in Wien davon hörte, war bestürzt, beschämt; was man an Beethoven hatte, ward allen nun erst bewußt. Eine Anzahl seiner Freunde tat sich zu einer Bittschrift zusammen, die Beethoven feierlich überreicht wurde.

„Noch ist in Österreichs Bewohnern", hieß es da, „der Sinn nicht erstorben für das, was im Schoße ihrer Heimat Mozart und Haydn Großes und Unsterbliches für alle Folgezeit geschaffen; und mit freudigem Stolze sind sie sich bewußt, daß die heilige Trias, in der jene Namen und der Ihrige als Sinnbild des Höchsten im Geisterreich der Töne strahlen, sich aus der Mitte des vaterländischen Bodens erhoben hat. Um so schmerzlicher aber müssen sie es fühlen, daß in diese Königsburg der Edelsten fremde Gewalt sich eindrängt, daß über den Hügeln der Verblichenen und um die Wohnstätte des

Einzigen, der aus jenem Bunde uns noch erübrigt, Erscheinungen den Reihen führen, welche sich keiner Verwandtschaft mit den fürstlichen Geistern des Hauses rühmen können; daß Flachheit Namen und Zeichen der Kunst mißbraucht und im unwürdigen Spiel mit dem Heiligen der Sinn für Reines und ewig Schönes sich verdüstert und schwindet. Mehr und lebendiger als je zuvor fühlen sie daher, daß gerade in diesem Augenblick ein neuer Aufschwung durch kräftige Hand, ein neues Erscheinen des Herrschers auf einem Gebiet, das e i n e sei, was nottut. Er allein vermag den Bemühungen der Besten unter uns einen entscheidenden Sieg zu sichern. Von ihm erwartet die vaterländische Kunst neue Blüten, verjüngtes Leben und eine neue Herrschaft des Wahren und Schönen über die Gewalt, welcher der Modegeist des Tages auch die ewigen Gesetze der Kunst unterwerfen will. Geben Sie uns die Hoffnung, die Wünsche aller, zu denen je die Klänge Ihrer Harmonien gedrungen sind, erfüllt zu sehen!"
Diese Worte gingen Beethoven zu Herzen. Die Neunte Symphonie war Wien gerettet.
Am siebenten Mai 1824 fand die Aufführung im Kärntnertortheater statt. Der Zudrang war ungeheuer.
Den Beginn machte die Ouvertüre „Zur Weihe des Hauses". Kyrie, Credo und Benedictus aus der Missa Solemnis folgten, Dann begann die Symphonie. Das Geisterreich tat seine Pforten auf.
Aus dem mystischen Dämmer leerer Quinten reckt es sich empor: das Schicksal, das sich zwischen den Menschen und das Glück der Erde stellt und ihm zuruft: entbehren sollst du, sollst entbehren! Doch alle Kräfte einer großen Menschenseele setzten sich zur Wehr; die Erinnerung an all das Große, was man gewollt, was man erreicht, gibt Mut und Kraft zum Widerstand. Lächelt nicht schon das Glück? Ach, es war eine Täuschung. Da wachsen aus sehnlichstem Verlangen Riesenkräfte, ein titanisches Ringen hebt an. Umsonst! das Schicksal ist stärker als der Mensch.
Da packt ihn Verzweiflung. Ein irres Hasten, ein Jagen wilder Leidenschaft hebt an, vorwärtsgepeitscht vom Willen zur Betäubung, zum Vergessen. Armer Verblendeter! suche den Trost dort, wo allein du ihn finden kannst – in deinem Inneren, wenn dein Gott es durchdringt, es ganz erfüllt. Er-

gebenheit, innigste Ergebenheit in Gottes Willen – sie bringt dir den Frieden, macht dich wieder zu Gottes Kind. Verschwunden ist nun, was dich schreckte. Und wenn du erwachst aus deiner seligen Verklärung, wenn noch einmal Verzweiflung dich packen will, so erkennst du, daß des Lebens dunkle Mächte dich nicht mehr erreichen. Auf lichter Höhe stehst du, tief unter dir siehst du den Schwarm der Menschen, noch in Angst und Wirrsal befangen, wie du es einst gewesen. Da winkst du deinem Adler. Lauschend erhebt er den schönen Kopf zu dir. Und du singst ihm ein erhabenes Lied – ein Lied der Freude, die Gott dem Menschen geben will; du singst ihm von Brüderlichkeit und Menschenliebe, du singst ihm von Gott.

> Seid umschlungen, Millionen!
> Diesen Kuß der ganzen Welt!
> Brüder, überm Sternenzelt
> muß ein lieber Vater wohnen!

Da stürzt sich der Adler hinab in die Tiefe, schwebt über den Menschen in gewaltigen Kreisen. Still lauschen sie seiner Botschaft. Und nun braust es auf, Beethoven, dein Menschheitslied, in mächtigem Chor, dein Lied der Freude, der Menschenliebe, dein Lied von Gott!
Der letzte Ton ist verhallt. Noch traut keine Hand sich zu rühren. Aber dann bricht es los. Hat man je solchen Jubel erlebt? Doch dem er gilt, er hört ihn nicht. Jetzt wagt es eine der Sängerinnen, ihn zu berühren. Beethoven wendet sich um, sieht, was er nicht hört – und lächelt.

Dreiundzwanzigstes Kapitel

Karl van Beethoven hatte im Herbst 1823 das Gymnasium mit dem Reifezeugnis verlassen, war wieder zu seinem Oheim übergesiedelt und Student der Philologie geworden, für die er nach Beethovens Meinung besonders begabt war. Aber er fühlte sich gar nicht wohl dabei. Alle halbe Jahre gab es da eine Prüfung, für die man elend schuften mußte. Die beiden ersten hatte er nur bestanden, weil er Beethoven hieß. Ob er

die nächste bestehen würde? Überhaupt: Philologie als Lebensberuf! Das hatte er sich von seinem Onkel einreden lassen, als er noch ein dummer Junge war. Jetzt zählte er bald neunzehn Jahre, glaubte die Welt einigermaßen zu kennen und dankte dafür, sich als kümmerlich bezahlter Schulmeister durchs Leben zu hungern. Geld verdienen wollte er, reich werden, und reich wurde doch nur der Kaufmann. Also wollte er Kaufmann werden.
Beethoven war über diese Wendung anfangs erschrocken. Aber es war ihm doch allmählich klar geworden, daß er Karls Begabung und Charakter überschätzt hatte; auf das zweite „Denkmal", das dem Namen Beethoven errichtet werden sollte, hatte er längst verzichtet. So willigte er ein, verlangte aber, daß Karl nicht sofort in den nüchternen Betrieb des praktischen Kaufmannes hineingehe, sondern sich zunächst ein gründliche theoretische Vorbildung aneigne. Karl trat deshalb um Ostern 1825 ins Polytechnikum ein, und da Beethoven bald danach aufs Land gehen wollte, so gab er ihn bei einem vertrauenswürdigen Beamten in Pension. Das kostete freilich gegen 2000 Gulden im Jahr – weit mehr, als seine Rente ausmachte. Da hieß es also, doppelt fleißig sein. Eine Anfrage des Fürsten Galitzin in Petersburg, ob Beethoven drei Streichquartette für ihn schreiben wolle, kam ihm daher recht gelegen.
Karl hatte über das neue Studium seine eigenen Gedanken. Daß ein Kaufmann theoretischer Kenntnisse bedürfe, leuchtete ihm nicht ein. Auf Klugheit, Weltgewandtheit und praktische Erfahrung kam es an; alles andre war Unsinn. Was wußte denn auch sein Onkel vom Leben! Soviel wie ein Tauber von Musik! Nein, der Vergleich paßte nicht. Na, also dann: soviel wie ein Blinder von den Farben. Die Hauptsache war, daß er den Alten jetzt einmal los war; das übrige würde sich schon finden. Vor allem wollte er die neue Freiheit genießen. Und das tat er denn auch gründlich.
Beethoven hatte nach dem großen Erfolg der Neunten Symphonie eine Einladung nach London erhalten; er sollte eine neue Symphonie schreiben, für die ihm ein sehr hohes Honorar angeboten wurde. Er war nicht abgeneigt, entwarf ein paar Skizzen – doch der innere Auftrag wollte sich nicht einstellen.

Beethoven war jetzt völlig taub. Kein Klang der Welt erreichte ihn mehr. Alles, was nicht mit seinem geliebten Neffen zusammenhing, berührte ihn nicht mehr. Wie ein Träumer, ein Nachtwandler schritt er durch die lärmenden Gassen, durch das Gewühl der Menschen. Nicht mehr gestört von den Geräuschen des Lebens, lauschte er nur noch den Stimmen in seinem Innern, von jedem Außersich befreit, ganz bei sich, ganz in sich. Das Unbegreifliche, nie Gehörte, es regte sich, wollte Form werden. Und als solche Form war die Symphonie mit ihrem Monumentalstil nicht mehr möglich. Nur wenige Spieler durften es sein, denen er sein Allerpersönlichstes, Allergeheimstes, Heiligstes anvertrauen konnte. So gelangte er ganz von selbst wieder zum Streichquartett.
Die Neunte Symphonie war noch nicht lange beendet, da machte Beethoven sich ans Werk. Das Es-Dur-Quartett Opus 127 eröffnete die Reihe seiner letzten Offenbarungen. Der heitere Glanz, der auf den Ecksätzen ruhte, war wie ein zarter Widerschein des Freudenhymnus aus der Neunten Symphonie. Innigste Gottesnähe sprach in dem Adagio. Heilig diese Musik! heilig ihr letzten Quartette! allerheiligst eure Adagiosätze!
Im Sommer zog Beethoven aufs Land nach Gutenbrunn bei Baden und begann sogleich ein neues Quartett, das in A-Moll stehen sollte. Freilich bedurfte er der ganzen Kraft seines Willens, um schaffen zu können. Über seine körperlichen Beschwerden zwar, die nun schon lange nicht mehr ganz weichen wollten, setzte er sich hinweg. Aber sein Neffe hielt ihn in ständiger Unruhe. Er erfuhr, daß Karl die Vorlesungen versäume, sich in den Kaffeehäusern herumtreibe, mit Kellnern und Kutschern Billard spiele, oft sehr spät in der Nacht heimkomme. Er beschloß, nach Wien zu fahren und sich bei Karls Lehrern zu erkundigen.
So stand er denn eines Mittags in der Vorhalle des Polytechnikums. Es schlug Zwölf, die Türen der Hörsäle öffneten sich, die Studenten strömten heraus, der steinerne Raum hallte von ihren Schritten, ihrem Schwatzen und Lachen. Karl war nicht unter ihnen. Dann wurde es wieder still. Wieder öffnete sich eine Tür, ein junger Lehrer trat heraus und kam näher, während er das Trompetensignal aus dem Fidelio pfiff. Plötzlich blieb er stehen; sein hübsches anzie-

hendes Gesicht wurde blaß. Beethoven nahm seinen Hut ab und ging auf ihn zu.
„Ich heiße Beethoven."
„Mein Gott! – Ach, wollen Sie nicht Ihren Hut aufsetzen? Darf ich bitten, mit mir zu kommen?" Er führte ihn in sein Zimmer und bat, Platz zu nehmen. „Ihr Neffe ist nicht unter meinen Schülern", schrieb er dann, als Beethoven ihm sein Anliegen erklärt hatte, „aber haben Sie bitte einen Augenblick Geduld, ich will mich erkundigen." Lange dauerte es, bis er wiederkam. Sein vorher so glückliches Gesicht war traurig. Er legte seinen Mund an Beethovens Ohr und sagte nur: „Ich habe Ihnen nichts Gutes mitzuteilen."
Beethoven nickte. „Ich hab' es mir schon gedacht." Er blickte bekümmert zu Boden. Plötzlich fühlte er sich umschlungen; ein junges Menschenkind lag schluchzend an seiner Brust. – Soviel bin ich ganz Fremden, dachte er, und dem einen, den ich wie einen Sohn liebe, bin ich nichts!
Es kamen oft Tage, an denen er verzweifeln wollte und sich fragte, ob es nicht besser sei, die Vormundschaft niederzulegen. Wieviel Arbeitskraft hatte der Junge ihm schon gekostet! wie wenig hatte er in den letzten Jahren geschrieben, wie viele Pläne immer wieder zurückstellen müssen, weil Sorgen, Aufregungen, Kummer ihn immer wieder arbeitsunfähig machten. Wer wußte denn, wieviel Jahre ihm noch gegönnt waren! Sollte die Zehnte Symphonie, die Musik zu Faust, die Cis-Moll-Messe, das Oratorium „Saul", das Requiem ungeschrieben bleiben, die Reihe der Quartette, die sich unabsehbar vor seinem inneren Auge dehnte, frühzeitig abgeschnitten werden? Sollte alles das, wovon er jetzt noch nichts wußte, was aber gewiß einmal in sein Bewußtsein treten und nach Erschaffung verlangen würde, ungeboren bleiben? Und für wen solch Opfer? Für einen leichtsinnigen jungen Burschen, der nicht schlechter, aber auch nicht besser war als tausend andre; der für Wohltaten kaum einen Dank, für Liebe nur Lieblosigkeit hatte! Ja, wußte er denn überhaupt, ob sein Neffe sich unter fremder Leitung nicht vielleicht besser entwickeln würde? – denn das hatte sich ja nun in den zehn Jahren seiner Vormundschaft erwiesen: Karls Liebe und Vertrauen hatte er nicht zu erringen vermocht, und ohne diese Grundlage war ihr Verhältnis doch eigentlich

sinnlos. Aber dann fragte er sich wieder: was wird aus ihm, wenn ich mich von ihm löse! Auf sich allein gestellt, schwach wie er ist, wird er ganz dem Einfluß seiner erbärmlichen Mutter anheimfallen, und dann ist er verloren.

So blieb denn alles beim alten. Kam Karl zu ihm nach Baden, dann überschüttete Beethoven ihn das eine Mal mit Beweisen seiner Liebe, die der junge Mensch nicht wollte; ein andermal gab es Vorwürfe, Szenen, die aber immer mit Versöhnung endeten. Und wenn dann Abschied genommen war und Karl in seinem Wagen saß, dachte er: Gott sei Dank, für eine Woche bin ich den Alten wieder los!

Daß unter diesen trüben Umständen, zu denen sich noch eine ernste Erkrankung gesellte, das A-Moll-Quartett trotzdem voranschritt und im August beendet wurde, war nur Beethovens eisernem Willen zu danken, mit dem er alles Widrige aus seinem Bewußtsein hinausfegte, wenn er ans Schaffen ging. Den dritten Satz überschrieb er: Danksagung eines Genesenden an die Gottheit! Als Ewige Lampe glüht er im Dome seiner Werke.

Im Herbst 1825 kehrte Beethoven in die Stadt zurück und bezog eine neue Wohnung am Alservorstädter Glacis. Das Haus mit der anschließenden Kirche war von spanischen Benediktinermönchen gebaut und hieß deshalb Schwarzspanierhaus. Von seinen Fenstern im zweiten Stock hatte Beethoven eine weite Aussicht über das Glacis hinweg auf die Stadt mit ihren Basteien und Türmen, zur Linken nach der Leopoldstadt und darüber hinaus zum Prater mit seinen schönen alten Bäumen und zur Brigittenau. Nur nach rechts war die Aussicht durch das „Rote Haus" verbaut, das mit dem Schwarzspanierhaus zusammenstieß. In diesem Roten Hause wohnte immer noch sein alter Freund Stephan von Breuning. Ihre Beziehungen waren in den letzten Jahren getrübt worden, weil Breuning ihn immer wieder hatte überreden wollen, sich von seinem Neffen zu lösen und ein Verhältnis aufzugeben, von dem er nur Unheil erwartete. Jetzt ergab die nachbarliche Nähe es von selber, daß die Freunde wieder ganz zueinander fanden. Breunings Frau nahm sich Beethovens verwahrloster Wirtschaft an, sorgte für dringende Neuanschaffungen, für eine tüchtige Köchin und brachte es soweit, daß der Meister endlich ein behagliches Heim hatte.

Der Neffe blieb in seiner Pension; Beethoven fühlte sich den fortgesetzten Aufregungen des Zusammenlebens nicht mehr gewachsen.
Sofort nach Beendigung des A-Moll-Quartettes begann er ein Quartett in B-Dur. Wieder wurde der langsame Satz – die Cavatine – sein erhabener Gipfel. Aber diesmal war es kein Dankgesang. Es war ein Gebet – das Gebet eines Menschen, der in tiefster Seelennot mit Gott ringt.

Vierundzwanzigstes Kapitel

> „Ein alter Mann ist stets ein König Lear.
> Was Hand in Hand mitwirkte, stritt,
> ist längst vorbeigegangen;
> was mit und an dir liebte, litt,
> hat sich wo anders angehangen.
> Die Jugend ist um ihretwillen hier;
> es wäre töricht, zu verlangen:
> komm, ältele du mit mir."

Wie oft hatte Beethoven die Verse Goethes gelesen! er wußte sie längst auswendig. Wie oft hatte er sie sich zugerufen, als Warnung, daß er nicht ungerecht werde gegen Karl, gegen seine Jugend, die auch um ihretwillen hier war. Und doch –! Beethoven saß am Schreibtisch und arbeitete. Wieder drängte es ihn, seinen geliebten vier Streichinstrumenten anzuvertrauen, was aus unbekannten Tiefen emporstieg und Klang werden wollte.
Die Tür ging auf, Karl stand auf der Schwelle. Beethoven lächelte und deutete auf einen Stuhl. „Einen Augenblick, mein Junge!" Dann hatte er wieder vergessen, daß es eine Welt um ihn gab.
Karl lehnte sich ergeben in seinen Sessel zurück. Er kannte das schon. „Eine halbe Stunde geb' ich dir, alter Freund!" sagte er laut. Er wußte, er wurde nicht gehört.
Aus nachttiefen Gründen dämmerte die Eingangsfuge des Cis-Moll-Quartettes empor.
Karl sah sich im Zimmer um. Er kam grade von seiner Mutter, bei der er mit zwei süßen jungen Mädels Kaffee getrunken hatte. Die eine hatte er dann bis zu ihrer Wohnung

begleitet und das Versprechen erhalten, sie morgen besuchen zu dürfen. Ein Blumenstrauß, etwas Konfekt verstand sich da von selbst. Und er besaß nicht einen Kreuzer mehr. Nun, wozu war der Alte da! Wie hübsch es bei seiner Mutter war in ihrem grünen Salon, an dem gut gedeckten Kaffeetisch, rechts und links so ein süßer Fratz, der einem Kuchen in den Mund schob und sich zum Dank ganz gern ein wenig abdrücken ließ! Hatte die Resi nicht doch eine beßre Figur als die Seffi, die er begleitet hatte? Die Seffi war schlanker, aber war sie nicht ein wenig zu schlank? Nun, sie würden ja hoffentlich alle beide an die Reihe kommen. – Da saß der Alte noch immer und kritzelte. Schreib du nur fest drauflos! wo soll sonst das Geld herkommen! Da sitzt nun das größte Genie des Jahrhunderts – das ist er ja nun mal –, und ich bin sein Neffe! Eine kostbare Idee! Sag mal, Alter, wie bist du zu solch einem Neffen gekommen?! – Ob alle Genies so schäbig herumlaufen? Am linken Ellbogen hat er ein Loch in der Jacke. Ein Zug kalter Verachtung ging über Karls Gesicht. Wie ärmlich und ungepflegt war hier alles! Der Schreibtisch aus rohem Holz, ein Kleiderschrank, ein paar Sessel, sonst nichts. Und nebenan – zwei Klaviere und das Bett in e i n e m Raum! – Ob sein Onkel wohl je eine Liebschaft gehabt hatte? Der Gedanke kitzelte ihn so, daß er an sich halten mußte, um nicht herauszuplatzen. Na, wenn schon, dann mußte es lange her sein; jetzt biß sicher keine mehr an. – Also, jetzt ist die halbe Stunde 'rum. Er griff nach dem Gesprächheft und schrieb:

„Ich bin leider sehr durch meine Studien in Anspruch genommen und kann nicht länger warten." Dann schob er Beethoven das Heft hin.

Der schrak zusammen, als sich etwas Weißes in sein Gesichtsfeld drängte. Dann begriff er und las. Sofort legte er die Feder hin.

„Verzeih, mein Junge! ich hatte dich ganz vergessen. Nun, was gibt es?"

„Ich brauche zwanzig Gulden für ein paar Bücher", schrieb Karl.

„Jetzt mitten im Semester neue Buchanschaffungen? wie kommt das?"

„Glaubst du mir etwa nicht?"

„Gewiß, aber ich wünsche eine Erklärung."
„Dann mußt du dich an den Lehrer wenden."
„Was für Bücher sind es?"
Es dauerte etwas lange, bis die Antwort geschrieben war: „Handelsrecht – Geschichte des Kaufmannstandes."
Beethoven nickte befriedigt und holte das Geld aus dem Schranke. „Da, mein Junge! Ich bin nur froh, daß i c h die Bücher nicht zu lesen brauche."
Karl dankte und machte Anstalten zu gehen.
„Hast du es so eilig? bin ich dir weiter nichts mehr als dein Geldgeber?"
„Ich habe noch viel für morgen zu tun."
„Ein paar Minuten mußt du mir noch opfern, du kommst ja so selten! Warum läßt du dich nicht öfter sehen?"
„Es ist mir peinlich, mich immer wieder von dir abkanzeln zu lassen wegen längst vergangener Dinge. Wie oft hast du mir zum Beispiel vorgehalten, ich sei faul, während ich schon längst wie ein Ochse büffelte!"
Über den büffelnden Ochsen mußte Beethoven trotz allem lachen. „Na ja, Karl, laß es gut sein! Aber eines sag mir noch: bist du mir gefolgt? hast du deinen Freund Niemetz nun endlich abgeschüttelt?"
Karl überlegte einen Augenblick. Auf eine Lüge mehr oder weniger kam es ihm nicht an. Aber diesmal fand er es nicht der Mühe wert, zu lügen. „Niemetz ist mein Freund, und ich werde nicht aufhören ihn zu lieben, wie ich einen Bruder lieben würde, wenn ich einen hätte."
Der Nachsatz entwaffnete Beethoven. „Mein armer Junge, das ist kein Freund für dich! Ich finde ihn roh und gemein. Als er noch zu mir kam, merkte ich wohl, daß er es mehr mit der Haushälterin hielt als mit mir."
„Das hast du dir nur eingebildet."
„Mein Junge, ich kenne die Welt besser als du."
Karl unterdrückte ein Lächeln. Dann schrieb er: „Ich glaube, das beste ist, wir schweigen über diese Angelegenheit. Was nützt das Streiten! Siehst du, hatte ich nicht recht, als ich vorhin von ewigen Vorwürfen sprach?"
„Karl, ich bin für dich verantwortlich! Ich befehle dir hiermit ausdrücklich, daß du jeden Verkehr mit diesem Burschen einstellst!"

„Und ich verbitte mir, daß du meinen Freund einen Burschen nennst!"
Beethoven erbebte, als er diese Worte las. Außer sich vor Zorn schrie er: „Das wagst du mir zu sagen? mir, deinem Erhalter, deinem Ernährer, deinem zweiten Vater? Du Undankbarer! du Schamloser! Hätt' ich dich nie gesehen! Du Pesthauch in meinem reinen Leben! Willst du los von mir? Gut, so geh! ich überlasse dich der göttlichen Vorsehung. Das Meinige hab' ich getan und kann ruhig vor dem höchsten Richter erscheinen. Geh zu deiner Mutter! da gehörst du hin, du würdiger Sohn deiner würdigen Mutter!"
Mit einem Sprung warf Karl sich auf ihn, packte ihn und schüttelte ihn an beiden Schultern. „Du!" meine Mutter beleidigen? Du alter Narr, du Blutsauger! du Menschenschinder!"
Ein Stoß, und er flog gegen die Wand. Totenblaß, voll Haß und Verachtung starrten Oheim und Neffe einander an. Dann stürzte Karl hinaus.
Beethoven wankte zu einem Sessel. Schweratmend setzte er sich und verbarg sein Gesicht in der Hand.
„Gott! mein Gott! was hast du mir aufgeladen! Ich kann nicht mehr! ich kann wirklich nicht mehr!"
Lange saß er so, in sich zusammengesunken, fast ohne zu denken. Bis sie wieder in ihm zu tönen begann, die Fugenmelodie:

Nein! wehrte er ab, jetzt nicht! Laß ab! entweihe dich nicht! Dies ist zu furchtbar, dies muß erst zu Ende gedacht werden! Aber sie ließ nicht ab, sie drang auf ihn ein, zwang nieder, was sich zur Wehr setzte, drängte ihn an seinen Schreibtisch, drückte ihm die Feder in die Hand, und Beethoven schrieb die erhabene Einleitung zu seinem erhabensten Quartett. Es wurde dunkel. Willenlos stand er auf, entzündete die Lampe, schrieb weiter. Die alte Köchin erschien mit dem Nachtmahl. – „Ich esse heute nichts." – „Die Abrechnung, Herr van

Beethoven", – „Heute nicht, Sali, morgen." Und er schrieb weiter, schrieb, bis der Satz beendet war.
Dann aber brach alles, was heute geschehen war, wieder über ihn herein.
Ein alter Mann ist stets ein König Lear!
Er stand auf, griff nach einem Bande Shakespeare, blätterte, las und sprach:

> Blast, Winde, sprengt die Backen! wütet! blast!
> Sturzwasser ihr und Wolkenbrüche, speit,
> bis ihr der Türme Wetterhähn' ertränkt!
> Ihr schweflichten gedankenschnellen Blitze,
> Vortrab dem Donnerkeil, der Eichen spaltet,
> versengt mein weißes Haupt! Du Donner schmetternd,
> schlag flach das mächt'ge Rund der Welt! zerbrich
> die Formen der Natur, vernicht' auf Ein's
> den Schöpfungskeim des undankbaren Menschen!

Undank! Undank! Verraten von dem, dem ich alles gegeben, alles geopfert, selbst mein Werk! Fort mit ihm! Reiß ihn dir aus dem Herzen! gib ihm einen Tritt, daß er zurückfliegt in den Sumpf, aus dem du ihn emporgezogen hast!
Da sprach eine Stimme in ihm: Und er ist doch deines Bruders Sohn! und er ist doch der Enkel deiner Mutter!
Ja! entgegnete er, und er ist doch der Sohn seiner Mutter!
Und diese Mutter, sprach die Stimme wieder, hat er verteidigt, da du sie beschimpftest!
Hat sie es nicht verdient?
Mutter bleibt Mutter!
Und die schamlosen Worte, die er schrieb?
Er hat seinen Freund verteidigt.
„So!" sagte Beethoven so laut, als ob er zu jemandem spräche, „das ist ja herrlich! Dann bin ich also im Unrecht? Nun? kommt keine Antwort?"
Es kam keine Antwort mehr. Aber diese Nacht lag Beethoven wach und suchte die Antwort. Als der Tag kam, hatte er sie gefunden. Er nahm einen Briefbogen und schrieb:
„Mein teurer Sohn,
nur nicht weiter! Komm nur in meine Arme! Kein hartes Wort wirst Du hören! liebend wie immer wirst Du empfangen werden! Was zu überlegen, was zu tun für die Zukunft, dies werden wir liebevoll besprechen. Mein Ehrenwort! keine

Vorwürfe, nur die liebevollste Sorge und Hilfe darfst Du von mir erwarten! Komm nur! komm nur an das treuste Herz Deines Vaters!"
Aber Karl kam nicht. Drei Tage blieb er aus seiner Pension verschwunden. Bei der Seffi war gut sein. Doch am vierten Tag erschien ein junger Kavallerieoffizier, und Karl wurde ersucht, das Feld zu räumen.
„Hättest du auch solch ein fesche Uniform am Leibe", meinte die Seffi, „dann tät ich dich vielleicht behalten. Aber das mußt du schon einsehen, Karl: mit 'nem Leutnant kann doch ein zukünftiger Kommis nicht konkurrieren."
Das saß! Ein zukünftiger Kommis! So! also das muß man sich von den Leuten sagen lassen! Und es stimmt! stimmt aufs Haar! Ja, zum Donnerwetter nochmal, warum werde ich denn eigentlich nicht auch Offizier? Jetzt hab' ich mich nun bald zwei Jahre mit dem Polytechnikum herumgeschlagen und ödes Zeug eingepaukt; nächstens ist wieder Prüfung, und da fall' ich durch; dann dauert die Schinderei nochmal ein Jahr, und wenn ich die Prüfung dann bestehe, dann bin ich also ein Kommis, werde in ein Kontor gesteckt, muß für jeden den Laufburschen, den dummen Jungen abgeben, die Federn schneiden, die Tinte nachfüllen, den Schreibern einen Krug Bier auf dem nächsten Beisel holen; dazu bin ich mir denn doch zu gut!
Er suchte ein Kaffeehaus auf, trank eine Flasche Wein und ließ sich die Sache gründlich durch den Kopf gehen.
Na, selbstverständlich Offizier! zum Teufel mit dem Kaufmann! Ob aber der Alte einverstanden ist? schon wieder ein Berufswechsel? Ach was! heute komm ich ihm mal zärtlich, da läßt er sich um den Finger wickeln. Zwar so ganz geheuer war ihm die Sache nicht; doch nach einer zweiten Flasche hatte er Mut und machte sich auf den Weg.
Beethoven hatte inzwischen Schlimmes durchgemacht. Als der erste Tag vergangen war, ohne daß Karl sich zeigte, war er noch spät abends in die Pension gegangen und hatte zu seinem Entsetzen erfahren, daß der Neffe schon über vierundzwanzig Stunden nicht nach Hause gekommen sei. Am andern Morgen hatte er die verhaßte Schwägerin aufgesucht, ja sich sogar überwunden, bei Karls Freunde Niemetz nachzufragen, hatte dann die Polizei alarmiert. Drei schlimme Tage, an-

gefüllt mit Selbstvorwürfen, drei schlaflose Nächte hatte er verbracht. Wenn der Junge sich nun ein Leid angetan hatte! Wie konnte er sich aber auch so hinreißen lassen, seine Mutter vor ihm herabzusetzen! Heiße Gebete schickte er zu Gott, ihm diesmal zu verzeihen, ihm seinen Sohn wiederzugeben. Und als Karl dann wirklich am vierten Tag erschien, stürzte er ihm mit einem Freudenschrei entgegen und schloß ihn in die Arme.

„Karl! mein Karl! wo bist du gewesen?"
„Ich wollte ins Wasser gehn", schrieb der hoffnungsvolle junge Mann, „drei Tage bin ich umhergeirrt!"
„Mein armer lieber Junge, verzeih deinem alten Onkel!"
„Verzeih du mir! ich habe sehr unrecht gegen dich gehandelt!"
„Nein, Karl, i c h habe unrecht gehandelt! Aber nun ist alles gut!" Er umarmte ihn aufs neue; da bemerkte er, daß jener stark nach Wein duftete. „Du hast getrunken, Karl!"
„Ich hielt mich nicht mehr auf den Füßen."
„Mein armer Junge, du siehst ja wie eine Leiche aus! Nun setz dich doch! Hast du gegessen? nein?" Er klingelte und bestellte ein warmes Abendessen.

„Wie gut du bist, Onkel!" Karl brach in Tränen der Rührung aus. „Ja, du bist gut! du bist der beste Mensch von der Welt! Wer was gegen dich sagt, den schlag' ich tot! Und wer deine Werke schwer verständlich nennt, der ist ein Ochse, und den schlag' ich auch tot!" Er erhob sich, ging mit ausgebreiteten Armen auf seinen Oheim zu, stolperte und fiel zu Boden. Beethoven brachte ihn mit Hilfe der Köchin in sein eigenes Bett. Er selber legte sich aufs Sofa und schlief wie ein Toter. Aber diesmal hatte Karl mit seinen neuen Plänen kein Glück. Beethoven erklärte ihm, er habe das philologische Studium auf seinen eigenen Wunsch aufgegeben, um Kaufmann zu werden; dabei müsse es nun bleiben.

Nun, dachte Karl, wir werden ja sehen, wer den dickeren Kopf hat.

Die Vorlesungen besuchte er nun überhaupt nicht mehr; die meiste Zeit verbrachte er in Kaffeehäusern. Das Examen stand vor der Tür; daß er es bestehen würde, war ausgeschlossen. Er hätte es auch gar nicht mehr gewollt. Sein Stolz war durch das Wort einer Dirne tief verletzt; er hielt jetzt den Kaufmannsstand allen Ernstes für weit unter seiner

Würde. Noch einmal versuchte er, den Onkel auf seine Seite zu bringen, aber Beethoven erklärte ihm, wenn er noch ein einziges Mal mit dieser hirnverbrannten Idee käme, dann würde er die Vormundschaft niederlegen und seine Hand überhaupt von ihm abziehen.

„Dann treibst du mich zum Äußersten!" schrieb Karl, „du wirst es bitter bereuen!"

„Du bist ein Komödiant, mein Junge!"

„Ich schieße mich tot!"

„Wenn du dazu imstande bist, dann ist es nicht schade um dich."

„Ich schieße mich wahr- und wahrhaftig tot! Mein Blut komme über dich!"

„Komödiant!"

„Gut! du hast es gewollt!" Er warf seinem Onkel einen tragischen Blick zu und ging.

Also jetzt muß ich mich totschießen! dachte er. Fällt mir doch gar nicht ein! – Aber ich hab' es doch gesagt! Komödiant hat er mich genannt, und wenn ich es nun nicht tue, dann hat er recht, dann bin ich wirklich ein Komödiant! Na ja! immer noch besser ein lebendiger Komödiant als ein toter Held. Ja, und dann: die Schulden? Wenn der Alte davon erfährt, dann ist wirklich Schluß. Und das Examen? Himmel Sakrament nochmal, ich pfeife auf den ganzen Dreck! Aber halt einmal! – ein listiges Lächeln erschien auf seinem Gesicht, – jetzt haben wir's! Ich schieße mich tot und schieße mich doch nicht tot! Ich bringe mir nur 'nen Streifschuß bei! Das muß sich doch machen lassen bei einiger Vorsicht. Das genügt dann schon, das wirft ihn um, und er tut, was ich, will. Also los!

Er verkaufte seine Uhr und ging in eine Waffenhandlung.

„Ist die Pistole gut?"

„Mit der können Sie einen Ochsen totschießen."

„Na, das braucht es nicht. Geben Sie eine kleinere!"

Er zahlte und ging, kam aber zurück und kaufte noch eine Pistole. „Damit man meinen eisernen Willen erkennt!" Dann ging er in seine Pension. „Leben Sie wohl, Herr Schlemmer! mich sehen Sie nicht wieder!" Und fort war er.

Er fuhr nach Baden, übernachtete dort, ließ sich am andern Morgen ein anständiges Frühstück vorsetzen und spazierte dann auf die Ruine Rauhenstein.

So! aber jetzt Vorsicht! Er hielt die Pistole schräg an seinen Kopf, so daß die Kugel ihn nach seiner Berechnung eben nur streifen mußte, und drückte ab. Ein Knall, – eine weiße Rauchwolke stieg kerzengerade zum blauen Sommerhimmel empor, ein paar aufgescheuchte Dohlen umflatterten krächzend den alten Turm. Karl betastete seinen Kopf. Das war vorbeigegangen. Also noch einmal, nur etwas tiefer gehalten. – Wieder ein Knall, ein Schlag auf den Kopf, und er fiel bewußtlos zu Boden.
Ein Fuhrmann auf der nahen Landstraße hörte den Schuß, stieg zur Ruine hinauf und trug den Verwundeten zu seinem Fuhrwerk. Die Besinnung kehrte schon zurück, und Karl bat den Mann, ihn nach Wien zu seiner Mutter zu bringen. –

Mit wankenden Knien und hämmerndem Herzen stieg Beethoven die Treppe zu seiner Schwägerin hinauf und trat ein. Karl lag zu Bett, der Kopf war verbunden, von dem blassen Gesicht waren nur Augen, Nase und Mund zu sehen. Seine Mutter erhob sich von dem Stuhl neben seinem Bett.
„Ah, da kommt er, der Herr Onkel, der Herr Vormund, der liebevolle! Da schaun S' her, was Sie angerichtet haben! Karl, jetzt mach den Mund auf! jetzt sag ihm alles, was du auf dem Herzen hast, jetzt gib's ihm gehörig! Jetzt verlang, was du willst, jetzt ist er schwach und gibt nach!"
Aber Karl machte nur eine abwehrende Handbewegung.
„Schick ihn fort, Mutter. Ich kann ihn nicht sehen, ich ertrag' ihn einfach nicht!"
Beethoven setzte sich an Karls Bett und griff nach seiner Hand; doch der riß sie heftig weg und drehte sich nach der Wand herum.
„Karl! mein Junge! mein lieber Sohn! Sieh mich doch an! keinen Vorwurf sollst du von mir hören!"
Da warf sich Karl herum. „Schick ihn fort, Mutter!" schrie er, „oder ich reiße mir den Verband herunter!"
Beethoven vernahm die Worte nicht, aber er verstand. Schwerfällig erhob er sich und ging.
Er trat auf die sonnendurchglühte Straße und ging, ging, immer weiter, immer weiter. In seinem Kopf war es leer. Manchmal dachte er: Karl will mich nicht sehen. Dann brach es wieder ab. Endlich stand er vor einem Stadttor, begriff,

daß er eine falsche Richtung eingeschlagen hatte, und kehrte um. Wieder durch heiße staubige Straßen. Plötzlich blieb er vor einem Ladenfenster stehn; irgend etwas hielt ihn fest. Da lagen Messer und Scheren, in allen Formen und Größen. Den Mittelpunkt bildete ein Paar Pistolen.
Lange stand er da und starrte sie an. Merkwürdig, dachte er, welche Gewalt in solch kleinen Dingern wohnt! Man setzt sie an die Schläfe, drückt ab, und alles ist vorbei. Oder auch nicht. Man kann sich auch nur verwunden, oder auch ganz vorbeischießen. Eigentlich seltsam, daß man das kann!
Er zuckte die Achseln und ging weiter, nach Hause in seine einsame Wohnung. Auf dem Schreibtisch lag noch die Partitur des Cis-Moll-Quartettes, an dem er geschrieben hatte, als das Furchtbare hereingebrochen war in seine erdenentrückte Einsamkeit.
Er setzte sich in einen Sessel und schloß die Augen. Karls Gesicht tauchte vor ihm auf, er sah wieder den Haß, der ihn ansprühte. Und er begriff, daß nun alles zu Ende war. Er begriff, daß er zehn Jahre seines Lebens umsonst geopfert hatte, daß er seine Liebe hingegeben an einen Unwürdigen, der sie weder wollte noch verdiente.
Es klopfte, Breuning trat ein und schloß ihn in die Arme. Jetzt endlich löste sich die Erstarrung, Beethoven preßte den treuen Freund an die Brust und weinte sich satt.
„Mein armer Ludwig", schrieb Breuning, „sei gefaßt! Es ist ja nicht die geringste Gefahr! weiter nichts als eine bedeutungslose Schramme. Ich halte das Ganze für eine unverschämte Komödie! Der Bursche wußte nicht mehr weiter und hat sich diesen Theatercoup ausgedacht!"
Beethoven starrte ihn entsetzt an. „Du meinst, Steffen, dessen sei er fähig?"
„Jeder Lumperei ist er fähig. Es ist viel jetzt an den Tag gekommen. Er steckt bis an den Hals in Schulden. Mit allen liederlichen Dirnen ist er bekannt. Von Arbeiten war schon längst keine Rede mehr."
„Das alles ist jugendlicher Leichtsinn. Aber dies? das wäre eine Hundsfötterei!"
„Vielleicht irre ich mich. Aber schließlich ist es ja auch gleichgültig. Ludwig, du mußt jetzt von Karl los! Leg die Vormundschaft nieder!"

„Das kann ich nicht, Steffen. Wenn ich ihn preisgebe, dann verkommt er ganz!"
„Du sollst ihn ja nicht preisgeben! Sorge weiter für ihn, aber damit laß es auch genug sein! Ludwig, du bist dich der Menschheit schuldig, vergiß das nicht! Diese nervenzerstörenden Plackereien mit dem Burschen, Gott weiß, um wieviel unsterbliche Werke sie die Welt gebracht haben, um wieviel Glück er die Menschheit bestohlen hat! Nimm mich zum Vormund, wenn du willst; ich werde mit ihm schon fertig!"
„Steffen, das wolltest du wirklich? Ach, jetzt wird mir wieder leichter ums Herz!"
„Was hast du denn mit ihm vor?"
„Er soll seine Studien fortsetzen."
„Aber nein, Ludwig! Wie soll man einen Menschen, der in keine Schule mehr will, dazu zwingen! Laß ihn doch Soldat werden! das ist ein ganz guter Gedanke! Die beste Zucht für den, der die Freiheit nicht verträgt."
„Ich will es mir überlegen. Mein guter Steffen, wie danke ich Gott, daß ich dich habe! Ihr Breunings seid meine richtigen Schutzengel! Mit deiner guten, guten Mutter hat es angefangen!"
„Die läßt dich übrigens schön grüßen! Ach, bald hätt' ich's vergessen: dies ist heute für dich angekommen!" Er zog einen dicken Brief aus der Tasche.
„Von Wegeler!" rief Beethoven, „wie mich das freut!"
„Dann will ich dich jetzt dem Schwager überlassen", sagte Breuning und erhob sich.
„Gute Nacht, Steffen! mein treuer guter Steffen! Fast ist mir, als wollte die Zukunft sich lichten!"

Beethoven setzte sich ans Fenster und öffnete den Brief. Voll Rührung blickte er auf die festen Schriftzüge seines ältesten Freundes, und die Zeit seiner Jugend stieg vor ihm auf. Wie wohl tat ihm, was er las:
„Mir wenigstens ist die Bekanntschaft und die enge, durch Deine gute Mutter gesegnete Jugendfreundschaft mit Dir ein sehr heller Punkt meines Lebens. Nun sehe ich an Dir wie an einem Heros hinauf und bin stolz darauf, sagen zu können: ich war nicht ohne Einwirkung auf seine Entwicklung, mir vertraute er seine Wünsche und Träume an. Sage uns nur

noch einmal: Ja, ich denke Eurer in heiterer und trüber Stimmung!"
Und dann eine Nachschrift: Eleonorens liebe Hand! eine Einladung zu ihnen nach Coblenz. „Sie sehen, lieber Beethoven, in welch immer dauerndem Andenken Sie bei uns leben. Sagen Sie uns doch einmal, daß dies einigen Wert für Sie hat, und daß wir auch nicht ganz von Ihnen vergessen sind!"
Als die Haushälterin mit Dunkelwerden eintrat, fand sie ihren Herrn in seinem Lehnstuhl eingeschlafen.
„Wie er heute freundlich ausschaut!" murmelte sie, „in dem Brief muß mal was Gutes gestanden haben."

FÜNFUNDZWANZIGSTES KAPITEL

Karl war auf Anordnung der Vormundschaftsbehörde ins Spital überführt worden. Die harmlose Wunde wäre zwar auch zu Hause geheilt; aber wenn ein junger Bursche sich das Leben nehmen will, dann hat er eben keine ordentliche religiöse Erziehung genossen, und das sollte nun durch einen Hausgeistlichen des Spitals nachgeholt werden.
Beethoven hatte sich inzwischen schweren Herzens entschlossen, Breunings Rat zu folgen. Als Karl erfuhr, er dürfe Offizier werden, ließ er seinen Onkel bitten, ihn zu besuchen, und es kam wenigstens äußerlich zu einer Versöhnung. Aber beide wußten, daß sie von nun an sich fremd gegenüberstanden.
Nach ein paar Monaten war die Wunde geheilt. An der gänzlichen Bekehrung des jungen Mannes und an seiner nun mit Gottes Hilfe erlangten wahrhaft religiösen Gesinnung konnte ebenfalls nicht mehr gezweifelt werden, was ihm von seinem Beichtvater schwarz auf weiß bestätigt wurde; er durfte also das Spital verlassen. Doch die Narbe war noch allzu sichtbar, das Haar noch nicht wieder lang genug, sie zu verdecken; unter Fremden konnte er sich noch nicht zeigen. Sein Onkel Johann, der vor einigen Jahren die Apotheke in Linz verkauft hatte und Gutsbesitzer in der Nähe von Krems geworden war, lud ihn auf ein paar Wochen nach

seinem Gute Gneixendorf ein und bat den Bruder, mitzukommen.
Noch vor einem halben Jahre hatte Beethoven auf eine ähnliche Einladung geantwortet: Jeder bleibt am besten in seiner Sphäre. Diesmal nahm er sie an, so sehr ihm auch vor dem Zusammensein mit Johanns Familie graute. Aber was lag schließlich daran!
Es war Ende September, als er mit Bruder und Neffen donauaufwärts fuhr. Bei der alten Stadt Krems zweigte der Weg ab; auf einem schmalen holperigen Waldwege ging es bergan, immer an einem engen Abgrund entlang, den das Wasser in dem Lehmboden ausgewaschen hatte. Nach einer Stunde war die Hochebene erreicht; der Wald blieb zurück, nichts war weit und breit zu sehen als kahle Stoppelfelder.
„Gneixendorf!" schrie Johann seinem Bruder ins Ohr, und deutete auf eine Anzahl niederer ärmlicher Häuser, an denen man nun vorbeifuhr. Ein paar Kinder trieben sich auf der schmutzigen Gasse umher und verschwanden in einer Hütte, als sie den Wagen ihres Gutsherrn erblickten. Aber nun tauchte Johanns Besitztum auf, der Wasserhof: ein hübscher turmgeschmückter Barockbau, den man schon ein Schloß nennen konnte, ein Park und weitläufige Wirtschaftsgebäude. Alles sah sauber und gepflegt aus.
„Vierundzwanzig Zimmer!" schrieb Johann in das Gesprächsheft, „du kannst zehn für dich haben, wenn du willst."
„Danke schön, großmächtiger Gutsbesitzer, ich bin mit einem zufrieden."
Der Wagen hielt vor dem Tor. Die Schwägerin „Fettlümmerl" erschien, prächtig aufgeputzt und mit holdseliger Miene, nebst ihrer Tochter „Bastard", einem hübschen üppigen Mädchen von neunzehn Jahren, das Karls besonderes Wohlgefallen erregte.
Johann nahm seine Frau beiseite. „Der Bruder erhält das Eckzimmer im ersten Stock. Den Neffen bringst du neben ihm unter. Im übrigen erwarte ich, daß ihr beiden euch tadellos aufführt. Ich habe mit meinem Anwalt gesprochen; du bist ganz in meiner Hand. Richte dich danach!"
Ein höhnischer Blick. „Ich habe Gott sei Dank auch einen Anwalt, mein Lieber, und das weitere wirst du nächstens hören. Was ich und Amalie uns schuldig sind, das wissen wir

selber. Benimmt sich dein närrischer Bruder anständig, so ist es gut. Wird er frech, so wird er die Folgen spüren."
Nun, die Begrüßung war überstanden. Das Zimmer, das man Beethoven anwies, war groß, gut eingerichtet, und was ihm die Hauptsache war, es hatte eine schöne Aussicht in den Park. Nach dem Essen schlug Johann einen Spaziergang vor, um das Gut zu besichtigen. Viel gab es da freilich nicht zu sehen; endlos dehnten sich die Stoppelfelder.
„Vierhundert Morgen!" erklärte Johann stolz.
„Hast du keinen Wald?" fragte Beethoven.
„Bringt nichts ein", schrieb der Bruder und machte die Bewegung des Geldzählens. Die Sonne stand schon tief, ein kalter Wind erhob sich. Beethoven fröstelte; seine Füße waren schwer und taten weh; er bat, man möge heimkehren. „Du bist doch sonst gut zu Fuß?" meinte Johann erstaunt.
Zu Hause angelangt erklärte Beethoven, er sei müde, man möge ohne ihn zu Abend essen. Beim Entkleiden hatte er Mühe, sich seiner Schuhe zu entledigen und bemerkte, daß seine Füße bis über die Knöchel hinauf geschwollen waren. „Was soll das bedeuten? ist das vielleicht die Wassersucht? Nun, was es auch sei, dein Wille, Herr, geschehe!"
Er legte sich zu Bett und löschte das Licht. Im Kamin flackerte ein Feuer; bei seinem ungewissen Schein bemerkte Beethoven gegenüber an der Wand ein großes Ölbild; es stellte einen älteren Herrn dar, dessen unsagbar gewöhnliche Gesichtszüge der Schwägerin Fettlümmerl stark ähnelten.
„Guten Abend, Herr Bäckermeister!" sagte er, „hoffentlich störe ich Sie nicht. Gott erbarme sich des armen Mannes, der Sie gemalt hat! der muß schon rein am Verhungern gewesen sein."
Er schloß die Augen. Ein Gefühl grenzenloser Verlassenheit überkam ihn. Es war ihm, als habe er sich noch nie in seinem Leben so allein gefühlt wie hier im Hause seines leiblichen Bruders. Und damals in Heiligenstadt? als Julie von ihm gegangen war, als die Erkenntnis über ihn hereinbrach, daß er taub werde, als er krank auf den Tod in dem weltverlassenen Winzerhäuschen lag? Nein, auch damals nicht! Da war er noch jung gewesen, hatte noch gehofft, trotz allem; hatte sich nicht gebeugt, hatte den Kampf mit dem Leben aufgenommen, weiter geschaffen. Die Zweite Symphonie war

damals beendet worden, sein erstes großes Werk, in dem er ganz Er war. – Ganz Er? Das Larghetto der Zweiten Symphonie schwebte heran in seiner reinen unschuldigen Anmut. War er das? erkannte er sich noch wieder? hatte das Leben, das harte schwere Leben nicht einen andren aus ihm gemacht? Er wußte es nicht. Aber das wußte er, daß seit langem in ihm die Sehnsucht brannte nach der stillen Seligkeit jenes Larghettos. Ihm war, als habe er seitdem einen großen Kreis durchlaufen; durch dunkle Wälder, über steile Gebirge, durch heiße Wüsten, durch öde Schneesteppen hatte es ihn getrieben; das Weltall hatte er im Sternenflug durchmessen. Und nun lag es wieder vor ihm, friedlich und rein und still, das Land seiner Jugend, das Reich der Zweiten Symphonie. In dem Streichquartett lebte es, das er fast vollendet mit nach Gneixendorf gebracht hatte, um an den Schlußsatz die letzte Hand anzulegen. Selige Heiterkeit! Friede mit der Welt, Friede mit Gott und den Menschen! Keinen Streit mehr, kein Zorn und Haß! Liebe, Verzeihung, Nachsicht, Friede!
Sein Blick fiel wieder auf das Bild an der Wand. „Herr Bäckermeister", sagte er lachend, „auch Sie sind ein Mensch gewesen. Also nichts für ungut! Aber Sie stören mich entsetzlich. Macht es Ihnen was aus, wenn ich Ihnen meinen Anblick entziehe?" Er wollte aufstehen, doch sein Körper lag schwer auf dem Bett. „Muß es sein? – Es muß sein!" Ächzend stand er auf, hob das Bild vom Nagel und hängte es mit dem Gesicht zur Wand wieder auf. Stöhnend fiel er in sein Bett zurück. „So, Herr Bäckermeister, von hinten sind Sie entschieden schöner. Schlafen Sie wohl!" Und nun begann das ‚Es muß sein'-Motiv, das Thema des letzten Quartettsatzes, seinen Sphärentanz, und entschwand erst mit dem letzten Glutschein des erlöschenden Feuers.
Als Beethoven am andern Morgen aufstand und sich rasieren wollte, bemerkte er im Weiß der Augen einen gelben Schimmer. Und die Füße waren geschwollen wie gestern, trotz der langen Nachtruhe. Der Bruder Apotheker machte ein ernstes Gesicht, verordnete strenge Bettruhe, leichte Diät, dazu ein tüchtiges Quantum Pillen und Tinkturen. Das war nun freilich ein schöner Landaufenthalt! und draußen brannte die Oktobersonne am strahlend blauen Himmel!

Karl war mit dieser unerwarteten Wendung nicht grade unzufrieden. Ihm gefiel es in Gneixendorf, und wenn ihm sein Onkel Johann nicht schauderhafte Einzelheiten aus dem schweren Leben eines Landwirtes erzählt hätte, dann hätte er seinem Onkel Ludwig am liebsten erklärt, jetzt habe er endlich seinen wahren Beruf entdeckt. Nun, der Onkel war krank und der Militärdienst daher vorläufig in ungewisse Ferne gerückt. Mochte es noch recht lange so bleiben! Mit den beiden Damen hatte er zärtliche Freundschaft geschlossen, und abends, wenn der Onkel Johann sich ins Arbeitszimmer zu seinen Geschäftsbüchern zurückgezogen hatte, saß Karl zwischen Tante und Kusine auf dem Sofa, die Arme rechts und links um die holde Weiblichkeit geschlungen, erzählte von den schweren Zeiten, die er bei seinem Onkel durchgemacht und die nun Gott sei Dank zu Ende gingen, und ließ sich trösten.
Oben in seinem Zimmer lag Beethoven zu Bett, oft von Koliken gepeinigt, dennoch unermüdlich schaffend. Immer wieder kam ihm die Vorstellung jenes Kreislaufes, den er mit seiner Kunst beschrieben. Frühe Werke, an die er jahrzehntelang nicht mehr gedacht, drängten wieder in sein Bewußtsein, und mit ihnen die Zeit seiner Jugend. Stundenlang lag er still, mit geschlossenen Augen, und dachte an Bonn, an den Rhein und an die Freunde seiner Kindheit, an Eleonore und Wegeler besonders, denen er noch Antwort schuldete. Jetzt hatte er Zeit.
„Mein alter geliebter Freund", schrieb er, „welches Vergnügen mir Dein und Deiner Lorchen Brief verursachte, vermag ich nicht auszudrücken. Freilich hätte pfeilschnell eine Antwort erfolgen sollen; ich bin aber im Schreiben überhaupt etwas nachlässig, weil ich denke, daß die besseren Menschen mich ohnehin kennen. Im Kopf mache ich öfter die Antwort, doch wenn ich sie niederschreiben will, werfe ich meistens die Feder weg, weil ich nicht so zu schreiben imstande bin, wie ich fühle. Ich erinnere mich aller Liebe, die Du mir stets bewiesen hast; zum Beispiel, wie Du meine Zimmer weißen ließest und mich so angenehm überraschtest. Ebenso an die Familie Breuning. Kam man voneinander, so lag das im Kreislauf der Dinge; jeder mußte den Zweck seiner Bestimmung verfolgen und zu erreichen suchen. Allein

die ewig unerschütterlichen Grundsätze des Guten hielten uns dennoch immer fest zusammen verbunden. Du schreibst von Deinem Sohn. Es versteht sich von selbst, daß, wenn er nach Wien kommt, er seinen Freund und Vater in mir finden wird, und wo ich imstande bin, ihm in irgend etwas zu dienen, werde ich es mit Freude tun. Von Deiner Lorchen habe ich noch die Silhouette, woraus zu ersehen, wie mir alles Liebe und Gute aus meiner Jugend noch teuer ist." Dann erzählte er von allerlei Ehrungen, die ihm zuteil geworden, weil er meinte, daß Wegeler als ein Mann von Welt dergleichen zu schätzen wisse, und fuhr dann fort: „Es heißt übrigens bei mir: Nulla dies sine linea, und lasse ich die Muse schlafen, so geschieht es nur, damit sie desto kräftiger erwache. Ich hoffe noch einige große Werke zur Welt zu bringen und dann, wie ein altes Kind, irgend unter guten Menschen meine irdische Laufbahn zu beschließen. Mein geliebter Freund! nimm für heute vorlieb; ohnehin ergreift mich die Erinnerung an die Vergangenheit, und nicht ohne viele Tränen erhältst Du diesen Brief. Der Anfang ist nun gemacht; bald erhältst Du wieder ein Schreiben, und je öfter Du schreiben wirst, desto mehr Vergnügen wirst Du mir machen. Wegen unsrer Freundschaft bedarf es von keiner Seite einer Anfrage, und so lebe wohl! Ich bitte Dich, Dein liebes Lorchen und Deine Kinder in meinem Namen zu umarmen und zu küssen und dabei meiner zu gedenken. Gott mit Euch allen! Wie immer Dein treuer, Dich ehrender Freund Beethoven."

*

Tränen! – Wann hatte er sonst je geweint! Er mußte doch recht schwach sein. Noch einige große Werke zur Welt bringen – ob Gott ihm diese Gnade wohl zuteil werden ließ? Nun, vorläufig galt es, das Quartett zu vollenden, das er ja schon fertig im Kopf hatte. Nach acht Tagen konnte er es an den Verleger abschicken.
Die lange Bettruhe hatte ihm gut getan; die Schwellung der Füße war verschwunden, er hatte wieder Lust aufzustehen und ins Freie zu gehen.
Es war ein schöner Oktobertag, die Luft schon kühl, aber der Himmel klar und blau. Je weiter Beethoven sich vom Schloß entfernte, desto leichter wurde ihm zu Sinn. Er freute

sich der Aussicht auf die fernen Höhenzüge der Steiermark und das weite Tal der Donau, das ein wenig an die Landschaft erinnerte, die er als junger Mensch verlassen hatte und sich nun seit dreißig Jahren danach sehnte. Auf den Feldern wurde gepflügt; paarweise schritten mächtige schwarz und weiß gefleckte Ochsen langsam, doch weit ausgreifend vor dem Pfluge. Lange weiße Seidenfäden schwebten durch die klare Luft heran und vorbei ins Blaue. Und näher und näher kam er, sein Freund, der grüne Wald. Schon hoben sich aus der dunklen Wand einzelne Baumgestalten heraus, als ob sie ihm winkten. Endlich war er am Ziel. Er sprang über den Straßengraben und schlang die Arme um einen glatten Buchenstamm. „Jetzt bin ich wieder daheim!" Er glitt an dem Stamm nieder auf den weichen Moosboden, lagerte sich und schaute zu den Kronen empor, die sich im Winde wiegten. Bäume, liebe Bäume! wie lange hab' ich euch entbehrt! Wie seid ihr stark und gut und treu! Glücklich, wer unter eurem Dach sein Haupt betten darf! Sollt' es heuer das letztemal sein, daß ich zu euch komme? Sollt' ich euch nicht wiedersehen, wenn das zarte Grün eurer Blattknospen sich mischt mit dem Dunkel der Tannen und Fichten? Wird Gott mir nicht noch ein paar Jahre lassen?
Nun lag er ganz still und ließ sich dankbar von der milden Sonne durchwärmen. Seine Arme ruhten auf dem weichen Moos; zärtlich strichen seine Finger darüber hin. Wie war alles so schön! Hoch über sich am Stamm bemerkte er einen Specht, der in festem Rhythmus auf die Rinde einhämmerte. Kleine Borkensplitter fielen herab und ihm grade ins Gesicht. Er strich sie lächelnd weg.
Endlich erhob er sich und schlenderte in den Wald hinein. Auf der harten Straße hatten seine Füße wieder angefangen zu schmerzen; jetzt, auf dem weichen Waldboden, war ihm jeder Schritt eine Erquickung. Wie schön sich die goldenen Kringel der Sonnenstrahlen von dem matten Braun der Blätter abhoben! Wieder dankte er Gott, daß er ihn taub und nicht blind gemacht hatte.
Nun traf er auf einen schmalen, tief ausgefahrenen Hohlweg, wie ihn die Holzhauer benutzen, der sich hier ziemlich steil einen Hügel hinanzog. Eben wollte er ihn überqueren, da sah er etwas, das ihn haltmachen ließ.

Mitten im Wege stand ein Pferd, zitternd, keuchend, vor einen niedrigen Wagen gespannt, auf dem ein dicker Baumstamm lag. Neben dem Pferde ein Holzknecht, der seine Peitsche immer wieder auf das Tier niedersausen ließ. Beethovens Herz begann zu hämmern. Das Lautlose – für ihn Lautlose – steigerte das Abstoßende und Brutale des Vorganges ins Gespenstische.
Mit ein paar Schritten stand er vor dem Mann und packte ihn am Arm.
„Mensch! sehen Sie denn nicht, daß ihr Pferd nicht mehr kann?"
Der andre schüttelte ihn von sich. „Das ist m e i n Pferd! hast mich verstanden?"
„Ich weiß nicht, was Sie sagen, ich bin taub. Aber Sie dürfen das Tier nicht mehr schlagen, es kann nicht mehr!"
Von dem Widerspruch erbittert, drehte der Fuhrmann die Peitsche um und schlug wütend mit dem schweren Stiel auf das Pferd ein. Da warf sich Beethoven auf ihn; ein kurzes Ringen, er stürzte zu Boden. Der andre, aufs höchste gereizt, holte mit dem Peitschenstiel zum Schlage gegen ihn aus, da traf ihn Beethovens Blick. Er hielt inne, ließ den Arm sinken. Beethoven stand auf. Er trat an das Pferd heran und schlang die Arme um seinen mageren nassen Hals. Dankbar rieb das Tier sein Maul an der Schulter seines Beschützers.
„Seien S' net bös, Herr", sagte der Fuhrmann, „i hab' halt denkt, es m u ß gehn. Jetzt wer'n mer mal selber mit zugreifen." Beethoven klopfte dem Gaul auf den Hals und trat zurück. „Hüh, Brauner, hüh!" rief der Fuhrmann, griff in die Speichen und stemmte seinen mächtigen Körper gegen den Stamm. Vergebens!
„Warten Sie, ich helf' Ihnen!" sagte Beethoven und griff in das andre Rad. „Jetzt! eins – zwei – drei!" Und nun ging es wirklich. Die kurze Steigung war bald überwunden, die Höhe erreicht, und der Weg senkte sich zu Tal. Der Fuhrmann hielt an und streckte Beethoven seine Hand hin.
Als er todmüde auf dem Wasserhof anlangte, wurde er von seinem Bruder nicht grade freundlich empfangen. „Ja, wie schaust denn du aus? was ist denn dir passiert?" rief er, als er Beethovens beschmutzten Anzug sah.
„Ich bin hingefallen."

„Na, das sieht dir mal wieder ähnlich." Dann schrieb er: „Ich muß schon bitten, daß du dich an die Hausordnung hältst. Ich kann meiner Frau nicht zumuten, daß sie stundenlang mit dem Essen auf dich wartet. Überhaupt, bei deinem Zustand solltest du dich schonen und nicht solange draußen herumlaufen!"
Beethoven nickte gleichgültig. „Du hast ganz recht. Jetzt will ich aber kein Essen. Ich bin müde und will mich hinlegen."
Er ging auf sein Zimmer und entkleidete sich. Die Füße waren wieder geschwollen. Doch es war ja nicht umsonst gewesen.
Wieder ein paar Tage Bettruhe, ausgefüllt mit Arbeit. Es galt, dem großen B-Dur-Quartett einen neuen Schlußsatz zu geben, statt der Fuge, die bei der Aufführung nicht angesprochen hatte. Der Verleger hatte ihn angefleht, dieses Monstrum der Quartettmusik lieber für sich allein herauszugeben und einen neuen letzten Satz zu komponieren; etwas Leichtes, daß man doch aufschnaufen könne nach der Anstrengung des Vorhergegangenen. Gut, der Mann sollte seinen Willen haben. Leicht und lustig also! grade so, wie es dir jetzt ums Herz ist, alter Beethoven. Einst wird ja doch der Tag kommen, da wird man wieder nach der Fuge greifen und sie an den Platz setzen, der ihr allein zukommt: nach der Cavatine, dem Höchsten, was ich überhaupt bisher gedichtet. – Er liegt in seinem Bett, mit geschlossenen Augen, und hört die Cavatine so, wie nur er sie hören kann. Weiß denn ein andrer, was der kurze Satz alles enthält an Schmerz und Trauer und Demut und Ergebung in den Willen Gottes? Allein die zwei Schlußtakte, sind sie nicht das Heiligste, was er je gefühlt? Und danach ein heiterer Satz? Früher hätte er geschimpft und getobt, als Barbaren tituliert, wer ihm so etwas zugemutet hätte. Heute ist er bereit, den Menschen ihren Willen zu tun. Was ist das nun? Ist es Schwäche? Folge der Krankheit, die langsam, langsam seine Kräfte zernagt? Nun, es sei, was es wolle. Freude wollt ihr haben. Ich gab sie euch in meiner Neunten Symphonie, ich will sie euch weiter geben.
Nach ein paar Tagen Bettruhe zwang er sich wieder zum Tageslauf gesunder Zeiten. Um halb sechs stand er auf,

schluckte sein Frühstück, setzte sich zum Schreiben und ließ sich nicht stören, wenn die Magd hereinkam und ans Aufräumen und Zimmerreinigen ging. Das brave Bauernmädchen war freilich an solche Herrschaft nicht gewöhnt. Als er sein Schreiben unterbrach und anfing, den Takt zu schlagen, zu brummen und zu heulen, da war es mit ihrer Fassung vorbei, sie brach in brüllendes Gelächter aus. Das war aber selbst Beethoven zuviel, und er erbat sich männliche Bedienung. Da erschien denn der Michael, ein blondschopfiger Bauernjunge mit treuherzigen blauen Augen. Dem zuckte es zwar anfangs auch bedenklich in den Lachmuskeln, als er sah, was für eine Komödie der Bruder des Herrn da aufführte. Aber er ging vor die Tür, lachte sich satt und kam zufrieden und ernst wieder herein. Das Essen ließ Beethoven sich aufs Zimmer bringen; er konnte die Verwandtschaft nicht mehr ertragen, und da er ohnehin Krankenkost erhielt, so war sein Fernbleiben von den gemeinsamen Mahlzeiten ja zu entschuldigen. Jeden Tag ging er ins Freie, gleichviel ob die Sonne schien oder ob es regnete und stürmte. Michael war kein Herrschaftsdiener; so geriet Beethovens Kleidung bald in einen ziemlich verwahrlosten Zustand. Wenn er über die Felder dahergestapft kam, den Takt schlagend, brummend und heulend, blind für alles, was ihm begegnete, dann mochte es geschehen, daß die Ochsen auf dem Felde Reißaus nahmen und Pflug und Egge hinter sich herschleiften. Da gab es dann Reparaturen beim Schmied. So etwas konnte der Gutsbesitzer natürlich nicht hingehn lassen, er hielt es seinem Bruder vor.

„Ja, mein Lieber", entgegnete der große dem kleinen Beethoven, „Ochsen haben nie Gefallen an mir gefunden, und so ist es auch bei euch." Wie immer, wenn er einen Witz gemacht hatte, brach er in schallendes Lachen aus.

Johann hatte seinem Bruder vierzehn Tage nach der Ankunft erklärt, der Besuch zöge sich ja nun länger hin, als man zunächst gedacht habe; er sei ein von Steuern bedrückter Landwirt, und es sei wohl nicht unbescheiden, wenn er ihm von jetzt an eine kleine Pension berechne; vierzig Gulden monatlich seien gewiß nicht zuviel. Beethoven hatte natürlich ja gesagt. Was hätte er auch von seinem „Bruder Pseudo" anderes erwarten können!

Seinen Neffen sah er nur selten; Karl fühlte sich bei den Damen entschieden wohler. Sein Haar deckte jetzt die Narbe fast völlig zu; aber doch nur fast! vor seinem Regimentskommandeur glaubte er noch nicht erscheinen zu können.
Beethoven war andrer Meinung. „Reib dir ein wenig Pomade ins Haar, und deine Narbe ist mit dem Vergrößerungsglas nicht zu entdecken. Nein, Karl, dies müßige Leben gefällt dir besser als der strenge Dienst, der dich erwartet. Wir wollen abreisen."
„Kannst du es denn gar nicht erwarten, Onkel, daß du mich los wirst? Sobald wir wieder in Wien sind, müssen wir uns doch trennen!"
Beethoven sah ihn zweifelnd an. „Mein lieber Junge, ich glaube, Tante und Kusine sind dir lieber als dein alter Onkel."
Karl beteuerte das Gegenteil, und Beethoven gab wieder einmal nach. Und doch drängte ihn alles, diesen unerquicklichen Aufenthalt zu beschließen. Seinen Quartettsatz hatte er beendet. Ein neues Quintett war begonnen, aber die Arbeit rückte nicht vom Fleck. Man war schon in der letzten Novemberwoche, es war kalt geworden, über die öden Felder blies ein scharfer Wind. Seinen Wald hatte er nicht wieder besucht; der Weg war zu weit, die Anstrengung zu groß. Mit seiner Gesundheit sah es nicht gut aus; die Beine waren bis über die Knie hinauf geschwollen. So ging noch eine traurige Woche hin. Dann eröffnete ihm sein Bruder, er könne es nicht verantworten, daß Karls Eintritt in seine neue Laufbahn sich noch weiter verzögere, und setzte den Tag der Abreise fest. Beethoven fühlte sich hinausgeworfen und erklärte voll Empörung, er wolle sofort abreisen. Johann entgegnete, in drei Tagen müsse seine Frau sowieso nach Wien, und da könnten alle drei zusammen reisen.
„Was? du willst mir zumuten, zwei Tage lang mit deiner Frau in einem Wagen zu sitzen? Ich denke nicht daran! Bitte, laß sofort anspannen!"
„Wenn du zwei Monate lang als unser Gast mit meiner Frau unter einem Dach gelebt hast, kannst du wohl auch zwei Tage lang in einem Wagen mit ihr sitzen!"
„Also du willst mir deinen Wagen nicht geben?"
„In drei Tagen sehr gern. Heute nicht."

„Auch nicht die Stunde bis Krems? Von dort kann ich die Post nehmen!"
„In drei Tagen sehr gern."
„Dann setz' ich mich auf deinen Milchwagen!"
„Tu das, wenn du willst. Wir sind aber fast im Dezember, und du bist krank!"
„Was kümmert es dich, wenn ich verrecke! Leb wohl, empfiehl mich deiner Frau Gemahlin!"
Kalter Wind strich über die Hochebene, dicke graue Wolken jagten über den Himmel, die Luft roch nach Schnee. Auf dem Bock eines Milchwagens neben dem Kutscher saß Ludwig van Beethoven; unbeweglich, den Mantel fest zusammengezogen, den Filzhut tief in die Stirn gedrückt. Seine geschwollenen Beine waren eiskalt, ein Strom von Kälte zog von ihnen in den Körper. Hinter ihm, in einen Pelzmantel der fürsorglichen Tante gehüllt, saß sein Neffe.
Langsam ging es vorwärts auf dem holprigen, hart gefrorenen Landweg, an den kahlen Feldern vorbei. Krähen flogen krächzend auf und folgten dem Wagen. Kein Wort wurde gesprochen. Einmal zog der Kutscher seine Schnapsflasche hervor, tat einen Schluck und bot sie seinem Nachbar. Nachher wunderte er sich über das hohe Trinkgeld.
Jetzt kam der Wald in Sicht, Beethovens Wald. Da stand die Buche, unter der er gelegen, so warm und glücklich. Kahl starrten heute die Äste in den winterlichen Himmel.
Mein lieber Baum, dachte er, du wirst den Frühling wiedersehen und den Sommer, viele Sommer; du bist ja noch stark und gesund. Leb wohl!
Endlich war die Stadt erreicht. Lange Stunden des Wartens auf die Post. Wieder eine endlose Fahrt, bis die Nacht kam und ein elendes Dorfwirtshaus. Eine eiskalte Kammer, ein eiskaltes Bett. Kein Schlaf wollte kommen. Fieberschauer schüttelten ihn, bis sein Körper glühte. Er begann zu husten; jeder Atemzug tat ihm weh, als ob Nadeln sich in seine Brust bohrten. Nach einer qualvollen Nacht brach endlich der Tag an. Wieder eine lange Fahrt, einen ganzen Tag hindurch, der kein Ende nehmen wollte. Todkrank kam Beethoven in Wien an.

SECHSUNDZWANZIGSTES KAPITEL

Die beiden Ärzte, die den Meister zuletzt behandelt hatten, wurden vergeblich um Hilfe angegangen. Es war ja ein weiter Weg bis zum Schwarzspanierhaus, draußen am Alservorstädter Glacis, und Beethoven kein angenehmer Patient. Mochte ein andrer sich mit ihm herumschlagen. So lag er zwei Tage ohne ärztlichen Beistand. Am dritten Tage endlich trat ein Unbekannter an sein Bett und schrieb:
„Ein großer Verehrer Ihres Namens wird alles mögliche anwenden, bald Erleichterung zu verschaffen. Professor Wawruch." Er stellte eine Lungenentzündung fest. Sie wurde glücklich überwunden, so schien es. Nach acht Tagen konnte Beethoven wieder aufstehen und hielt sich für gerettet. Doch seine Lebenskraft hatte einen zu schweren Stoß erhalten; das alte Leiden, das schon seit Jahren in seinen Eingeweiden arbeitete, fand nun keinen Widerstand mehr. Gelbsüchtig und mit geschwollenem Leib lag er schon am nächsten Tage wieder zu Bett.
„Die Wassersucht! nicht wahr, Herr Professor? Nun, lieber Wasser im Bauch als im Kopf und in der Feder! Ach, ich kann nicht mal mehr lachen! Das Wasser drückt nach oben, gegen Herz und Lunge. Lassen Sie es heraus, Herr Professor! heraus damit!"
Nächtliche Erstickungsanfälle machten die Erfüllung seiner Bitte bald zur Notwendigkeit.
„Herr Professor", rief er, als er das Wasser sah, „Sie kommen mir vor wie Moses, der mit seinem Stab an den Felsen schlägt!"
„Nun, Meister", sagte Wawruch, „Sie haben sich ritterlich gehalten! Jetzt haben Sie Geduld! Von heute an geht die Sonne immer höher. Nur noch eine kurze Untersuchung!" Seine erfahrenen Hände fühlten sogleich, was er erwartet hatte: die Leber hart und höckerig. Armer großer Meister! Hier gab es keine Hilfe mehr!
Beethoven fühlte sich nach dem Eingriff sehr erleichtert. Er meinte, die Krankheit habe sich nun ausgetobt und es müsse wieder bergauf gehen. Ruhig und zufrieden lag er in seinem Bett in der Ecke des Zimmers, mit dem Blick nach den Fenstern und ins Freie. Arbeiten war ihm verboten; so be-

schäftigte er sich mit seinen alten Freunden, Homer, Plutarch, Shakespeare, Goethe.
Karls militärische Ausrüstung wurde betrieben; gleich nach Neujahr sollte er zu seinem Regiment nach Iglau abreisen. Da gab es noch viel zu besorgen: unzählige Anproben beim Schneider, der den Schwung der Taille nicht elegant genug herausbrachte – und das war der beste Schneider in Wien! mein Gott, wie sollte das mal in dem mährischen Nest werden! Besuche bei der Mutter, die nun ihre schönsten Wünsche erfüllt sah und dem Schwager nicht mehr grollte; Abschiedsessen mit Freunden und Freundinnen, die der zukünftige Leutnant standesgemäß bewirtete. Das kostete freilich alles Geld. Aber wenn die Tür zum Krankenzimmer aufging und Karl mit roten Backen und vergnügten Augen erschien, dem Oheim mit seinen weichen gepflegten Fingern über die Stirn fuhr, ein paar nette Worte aufschrieb, den Geldkasten öffnete, der auf dem Nachtschränkchen stand, und dem Onkel einen bittenden Blick zuwarf – lieber Gott, wer hätte da nein sagen können! Mochte der Junge sich amüsieren! in ein paar Tagen sollte ja der Ernst des Lebens beginnen.
Der treue Schindler hatte sich in einem Hinterzimmer einquartiert; fast allein auf ihm lag die Pflege des Kranken und alles, was zu bedenken, zu schreiben, zu besorgen war; denn der andre Getreue, Stephan von Breuning, war selber erkrankt. Schindler hatte den Meister mit seiner abgöttischen Verehrung schon immer ein wenig gelangweilt; jetzt lag noch etwas andres in seinem Blick: eine stille, hoffnungslose Angst, die Beethoven beinah ärgerte. Was wollte der gute Schindler denn! es ging ihm doch täglich besser!
Alte Freunde ließen sich sehen. Der Verleger Diabelli erschien und suchte vergeblich noch rasch eine Komposition herauszulocken. Schade! als „letzte" hätte sie gewiß einen schönen Marktwert besessen.
Beethoven war froh, wenn sie wieder gegangen waren. Sein liebster Umgang war ihm jetzt Breunings zwölfjähriger Sohn Gerhard. Er war seinem Vater wie aus dem Gesicht geschnitten, und wenn Beethoven ihn ansah, fühlte er sich in seine Jugend nach Bonn zurückversetzt. In dem Knaben war zu dem berühmten Freunde seines Vaters, zu dem Manne, den in Wien fast schon der Mythos umgab, eine schwärme-

rische Liebe erwacht. Alle seine freien Stunden brachte er bei ihm zu, und es war Beethoven eine immer neue Freude, wenn Gerhards liebes, vom Laufen erhitztes Gesicht in der Tür erschien. Ariel hatte ihn vor Jahr und Tag auf einem Spaziergang getauft, als der Knabe, flink und leicht wie der Luftgeist in Shakespeares „Sturm", zwischen ihm und den Eltern hin und her eilte, und der Name war ihm geblieben. Was er in kindlicher Ahnungslosigkeit auf die Schiefertafel schrieb, ließ Beethoven oft hell auflachen.
Eine große Freude ward ihm in diesen Tagen: der Harfenbauer Stumpff in London, der ihn vor ein paar Jahren besucht hatte, schickte ihm die Prachtausgabe von Händels sämtlichen Werken. Beethoven hatte sie sich schon lange gewünscht, aber wann hätte er sich wohl eine so teure Anschaffung leisten können! Als Gerhard wie gewöhlich mittags ins Zimmer trat, zeigte der Kranke freudestrahlend auf die vierzig schönen Bände, die er sich auf den beiden Flügeln hatte aufstellen lassen.
„Sieh mal, was ich heute bekommen hab'! Ein königliches Geschenk! Händel ist der größte Komponist! von dem kann i c h noch lernen. Bring mir doch die Bände mal her!"
In einem nach dem andern begann er nun zu blättern, verweilte mitunter bei einzelnen Stellen und legte dann einen Band nach dem andern zu seiner Rechten auf das Bett gegen die Wand, bis sich ein ganzes Händelgebirge aufgetürmt hatte. Dann lehnte er sich zufrieden zurück.
„Ja, Händel ist der Meister aller Meister! Gehet hin und lernet mit so wenig Mitteln so große Wirkungen hervorbringen!"
Das Jahr 1826 ging still zu Ende. Zwei Tage später reiste Karl zu seinem Regiment ab, nachdem Beethoven ihn als seinen einzigen Erben eingesetzt hatte. Mochte Gott ihn nun behüten! er hatte das Seine getan.
Langsam begannen die Schwellungen wieder. Der Bruder Apotheker tauchte auf, kramte seine Weisheit aus und schüttelte über Professor Wawruchs Maßnahmen den Kopf. Beethoven selber begann an seinem Arzt zu zweifeln. Als Anfang Januar wieder ein Eingriff erfolgt war, bat er, daß sein früherer Freund Doktor Malfatti zugezogen werde, der jetzt für die erste Autorität in Wien galt. Er kam und verordnete

Punscheis sowie Abreibungen mit kaltem Wasser. Die waren ihm eine Qual, aber durch das weingeisthaltige Gefrorene fühlte er sich mächtig erquickt. „Wunder! Wunder! Wunder!" rief er, „nur durch Malfattis Wissenschaft werde ich gerettet!"
Die Freude dauerte nicht lange. Anfang Februar wurde der dritte Einstich nötig. Noch immer hoffte Beethoven, aber daß die Krankheit sich lange hinziehen würde, war ihm jetzt klar. In seiner Kasse waren nur noch ein paar hundert Gulden. Allerdings schuldete Fürst Galitzin ihm noch hundertfünfundzwanzig Dukaten für die drei Streichquartette, doch das Geld kam und kam nicht. Beethoven besaß zwar noch siebentausend Gulden an Aktien, aber die sah er als unangreifbares Erbteil seines Neffen an. Da erinnerte er sich, daß die Philharmonische Gesellschaft in London ihm vor ein paar Jahren angeboten hatte; ein Konzert zu seinen Gunsten zu geben. Damals hatte er abgelehnt; jetzt, als die Not an seine Tür pochte, kam er darauf zurück. In London war man ganz bestürzt über Beethovens Krankheit und Not. Tausend Gulden wurden sogleich angewiesen, jede weitere Hilfe gern versprochen. Aber bis Geld und Antwort in Wien eintrafen, vergingen fünf Wochen.
Inzwischen nahmen Beethovens Kräfte immer mehr ab; er begriff endlich, daß es keine Rettung mehr gab. Als Professor Wawruch Ende Februar den vierten Einstich vornahm und den Meister mit dem nahenden Frühling trösten wollte, entgegnete er mit ergebenem Lächeln: „Mein Tagewerk ist vollendet. Der Arzt, der hier noch helfen könnte, der müßte ‚Wunderbar' heißen", womit er auf eine Stelle in Händels Messias anspielte.
Nein, Beethoven wußte, seine Tage waren gezählt. Gleich dem Geisterfürsten Prospero in Shakespeares „Sturm" war er bereit, seinen Zauberstab zu zerbrechen und sterben zu gehen. Bald würde er vor Gott treten. Würde er vor ihm bestehen?
„Es ist überall nichts in der Welt, was ohne Einschränkung für gut könnte gehalten werden, als allein ein guter Wille." Dieses Wort Kants hatte er als junger Mensch sich zum Leitstern erwählt. War er ihm treu geblieben?
Hart und schwer war sein Leben gewesen, ein fortgesetzter Kampf. Ein Kampf mit äußerer Not, die ihn immer wieder

bedrängt hatte; ein Kampf mit der Welt, die ihn nicht verstand; ein Kampf um die Seele dessen, den er wie einen Sohn liebte; ein Kampf mit dem Schicksal, das ihn mit Taubheit geschlagen; ein Kampf mit den dunklen Mächten in seinem Innern; und ein Kampf mit seiner Kunst – jener Kampf, der immer wieder aufs neue entbrannt war, bei jedem neuen Werk: das zu erreichen, was er als Vorstellung in sich trug –, der furchtbarste, zermürbendste Kampf, der den Schaffenden zum Märtyrer für die Menschheit macht.
Er hatte die Musik mit seinem Atem und seinem Geist erfüllt. Alles, was das Menschenherz bewegt, hatte er sie aussprechen lassen, deutlicher, unmittelbarer, als Worte es vermögen. Zur Sprache der ganzen Menschheit hatte er die Musik erhoben.
Der ganzen Menschheit? Beethoven, alter Narr, du träumst wohl? Da liegst du krank auf den Tod, kaum ein paar Freunde kümmern sich um dich, deine Musik ist halb vergessen, und du faselst davon, die ganze Menschheit habe an ihr teil?
Es wird hell vor seinen geschlossenen Augen. Er sieht viele Menschen um sich, Kinder, Männer und Frauen. Andächtig und gläubig schauen sie zu ihm auf, er hört sie rufen: Hilf uns! erhebe uns zu deinen Höhen, du großer, großer Mensch! Sieh, wir sind noch unmündig, zu schnell ist all das Herrliche über uns gekommen, was du uns geschenkt hast. Laß uns Zeit, dich zu begreifen, werde nicht ungeduldig, wenn wir dich noch nicht ganz fassen können! Und Beethoven lächelt. „Ich habe euch lieb, ihr Menschen, und ich will Geduld haben. Mein Tag wird sich einst erfüllen. Hart ist es freilich, so früh euch zu verlassen. Ist es mir doch, als stände ich noch ganz im Anfang. Soviel ist noch zu tun! Wer wird mein Nachfolger sein? Ich fürchte, ich habe keinen."
Er fühlte sich sacht an der Schulter berührt und schlug die Augen auf. Schindler stand vor ihm, ein Heft Noten in der Hand. Er schrieb: „Mein großer Meister, störe ich? Ich bringe Ihnen heute etwas Schönes, das Sie freuen wird: Lieder von Franz Schubert. Haben Sie Lust, ein wenig darin zu blättern? Sie werden nicht enttäuscht sein!"
„Nun, lassen Sie sehen." Er las das erste Lied, das zweite. „Lieber Schindler, wenn Sie irgend etwas vorhaben – es

geht mir heute ganz erträglich, Sie können mich ruhig verlassen."

Und dann war Beethoven allein.

Er las das erste Lied noch einmal.

„Schubert! wer bist du denn? Du kleiner Kerl, der mich in Steiners Laden aus der Entfernung hinter seinen Brillengläsern oft so seltsam angefunkelt hat – Schubert, wer bist du denn? Du gehörst ja zu mir! du bist ja – meinesgleichen! du bist ja – mein Bruder! Und ich – hab' es nicht gewußt – habe viele Jahre lang mit dir zusammen in derselben Stadt gelebt, und mein Bruder ging an mir vorbei! Und jetzt lerne ich dich kennen, jetzt, wo es zu spät ist!" Ein wehes, wildes Aufschluchzen. „Schubert! du reicher, großer Künstler! wie quillst du über von Musik! wie wahr und echt ist alles an dir! wie strömt alles aus deinem wundervollen Herzen! Wie mußt du gelitten haben gleich mir! wie rein und edel bist du geblieben! ‚Fremd bin ich eingezogen, fremd zog ich wieder aus.' Ja, Schubert, ich glaub' es dir!" Er las weiter und erlebte die todestraurige Stimmung der Wetterfahne, der Gefrorenen Tränen, der Erstarrung und der ganzen Winterreise bis zu ihrem furchtbaren Ausklang in dem Leiermann, wo der Gesang nur noch ein müdes Stammeln war, die Begleitung der Eintönigkeit des Irrsinns nahekam. Oh, er mußte ihn sehen, seine Hand drücken, ihn sprechen, ihn trösten, wenn er des Trostes bedurfte. Hier ist einer, der ist taub und todkrank. Schubert, junger Gesunder, es gibt schlimmeres Leid als deines!

„Mein großer Meister", schrieb Schindler, als er zurückkam, „haben die Lieder Sie angesprochen?"

„In Schubert wohnt der göttliche Funke. Wird er anerkannt? Was sagt die Kritik?"

„Man wirft ihm Armut an melodischen Einfällen vor, Verworrenheit in der Harmonik."

Beethoven nickte. „Immer dasselbe Spiel. Hören Sie, was mein Freund Shakespeare antwortet." Er griff nach einem Buch, das auf seinem Bett lag, blätterte und las:

> „Ihr Toren! ich und meine Brüder
> sind Diener des Geschicks. Die Stoffe, draus
> man eure Schwerter schmiedet, könnten wohl
> so gut den lauten Wind verwunden, oder

> die stets sich schließenden Gewässer töten
> mit eitlen Streichen, als am Fittig mir
> ein Fläumchen kränken!

Das sagen Sie Franz Schubert von mir! Und bringen Sie ihn einmal her! nein, nicht irgendwann einmal – bald! morgen! es eilt! Ich will meinen Nachfolger kennenlernen!"
Am andern Tage tappte Franz Schubert mit zitternden Knien die zwei Treppen im Schwarzspanierhause hinauf. Vor der Wohnungstür blieb er stehen und lehnte die Stirn an das kleine Porzellanschild, das den Namen seines irdischen Gottes trug. Jahrelang hatte er sich gesehnt, diese Schwelle einmal überschreiten zu dürfen; nie hatte er den Mut aufgebracht, sich dem Gewaltigen zu nähern, neben dem er sich als ein kleines Talent vorkam. Nun hatte jener ihn selbst gerufen, er durfte einen freundlichen Empfang erwarten, und doch dauerte es lange, bis er sich entschloß, an der Klingel zu ziehen.
Schindler öffnete. „Der Meister ist heute sehr schwach, aber er will Sie sehen, lieber Schubert."
Er trat in das Krankenzimmer und blieb demütig an der Schwelle stehen. Dort hinten in der Ecke stand ein Bett. Auf dem Kissen ruhte ein todgeweihtes Haupt. Das verfallene Gesicht war von einer eisgrauen Mähne umschattet. Die tiefliegenden Augen waren geschlossen.
Schindler trat an das Bett und rührte den Kranken an. Da öffneten sich die Augen, wandten sich nach der Tür, und es war Schubert, als stürze die Welt über ihn zusammen. Beethoven deutete auf den Stuhl neben seinem Bett und winkte Schindler, hinauszugehen. Schubert setzte sich. Er war unfähig, zu sprechen. Auch Beethoven sprach kein Wort. Er hatte Schuberts Hand mit seinen beiden weißen abgemagerten Händen gefaßt und streichelte manchmal sanft darüber hin. Da stürzte Schubert am Bett in die Knie, lehnte sein Gesicht auf Beethovens Hände und schluchzte.

*

Es ging dem Ende entgegen. Eine letzte Beratung der Ärzte gab Beethoven verloren. Und als Malfatti ihm beim Abschied von baldiger Besserung sprach, nickte Beethoven und

sagte lächelnd die Worte des sterbenden Kaisers Augustus: „Plaudite, amici, comoedia finita est."
Es kamen schon Augenblicke, in denen er seine Umgebung nicht mehr erkannte, nicht mehr begriff, was man ihm aufschrieb.
Der kleine Gerhard saß traurig neben ihm und hielt seine Hand. Beethoven öffnete die Augen und erblickte das Kind. „Steffen!" sagte er überrascht, „wo kommst du her? Ist Lorchen da? und die Mama? Wie schön, daß ihr kommt! Nehmt mich mit! ich will nach Bonn! Nehmt mich mit!" Plötzlich lächelte er. „Weißt du noch, Steffen?

> ‚Mich heute noch von dir zu trennen
> und dieses nicht verhindern können — — —'

wie ging es doch weiter?"
„Was meint er?" flüsterte Schindler. „Eine Jugenderinnerung?"
Breuning nickte.
„Aber ich will mich nicht mehr von euch trennen! Nehmt mich mit! ich will heim – zur Mutter!"
Am Morgen des vierundzwanzigsten März empfing Beethoven die Sterbesakramente.
Bald danach verlor er das Bewußtsein.
Zwei Tage dauerte der Todeskampf.
Die Sonne ging unter. Schwere Wolken türmten sich auf. Ein Brausen erhob sich, ein Schneesturm hüllte alles in weiße Nacht.
Da zerriß ein Blitz den Vorhang des Schnees, sprengte die Wolkentore an der Feste des Himmels, und Beethovens Seele kehrte zurück in ihre ewige Heimat.

ENDE

Über die Stellung dieses Buches zur geschichtlichen Überlieferung glaube ich dem Leser ein paar Worte schuldig zu sein.
Was uns von Beethovens Jugendzeit in Bonn berichtet wird, ist verhältnismäßig wenig. Daher hat die Phantasie das meiste dazutun müssen, wenn aus Namen Menschen werden, wenn ein lebendiges Bild von Beethovens Jugend und von seiner menschlichen und künstlerischen Entwicklung entstehen sollte. Im übrigen habe ich mich streng an die Überlieferung gehalten; wissentlich davon abgewichen bin ich nur in ein paar belanglosen Kleinigkeiten, wenn ihre streng historische Einreihung in den Gang der Erzählung aus künstlerischen Gründen untunlich erschien. — Da ich weder Musikhistoriker noch Berufsmusiker bin, so war ich bei der Darstellung musikhistorischer Dinge auf meine Quellen angewiesen. Hie und da habe ich den betreffenden Autor wörtlich sprechen lassen. Die Darstellung von Mozarts „Musikalischem Spaß" erfolgte in enger Anlehnung an die reizende Schilderung in Abert-Jahns Mozartbiographie. Das meiste verdanke ich — abgesehen natürlich von Thayers grundlegender Biographie — Schiedermairs trefflichem Werk „Der junge Beethoven". Ferner waren mir besonders aufschlußreich die Schriften von *P. Becker* (Beethoven), *H. Pfitzner* (Die neue Ästhetik der musikalischen Impotenz), *W. Krug* (Beethovens Vollendung), *R. Rolland* (Beethovens Meisterjahre) und das Buch von *W. Engelsmann* (Beethovens Kompositionspläne). Ich habe ihre Darstellung mehrfach wörtlich benutzt, wenn es galt, einzelne Werke Beethovens kurz zu charakterisieren.

Der Verfasser

*

FELIX HUCH
starb im Alter von 71 Jahren
am 6. Juni 1952 in Tutzing
am Starnberger See